Nachhaltige Geldanlagen

Martin Faust Stefan Scholz (Hg.)

Nachhaltige Geldanlagen

Produkte, Strategien und Beratungskonzepte

2. Auflage

Frankfurt School Verlag

Bibliografische Information der Deutschen Nationalbibliothek
Die Deutsche Nationalbibliothek verzeichnet diese Publikation in der Deutschen Nationalbibliografie; detaillierte bibliografische Daten sind im Internet über http://dnb.d-nb.de abrufbar.

MIX
Papier aus verantwortungsvollen Quellen
FSC® C004192
FSC
www.fsc.org

Besuchen Sie uns im Internet: http://www.frankfurt-school-verlag.de

Printed in Germany

Coverfoto: Patrik Stender, tagbau, Essen

ISBN (Print): 978-3-940913-60-9
ISBN (PDF): 978-3-940913-94-4
ISBN (ePub): 978-3-940913-95-1

2., vollständig überarbeitete Auflage 2014

Vorwort der Herausgeber

Das Marktsegment der Nachhaltigen Geldanlage hat im letzten Jahrzehnt ein dynamisches Wachstum erfahren. So ist der Anteil der privaten und institutionellen Investoren, die in Nachhaltige Geldanlagen investieren, stark angestiegen, auch haben die Finanzdienstleister das Produkt- und Leistungsangebot kontinuierlich erweitert.

Viele zukunftsorientierte Anleger erwarten heute mehr als ein möglichst günstiges Verhältnis der klassischen Anlagekriterien Sicherheit, Rendite und Liquidität im Hinblick auf ihr Vermögen. Daher finden Anlagen in Unternehmen, Produkte oder Projekte, welche ökonomische mit ökologischen oder sozialen Aspekten verbinden, immer mehr Interessenten im Finanzmarkt. Unterstützt durch globale Veränderungen, wie knapper werdende Ressourcen, Klimaerwärmung oder den demografischen Wandel, aber auch durch die zunehmende öffentliche Wahrnehmung sowie politische Bestrebungen, Änderungen herbeizuführen, wird sich dieser Trend weiter fortsetzen.

Finanzdienstleister haben bisher auf sehr unterschiedliche Weise auf diese Entwicklung reagiert. Zum Teil sind Nachhaltige Geldanlagen bereits fester Bestandteil der Produktpalette und des Beratungsangebots. In einigen Häusern findet das Thema bisher kaum Beachtung. Angesichts dieser sehr unterschiedlichen Herangehensweisen an die Herausforderungen, welche sich durch eine Integration Nachhaltiger Geldanlagen in das Leistungsangebot ergeben, ist es sinnvoll, die verschiedenen Facetten einer Nachhaltigen Geldanlage aus dem Blickwinkel eines Investors sowie eines Finanzdienstleisters näher zu beleuchten.

Seit der ersten Auflage im Jahr 2008 hat sich das Buch zu dem Standardwerk im Bereich Nachhaltiger Geldanlagen entwickelt. Die in diesem sehr dynamischen Segment des Finanzmarktes eingetretenen fundamentalen Veränderungen machen eine vollständige Überarbeitung und Aktualisierung des Buches notwendig. So wurden zahlreiche neue Themen mit aufgenommen. Darüber hinaus konnten viele neue Autoren gewonnen werden.

Ziel dieses Buchs ist es, einen umfassenden, praxisbezogenen Einblick in die Materie sowie Anregungen und Argumente für eine erfolgreiche Integration in das bestehende Dienstleistungsangebot von Finanzdienstleistern aufzuzeigen. Diesem Zweck dienen neben den wissenschaftlichen Beiträgen die zahlreichen Ausführungen hochrangiger Repräsentanten aus der Finanzdienstleistungspraxis. Das Buch richtet sich daher an Produkt- und Vertriebsverantwortliche sowie Kundenberater aus der Kreditwirtschaft und der Assekuranz, Unternehmensberater, aber auch an institutionelle und private Investoren sowie an alle, die sich für Nachhaltige Geldanlagen interessieren.

Das Buch ist in fünf Abschnitte gegliedert. Im ersten Teil wird das Thema Nachhaltigkeit und Nachhaltigkeitsmanagement erläutert, im zweiten wird ein Überblick über Nachhaltige Geldanlagen sowie über die Zielgruppen und deren Motive gegeben. Die Anlagemöglichkeiten und -instrumente im Segment Nachhaltiger Geldanlagen stehen im Mittelpunkt des dritten Teils. Im vierten Abschnitt wird auf die Bewertung und die Auswahl der Anlagen eingegangen. Die Integration in die bestehende Leistungs- und Produktpalette steht im Fokus des fünften Teils.

Die Herausgeber danken allen Autoren für die sehr interessanten und fundierten Beiträge, die das wichtige Thema sehr facettenreich beleuchten, sowie dem Frankfurt School Verlag für die Unterstützung bei der Erstellung des Buchs. Hier sind insbesondere unsere Lektorinnen, Rebecca Hausdörfer und Simone Hoffmann, hervorzuheben.

Den Lesern wünschen wir eine interessante und anregende Lektüre. Für Anmerkungen sowie einen weiteren Gedankenaustausch stehen wir sehr gerne zur Verfügung.

Frankfurt am Main, im März 2014

MARTIN FAUST
STEFAN SCHOLZ

Inhaltsverzeichnis

I
Nachhaltigkeit und Nachhaltigkeitsmanagement

Vom Nachhaltigen Wirtschaften als ökonomische Grundlage

Max Schön/Alexander Ebert

1 Einleitung

Die Nennung des Wortes Nachhaltigkeit löst heutzutage gemischte Reaktionen aus. Von einigen wird Nachhaltigkeit als ein Ansatz für verantwortungsvolles und umsichtiges Handeln gesehen, mit welchem das Ideal der Vereinbarkeit erfolgreichem Wirtschaftens mit sozialen und ökologischen Aspekten erreicht werden kann. Von anderer Seite hingegen sind auch zunehmend gelangweilte oder gar abwehrende Reaktionen zu vernehmen. Hier wird argumentiert, dass Nachhaltigkeit eine reine Modeerscheinung sei, die inzwischen vom Marketing und der Werbung ausgebeutet und bald auch wieder verschwunden sein werde. Oft wird Nachhaltigkeit auch als Instrument verdächtigt, um „greenwashing" zu betreiben und somit das Image eines Unternehmens zu polieren. Die Bandbreite der Interpretationen und jeweiligen Umsetzungen ist sehr groß – ein Zustand, der eine zielführende und sachliche Debatte erheblich erschwert. Vollends unter die Räder gerät der Begriff Nachhaltigkeit im politischen Gebrauch, wenn schon nur gering verminderte Haushaltsdefizite in der zweiten Jahreshälfte als „Nachhaltiges Wirtschaften" bezeichnet werden. Der Begriff erodiert, je häufiger er falsch benutzt wird.

Eine substanzielle Debatte über die Notwendigkeit, die Ziele und das Potenzial einer nachhaltigen Wirtschaft ist deshalb so nötig und wichtig wie nie zuvor. Wissenschaft und Nachrichten liefern täglich neue Hinweise und Informationen darüber, dass die Grenzen der Belastbarkeit des Ökosystems überschritten werden und der Wohlstand der Industrieländer häufig durch menschenunwürdige Arbeits- und Lebensbedingungen erwirtschaftet wird.

Um über die Notwendigkeit nachhaltigen Wirtschaftens sprechen und diskutieren zu können, sollte daher zuerst geklärt werden, was im Folgenden unter dem viel strapazierten Begriff „Nachhaltigkeit" verstanden werden soll. Daran anschließend wird dargelegt werden, wodurch die dringende Notwendigkeit für konsequentes nachhaltiges Wirtschaften begründet ist. Im Anschluss wird auf die Rolle von Unternehmen und Konsumenten eingegangen und beleuchtet, in welcher Art die beiden Akteure zu einer nachhaltigen Ausrichtung der Wirtschaft beitragen können. Dabei wird deutlich werden, dass Nachhaltigkeit sowohl volkswirtschaftlich als auch für das einzelne Unternehmen nicht nur eine anspruchsvolle Herausforderung darstellt, sondern viele Chancen und positive Effekte hervorbringen kann.

2 Zum Begriff Nachhaltigkeit

2.1 Vordenker

Um das Konzept Nachhaltigkeit von einer Modeerscheinung in den Rang eines Kernthemas für Unternehmensstrategien zu erheben, ist es notwendig, an die Ursprünge des Begriffs zu erinnern. Denn nur wenn es gelingt, das Thema aus der Lifestyle-Ecke herauszuholen und die grundlegenden Ideen zu extrahieren, kann ihm auch die Bedeutung zukommen, die es angesichts der vielfältigen Probleme und Herausforderungen verdient.

Das Konzept der Nachhaltigkeit gibt es, seit die Menschheit sich produktiv und wirtschaftlich betätigt. Bleibende Zeugnisse nachhaltigen Gedankenguts sind dagegen relativ jung. In England verfasste der Autor, Architekt und Gartenbauer John Evelyn im Jahr 1664 das Buch *„Sylva or a Discourse of Forest Trees and the Propagation of Timber in His Majesties Dominions“* als Reaktion auf die Sorge um die britischen Wälder. Seit 1500 wurde der einst gewaltige Waldbestand Großbritanniens rücksichtslos abgeholzt. Der Holzbedarf für den Schiffsbau, eine zunehmende Zahl von Glashütten und der Bedarf der wachsenden Bevölkerung an Feuerholz und Baumaterialien ließ die Waldvorkommen stark schrumpfen. Diese Entwicklung sorgte für Beunruhigung in Kreisen der britischen Marine, die den Rohstoff für den weiteren Ausbau der Flotte in Gefahr sah. Evelyn plädierte mit seinem Werk für eine systematische Aufforstung der Wälder und machte das Pflanzen von Bäumen zu einer nationalen Leidenschaft. Das Kernelement seiner Abhandlung war jedoch das Konzept der *posterity*, das Handeln und Denken im Sinne der nachfolgenden Generationen. Nur wenn eine Generation genügend Bäume pflanzt und wachsen lässt, werden auch die Nachkommen über den lebenswichtigen Rohstoff verfügen können. In Frankreich wirkte Colbert zu gleicher Zeit in ähnlicher Weise und propagierte seine Vorstellung einer „bon usage de la nature“ im Dienste einer gesicherten Rohstoffversorgung für sein merkantilistisches Wirtschaftsmodell.

Im Kern liegt hier bereits der Gedanke der Nachhaltigkeit vor, den die sogenannte Brundtland-Kommission 1987 weltweit etablierte: *„Sustainable development meets the needs of the present without compromising the ability of future generations to meet their own needs.“*[1] Es geht also um eine Entwicklung, die den Bedürfnissen der heutigen Generation entspricht, ohne die Möglichkeiten künftiger Generationen zu gefährden, ihre eigenen Bedürfnisse zu befriedigen und ihren Lebensstil zu wählen.

[1] UN (1987): Report of the World Commission on Environment and Development: Our Common Future, http://www.un-documents.net/our-common-future.pdf.

Hans Carl von Carlowitz schließlich beschrieb 1713 seine Handlungsmaxime für eine erfolgreiche Forstwirtschaft mit den Worten: *„Der Wald soll so bewirtschaftet werden, daß die Nutzung immerwährend, continuirlich und perpetuirlich stattfinden kann."* Ganz vereinfacht gesprochen formulierte er damit den Grundsatz, dass nicht mehr Holz geschlagen werden sollte als nachwachsen kann, um eine fortwährende ertragreiche Bewirtschaftung des Forstes zu garantieren – und brachte damit den Kerngedanken der Nachhaltigkeit in Deutschland zur Sprache. Der Begriff fand seitdem immer wieder in den verschiedensten Ausprägungen und Sektoren Anwendung – und im überwiegenden Fall eben nicht als Modeerscheinung, sondern als Ausdruck weitsichtigen Handelns und wirtschaftlicher Vernunft.

2.2 Nachhaltigkeit heute

Grundsätzlich kann man sagen, dass ein System nachhaltig ist, wenn es im Gleichgewicht und auf Dauer gesund und überlebensfähig ist. Bezogen auf die Wirtschaft heißt dies, dass das System keine Verschwendung oder Übernutzung natürlicher oder wirtschaftlicher Ressourcen erzeugt und in der Lage ist, auch zukünftig Wohlstand zu erzeugen. Dabei wird dieses Gleichgewicht von der Trias Ökonomie, Ökologie und Soziales determiniert.

Die ökonomische Komponente dieser Trias ist unumstritten, auch wenn sie in mancher ideologischer Debatte droht, vernachlässigt zu werden: Ein Unternehmen ist darauf angewiesen, Gewinn zu erzielen. Wenn ein Geschäftsmodell dies auf Dauer nicht erreicht, ist es nicht überlebensfähig.

Was die soziale Dimension betrifft, geht es zum einen um unternehmerische Verantwortung gegenüber den Mitarbeitern und den Teilen der Gesellschaft, die mit dem Unternehmen in Kontakt stehen. Die schrecklichen Bilder und Berichte aus Textilfabriken in Bangladesch, wo aufgrund mangelnder Baustandards Gebäude zu tödlichen Fallen für hunderte von Arbeitern wurden, oder aus chinesischen Fabriken, in denen unter unmenschlichen Bedingungen Mobiltelefone für den westlichen Markt zusammengesetzt werden, machen klar, dass dieser Aspekt unverzichtbar ist und es nötig ist, viel stärker zu agieren und Veränderungen zu bewirken. Auf der anderen Seite ist es auch ein lohnendes Unterfangen, in eine gute Aus- oder Fortbildung seiner Angestellten zu investieren, eine gute Gesundheitsversorgung und Arbeitsschutz zu garantieren. Die Zufriedenheit und die Identifikation der Mitarbeiter mit dem Unternehmen wird sich in diesem Fall auch wirtschaftlich auszahlen.

In der dritten Säule Ökologie geht es um die großen Herausforderungen und Probleme, denen man derzeit global gegenübersteht: Umweltverschmutzung, die grenzüberschreitend Flüsse und Meere vergiftet, gesundheitsgefährdende Luftverschmutzung in Städten und vor allem der Klimawandel, der vom Menschen durch den Ausstoß von Treibhausgasen und die Abholzung von Regenwald hervorgerufen wird.

Alleine diese kurze Aufzählung macht deutlich, dass Nachhaltigkeit keine Aufgabe ist, welche nur die einzelnen Unternehmen betrifft, sondern ein Gebot für das Handeln der gesamten Gesellschaft. Dennoch müssen sich die Wirtschaftsakteure hier der Verantwortung stellen, in ihren Unternehmen die ökologischen Auswirkungen ihres Wirtschaftens so zu gestalten, dass es dem Prinzip der Nachhaltigkeit entspricht.

Nachhaltiges Wirtschaften heißt, dass die drei Komponenten der Trias Ökonomie, Ökologie und Soziales in Einklang gebracht werden und, sich jeweils ergänzend, zu einem erfolgreichen Gesamtkonzept beitragen.

3 Warum nachhaltig gewirtschaftet werden muss

Der Mensch hat durch seine Art und Weise zu wirtschaften in bislang nicht gekanntem Maß seine Spuren auf dem Planeten hinterlassen. Die Spuren sind mithin so tief, dass er sich davon in absehbarer Zeit nicht mehr wird erholen können. Der Einfluss des Menschen auf die Umwelt und das Klima ist inzwischen so groß, dass der Nobelpreisträger Paul Josef Crutzen im Jahr 2000 das derzeitige Zeitalter als „Anthropozän“[2] betitelt hat. Der Begriff drückt aus, dass der Mensch seit ungefähr 200 Jahren global seine natürliche Umwelt zunehmend verändert. Der Klimawandel durch den konzentrierten Ausstoß von Treibhausgasen, die Veränderung großer Teile der Landoberfläche durch Nutzung durch den Menschen und die Ausbeutung der Meere sind einige der wichtigsten Veränderungen. Der Mensch ist also vom Nutznießer der Umwelt und Statisten in der bislang übermächtigen Natur zum prägenden Faktor geworden – dieser Verantwortung muss er sich stets bewusst sein.

Der unüberlegte und rücksichtslose Umgang mit der Umwelt lässt sich auch ganz plastisch ausdrücken: In diesem Jahr war der „Welterschöpfungstag“ bereits am 20. August: Die Nachfrage nach natürlichen Ressourcen hat ab diesem Tag das Angebot der Erde für das gesamte Jahr überstiegen.[3] Es wird klar, dass die Regenerationsfähigkeit des Planeten völlig überstrapaziert wird, denn Jahr für Jahr findet der „Welterschöpfungstag“ früher statt. Im Jahr 1993 noch fiel er auf den 21. Oktober.

---

2 Crutzen, Paul Josef/Stoermer, Eugene F, (2000), The Anthropocene, IGBP's Global Change magazine (Newsletter 41), S. 17-18.

3 Earth Overshoot Day 2013, Around the World, Global Footprint Network, available at: http://www.footprintnetwork.org/en/index.php/GFN/blog/earth_overshoot_day_2013_around_the_world.

Noch bedrohlicher als die Übernutzung natürlicher Ressourcen sind die Auswirkungen der gegenwärtigen Wirtschaftsweise auf das Klima. Trotz aller wissenschaftlichen Erkenntnisse und politischen Absichtserklärungen werden in zunehmendem Maße Treibhausgase emittiert. Im Mai dieses Jahres hat die CO_2-Konzentration in der Atmosphäre mit 400 ppm (Teilchen pro Million) ihren höchsten Wert seit 25 Mio. Jahren erreicht. Damit steigt auch weiterhin das Risiko, dass die Grenze der durchschnittlichen globalen Erwärmung von 2° C überschritten wird. Dieser Temperaturanstieg würde 20 bis 30% der Spezies mit dem Aussterben bedrohen und könnte durch Dürre, Überflutung und Ressourcenkonflikte massives Elend und Migrationsdruck verursachen. Die notwendige Anpassung würde auch ökonomisch unglaublich teuer werden und für alle mit gewaltigen Wohlstandsverlusten in der Zukunft verbunden sein.

Im fünften Sachstandsbericht des Weltklimarats IPCC finden sich diese bedrohlichen Tendenzen bestätigt.[4] Die Wissenschaft kann mit noch größerer Sicherheit Aussagen über den Beitrag der Menschheit zum Klimawandel machen. Wird die derzeitige Weise zu leben, Energie zu erzeugen und Güter zu produzieren weiter geführt wie bisher, ist bis zum Ende des Jahrhunderts ein Temperaturanstieg von 4,8° C möglich. Was den Anstieg des Meeresspiegels betrifft, gehen die Wissenschaftler von einem Mittelwert zwischen 20 und 80 cm je nach Emissionsentwicklung bis zum Ende des Jahrhunderts aus. Die Einflüsse globaler Veränderungen in dieser Größenordnung sind deshalb so beunruhigend, weil sie in ihren Auswirkungen nicht mehr abgeschätzt oder kalkuliert werden können. Was aber gesagt werden kann ist, dass sie zuerst und in voller Härte die ärmsten Länder treffen werden. Darunter Regionen, die auf der einen Seite am wenigsten oder gar nichts zum Eintrag von Treibhausgasen in die Atmosphäre beigetragen haben und die auf der anderen Seite über die geringsten Mittel verfügen, sich an die Veränderungen anzupassen. Das sind Länder, die bereits heute unter Dürren, Bodenerosion und Hungersnöten leiden und Staaten, die weder über die finanziellen noch die institutionellen Mittel verfügen, ihre Bevölkerung gegen einen gefährlichen Klimawandel zu schützen.

Doch auch hier in Europa und in Deutschland werden die Folgen der derzeitigen Wirtschaftsweise spürbar werden. Zunehmende Unwetter wie Stürme oder Starkregen haben bereits im vergangenen Jahrzehnt Schäden in Millionenhöhe angerichtet. Und es wäre naiv zu glauben, dass Migrationsbewegungen, politische Verwerfungen und mögliche kriegerische Auseinandersetzungen in Drittländern den Westen zukünftig nicht betreffen.

[4] Vgl z.B. IPCC (2013): Summary for Policymakers. In: Climate Change 2013: The Physical Science Basis. Contribution of Working Group I to the Fifth Assessment Report of the Intergovernmental Panel on Climate Change [Stocker, T.F., D. Qin, G.-K. Plattner, M. Tignor, S. K. Allen, J. Boschung, A. Nauels, Y. Xia, V. Bex and P.M. Midgley (eds.)]. Cambridge University Press, Cambridge, United Kingdom and New York, NY, USA, available at: http://www.climatechange2013.org/images/uploads/WGI_AR5_SPM_brochure.pdf.

Abgesehen von der moralischen Verpflichtung, die gegenüber Mitmenschen in den gefährdeten Regionen dieser Welt bestehen, gibt es also auch bedeutende wirtschaftliche und politische Gründe, entschieden gegen den Klimawandel und andere Formen der Umweltzerstörung vorzugehen.

4 Die Rolle der Unternehmen

Das alles hat den Menschen nun in die Situation gebracht, in der er erkennen muss: So können wir nicht weitermachen. Leider ist dies aber gleichzeitig auch eine Situation, in der ein jeder auf den anderen schaut und mit einem „man müsste mal…“ im altbekannten Modus weiterarbeitet. Immer öfter ertönte daher der Ruf nach der Politik, nach einer normierenden Kraft, die global ein Umsteuern erzwingen könnte. Wenn die Politik über internationale Vereinbarungen und Abkommen weltweit Regeln schaffen könnte, so die Hoffnung, dann hätten Unternehmen ein einheitliches Umfeld, in dem sie endlich nachhaltig handeln können, ohne vom Konsumenten oder der billigeren Konkurrenz abgestraft zu werden. Dann würden mit festen und verlässlichen Zielvorgaben Innovationen und kreatives Unternehmertum belohnt, nachhaltige Geschäftsmodelle könnten sich durchsetzen, und der Markt würde langsam aber stetig nachziehen. Die Wende zur Nachhaltigkeit würde so geschafft.

In der Realität muss jedoch festgestellt werden, dass die Politik nicht in der Lage ist, diese Rahmenbedingungen zu setzen. Spätestens 2012 nach der enttäuschenden Nachhaltigkeitskonferenz Rio +20 in Brasilien wurde klar, dass nicht länger auf die Politik gewartet werden darf. Fehlender politische Wille auf der einen Seite und das Beharren auf einem konventionellen und somit vermeintlich günstigen wirtschaftlichen Entwicklungspfad auf der anderen Seite führen zu einer Lage, die keine entscheidenden Impulse für ein globales Umdenken gibt. In dieser Situation nun kommt den Einzelunternehmen eine ganz besondere Rolle zu, denn Unternehmen können als einzige das derzeit bestehende Handlungsvakuum ausfüllen. Nur Unternehmen haben die Innovationskraft, das Kapital und die Expertise, Lösungen für eine zukünftige Wirtschaftsform zu finden, die eben nicht mehr auf unbegrenztem Ressourcenverbrauch, Emissionen und menschenverachtende Arbeitsbedingungen setzt.

Auch die Serie der Weltklimagipfel von Kopenhagen 2009 bis Warschau 2013 verweist auf die derzeitige Lähmung der internationalen Politik und die Unfähigkeit, in multilateralen Foren zu substanziellen Ergebnissen und Abkommen zu gelangen. Doch statt sich enttäuscht abzuwenden, sollten die richtigen Lehren daraus gezogen werden.

Es sollte berücksichtigt werden, dass keine Regierung dieser Welt eine Entscheidung treffen oder eine Verpflichtung eingehen wird, von der sie einen Nachteil für das eigene Land erwarten könnte. Dieses Muster lässt sich sowohl bei Industriestaaten als auch bei

Schwellen- und Entwicklungsländern erkennen. Die USA haben, mit dem Hinweis auf befürchtete negative Auswirkungen auf die Binnenwirtschaft, das Kyoto-Protokoll nie ratifiziert. Staaten wie China oder Indien verweisen auf das nachholende Wirtschaftswachstum, das der eigenen Bevölkerung Wohlstand und Sicherheit gibt, und sind nicht bereit, diesen Wachstumspfad durch umwelt-, klima- oder sozialpolitische Verpflichtungen zu gefährden.

Mit anderen Worten: Solange es keine erfolgreichen Modelle für nachhaltiges Wirtschaften gibt, für eine klima- und umweltfreundliche Energieerzeugung und eine ressourcenschonende Produktionsweise, werden sich nur wenige Länder internationalen Verpflichtungen anschließen. Wenn man jedoch in der Lage ist, ökonomisch tragfähige Konzepte zu entwickeln und erfolgreiche Lösungen anzubieten, kann man auch diejenigen Staaten überzeugen, die sich bisher aus vermeintlichem Selbstschutz verweigert haben.

Diese Modelle für erfolgreiches nachhaltiges Wirtschaften sind auch aus einem weiteren Grund wichtig: Wir können auf zukünftiges Wachstum global nicht verzichten. Innerhalb einer einzigen Generation wird die Weltbevölkerung um 30% zunehmen. Um diese zusätzlichen 2,5 Mrd. Menschen mit genügend Wasser und Nahrung zu versorgen und ihnen ein Leben unter menschenwürdigen Bedingungen zu sichern, ist sogar ein massives materielles Wachstum nötig. In den Industrieländern sind Verhaltensmuster wie Enthaltsamkeit und bewusster Konsum sicherlich richtig und wichtig. Angesichts des Ausmaßes der erwarteten Bevölkerungszunahme reicht das aber bei Weitem nicht. Um zukünftig Wohlstand und Stabilität in allen Regionen der Welt zu sichern, muss das Wirtschaftswachstum von Umweltverschmutzung und CO_2-Emissionen entkoppelt werden. Hier sind die private Wirtschaft und Unternehmerpersönlichkeiten als Vorreiter und Pioniere gefordert. Die Schaffung eines Modells einer vom Ressourcenverbrauch entkoppelten Wirtschaft ist ohne den Unternehmenssektor nicht denkbar.

Zwei determinierende Faktoren

Wenn man über die entscheidende Rolle der Unternehmen beim Umdenken und -steuern zu einer globalen nachhaltigen Lebens- und Wirtschaftsweise sprechen will, muss gefragt werden, wo die entsprechenden Hürden, Hebel und Chancen liegen. Dabei stehen hier zwei Faktoren im Mittelpunkt, die maßgeblich für den Umgang der Unternehmen mit dem Thema Nachhaltigkeit sind. Beide haben mit der Dimension des unternehmerischen Handelns zu tun und betreffen den räumlichen Horizont einerseits und den zeitlichen Horizont andererseits. In beiden Fällen liegen sowohl die Gründe für kurzsichtiges und nicht nachhaltiges Handeln als auch der Schlüssel zur Lösung.

a) Die räumliche Dimension: Von der Wertschöpfungskette zur Schadschöpfungskette

Mit der Globalisierung der Wirtschaft wurden zahlreiche vorgelagerte Arbeits- und Produktionsprozesse in Entwicklungs- und Schwellenländer ausgelagert. Das Outsourcing kann enorme Kostenvorteile bringen, wenn Teile der Wertschöpfung in Ländern erbracht werden, in denen die Produktion billiger, einfacher und problemloser ist. Hierbei spielen nicht nur Lohn- und Personalkosten eine Rolle; eingepreist wurden oft auch weniger strenge Arbeitsschutzvorgaben oder weiche, manchmal auch inexistente Umweltschutzgesetze. Schon bei weniger komplexen Produkten, die früher in einem Unternehmen oder gar im selben Werk entstanden, findet sich heute eine Vielzahl an Zulieferern aus verschiedenen Ländern. Je komplexer das Produkt, desto größer wird die Zahl der beteiligten Unternehmen und Dienstleister. Dies hat zwangsläufig dazu geführt, dass die Wertschöpfungsketten tiefer, komplexer und schmutziger werden. Es gibt Branchen, in denen man heutzutage mit vollem Recht von „Schadschöpfungsketten“ sprechen kann.

Die Wirtschaft der Industrieländer hat schnell gelernt, Emissionen und Verschmutzungen auszulagern und davon wirtschaftlich zu profitieren. Dabei kommt den Industriestaaten entgegen, dass auch die ärmeren Länder im globalen Wettbewerb um Investitionen und Arbeitsplätze stehen. Die Regierungen vor Ort stehen unter Druck, günstige Investitionsbedingungen zu schaffen und für ausländische Unternehmen attraktiv zu werden. Schwache institutionelle Ausgestaltung und Korruption kommen in vielen Fällen erschwerend hinzu. Dies kann zu Umständen führen, die aus europäischer Sicht unhaltbar wären – als Produktionsstandort jedoch gute Rahmenbedingungen bieten. Das Ergebnis dieser Entwicklung ist, dass sich die Wertschöpfung, die vor Ort stattfindet, den westlichen ethischen und legalen Standards entzieht.

Hier liegt ein möglicher, ganz entscheidender Ansatzpunkt für das Wirken verantwortungsbewusster Unternehmen. Die Kontrolle der Wertschöpfung darf sich nicht länger nur auf die letzte Produktionsstufe beziehen, auf das sichtbare Ende eines komplexen Produktionsprozesses. Unternehmen müssen bereit sein, Verantwortung für die gesamte Wertschöpfungskette zu übernehmen. Es steht außer Frage, dass dies ein komplexer, aufwändiger und arbeitsintensiver Prozess ist. Doch solange die sozialen Fehlstellungen und brachliegenden ökologischen Potenziale der derzeitigen Wertschöpfungskette nicht angegangen werden, kann die Wirtschaft nicht als nachhaltig bezeichnet werden.

Und es gibt gute Beispiele von Unternehmen, die sich dieser anspruchsvollen Aufgabe angenommen haben, wie z.B. die Unternehmen Otto Group, Puma, Tchibo und Werner & Mertz GmbH (Frosch).

b) Die zeitliche Dimension: Kurzfristiges Quartalsdenken

Der zweite Aspekt ist der zeitliche Handlungshorizont der Unternehmen. Die Vorstände vieler Unternehmen stehen unter großem Druck, den Investoren, Aktionären oder Gläubigern in regelmäßigem Abstand kurzfristig positive Ergebnisse vorzulegen. Aktivitäten, welche die Nachhaltigkeit der Unternehmen verbessern, oder Investitionen in klimafreundliche Technologie oder Produktionsweisen können sich im kurzen Takt der anstehenden Unternehmensberichte nur selten amortisieren. Der Handlungsspielraum vieler Unternehmen und Vorstände ist daher von Erwartungen und Verpflichtungen eingeschränkt. Selbst wenn im Vorstand der Wille vorherrscht, nachhaltiger zu werden und einen Umdenkprozess im Unternehmen einzuleiten, können die Erwartungen der Shareholder und Investoren dem entgegenwirken. Auch Bonusstrukturen, die nicht den langfristigen Erfolg eines Unternehmens oder einer Investition honorieren, sondern auf den kurzfristigen Erfolg abstellen, tragen nicht dazu bei, die Unternehmen nachhaltiger zu gestalten.

Inhabergeführte Betriebe oder Familienunternehmen haben in dieser Hinsicht oft größere Freiheiten und setzen in zahlreichen Fällen konsequent ihre Vorstellung von nachhaltigem Wirtschaften um. Dies sind oft inspirierende und bewundernswerte Ansätze. Doch solange das unternehmerische Denken von Aktionären und Investoren nicht grundsätzlich um eine mittelfristige oder gar langfristige Perspektive für die Nachhaltigkeit erweitert worden ist, wird es keinen entscheidenden Schritt in Richtung Nachhaltigkeit geben. Dies beginnt bei der Verzinsungserwartung der Aktionäre und reicht über mehrjährige Berichterstattung bis hin zu den Bonussystemen für Führungskräfte im Unternehmen.

5 Der Konsument als treibende Kraft: Von der Konsumethik zur Wirtschaftsethik

Verantwortungsbewusstes und nachhaltiges Wirtschaften kann auf Dauer nur Erfolg haben, wenn Produkte, Dienstleistungen und Geschäftsmodelle im Markt angenommen werden. Der Konsument ist hierbei also die kritische Größe, an der sich auch der Erfolg von Nachhaltigkeit messen lassen muss. Bislang bestand das Problem, dass Unternehmen oft befürchteten, der Markt honoriere Nachhaltigkeit und Umweltschutz nicht ausreichend. In den letzten Jahren mehren sich allerdings die Anzeichen dafür, dass auf Konsumentenseite die Bereitschaft steigt, für nachhaltige Produkte mehr Geld auszugeben. Zum ersten Mal erklärten laut einer Studie der Otto Group mit 56% mehr als die Hälfte der befragten Verbraucher, häufig ethisch korrekt hergestellte Produkte zu kaufen. Dabei wird für diese Produkte auch ein höherer Preis in Kauf genommen. 46% der Befragten bestätigten, mehr Geld für ethisch korrekte Produkte ausgegeben zu haben als vor ein bis zwei Jahren. Für 49% sind diese Ausgaben gleich geblieben, lediglich 4% gaben an, weniger Ausgaben für ethische Produkte getätigt zu haben.[5]

Diese Daten lassen ein gewachsenes Konsumethos erkennen, in welchem der Wert von Nachhaltigkeit auf Konsumentenseite angenommen wird und sich in wachsender Bereitschaft niederschlägt, auch entsprechende Mehrausgaben zu akzeptieren. Dies ist eine erfreuliche und wichtige Tendenz, denn es verdeutlicht, dass ethisch und ökologisch korrekte Produkte ihren Markt gefunden haben und auch ökonomisch tragfähig sein können. Diesen Impuls der Verbraucher sollten die Unternehmen nun aufgreifen und weiter entwickeln. Mit wachsendem wirtschaftlichem Erfolg könnte somit der wichtige Schritt vom Konsumethos zu einem ganzheitliches Wirtschaftsethos gelingen.

6 Die Chancen nachhaltigen Wirtschaftens

6.1 Betriebswirtschaftlich

Es ist auf die Verantwortung von Unternehmen verwiesen worden, die sie aufgrund ihrer besonderen Rolle gegenüber den dringlichen Herausforderungen Umwelt- und Klimaschutz sowie ethisch korrekten Wirtschaftens haben. Und es wurde ersichtlich, dass die Gesellschaft über ihre Einstellung zu bewusstem Konsum die Tür für weitere Schritte der Unternehmen hin zu einer nachhaltigen Wirtschaftsweise öffnet.

Im Zusammenspiel dieser beiden Faktoren liegt für die Wirtschaft enormes Potenzial. Glaubwürdige und transparente Nachhaltigkeitsstrategien bieten den Unternehmen die Möglichkeit, langfristig nicht nur ökologisch sondern auch ökonomisch zu profitieren.

Man muss in diesem Zusammenhang ehrlich sein: Nachhaltiges Wirtschaften und Klimaschutz kosten Geld, können sehr mühsame Vorhaben sein und sind in den meisten Fällen nicht reibungslos oder gar in kurzer Zeit zu erreichen. Mithin wird in dieser Debatte ein Tenor bemüht, der allzu einseitig die wirtschaftlichen Potenziale betont. Eine ernsthafte Nachhaltigkeitsstrategie zu entwickeln, umzusetzen und im Unternehmen zu etablieren, ist keine leichte Aufgabe.

[5] Otto (GmbH & Co. KG), (2013): Otto Group Trendstudie 2013, 4. Studie zum ethischen Konsum: http://www.ottogroup.com/media/docs/de/trendstudie/1_Otto_Group_Trendstudie_2013.pdf.

Dennoch gibt es eine Vielzahl von Ansätzen, wie Unternehmen von einer nachhaltigen Ausrichtung profitieren können. Es soll an dieser Stelle keine Aufzählung von Erfolgsgeschichten nachhaltiger Unternehmen geleistet werden, da jeder Fall in sich doch sehr unterschiedlich ist und jeweils spezifischen Umständen unterliegt. Nichtsdestotrotz sei in diesem Zusammenhang ein kurzer schematischer Überblick über die Felder erlaubt, in denen Unternehmen mit Nachhaltigkeit ökonomisch profitieren können.

Über Effizienzmaßnahmen beim Energie- oder Rohstoffverbrauch können in einem ersten Schritt oft relativ kurzfristige Amortisierungen der Betriebskosten erreicht werden. Ein weiterer Schritt ist die Entwicklung und Herstellung von Produkten, die es auch den Käufern erlauben, Energieverbrauch, Rohstoffbedarf und Müll zu reduzieren.

Wesentlich komplexer ist die Erschließung neuer Absatzmärkte und Kundengruppen, die aufgrund gesellschaftlicher oder politischer Entwicklungen entstehen. Hier liegt der Schlüssel zum Erfolg vor allem in der Bereitschaft und der Fähigkeit, flexibel auf diese Veränderungen zu reagieren. Dies setzt voraus, dass im Unternehmen bereits ein Bestand an Bewusstsein und Wissen zum Thema Nachhaltigkeit geschaffen wurde.

Die größte Herausforderung liegt allerdings im Aufbau gänzlich neuer Geschäftsmodelle, welche die sich wandelnden Nachfragestrukturen und Bedürfnisse aufgreifen und innovativ umsetzen. Ein gutes Beispiel hierfür sind die zunehmenden „sharing"-Modelle, in welchen nur der Nutzen eines Produktes erworben oder mit anderen geteilt wird. Unternehmen, die Car- oder Bikesharing anbieten, sind heute bereits erfolgreich am Markt.

Im industriellen Maßstab gibt es bereits seit längerem erfolgreiche Anbieter im Bau- und Spezialmaschinenverleih. Die nächste Stufe einer solchen Entwicklung wäre die Wandlung von einer Besitz- zur Nutzenwirtschaft. Käufer und Produzent finden sich hierbei in einem neuen Verhältnis wieder.[6] Der Konsument erwirbt den Nutzen an einem Produkt, das er nach gegebener Zeit wieder an den Produzenten zurückgibt. Dieser bleibt Eigentümer der im Produkt verarbeiteten Rohstoffe, die er im Anschluss wiederverwerten kann.

Die Integration von Nachhaltigkeit in das unternehmerische Handeln und Denken kann sich aber auch auf ganz andere Weise positiv auswirken: Unternehmen, die umweltfreundlich und nach ethischen Kriterien produzieren, sind wesentlich weniger anfällig

---

[6] Rat für Nachhaltige Entwicklung (2011): Wie Deutschland zum Rohstoffland wird – Empfehlungen des Rates für Nachhaltige Entwicklung an die Bundesregierung: https://www.nachhaltigkeitsrat.de/uploads/media/RNE_Rohstoffland_Deutschland_texte_Nr_39_Juni_2011.pdf.

für regulatorische Risiken, die in den meisten Fällen ja auf einen Mindest- oder Durchschnittsstandard abstellen. Regulierungen und ordnungsrechtliche Vorgaben werden von nachhaltig handelnden Unternehmen oft implizit antizipiert und verschaffen im gegebenen Fall gleichzeitig Wettbewerbsvorteile gegenüber weniger vorbereiteten Wettbewerbern.

Investitionen in Arbeitssicherheit, Bildung und soziale Absicherung von Mitarbeitern sind gerade in Schwellen- und Entwicklungsländern mit niedrigen Sozialstandards ein Trumpf im Wettbewerb um gutes Personal, tragen zu einer motivierten Belegschaft bei und bieten Schutz vor Streik und Reputationsverlusten bei arbeitsrechtlichen Konflikten.

6.2 Volkswirtschaftlich

Nachhaltiges Wirtschaften trägt selbstverständlich nicht nur auf betrieblicher Ebene Früchte. Gerade auf volkswirtschaftlicher Ebene können durch verantwortungsvolles Wirtschaften enorme Kosten vermieden und somit Ressourcen an anderer Stelle sinnvoller und produktiver eingesetzt werden. Dies betrifft in erster Linie die Kosten für Umweltschäden und Anpassungsleistungen, die bislang von den Unternehmen externalisiert und somit der Gesellschaft auferlegt werden. So sind beispielsweise Maßnahmen, die Menschen vor den Auswirkungen des gefährlichen Klimawandels schützen, der Verlust wertvoller Biosphäre oder Gesundheitsschäden durch Luftverschmutzung alles relevante Kostenfaktoren, für welche die Gesellschaft aufkommen muss, und die vermieden werden könnten.

Doch es ist nötig zu lernen, nachhaltige Konzepte auch nach ihrem gestalterischen Potenzial zu beurteilen. Ein Beispiel: In der EU findet derzeit eine kontroverse Diskussion über den Umgang mit der aktuellen Wirtschafts- und Finanzkrise statt. Es gibt Stimmen, die betonen, dass man sich erst um Klima- und Umweltthemen kümmern dürfe, wenn die EU wieder auf einem stabilen Wachstumspfad ist. Die hier vertretene Nachrangigkeit von Klimaschutz und Nachhaltigkeit ist sowohl ethisch wie auch volkswirtschaftlich nicht akzeptabel. Denn das Potenzial von Investitionen in eine „Green Economy" gerade als Treiber wirtschaftlicher Prosperität ist enorm und inzwischen vielerorts anerkannt.[7]

In der *Green Growth Group* haben sich 13 Minister der Europäischen Union zusammengefunden und legen das enorme Konjunktur- und Wohlstandspotenzial einer europäi-

[7] Vgl. COMMISSION STAFF WORKING DOCUMENT, Exploiting the employment potential for green growth, available at: http://ec.europa.eu/commission_2010-2014/hedegaard/headlines/docs/swd_2012_04_18_en.pdf.

schen Green-Growth-Strategie dar.[8] Sie sehen die Schaffung langfristiger zuverlässiger Rahmenbedingungen und verbindlicher Ziele als den besten Weg, um Investitionen privaten Kapitals in Technologien für Energieeffizienz und klimafreundliche Energieerzeugung zu kanalisieren. Zu ähnlich positiven Ergebnissen kommt eine Studie internationaler Ökonomen, die vom Bundesumweltministerium in Auftrag gegeben wurde. Unter anderem könnte die Anhebung des CO_2-Vermeidungsziels der EU für 2020 von -20% auf -30% das Wirtschaftswachstum in Europa um bis zu 0,6% pro Jahr erhöhen, bis zu 6 Mio. neue Arbeitsplätze schaffen und das BIP der EU bis 2020 um bis zu 6% steigern.[9]

Um solche komplexen Strategien erfolgreich umzusetzen, bedarf es einer klaren Konzeption, einer verlässlichen Koordination und eines transparenten Zusammenspiels der Akteure aus Politik, Wirtschaft und Gesellschaft. In Deutschland gibt es gute strukturelle Ansätze hierfür, dies wurde erst kürzlich von internationalen Experten bestätigt, die die deutsche Nachhaltigkeitsstrategie in einer Peer Review untersucht haben.[10] Es mangelt Deutschland nicht an formulierten Zielen und Gesetzen, sondern an der notwendigen Koordination und der so wichtigen Zusammenarbeit zwischen den verschiedenen Ebenen und Teilhabern. Insbesondere die Zusammenarbeit zwischen Politik und Wirtschaft ist mangelhaft.

7 Vorreiter gesucht

Die Welt braucht dringend mehr Pioniere, die als Vorreiter Wege bahnen und als Vorbilder andere zu Verhaltensänderungen anreizen. Auch hier können progressive Unternehmen einen sehr wichtigen Beitrag leisten und die Zusammenarbeit, das Verständnis und nicht zuletzt Vertrauen zwischen den maßgeblichen Kräften stärken. Oft benötigt eine politische Idee die Unterstützung von Unternehmen, um zu einem Konzept zu reifen, das im täglichen Wettstreit einer Demokratie erst dann umsetzbar wird.

---

8 The Green Growth Group: Going for Green Growth, The case for ambitious and immediate EU low carbon action, available at: https://www.gov.uk/government/uploads/system/uploads/attachment_data/file/253029/Green_Growth_Group_Joint_Pamphlet.pdf.

9 Jaeger, Carlo et al. (2011): A New Growth Path for Europe – Generating Prosperity and Jobs in the Low-Carbon Economy, commissioned by the German Federal Ministry for the Environment, Nature Conservation and Nuclear Safety, available at http://www.newgrowthpath.eu/wp-content/uploads/2011/06/A_New_Growth_Path_for_Europe__Final_Report.pdf, S. 5 ff.

10 Rat für Nachhaltige Entwicklung, (2013): Sustainability – Made in Germany. The Second Review by a Group of International Peers, commissioned by the German Federal Chancellery, availabe at: http://www.nachhaltigkeitsrat.de/uploads/media/20130925_Peer_Review_Sustainability_Germany_2013_02.pdf.

Es soll hier illustrierend eine Gruppe von besonderen Unternehmern und Vorständen angeführt werden, die genau diesen Schritt gegangen sind und sich als Anwalt und Ansprechpartner für Politik und Wissenschaft im Bereich Klimaschutz konsolidiert haben. In der *Stiftung 2°* haben sich zehn Unternehmen gebündelt, um die Politik bei den Strukturen für effektiven marktwirtschaftlichen Klimaschutz zu unterstützen und zu beraten. Dabei kommen die Unterstützer der Stiftung aus den verschiedensten Sektoren und sind jeweils in höchst unterschiedlicher Weise von Klimawandel und klimapolitischer Regulierung betroffen. Sie alle eint jedoch das Ziel, als „die andere Stimme der deutschen Wirtschaft" zur Vermeidung eines gefährlichen Klimawandels beizutragen, indem sie eine fordernde, aber konstruktive Rolle im Dialog mit Politik und weiteren Unternehmen ausfüllt.

Eine andere Gruppe von Unternehmern, die Lobbyarbeit für ökologisch orientiertes Wirtschaften und die entsprechenden politischen Rahmenbedingungen betreiben, ist der Bundesverband der grünen Wirtschaft *UnternehmensGrün e. V.* Das Themenspektrum ist hier breiter aufgespannt und beinhaltet auch soziale Fragen der gegenwärtigen Wirtschaftsweise. Aber auch in diesem Zusammenschluss sehen sich Unternehmer als Vorreiter und wollen als Vermittler und Katalysator einer nachhaltigen Wirtschaft wirken. Auch in der Initiative „*Biodiversity in Good Company*" haben sich branchenübergreifend Unternehmen zusammengeschlossen, um sich für den Schutz der biologischen Vielfalt einzusetzen und haben sich dazu verpflichtet, den Schutz der Biodiversität in ihre Nachhaltigkeitsstrategie und das betriebliche Management zu integrieren.

8 Ein neues Made in Germany

Unternehmen haben unbestreitbar eine große Gestaltungsmacht in der Gesellschaft und sie können einen beträchtlichen Einfluss auf die Politik ausüben. Aus diesem Grund sollten weitsichtige und verantwortungsvolle Unternehmer die Chancen zur Schaffung eines nachhaltigen Bewusstseins nutzen, die im Zusammenspiel mit eben diesen beiden Kräften liegen. Es wurde zum einen sichtbar, dass Konsumenten zunehmend positiv auf ethisch korrekte und umweltfreundliche Produkte reagieren und bereit sind, auch höhere Preise für nachhaltige Produkte auszugeben. Wenn also die Impulse der Konsumenten aufgenommen und, idealerweise im Dialog mit ihnen, weiter entwickelt werden, kann ein robuster und attraktiver Markt für nachhaltige Produkte weiter ausgebaut werden. Ferner erleben wir, dass progressive Unternehmen die Rolle des Lobbyisten nachhaltiger Interessen nicht mehr anderen überlassen wollen und sich mit klarem Profil erfolgreich für die Schaffung der nötigen Rahmenbedingungen für eine ökologische und sozial verantwortliche Wirtschaft einsetzen.

Natürlich bedarf es einer noch viel größeren Anzahl solcher Vorreiter und ihrer Unternehmen, um den großen Schritt oder die vielzitierte „große Transformation" zu meistern. Aber neben den „Überzeugungstätern" in den Vorständen und Familienunternehmen wird sich zwangsläufig auch bei anderen Managern die Erkenntnis durchsetzen, dass hier ein Markt entsteht, der herausgewachsen ist aus den ursprünglichen *Öko* und *Bio*-Kreisen und bereits heute ganz unterschiedliche Teile der Gesellschaft umfasst.

Um das Thema nicht nur auf Deutschland zu beschränken, könnte als Vision einer wirklich nachhaltigen deutschen Wirtschaft ein neues „*Made in Germany*" als Leitbild der Volkswirtschaft entstehen. Ein Made in Germany, das nicht mehr nur als Gütesiegel für Qualität und Langlebigkeit bekannt ist, sondern auch für Ressourceneffizienz und Nachhaltigkeit und das somit für Verantwortung steht.

Zum einen würde dieses Markenzeichen ausdrücken, dass die Produkte zu hohen und nachvollziehbaren Nachhaltigkeitsstandards produziert wurden. Zum anderen könnten Umweltverschmutzung, CO_2-Minderungen und unethische Arbeitsbedingungen in der globalen Wertschöpfungskette in kooperativer Weise von deutschen Unternehmen und ihren internationalen Zulieferern gemeinsam gelöst werden. Deutschland wäre somit nicht nur Exporteur nachhaltiger Produkte sondern auch Lieferant von Nachhaltigkeit an sich.

Literatur

Commission Staff Working Document: Exploiting the employment potential for green growth, http://ec.europa.eu/commission_2010-2014/hedegaard/headlines/docs/swd_2012_04_18_en.pdf.

Crutzen, Paul Josef/Stoermer, Eugene F., (2000): The Anthropocene, IGBP's Global Change magazine (Newsletter 41), S. 17-18.

Earth Overshoot Day 2013, Around the World, Global Footprint Network, http://www.footprintnetwork.org/en/index.php/GFN/blog/earth_overshoot_day_2013_around_the_world.

Empfehlungen des Rates für Nachhaltige Entwicklung an die Bundesregierung, https://www.nachhaltigkeitsrat.de/uploads/media/RNE_Rohstoffland_Deutschland_texte_Nr_39_Juni_2011.pdf.

IPCC, (2013): Summary for Policymakers, in: Stocker, T.F. et al. (Hg.): Climate Change 2013: The Physical Science Basis. Contribution of Working Group I to the Fifth Assessment Report of the Intergovernmental Panel on Climate Change, Cambridge University Press, Cambridge, http://www.climatechange2013.org/images/uploads/WGI_AR5_SPM_brochure.pdf.

Jaeger, Carlo et al., (2011): A New Growth Path for Europe – Generating Prosperity and Jobs in the Low-Carbon Economy, commissioned by the German Federal Ministry for the Environment, Nature Conservation and Nuclear Safety, http://www.newgrowthpath.eu/wp-content/uploads/2011/06/A_New_Growth_Path_for_Europe__Final_Report.pdf, S. 5 ff.

Otto (GmbH & Co KG), (2013): Otto Group Trendstudie 2013, 4. Studie zum ethischen Konsum, http://www.ottogroup.com/media/docs/de/trendstudie/1_Otto_Group_Trendstudie_2013.pdf.

Rat für Nachhaltige Entwicklung, (2013): Sustainability – Made in Germany.

Rat für Nachhaltige Entwicklung, (2011): Wie Deutschland zum Rohstoffland wird.

The Green Growth Group: Going for Green Growth, the case for ambitious and immediate EU low carbon action, https://www.gov.uk/government/uploads/system/uploads/attachment_data/file/253029/Green_Growth_Group_Joint_Pamphlet.pdf.

The Second Review by a Group of International Peers, commissioned by the German Federal Chancellery, http://www.nachhaltigkeitsrat.de/uploads/media/20130925_Peer_Review_Sustainability_Germany_2013_02.pdf.

UN, (1987): Report of the World Commission on Environment and Development: Our Common Future, http://www.un-documents.net/our-common-future.pdf.

Ethik in der Geldanlage: Grundlagen, Kriterien und Herausforderungen

Klaus Gabriel

1 Einleitung

Die Geldanlage unter sozialen und ökologischen Gesichtspunkten ist zwar noch keine Selbstverständlichkeit, aber ethische und Nachhaltige Geldanlagen sind gerade dabei, endgültig aus der Nische zu treten und breite Bekanntheit zu erlangen. In den letzten Jahren ist das Bewusstsein für die mit der Geldanlage einhergehende ökologische und soziale Verantwortung deutlich gestiegen. Immer mehr Menschen und Institutionen wissen um die mit einer Geldanlage verbundenen Chancen zur Gestaltung und Steuerung wirtschaftlicher Prozesse und wollen ihr Geld so veranlagen, dass sie damit ökonomische Prozesse und Strukturen unterstützen, die gerecht und zukunftsfähig sind. Die Geschichte einer derart motivierten ethischen Geldanlage begann im frühen 20. Jahrhundert und erfuhr eine wesentliche Dynamisierung durch die vor allem in den 70er Jahren des 20. Jahrhunderts einsetzende Nachhaltigkeitsdebatte. Die dabei eingeführten Begriffe wie ethisch, ethisch-ökologisch, nachhaltig oder sozialverantwortlich – um nur einige zu nennen – verweisen auf unterschiedliche Entstehungshintergründe und auf unterschiedliche inhaltliche Schwerpunktsetzungen der Geldanlage. Diese Begriffe lassen heute jedoch eine klare Kategorisierung nicht mehr zu. Trotzdem wird mitunter noch die Auffassung vertreten, dass ethische Geldanlagen etwas für gläubige Menschen sind und Nachhaltige Geldanlagen sich nur an ökologisch engagierte Menschen richten. Ein Blick auf den gegenwärtigen Diskurs über ökologisch und sozial verantwortliche Geldanlagen zeigt jedoch, dass Ethik sich ebenso wenig auf religiöse Themen beschränkt wie sich Nachhaltigkeit nicht nur auf ökologische Themen bezieht. Sowohl Ethik als auch Nachhaltigkeit beziehen sich in umfassender Weise auf Bedingungen und Möglichkeiten globalen Zusammenlebens und verweisen von daher auf eine ganzheitliche Sicht ökologischer und sozialer Wechselwirkungen.

In einem ersten Schritt erscheint es wichtig, den Begriff der Ethik und den damit eng zusammenhängenden Terminus der Moral zu erläutern, zumal eine Verwechslung dieser beiden Begriffe häufig zu Missverständnissen führt. Darauf aufbauend soll zweitens das Verhältnis zwischen Ethik und Nachhaltigkeit beschrieben und aufgezeigt werden, dass Ethik und Nachhaltigkeit in der Geldanlage keinen Gegensatz, sondern eine notwendige Ergänzung darstellen. In einem dritten Schritt wird das Thema der Ethik in der Geldanlage anhand verschiedener Ansätze und Methoden veranschaulicht und abschließend wird am Beispiel der Materialitätsdiskussion auf die Spannung zwischen Ethik und Profit als bleibende Herausforderung ethisch verantwortlichen Investierens hingewiesen.

2 Zu den Begriffen Moral und Ethik

Im ersten Schritt geht es darum, Ethik als Reflexion moralischer Positionen und Normen zu beschreiben. Moral und Ethik sind nicht dasselbe, sie sind jedoch eng aufeinander bezogen. Begriffsgeschichtlich stammt das Wort Moral vom lateinischen *mores*, das die in einer Gesellschaft geltenden und etablierten Sitten und Gebräuche meint. Moral bezeichnet damit die von einem Menschen oder von einer Gesellschaft „als richtig anerkannten Normen und Ideale guten und richtigen Sichverhaltens".[1] Überall, wo Menschen zusammenleben, einigen sie sich über kurz oder lang auf Regeln und Verfahrensweisen im Umgang miteinander. Diese basieren auf Werten, die in einer Gesellschaft, Kultur oder Religion als bestimmend angesehen werden. Insofern ist es nicht verwunderlich, dass es regional unterschiedliche oder gruppenspezifische Regeln des Zusammenlebens gibt, je nachdem, welche Werte in einer Gesellschaft oder Kultur als zentral erachtet werden. In diesem Sinne kann man z.B. auch von einer „christlichen Moral", einer „modernen Menschenrechtsmoral" oder von einer „beruflichen Standesmoral" sprechen. Unterschiedliche Ausprägungen der Moral können sich in zentralen Fragen mehr oder weniger decken, sie können sich in wesentlichen Punkten aber auch widersprechen. Einige Regeln des Zusammenlebens werden als so zentral und wichtig erachtet, dass sie in den Rang von Gesetzen oder Rechten erhoben werden, die von allen in einer Gesellschaft lebenden Subjekten und Institutionen geachtet werden müssen und sanktionierbar sind: Wer betrügt, stiehlt oder mordet, gefährdet die Grundlagen des Zusammenlebens und wird deshalb zur Rechenschaft gezogen. Andere Regeln des Zusammenlebens bilden hingegen lediglich Konventionen, deren Nichteinhaltung keine Gesetzesübertretung darstellt. Sie werden aber dennoch als „unsittlich" bezeichnet, wenn sie dagegen verstoßen, was innerhalb einer Gesellschaft als moralisch oder sittlich erachtet wird. Den Profit eines Unternehmens zu maximieren und dabei Gesellschaft und Umwelt zu schädigen, wird zunehmend als unsittlich qualifiziert, auch wenn dabei gegen kein Gesetz im streng juristischen Sinne verstoßen wird. Moral und geltendes Recht stehen somit durchaus in Verbindung, aber nicht alles, was gesetzlich erlaubt ist, ist auch moralisch geboten.

Ethik hingegen ist die theoretische Reflexion gelebter Moral. Aufgabe der Ethik ist es, moralische Urteile und Positionen auf Richtigkeit und Gerechtigkeit hin zu überprüfen. Die Ethik fragt nach, ob die in einer Gesellschaft gelebte Moral auch tatsächlich dazu geeignet ist, zentrale Werte – wie etwa die Würde des Menschen, Gerechtigkeit oder gesellschaftliche Wohlfahrt – zu erhalten und zu fördern. Die Ethik bezieht sich dabei auf bestehende moralische Überzeugungen, analysiert und beurteilt die Regeln des Zusammenlebens ebenso wie die individuelle und institutionelle Praxis. Ziel der Ethik ist es, auf falsches Handeln und ungerechte Institutionen aufmerksam zu machen und richtiges

[1] Kettner M., (2002), S. 410.

Handeln und gerechte Institutionen zu fördern. Dabei kann sich auch ein Gesetz als ungerecht oder unsittlich erweisen. In diesem Fall kommt der Ethik die Aufgabe zu, die Ungerechtigkeit und Unsittlichkeit einer Norm aufzuzeigen und ihre Änderung oder Abschaffung zu betreiben.

Ethik ist damit ein Motor für moralischen Wandel. Dass sich die Bestimmung von richtig oder falsch, gerecht oder ungerecht im Laufe der Zeit verändern kann, liegt auch daran, dass Ethik stets zeit- und kontextgebundene Reflexion ist. Was gut oder böse, richtig oder falsch, gerecht oder ungerecht ist, erschließt sich erst in der Berücksichtigung des aktuellen Kontextes und des jeweiligen Wissensstandes. Gleichzeitig bedeutet dies aber nicht, dass moralische Normen beliebig veränderbar sind. Sie sind rückgebunden an ein Netzwerk moralischer Grundüberzeugungen, deren faktische Gültigkeit wiederum weltanschaulich begründet ist.

Innerhalb der Ethik sind drei Anwendungsebenen zu unterscheiden.[2] Die analytische Ethik oder Metaethik untersucht die moralische Sprache als solche, die Bedeutung moralischer Wörter und Sätze sowie die logischen und rhetorischen Regeln moralischer Sprechweisen. Dabei geht es vor allem darum, was die Kennzeichen und Parameter moralischer Kommunikation sind und welche Geltungsansprüche moralische Urteile eigentlich haben. Grundlagenprobleme der Ethik werden in der Fundamentalethik behandelt. Dabei werden die anthropologischen Voraussetzungen und die allgemeinen Bedingungen moralischer Normativität – und damit für die Ethik zentrale Begriffe wie der des Gewissens oder die Frage der Willensfreiheit – behandelt. Die Normenethik oder angewandte Ethik bezieht ethische Fragestellungen auf konkrete Handlungsfelder. Hier werden Normen überprüft und argumentativ Verbesserungsvorschläge unterbreitet. Sowohl die Metaethik als auch die Fundamentalethik sind Voraussetzungen der angewandten Ethik.

Um auf der Ebene der angewandten Ethik Herausforderungen in der Medizin, in der Politik, in der Technik oder in der Wirtschaft umfassend und differenziert zu behandeln, bedarf es zunehmend inter- und transdisziplinärer Kompetenzen. Die Komplexität der globalen Themen und Herausforderungen hat zur Herausbildung spezieller Bereichsethiken geführt.[3] Die ökologisch und sozial verantwortliche Geldanlage ist in erster Linie ein wirtschaftsethisches Themenfeld. Der Wirtschaftsethik geht es um die Prüfung wirtschaftlicher Rahmenbedingungen und Prozesse in Hinblick auf deren Auswirkungen auf Mensch, Gesellschaft und Umwelt. Die Wirtschaftsethik reflektiert und beurteilt dabei

---

[2] Vgl. Anzenbacher A., (1997), S. 14 f.

[3] Eine ausgezeichnete, an prägnanten menschlichen Handlungsbereichen orientierte Übersicht von Bereichsethiken bieten Düwell M./Hübenthal Ch./Werner M. H., (Hg.), (2002), S. 243-296.

sowohl Ordnungs- und Verfahrensregeln im Bereich der Wirtschaft als auch individuelles und institutionelles wirtschaftliches Handeln. Vor allem im Kontext einer christlichen Wirtschaftsethik wird Wirtschaft dabei verstanden als ein in die gesellschaftlichen Zielvorstellungen eingebettetes Teilsystem, welches dazu beiträgt, dass individuelle Entfaltung und gesellschaftliche Wohlfahrt möglich sind. Das Anliegen der Wirtschaftsethik ist es, der Frage nachzugehen, wie eine Wirtschaft organisiert und verfasst sein muss, damit sie zu globaler Wohlfahrt und Zukunftsfähigkeit beitragen kann.

Während die Moral also die Regeln und Konventionen für das persönliche Handeln und das gesellschaftliche Zusammenleben vorgibt, reflektiert die Ethik dies unter der Differenz von gut und böse, richtig und falsch, gerecht und ungerecht. Die Ethik ist damit zwar auf die Moral bezogen und an diese rückgebunden, bildet aber gleichzeitig deren kritisches Korrektiv und trägt dazu bei, dass moralische Urteile und Überzeugungen im Lichte neuer Erkenntnisse und Kontexte wandelbar sind.

3 Verhältnis zwischen Nachhaltigkeit und Ethik

Wie verhalten sich nun Nachhaltigkeit und Ethik zueinander? Der Begriff der Nachhaltigkeit erlangte 1987 mit dem Brundtland-Bericht der Kommission für Umwelt und Entwicklung, einer unabhängigen Sachverständigenkommission der Vereinten Nationen, weltweite Bekanntheit, und gilt heute in Politik, Wirtschaft und Gesellschaft als formal akzeptierter Terminus. In der englischen Originalversion des Berichts ist von *sustainability* die Rede, das sich vom lateinischen *sustinere* ableitet und soviel bedeutet wie „aufrecht erhalten" bzw. „schützen". Eine nachhaltige Entwicklung wird demnach als eine Entwicklung bezeichnet, welche „die Bedürfnisse der gegenwärtigen Generation befriedigt, ohne die Möglichkeit zukünftiger Generationen zu beeinträchtigen, ihre eigenen Bedürfnisse zu befriedigen".[4]

Der Brundtland-Bericht war das Produkt einer jahrelangen Entwicklung, die von je unterschiedlichen Ausgangssituationen und Interessen der beteiligten Akteure geprägt war. Vor allem zwei Diskussionsstränge waren für diesen Prozess bestimmend:[5] Zum einen war es die Erkenntnis der Grenzen des Wachstums und der Probleme der Umweltzerstörung. Nachdem bis in die 60er Jahre des 20. Jahrhunderts in der industrialisierten Welt der Glaube an die alle Probleme lösende Technik vorherrschte, kamen in den 70er

[4] Hauff V. (1987), S. 46.
[5] Ott K./Döring R., (2004), S. 24 ff.

Jahren erste Zweifel auf, ob das Ökosystem auch tatsächlich die erforderliche Tragfähigkeit aufweise. Die im Jahr 1972 erschienene Studie „Grenzen des Wachstums" verwies auf den exponentiellen Charakter der kritischen Wachstumsgrößen Bevölkerung, Umweltzerstörung und Rohstoffabbau und zeichnete ein Bild ökologischer Selbstzerstörung.[6] Vor allem in den Industrieländern wurde diese Zukunftsbedrohung in den Diskussionsprozess der Brundtland-Kommission eingebracht. Der zweite Diskussionsstrang orientierte sich an dem in der postkolonialen Zeit vorherrschenden Konzept der nachholenden Entwicklung. Dieses Konzept geht davon aus, dass die Situation der Länder der Dritten Welt dadurch verbessert werden kann, dass das Wirtschafts- und Gesellschaftsmodell der westlichen Industriestaaten nachgeahmt wird. Den Proponenten dieses Konzepts ging es vor allem darum, auf die Not und die sozialen Missstände in den Entwicklungs- und Schwellenländern eine Antwort zu finden. Diese beiden Diskussionsstränge waren die treibenden Kräfte im Prozess bei der Entstehung des Brundtland-Berichts. Die zitierte Nachhaltigkeitsdefinition thematisiert deshalb nicht nur den Erhalt der Umwelt, sondern auch die Sicherung existentieller menschlicher Lebensgrundlagen.

Der Bericht benennt vier globale Problembereiche: den Raubbau an natürlichen Lebensgrundlagen, die zunehmend ungleiche Verteilung von Einkommen und Vermögen, die Anzahl der in Armut lebenden Menschen und die Bedrohung von Frieden und Sicherheit.[7] Als Grundlage für eine nachhaltige Entwicklung werden damit ökologische, gesellschaftliche und ökonomische Aspekte gleichermaßen thematisiert. Aus moralischer Sicht werden demnach zwei Wertentscheidungen vertreten: einerseits die Verantwortung für zukünftige Generationen und andererseits die Verringerung des wachsenden Abstands zwischen Arm und Reich.

Mit der im Brundtland-Bericht angeregten Konferenz der Vereinten Nationen in Rio de Janeiro (1992) erlangte das Drei-Säulen-Modell seinen Durchbruch, welches eine nachhaltige Entwicklung auf der Grundlage der drei Säulen Ökologie, Gesellschaft/Soziales und Ökonomie definiert. Diese drei Säulen werden als gleichrangig erachtet: Eine Entwicklung ist demnach nachhaltig, wenn die ökologische, die ökonomische und die soziale Dimension gleichermaßen berücksichtigt werden. Allerdings zeigt die realpolitische Praxis, dass sich die unterschiedlichen Ziele der drei Säulen nicht immer konfliktfrei bündeln lassen. Konflikte können zwischen allen drei Säulen auftreten. Ökonomische Nachhaltigkeit kann mit sozialer Nachhaltigkeit in Konflikt treten, wenn etwa Kostensenkungen bei Unternehmen durch Personalentlassungen erreicht werden. Ökonomische Nachhaltigkeit kann mit ökologischer Nachhaltigkeit in Konflikt treten, wenn Umweltschutzmaßnahmen die Gewinnmarge eines Unternehmens schmälern. Zwischen ökologischer

[6] Meadows D., (1973).

[7] Littig B., (2004), S. 15.

und sozialer Nachhaltigkeit kann es schließlich zu Spannungen kommen, wenn Biotreibstoffe die Preise für Nahrungsmittel in die Höhe treiben. Diese Konflikte sind in besonderer Weise auch ethische Fragestellungen und Herausforderungen.

Besonders die sich aus dem Verhältnis zwischen Mensch und Natur ergebenden Konflikte sind im gegenwärtigen Nachhaltigkeitsdiskurs virulent. Es geht dabei um die Frage, welchen Stellenwert die Natur dem Menschen gegenüber hat: Ist die Natur da, damit sich die Menschheit ihrer bedienen kann, oder hat sie einen Eigenwert? Im Rahmen der christlichen Sozialethik hat Alfons Auer einen wichtigen Beitrag zur Thematisierung des Mensch-Natur-Verhältnisses geleistet. Auer verortet die Ursache für die ökologische Krise in der dualistischen Gegenüberstellung von Mensch und Natur als Subjekt und Objekt. Demgegenüber sieht Auer die Sonderstellung des Menschen in der Schöpfung im Verstehen, Bewahren und sinnvollen Weiterentwickeln allen Nicht-menschlich-Existierenden begründet, welches als Geschaffenes über einen Eigenwert verfügt, der sich nicht in seinem Nutzen für den Menschen erschöpft.[8] Das Gelingen menschlichen Lebens hängt damit nicht nur vom Verhältnis zwischen Personen und Personengruppen ab, sondern auch vom Mensch-Natur-Verhältnis. Wilhelm Korff entwickelte mit dem Konzept der Retinität die methodische Grundlage einer ökologischen Sozialethik, welche die soziale und ökonomische Entwicklung der menschlichen Zivilisation so ausgestaltet, „dass das Netzwerk der sie tragenden ökologischen Regelkreise erhalten bleibt“.[9] Retinität (lateinisch *rete* – „das Netz“) bedeutet, dass menschliche Entwicklungsprozesse nicht nur mit ökonomischen und sozialen, sondern auch und vor allem mit ökologischen Prozessen, Funktions- und Regelmechanismen aufs Engste vernetzt sind.

Von daher kann auch deutlich gemacht werden, worin das Verhältnis zwischen Nachhaltigkeit und Ethik besteht. Damit menschliches Leben gelingt und globale gesellschaftliche Wohlfahrt möglich ist, sind grundlegende Bedingungen und Voraussetzungen wie Friede, Gerechtigkeit oder biosphärische Zukunftsfähigkeit notwendig. Die Entfaltung der menschlichen Person bedarf der umfassenden Berücksichtigung nicht nur ökonomisch-existentieller, sondern auch sozialer und ökologischer Faktoren. Soziale Herausforderungen wie Hunger oder Armut haben oftmals ökologische Ursachen wie Umweltverschmutzung, Wassermangel oder Klimawandel. Gleichzeitig sind ökologische Katastrophen das Ergebnis sozialer Missstände, wenn etwa riesige Regenwaldgebiete brandgerodet oder bedrohte Spezies ausgerottet werden. Die Vernetztheit und die Komplexität globaler ökonomischer, sozialer und ökologischer Dimensionen und Prozesse machten deshalb die ethische Reflexion sowohl unserer Lebensstile und Konsumgewohnheiten als auch der unter dem Stichwort „nachhaltige Entwicklung“ thematisierten Gegenwarts- und Zukunftsfragen erforderlich. Dabei erweist sich das Leitbild der

[8] Auer A., (1984), S. 51.

[9] Vogt M., (2005), S. 140 f.

Nachhaltigkeit als ein globales Konzept der Zukunftsfähigkeit, welches jedoch auf praktischer und realpolitischer Ebene auf ethische Fragestellungen und moralische Herausforderungen stößt. Welche Entwicklung in konkreten Situationen nachhaltig ist und wie Konflikte zwischen den drei Dimensionen der Nachhaltigkeit zu lösen sind, hat häufig mit Gerechtigkeitsfragen zu tun, deren genuiner Diskussions- und Vermittlungsraum eben die Ethik ist. Ethik und Nachhaltigkeit sind demnach keine Gegensätze, vielmehr bedingen sie einander. Die im Rahmen einer nachhaltigen Entwicklung diskutierten Gerechtigkeits- und Menschheitsfragen erfordern die ethische Reflexion; für die Ethik wiederum ist die nachhaltige Entwicklung ein unverzichtbares Prinzip verantwortlicher Weltgestaltung.

Dass es in der Nachhaltigkeitsdiskussion wesentlich um Gerechtigkeitsfragen geht, wird vor allem am Prinzip inter- und intragenerationeller Gerechtigkeit nachhaltiger Entwicklung deutlich. Demnach ist eine Entwicklung nur dann als nachhaltig zu bezeichnen, wenn sie die jeweiligen Interessen der gegenwärtigen Generationen einerseits und jene der zukünftigen Generationen andererseits gleichermaßen berücksichtigt. Die dabei entstehenden Gerechtigkeitsfragen lassen innerhalb des Nachhaltigkeitsdiskurses verschiedene Lösungsansätze zu, die auch unseren Lebensstil und unsere Konsumgewohnheiten betreffen. Tatsächlich gibt es nicht die eine Auffassung von nachhaltiger Entwicklung, sondern unterschiedliche und sich teilweise widersprechende Nachhaltigkeitsverständnisse.[10] Welches Nachhaltigkeitsverständnis nun inter- und intragenerationelle Gerechtigkeit ermöglicht, was richtig oder falsch, gerecht oder ungerecht ist, ist letztlich jedoch eine moralische Frage, die der ethischen Reflexion bedarf.

4 Ethik in der Geldanlage: Kriterien, Methoden und Herausforderungen

Ethik in der Geldanlage bedeutet vor allem eine Auseinandersetzung mit den konkreten Auswirkungen von Geldanlagen. Es geht dabei um die Frage, was mit dem investierten Geld geschieht, wohin es fließt und welche Unternehmungen, Projekte, Prozesse und Strukturen damit finanziert bzw. unterstützt werden. Richtig investiert kann Geld dazu beitragen, dass die Entwicklung und der Wohlstand von Menschen gefördert werden. Wird es falsch investiert, werden jedoch Produkte, Prozesse und Strukturen unterstützt, die aus ethischer Perspektive als ungerecht und unsittlich abzulehnen sind. Ziel der ethischen Geldanlage ist die Gestaltung und Steuerung wirtschaftlicher Prozesse im Sinne einer am Menschen, an der Gesellschaft und an der Umwelt orientierten Perspektive.[11]

[10] Tremmel J., (2003), S. 100-114.

[11] Vgl. Gabriel K., (2006), S. 17-20.

Dem Prinzip nach erfolgt diese Einflussnahme auf unternehmerische Prozesse durch die Veränderung von Nachfragesituationen auf den Finanzmärkten mittels ethischer Kriterien. Nicht immer fließt das investierte Geld direkt in das Unternehmen. Beim Kauf von Aktien ist dies nur der Fall, wenn ein Unternehmen Aktien emittiert. Der weit überwiegende Teil des Aktienhandels erfolgt jedoch zwischen Investoren, das Unternehmen selbst ist in den Kauf oder Verkauf der Aktien nicht direkt involviert. Dennoch hat jedes börsennotierte Unternehmen ein Interesse daran, dass seine Aktien nachgefragt werden und der Aktienkurs steigt. Insofern ist eine Beeinflussung der Nachfragesituation durch ethische Kriterien für Unternehmen durchaus von Relevanz.

Ethische Anlagekriterien

Ethische Anlagekriterien zu formulieren ist deshalb unverzichtbar. Sie beziehen sich auf Wirtschaftsweisen, Produktionsformen oder Produkte und bringen die moralische Werthaltung der Investoren zum Ausdruck. Ethisch verantwortlich zu handeln bedeutet in diesem Sinne, Kriterien für eine Geldanlage zu definieren, die sich am Gelingen menschlichen Lebens orientieren. Diese Kriterien betreffen ganze Branchen, bestimmte Produkte oder konkrete Geschäftspraktiken und legen fest, welches Wirtschaften als richtig und gerecht bzw. welches Wirtschaften als falsch und ungerecht eingestuft wird. Man unterscheidet dabei zwischen Negativ- oder Ausschlusskriterien und Positivkriterien, je nachdem, ob die betreffenden Branchen, Produkte und Geschäftspraktiken aus ethischer Perspektive abzulehnen oder zu befürworten sind. Ethik als umfassende Reflexionstheorie bezieht sich dabei auf alle für Menschen relevanten Themenfelder, also auf ökologische, ökonomische und sozialkulturelle gleichermaßen.

Die Definition ethischer Anlagekriterien erweist sich dabei als ein anspruchsvolles Unterfangen, weil die moralischen Grundhaltungen von Investoren sehr unterschiedlich sein können. Ob Atomkraft vor dem Hintergrund des Klimawandels eine ethisch vertretbare Form der Energiegewinnung ist oder nicht, wird z.B. sehr kontrovers diskutiert, selbst innerhalb von Wertegemeinschaften wie Kirchen oder Staaten. Dazu kommt, dass multinationale Unternehmen in der Regel Mischkonzerne sind, die in verschiedenen Branchen tätig sind. Häufig produziert ein und dasselbe Unternehmen zugleich ökologisch zukunftsfähige und ökologisch höchst schädliche Produkte – darf man nun in solche Unternehmen investieren oder nicht?

Die sich daraus ergebenden Komplikationen im Definieren einer moralischen Position führen zunehmend dazu, dass Ethik-Beiräte gebildet werden. Diese Gremien unterstützen Investoren in der Entwicklung und Umsetzung ethischer Anlagekonzepte und tragen damit zu einer differenzierten Sichtweise sowohl bei Investoren als auch bei Unternehmen bei.

Was muss eine Geldanlage nun erfüllen, damit sie als ethisch verantwortlich bezeichnet werden kann? Auch wenn sich vermutlich keine Definition für ethische Geldanlagen finden lässt, der angesichts der Heterogenität moralischer Werthaltungen ungeteilte Zustimmung zuteil wird, ist es wichtig, zentrale Themen und Standards einer ethischen Geldanlage zu benennen. Eine solche Präzisierung aus ökonomischer, ökologischer und sozial-kultureller Perspektive bietet die Darmstädter Definition Nachhaltiger Geldanlagen.[12] Diese wurde im April 2004 von einer interdisziplinär zusammengesetzten Expertengruppe verfasst und benennt jene zentralen Erfordernisse, die eine Geldanlage aufweisen muss, um zu einer zukunftsfähigen Entwicklung beitragen zu können. Aus ökonomischer Sicht ist für nachhaltige Geldanlagen erforderlich, dass

- Gewinne auf der Basis langfristiger Produktions- und Investitionsstrategien statt in kurzfristiger Gewinnmaximierung erwirtschaftet werden,
- Erträge aus Finanzanlagen in vertretbarer Relation mit Erträgen aus realer Wertschöpfung stehen,
- die Erfüllung elementarer Bedürfnisse (z. B. Wasser) nicht gefährdet wird,
- Gewinne nicht auf Korruption beruhen.

Aus ökologischer Sicht erfordern Nachhaltige Geldanlagen, dass die Gewinnerzielung im Einklang steht mit der

- Steigerung der Ressourcenproduktivität,
- Investition mit erneuerbaren Ressourcen,
- Wiedergewinnung und Wiederverwertung verbrauchter Stoffe,
- Funktionsfähigkeit globaler und lokaler Ökosysteme (z.B. Regenwälder, Meere). In sozialer und kultureller Sicht erfordern Nachhaltige Geldanlagen, dass die Gewinnerzielung im Einklang steht mit der
- Entwicklung des Humankapitals (Verantwortung für Arbeitsplätze, Aus- und Weiterbildung, Förderung selbstverantwortlichen Arbeitens, Vereinbarkeit von Beruf und Familie, Respekt vor der Verschiedenheit der Einzelnen),
- Entwicklung des Sozialkapitals (Schaffung von Erwerbschancen, Ausgewogenheit zwischen den Generationen, diskriminierungsfreier Umgang mit Minderheiten, Funktionsfähigkeit der Regionen, Förderung zivilgesellschaftlichen Handelns),

[12] Hoffmann J./Scherhorn G./Busch T., (2004).

- Entwicklung des Kulturkapitals (Respekt vor kultureller Vielfalt unter Wahrung persönlicher Freiheitsrechte und gesellschaftlicher Integrität, Mobilisierung der Potenziale kultureller Vielfalt).

Die Darmstädter Definition Nachhaltiger Geldanlagen beschreibt damit ein umfassendes Nachhaltigkeitsverständnis. Darüber hinaus integriert sie zentrale ethische Perspektiven, indem sie auf die Grundprinzipien der christlichen Soziallehre verweist. Die Darmstädter Definition orientiert sich am Leitgedanken gelingenden menschlichen Lebens (Personprinzip), welches die Rücksichtnahme, Achtung und Förderung des Anderen mit einbezieht (Solidaritätsprinzip) und das Wohl aller Menschen zum Ziel hat (Gemeinwohlprinzip). Zudem geht es der Definition um einen Wirtschaftsstil, der massive Machtkonzentrationen nicht zulässt (Subsidiaritätsprinzip) und die Zukunftsfähigkeit der Biosphäre sichert (Nachhaltigkeitsprinzip). Das Beispiel der Darmstädter Definition Nachhaltiger Geldanlagen zeigt deutlich, dass die wechselseitige Verwobenheit ökonomischer, ökologischer und sozial-kultureller Handlungsfelder ein wichtiges Thema für die ethische Geldanlage ist und Nachhaltigkeit kein Gegensatz zur Ethik, sondern ein unverzichtbarer Bereich ethisch verantwortlichen Handelns selbst ist.

Methoden

In der heutigen Ausprägung der ethischen Geldanlage gibt es vor allem drei Methoden der Gestaltung und Steuerung wirtschaftlicher Prozesse: Vermeidung, Förderung und Engagement. Die vermeidende ethische Geldanlage zielt darauf ab, Unternehmen auszuschließen, die bestimmten ethischen Anforderungen nicht entsprechen. Dies kann sich sowohl auf Produkte und Dienstleistungen als auch auf Produktionsbedingungen und -strategien beziehen. Dabei werden Negativ- oder Ausschlusskriterien für bestimmte Branchen (Atomindustrie, Rüstungsindustrie …) oder Unternehmen mit gewissen Produktionsmethoden (Kinderarbeit, Gentechnik …) in Anwendung gebracht. Diese Art der ethischen Geldanlage schließt Unternehmen mit der Absicht aus, Druck auf sie auszuüben. Mehr als die Missgunst von Investoren scheuen die Unternehmen jedoch das schlechte Image, das damit entsteht. Mitunter wird die vermeidende ethische Geldanlage auch als „Geldanlage mit reinem Gewissen“ bezeichnet, und für viele Investoren ist es eine Frage der „Moralhygiene“, nicht in Unternehmen zu investieren, die moralisch besonders verwerflich agieren. Ethik erschöpft sich jedoch nicht in einer Strategie der reinen Weste, sondern fordert die aktive Einflussnahme auf wirtschaftliche Prozesse. Eine ausschließlich auf Ausschlusskriterien aufgebaute ethische Geldanlage erweist sich aus heutiger Sicht deshalb als unzureichend.

Die fördernde ethische Geldanlage wiederum identifiziert auf der Basis von Positivkriterien Produkte, Projekte und Unternehmen, die aus ethischer Sicht förderungswürdig sind. Meist wird nur in die jeweils besten Unternehmen einer Branche investiert (Best-in-

Class), um einen „ethischen Wettbewerb“ innerhalb dieser Branche zu initiieren, durch den „zunehmend eine ethische Durchdringung der gesamten Wirtschaft in Gang gesetzt wird“.[13] Entgegen der vermeidenden Variante der ethischen Geldanlage wird in diesem Fall in Unternehmen investiert, die sich im Hinblick auf ihre ökologische und soziale Performance besonders positiv hervorheben. Die fördernde ethische Geldanlage ist oftmals der Kritik ausgesetzt, dass sie zu nachsichtig sei mit ethisch problematischen oder inakzeptablen Branchen und Praktiken. Tatsächlich ist es aus ethischer Sicht auch fragwürdig, in ein als Best-in-Class bewertetes Rüstungsunternehmen zu investieren. In der Praxis setzt sich deshalb immer mehr eine Kombination von vermeidender und fördernder ethischer Geldanlage durch.

Ein zunehmend an Bedeutung gewinnender Investmentansatz ist das Engagement. Dabei ist es das Ziel, das Unternehmen zu Verhaltensänderungen zu bewegen. Das kann sowohl über die Ausübung von Stimmrechten bei Aktiengesellschaften als auch durch den direkten Dialog mit dem Management erfolgen. Während es im ersten Fall erforderlich ist, tatsächlich in die betreffenden Unternehmen zu investieren, um überhaupt über Stimmrechte zu verfügen, ist der Dialog mit Unternehmen schon für einen potenziellen Investor möglich. Die Ausübung von Stimmrechten auf der Basis ethischer Kriterien hat vor allem in den Vereinigten Staaten und in Großbritannien Tradition;[14] das Engagement als direkter Dialog mit Unternehmen ist eine eher jüngere Entwicklung, die gegenwärtig in verschiedenen Aktivitäten und Initiativen auch im deutschsprachigen Raum Gestalt annimmt.[15]

Damit eine ethisch motivierte Geldanlage ihr Ziel – die Gestaltung und Steuerung wirtschaftlicher Prozesse – erreichen kann, sind die präzise Bestimmung und konsequente Anwendung ethischer Kriterien von besonderer Bedeutung. Auf welche Ausschluss- und Positivkriterien man sich letztlich einigt, hängt wesentlich von der jeweiligen moralischen Grundhaltung der Investoren ab. Wenn das Ziel der Ethik eine Wirtschaft ist, die ökologisch und sozial verantwortlich agiert, müssen die Kriterien der Geldanlage eine differenzierte Bewertung von Unternehmen und Geldanlagemöglichkeiten bieten. Der bis heute umfassendste Kriterienkatalog zur Bewertung von Unternehmen, der Frankfurt-Hohenheimer Leitfaden, entstand 1997 als Ergebnis einer interdisziplinären Arbeitsgruppe.[16] Ausgehend von der Erkenntnis, dass Technikentwicklung, Wirtschaftssysteme

[13] Hoffmann J., Scherhorn G., (2002), S. 41.

[14] Beispielhaft anzuführen sind hier das Interfaith Center on Corporate Responsibility (ICCR) in den Vereinigten Staaten und die Church Investors Group (CIG) in Großbritannien, aber auch die Stiftung Ethos in der Schweiz.

[15] Das Corporate Responsibility Interface Center (CRIC) mit Sitz in Frankfurt am Main beschäftigt sich seit 2009 mit Engagement: www.cric-online.org.

[16] Hoffmann J., (1997).

und monetäre Strukturen Ergebnisse sozialer Prozesse einer Kultur sind und die heutige Form des Wirtschaftswachstums nicht mehr der Wohlfahrt der Menschen und der Erhaltung der natürlichen Mitwelt dient, sondern zum Selbstzweck avanciert ist, ging es der Arbeitsgruppe darum, Geldflüsse bewusst zu steuern, um „die kleinschrittigen Veränderungen des Normalbereichs in Richtung sozial-, natur- und kulturverträgliche Innovation zu fördern und so dazu beizutragen, die destruktiven Potenziale unseres Wirtschaftssystems unter Kontrolle zu bringen".[17] Der Leitfaden basiert auf den drei Hauptkriterien der Natur-, Sozial- und Kulturverträglichkeit unternehmerischer Tätigkeiten und zeichnet sich besonders dadurch aus, dass er – was für ein wissenschaftliches Produkt nicht ganz selbstverständlich ist – erfolgreich für die Praxis adaptiert wurde und die Grundlage für das Corporate Responsibility Rating der oekom research AG in München darstellt. Vor allem zwei Aspekte sind es, die diesen Leitfaden charakterisieren. Einerseits wird auf eine ökonomische oder finanztechnische Bewertung der Unternehmen verzichtet. Dem Leitfaden geht es einzig um die Natur-, Sozial- und Kulturverträglichkeit von Unternehmen, ökonomische oder finanzielle Faktoren spielen keine Rolle. Die finanztechnische Bewertung der so analysierten Unternehmen erfolgt erst im Anschluss und unabhängig von der ethischen Bewertung, was sicherstellt, dass das ethische Urteil nicht durch Finanzinteressen kompromittiert wird. Andererseits fließen mit dem Kriterium der Kulturverträglichkeit Aspekte in die Unternehmensbewertung ein, die es erlauben, Aussagen über die „moralische Kultur" von Unternehmen zu formulieren. Dies ist vor allem dann wichtig, wenn es darum geht, den Beitrag von Unternehmen zur positiven Weltgestaltung zu beurteilen. Der Frankfurt-Hohenheimer Leitfaden geht dabei davon aus, dass wirtschaftliches Handeln funktional auf die Anerkennung moralischer Normen angewiesen ist. Gemeint sind damit Normen, die nicht vom Wirtschaftssystem selbst erzeugt werden, sondern aus dem Außenbereich des ökonomischen Systems – genau genommen aus dem lebensweltlich-kulturellen Ordnungswissen und dessen normativen Gehalten – rekurriert wird.[18] Damit wird darauf aufmerksam gemacht, dass ökonomisches Handeln auf dieses Ordnungswissen angewiesen ist, es aber gleichzeitig bedroht ist, wenn beispielsweise kommerzielle Denkformen – wie die Maximierung des individuellen Vorteils – auf nichtkommerzielle Lebensbereiche – wie die Familie – ausgedehnt werden. Die Kulturverträglichkeit bezieht sich auf mehrere Aspekte, wie die Berücksichtigung anthropologisch vorgegebener Antriebsstrukturen, allgemeine moralische Grundnormen, aber auch Leitbilder und Tugenden. Auch wenn die Kulturverträglichkeit jener Bereich ist, der in der Unternehmensbewertung am schwierigsten zu operationalisieren ist, bedeutet sie eine über die ökologische und soziale Kriteriologie hinausgehende ethische Reflexionsebene, welche Unternehmen und ökonomische Prozesse innerhalb des Referenzrahmens gemeinsamer Weltgestaltung verortet. Damit ist es möglich und erforderlich, wirtschaftliche Prozesse moralisch zu beurteilen.

17 Hoffmann J., (1997), S. 12.

18 Hoffmann J., (1997), S. 91.

In der Praxis der ethischen Geldanlage gibt es eine Reihe von Ansätzen zur Bewertung von Unternehmen. Diese Ratingprozesse unterscheiden sich mitunter stark hinsichtlich ihrer inhaltlichen und methodischen Ausprägung. Der jeweilige Ratingansatz ist aber entscheidend für die daraus resultierenden Gestaltungs- und Steuerungsmöglichkeiten und somit für die ethische Qualität einer Geldanlage. Insofern lohnt sich ein Blick auf die unterschiedlichen Methoden und Kriterien verschiedener Ratingansätze.[19]

Die meisten Ratingansätze arbeiten sowohl mit Ausschluss- als auch mit Positivkriterien, und zunehmend kommt der Best-in-Class-Ansatz zur Anwendung. Engagement wird im deutschen Sprachraum erst seit Kurzem betrieben und wird in Zukunft vermutlich eine noch größere Bedeutung erlangen, da der Dialog zwischen Investorengruppen und Unternehmen eine vielversprechende Möglichkeit zur ethisch motivierten Einflussnahme auf wirtschaftliche Abläufe darstellt. Die Gewichtung zwischen ökologischen und sozialen Bewertungskriterien kann mitunter unterschiedlich ausgeprägt sein, ebenso wie das Verständnis oder die Interpretation von Begriffen wie Ethik oder Nachhaltigkeit. Vor allem in Hinblick auf die so genannte „Materialität" ökologischer und sozialer Kriterien bestehen Auffassungsunterschiede.

Herausforderungen

Die Materialitätsdebatte ist auch paradigmatisch für die zukünftigen Herausforderungen der ethischen Geldanlage.[20] Dabei geht es im Wesentlichen um das Verhältnis zwischen Ethik und Profit bzw. um das Verhältnis zwischen Nachhaltigkeit und Ökonomie. Dass auch ethische Geldanlagen das Ziel verfolgen, das investierte Finanzkapital in seinem Wert zu erhalten oder zu vermehren, liegt auf der Hand. Damit unterscheiden sich Geldanlagen allgemein von anderen Verwendungsmöglichkeiten finanzieller Mittel, wie etwa Spenden, wo in der Regel kein unmittelbarer finanzieller Nutzen für den Spender vorliegt. Es gibt auch gute Gründe anzunehmen, dass sich Investments in nachhaltig agierende Unternehmen finanziell als besonders lukrativ erweisen können. Der springende Punkt in der Materialitätsdebatte ist jedoch die Frage, ob die ökologische und soziale Bewertung von Unternehmen bereits so ausgelegt sein soll, dass damit jene Unternehmen identifiziert werden können, die aufgrund ihres spezifischen Nachhaltigkeitsprofils die größten Investmentrenditen versprechen.

---

19 Vgl. Gabriel K., (2005).

20 Vgl. Gabriel K., (2007), S. 169-174.

5 Ethik und Profit – ein unvermittelbarer Gegensatz?

Ausgelöst wurde die Diskussion mit der im Jahr 2004 erschienenen Studie „Values for Money“, die davon ausgeht, dass „issues that are material to key stakeholder groups can very quickly become financially material to a company“. Weiter heißt es: „The relationship between key sustainability issues and investment value drivers is clearly vital for SRI and mainstream investors interested in the financial performance of their investments“.[21] Der hier zum Ausdruck gebrachte Standpunkt entspricht einer Umkehrung des eigentlichen Grundanliegens ethischer Geldanlage. Ökologische und soziale Kriterien dienen nicht mehr der Förderung nachhaltiger Wirtschaftsweisen, sondern als Hinweis auf das Renditepotenzial einer Geldanlage. Damit werden ethische Themenfelder zu ökonomischen Indikatoren der Renditemaximierung. Es geht nicht mehr darum, wirtschaftliche Prozesse zu gestalten, sondern darum, den return on investment zu verbessern.

Ökologische und soziale Kriterien ausschließlich hinsichtlich ihrer Auswirkungen auf die Rendite eines Investments zu definieren, verfehlt die Motive und Ziele ethisch orientierter Investoren jedoch ganz entschieden. Peter D. Kinder hat in seiner Entgegnung auf die Studie „Values for Money“ darauf hingewiesen, dass ethisch und nachhaltig motivierte Investoren ihre Anlageentscheidungen in erster Linie an der ökologischen und sozialen Performance der Geldanlage ausrichten und erst danach an guten Renditen interessiert sind.[22] Tatsächlich beschreibt diese vielleicht akademisch anmutende Diskussion eine Herausforderung an eine Ethik in der Geldanlage, die letztlich auf die Frage hinausläuft, welchen Stellenwert man moralischen Werthaltungen gegenüber ökonomischen und finanziellen Interessen einräumt. Wenn man Ethik ernst nimmt und die Würde des Menschen, Frieden, Wohlfahrt, Gerechtigkeit und Zukunftsfähigkeit als oberste Grundsätze des Handelns anerkennt, können finanzielle Interessen im Konfliktfall nur eine nachgeordnete Bedeutung haben. Das bedeutet nicht gleich, dass die ethische Geldanlage nicht renditeorientiert ist. Schließlich ist es sittlich geboten, mit finanziellen und ökonomischen Ressourcen verantwortlich umzugehen. Es geht jedoch darum, dass Gewinnerwirtschaftung sittlich nur dann legitim ist, wenn zentrale Menschenrechte und Gerechtigkeitsansprüche geachtet werden. Genau darum geht es der Ethik in der Geldanlage: Wir müssen uns darüber klar werden, um welchen Preis die Gewinne und Renditen erzielt werden und von daher die Frage stellen, ob wir bereit sind, diesen Preis zu zahlen.

Für die ethische Geldanlage bedeutet dies, dass die Motive, Methoden und Kriterien ethischer Geldanlagemöglichkeiten einer kritischen Analyse zu unterziehen sind. Der

---

21 Beloe S./Scherer J./Knoepfel I., (2004), S. 7.

22 Kinder P. D., (2004).

Boom bei ethischen Geldanlagen – die Wachstumsraten lagen in den letzten Jahren jeweils im zweistelligen Prozentbereich[23] – hat dazu geführt, dass nahezu alle Banken und Finanzdienstleistungsunternehmen zumindest ein ethisches Geldanlageprodukt im Programm haben. Nicht alle angebotenen Möglichkeiten zielen darauf ab, Einfluss auf wirtschaftliche Prozesse zu nehmen, viele begnügen sich damit, auf das Renditepotenzial der Nachhaltigkeitsbranchen zu setzen. Dies wird insbesondere bei Themenfonds deutlich, die davon ausgehen, dass bestimmte Nachhaltigkeitsthemen wie Wasser oder Energie in besonderer Weise lukrative Beteiligungsmöglichkeiten bieten. Damit wird jedoch lediglich in jene Unternehmen investiert, die innerhalb dieser Themenfelder die höchsten Gewinne erwirtschaften, ohne dass damit etwas über die Art und Weise der Gewinnerwirtschaftung und über die Auswirkungen auf Gesellschaft und Umwelt gesagt wird. Für Investoren, die mit ethischen Geldanlagen nicht nur die Hoffnung auf überdurchschnittliche Renditen verbinden, sondern mit ihrer Geldanlage etwas bewirken wollen, wird die Differenzierung der verschiedenen Geldanlagemöglichkeiten daher zunehmend wichtig.

6 Zusammenfassung und Ausblick

Ethik in der Geldanlage ist rückgebunden an moralische Werturteile und Grundüberzeugungen, auf die sich Menschen und Gesellschaften geeinigt haben, weil sie als richtig und gerecht angesehen werden. In der Praxis lassen sich Rendite und moralische Ansprüche innerhalb der ethischen Geldanlage vereinbaren, wenn das Erzielen einer maximalen Rendite nicht die oberste Maxime darstellt, sondern die Gewinnerwirtschaftung auf der Grundlage dieser Werturteile und Grundüberzeugungen erfolgt. Der Beitrag zu einer gerechten und zukunftsfähigen Gesellschaft besteht im Bemühen um Veränderungen in wirtschaftlichen Prozessen, die durch die Einbeziehung ethischer Kriterien in der Geldanlage bewirkt werden. Eine Geldanlage kann demnach als ethisch bezeichnet werden, wenn die Ethik und nicht die Rendite ihr leitendes Prinzip ist.

Für die nächsten Jahre ist mit einer weiterhin steigenden Bedeutung der ethischen Geldanlage zu rechnen. Nicht nur das zunehmende Bewusstsein über die Gestaltungsmöglichkeiten einer auf sozialen und ökologischen Kriterien ausgerichteten Geldanlage, auch die sich vor dem Hintergrund der aktuellen Finanzkrise verdichtende Skepsis gegenüber

[23] Forum Nachhaltige Geldanlagen (2012).

der konventionellen Finanzwirtschaft wird das Entstehen neuer, alternativer Konzepte zur Vermittlung zwischen Geldgebern und Geldnehmern entstehen lassen. Direkt- oder Bürgerbeteiligungsmodelle sowie Alternativ-, Ethik- und Nachhaltigkeitsbanken können von dieser Entwicklung überproportional profitieren.

Literatur

Anzenbacher, A.: Christliche Sozialethik. Einführung und Prinzipien, Paderborn 1997.

Auer, A.: Umweltethik. Ein theologischer Beitrag zur ökologischen Diskussion, Düsseldorf 1984.

Beloe, S./Scherer, J./Knoepfel, I.: Values for Money: Reviewing the Quality of SRI Research, London 2004.

Düwell, M./Hübenthal, Ch./Werner, M. H. (Hg.): Handbuch Ethik, Stuttgart 2002.

Forum Nachhaltige Geldanlagen (Hg.): Marktbericht Nachhaltige Geldanlagen 2012: http://www.forum-ng.org.

Gabriel, K.: Wirtschaft gestalten, in: Geld und Ethik: ethische Geldanlagen. Nachrichten und Stellungnahmen der Katholischen Sozialakademie Österreichs 9/2006.

Gabriel, K.: Nachhaltigkeit am Finanzmarkt. Mit ökologisch und sozial verantwortlichen Geldanlagen die Wirtschaft gestalten, München 2007.

Gabriel, K./Schlagnitweit, M.: Das gute Geld. Ethisches Investment – Hintergründe und Möglichkeiten, Innsbruck 2009.

Hauff, V. (Hg.): Unsere gemeinsame Zukunft. Der Brundtland-Bericht der Kommission für Umwelt und Entwicklung, Greven 1987, im Original: World Commission on Environment and Development, Our Common Future, S. 43: „Sustainable development meets the needs of the present without compromising the ability of future generations to meet their own needs", Oxford 1987.

Hoffmann, J. et al. (Hg.): Ethische Kriterien für die Bewertung von Unternehmen. Frankfurt-Hohenheimer Leitfaden, Frankfurt/Main 1997.

Hoffmann, J./Scherhorn, G.: Saubere Gewinne. So legen Sie ihr Geld ethisch-ökologisch an, Freiburg 2002.

Hoffmann, J./Scherhorn, G./Busch, T.: Darmstädter Definition Nachhaltiger Geldanlagen, Darmstadt 2004: http://www.wupperinst.org/uploads/tx_wibeitrag/ws31.pdf, Stand 10/2008.

Kettner, M.: Moral, in: M. Düwell, Ch. Hübenthal, M. H. Werner (Hg.), Handbuch Ethik, Stuttgart 2002.

Kinder, P. D.: Values *and* Money. A Research Practitioner's Perspective on Value for Money, Boston 2004.

Littig, B.: Religion und Nachhaltige Entwicklung. Ein weites Feld im Überblick, in: dieselbe (Hg.), Religion und Nachhaltigkeit. Multidisziplinäre Zugänge und Sichtweisen, Münster 2004.

Meadows, D. et al.: Die Grenzen des Wachstums. Bericht des Club of Rome zur Lage der Menschheit, Reinbek 1973.

Ott, K./Döring, R.: Theorie und Praxis starker Nachhaltigkeit, Marburg 2004.

Tremmel, J.: Nachhaltigkeit als politische und analytische Kategorie. Der deutsche Diskurs um nachhaltige Entwicklung im Spiegel der Interessen der Akteure, München 2003.

Vogt, M.: Natürliche Ressourcen und intergenerationelle Gerechtigkeit, in: Heimbach-Steins, M. (Hg.), Christliche Sozialethik, Bd. 2, Regensburg 2005.

Green Finance: Wachstumsfeld Umwelt

Florian Kammerer/Carlo Velten[1]

[1] Die hier vertretene Meinung gibt ausschließlich die private Meinung des Verfassers wider. Der Beitrag beruht auf einer Überarbeitung der Veröffentlichung von Florian Mayer und Carlo Velten: „Nachhaltiges Wachstum finanzieren – Strategien und Finanzierungsinstrumente für eine Green Economy", herausgegeben von der Friedrich-Ebert-Stiftung, Managerkreis 2010.

1 Grüne Technologien als Antwort auf Megatrends

1.1 Ressourcen und Energiemix der Zukunft

Auf globaler Ebene sehen sich alle Staaten aufgrund notwendiger CO_2-Reduktionen sowie des in der Tendenz steigenden Energiepreisniveaus mit energiepolitischen Herausforderungen konfrontiert, die eine fundamentale Verschiebung des Energiemixes sowie verbesserte Energieeffizienz erfordern. Der Anteil fossiler Energieträger am Energiemix wird abnehmen, die Kompensation durch erneuerbare Energieträger stellt eine wesentliche Herausforderung dar. So tun sich in nahezu allen Industrie- und BRIC-Staaten (Brasilien, Russland, Indien, China) Investitionslücken bei Infrastruktur, Netzwerken und Kompetenzbasis auf. Gerade für Deutschland wird – vor dem Hintergrund der Energiewende – die Erzeugung, Vernetzung und intelligente Verteilung (Smart Grids) von Erneuerbaren Energien zu einem strategischen Wettbewerbsfaktor. Versorgungssicherheit und stabile Preise erfordern ein gewisses Maß an Unabhängigkeit sowie Flexibilität beim Energiemix. Energieeffizienz kann die deutsche Wirtschaft von der Volatilität der Energiepreise unabhängiger machen.

Nicht nur die Energie-, auch die Rohstoffeffizienz wird zu einer Schlüsselfrage der Wohlstandssicherung und mehr und mehr zu einem wichtigen Standort- und Wettbewerbsfaktor. Viele Rohstoffquellen, darunter Metalle, Silizium, Naturkautschuk, geraten aufgrund des Materialhungers der Industrie- sowie der Schwellenländer an ihre Grenzen. Die drohende Knappheit schlägt sich im Preis nieder. Etwa bei den industriell besonders relevanten metallischen Rohstoffen spiegeln sich in den Preissteigerungen die langfristig hohe Nachfrage, ein kurz- und mittelfristig knappes Angebot, aber auch handelsverzerrende Praktiken einiger Länder wider. Der Zugang zu Rohstoffen wird zunehmend auch zu einer außenpolitischen Frage, die für Unternehmen mit wirtschaftlichen Risiken verbunden ist.

1.2 Die ökologische Herausforderung

Urbanisierung, Bevölkerungswachstum sowie die voranschreitende Technisierung und Mobilität unseres modernen Alltags haben auf das ökologische System unseres Planeten eine Vielzahl negativer Effekte. So stehen wir mit Blick auf die Versorgung mit sauberem Wasser, die Verfügbarkeit fruchtbarer, erosionsresistenter Böden und sauberer Luft vor enormen ökologischen Herausforderungen. Die Folgen von Klimaerwärmung und rückläufiger Biodiversität sind hinlänglich bekannt und medial präsent.

Die existenzielle Bedrohung und die drohenden Kosten des Klimawandels hat der Bericht von Sir Nicholas Stern[2] verdeutlicht. So schätzt der ehemalige Chefökonom der Weltbank, dass ein ungebremster Klimawandel im Jahr 2050 bis zu 20% des weltweiten Bruttosozialprodukts kosten würde. Die globale Erwärmung aufgrund der ansteigenden Kohlendioxidemissionen (CO_2) ist sicherlich gegenwärtig gesellschaftlich wie wirtschaftlich der wichtigste Megatrend. Alle wissenschaftlichen Szenarien sagen global steigende Temperaturen voraus. Als wesentliche Ursache dafür gilt die Verbrennung fossiler Energieträger. In der Folge ist regional unterschiedlich mit der Zunahme von Extremwetterlagen und den Auswirkungen auf die Landwirtschaft, die Verfügbarkeit von Trinkwasser, den Tourismus und vielem mehr zu rechnen.

Bis zum Jahr 2050 erwarten die UN ein Anwachsen der Weltbevölkerung auf mehr als neun Milliarden Menschen (vgl. UN 2012). Dieser starke Anstieg findet jedoch nicht in Europa statt, sondern überwiegend in Schwellen- und Entwicklungsländern. Verbunden mit dem Bevölkerungsanstieg sind auch eine Verstädterung und wachsende Mobilität. Sogenannte „Megacities" (nach UN-Definition Städte mit mehr als zehn Mio. Einwohnern) wachsen weltweit, vor allem aber in Asien und Afrika. Bereits 2007 war jeder zweite Mensch ein Städter, 2030 werden es rund zwei Drittel sein. Überzeugende Lösungsansätze müssen klimaschonende und energie- sowie ressourceneffiziente Technologien zu einem Gesamtkonzept verbinden.

Nach Angaben der Vereinten Nationen haben weltweit mehr als eine Milliarde Menschen keinen Zugang zu sauberem Trinkwasser. Gleichzeitig kann eine hohe Produktivität der Landwirtschaft nur mit intensiver Bewässerung erreicht werden. Die Landwirtschaft wird damit zum größten Wasserverbraucher weltweit. Doch auch der Verbrauch der Haushalte und der Industrie steigt. Die weltweiten Süßwasserreserven sind zwar groß, die Schwerpunkte der Reserven stimmen jedoch nicht mit den Schwerpunkten des Verbrauchs überein. Zudem sind immer mehr Süßwasserreserven mit unterschiedlichen Stoffen (z.B. Düngemittel, Schwermetalle) kontaminiert. Um die Versorgung einer wachsenden Zahl von Menschen mit sauberem Trinkwasser zu gewährleisten, sind Innovationen, moderne Technologien und Dienstleistungen gefragt.

Die Zerstörung natürlicher Ökosysteme könnte global enorme Kosten verursachen. Das zeigen Untersuchungen zu Kosten und Nutzen des Erhalts von Wäldern, Feuchtgebieten und anderen Biotopen (sog. TEEB-Studie)[3]. Die vom Ökonom Pavan Sukhdev (Generaldirektor und Leiter der Abteilung „Globale Märkte" der Deutschen Bank AG in London) geleitete Studie taxiert die Ökosystemdienstleistungen der rund 100.000 Schutzgebiete der Erde auf 4,4 bis 5,2 Bio. US-Dollar pro Jahr. Die Bewahrung dieser Gebiete

[2] Vgl. Stern (2007).

[3] Vgl. Kumar (2010).

würde nur 45 Mrd. Dollar jährlich kosten. Zu diesen Ökosystemdienstleistungen gehören die Speicherung klimaschädlicher Treibhausgase, der Schutz und die Verbesserung der Trinkwasserversorgung und der Hochwasserschutz. Allein ein internationales Abkommen zum Schutz der Wälder könnte die Kosten für Klimaschutz um 3,7 Bio. Dollar senken.

1.3 Grüne Technologie als globaler Wachstumsmarkt

Globale Megatrends verschärfen den Druck, Umwelt und Effizienztechnologien einzusetzen und fortzuentwickeln. Befragungen deutscher Unternehmen haben sechs besonders dynamische „grüne Zukunftsmärkte" ergeben, die sich in verschiedene Marktsegmente und Technologielinien differenzieren lassen: die Märkte für nachhaltige Energieerzeugung, Energieeffizienz, Rohstoff- und Materialeffizienz, nachhaltige Mobilität, nachhaltige Wasserwirtschaft sowie Abfall- und Kreislaufwirtschaft. Der vom Bundesumweltministerium herausgebrachte Greentech-Atlas 3.0 zeigt, dass sich die genannten grünen Zukunftsmärkte weltweit dynamisch entwickeln und „GreenTech made in Germany" ein wesentlicher Motor für mehr Wachstum und Beschäftigung sein kann.[4]

Abbildung 1: Entwicklung des Weltmarktvolumens von Greentech

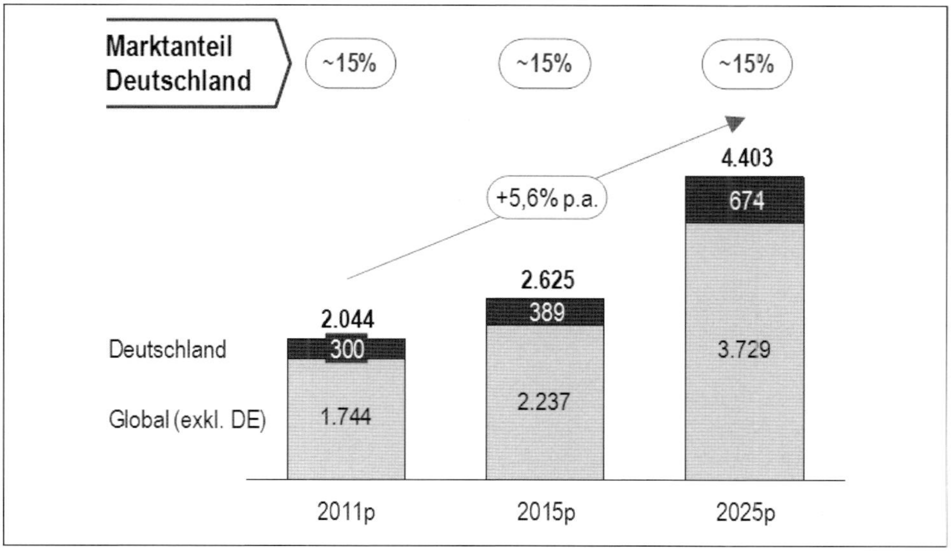

Quelle: BMU, 2012

[4] Vgl. BMU (2012).

So beziffert sich im Jahr 2011 das Volumen des globalen Marktes für Umwelttechnik und Ressourceneffizienz auf 2.044 Mrd. Euro. Weltweit werden die sechs Leitmärkte für Umwelttechnologie im Jahr 2025 ein Gesamtvolumen von 4.400 Mrd. Euro erreichen. Das entspricht einem durchschnittlichen jährlichen Wachstum von rund 6%. (vgl. Abb. 1). Von dem dynamischen Wachstum der grünen Zukunftsmärkte auf globaler Ebene können deutsche Unternehmen überdurchschnittlich profitieren, denn sie besitzen auf vielen Märkten eine starke Position im internationalen Wettbewerb, die sich unter anderem in hohen Weltmarktanteilen und der starken Patentsituation niederschlägt. Umwelt- und Effizienztechnologien sind Wachstumstreiber entlang der gesamten industriellen Wertschöpfungskette. Sie profitieren nicht nur von ihrer Verankerung in den klassischen Industriezweigen, sie treiben auch die Modernisierung der klassischen Industriezweige voran wie zum Beispiel den Maschinen- und Fahrzeugbau, die chemische und die Elektroindustrie (vgl. Abb. 2).

Abbildung 2: Anteil klassischer Industrien am Gesamtmarkt Umwelttechnik und Ressourceneffizienz in 2010 (Ausschnitt) [%]

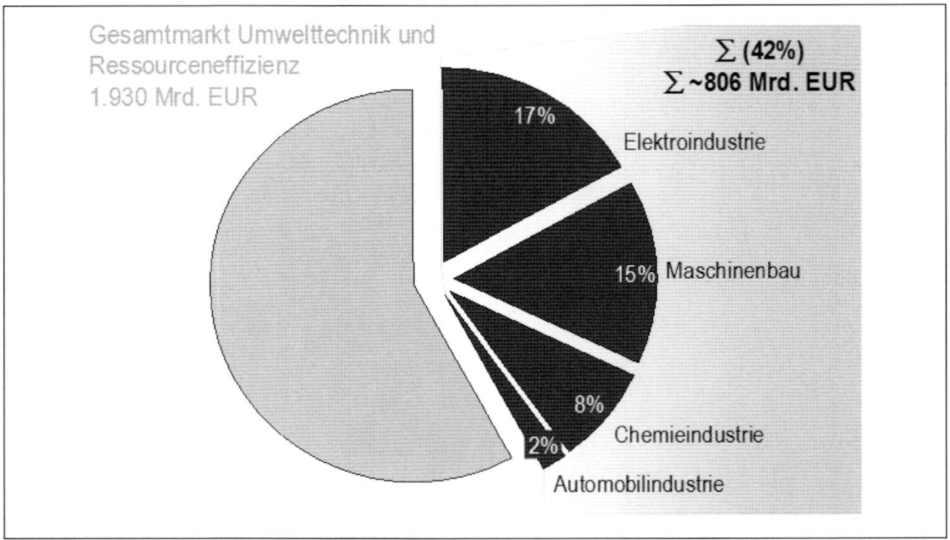

Quelle: BMU, 2012

2 Chancen und Herausforderungen einer Green Economy in Deutschland

2.1 Ziele und Inhalte einer innovativen Wirtschaftspolitik

Die Wirtschaftspolitik muss auf die skizzierten ökologischen und ökonomischen Megatrends und die damit verbundenen wirtschaftlichen Chancen reagieren. Die Gestaltung einer innovativen Wirtschaftspolitik muss sich dabei an den Kriterien Effizienz, Langfristigkeit und Substanzorientierung ausrichten. Praktische Richtschnur unter den gegebenen Herausforderungen sind Kohlenstoffarmut, sowie Energie- und Ressourceneffizienz. Grüne Technologien – von den Unternehmen, der öffentlichen Hand und den Bürgern konsequent angewandt – können die Grundlage für eine neue Wachstumspolitik sein. Seit Anfang des Millenniums steigt die globale Nachfrage nach Greentech stetig und wird zukünftig einen wesentlichen Teil der weltweiten Wirtschaftsleistung ausmachen. Die Chancen auf nachhaltiges Wachstum, die mit Umwelttechnologie und gesamtwirtschaftlicher Energie- und Ressourceneffizienz verbunden sind, hat auch die Europäische Kommission erkannt und zu einem wesentlichen Bestandteil ihrer Europa 2020-Strategie gemacht. Auch auf internationaler Ebene hat die politische Diskussion um eine sogenannte „Green Economy“ an Gewicht gewonnen. Auf der Weltkonferenz „Rio plus 20“ bekannte sich die Staatengemeinschaft zum Konzept der „Green Economy“. Dabei geht es aus Umweltsicht darum, ökologische Risiken zu begrenzen und wirtschaftliche Chancen zu nutzen.[5] Konkret:

- Schädliche Emissionen und Schadstoffeinträge in alle Umweltmedien noch stärker zu vermeiden,
- Abfälle zu vermeiden, wiederzuverwerten und umweltverträglich zu beseitigen sowie Stoffkreisläufe so weit wie möglich zu schließen,
- den Einsatz nicht erneuerbarer Ressourcen weiter zu senken,
- eine noch effizientere Nutzung von Energie, Rohstoffen und anderen natürlichen Ressourcen zu erreichen,
- nicht erneuerbare Ressourcen durch nachhaltig erzeugte erneuerbare Ressourcen kontinuierlich zu ersetzen,
- langfristig eine stärker auf Erneuerbaren Energien basierende Energieversorgung zu erreichen und

[5] Vgl. BMU (2012), BDI (2012).

- die biologische Vielfalt sowie Ökosysteme und ihre Leistungen zu erhalten beziehungsweise wiederherzustellen.

So lassen sich auch in Deutschland unter dem Stichwort „Green Economy" ehemals konträre Zielvorstellungen mit einer innovativen Wirtschaftspolitik vereinen. So steigern deutsche Unternehmen gerade angesichts steigender Energie- und Rohstoffpreise ihre Innovationskraft und Produktivität mittels grüner Technologien und erhöhter Energie- und Ressourceneffizienz.

Deutschland hat sich in der globalen Finanz- und Wirtschaftskrise wegen seiner weltwirtschaftlichen Integration als verletzlich erwiesen. Die Schlussfolgerung daraus kann jedoch nicht eine schwächere weltwirtschaftliche Einbettung und eine Flucht in die Binnenwirtschaft sein. Vielmehr muss es zu einer neuen Balance zwischen kluger weltwirtschaftlicher Integration und einer gesunden Binnenmarktentwicklung kommen. Dieser Weg kann durch eine Orientierung an einer Green Economy beschritten werden, die ebenso deutsche Stärken in der Weltwirtschaft berücksichtigt wie binnenwirtschaftliche Impulse durch Energie- und Ressourceneffizienz setzt.

Die strategischen Ziele einer Green Economy lauten:

- Wachstum, das nachhaltig ist und neue Beschäftigung schafft,
- Klima schützen, Natur bewahren und endliche Ressourcen schonen, d.h. Technologiesprünge bei den Umwelt- und Effizienztechnologien,
- Wettbewerbsfähigkeit steigern, d.h. Industrie auf knapper und teurer werdende Ressourcen einstellen, die Entwicklung von Leitmärkten (z.B. Elektromobilität) unterstützen, Export fördern.

Deutschland sollte international Maßstäbe setzen auf dem Weg zu einer Green Economy durch folgende Zielgrößen:

- Reduktion der CO_2-Emissionen bis 2020 auf 40% gegenüber 1990,
- vollständiger Umstieg auf Erneuerbare Energien bis 2050,
- Deutschland als Weltmeister der Energie- und Rohstoffeffizienz bis 2020,
- Greentech auf 10% des BIP in 2020 inklusive grüner Dienstleistungen,
- grüne Gründungen auf 10% aller Unternehmensneugründungen in 2020,
- Green Jobs auf 20% bei neu geschaffenen Arbeitsplätzen in 2020,
- Umwelttechnologie-Patente auf 20% bei Patentanmeldungen in 2020.

2.2 Grüne Technologien als Wachstums- und Jobmotor in Deutschland

Die grünen Technologien sind in Deutschland zum Wachstumstreiber und Jobmotor geworden. Mit einem erwarteten Wachstum der Mitarbeiterzahl von jährlich durchschnittlich 8,4% leisteten die Unternehmen auf den grünen Leitmärkten einen wichtigen Beitrag für die Schaffung neuer Arbeitsplätze.[6] Insgesamt gibt es in Deutschland knapp 2 Mio. Green Jobs.[7] Wichtige Faktoren sind der steigende Export von Umweltschutzgütern und die Zuwächse bei den umweltorientierten Dienstleistungen. Die Anforderungen an die Qualifikation der Mitarbeiter sind dabei vergleichsweise hoch. Der Akademikeranteil liegt bei 30% – im Vergleich zu durchschnittlich 20% in anderen Wirtschaftszweigen. In der Umweltwirtschaft wird außergewöhnlich häufig, intensiv und kontinuierlich geforscht. Die Stärke der deutschen Wirtschaft in diesem Feld spiegelt sich im hohen Weltmarktanteil wider (vgl. Abbildung 3).

Abbildung 3: Anteil Deutschlands am globalen Markt für Umwelttechnik und Ressourceneffizienz

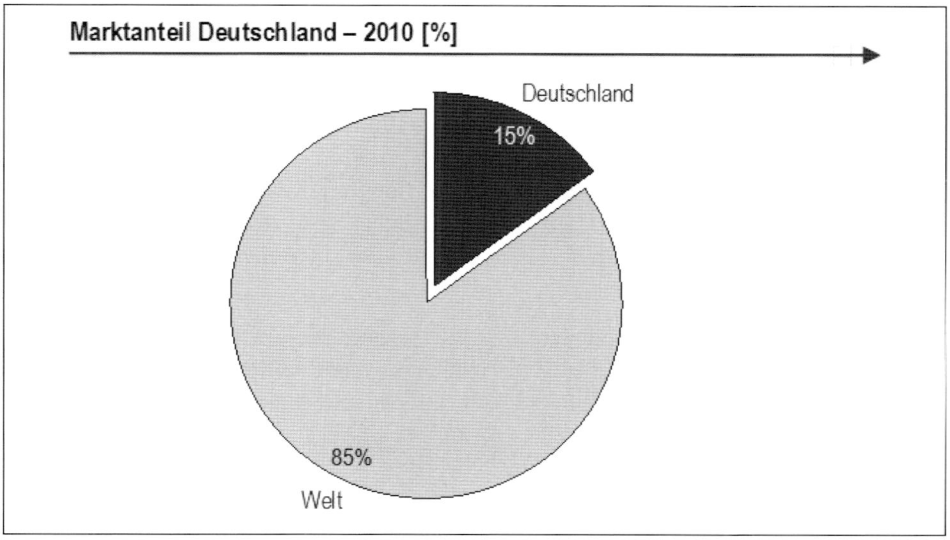

Quelle: BMU, 2012

[6] Vgl. BMU (2012).
[7] Vgl. BMU (2011).

Eine Wachstumsstrategie muss die Modernisierung der Wirtschaft zum Ziel haben. Das bedeutet zum einen den Aufbau und die Stärkung neuer, zukunftsfähiger Wirtschaftszweige (bei den Umwelt- und Effizienztechnologien) und neuer Green Jobs, mit denen Deutschland seine Stärken in der internationalen Arbeitsteilung ausspielen kann. Das bedeutet aber auch eine Erneuerung industrieller Kerne, wie etwa der Automobilwirtschaft mit Blick auf Elektromobilität. Wichtig für die Modernisierung der Wirtschaft (hin zu Energie- und Ressourceneffizienz) ist das Zusammenspiel zwischen Industrie und Dienstleistungen. Sogenannte Green Services sind dabei Motor für Innovationen. Sie leisten einen wichtigen Beitrag zur Energie- und Ressourceneffizienz und damit zur Wettbewerbsfähigkeit. Denn Deutschland braucht dauerhafte binnenwirtschaftliche Impulse und Spielräume bei Beschäftigung und Lohnpolitik – die durch eine ressourcenorientierte Erneuerung der Wirtschaft möglich sind. Hier schlummern enorme Produktivitätsreserven und Wachstumspotenziale für die deutsche Wirtschaft: Die Deutsche Materialeffizienzagentur (demea) schätzt etwa, dass in der deutschen Volkswirtschaft mindestens 100 Mrd. Euro Materialkosten jährlich eingespart werden können.[8] Hier lassen sich Wachstumsimpulse setzen, die nicht zu Lasten der öffentlichen Haushalte gehen. Die japanische Regierung hat sich beispielsweise schon vor Jahren das Ziel gesetzt, die Ressourceneffizienz bis zum Jahr 2010 um 40% zu erhöhen.

2.3 Ansätze eines integrierten Ordnungsrahmens

Wenn auch politisch schwer realisierbar, ist die Integration verschiedener Handlungsfelder die Grundlage für eine erfolgreiche und innovative Wirtschaftspolitik. Um nicht dem kurzfristigen politischen Kalkül zu unterliegen, sind Leitlinien für einen integrierten Ordnungsrahmen unverzichtbar.

- *Zusammenspiel von Staat, Wirtschaft und Bürgern*: Eine ressourcenorientierte Erneuerung der deutschen Wirtschaft braucht innovative Unternehmer, einen klugen politischen Ordnungsrahmen und gut informierte, souveräne Verbraucher.
- *Angebotsorientierte und nachfrageseitige Instrumente sollten klug miteinander kombiniert werden*: Die Innovationsforschung zeigt, dass das Zusammenspiel von intelligenten Anreizsystemen und Rahmenbedingungen mit einer aktivierten Nachfrage die beste Voraussetzung für den Durchbruch innovativer Technologien und die Marktdurchdringung ist. Zum Policy Mix gehört daher eine Vielzahl an Instrumenten.

[8] Siehe http://www.demea.de/service/publikationen/demea100308industrieanzeigerdiebetriebekonnten100millardeneuroeinsparen.pdf

- *Preise müssen mehr als bisher die tatsächlichen Kosten widerspiegeln und dem Verursacherprinzip gerecht werden*: Preise sind Knappheitsmesser, die ökologische Kosten nicht ausblenden dürfen – das ist mit Blick auf die Allokation und die Risikobewertung eine Effizienzfrage. Zugleich werfen externe Effekte jedoch auch Fragen der sozialen Gerechtigkeit auf. Die Internalisierung externer Kosten, funktionierende Märkte und damit die Stärkung des Verursacherprinzips sind Dreh- und Angelpunkte eines effizienten Ordnungsrahmens.
- *Kalkulierbare Rahmenbedingungen und Benchmarks sicherstellen*: Die Unternehmen müssen wissen, woran sie sind. Politik darf nicht willkürlich agieren. Ambitionierte Benchmarks, die langfristig und berechenbar angekündigt sind, sind ein wichtiger Bestandteil einer Politik, die Planbarkeit und Dynamik vereint. Dazu gehören auch Gesetzesregelungen für eine moderne Ausstattung im Bereich investiver und konsumptiver Güter. Ein Beispiel ist die europäische Ökodesign-Richtlinie, die Anforderungen an die umweltgerechte Gestaltung von Produkten (zu Energie- künftig auch Materialeffizienz) stellt. Die Ausgestaltung der Ökodesign-Richtlinie führt dazu, dass besonders ineffiziente Geräte vom europäischen Markt ausgeschlossen werden.
- *Technologieoffen, aber zielgerichtet den Fortschritt fördern*: Niemand kann heute technologische Lösungen der Zukunft vorhersagen. Politik muss daher grundsätzlich technologieoffen sein. Eine Politik der technologischen Ertüchtigung setzt deshalb auf ambitionierte Ziele, gibt aber keine technologischen Lösungsstrategien vor.
- *Horizontale Ansätze und sektorale Politiken müssen sich ergänzen*: Die Rahmenbedingungen müssen so gesetzt sein, dass sie die gesamte Wirtschaft innovativer machen. Das schließt sektoral forcierten Strukturwandel nicht aus – sei es, weil Technologiesprünge nicht allein über die Steuerung der Rahmenbedingungen herzustellen sind, oder weil im internationalen Wettbewerb auch langfristige strategische Interessen eine Rolle spielen.

Unternehmen benötigen einen verlässlichen wirtschaftspolitischen Rahmen. Die Politik kann über verschiedene angebots- und nachfrageseitige Maßnahmen indirekt die Finanzierung der in diesem Zusammenhang notwendigen Investitionen gewährleisten. Beispiele sind:

- *Innovationsfördernde Beschaffung*: Falls Bund, Länder und Kommunen sich auf neue, abgestimmte Beschaffungsstandards einigen, bilden sie mit fast 60 Mrd. Euro jährlich bei einem Gesamtbeschaffungsvolumen von rund 260 Mrd. Euro eine massive Einkaufsmacht für umweltfreundliche Produktinnovationen. Lebenszykluskosten und externe Effekte bei der Beschaffung nicht zu berücksichtigen, ist ineffizient und nicht vermittelbar.

- *Eine Ressourcenaußenpolitik*: Für Deutschlands Weg zu einer Green Economy ist eine nachhaltige Ressourcenaußenpolitik ein weiterer Schlüssel zum Erfolg. Damit wird die Nachfrage gestaltet und die Märkte werden stimuliert. Wichtig ist u.a. die Schaffung globaler Emissionshandelssysteme, denn Klimaschutz kann nur global wirklich gelingen.
- *Gerade im Rahmen der Energiewende Forschungsanstrengungen verstärken und besser koordinieren*: Notwendig sind beispielsweise intelligente Stromnetze („Smart Grids"), die Erzeugung und Verbrauch besser aufeinander abstimmen helfen. In virtuellen Kraftwerken können Stromerzeugungsanlagen, Verbraucher und Speicher kommunizieren. Effiziente Stromspeichertechnologien oder die Einbindung von Elektrofahrzeugen können ebenfalls Beiträge leisten, ebenso die Stromübertragungstechnik.
- *Umweltschädliche Subventionen abbauen und systematisches Subventionscontrolling etablieren*: Eine nachhaltige Finanzpolitik erfordert, bei der Gestaltung von Finanzhilfen, Steuervergünstigungen und anderen direkten und indirekten Subventionen die Wirkungen auf Umweltgüter wie Klima, Luft, Wasser, Boden, Artenschutz und Landschaft sowie Gesundheit und Ressourcen systematisch zu prüfen. Notwendig ist ein systematisches Subventionscontrolling, das die ökologischen Wirkungen von Subventionen im Blick hat. Es ist widersinnig, mit Staatsgeldern ökologische Schäden zu befördern, die später in der Folge im Zweifelsfall von der öffentlichen Hand getragen werden müssen.
- *Einführung von Steuergutschriften für Forschungsausgaben*: Die F&E-Ausgaben mittelständischer Unternehmen sind in den letzten Jahren gesunken. Großunternehmen investieren 5% in die Forschung, KMU nur drei. Daher sollte die ausschließlich direkte, projektbezogene Forschungsförderung in Deutschland durch eine indirekte Förderung ergänzt werden. Denn die direkte Förderung erreicht lediglich 15% der Unternehmen und ist für viele KMU nicht attraktiv. In anderen Ländern profitieren deutlich mehr Unternehmen von einer solchen öffentlichen Förderung. Steuergutschriften für private Forschungsausgaben ist gezielte Wirtschaftsförderung und stärkt die Innovationskraft des deutschen Mittelstands – gerade auch die mittelständischen Hersteller grüner Technologien.

3 Green Finance – in die Zukunft investieren

3.1 Finanzierung und Investitionsanreize als zentrale Herausforderung

Gerade mit Blick auf die internationale Wettbewerbsfähigkeit Deutschlands sind neben ambitionierten F&E-Anstrengungen ausreichende Investitionen erforderlich. Obwohl die Nettoinvestitionsquote unbestritten ein wichtiger Wachstumsfaktor für ein Wirtschaftssystem ist, sinkt sie in Deutschland seit Jahrzehnten. Der Anteil der Nettoinvestitionen am Bruttoinlandsprodukt sinkt in Deutschland seit Jahrzehnten: von 10 bis 15% in den 1960er Jahren auf unter 5% seit 2003. Ein internationaler Vergleich zeigt, dass dies gegenwärtig auch weniger ist als in vielen anderen Ländern. Bemerkenswert synchron mit der fallenden deutschen Nettoinvestitionsquote zeigen auch die gesamtwirtschaftlichen Wachstumsraten der letzten Jahrzehnte einen fallenden Trend. Der Rückgang der Nettoinvestitionsquote ist mit einer zunehmenden Überalterung des deutschen Kapitalstocks verbunden. Damit bietet sich jetzt – gerade um die internationale Wettbewerbsfähigkeit zu steigern – aber auch die Chance, relativ schnell einen moderneren, ressourcenschonenderen Kapitalstock aufzubauen.

Investitionsanreize für Unternehmen und Investoren lassen sich maßgeblich über einen intelligenten ordnungspolitischen Rahmen setzen, der angebots- und nachfrageseitige Instrumente beinhaltet. Nur wenn durch „grüne Rahmenbedingungen“ entsprechende Märkte und Absatzchancen auf absehbare Zeit erschlossen werden können, steigt die Planungssicherheit und sind entsprechende Investitionen auf Unternehmensseite zu erwarten. Parallel dazu müssen Barrieren im Bereich der Unternehmensfinanzierung abgebaut werden. Entscheidend für eine erfolgreiche Wachstumsstrategie sind aber vor allem auch geeignete Finanzierungsinstrumente.

3.2 Ziele und Gestaltungsmöglichkeiten eines „grünen Finanzmarktes"

Finanzdienstleistungen und -produkte aus Deutschland müssen für die höchsten Ansprüche an Solidität, Qualität und Sicherheit stehen. Die Akteure auf den Finanzmärkten müssen sich ihrer gesellschaftlichen Verantwortung bewusst sein und stärker als bisher zu einem ökologischen Umbau der Wirtschaft beitragen. Darin liegt die Chance für einen „grünen Finanzplatz Deutschland“. Deutschland ist Weltmarktführer bei den „grünen Technologien“. Dieser Vorteil muss ausgebaut werden, und dafür braucht man solide und nachhaltige Finanzierungen. Die Klima- und Umweltpolitik lässt sich durch mehr ökologische Transparenz auf den Finanzmärkten und Finanzprodukte für „grüne Unternehmen" forcieren.

Ausgangspunkt der Überlegungen muss die Anlegerstruktur in Deutschland sein. Institutionelle Anleger können noch bessere Informationen und Anreize erhalten, damit sie sich finanziell stärker in diesen Zukunftsmärkten engagieren und die Nachhaltigkeit von Geschäftsmodellen besser beurteilen können. Zudem lässt sich die staatliche Förderung von Altersvorsorgeprodukten so erweitern, dass innerhalb des bestehenden Fördervolumens auch Investitionen in nachhaltige Technologien möglich werden. In der Finanzierung von grünen Investitionen und dem Management von nachhaltig orientierten Geldanlagen liegen beträchtliche Potenziale für sinnvolle Finanzdienstleistungen, die Anlegern, Gesellschaft und Natur gleichermaßen dienen.

Öffentliche Banken sollten bei der ökologischen Gestaltung der Finanzmärkte eine Schlüsselrolle einnehmen, Sparkassen, Landesbanken und andere öffentlich-rechtliche Finanzinstitute daher ihre Produkte und Beratung auf entsprechendes Potenzial prüfen sowie Geschäftsmodelle entsprechend angepasst werden.

Die Politik muss die Rahmenbedingungen dafür schaffen, dass die Finanzmärkte zum zentralen Hebel für die erforderlichen Investitionen in eine Modernisierung Deutschlands werden und eine Neuausrichtung des Finanzsektors insgesamt gelingt. Ziele einer zukunftsorientierten Finanzmarktpolitik in Deutschland müssen daher lauten:

- Langfristigkeit und Technologiebezug als Investitionskriterien stärken,
- Kapital durch neue Anlageformen mobilisieren,
- ökologische Transparenz auf den Finanzmärkte steigern.

3.3 Langfristigkeit und Technologiebezug als Investitionskriterien

Als Kriterien zur Beurteilung werthaltiger und ökologisch sinnvoller Investitionen sollten Langfristigkeit und Technologiebezug dienen – hier kann die Analyse unternehmens- und branchenbezogener Auswirkungen der beschriebenen Megatrends eine Richtschnur sein. Es sollte vermieden werden, steuer- und finanzpolitische Anreize zu setzen, deren Auswirkung auf kurzfristige Renditen abzielen. Spekulative Aktivitäten mit grünen Anlagen sollten vermieden bzw. auf ein Minimum an Absicherungsgeschäften reduziert werden. So könnten beispielsweise die Anzahl und das Volumen von Hedging- und Termingeschäften, die sich auf Greentech-Aktien beziehen, auf ein festgelegtes Maß beschränkt werden. Auch sollten nur Anlagen in Unternehmen und Projekte gefördert werden, die einen konkreten Technologiebezug aufweisen. Nur so lassen sich die Stärken von Deutschland als Technologieentwicklungsstandort und die Wettbewerbsfähigkeit der einzelnen Unternehmen langfristig international absichern.

Auf der anderen Seite bedarf es bei den Finanzmarktakteuren den Aufbau geeigneter Expertise – ohne eine solche Expertise wird es nicht möglich sein, werthaltige und ökologisch sinnvolle, aber komplexe Investitionen anhand von Langfristigkeit und Technologiebezug zu bewerten. Gerade bei Banken befindet sich der Aufbau entsprechender Technologieteams noch am Anfang, so dass potenzielle Marktchancen eventuell nicht erkannt werden.

3.4 Mobilisierung von Investitionen durch intelligenten Finanzierungsmix

Klein- und mittelständische Unternehmen prägen die Umweltbranche und den Innovationsprozess. Kleine und mittlere Unternehmen sind zugleich die Träger der Beschäftigungsdynamik, die die Umweltbranche kennzeichnet. Dass der Sprung auf den Markt und die Marktexpansion gelingen, ist vielfach eine Frage der Finanzierung.

Um die Entwicklung der grünen Technologien zu fördern und ein weiteres Wachsen der Branche zu ermöglichen, ist es wichtig, dass die Finanzierung für entsprechende Investitionen und für Betriebsgründungen gesichert ist. In Deutschland ist Liquidität im Markt vorhanden, aber sie fließt nicht immer an die richtigen Stellen. Entsprechende Investitionen scheitern daher oft an Kapitalmangel bzw. an mangelnder Risikobereitschaft von Kreditinstituten und Finanzmarktintermediären.

Welche bedeutende Rolle inzwischen die Finanzierungsaspekte spielen, verdeutlicht ein Blick in die USA. Anders als bei uns zieht die Umwelttechnologieunternehmen dort das Kapital „magisch“ an. Die großen Fonds investieren, weil sie sich von dieser Technologie hohe Renditen versprechen, dafür nehmen sie auch ein hohes Risiko in Kauf.

Die KfW unternimmt in ihrer Eigenschaft als Förder- und Mittelstandsbank bereits viel, um Unternehmensgründungen zu erleichtern und Umweltinvestitionen zu stützen. So bieten beispielsweise das „ERP-Umwelt- und Energieeffizienzprogramm“ zinsgünstige Kredite zur Verbesserung der Energieeffizienz in kleinen und mittleren Unternehmen und das KfW-Programm „Erneuerbare Energien“ Kredite und Tilgungszuschüsse für alle, die mit Biomasse, Biogas oder Tiefengeothermie Energie erzeugen möchten.

Aber diese Instrumente können bestehende Schwächen nur mildern. Entscheidend sind weitere innovative, maßgeschneiderte Instrumente, die die Finanzierung von Greentech-Unternehmen erleichtern helfen.

Venture Capital für Gründungen und Wachstumsfinanzierungen

Unternehmensgründungen im Greentech-Bereich sind in ihren ersten Wachstumsphasen auf die Eigenkapitalfinanzierung durch unternehmerische Investoren angewiesen. Somit spielen traditionelle Venture Capital Fonds sowie auch „Corporate Venture Capital Fonds“ etablierter Industrieunternehmen eine zentrale Rolle in der Finanzierung von Greentech-Startups. Es gibt viele erfolgreiche Beispiele in Deutschland, wo dieses Modell technologieorientierte und produktionsnahe Neugründungen ermöglicht hat. Viele Industrieunternehmen sind aktiv, müssen ihre Anstrengungen aber deutlich verstärken.

Zwar investieren Venture Capital Fonds schon seit mehreren Jahren in deutsche Greentech-Startups. Allerdings ist das Investitionsaufkommen durch deutsche VC-Fonds im internationalen Vergleich noch schwach ausgeprägt, da sich Standort-Nachteile über die Jahre hinweg negativ auf die Fondsvolumina und Investitionsaktivitäten ausgewirkt haben.[9] So sollten Rahmenbedingungen und steuerliche Regelungen für Venture-Capital-Investitionen den europäischen Benchmarks angepasst werden, um mehr Kapital für Greentech-Investitionen mobilisieren zu können. Darüber hinaus hat die Finanz- und Wirtschaftskrise kurzfristig zu einem Absinken entsprechender Investitionen geführt. Als Trend ist auf dem wichtigen US-amerikanischen Markt ein deutlich steigender Anteil an den Gesamtinvestitionen erkennbar.[10]

Kapital durch neue Anlageformen mobilisieren – Beispiel Greentech-Fonds

Bei den grünen Technologien handelt es sich um einen lukrativen Zukunftsmarkt. Im Bereich der Produkt- und Verfahrensinnovation muss ein potenzieller Investor allerdings mit großen Unsicherheiten umgehen, da die Frage, ob sich eine Technologie am Markt durchsetzen und somit die getätigte Investition rentabel sein wird, besonders von der Seed-Phase (jünger als ein Jahr) eines Unternehmens bis zur Marktreife des Produktes nur vage beantworten lässt. Aufgrund dieser hohen Unsicherheit ist die Anzahl der Investments in Seed-Unternehmen in Deutschland eher gering. Hinzu kommt, dass Innovationen im Bereich der Umwelt- und Effizienztechnologien in der Regel ein vergleichsweise großes Investment erfordern. Das ist einer der Gründe, dass der High-Tech-Gründerfonds und andere Fonds den Investitionsbedarf bei innovativen Umwelttechnologien nicht ausreichend abdecken. Gleichzeitig besteht aber gerade in diesem Segment eine hohe Innovationsnotwendigkeit, ein gesteigertes öffentliches Interesse und seitens der Finanzwirtschaft eine große Neigung zu investieren.

---

[9] Vgl. BVK (2009), S. 16 f.

[10] Vgl. Clean Edge (2013).

Ein spezieller, privat-öffentlich finanzierter Greentech-Fonds sollte daher breit und umfassend Risikokapital insbesondere in Form von Eigenkapital für innovative Umwelt- und Effizienztechnologien zur Verfügung stellen. Dieser Fonds sollte unter Beachtung der jeweiligen besonderen Anforderungen Investments in innovative Unternehmen in der Seed-Phase (aber nicht nur in dieser) ermöglichen. Ein solcher Fonds sollte als Public-Private-Partnership konzipiert werden. Wichtige Investmentkriterien sollten unter anderem sein: Innovationsgrad und strategischer Wettbewerbsvorteil der Technologie, Wachstumspotenzial des Marktes, Markteintrittsbarrieren für Wettbewerber (Patente) sowie das Chancen-/Risikoprofil.

3.5 Mehr Transparenz über Umweltrisiken auf den Finanzmärkten schaffen

Investoren auf den Finanzmärkten benötigen Transparenz – auch über ökologische Risiken von Unternehmensaktivitäten, die ggf. zu haftungsrechtlichen und letztlich finanziellen Konsequenzen führen können. Deutlich wird die Relevanz durch die Global Risks Surveys des Weltwirtschaftsforums, die verschiedene Umweltrisiken aufführt.[11] Der Wunsch nach ausreichender Information drückt sich auch im Carbon Disclosure Project – einem Gemeinschaftsprojekt von 722 institutionellen Investoren mit einem Anlagevermögen von rund 87 Bio. US-Dollar[12] – aus, das Transparenz bei klimaschädlichen Treibhausgasemissionen schaffen will. Einmal jährlich erhebt das CDP im Namen von Investoren Informationen zu CO_2-Emissionen, Klimarisiken und Reduktionszielen von Unternehmen.

Informationsbedarf der Investoren durch Schlüsselindikatoren der Nachhaltigkeit stillen

Bereits heute fertigen die großen, börsennotierten Publikumsgesellschaften Umwelt- oder Nachhaltigkeitsberichte an – allerdings teilweise vor allem aus Marketinggesichtspunkten. Um den Informationsbedarf von Investoren zu befriedigen, bedarf es eines allgemeinen Katalogs branchenübergreifender umweltrelevanter Basisindikatoren (z.B. CO_2-Emissionen, Anteil der F&E-Ausgaben zur Erhöhung der Energie-/Ressourceneffizienz). Entscheidend sind zudem ausreichende Informationen über branchenrelevante ökologische Indikatoren in den Geschäftsberichten, die eine Bewertung auf der Grundlage von Umweltrisiken möglich machen. Wesentlich ist eine Konzentration auf Schlüsselindikatoren (Key Performance Indicators, KPIs) einer nachhaltigen Entwicklung (Sustainable Development, SD) in der Lageberichterstattung. Als Mindestberichts-

[11] Vgl. World Economic Forum (2012).
[12] S. www.cdp.net.

anforderung können die drei aus Investoren- und Analystensicht wichtigsten SD-KPIs einer Branche gelten. Beispiele für bedeutende SD-KPIs sind die CO_2-Emissionen der Energieversorger und der Flottenverbrauch der Automobilhersteller. Hier ist eine gesetzliche Verpflichtung zur Aufnahme in den Lagebericht der Geschäftsberichte zu prüfen – durch eine Anknüpfung an die Bilanzierungsregeln könnten bürokratische Belastungen für kleine Unternehmen so gering wie möglich gehalten werden.

Nachfrage nach nachhaltigen Investments aktivieren: Informationen bei Finanzdienstleistungsprodukten verbessern

Experten sagen nachhaltigen Investments ein starkes Wachstum voraus. Das Potenzial nachhaltiger Investments in Deutschland ist, wie auch der internationale Vergleich nahe legt, größer als der derzeitige Marktanteil: Liegt er in Deutschland unter 1%, sind es in Großbritannien mehr als 20%.

Um den „mismatch" zu beseitigen, sind bessere Informationen bei Finanzdienstleistungsprodukten notwendig. Die Vertriebsvorschriften für Finanzdienstleistungsprodukte (z.B. Wertpapierhandels-, Kreditwesen-, Versicherungsvertrags- sowie Investmentgesetz) sind so auszuweiten, dass die Relevanz von Nachhaltigkeitskriterien bei der Auswahl des Finanzprodukts in Beratungsgesprächen erfragt werden müssen. Darüber hinaus sollte geprüft werden, ob Versicherungsgeber Versicherungsnehmer, im Falle von Versicherungen, die einen Kapitalstock aufbauen, regelmäßig über die Relevanz von Nachhaltigkeitskriterien bei der Verwendung der eingezahlten Versicherungsbeiträge informieren müssen.

4 Globale Konjunkturprogramme als Impuls für grünes Wachstum und globalen Modernisierungswettbewerb

Um die Finanz- und Wirtschaftskrise zu bekämpfen, war neben entschlossenen geldpolitischen Maßnahmen auch eine expansive Finanzpolitik notwendig – diese Intervention belastet aber künftige Generationen mit einer gestiegenen Verschuldung. Ein Teil der Ausgaben wurde jedoch zukunftsträchtig getätigt (d.h. keine Konsumption, sondern nachhaltige Investitionen). Von den weltweit ca. 20 Konjunkturprogrammen mit einem Gesamtvolumen von 2,8 Bio. US-Dollar betrug der „grüne" Anteil insgesamt 15%. Für „grüne" Investitionen wurden rund 430 Mrd. US-Dollar ausgegeben[13], d.h. alle Maßnahmen für:

[13] Vgl. HSBC (2009).

- Erneuerbare Energien,
- Energieeffizienz und Energiemanagement,
- Begrenzung Wasserverbrauch/-verunreinigung,
- Abfallaufkommen und Schadstoffausstoß,
- Emissionshandel, Zertifikatslösungen.

Nach Schätzungen des Internationalen Währungsfonds war davon auszugehen, dass jeder „grün eingesetzte Dollar" in den nächsten zwei Jahren einen weiteren Dollar nach sich ziehen, d.h. die Wirkung „grüner" Maßnahmen ca. 860 Mrd. US-Dollar betragen würde. Gerade asiatische Länder – allen voran Südkorea und China – haben die Zeichen der Zeit erkannt und einen Großteil der finanzpolitischen Impulse „grün" ausgestaltet (vgl. Abb. 4).

Abbildung 4: Grüner Anteil der Konjunkturprogramme im Vergleich

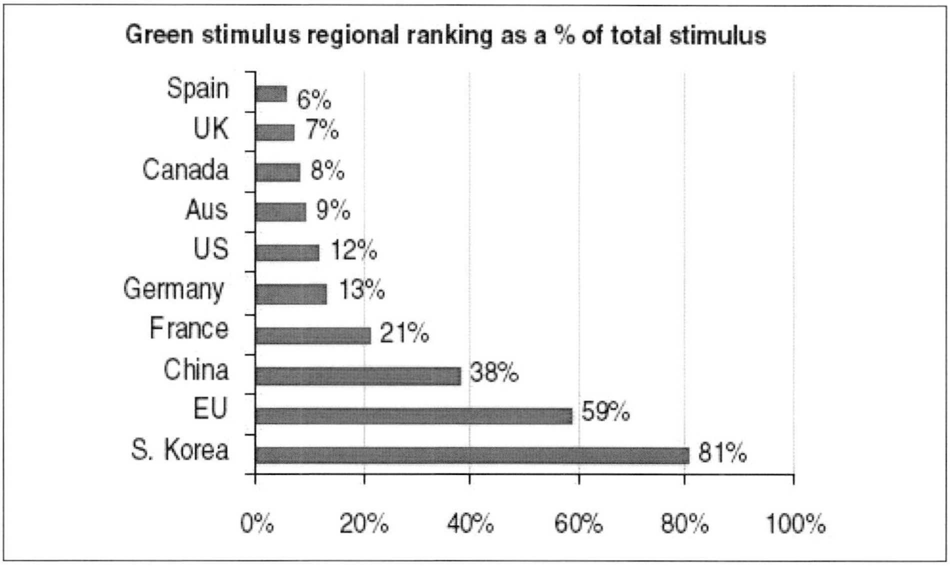

Quelle: HSBC, 2009

Die Gestaltung der Konjunkturpolitik in Deutschland

Die beiden deutschen Konjunkturpakete I und II umfassten insgesamt 82 Mrd. Euro für die Jahre 2009 und 2010 und entsprechend somit 2,7% des BIP des Jahres 2008. Der grüne Anteil der Konjunkturprogramme hat dazu beigetragen, den volkswirtschaftlichen

Kapitalstock ökologisch zu modernisieren (vgl. Tab. 1). Deutschland stand mit seinem grünen Anteil von 13% an vierter Stelle der G20.

Tabelle 1: Grüne Maßnahmen in den deutschen Konjunkturprogrammen

Umweltrelevante Elemente der Konjunkturpakete waren v. a.:

- Die **Aufstockung des CO_2-Gebäudesanierungsprogramms** im Konjunkturpaket I um 3 Mrd. EUR
- Verdoppelung des Steuerermäßigung bei der Einkommensteuer bei der **Absetzbarkeit von** haushaltsnahen Handwerkerleistungen von 600 auf 1.200 EUR jährlich seit 1. Januar 2009 im Konjunkturpaket I
- **Zukunftsinvestitionen von Bund, Ländern und Kommunen** in Höhe von 14 Mrd. EUR im Konjunkturpaket II, wobei ein Investitionsschwerpunkt in der energetischen Sanierung von Schulen, Hochschulen, Kindergärten liegen soll und die Lärmsanierung an Straßen finanziert wird.
- **Anwendungsorientierte Forschungsförderung für emissionsarme Autos** (Elektromobilität, Brennstoffzelle, Speichertechnologien) mit 500 Mio. EUR.
- **Umweltprämie** in Höhe von 2.500 EUR bei Verschrottung eines alten PKWs und Erwerb eines Neufahrzeugs mit Abgasnorm EURO IV und besser (1,6 Mrd. EUR).

Daneben profitieren Umweltunternehmen auch von anderen wichtigen Elementen des Programms, u. a. von dem Bürgschaftsprogramm („Rettungsschirm") für große Unternehmen und Projekte in Höhe von 100 Mrd. EUR (insbesondere relevant für Wind-Offshore-Projekte) und von der verbesserten Innovationsförderung des Bundes durch das Zentrale Innovationsprogramm Mittelstand.

Gemessen am Maßstab der ökologischen Herausforderungen und damit verbundenen ökonomischen Chancen war die deutsche Konjunkturpolitik ein Anfang, sie ging in die richtige Richtung. Kurzfristige konjunkturpolitische Maßnahmen können jedoch nur ein Impuls sein, der durch eine nachhaltige Wachstumspolitik verstetigt werden muss.

5 Zusammenfassung

1. Die ökologischen und ökonomischen Herausforderungen, vor denen Deutschland steht, machen eine intelligente Verzahnung der Wirtschafts-, Umwelt-, Forschungs- und Innovationspolitik hin zu einer „Green Economy" unverzichtbar. Die ökologischen Herausforderungen, die eine wirtschaftliche Modernisierung erfordern, bestehen im Klimawandel sowie in weiteren Megatrends, die mehr und mehr Auswirkungen auf die Wirtschaft entfalten.
2. Die ökologische Modernisierung der Wirtschaft – eine starke Position in der Umwelttechnologie, gesamtwirtschaftliche Ressourcen- und Energieeffizienz sowie entsprechende neue Geschäftsmodelle – erfordert national wie international enorme Investitionen. Diese Investitionen können, auch angesichts der Lage der öffentlichen

Haushalte nach der Finanz- und Wirtschaftskrise, nur im Zusammenspiel von Staat und Wirtschaft geleistet werden.

3. Nur durch einen intelligenten Ordnungsrahmen, der nachfrageorientierte Impulse mit angebotsorientierten Elementen kombiniert und so Innovationen anreizt und in den Markt bringt, wird Deutschland in 2020 zu den führenden „Green Economies“ gehören. Leitlinien einer zukunftsorientierten, innovativen Wirtschaftspolitik müssen die Effizienz, Langfristigkeit und Verlässlichkeit politischer Regelungen sein.

4. Auf dem Weg zu einer „Green Economy“ ist die Einbindung der Finanz- und Kapitalmärkte entscheidend. Die Finanzmärkte müssen als produktive Kraft für die Bewältigung der Umweltkrise und für die erfolgreiche Gestaltung der Energiewende gewonnen werden. Dazu bedarf es Transparenz über ökologische Effekte auf den Finanzmärkten, die Beseitigung von Fehlanreizen, geeignete Expertise für die Beurteilung ökologisch-ökonomischer Risiken und Chancen sowie angemessene Finanzierungsinstrumente. Daher ist es notwendig, die Rahmenbedingungen auf den Finanzmärkten in Richtung Green Finance fortzuentwickeln, um eine langfristige Finanzierung mittelständischer Greentech-Unternehmen, die Förderung entsprechender Unternehmensgründungen sowie die Stärkung „grüner Weltmarktführer“ durch geeignete Finanzierungsinstrumente zu gewährleisten.

6 Ausblick

Die ökologischen Herausforderungen bedrohen nicht nur die Lebensgrundlage vieler Millionen Menschen, sondern stellen gleichzeitig enorme Risiken, aber auch gewaltige Chancen gerade für die deutsche Volkswirtschaft dar. Nur wenn eine nachhaltige Modernisierung der Wirtschaft hin zu einer „Green Economy“ – gerade mit Blick auf die Energiewende – und die Erneuerung des Kapitalstocks über „grüne Investitionen“ gelingt, wird Deutschland auch zukünftig zu den Gewinnern einer global vernetzten Wirtschaft zählen.

Deutschland hat derzeitig gute Chancen seine Rolle als Technologie- und Weltmarktführer bei Greentech auszubauen, um zukunftssichere Arbeitsplätze zu schaffen und ökologische Zielsetzungen (unter anderem Klimaziele) zu erreichen. Allerdings hat sich der globale Modernisierungswettbewerb verschärft, unter anderem durch die großvolumigen „grünen“ Konjunkturprogramme gerade in Asien und die gezielte Förderung der grünen Technologien in China, den USA und anderen Industriestaaten. Vor allem aber stehen jenseits konjunkturpolitischer Antworten wachstumspolitische Schlussfolgerungen aus den Megatrends und den damit verbundenen Risiken und Chancen aus.

Dabei können nur durch einen intelligenten Ordnungsrahmen, der Wirtschafts-, Umwelt-, Forschungs- und Steuerpolitik verzahnt, die notwendigen Investitions- und Innovationsimpulse hin zu einer „Green Economy" gesetzt werden. Entscheidend auf diesem Weg ist, gerade wenn die Energiewende erfolgreich gestaltet werden soll, die Einbindung der Finanz- und Kapitalmärkte. Ein „business as usual" wird nicht weiterhelfen. Die Finanzmärkte müssen als produktive Kraft bei der Bewältigung der Umweltkrise gewonnen werden. Für Green Finance bedarf es neben zusätzlicher Regulierung, Transparenz über Umweltrisiken auf den Finanzmärkten, der Beseitigung von Fehlanreizen, geeigneter Expertise für die Beurteilung ökologisch-ökonomischer Risiken und Chancen sowie angemessener Finanzierungsinstrumente.

Literatur

Bundesverband Deutscher Kapitalbeteiligungsgesellschaften, (2009): Deutsche Investitionen in Grüne Technologien – Quo Vadis. Eine Bestandsaufnahme, in: Grüne Technologien in Deutschland – mit Private equity auf Wachstumskurs. Berlin.

Bundesministerium für Umwelt, Naturschutz und Reaktorsicherheit, (2011): Umweltwirtschaftsbericht 2011. Berlin.

Bundesministerium für Umwelt, Naturschutz und Reaktorsicherheit, (2012): GreenTech made in Germany 3.0: Umwelttechnologie-Atlas für Deutschland. Berlin.

Bundesministerium für Umwelt, Naturschutz und Reaktorsicherheit und Bundesverband der deutschen Industrie, (2012): Memorandum für eine Green Economy. Eine gemeinsame Initiative des BMU und BDI. Berlin.

Clean Edge, (2013): Clean Energy Trends 2013. www.cleanedge.com.

HSBC, (2009): A Climate for Recovery. The colour of stimulus goes green. London.

Kumar, Pushpam, (2010): The economics of ecosystems and biodiversity: ecological and economic foundations. London, Washington, DC: Earthscan.

Stern, Nicholas H., (2007): Stern review on the economics of climate change. Cambridge [u.a.]; Cambridge Univ. Press.

United Nations/Department of Economic and Social Affairs/Population Division, (2012): World Population Prospects: the 2012 Revision. New York. Online-Ressource.

World Economic Forum, (2012): Global risks survey. Cologny.

www.cdp.net

Nachhaltigkeitsfeld Sozial

Hendrik Garz/Arne Philipp Klug

1 Einleitung

In der öffentlichen Wahrnehmung werden Investmentprodukte mit dem Label „Nachhaltigkeit" oftmals mit „Grünen Investments", sprich Investitionen in regenerative Energien oder anderen „Grünen Technologien" gleichgesetzt. Das Nachhaltigkeitsfeld „Sozial" tritt in den Hintergrund und wird in seiner Bedeutung unterschätzt. Dabei hat es neben „Umwelt" und „Ökonomie" seinen gleichberechtigten Platz im Konzept der Nachhaltigkeit und des Nachhaltigen Investierens. Die drei Felder sind dabei selbstredend nicht disjunkt – sie überlappen und beeinflussen sich gegenseitig. Die Bewertung eines Investments aus der Perspektive der Nachhaltigkeit kann daher stets nur im Dreiklang erfolgen. In diesem Bewusstsein wirft der vorliegende Beitrag einen fokussierten Blick auf das, was unter der Überschrift „Sozial" als relevant angesehen werden kann, und zeigt, wie sich die Bewertung dieser Fragestellungen im Rahmen einer Anlageentscheidung berücksichtigen lassen.

Es spielt dabei auch die Berücksichtigung gesamtgesellschaftlicher Kosten und Nutzen eine wesentliche Rolle, nicht zuletzt auch angesichts der Erfahrungen der Finanzkrise. Insofern gilt es unter der Überschrift „Sozial" auch zu fragen, was eben z. B. Banken tun, um mögliche zukünftige gesamtgesellschaftliche Kosten ihres Wirkens zu minimieren. In welchen Geschäftsfeldern sind Banken aktiv und wie robust und widerstandsfähig ist ihr Geschäftsmodell? Wie hoch sind ihre Risikopositionen? In welche Größenordnungen wollen sie hineinwachsen, und werden sie damit „systemrelevant" und „too big to fail"? Fragen wie diese haben im Nachhaltigkeitsfeld „Sozial" genauso ihre Berechtigung wie Fragen nach den Auswirkungen unternehmerischen Handelns auf die unmittelbar hiervon betroffenen, individuellen Stakeholder-Gruppen, wie z. B. Mitarbeiter oder Kunden.

Es soll in diesem Beitrag also in erster Linie um Unternehmen gehen bzw. um Investitionen in die von ihnen emittierten Wertpapiere (im Wesentlichen Aktien und Anleihen). Diese Fokussierung spiegelt den historisch gewachsenen Schwerpunkt des Interesses nachhaltiger Investoren und der sich an ihnen orientierenden Nachhaltigkeits-Ratingagenturen wider. Zumindest aber soll nicht verschwiegen werden, dass das „S" auch in anderen Asset-Klassen als ein wesentlicher Aspekt oder gar Treiber einer aus der Nachhaltigkeitsperspektive getroffenen Investitionsentscheidung angesehen werden kann. Das gilt z. B. bei den Länderanleihen (Sovereign Bonds), bei denen die sozialen Errungenschaften eines Landes, etwa im Bereich der Bildung oder der Einkommens- und Vermögensverteilung, die Menschenrechtssituation usw. in die Gesamtbewertung eines Landes einfließen. Während hier der Investor ähnlich wie im Bereich der Aktien und Unternehmensanleihen eine passive Rolle einnimmt, ändert sich dies, wenn man den Blick auf das Segment der „Impact Investments" richtet. Bei ihnen geht es darum, anders als an Sekundärmärkten, „neue" finanzielle Mittel zur Verfügung zu stellen, diese Mittel zweckgebunden zu investieren und dann mit diesem Investment einen konkreten positiven sozialen Nutzen zu generieren. Ein klassisches Beispiel sind die Mikrokreditfonds, die darauf abzielen, den Ärmsten in Schwellen- oder Entwicklungsländern Möglichkeiten zur Einkommensgenerierung und damit einen Ausweg aus der Armut zu ermöglichen. Neben der Bewertung eines Investments nach seiner finanziellen Rendite, wird hier auch dessen sozialer „Impact" gemessen, also z.B. im Fall der Mikrokredite die Anzahl derjenigen, die durch die Kreditvergabe den Weg aus der Armut gefunden haben. Auch die Aktivitäten von Entwicklungsbanken wie der KfW lassen sich im Wesentlichen der Impact-Kategorie zuordnen. Ein weiteres Segment, in dem die Bewertung sozialer Auswirkungen von Investitionen eine wichtige Rolle spielt, sind (Groß-)Projektfinanzierungen (z.B. Energie- oder Verkehrsinfrastrukturprojekte in Schwellen- und Entwicklungsländern) durch internationale Banken und Bankkonsortien.

Wenn man zum Hauptgegenstand der Betrachtung im Rahmen dieses Beitrags zurückkehrt – und das ist das Nachhaltige Investieren in Unternehmen (Aktien und/oder Anleihen) aus der „S"-Perspektive – dann stellt sich sehr schnell die Frage nach dem Investmentmotiv. Es kann einen großen Unterschied machen, ob ein Investor lediglich auf Faktoren abzielt, die mit der finanziellen Rendite seines Investments korreliert sind oder aber z.B. auch die Kosten einbezieht, die ein Unternehmen nicht selbst trägt, sondern auf die Gesellschaft abwälzt (externe Kosten). Nur wenn man an deren zukünftige Internalisierung glaubt, also z.B. über die Erhebung neuer oder Erhöhung bestehender Steuern, macht eine Berücksichtigung dieser Kosten aus einer durch „Discounted-Cash-Flow"-Denken geprägten finanziellen Renditesicht überhaupt Sinn.[1] Berücksichtigt man sie als Investor trotz fehlender Aussicht auf Internalisierung, so kann man unterstellen, dass dem (bewusst oder unbewusst) nicht-finanzielle bzw. „Werte-basierte" Motive (also z.B. Überzeugungen und ethische Erwägungen) zugrunde liegen. Auch emotionale Faktoren (Relevanz von „Bahavioral Finance"!) können dabei eine Rolle spielen. Im vorliegenden Beitrag wird zunächst nicht zwischen den Kosten und Nutzen eines Unternehmens, die sich in der Bilanz und GuV widerspiegeln und den (zumindest auf absehbare Zeit) externalisierten Kosten und Nutzen unterschieden. Vielmehr wird gezeigt, wie sich die Nachhaltigkeitsleistung eines Unternehmens messen lässt, so dass die erzielten Ergebnisse in systematischer Form im Rahmen von Investitionsentscheidungen nutzbar sind – welche Motive auch immer im Einzelfall dahinterstehen mögen. Erst in einem zweiten Schritt wird dann bewusst zwischen Faktoren getrennt, die zwar die Nachhaltigkeitsleistung eines Unternehmens im Nachhaltigkeitsfeld „Sozial" bestimmen, die aber nicht finanziell

[1] Ein weiterer möglicher Wirkungszusammenhang aus der rein finanziellen Sicht lässt sich freilich auch über eine Veränderung der Markterwartungen ableiten. Erleidet ein Unternehmen z.B. einen Reputationsschaden aufgrund seiner Involvierung in einer „sozialen Kontroverse", so könnten infolgedessen die zukünftigen Marktanteile des Unternehmens geringer ausfallen als bislang erwartet. Der Börsenkurs und damit der Marktwert des Unternehmens würden unmittelbar sinken, der Investor müsste mit einer Renditeeinbuße rechnen. Das Risiko hierfür ist immer dann besonders hoch, wenn Unternehmen mit hohem „Brand Value" (wie z.B. Apple) betroffen sind.

relevant bzw. im finanzbuchhalterischen Sinne „materiell" sind, und Faktoren, die beiden Anforderungen genügen. Im Einzelnen wird zunächst die soziale Nachhaltigkeitsleistung eines Unternehmens aus einer Stakeholder-basierten Perspektive diskutiert und anhand von Fallbeispielen verdeutlicht. Anschließend wird der Frage nachgegangen, wie die zuvor diskutierten Bewertungsansätze im Rahmen einer Nachhaltigen Anlagestrategie in die Praxis umgesetzt werden können. Im Rahmen einer Case Study wird dabei gezeigt, wie sich Anlagestrategien am Beispiel der Chemiebranche idealtypisch umsetzen lassen. Die Ergebnisse der Anwendung von Ausschlusskriterien sowie des Best-in-Class-Ansatzes werden anschließend diskutiert. Der Beitrag schließt mit einer kurzen Zusammenfassung und einem Ausblick.

2 Bewertung der sozialen Nachhaltigkeitsleistung von Unternehmen

2.1 Überblick über die Methodik

Bei der Bewertung der sozialen Nachhaltigkeitsleistung eines Unternehmens geht es im Grundsatz darum, alle positiven und negativen sozialen *Impacts* von Unternehmen in Kosten- und Nutzeneinheiten zu bewerten und dann gewichtet gegeneinander aufzurechnen. So zumindest lautet die idealtypische Vorstellung. Man könnte in diesem Zusammenhang vom „Sozialen Nettokapital" eines Unternehmens sprechen. In der Praxis ist eine solche Vorgehensweise allerdings bestenfalls im Rahmen akademischer Fingerübungen umsetzbar und nicht in der Breite, wenn es darum geht, Investmentuniversen mit mehreren hundert oder gar tausend Titeln auf der Basis verfügbarer Informationen zu bewerten.

Ausgehend von den Ratingansätzen, die aktuell am Markt vertreten sind, kann man sagen, dass es bei der Bewertung der sozialen Nachhaltigkeitsleistungen von Unternehmen stets darum geht, zunächst die für das jeweilige Unternehmen relevanten Themen zu identifizieren und zu gewichten und dann die Nachhaltigkeitsleistung des Unternehmens mit Hilfe von Performance-Indikatoren zu erfassen und zu messen. Es wird dabei die Bereitschaft und Fähigkeit eines Unternehmens, Nachhaltigkeitsrisiken zu managen (*Preparedness*) in Abhängigkeit von der *Exposure*, sprich dem Maß, in welchem das Unternehmen Risiken bzw. Chancen ausgesetzt ist, bewertet.

Die Einschätzung der *Exposure* eines Unternehmens erfolgt im Wesentlichen vor dem Hintergrund ausgewählter Themen, die sich aus dem Branchenkontext, in dem das Unternehmen agiert, und seinem konkreten Geschäftsmodell ergeben. Zwei Sichtweisen spielen bei der Themenauswahl eine Rolle:

Die „*Impact ON*“-Sicht: Hierbei steht die Frage im Mittelpunkt, wie sich soziale Themen, denen sich das Unternehmen ausgesetzt sieht, potenziell auf seinen zukünftigen wirtschaftlichen Erfolg auswirken können. Welchen Einfluss haben diese Themen auf die zukünftigen Cash-Flows bzw. die Gewinn- und Verlustrechnung? Der Materialität der sozialen Themen, d.h. den mit sozialen Nachhaltigkeitsaspekten verbundenen finanziellen Risiken und Chancen, wird somit Rechnung getragen.

Die „*Impact BY*“-Sicht: Hierbei wird gefragt, welchen Nutzen ein Unternehmen für die nachhaltige soziale Entwicklung einer Gesellschaft stiften kann bzw. welche gesellschaftlichen Kosten es verursacht.

Um am Ende zu einer Gesamtbewertung der sozialen Nachhaltigkeitsleistung eines Unternehmens in der Praxis zu kommen, werden die verschiedenen identifizierten und evaluierten Kriterien auf insgesamt vier Ebenen zusammengefasst (s. Abbildung 1).

Abbildung 1: Ebenen der Bewertung unternehmerischer Nachhaltigkeitsleistung

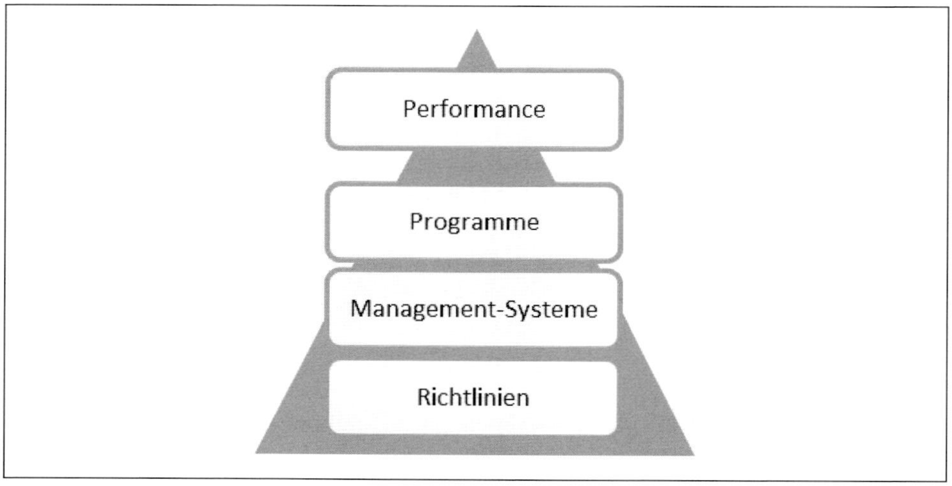

Quelle: Sustainalytics

So werden beispielweise unternehmensinterne *Richtlinien* (Policies, Codes) auf ihren Umfang und ihre Bezugnahme auf international, allgemeingültige Normen und Standards geprüft, während die vom Unternehmen aufgesetzten *Programme* auf ihren Abdeckungsgrad oder ihre Zielsetzung hin analysiert werden. Ferner wird nicht nur geprüft, ob *Management-Systeme* (z.B. im Qualitätsmanagement oder im Risikomanagement) vorhanden sind, sondern auch, welchen Qualitätsanforderungen sie genügen. Das Zusammenspiel dieser drei Elemente erlaubt Rückschlüsse darauf, wie systematisch das zu bewertende Unternehmen versucht, Herausforderungen im sozialen Bereich zu managen bzw. wie gut vorbereitet es ist, dies zu tun. Der Erfolg dieser Maßnahmen, die *Performance*, kann dann anhand von quantitativen Indikatoren überprüft werden. Beispiele hierfür sind:

- der Anteil der tariflich bezahlten Mitarbeiter,
- der Abdeckungsgrad eines Qualitätsmanagement-Systems oder
- externe Zertifizierungen von Zulieferern oder Spendenausgaben.

Zudem lässt sich der Erfolg bzw. die Effektivität von Richtlinien, Programmen und Management-Systemen danach bemessen, ob und wie häufig Unternehmen in Kontroversen verwickelt sind, und wie signifikant diese Vorfälle sind. Darunter fallen beispielsweise:

- Verstöße gegen Arbeitnehmerrechte,
- die Tolerierung von Kinder- und/oder Zwangsarbeit innerhalb der Zulieferkette,
- die Beteiligung an Kartellen und Preisabsprachen oder
- die Durchführung von Bauprojekten, die negative Auswirkungen auf die lokalen Gemeinwesen zur Folge haben können.

2.1.1 Branchenspezifische Modellierung

Die Risiken und Chancen, die im Zusammenhang mit sozialen Nachhaltigkeitsthemen stehen, können zwischen Branchen und Regionen erheblich variieren. Aus diesem Grund wird sowohl mit branchenübergreifenden als auch mit branchenspezifischen Indikatoren gearbeitet, die jeweils auch regionale Aspekte beinhalten können. So sieht sich z.B. ein Chemieunternehmen aufgrund seines Geschäftsmodells und seiner Produktionsweise mit zum Teil ganz anderen sozialen Nachhaltigkeitsherausforderungen konfrontiert als ein Automobilhersteller oder ein Bergbauunternehmen. Während für den Betreiber einer Goldmine in einem Entwicklungsland vor allem das Management der Beziehungen zu lokalen Gemeinwesen aus Nachhaltigkeitssicht von hoher Relevanz sein kann, muss sich ein europäischer Automobilhersteller eher Risiken stellen, die aus Gewerkschaftskonflikten mit Mitarbeitern oder Kundenbeschwerden aufgrund von Produktmängeln erwachsen können. Jedoch existieren zwischen den Branchen auch deutliche Überschneidungen, was die Auswirkungen und Materialität der sozialen Themen betrifft.

2.1.2 Stakeholder-Perspektive

Die Analyse der sozialen Nachhaltigkeitsleistung eines Unternehmens erfolgt in der Regel aus einer Stakeholder-Perspektive heraus und ist auch dementsprechend strukturiert (siehe Abbildung 2). Je nach Stakeholder-Gruppe stehen dabei unterschiedliche externe Kosten bzw. Nutzen der Unternehmenstätigkeit im Vordergrund. So kann z.B.

der durch Produkte oder Dienstleistungen gestiftete Nutzen für die Stakeholder-Gruppe „Kunden“ den aus der Produktion oder der Nutzung der Produkte resultierenden Schäden für lokale Gemeinwesen gegenüber stehen. Minimierte externe Kosten für Mitarbeiter können zu Lasten von Zulieferern gehen. Die Herausforderung für Unternehmen und Investoren besteht nun darin, die sozialen Auswirkungen auf die verschiedenen Stakeholder-Gruppen unter dem Gesichtspunkt der Materialität zu bewerten und zu aggregieren. Nachhaltigkeitsratings, die genau dies in standardisierter Form tun, bieten hierbei den Vorteil der Vergleichbarkeit bzw. „Benchmarkfähigkeit“. Auf die Herausforderungen, auf die man dabei in der Praxis stößt, wird im Rahmen einer Case Study in Kapitel 2 dieses Beitrags eingegangen. Nachfolgend wird jedoch zunächst die Bewertung der sozialen Nachhaltigkeitsleistung eines Unternehmens aus der Stakeholder-Perspektive im Einzelnen vorgestellt und wichtige Themen und deren Materialität werden anhand von Beispielen erläutert.

Abbildung 2: Bewertungskriterien sozialer Nachhaltigkeitsleistungen von Unternehmen

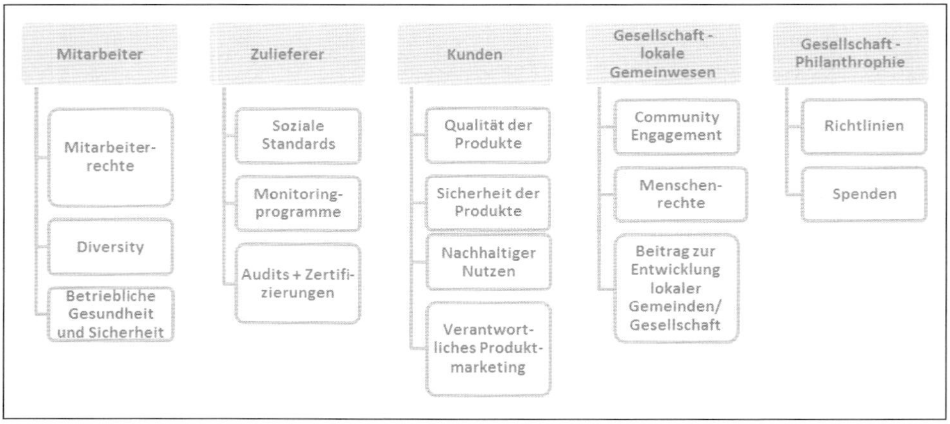

Quelle: Sustainalytics

2.2 Bewertung aus der Stakeholder-Perspektive

2.2.1 Mitarbeiter

Die Stakeholder-Gruppe der Mitarbeiter spielt naturgemäß durch ihre unmittelbare Bedeutung für die Wertschöpfung eines Unternehmens eine besondere Rolle. Der Faktor „Arbeit“ ist Input im Leistungserstellungsprozess. Und das Humankapital, das ein Unternehmen bildet, determiniert in vielen Branchen einen Großteil des Unternehmenswertes – ein Trend, der sich auf der gesamtwirtschaftlichen Ebene im Übergang von der produktions- zur wissensbasierten Ökonomie widerspiegelt.

Ein nachhaltiges Management der Mitarbeiterbeziehungen ist vor diesem Hintergrund oft essentiell für die Wettbewerbsfähigkeit und den finanziellen Erfolg von Unternehmen. Die Risiken, die aus einem Missmanagement erwachsen können, sind in aller Regel als erheblich anzusehen. Welche Kriterien bei der Bewertung von Bedeutung sind, hängt dabei vom spezifischen Branchenumfeld ab. Unterschiede bestehen beispielsweise bei der Bewertung von Mitarbeitergesundheit/Arbeitsschutz-Programmen, Weiterbildungsmaßnahmen oder der Erfassung kurzzeitig beschäftigter Mitarbeiter. So werden Gesundheitsprogramme vor allem bei Branchen untersucht, in denen hohe Unfallrisiken bestehen und vorbeugende Arbeitsschutzmaßnahmen besonders wichtig sind – so etwa in der Chemieindustrie, im Bergbau und der Energieerzeugung. Die Analyse der Qualität von Weiterbildungsangeboten ist hingegen vor allem bei Unternehmen relevant, die über eine hochspezialisierte Mitarbeiterschaft verfügen und sich schnell wandelnden Qualifikationsanforderungen stellen müssen, etwa in der IT-Branche. Bei Industrien mit tendenziell gering qualifizierten Arbeitskräften wird hingegen der Anteil an temporär beschäftigten Mitarbeitern im Vergleich zu tariflich bezahlten Festangestellten analysiert.

Neben den branchenspezifischen Kriterien lassen sich auch branchenübergreifende Kriterien berücksichtigen. So wird stets überprüft, ob ein Unternehmen Richtlinien zu den Themen Versammlungsfreiheit und Anti-Diskriminierung etabliert oder Programme zur Förderung von Mitarbeitervielfalt (Diversity) entwickelt hat. Das Vorhandensein und die Qualität von Richtlinien und Programmen sowie deren Implementierung sind in erster Linie ein Zeichen dafür, dass ein Unternehmen ein Thema wie „Diversity“ nicht nur erkannt hat, sondern auch demonstriert, ein solches Thema mit seinen Chancen und Risiken systematisch managen zu wollen. Insofern wird in diesem Kontext auch – wie bereits weiter oben gesagt – von *Preparedness* gesprochen.

Auf Herausforderungen gut vorbereitet zu sein, ist aber nur die eine Seite der Medaille – wenn auch eine sehr wichtige, da sie eine vorausschauende, zukunftsorientierte Sichtweise verkörpert. Die andere Seite ist die tatsächliche, nachprüfbar erbrachte Performance eines Unternehmens in den als relevant erachteten Themenfeldern. So werden aus Sicht des Humankapitalmanagements beispielsweise Mitarbeiterfluktuationsraten, Investitionen in Weiterbildungsmaßnahmen oder die Ergebnisse von belastbaren Mitarbeiterbefragungen betrachtet.

Als ein weiteres Element der Performancemessung werden die Anzahl und Qualität der kontroversen Vorfälle berücksichtigt, die ein Unternehmen im jeweiligen Themenbereich generiert. Als Alarmsignal ist dabei zu bewerten, wenn ein Unternehmen trotz umfassender Richtlinien und Programme und daher einer an sich guten *Preparedness*, eine im Branchenkontext überdurchschnittlich hohe Zahl von Kontroversen produziert. Dies würde die Frage nach der Glaubwürdigkeit der Richtlinien und Programme aufwerfen und ggf. eine Adjustierung der Bewertung der *Preparedness* des Unternehmens zur Folge haben. Der Einbau von Feedback-Schleifen wie dieser erscheint auch in anderen Bereichen als sinnvoll.

Beispiele für Kontroversen im Bereich der Mitarbeiter findet man z.B. gehäuft bei Firmen, die in Schwellenländern operieren. Sie sehen sich dort oft höheren Risiken ausgesetzt, was sich beispielsweise in Form von Mitarbeiter-Protesten, Streiks und lang währenden Konflikten mit Gewerkschaften manifestiert (s. Beispiel).

Fallbeispiel Maruti Suzuki

Im Juli 2013 verwüsteten Mitarbeiter von Maruti Suzuki Teile einer Fabrik des indischen Autoherstellers. Bei dem gewaltsamen Aufstand wurde ein Manager getötet und mehr als 40 weitere Menschen verletzt. Hintergrund der Auseinandersetzungen waren Spannungen zwischen den Arbeitern und Vertretern des Managements um die Entlassung eines Mitarbeiters und angeblich diskriminierende Bemerkungen seitens der Vorgesetzten. Als Folge des Aufstands musste das Werk für mehrere Wochen geschlossen werden, was zu erheblichen Produktionsausfällen und finanziellen Einbußen führte. Das Beispiel Maruti Suzuki zeigt, dass trotz der guten Anti-Diskriminierungs-Richtlinie und der relativ soliden Mitarbeiterprogramme der Firma die Eskalation des Konflikts nicht verhindert werden konnte. Auch vorbeugende Maßnahmen und ein solides Management sind in einem risikoreichen Umfeld kein Garant für die Vermeidung von Kontroversen und damit verbundenen negativen Auswirkungen auf Mitarbeiter, das Unternehmen und Investoren.[2]

Die Fragestellung, welche negativen sozialen Auswirkungen von einer Unternehmensaktivität ausgehen, und wie ein Unternehmen diese vermeiden kann, steht im Gegensatz zur der Perspektive, die den möglichen positiven Impact beurteilt. Hierbei wird der Beitrag eines Unternehmens zur sozialen nachhaltigen Entwicklung einer Gesellschaft beurteilt. Dies lässt sich anhand verschiedener Kriterien feststellen. Die Schaffung von (sozialversicherungspflichtigen) Arbeitsplätzen gilt z.B. als eine allgemein akzeptierte Messgröße für positiven Impact. Ein anderes Beispiel ist das Themenfeld der Mitarbeitervielfalt. Hier können Unternehmen einen wichtigen gesellschaftlichen Beitrag leisten, etwa indem sie die Vereinbarkeit von Beruf und Familie z.B. durch flexible Arbeitszeitmodelle für ihre Mitarbeiter fördern. Ein weiteres gesellschaftliches Thema ist die Förderung von Vielfalt auf den Führungsebenen der Unternehmen, sprich vor allem in Vorstand und Aufsichtsrat, aber auch auf der zweiten operativen Ebene. Vor allem skandinavische Unternehmen gelten beispielsweise als Vorreiter in Sachen Förderung weiblicher Führungskräfte, während im angloamerikanischen Raum Minderheiten im Rah-

[2] Gulati/Choudhury (2012).

men von Diversity-Programmen gezielt gefördert werden. Das Thema Diversity wird dabei zunehmend nicht mehr nur aus der gesellschaftspolitischen Perspektive betrachtet. So findet die These eines positiven Zusammenhangs zwischen Diversity in der Unternehmensführung und dem Unternehmenserfolg immer mehr Unterstützung, teilweise auch untermauert durch empirische Studien.

2.2.2 Zulieferer

In Folge einer zunehmend globalisierten Wirtschaftswelt rücken neben den Mitarbeitern vor allem Zulieferer und Lieferanten als Stakeholder-Gruppe mehr und mehr in den Fokus der Nachhaltigkeitsanalyse. In vielen Branchen leisten Zulieferer einen essenziellen Beitrag innerhalb der Wertschöpfungskette. So steuern Zulieferer etwa in der Automobilbranche vermehrt Innovationen in der Produktion und Entwicklung von Zukunftstechnologien bei. Nach verschiedenen Schätzungen macht allein die Wirtschaftsleistung der Automobilzulieferer bis zu 75% der gesamten Wertschöpfung im Automobilsektor aus.[3] Auch in anderen Branchen werden die Zulieferketten zunehmend komplexer und größer. Beim Bezug von Materialen und beim Zurückgreifen auf Leistungen von Zulieferern agieren nicht nur große, börsennotierte Unternehmen auf globalen Märkten. Zulieferketten umfassen oftmals mehrere Kontinente und Regionen mit höchst unterschiedlichen Nachhaltigkeitsherausforderungen und gesetzlichen Normen. Nicht nur dem Nachhaltigkeitsmanagement einer globalen Mitarbeiterschaft sondern auch der Zulieferkette kommt aus Nachhaltigkeitssicht somit eine wachsende Bedeutung zu, um negative soziale Auswirkungen und damit einhergehende Risiken für den Unternehmenserfolg entweder ganz zu vermeiden oder zumindest zu minimieren.

In diesem Zusammenhang untersucht man branchenübergreifend, ob Unternehmen bei der Beschaffung von Gütern und der Auswahl von Zulieferern neben Auswahlkriterien wie Preis oder Qualität auch soziale Aspekte berücksichtigen. Als Best-Practice kann hier eine *Social Procurement*-Richtlinie angesehen werden, die auf international anerkannten Standards fußt – etwa die Normen der International Labour Organization (ILO) umfasst. Zulieferrichtlinien beinhalten idealtypischer Weise Mindestanforderungen bzw. Normen in Bereichen wie

- Gesundheits- und Arbeitsschutz,
- Löhne,
- Arbeitsstunden,
- Versammlungsfreiheit,

[3] European Association of Automotive Suppliers (2012).

- Kinder- und Zwangsarbeit,
- Arbeitsbedingungen,
- Anti-Diskriminierung oder Disziplinarmaßnahmen.

Inwieweit Unternehmen diese Standards in der Praxis umsetzen und deren Einhaltung überwachen, wird gesondert geprüft. Als Best-Practice gilt hier ein *Supply-Chain-Monitoring*-System, mit dem Unternehmen regelmäßig und systematisch mögliche Verstöße gegen die festgelegten Sozialnormen dokumentieren und wenn nötig Gegenmaßnahmen einleiten. Indikatoren wie *Supply Chain Audits* oder die Berichterstattung über den Anteil von extern nach Sozialstandards zertifizierten Zulieferern sind zentrale Kriterien, um zu beurteilen, in welchem Maße ein Unternehmen risikovorbeugend agiert. Je größer und komplexer die Zulieferkette einer Branche, desto ausdifferenzierter und umfassender sollten die entsprechenden Richtlinien und Programme sein, um Risiken aus Nachhaltigkeitssicht adäquat managen zu können. An Textilunternehmen, Elektronik-/Hardware-Hersteller oder Automobilproduzenten werden z.B. gemeinhin höhere Nachhaltigkeitsanforderungen gestellt als an Branchen mit einer weniger umfassenden und weniger risikoreichen Zulieferkette (wie z.B. Finanzunternehmen).

Beispiel: Nachhaltigkeitsrisiken in der Zuliefererkette von Konfliktmineralien

Als Konfliktmineralien gelten Mineralien, die unter schwersten Menschenrechtsverletzungen oder unter Missachtung des Völkerrechts abgebaut werden. Hierzu zählen in der Regel Coltan, Casserite, Gold und Wolfram oder Tantalum. Vor allem in der Demokratischen Republik Kongo sind diese Mineralien Grund für gewaltsame Konflikte und dienen dabei sowohl aufständischen Gruppen als auch den Regierungsparteien zur Finanzierung von Bürgerkriegen. Die Mineralien sind elementar für die Produktion von Konsumgütern wie Mobiltelefonen, Computern oder MP3-Playern. In den Vereinigten Staaten von Amerika wurde im Rahmen des Dodd-Frank-Wall-Street-Reform-and-Consumer-Protection-Act im Jahre 2010 ein weitreichendes Gesetz zum Import von Konfliktmineralien beschlossen. Unternehmen müssen dokumentieren, dass keine Konfliktmaterialien zur Herstellung verwendet wurden und so indirekt der bewaffnete Konflikt in der Demokratischen Republik Kongo oder einem angrenzenden Land finanziert worden ist.[4]

Kontroversen um Löhne, Arbeitsbedingungen und Versammlungsfreiheit von Zulieferern in Ländern wie Indien, China oder Brasilien unterstreichen die Bedeutung eines Lieferantenmanagements, das soziale Kriterien nicht als Zusatz, sondern als elementaren Bestandteil des Anforderungsprofils an die Geschäftspartner versteht.

[4] Global Witness (2009).

Für global ausgerichtete Unternehmen ist die Durchsetzung sozialer Kriterien vor allem in Entwicklungs- und Schwellenländern eine große Herausforderung. Viele der größten Autohersteller arbeiten z.B. mit mehr als 10.000 Zulieferern[5] zusammen, die wiederum auf die Produkte und Vorleistungen weiterer Subunternehmer zurückgreifen. Allein die Erfassung und Dokumentation aller Akteure innerhalb der Wertschöpfungskette ist in vielen Fällen kaum realisierbar.

Auch bei der Analyse des Nachhaltigkeitsmanagements von Zulieferern fließt neben einer risikoorientierten Perspektive eine Betrachtungsweise ein, die den möglichen positiven Impact der Unternehmensaktivität berücksichtigt. Durch die Implementierung von sozialen Standards innerhalb der Zulieferkette kann ein Unternehmen entscheidend zu besseren Arbeitsbedingungen und damit zu höheren Lebensstandards beitragen. Vor allem Unternehmen, die Güter und Dienstleistungen in Entwicklungs- und Schwellenländern beziehen, verfügen potenziell über eine große Entscheidungsmacht und Einflussmöglichkeiten. Auch branchenspezifische Indikatoren finden bei der Bewertung des positiven sozialen Impacts Anwendung. So kann bei Nahrungsmittelproduzenten z.B. der Anteil an Fair-Trade-Erzeugnissen am gesamten Produktsortiment erfasst werden.

2.2.3 Kunden

Auch beim Management der Kundenbeziehungen spielen Nachhaltigkeitsaspekte eine zunehmend größere Rolle. Ein Kundenmanagement aus Nachhaltigkeitssicht umfasst neben Qualitätsaspekten vor allem Fragen der Produktsicherheit. Ein unzureichendes Nachhaltigkeitsmanagement dieser Stakeholder-Gruppe ist gemeinhin mit sehr hohen finanziellen Risiken verbunden und wird daher aus der Materialitätsperspektive oft ganz weit oben in der Prioritätenrangliste angesiedelt.

Vor allem mangelnde Produktqualität oder Sicherheitsprobleme können zu schwerwiegenden Reputationsschäden und finanziellen Einbußen führen. So wird im Rahmen der Bewertung eines Unternehmens z.B. geprüft, ob Unternehmen ein Qualitätsmanagement-System entwickelt haben, das den allgemein anerkannten ISO-Standards entspricht und auch entsprechend zertifiziert wurde. Unternehmen, die mit sensiblen Kundendaten arbeiten, wie Vertreter aus der Telekommunikations- oder Softwarebranche, werden auf die Existenz und Qualität von Datenschutz-Richtlinien hin untersucht. Bei Branchen wie dem Einzelhandel oder der Nahrungsmittelindustrie ist hingegen eine Richtlinie zum Thema Verantwortungsbewusstes Marketing als Best-Practice anzusehen, für letztere auch eine öffentlich zugängliche Richtlinie zu möglichen Gesundheitsrisiken der Produkte.

[5] The BMW Group (2012), S. 77.

Pharma- und Biotechnologie-Unternehmen werden dahingehend analysiert, ob sie die ethischen Kriterien der Weltgesundheitsorganisation (WHO)[6] zum Verkauf und Vertrieb von Medikamenten befolgen.

Der Verstoß gegen Richtlinien oder die Verwicklung in Kontroversen mit Kunden erweist sich in vielen Branchen als wichtiger Baustein des Bewertungsansatzes sozialer Nachhaltigkeitsleistungen von Unternehmen. Hierbei sind vor allem die Konsumgüter-, die Chemie- oder auch die Transportindustrie zu nennen. In der Automobilindustrie hat z.B. die Anzahl von Produktrückrufen deutlich zugenommen.[7] Hersteller wie Toyota mussten dabei teils erhebliche finanzielle und reputationsbezogene Schäden hinnehmen. Allerdings muss nicht jede Rückrufaktion so desaströs negative Folgen haben. So kann ein Rückruf auch ein Zeichen von verantwortungsbewusstem, vorausschauendem Unternehmenshandeln sein und von Kunden auch so wahrgenommen werden. Abzugrenzen davon sind Rückrufe, mit denen Unternehmen auf behördliche Anordnungen (z.B. in Folge einer Häufung schwerwiegender Unfälle) reagieren.

Beispiel: Produktrückrufe bei Toyota Motors, Reputationsrisiken und finanzielle Einbußen

Der japanische Autohersteller Toyota Motors blickt auf eine Serie von Produktrückrufen in den vergangenen Jahren zurück. Seit 2010 musste Toyota allein mehr als 8 Mio. Fahrzeuge aufgrund angeblich klemmender Gaspedale, defekter Elektronik und blockierender Fußmatten mit teils tödlichen Unfällen als Folge zurückrufen. Neben den damit verbundenen Strafzahlungen (48,8 Mio. USD) und Abfindungszahlen für Sammelklagen (1,6 Mrd. USD) hat die Reputation des traditionell für hohe Produktqualität stehenden Autoherstellers gelitten. Absatz und Gewinn sanken u.a. in Folge der Produktkontroversen, obwohl behördliche Untersuchungen ergaben, dass u.a. Fahrfehler zu den Unfällen geführt hatten. Aber auch in den Folgejahren riss die Serie an Sicherheitsmängeln nicht ab. Ende 2012 wurde Toyota zum wiederholten Male von der US-amerikanischen Behörde für Verkehrssicherheit mit einer Strafe in Höhe von 17,4 Mio. USD belegt, da der Autobauer die Behörde zu spät über Sicherheitsprobleme einiger Modelle informiert hatte.[8]

2.2.4 Gesellschaft – Lokale Gemeinwesen

Negative soziale Auswirkungen der Unternehmensaktivitäten auf lokale Gemeinwesen bzw. die Gesellschaft im Allgemeinen können ebenfalls mit materiellen Risiken für

[6] World Health Organization (1988), S. 7 ff.

[7] Shah/Ball/Netessine (2013), S. 2 ff.

[8] Trop, Jaclyn (2013).

Unternehmen einhergehen. Wie auch im Falle der Kunden ist diese Stakeholder-Gruppe oftmals schwer einzugrenzen. Soziale Auswirkungen, die beispielweise nur Menschen in direkter Nähe von Produktionsstandorten betreffen, können sich in der heutigen Medien- und Internetwelt sehr schnell durch Meinungsbildner und Multiplikatoren wie Nichtregierungsorganisationen, Journalisten, Blogger oder der Politik zu einem hohen Reputationsrisiko entwickeln.

Vor allem Unternehmen, die mit potenziell gesundheitsgefährdenden Materialien operieren, wie in der Chemie- oder Energiebranche, oder Firmen, die für die Herstellung ihrer Produkte große Landflächen benötigen, wie Agrar- oder Bergbauunternehmen, stehen vor Herausforderungen, die Beziehungen zu den lokalen Gemeinwesen bzw. Bevölkerungen nachhaltig zu managen. Es wird daher unter anderem bewertet, ob Unternehmen einen systematischen Stakeholder-Dialog betreiben. Vor allem an Firmen, die in Regionen mit einem hohen indigenen Bevölkerungsanteil agieren, werden hohe Anforderungen gestellt, entsprechende Programme zu implementieren. So wird etwa geprüft, ob in Brasilien oder Indonesien tätige Bergbauunternehmen den Schutz indigener Kulturen gefährden oder fördern. Die jüngste Vergangenheit zeigt, dass gerade große Projekte wie die Errichtung von Staudämmen oder der Bau von Atomkraftwerken in stark besiedelten Regionen oder der Abbau von Rohstoffen in biologisch und kulturell schützenswerten Gebieten zu schwerwiegenden Kontroversen geführt haben, was wiederum mit erheblichen Reputationsschäden und operationalen Risiken verbunden war. Negative soziale Auswirkungen auf lokale Gemeinwesen bzw. Bevölkerungen können letztlich zum Wegfall der „Licence to operate“ und damit auch zu einem Rückzug von Investoren führen.[9]

Allerdings gilt auch hier, dass die negativen Auswirkungen der Unternehmenstätigkeit bzw. risikovorbeugende Maßnahmen nur die eine Seite der Medaille sind, die es im Ganzen zu bewerten gilt. So können Unternehmen durch die Gestaltung ihrer Produkte und Dienstleistungen auch wichtige positive Impulse für eine nachhaltige Entwicklung geben. So lässt sich beispielsweise analysieren, ob Finanzunternehmen einkommensschwache Familien als Kundenzielgruppe berücksichtigen, ob Pharmahersteller Medikamente für vernachlässigte Krankheiten entwickeln oder es durch eine differenzierende Preispolitik den Kunden in Entwicklungsländern den Zugang zu dringend benötigten Medikamenten ermöglichen. Telekommunikationsunternehmen können mit ihren Dienstleistungen dazu beitragen, den sogenannten *Digital Divide* zu überwinden oder zumindest zu verringern (siehe folgendes Beispiel), indem sie der ungleichen Chancenverteilung des Zugangs zu digitalen Informations- und Kommunikationstechniken entgegenwirken. Medienunternehmen können durch die Gewährleistung unabhängiger Medienangebote oder den Transfer von Wissen zur Entwicklung und Festigung demokratischer Strukturen beitragen, vor allem in ehemals autokratisch regierten Staaten.

[9] Sosa (2011), S. 3 ff.

Beispiel: Ericsson – Beitrag zur Verringerung des Digital Divide

Das schwedische Telekommunikationsunternehmen Ericsson hat verschiedene Programme ins Leben gerufen, um dem so genannten Digital Divide entgegen zu wirken. Um die Unterschiede im Zugang zu Kommunikationstechnologie zwischen Industrienationen und Entwicklungsländern zu verringern, stattet Ericsson beispielsweise Dörfer im südlichen Afrika mit Internetzugang aus. Auch beteiligt sich der Konzern an der UN Digital Health Initiative, um ländlichen Regionen die Nutzung mobiler Kommunikationstechniken zu ermöglichen oder entwickelt Mobilfunk-Lösungen, um die Kommunikation zwischen und innerhalb von Flüchtlingslagern zu vereinfachen. Dabei arbeitet das Unternehmen mit Organisationen und Wissenschaftlern zusammen und unterstützt ferner Studien zum Thema Digital Divide.[10]

2.2.5 Gesellschaft – Philanthropie

Das philanthropische bzw. gesellschaftliche Engagement ist ein weiteres Feld zur Bestimmung der sozialen Nachhaltigkeitsleistung von Unternehmen. Philanthropie ist ein klassisches Betätigungsfeld für Unternehmen, die ihre gesellschaftliche Verantwortung im Sinne von guter „Corporate Citizenship" sichtbar demonstrieren wollen. Vor allem im angloamerikanischen Raum haben philanthropische Unternehmensaktivitäten eine lange Tradition, aber auch in Europa ist die Maxime „Tue Gutes und rede darüber" ein fester Bestandteil der Nachhaltigkeitsstrategie vieler Unternehmen geworden.

Im Rahmen der Bewertung der Nachhaltigkeitsleistung von Unternehmen wird daher in aller Regel geprüft, inwieweit sich Unternehmen für soziale Zwecke engagieren, die nichts mit der Geschäftstätigkeit des Unternehmens i.e.S. zu tun haben. Neben der Spendenhöhe gemessen am Umsatz werden auch Richtlinien und Programme im Bereich Philanthropie untersucht. Nicht wenige Unternehmen vermengen gesellschaftliches Engagement jedoch mit Sponsoring und klassischen Charity-Aktivitäten, die primär aus einer Marketing-orientierten Sicht heraus lanciert werden. Als Best Practice werden hingegen Richtlinien und Programme angesehen, die auf die Grundbedürfnisse von Menschen in Entwicklungsländern oder in sozial benachteiligten Gemeinden abzielen. Philanthropie lässt sich im direkten Vergleich zu den vorherigen genannten Themenkomplexen jedoch generell eher als ein Betätigungsfeld ansehen, das isoliert betrachtet wenig über die soziale Nachhaltigkeitsleistung eines Unternehmens aussagt. Insbesondere für Investoren ist vielmehr die Nachhaltigkeit im Kerngeschäft entscheidend, sprich die Integration von sozialen Gesichtspunkten in das Management von Stakeholdern wie Mitarbeitern, Lieferanten, Kunden und (lokalen) Gemeinwesen bzw. Bevölkerungen je nach Relevanz im jeweiligen Branchenumfeld. Die Bewertung der philanthropischen

[10] Ericsson (2012), S. 12 ff.

Aktivitäten von Unternehmen können eine Nachhaltigkeitsbewertung jedoch vor allem insofern sinnvoll ergänzen, da sie möglicherweise Aufschluss über die Glaubwürdigkeit von Unternehmen und ihren Nachhaltigkeitsstrategien liefern.

2.3 Implementierung

2.3.1 Mögliche Anlagestrategien

Im Folgenden soll der Frage nachgegangen werden, wie die bereits diskutierten Bewertungsansätze im Rahmen einer nachhaltigen Anlagestrategie in die Praxis umgesetzt werden können. Dabei wird ein Blick auf die beiden in der Praxis gängigsten Vorgehensweisen geworfen,

- den Ausschluss von Unternehmen bzw. Branchen auf der Basis vorab definierter Kriterien und
- die Über- und Untergewichtung von Unternehmen innerhalb von Branchen relativ zu einer vorab definierten Benchmark auf Basis systematisch bewerteter Nachhaltigkeitsleistungen (Best-in-Class-Ansatz).

Während Ausschlussstrategien eher bei Werte-orientierten Investoren zu finden sind, bevorzugen „Mainstream"-Investoren eher den Best-in-Class-Ansatz, der im Ergebnis zu weniger signifikanten aktiven Risiken (Tracking Error) im Vergleich zu den üblicherweise verwendeten Benchmarkindizes liegt. Üblich sind aber durchaus auch hybride Ansätze, sprich Mischungen von Ausschluss- und Best-in-Class-Strategien. Eine Sonderrolle spielt das bereits in der Einleitung skizzierte *Impact Investing*, auf das im Weiteren nur kurz eingegangen werden soll. Zunächst wird allerdings ein Blick auf Ansätze geworfen, die auf Ausschlüsse von Unternehmen bzw. ganzer Branchen abzielen.

Die Wahl der Ausschlusskriterien wird dabei bestimmt durch die individuellen Wertvorstellungen des Investors oder – aus der Materialitätsperspektive betrachtet – durch die Umsetzung „starker Meinungen" im Rahmen von Asset-Selection- oder Asset-Allocation-Entscheidungen. Ein Beispiel für Letzteres ist der Ausschluss von Streubombenherstellern in der Erwartung einer bevorstehenden, stärkeren internationalen Regulierung.[11] In der Praxis findet man weit verbreitet sowohl Fälle, in denen nur ein Ausschlusskriterium zum Einsatz kommt, wie eben z.B. die Involvierung von Unternehmen in der Streubombenherstellung. Ebenso vertreten sind aber auch Fälle, in denen z.T. lange Listen mit

[11] Clifford Chance (2013), S. 1 ff.

Ausschlusskriterien zum Einsatz kommen. Auch hier kann man wieder in der Tendenz sagen, dass Letztere eher im Bereich der Werte-orientieren bzw. ethischen Investoren zu finden sind, also z.B. bei kirchlichen Einrichtungen. In vielen Fällen lässt sich allerdings zwischen ethisch motivierten und nicht-ethisch motivierten Ausschlusskriterien keine klare Trennlinie ziehen – zumindest von außen betrachtet. Selbst bei Ausschlussstrategien, bei denen die Bewertung des sozialen Impacts von Produkten bzw. Geschäftsfeldern im Fokus steht, etwa die Produktion von Tabak oder Alkohol, Beteiligung an Stammzellenforschung oder grüner Gentechnik, ist dies nicht immer einfach.

Anders als bei den Ausschlussstrategien fokussiert man i.R. des *Impact Investing* nicht auf die potenziell negativen sozialen Auswirkungen von Unternehmensaktivitäten, sondern begründet Investmententscheidungen mit den positiven Beiträgen, die Unternehmen und/oder Projekte zur nachhaltigen Entwicklung einer Gesellschaft beitragen können. Neben der finanziellen Rendite geht es also auch um die Erzielung einer sozialen Rendite. Dabei gibt es am Markt sowohl Ansätze, die die soziale Rendite relativ zur finanziellen Rendite (Impact First!) priorisieren, als auch vice versa.

Beim Best-in-Class-Ansatz lassen sich im Grundsatz sowohl negative als auch positive Nachhaltigkeitskriterien verwenden. In der Regel werden diese im Rahmen einer Gesamtbewertung gegeneinander abgewogen und fließen dann in die Investmententscheidung dergestalt ein, dass die Unternehmen, die innerhalb einer Branche am besten bewertet werden, im Vergleich zur Benchmark übergewichtet, während die „Underperformer" untergewichtet werden.

Die Zusammensetzung des Portfolios richtet sich also nach den Unternehmen, die in Ihrer Branche, Kategorie oder Anlageklasse die höchsten Nachhaltigkeitsstandards setzen. Insofern erfolgt ein Investment aus sozialer Sicht idealtypisch in diejenigen Unternehmen, die den geringsten negativen Impact verursachen und/oder den größten sozialen Nutzen stiften können. Die Bewertung des Impacts lässt sich dabei je nach Investmentmotiv auf der Ebene einzelner oder mehrerer Kriterien vornehmen. In der Regel richtet sich die Klassifikation, ob es sich um ein Best-In-Class-Unternehmen handelt oder nicht, wie oben bereits gesagt, nach seinem Gesamtrating. Der Schwellenwert, ab wann ein Unternehmen als Best-in-Class zu bezeichnen ist, lässt sich individuell vom jeweiligen Investor bestimmen. Die Spannbreite kann sehr groß ausfallen. Gängige Praxis ist es jedoch, dass ein Unternehmen mindestens in die Gruppe der 50% „nachhaltigsten" Unternehmen einer Branche bzw. eines Universums fallen muss, um als Best-in-Class bezeichnet zu werden.

Die verschiedenen Anlagestrategien, vor allem die Ausschlussstrategie sowie der Best-in-Class-Ansatz, lassen sich miteinander kombinieren. So können in einem ersten Schritt diejenigen Unternehmen von einem Investment ausgeschlossen werden, die gegen bestimmte Negativkriterien verstoßen. Innerhalb des daraus resultierenden, in der Regel verkleinerten Investmentuniversums werden dann die Best-in-Class-Unternehmen ermittelt. Dieses Vorgehen soll im folgenden Kapitel anhand eines Beispiels erläutert werden.

2.3.2 Case Study: Soziale Nachhaltigkeit der Chemiebranche

Im Folgenden soll am Beispiel der Chemiebranche eine mögliche Implementierung der Ausschlussstrategie sowie des Best-in-Class Ansatzes diskutiert werden. Für die Implementierung beider Anlagestrategien gilt es in einem ersten Schritt diejenigen Themen zu identifizieren, die aus Nachhaltigkeitssicht die größte Relevanz innerhalb einer Branche aufweisen. Dabei liegt der Fokus der Betrachtung analog zur Fragestellung dieses Beitrags auf dem Themenkomplex der sozialen Nachhaltigkeit. In einem zweiten Schritt werden auf Grundlage der relevanten Themen konkrete Anlagekriterien definiert. Um diese im Rahmen der Anlagestrategie praktisch umsetzen zu können, werden im Anschluss geeignete Indikatoren ausgewählt und ausgestaltet. Dabei gilt es, die Bedingungen zur Erfüllung der ausgewählten Kriterien jeweils trennscharf zu formulieren. Dieser Ausgestaltung der Kriterien kommt eine entscheidende Bedeutung zu, da bereits geringfügige Änderungen an den Bedingungen, signifikante Auswirkungen auf das Portfolio nach sich ziehen können.

2.3.3 Ausschlussstrategie

2.3.3.1 Auswahl der relevanten Themen und Ausschlusskriterien

Die Chemiebranche gehört zu den Branchen, denen grundsätzlich ein hohes Potenzial an negativem Impact aus Nachhaltigkeitssicht zugeschrieben wird. Zahlreiche Beispiele der Vergangenheit zeigen, dass Chemieunternehmen aufgrund ihrer Geschäftstätigkeit signifikante negative Auswirkungen auf Umwelt und Gesellschaft haben können.[12] Folgenden Schlüsselthemen kommt dabei eine zentrale Bedeutung zu:

- Auswirkungen auf Gesundheit und Sicherheit im Rahmen betrieblicher Prozesse,
- Produktsicherheit und
- wettbewerbswidriges Verhalten.

Mitarbeiter von Chemieunternehmen arbeiten in der Regel in einem Umfeld, das hohe Risiken für Gesundheit und Sicherheit birgt. Die Verarbeitung gefährlicher chemischer Substanzen erfordert hohe Sicherheitsauflagen. Auch die Bevölkerung der Gemeinden, in denen Chemieunternehmen operieren, ist potenziell höheren Risiken ausgesetzt, als

[12] United Nations Environment Programme (2012), S. 117 ff.

dies bei anderen Branchen der Fall ist. Vor allem betriebliche Chemieunfälle können sowohl für die Gesundheit der Mitarbeiter als auch der lokalen Bevölkerung gravierende, manchmal sogar tödliche Folgen haben. Die Zahl der Unfälle in der Vergangenheit mit teils gravierenden gesundheitlichen Folgen unterstreicht die Relevanz des Themas.

Aus Kundensicht sind Fragen der Produktsicherheit von besonderer Bedeutung. Chemieprodukte finden in nahezu allen Bereichen des täglichen Lebens Verwendung. Der Kundenkreis der Branche ist äußerst groß und vielfältig. Produktmängel oder verwendete Gefahrenstoffe können fatale Folgen nach sich ziehen. Insofern tragen Chemieunternehmen hier ein hohes Maß an gesellschaftlicher Verantwortung.

Aber auch nicht unübliche Kartellbildungen innerhalb der Branche sind aus Kundensicht mit negativen Folgen wie etwa höheren Preisen verbunden.

Auf Grundlage dieser Themen sind beispielhaft Ausschlusskriterien definiert und in nachfolgender Tabelle zusammengefasst worden.

Tabelle 1: Case Study Chemiebranche – Beispiel einer Auswahl von Ausschlusskriterien

Themenkomplex	Ausschlusskriterium
Auswirkungen auf Gesundheit und Sicherheit im Rahmen betrieblicher Prozesse	• Unzureichende Gesundheits- und Sicherheitsprogramme zur Vermeidung von betrieblichen Unfällen • Hohe Zahl von betriebsbedingten Unfällen (mit Todesfolge) • ***Chemieunfälle mit schwerwiegenden Auswirkungen auf die Mitarbeiter und/oder die lokale Bevölkerung***
Produktsicherheit	• ***Herstellung und Vertrieb von Produkten mit potenziell hohen negativen Auswirkungen auf die Umwelt und die Gesundheit der Kunden und der Bevölkerung*** • Involvierung in schwerwiegende Kontroversen um die Sicherheit von Produkten
Wettbewerbswidriges Verhalten	• Unzureichende Programme zu Vermeidung von wettbewerbswidrigem Verhalten (Whistleblower-Programme) • ***Involvierung in schwerwiegende Kontroversen um wettbewerbswidriges Verhalten, insbesondere Kartellbildung***

Quelle: Sustainalytics

Die ausgewählten Ausschlusskriterien gilt es im Folgenden zu operationalisieren, sprich die Bedingungen festzulegen, ab wann ein Kriterium erfüllt ist bzw. wann ein Ausschluss zu rechtfertigen ist. Die folgende Tabelle zeigt beispielhaft für jeweils ein ausgewähltes Kriterium pro Thema (in Tabelle 1 kursiv und fett markiert), wie eine Operationalisierung bzw. Ausgestaltung in der Praxis aussehen könnte.

Tabelle 2: Case Study Chemiebranche – Beispiel fuer die Ausgestaltung von Ausschlusskriterien

Themenkomplex/ Ausschlusskriterium	Ausgestaltung des Ausschlusskriteriums
Gesundheitsauswirkungen und Sicherheit im Rahmen betrieblicher Prozesse	
Chemieunfälle mit schwerwiegenden Auswirkungen auf Mitarbeiter und/oder Gesellschaft	Ausgeschlossen werden sollen alle Unternehmen, die Chemieunfälle mit schwerwiegenden Auswirkungen auf Mitarbeiter und/oder Gesellschaft zu verantworten haben. Als „schwerwiegend“ sind Unfälle mit Todesfolge oder schwerwiegenden Verletzungen bzw. Beschädigungen am Eigentum Dritter etc. zu bezeichnen. Auf einer fünfstufigen Kontroversen-Skala werden diese Fälle mindestens mit einer Kategorie 4 bewertet (5 = schwerwiegendster Fall)
Produktsicherheit	
Herstellung und Vertrieb von Produkten mit potenziell hohen negativen Auswirkungen auf Gesundheit der Kunden, Bevölkerung und Umwelt	Ausgeschlossen werden alle Unternehmen, die Produkte mit potenziell hohen negativen Auswirkungen auf Gesundheit der Kunden, Bevölkerung und Umwelt herstellen oder vertreiben. Darunter fallen Produkte, die von verschiedenen Stakeholdern und Institutionen als besonders kontrovers eingestuft werden. Bsp: „Sinlist“ definiert von der Nichtregierungsorganisation ChemSec (International Chemical Secretariat)[a], EU-REACH-Verordnung[b] oder Environmental Protection Agency's (EPA's) Toxic Substance Control Act (TSCA)[c]
Wettbewerbswidriges Verhalten	
Involvierung in schwerwiegende Kontroversen um wettbewerbswidriges Verhalten, insbesondere Kartellbildung	Ausgeschlossen werden alle Unternehmen, die in schwerwiegende Kontroversen um wettbewerbswidriges Verhalten, insbesondere Kartellbildung verwickelt sind. Auf einer fünfstufigen Kontroversen-Skala werden diese Fälle mindestens mit einer Kategorie 4 bewertet (5 = schwerwiegendster Fall).

a The International Chemical Secretariat (2013), S. 5.
b European Parliament and the Council of the European Union (2007).
c United States Environmental Protection Agency (2012).

Quelle: Sustainalytics

Die oben genannten Bedingungen für den Ausschluss von Unternehmen aus dem Anlageuniversum sind beispielhaft, kommen aber in dieser oder ähnlicher Form in der Investmentpraxis tatsächlich zum Einsatz.

2.3.3.2 Anwendung der Ausschlusskriterien

Die oben definierten, ausgestalteten Ausschlusskriterien lassen sich nun auf die Chemiebranche anwenden. Das für die Analyse zur Verfügung stehende Universum umfasst 135 Aktien- und/oder Anleihen emittierender Chemieunternehmen. Die Ergebnisse der Anwendung zeigen, dass etwa zwei Drittel der untersuchten Unternehmen die festgelegten Kriterien nicht erfüllen und somit von einem Investment ausgeschlossen werden müssten (siehe Abbildung 3).

Abbildung 3: Case Study Chemiebranche – Ergebnisse der Anwendung von Ausschlusskriterien in %

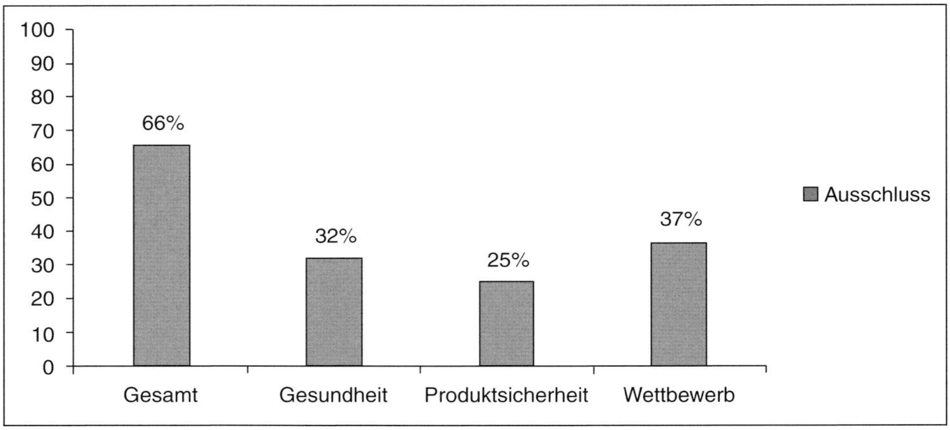

Quelle: Sustainalytics

Ein solches Ergebnis ist durchaus zu erwarten gewesen. Vor allem das Kriterium „Herstellung und Vertrieb von Produkten mit potenziell hohen negativen Auswirkungen auf Gesundheit der Kunden/Gesellschaft und Umwelt“ hat zu hohen Ausschlüssen bei global agierenden Chemiekonzernen geführt. Führende US-amerikanische und europäische Unternehmen sind hier betroffen. Die Einführung einer weniger strikten Umsatzhürde, die etwa nur diejenigen Unternehmen ausschließt, die mit den genannten Produkten mehr als 5% des Jahresumsatzes erwirtschaften, würde den Umfang des investierbaren Universums immerhin bereits um 6% vergrößern. Eine solche Entscheidung liegt im Ermessensspielraum des jeweiligen Investors und in seinen spezifischen Anforderungen an die soziale Nachhaltigkeitsleistung eines Unternehmens. Eine Nulltoleranz-Haltung geht stets auch mit einer auf das jeweilige Kriterium bezogenen maximalen Verengung des Anlageuniversums einher.

2.3.3.3 Best-in-Class-Ansatz

Zwar birgt die Chemiebranche, wie oben beschrieben, im Grundsatz ein hohes Risiko an negativen sozialen Auswirkungen. In den vergangenen Jahren hat jedoch die Sensibilität der Unternehmen gegenüber Nachhaltigkeitsthemen deutlich zugenommen; Richtlinien, Programme und Managementsysteme wurden verbessert. Dies ist unter anderem auf die massive Kritik verschiedener Stakeholder-Gruppen auf die teilweise verheerenden Folgen von Chemieunfällen zurückzuführen. Als Konsequenz daraus haben vor allem große Chemieunternehmen weitreichende Programme zur Minderung von negativen Auswirkungen auf Umwelt und Gesellschaft implementiert. Auch haben viele Branchenvertreter erkannt, welchen positiven Beitrag sie zur nachhaltigen gesellschaftlichen Entwicklung leisten können. Insbesondere mit ihren Produkten können Chemieunternehmen Lösungen für soziale und ökologische Probleme anbieten.[13]

Gerade im Gesundheitswesen können Chemieunternehmen positive Beiträge leisten. So bietet Linde beispielsweise medizinische Gasgemische an, die als therapeutisches Mittel zur Schmerzlinderung Verwendung[14] finden. Krankheiten wie Malaria stellen vor allem Entwicklungsländer vor hohe soziale Herausforderungen. Allein der durch die Krankheit verursachte volkswirtschaftliche Schaden für Afrika wird umgerechnet auf fast 10 Mrd. EUR pro Jahr[15] geschätzt. BASF hat hier speziell imprägnierte Moskitonetze entwickelt, die den Schutz vor Infektionen erhöhen.[16] Ein weiteres Beispiel kommt aus dem Bereich Lärmbelästigung. So ist Verkehrslärm oftmals die Ursache gesundheitlicher Probleme wie z.B. psychischer oder Herz-Kreislauf-Erkrankungen. Das niederländische Unternehmen Royal Ten Cate[17] stellt als Antwort darauf thermoplastische Materialien her, die zur Verringerung von Motorgeräuschen bei Flugzeugen beitragen. Ein weiteres Beispiel sind die speziellen Kühlsysteme von Yara International, die die Lärmemissionen von Nutzfahrzeugen zu reduzieren helfen.[18]

Im Rahmen des Best-in-Class-Ansatzes sollen nun beispielhaft diejenigen Unternehmen innerhalb der Chemiebranche identifiziert werden, die relativ zu ihren Wettbewerbern die beste soziale Nachhaltigkeitsleistung erbringen, die also ihre negativen Impacts relativ gering halten und bei den positiven Impacts die Nase vorn haben. Diese relative Sichtweise wird oft auch kritisiert, das soll an dieser Stelle nicht verschwiegen werden. Insbesondere für Werte-orientierte Investoren erscheint es oft nicht akzeptabel, dass der Best-in-Class Ansatz Investments in Unternehmen ermöglicht, die aufgrund ihrer Zugehörigkeit zu einer bestimmten Branche für sie bereits per se als nicht investierbar gelten.

Mit Blick auf die Case Study für die Chemiebranche gilt es aber nun im nächsten Schritt, beispielhaft die aus Sicht eines Investors relevanten Themen zu bestimmen, analog zur Vorgehensweise bei der Umsetzung der Ausschlussstrategie. Basierend auf dieser Themenauswahl werden dann wiederum entsprechende Positivkriterien definiert und operationalisiert. Diese fließen dann am Ende gewichtet in einen sozialen Gesamtscore ein, der die Basis für die Investmententscheidung bzw. die Gewichtung der Aktien bzw. Unternehmensanleihen liefert.

[13] The European Chemical Industry Council (2011), S. 6 ff.

[14] The Linde Group (2013).

[15] Greenwood et al. (2005), S. 1487 ff.

[16] BASF (2012).

[17] Royal Ten Cate (2013).

[18] Yara International (2011), S. 22.

2.3.3.4 Auswahl der Nachhaltigkeitsthemen und Definition der Best-in-Class-Kriterien

Im Rahmen der Umsetzung der Ausschlussstrategie wurden bereits beispielhaft drei Hauptthemen (*Key ESG Issues*) für die Chemiebranche aus sozialer Nachhaltigkeitssicht identifiziert. Diese werden nun noch um das Thema des nachhaltigen Nutzens der Produkte ergänzt. Wie oben beschrieben, können Chemieunternehmen durch ihre Produkte einen positiven Impact zur gesellschaftlichen Entwicklung leisten. Vor allem bei gesellschaftlichen Herausforderungen wie dem demografischen Wandel, der Wasserknappheit oder dem Klimawandel kommt der Innovationskraft der Branche eine entscheidende Bedeutung zu. Neben diesen zentralen Themen soll jedoch auch die soziale Nachhaltigkeitsleistung der Branche aus der Perspektive der verschiedenen Stakeholder-Gruppen bewertet werden. Aus diesen Überlegungen ergibt sich folgende Themenliste:

- *Mitarbeiter*: Fokus auf die Gesundheit und Sicherheit im Rahmen betrieblicher Prozesse
- *Zulieferer*: Fokus auf die Gesundheit und Sicherheit innerhalb der Zulieferkette
- *Kunden*: Fokus auf Produktsicherheit, wettbewerbswidriges Verhalten sowie nachhaltiger Nutzen von Produkten
- *Lokale Gemeinwesen/Gesellschaft*: Fokus auf Gesundheit und Sicherheit im Rahmen betrieblicher Prozesse

Für die identifizierten Nachhaltigkeitsthemen gilt es nun, bewertbare Positivkriterien zu definieren und diese entsprechend ihrer Bedeutung zu gewichten. Unten stehende Tabelle zeigt ein Beispiel für die Umsetzung einer solchen Aufgabenstellung in der Praxis.

Tabelle 3: Case Study Chemiebranche – Definition der Positiv- bzw. Best-in-Class-Kriterien

Themenkomplex/ Key ESG Issue	Positiv bzw. Best-in-Class-Kriterium
Mitarbeiter	• Mitarbeiterrichtlinien: Versammlungsfreiheit und Diskriminierung • Anteil tariflich vergüteter Mitarbeiter • Programme zu Förderung von Diversity • Mitarbeiterfluktuation • *Gesundheits- und Sicherheitsprogramme zur Vermeidung von betrieblichen Unfällen* • *Zahl von betriebsbedingten Unfällen (mit Todesfolge)* • *Kontroversen im Bereich Mitarbeiter (insbesondere Chemieunfälle mit schwerwiegenden Auswirkungen auf Mitarbeiter)*
Zulieferer	• Soziale Standards in der Zulieferkette • Programme zur Überwachung der sozialen Standards • Kontroversen im Bereich Zulieferer
Kunden	• Qualitätsmanagement • *Programme zu Vermeidung von wettbewerbswidrigem Verhalten (Whistleblower-Programme)* • *Involvierung in schwerwiegende Kontroversen um wettbewerbswidriges Verhalten, insbesondere Kartellbildung* • *Produkte mit potenziell hohen negativen Auswirkungen auf die Umwelt und die Gesundheit der Kunden und der Bevölkerung* • *Produkte mit nachhaltigem Nutzen*
Lokale Gemeinwesen/ Gesellschaft	• Einhaltung der Menschenrechte • *Engagement-Programme/Dialog mit lokalen Gemeinden* • *Programme zu Vermeidung von Chemieunfällen* • *Verwicklung in gesellschaftliche Kontroversen (insbesondere Chemieunfälle mit schwerwiegenden Auswirkungen auf lokale Gemeinden)*

Quelle: Sustainalytics

Dabei werden jedoch die *Key ESG Issues* sowie das Thema Nachhaltiger Produktnutzen besonders stark bei der Bewertung der Best-in-Class-Unternehmen gewichtet (in Tabelle 3 kursiv markiert). Die nicht gekennzeichneten Kriterien fließen mit einem geringeren Gewicht in die Gesamtbewertung ein.

Im Gegensatz zu den Ausschlusskriterien werden bei den Positivkriterien keine Mindestanforderungen formuliert. Es erhalten diejenigen Unternehmen für das jeweilige Kriterium die höchste Bewertung, welche den höchsten Branchenstandard setzen bzw.

erzielen. Beim Kriterium betrieblicher Gesundheits- und Sicherheitsschutz erhalten beispielsweise diejenigen Unternehmen die beste Bewertung, die konzernweit extern zertifizierte Programme zur Vermeidung von Betriebsunfällen implementiert und messbare Ziele mit Fristen zur Reduktion von Unfällen vereinbart haben (z.B. Verringerung der Unfallrate um x% bis zum Jahr 201x). Bei dem Thema Produkte mit nachhaltigem Nutzen bzw. hohen negativen Auswirkungen wird hingegen der Umsatzanteil entsprechender Produkte bewertet. Je höher der Anteil von nachhaltigen Produkten am Gesamtumsatz ist, desto besser fällt die Bewertung aus. Bei Produkten mit negativem Impact kommt es dagegen zu entsprechenden Punktabzügen. Im Rahmen der Bewertung von Kontroversen wie Chemieunfällen oder Mitarbeiterklagen ergibt sich ein niedrigeres Rating, je schwerwiegender die jeweiligen Fälle sind.

2.3.3.5 Ergebnisse der Unternehmensbewertung und Umsetzung des Best-in-Class-Ansatzes

Für die Umsetzung des Best-in-Class-Ansatzes im Rahmen der Case Study standen die Daten von weltweit insgesamt 135 Aktien und/oder Anleihen emittierenden Chemieunternehmen zur Verfügung. Abbildung 4 zeigt die Verteilung des berechneten Gesamt-Scores, der sich aus der Bewertung und Gewichtung der als relevant definierten Einzelkriterien ergibt.

Abbildung 4: Verteilung des Social Score (auf Basis ausgewählter Themen), Stand: 30.08.2013

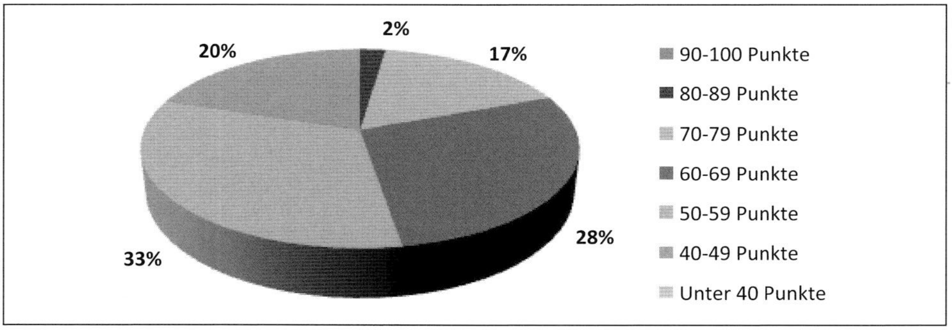

Quelle: Sustainalytics

Von den maximal 100 erreichbaren Punkten hat das beste Unternehmen innerhalb der globalen Chemiebranche 81 erreicht. Immerhin 26 Unternehmen sind im Bereich größer gleich 70 Punkte zu finden. Diese im Branchenvergleich überdurchschnittlich gut abschneidenden Unternehmen wären im Rahmen des Best-in-Class-Ansatzes Kandidaten für die Aufnahme ins Portfolio und eine Übergewichtung im Vergleich zur Benchmark (z.B. Gewichtung im Marktindex). Wo letztlich die Grenze für die Qualifikation als Best-in-Class-Unternehmen gezogen wird, hängt von den Rahmenbedingungen ab, den

Präferenzen des Investors und dem daraus abgeleiteten Investmentansatz. Eine Mindestbedingung sollte allerdings sein, dass Best-in-Class Unternehmen in jedem Fall oberhalb des Branchendurchschnitts positioniert sein sollten.

Auf der anderen Seite stehen die „Worst-in-Class"-Unternehmen. 27 der insgesamt 135 Unternehmen schnitten zwischen 40 und 49 Punkten ab und stellen damit die Gruppe der Unternehmen dar, die relativ zu ihren Wettbewerbern und den ausgewählten Themen am schwächsten eingeschätzt wurden. In sie würde ein Investor, der den Best-in-Class Ansatz verfolgt entweder gar nicht investieren oder aber zumindest nur mit einer Gewichtung, die unterhalb des Benchmark-Gewichts liegt. Eine weitere Spielart ergibt sich aus der „Absolute Return" Perspektive, die aufgrund einer weniger strengen (bzw. fehlenden) Regulierung vor allem bei Hedge Fonds zu finden ist. Typischerweise würden dabei Long-Positionen in den Unternehmen aufgebaut, die man als Best-in-Class identifiziert hat. „Finanziert" würden diese dann zumindest teilweise mit Short-Positionen in Worst-in-Class-Unternehmen. Der Nettofinanzkapitalbedarf kann hier also sehr gering sein, die Hebelwirkung und damit das Risiko aber dementsprechend groß. Der Vorteil der Long-/Shortstrategie ist, dass man als Investor nicht nur vom angenommenen positiven Wertbeitrag überdurchschnittlich guter Unternehmen profitiert, sondern auch vom erwarteten negativen „Alpha" unterdurchschnittlicher Unternehmen.

Abschließend wird noch ein differenzierter Blick auf die Ergebnisse auf der Unternehmensebene geworfen. Tabelle 4 enthält die auf Basis ausgewählter Themen bewerteten Nachhaltigkeitsleistungen der zehn besten Unternehmen der globalen Chemiebranche. Man sieht zunächst, dass diese Unternehmen zwischen 77 und 81% des maximal erreichbaren Scores auf Basis der gemachten Einschätzungen erzielen konnten. Die Ergebnisse liegen damit nicht nur recht eng beieinander, sondern zeigen auch, dass die sozialen Nachhaltigkeitsleistungen der weltweit besten Chemieunternehmen ein vergleichsweise hohes Niveau erreicht haben. Dass gleichwohl noch weiteres Verbesserungspotenzial vorhanden ist, lässt sich am Abstand zur maximal erreichbaren Punktzahl ablesen. Es wird ebenfalls deutlich, dass sich die Unternehmen trotz der geringen Abstände im Gesamt-Score zum Teil deutlich unterscheiden, wenn man die einzelnen Subkategorien betrachtet. So fällt z.B. auf, dass der Abstand zwischen dem besten und dem schlechtesten Unternehmen mit Blick auf die Stakeholder-Gruppe „Kunden" immerhin 40 Prozentpunkte beträgt. Am geringsten, aber immer noch deutlich ist der Abstand im Segment „Mitarbeiter" mit 16 Prozentpunkten.

Tabelle 4: Soziale Nachhaltigkeitsleistung (auf Basis ausgewählter Themen) nach Stakeholder-Gruppen – Top 10 Unternehmen, Stand: 30.08.2013

	Score in % (gerundet)				
Unternehmen	**Mitarbeiter**	**Zulieferer**	**Kunden**	**Gesellschaft**	**Gesamt***
Novozymes A/S	80%	94%	100%	75%	81%
Wacker Chemie AG	74%	75%	100%	92%	81%
Lotte Chemical Corp	80%	81%	100%	75%	81%
Croda International plc	83%	100%	62%	100%	80%
Praxair Inc.	80%	94%	60%	100%	79%
Akzo Nobel NV	78%	94%	90%	67%	79%
Solvay SA	81%	63%	80%	92%	79%
BASF SE	67%	84%	90%	83%	77%
The Linde Group	67%	88%	90%	83%	77%
Clariant AG	76%	81%	100%	75%	77%
Max. Spanne in %-P.	16	37	40	33	4
Standardabweichung	5.7%	11.0%	15.3%	11.4%	1.7%
* gewichtet					

Quelle: Sustainalytics

Weitere interessante Aspekte ergeben sich, wenn man die Ergebnisse der Ausschluss- und der Best-in-Class Analyse miteinander vergleicht. So schneidet etwa jedes dritte der ausgeschlossenen Unternehmen nach Best-in-Class-Kriterien vergleichsweise positiv ab. Dies macht noch einmal deutlich, wie sensitiv die Portfoliozusammensetzung gegenüber Veränderungen der Auswahl und Ausgestaltung von Nachhaltigkeitskriterien ist. Im Vorfeld der Implementierung einer auf Nachhaltigkeitskriterien basierenden Strategie gehört es daher in der Praxis zum Standard, sorgfältige Szenario-Analysen durchzuführen.

In der Case Study wären z.B. Unternehmen wie BASF, L'Air Liquide SA, Praxair Inc., Royal DSM N.V. oder The Mosaic Company von einem Ausschluss betroffen, obwohl sie nach Best-in-Class-Kriterien innerhalb ihrer Branche überdurchschnittlich gut abschneiden. Ausschlaggebend für den Ausschluss dieser Unternehmen ist die Produktion von Chemikalien, die u.a. mit signifikant negativen Auswirkungen auf die Gesundheit der Kunden bzw. lokaler Bevölkerungen verbunden sein können. Gleichzeitig erzielen diese Unternehmen insgesamt eine überdurchschnittliche soziale Nachhaltigkeitsleistung, stellen Produkte mit nachhaltigem Nutzen her und verstoßen nicht gegen die übrigen vorgegebenen Ausschlusskriterien.

3 Schlussbetrachtung

Aus den Ergebnissen der Case Study ergibt sich, dass Investoren vor der Herausforderung stehen, auf Basis einer klaren Ziel- und Prioritätensetzung (Rendite vor Impact? Soziales vor Umwelt? usw.) ein konsistentes Set von Kriterien zu definieren und im Rahmen eines Realitätschecks auf Praxistauglichkeit zu überprüfen. Die zu stellenden Fragen gehen z.B. dahin, ob man als Investor bereit ist, die Outperformance einer ausgeschlossenen Branche im Vergleich zum Markt hinzunehmen, und zwar auch dann, wenn sie über einen längeren Zeitraum anhält. Und wenn nicht, wie groß ist die Bereitschaft, Kompromisse bei den Werte-orientierten Kriterien einzugehen? Lässt man Toleranzgrenzen zu, im Rahmen derer Unternehmen in kontroverse Aktivitäten wie z.B. das oft zitierte Streubombengeschäft involviert sein können? Die Kalibrierung der Investmentpolitik und des Investmentansatzes, das wurde deutlich, ist in jedem Fall ein komplexes, alles andere als triviales Unterfangen.

Das Nachhaltigkeitsfeld „Sozial" stand im deutschsprachigem Raum viele Jahre im Schatten der Umweltthemen. Dies lag sicherlich zu einem großen Teil an den Investmentthemen im Bereich der Erneuerbaren Energien bzw. allgemein der Grünen Technologien, die schlichtweg en vogue waren und sich vor allem im Endkundengeschäft besser vermitteln ließen. In anderen Ländern, wie z.B. Frankreich, hat die soziale Säule der Nachhaltigkeit schon seit Langem einen weitaus höheren Stellenwert. Und man kann es wagen zu prognostizieren, dass dies auch im deutschsprachigem Raum so kommen wird. Der wesentliche Treiber dafür ist das Mainstreaming nachhaltiger Investmentansätze und damit der stärkere Einzug eines Materialitätsdenkens in Investmententscheidungen, die auf Umwelt-, Sozial- und Governance-Kriterien beruhen. So ist aus ökonomischer Sicht klar, dass das Soziale Kapital eines Unternehmens in Gesellschaften, die auf Innovation und soziale Netzwerke setzen, von enormer und in Zukunft noch weiter steigender Bedeutung ist. Es macht daher, auch für Investoren, die ausschließlich am finanziellen Erfolg interessiert sind, Sinn, sich mit diesem Thema auseinanderzusetzen.

Literatur

BASF, (2012): Moskitonetze retten Leben. Link: http://www.basf.com/group/corporate/de/news-and-media-relations/science-around-us/mosquito-nets-save-lives/story (Stand: 02.10.2013).

Clifford Chance, (2013): New Dutch prohibition on investments in cluster munition companies. Amsterdam.

Ericsson, (2012): Technology for good. 2012 Sustainability and Corporate Responsibility report. Stockholm.

European Association of Automotive Suppliers, (2012): CLEPA Position on Horizon 2020. Brüssel. Link: http://www.clepa.eu/index.php?id=628&type=0&juSecure=1&locationData=628%3Atx_dam%3A6239&juHash=6e0773f53cf49269106fa4ffb5c7d059f3b845bb (Stand: 07.10.2013).

European Parliament and the Council of the European Union, (2007): Regulation (EC) No 1907/2006 of the European Parliament and Council of 18 December 2006 concerning the Registration, Evaluation, Authorisation and Restriction of Chemicals (REACH). Brüssel.

Global Witness, (2009): Faced with a gun, what can you do? War and the militarization of mining in Eastern Congo. London. Link: http://www.globalwitness.org/sites/default/files/pdfs/report_en_final_0.pdf (Stand: 05.10.2013).

Gulati, Nikhil/Choudhury, Santanu, (2012): Riot Hits Big India Auto Maker. In: The Wall Street Journal. 19.07.2012. Link: http://online.wsj.com/news/articles/SB10000872396390444464304577535851555867244 (Stand: 07.10.2013).

Greenwood et al., (2005): Malaria. In: The Lancet (2005). Volume 365, Issue 9469. S. 1487-1498. 23.04.2005. Philadelphia.

Royal Ten Cate, (2013): Mobility. Link: http://www.tencate.com/themes/mobility/default.aspx (Stand: 02.10.2013).

Shah, Rachna/Ball, George/Netessine, Serguei, (2013): Plant Operations and Product Recalls in the Automotive Industry: An Empirical Investigation. Minneapolis. Link: http://papers.ssrn.com/sol3/papers.cfm?abstract_id=2356315 (Stand: 07.10.2013).

Sosa, Irene, (2011): License to Operate: Indigenous Relations and Free, Prior and Informed Consent in the Mining Industry. Toronto. Link: http://www.sustainalytics.com/sites/default/files/indigenouspeople_fpic_final.pdf (Stand: 05.10.2013).

The BMW Group, (2012): Wert schaffen. Sustainable Value Report 2012. München.

The European Chemical Industry Council, (2011): Tomorrow starts with Chemistry. Innovation for a sustainable, smart and inclusive Europe. Brüssel.

The International Chemical Secretariat, (2013): The SIN Producers List for Investors (2013). Göteborg.

The Linde Group, (2013): Medizinische Gase. Link: http://www.linde-gas.de/de/products_and_supply/medical_gases/index.html (Stand: 02.10.2013).

Trop, Jaclyn, (2013): Toyota Agrees to Settlement in Fatal Acceleration Crash. In: The Wall Street Journal. 25.10.2013. Link: http://www.nytimes.com/2013/10/26/business/toyota-agrees-to-settlement-in-fatal-acceleration-crash.html?_r=0 (Stand: 06.10.2013).

United Nations Environment Programme, (2012): Global Chemicals Outlook. Towards sound management of chemicals. Nairobi.

United States Environmental Protection Agency, (2012): Toxic Substances Control Act (TSCA). Link: http://www.epa.gov/oecaagct/lsca.html (Stand: 01.10.2013).

Yara International, (2011): Yara Impact Review 2011. Oslo. Link: http://www.yara.com/doc/38718_Impactreview2011.pdf (Stand: 02.10.2013).

World Health Organization, (1988). Ethical criteria for medicinal drug promotion. Genf.

Corporate Governance und Unternehmenswert

Alexander Bassen/Christine Zöllner

1 Einführung

Unterschiedliche Aspekte der Corporate Governance werden aktuell nicht nur in der Wissenschaft, sondern auch in der Politik, den Medien und der allgemeinen Öffentlichkeit intensiv diskutiert.[1] Dabei wird Corporate Governance immer stärker als relevantes Element einer wertorientierten Unternehmensführung erkannt.[2] Für Deutschland kann exemplarisch auf die Einführung des Deutschen Corporate Governance Kodex im Jahre 2002 und dessen seitdem erfolgende jährliche Anpassung und die damit verbundene Diskussion in Politik und Medien verwiesen werden.

Zudem hat aus der Kapitalmarktperspektive heraus eine Zusammenführung der Diskussionen über Nachhaltigkeit und Corporate Governance unter den Stichworten „Environment, Social, Governance (ESG)“ stattgefunden. Hierunter werden extra-finanzielle Informationen zusammengefasst, die in die Analyse- und Anlageentscheidung einbezogen werden.[3] In diesem Kontext wird auch das Thema Engagement stärker diskutiert, also das aktive Verhalten von Investoren im Sinne eines konstruktiven Dialogs.

Häufig ergibt sich daraus die als zentrale Hypothese formulierte Fragestellung: Gibt es eine Verknüpfung zwischen der Corporate Governance und dem Unternehmenswert? Wenn ja, wie genau kann diese theoretisch begründet werden, und finden sich empirische Belege für derartige Argumentationen? Eine valide Antwort hierfür könnte Hoffnungen dafür begründen, dass die Entscheidungsträger der Unternehmensführungen – unabhängig von gesetzlichen Regulierungen – der Corporate Governance erhöhte Aufmerksamkeit schenken.

Um diese Frage zu beantworten, werden im vorliegenden Beitrag nach Klärung der zentralen Begriffe theoretische Argumentationslinien vorgestellt. Diesen folgen dann Ausführungen zu empirischen Studien, welche den hypothetischen positiven Zusammenhang zwischen guter Corporate Governance und Unternehmenswerten untersuchen. Dabei wird auf mögliche Ursachen abweichender Ergebnisse eingegangen.

---

[1] Dieser Beitrag beruht auf Bassen/Zöllner (2009), wobei neue Erkenntnisse und aktuelle Ergebnisse der Diskussion aufgenommen werden.

[2] Vgl. Bebchuk et. al. (2013).

[3] Vgl. Bassen/Senkl (2011).

2 Definitionen

2.1 Corporate Governance

In der Literatur und in der öffentlichen Diskussion wird zumeist auf eine deutsche Übersetzung des englischen Begriffs der Corporate Governance verzichtet. So findet sich – je nach Zielsetzung und wissenschaftlicher Disziplin der Autoren – eine Vielzahl von Definitionen. Dennoch können in dieser Vielfalt Schnittmengen identifiziert werden. Diese zeigen, dass unter Corporate Governance zumeist die Rahmenbedingungen subsumiert werden, welche für Entscheidungsprozesse der Unternehmensleitungen und der Überwachung gelten. Deren Funktion beinhaltet jeweils, existierende Interessenkonflikte zwischen verschiedenen Stakeholder-Gruppen auszugleichen.[4]

Die Relevanz der Corporate Governance ergibt sich dabei hauptsächlich aus der Trennung von Eigentum und Kontrolle. Diese ermöglicht es dem Management durch opportunistisches Verhalten seinen eigenen Nutzen zu Lasten anderer Gruppen zu maximieren.[5] Um derartige wertvernichtende Konsequenzen zu verhindern, werden unterschiedliche Mechanismen implementiert. Die wichtigsten sind dabei nach Bebchuk und Weisbach Aufsichtsräte, Entlohnungssysteme, Gesetze und das Rechtssystem an und für sich, interne Mechanismen wie beispielsweise Whistleblower, Investoren und der Markt für Unternehmenskontrolle.[6] Allen werden positive Werteffekte zugeschrieben. Die starke Orientierung an Werteffekten entspricht dabei der Sichtweise des Shareholder-Value-Konzeptes, welches gleichzeitig auch die Interessenkonflikte zwischen Kapitalgebern und Management in das Zentrum stellt. Doch auch wenn man diese Ausblendung anderer Interessengruppen ablehnt, somit alle möglichen Interessenkonflikte bestehender Anspruchsgruppen berücksichtigen möchte und dem Unternehmen an sich auch gesellschaftliche und/oder soziale Aufgaben zuweist, bleibt unstrittig, dass durch Corporate Governance eine effiziente Unternehmensleitung und eine angemessene Verteilung der Überschüsse gewährleistet werden soll:

„Corporate Governance is concerned with the institutions how business corporations allocate resources and returns. Specifically, a system of corporate governance shapes who makes investment decisions in corporations, what types of investments they make, and how returns from investments are distributed."[7]

[4] Vgl. Bassen (2002) S. 20, Zöllner (2007) S. 11.

[5] Eine genaue Darstellung des theoretischen Konzepts folgt in Kapitel 3.

[6] Vgl. Bebchuk/Weisbach (2010).

[7] O'Sullivan (2000), S. 1.

2.2 Unternehmenswert

Je nach Perspektive des Bewertenden ergeben sich viele Ansätze, um den Wert eines Unternehmens zu ermitteln. Diese basieren hauptsächlich auf der Bewertung der erwarteten zukünftigen Cashflows, welche diskontiert werden. Im Folgenden wird kurz auf die Berechnung des Shareholder Values eingegangen.[8]

Der Shareholder Value ergibt sich als Differenz zwischen dem Wert des gesamten Unternehmens und dem Marktwert des Fremdkapitals. Basis für die Ermittlung des Werts des gesamten Unternehmens sind die zukünftig erwarteten freien Cashflows – die Zahlungsmittelüberschüsse nach Steuern, Zinsen, Investitionen und notwendigen Gewinnthesaurierungen – die für Auszahlungen an die Aktionäre zur Verfügung stehen. Während die Cashflows der ersten zukünftigen Jahre konkret prognostiziert werden, wird der Beitrag der späteren Jahre bei unendlichem Horizont durch einen Endwert erfasst. Diese geschätzten Cashflows werden nun im Rahmen eines Discounted-Cashflow-Verfahrens diskontiert. Neben der Höhe der zukünftigen Cashflows bestimmt damit der Diskontierungssatz entscheidend das Ergebnis. Er ergibt sich zumeist aus den gewogenen gewichteten Kapitalkosten (Weighted Average Costs of Capital), welche die durchschnittlichen Fremdkapitalkosten nach Steuern und die Eigenkapitalkosten berücksichtigen. Letztere ergeben sich nach dem Capital Asset Pricing Model aus dem risikolosen Zins und der unternehmensspezifischen Risikoprämie.

Entscheidende Einflussfaktoren für den Unternehmenswert sind daher die Höhe der erwarteten Cashflows und die individuelle Risikoprämie der Investoren.

3 Corporate Governance und Unternehmenswert

3.1 Theoretisches Modell

Bei den in der Literatur beschriebenen Modellen, welche die Corporate Governance – besser gute Corporate Governance – positiv mit Unternehmenswerten verbinden, werden unterschiedliche Perspektiven eingenommen. So finden sich makroökonomische Ansätze, die Auswirkungen unterschiedlicher Corporate-Governance-Systeme auf relevante Größen wie den Vorteil im internationalen Standortwettbewerb untersuchen.[9]

[8] Weitergehende Darstellungen dieser und aller anderen Methoden finden sich bei Ballwieser (2011).

[9] Vgl. bspw. Witt (2003).

Andere konzentrieren sich auf einzelne Corporate-Governance-Mechanismen und deren Wertbeiträge.[10] Die unternehmensspezifischen Corporate-Governance-Systeme, welche alle Mechanismen verbinden, bilden einen weiteren Untersuchungskern. Um Handlungsempfehlungen für Unternehmen bzw. Entscheidungsträger ableiten zu können, stehen Letztere im Vordergrund.

Die häufigste theoretische Basis für die Hypothese der positiven Beziehung zwischen der Corporate-Governance-Qualität und Unternehmenswerten ist die **Prinzipal-Agenten-Theorie.** Diese zielt auf Delegationsbeziehungen zwischen Auftraggebern – Prinzipalen- und Auftragnehmer-Agenten; im Corporate-Governance-Kontext der Shareholder-Value-Perspektive zwischen Eigentümern und Management. Diese Beziehung ist von drei wesentlichen Merkmalen gekennzeichnet:[11]

1. Es bestehen grundsätzliche Interessengegensätze zwischen Eigentümern und Management.
2. Zwischen beiden Gruppen bestehen Informationsasymmetrien. Ein Informationsvorsprung kann beim Management opportunistisches Verhalten auslösen.
3. Eine Regelung der Konflikte durch perfekte Verträge ist unmöglich.

Daraus entwickeln sich – je nach Informationsasymmetrie – unterschiedliche Problemfelder: das der *hidden characteristics*, der *hidden action* und *information* sowie der *hidden intention*.[12]

Lösungsansätze der Prinzipale beinhalten z.B. die Reduktion von Asymmetrien durch Monitoring oder von Interessenkonflikten durch geeignete Anreizsysteme. Alle Ansätze sind jedoch mit zusätzlichen Agency-Kosten verbunden. Diese beinhalten Residual-, Monitoring- und Bondingkosten.[13] Letztere vernachlässigt ein vereinfachtes theoretisches Modell nach Beiner.[14] Es berücksichtigt zum einen den direkten Einfluss guter Corporate Governance auf Monitoringkosten und zum anderen den indirekten Einfluss auf Residualkosten und kann eine positive Verknüpfung zum Unternehmenswert theoretisch wie folgt fundieren: Der aktuelle Marktwert des Unternehmens ergibt sich als Differenz zwischen dem perfekten Marktwert in einer Welt vollkommener Märkte und den Residualkosten aufgrund opportunistischen Verhaltens des Managements. Damit sinkt der tatsächliche Marktwert, je höher die Residualkosten sind. Aktionäre können

[10] Vgl. für eine detaillierte Übersicht Bebchuk/Weisbach (2010).

[11] Vgl. Göbel (2002).

[12] Eine Konkretisierung der Problemfelder liefern Ebers/Gotsch (1995) S. 207 f.

[13] Vgl. Jensen/Mecklinder (1976), S. 305 f.

[14] Beiner (2005), S. 45 ff.

diese Residualkosten durch Aktivitäten für Kontrolle und Überwachung zwar senken, aber diese verursachen zusätzliche Monitoringkosten. Damit sind beide Kostenarten miteinander verknüpft und werden gesamt von den Aktionären getragen.

Die Höhe der entstehenden Monitoringkosten ist zudem abhängig von der Qualität der implementierten Corporate-Governance-Instrumente – je höher die Qualität, desto niedriger sind die Monitoringkosten. Bei gegebener Qualität der Corporate Governance werden die Aktionäre somit ihre Kontrollaktivitäten und damit die Monitoringkosten so lange erhöhen, bis deren Grenzkosten dem Grenznutzen aus der Abnahme der Residualkosten entsprechen. Diese Situation beschreibt eine optimale Kostenstruktur. Diese kann nur verbessert werden, wenn die Qualität der Corporate Governance steigt.

Abbildung 1: Modell der Corporate Governance

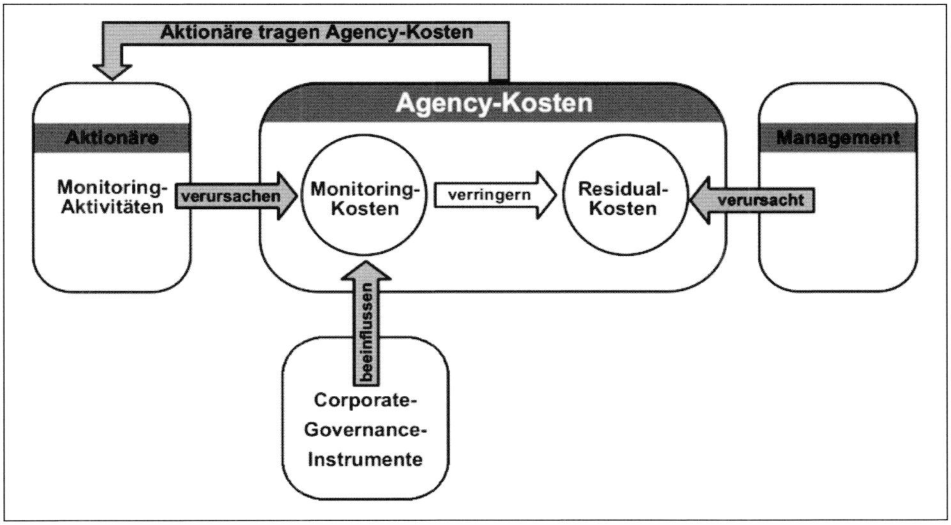

Quelle: nach Beiner (2005)

In den letzten Jahren finden sich vermehrt Beiträge, die sich kritisch mit der Prinzipal-Agenten-Theorie auseinandersetzen. So setzen sich z.B. Nippa/Grigoleit für ein anderes Menschenbild ein: „Unter Zugrundelegung eines optimistischeren Menschenbildes, welches nicht opportunistisches Verhalten zur gestaltungsrelevanten Norm erhebt, sondern ein weitgehend loyales, kooperatives Verhalten sowie eine vorrangige Orientierung an kollektiven Zielen unterstellt, lassen sich explizite Kontrollmechanismen reduzieren bzw. werden sie gänzlich überflüssig.“[15] So wird eine weitere Dimension relevant: Ver-

[15] Nippa/Grigoleit (2006), S. 1f.

trauen.[16] Damit können sie der *Stewardship-Perspektive* zugeordnet werden. Diese weist Empfehlungen zur weitgehenden Einschränkung von Handlungsspielräumen des Managements zurück und setzt dagegen auf Kooperation und Vertrauen – Manager werden nicht als Agenten, sondern als gute Stewards gewertet.[17]

Andere fokussieren sich auf die Integration von Nachhaltigkeit und Governance. Im Kontext von Corporate Governance beinhaltet dies „treating the stakeholders of the firm ethically or in a responsible manner".[18] Dies kann als Korrektiv einer rein Shareholder-Value-orientierten Ökonomie betrachtet werden, welche das Ziel hat, zu weit getriebene Aktionärsperspektiven auszugleichen.[19]

Zusammenfassend ergibt sich jedoch, unabhängig von den theoretischen Modellen, dass das angestrebte Ziel eines möglichst hohen Unternehmenswerts nicht variiert. Die unterschiedlichen Perspektiven empfehlen jeweils andere Mechanismen bzw. andere Distributionsansätze, um dies zu gewährleisten.

3.2 Empirische Ergebnisse

Der Überprüfung der abgeleiteten Hypothese, dass eine höhere Qualität der Corporate Governance mit steigenden Unternehmenswerten verknüpft werden kann, widmet sich national und international eine Vielzahl von Studien. Konkret werden dabei beispielsweise durch sinkende Monitoringkosten für Investoren niedrigere Kapitalkosten für Unternehmen und dadurch höhere Cashflows an Investoren abgeleitet. Beiträge untersuchen einzelne Corporate-Governance-Mechanismen oder nutzen die jeweiligen Corporate-Governance-Systeme der Länder bzw. der Unternehmen als unabhängige Variable. Letztere sind für diese Argumentationen relevant.

Im Folgenden werden daher exemplarisch relevante nationale und internationale Studien vorgestellt, welche die Qualität unternehmensspezifischer Corporate Governance mit Unternehmenswerten verknüpfen. Sie unterscheiden sich nicht nur im Hinblick auf Daten und betrachtete Zeiträume, sondern auch in den Messinstrumenten, mit denen sie Qualität der Corporate Governance und den Unternehmenserfolg messen.

[16] Sie differenzieren zwischen drei unterschiedlichen Vertrauensarten: Vertrauen auf die Verlässlichkeit von Informationen, auf die Verlässlichkeit von Verhalten und die Verlässlichkeit von Institutionen. Vgl. Nippa/Grigoleit (2006), S. 13 ff.

[17] Vgl. Donaldson/Davis (1991); Lippert, (2008).

[18] Hopkins (2003), S. 10.

[19] Vgl. Lippert (2008).

Für deutsche Unternehmen wird häufig auf Entsprechungsgrade des Deutschen-Corporate-Governance-Kodex als Qualitätsindikator der unternehmensspezifischen Corporate Governance zurückgegriffen. Drobetz et al. entwickeln 2004 auf Basis des Kodex ein eigenes Rating, welches sie mit Aktienrenditen als Messgröße für Performance verknüpfen.[20] Sie können einen deutlichen, statistisch signifikanten positiven Zusammenhang nachweisen. Dem Problem der möglichen Endogenität, dass nämlich die höhere Aktienrendite als unabhängige Variable die Qualität der Corporate Governance begründet, widmen sie sich in einem zweiten Beitrag.[21]

Dieses die Hypothese unterstützende Ergebnis können Bassen et al. nicht bestätigen.[22] Sie wählen einen reinen Compliance-Ansatz und messen die Corporate Governance-Qualität deutscher Unternehmen mit Kodex-Entsprechungsgraden. Diese beinhalten nicht nur die im Kodex enthaltenen Empfehlungen, welche durch die zu veröffentlichenden Entsprechungserklärungen frei verfügbar sind, sondern eine Erweiterung durch Berücksichtigung der Entsprechung der „Sollte-Anregungen". Den so gemessenen Qualitätsgrad als unabhängige Variable verbinden sie mit mehreren Kennzahlen zur Messung des Unternehmenserfolges als abhängige Variable – dem ROA, Tobin's Q sowie der Aktienrendite des Jahres 2003. Methodisch nutzen sie sowohl einen Portfolioansatz als auch Korrelations- und Regressionsanalysen. Es ergeben sich jedoch nur schwache Hinweise auf einen positiven Zusammenhang; sich ergebende Signifikanzen sind zudem teilweise negativ.

Gründe hierfür können vielfältiger Natur sein. So ist möglicherweise die erklärte Entsprechung des Kodex nicht mit tatsächlicher Umsetzung verbunden. Auch können inhaltliche Aspekte des Kodex durchaus kontrovers diskutiert werden, ob und in wie weit sie als Elemente guter Corporate Governance gelten. Gleichzeitig wird diskutiert, dass eine generelle Empfehlung, ein „One-fits-for-all-Ansatz", nicht gerechtfertigt ist.[23] Unternehmen lassen sich nach unterschiedlichen Merkmalen differenzieren, die Auswirkungen auf die Art und das Ausmaß der relevanten Agency-Kosten haben, sodass verschiedene Corporate-Governance-Mechanismen als geeignet eingestuft werden können.

Ein weiterer Schwerpunkt empirischer Forschung sind die USA. Gompers et al. veröffentlichen 2003 ihre Studie, die durchaus als einer der wichtigen Startpunkte für die weitere Forschung gelten kann.[24] Auch hier wird die Qualität der Corporate Governance durch einen Index gemessen, der aus 24 Kriterien des Investor Responsibility Research

[20] Vgl. Drobetz et al. (2004a).

[21] Vgl. Drobetz et al. (2004b).

[22] Vgl. Bassen et al. (2006).

[23] Vgl. Zöllner (2007).

[24] Vgl. Gompers et al. (2003).

Center (IRRC) besteht. Diese beinhalten z.B. Aktionärsrechte und Schutzmaßnahmen gegenüber feindlichen Unternehmensübernahmen. Sie bewerten damit 1.500 börsennotierte US-amerikanische Unternehmen. Die Erhebung bezieht sich auf den Zeitraum 1990 bis 1999. Mit ihrem CG-Index bilden Gompers et al. zwei Portfolios aus Unternehmen mit guter und schlechter Corporate Governance. Sie arbeiten als Ergebnis heraus, dass das Portfolio der Unternehmen mit guter Corporate Governance in allen Erfolgsmaßen (Aktienrendite, Tobin's Q, Gewinn pro Aktie) signifikant besser abschneidet als das Vergleichsportfolio.

Diese Ergebnisse nahmen Bebchuk et al. als Anlass für eine differenziertere Untersuchung.[25] Dabei betrachten sie konkret, ob alle 24 Kriterien den identifizierten positiven Werteffekt mit gleicher Intensität aufweisen. Aus der theoretischen Analyse ergeben sich dabei sechs Kriterien wie z.B. Einschränkungen von Aktionärsrechten, denen ein hier negativer Werteffekt mit höherer Wahrscheinlichkeit zugeschrieben werden kann. Aus diesen entwickeln sie einen Entrenchment Index – je höher dieser Index, umso niedriger die Qualität der Corporate Governance und der Unternehmenswert. Sie zeigen, dass diese sechs Kriterien, einzeln betrachtet und aggregiert, wie unterstellt signifikant negativ mit Tobin's Q korreliert sind.

Doch auch für die USA finden sich Studien, welche diese unterstützenden Ergebnisse nicht wiederholen bzw. keine validen Korrelationen finden können.[26] Zudem zeigen Bebchuk et al. in einer sehr aktuellen Studie,[27] dass sich ihre Ergebnisse nicht wiederholen, wenn sie einen neuen Zeitraum – die Zeitspanne von 2000 bis 2008 – heranziehen. Es bleibt zwar die unterstellte positive Verknüpfung von guter Corporate Governance mit Tobin's Q – aber die Überrenditen von Unternehmen mit hohem GIM-Rating bzw. niedrigen Entrenchment-Index, die sich in den vorherigen Untersuchungen zeigten, ergeben sich nicht. Sie begründen diese Entwicklung mit Lerneffekten. So lernen die Investoren die Unterschiede von Unternehmen mit guter bzw. schlechterer Corporate Governance besser einzuschätzen, so dass diese Differenzen in den Marktpreisen enthalten sind. Ursache für diese Lerneffekte könnte dabei die steigende Aufmerksamkeit für Corporate Governance in den Medien und der wissenschaftlichen Diskussion sein.

Einen sehr breiten internationalen Blickwinkel nehmen Amman et al. (2010) ein. Dabei verwenden sie 6.663 Beobachtungen von Unternehmen in 22 entwickelten Staaten zwischen 2003 und 2007 und finden signifikante positive Korrelationen von Corporate

[25] Vgl. Bebchuk et al. (2004), (2009).

[26] Vgl. für einen Überblick Bassen/Zöllner (2009).

[27] Vgl. Bebchuck et al. (2013).

Governance und Unternehmenswert. Dabei messen sie die Corporate-Governance-Qualität mit dem Governance Rating von Governance Metrics International.[28]

Später erweitern sie den Beobachtungsraum und untersuchen insgesamt 1.875 Unternehmen aus 46 entwickelten und weniger entwickelten Ländern.[29] Zudem rückt eine weitere Variable in den Vordergrund: Liquidität. Hohe Liquiditätsreserven von Unternehmen können dabei unterschiedlich interpretiert werden. So fördern sie die Flexibilität und vermeiden Kosten, die durch Underinvestment aufgrund von Kapitalrestriktionen entstehen können. Auf der anderen Seite vergrößert sich die Möglichkeit für Investitionen des Managements in Projekte, welche nur ihren persönlichen Nutzen und nicht den Unternehmenswert steigern. So wird zumeist unterstellt, dass Unternehmen mit guter Corporate Governance über geringere Liquiditätsreserven verfügen sollten. Als Hauptergebnisse können sie zeigen, dass es eine starke negative Korrelation zwischen der Qualität der Corporate Governance und Liquiditätsreserven gibt, die abhängig von der Länder-Corporate-Governance ist. Zudem haben Unternehmen mit hoher Liquidität tendenziell höhere Unternehmenswerte, aber nur wenn die Unternehmen gleichzeitig eine hohe unternehmensspezifische Qualität der Corporate Governance aufweisen.

4 Fazit

Auf die im Titel intendierte Fragestellung einer möglichen Verknüpfung von guter Corporate Governance und Unternehmenswerten sollte in diesem Beitrag eine schlüssige, auf aktuellen wissenschaftlichen Erkenntnissen basierende Antwort gegeben werden. So wurde zu Beginn die theoretische Argumentation hinter der Hypothese aufgezeigt. Die erwarteten Wirkungszusammenhänge können – zusammengefasst in einem einfachen Modell – die förderliche Wirkung verbesserter Corporate Governance plausibel begründen und die Frage somit positiv beantworten. Unter Einbeziehung empirischer Ergebnisse fehlen jedoch immer noch eindeutige, valide Belege. Dies mag auch in der Komplexität der Thematik und den hohen Anforderungen an die Methodik der quantitativen Forschung begründet sein. Es werden immer neue Orientierungslinien ersichtlich, woraus sich weitere Fragestellungen ergeben. Das Thema Corporate Governance wird daher sicherlich kein kurzfristiger Modetrend sein, sondern auch in Zukunft eine hohe Aufmerksamkeit erfahren und mit hoher Relevanz verbunden werden.

[28] Vgl. Ammann et al. (2010).

[29] Vgl. Ammann et al. (2011).

Literatur

Ammann, M./Oesch, D./Schmidt, M. M., (2010): Corporate Governance and Firm Value: International Evidence, frei verfügbar: SSRN: http://ssrn.com/abstract=1692222 or http://dx.doi.org/10.2139/ssrn.1692222.

Ammann, M./Oesch, D./Schmid, M. M., (2011): Cash Holdings and Corporate Governance around the World, Working Paper, frei verfügbar: http://www.gcgf.org/wps/wcm/connect/012a148048a7e799ac57ef6060ad5911/Cash%2BHoldings%2Band%2BCorporate%2BGovernance%2BAround%2Bthe%2BWorld_David%2BOesch.pdf?MOD=AJPERES&CACHEID=012a148048a7e799ac57ef6060ad5911.

Ballwieser, W., (2011): Unternehmensbewertung – Prozeß, Methoden und Probleme, 3. Auflage, Stuttgart.

Bassen, Alexander, (2002): Institutionelle Investoren und Corporate Governance – Analyse der Einflussnahme unter besonderer Berücksichtigung börsennotierter Wachstumsunternehmen, Wiesbaden.

Bassen, Alexander/Kleinschmidt, M./Prigge, S./Zöllner, Christine, (2006): Deutscher Corporate Governance Kodex und Unternehmenserfolg, in: Die Betriebswirtschaft, 66. Jg., 04/2006, S. 387-401.

Bassen, Alexander/Zöllner, Christine, (2009): Erhöht gute Corporate Governance den Unternehmenswert? in: „Anforderungen der Corporate Governance an das Controlling“, hrsg. Wagenhofer, A., Berlin, S. 43-57.

Bassen, Alexander/Senkl, D., (2011): Environment, Social, Governance (ESG), in: Die Betriebswirtschaft (DBW), 71. Jg., S. 506-509.

Bassen, Alexander/Zöllner, Christine, (2000): Erhöht gute Corporate Governance den Unternehmenswert?, in: Anforderungen der Corporate Governance an das Controlling, hrsg. v. Wagenhofer, A., Berlin, S. 43-57.

Bebchuk, L. A./Cohen, A./Wang, C. C. Y., (2013): Learning and the Disappearing Association between Governance and Returns, Journal of Financial Economics, Vol. 108, Ausgabe 2, 2013, S. 323-348.

Bebchuk, L. A./Weisbach, M. S., (2010): The State of Corporate Governance Research, Review of Financial Studies, S. 939-961.

Bebchuk, L. A./Cohen, A./Ferrell, A., (2004): What matters in Corporate Governance? Discussion Paper No. 491, Harvard Law School, Cambridge, MA.

Bebchuk, L. A./Cohen, A./Ferrell, A., (2009): What matters in Corporate Governance? Review of Financial Studies, S. 783-827.

Beiner S., (2005): Corporate Governance, Produktmarktwettbewerb und Unternehmensbewertung, Bamberg.

Donaldson, L./Davis, J. H., (1991): Stewardship Theory or Agency Theory, in: Corporations and Morality, Englewood Cliffs, NJ, S. 36-57.

Drobetz, W./Schillhofer, A./Zimmermann, H., (2004a): Ein Corporate Governance Rating für deutsche Publikumsgesellschaften, Zeitschrift für Betriebswirtschaft 74, S. 5-25.

Drobetz, W./Gugler, K./Hirschvogel, S., (2004b): The Determinants of the Corporate Governance Rating, Working Paper 02/2004, Wirtschaftswissenschaftliches Zentrum Universität Basel.

Eberts, M./Gotsch, W., (1995): Institutionenökonomische Theorie der Organisation, in: Organisationstheorie, hrsg. Kieser, A., Stuttgart, S. 185-235.

Gompers, P. A./Ishii, J. L./Metrick, A., (2003): Corporate Governance and Equity Prices, in: Quarterly Journal of Economics 118, S. 107-155.

Göbel, E., (2002): Neue Institutionenökonomik. Konzeption und betriebswirtschaftliche Anwendungen, Stuttgart.

Hopkins, M., (2003): The Planetary Bargain. CSR Matters, London.

Jensen, M. C./Meckling, W. H., (1976): Theory of the Firm Managerial Behaviour, Agency-Costs and Ownership Structure, in: Journal of Financial Economics 3, S. 305-360.

Lippert, L., (2008): Perspektivenverschiebungen in der Corporate Governance – Neuere Ansätze und Studien der Corporate Governance-Forschung. Discussion Paper SP III 2008-302, Wissenschaftszentrum Berlin für Sozialforschung.

Nippa, M./Grigoleit, J., (2006): Corporate Governance ohne Vertrauen? Ökonomische Konsequenzen der Agency-Theorie, Freiberger Arbeitspapiere, 01, 2006.

O'Sullivan, M., (2000): Contest for Corporate Control: Corporate Governance and Economic Performance in the United States and Germany, Oxford.

Witt, P., (2003): Corporate Governance-Systeme im Wettbewerb, Wiesbaden.

Zöllner, Christine, (2007): Interne Corporate Governance – Entwicklung einer Typologie, Wiesbaden.

Nachhaltiges Investment erfordert „Business Cases for Sustainability"

Stefan Schaltegger

1 Einleitung

Angesichts der steigenden öffentlichen Wahrnehmung und der zunehmenden wirtschaftlichen Bedeutung von Nachhaltigkeitsthemen bewegt viele Manager – und zunehmend auch Investoren – die Frage, welche Bedeutung das Thema Nachhaltigkeit für den wirtschaftlichen Unternehmenserfolg spielt.

Nach wie vor existieren Unsicherheiten, Vorurteile und Vorbehalte hinsichtlich der ökonomischen Bedeutung von Nachhaltigkeitsaspekten. Diese Unsicherheiten stellen immer wieder Barrieren zu einer weiteren Umsetzung des Nachhaltigkeitsmanagements dar, wodurch häufig auch ökonomische Chancen vergeben oder unnötige Risiken eingegangen werden. Immer noch zu häufig werden aus einer Position mangelnden Wissens – je nach ideologischer Position – einerseits die ökonomischen Vorteile unternehmerischer Nachhaltigkeit „heruntergebetet“ oder aber Zweifel am Nutzen einer nachhaltigen Unternehmenspolitik postuliert. Noch immer haftet der Nachhaltigkeitsthematik der weitverbreitete Aberglaube an, vor allem Kosten zu verursachen. Nachhaltigkeit wird dann oft als Philanthropie interpretiert und ausgestaltet. Aus dieser Sichtweise verfügen Nachhaltigkeitsmaßnahmen nur den Charakter von Investments in die Gesellschaft, nicht aber den Charakter ökonomisch, ökologisch und sozial zukunftsfähiger Unternehmens- und Investorenhandlungen.

Selbstverständlich kann, wie bei anderen Managementaufgaben auch, eine falsche Berücksichtigung von Umwelt- und Sozialaspekten in der Tat hohe Kosten verursachen. Viele erfolgreiche Praxisbeispiele zeigen jedoch, dass eine intelligente Berücksichtigung von Nachhaltigkeitsaspekten auch erhebliche Kosteneinsparungen ermöglicht und substanziell zu einer stärkeren Marktposition oder gar zur Marktführerschaft verhelfen kann.

Aus Investorensicht interessiert vor allem die Analyse, welches Unternehmen in der Lage ist, Nachhaltigkeitsthemen so aufzugreifen, dass der Unternehmenswert gesteigert werden kann, und welche hierzu nicht in der Lage sind. Damit bleibt auch für die Unternehmensleitung weiterhin die Frage aktuell, wie Nachhaltigkeitsaspekte so berücksichtigt werden können, dass sie den Unternehmenserfolg stärken. Dabei geht es um ein Bündel spezifischerer Teilfragen, wie Nachhaltigkeitsaspekte so gemanagt werden können, dass sie zur Risikominderung, Chancenrealisierung, Kostensenkung, Innovations- oder Reputationssteigerung beitragen.

Der vorliegende Text diskutiert zuerst, was unter Nachhaltigkeitsmanagement verstanden werden kann. Danach werden der Zusammenhang zwischen unternehmerischer Nachhaltigkeit und Unternehmenserfolg am sogenannten „Business Case for Sustainability“ und Ansatzpunkte zur Verknüpfung von Umwelt- und Sozialaspekten mit dem Unternehmenserfolg aufgezeigt.

2 Was kann unter Nachhaltigkeitsmanagement verstanden werden?

Nachhaltigkeitsmanagement bezweckt die integrative Steuerung ökologischer, sozialer und ökonomischer Wirkungen, um erstens eine nachhaltige Unternehmens- und Geschäftsentwicklung zu erreichen und zweitens einen positiven Beitrag des Unternehmens zur nachhaltigen Entwicklung der gesamten Wirtschaft und Gesellschaft sicherzustellen. Unternehmerisches Nachhaltigkeitsmanagement umfasst damit alle systematischen, koordinierten und zielorientierten unternehmerischen Aktivitäten, die der nachhaltigen Entwicklung einer Unternehmung dienen und eine nachhaltige Entwicklung der Wirtschaft und Gesellschaft befördern. Nachhaltigkeitsmanagement ist damit keine ausschließlich auf die interne Organisationsentwicklung reduzierte innerbetriebliche Übung, sondern eine Organisationsentwicklung, die ihr Umfeld mit einschließt, sei es die Wertschöpfungs- und Lieferkette, das standörtliche Umfeld von Werken, das Medienumfeld oder gesellschaftliche und staatliche Organisationen. Management wird demnach als ein Prozess verstanden, in dem ein Netzwerk an Personen, die von einer Kerngruppe (dem Management) geleitet werden, eine (nachhaltige) Entwicklung von Leistungserstellungsnetzwerken und ihren Wirkungen im weitesten Sinne gestalten bzw. „unternehmen".

Nachhaltigkeitsmanagement beinhaltet die Koordination und Integration des Umwelt- und des Sozialmanagements mit dem konventionellen betrieblichen Management. Da die meisten Unternehmen zur Erstellung ökonomischer Leistungen geschaffen und geführt werden (ansonsten würde man eine Non-Profit-Organisation einrichten), müssen sich Umwelt- und Sozialmanagement hieran ausrichten und in das konventionelle ökonomische Management integriert und auf die Unternehmensziele ausgerichtet werden (sogenannter „Business Case for Sustainability"). Wird es, wie heute meist noch der Fall, als Parallelsystem zum konventionellen betriebswirtschaftlichen Management aufgebaut, so besteht die Gefahr, dass es in Luxuszeiten nebenbei betrieben und in der Rezession vernachlässigt oder gar abgebaut wird. Aufgrund der hohen Bedeutung, die Umwelt- und Sozialaspekte gerade auch für den Unternehmenserfolg haben können, erweisen sich Parallelsysteme (isolierte, parallel betriebene Umwelt- und Sozialmanagementsysteme) und Rückzug (organisatorische und/oder prozessuale Ausklammerung der Thematik) meist als ein Bumerang. Interessanterweise zeigen sowohl Entwicklungen in der Betriebswirtschaftslehre als auch Beispiele in der betrieblichen Praxis, dass vom Nachhaltigkeitsmanagement Impulse auf die Weiterentwicklung des konventionellen betrieblichen Managements ausgehen. Dies trifft insbesondere bei der Entwicklung von Produkt-, Leistungserstellungs- und Geschäftsmodellinnovationen zu, äußert sich aber auch in Kostenstrukturen, Reputation und Risikoexponiertheit. Nachhaltigkeitsmanagement ist damit eine integrative Querschnittsaufgabe der Unternehmensführung, deren Potenzial systematisch identifiziert und bewusst ausgeschöpft werden muss, um den Unternehmenserfolg und -wert zu steigern. Die Kernherausforderung der unternehmerischen Nachhaltigkeit besteht demnach in der Beantwortung der Frage, wie diese integrative Organisationsentwicklung im oben erläuterten Verständnis erreicht werden kann.

3 Von Zufall und Intuition zur Systematisierung

Einerseits kann eine wachsende Zahl vorbildlicher Unternehmen identifiziert werden, denen es seit Jahren gelingt, Nachhaltigkeitsaspekte in ihre Unternehmensstrategie und -aktivitäten überzeugend zu integrieren und damit zusätzliche wirtschaftliche Erfolge zu erzielen. Andererseits fällt es verantwortlichen Managern selbst in nachhaltigkeitsorientierten Vorzeigeunternehmen häufig schwer, die ökonomische Logik und Wirkung unternehmerischer Nachhaltigkeit griffig und klar als Business Case zu formulieren. Viele Geschäfts- und unternehmerische Erfolge, die durch eine besondere Berücksichtigung von Nachhaltigkeitsaspekten erzielt wurden, sind gerade dadurch entstanden oder möglich geworden, dass den entsprechenden Maßnahmen zu Beginn ganz offensichtlich keine primäre ökonomische Intention zugrunde lag, sondern eine ideelle. Mit der zunehmenden Einsicht, dass eine nachhaltige Entwicklung nicht nur das Verfolgen ökologischer und sozialer Ziele beinhaltet, sondern auch die Integration ökonomischer Aspekte erfordert, ermöglicht Nachhaltigkeitsmanagement heute eine explizitere Berücksichtigung ökonomischer Ziele auch bereits in der Planungsphase und nicht nur als zufällige Residualgröße.

Es ist also eine systematische und detaillierte Betrachtung notwendig: Zwar sind eine intakte natürliche Umwelt und harmonische soziale Beziehungen ein angestrebtes Ziel, ein Ideal. Doch soll unternehmerische Nachhaltigkeit erfolgreich sein, darf sie nicht ausschließlich Idealisten überlassen werden. Ein ökonomisch nicht nachhaltiges Umwelt- und Sozialengagement wird über kurz oder lang zu einem Verschwinden der Unternehmung aus dem Markt und damit auch ihrer „guten Taten für die Umwelt und Gesellschaft" führen. Nachhaltige Investments können sich deshalb nicht nur auf eine Umwelt- und Sozialanalyse berufen, sondern müssen insbesondere die Zusammenhänge zwischen Umwelt- und Sozialmaßnahmen und der ökonomischen Unternehmensleistung analysieren und bewerten.

Vermag hingegen eine Unternehmung durch ein fortschrittliches Umwelt- und Sozialmanagement ihren ökonomischen Erfolg auszubauen, so werden einerseits firmeninterne und -externe Verteilungskonflikte entschärft. Andererseits zwingen die Marktmechanismen andere Unternehmen, diesem erfolgreichen Beispiel zu folgen, da die Unternehmen Druck auf Geschäftspartner, Zulieferer und ganze Branchen ausüben und somit zur weiteren Verbreitung einer nachhaltigen Entwicklung beitragen. Ökonomisch erfolgreiches

Nachhaltigkeitsmanagement – und eigentlich darf Nachhaltigkeitsmanagement nur so bezeichnet werden, wenn es ökonomisch erfolgreich ist – kann damit Leadcharakter haben und Marktentwicklungen beeinflussen, denen andere Firmen dann meist mit weniger Erfolg und höheren Kosten folgen müssen. Insofern ist die Beachtung von Nachhaltigkeitsthemen nicht nur für Nachhaltigkeitsinvestments, sondern generell auch für die konventionelle Analyse von steigender Bedeutung.

4 Durch welche Zusammenhänge Umwelt- und Sozialaspekte den wirtschaftlichen Erfolg beeinflussen

Noch erstaunlich oft wird übersehen, dass nicht nur marktliche, sondern auch außermarktliche Umwelt- und Sozialaspekte bereits heute ökonomisch relevant sind, es in Zukunft noch vermehrt sein werden und eine mangelnde Beachtung den wirtschaftlichen Erfolg beeinträchtigt (vgl. Abbildung 1).

Abbildung 1: Marktlicher und außermarktlicher Charakter erfolgsrelevanter Nachhaltigkeitsthemen

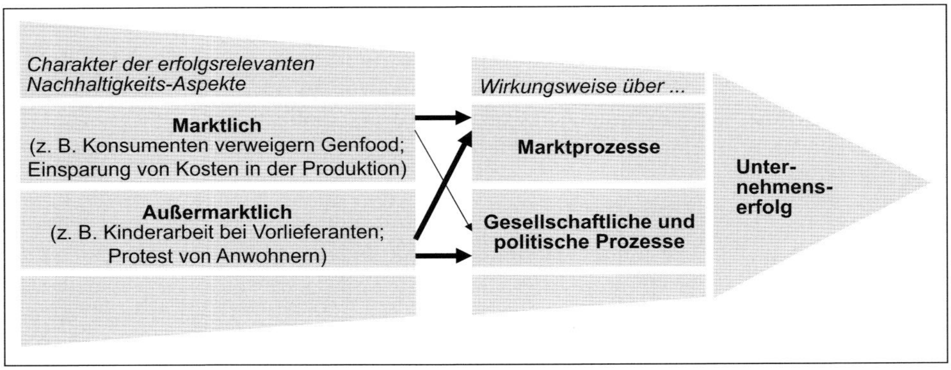

Quelle: Schaltegger 2004

Eine Reihe von Nachhaltigkeitsthemen hat heute schon einen marktlichen Charakter. Konsumenteneinstellungen und -verhalten, wie zum Beispiel, dass gentechnologisch erzeugte Lebensmittel derzeit nicht nachgefragt werden, können mit Marktforschung erfasst und im Rahmen des konventionellen Marketings berücksichtigt werden. Auch eingesparte Kosten aus der Reduktion des Materialverbrauchs in der Produktion äußern sich im Rechnungswesen und können offensichtlich erfolgsrelevant sein.

Demgegenüber entwickeln sich viele Umwelt- und Sozialthemen gerade nicht innerhalb des Markts, sondern im rechtlichen oder gesellschaftlichen Umfeld – sie haben oft einen außermarktlichen Charakter.[1] So hat z.B. Kinderarbeit bei Vorlieferanten keinen direkten Kosten- oder Erfolgsbezug. Weder müssen vertragliche Beziehungen noch ein direkter Kontakt mit den Vorlieferanten oder den Kindern bestehen, die dort beschäftigt sind, damit das Thema erfolgsrelevant wird. Wie etwa der Sportartikelhersteller Nike erfahren musste, kann dieses außermarktliche Thema, wenn es von den Medien aufgegriffen und entsprechend thematisiert wird, plötzlich zu Umsatzeinbrüchen führen und erfolgsrelevanter werden als viele marktliche Themen (Wirkung außermarktlicher Themen über Marktprozesse). Außermarktliche Themen (z.B. Protest von Anwohnern gegen den Lärm durch Anlieferungen bei einem Werk) können aber auch zu politischem Druck und zu neuen Regulierungen oder gesellschaftlichen Verhaltensveränderungen führen und so über außermarktliche Wirkungsmechanismen den Unternehmenserfolg beeinflussen (z.B. eingeschränkte Zeiten für Lastwagenanlieferungen). Meist weniger geschäftsrelevant, aber durchaus existent ist der Einfluss marktlicher Veränderungen auf politische Prozesse und gesellschaftliche Rahmenbedingungen, die wiederum den Unternehmenserfolg beeinflussen. Als Beispiel hierfür kann die in Europa verbreitete Konsumentenverweigerung von gentechnologisch erzeugten Lebensmitteln gesehen werden, die den Gesetzgebungsprozess beeinflusst und damit die Standortvoraussetzungen für Nahrungsmittelhersteller mit entsprechender Produktion verändert.

Unabhängig davon, wie Nachhaltigkeitsaspekte extern auf ein Unternehmen und den Unternehmenserfolg einwirken, steht das Management vor der Herausforderung, die unternehmensinternen Zusammenhänge zwischen der freiwilligen Berücksichtigung von Umwelt- und Sozialaspekten und dem Unternehmenserfolg zu erkennen und zu managen.

5 Grundsätzliche Zusammenhänge: Nicht jede Art von Umwelt- und Sozialmanagement steigert den wirtschaftlichen Erfolg

Die meisten Unternehmen legen bei der Planung ökologischer oder sozialer Maßnahmen viel Wert auf die Realisierung ökonomischer Vorteile.[2] Der Business Case unternehmerischer Nachhaltigkeit hat demnach einen hohen Stellenwert für das Management. Dennoch sind die grundsätzlichen Zusammenhänge zwischen Nachhaltigkeit und Unternehmenserfolg meist nicht bekannt. Abbildung 2 illustriert die möglichen unternehmensinternen Zusammenhänge zwischen freiwilligen ökologischen und sozialen Aktivitäten (horizontale Achse) und ökonomischem Erfolg (vertikale Achse).

---

[1] Vgl. z.B. Freeman (1984); Schaltegger et al. (2003), S. 36 ff.

[2] Vgl. z.B. Arora & Cason (1996).

Abbildung 2: Mögliche Zusammenhänge zwischen ökologischen und/oder sozialen Aktivitäten und ökonomischem Erfolg eines Unternehmens

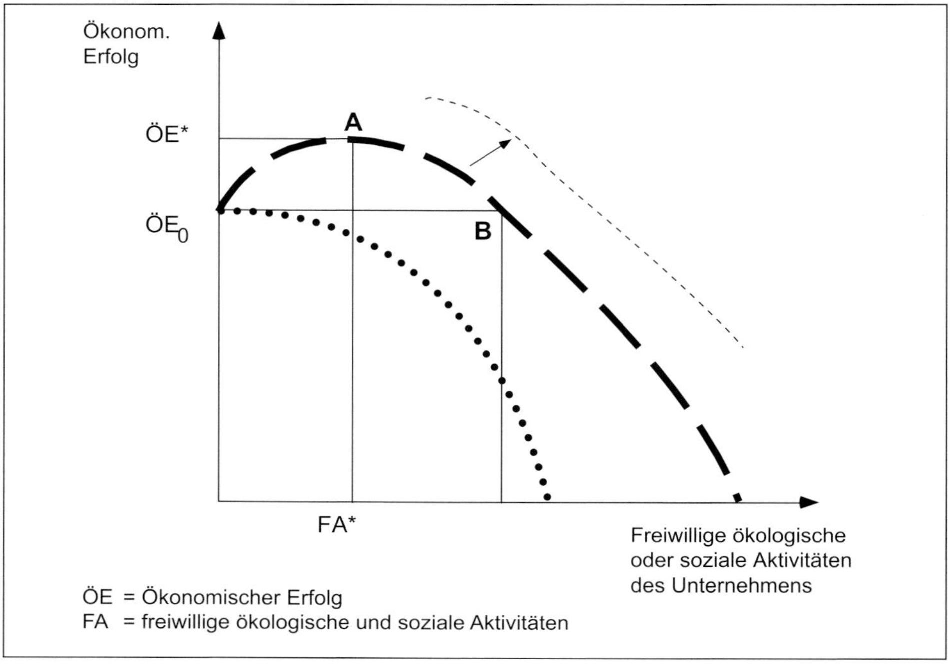

Quelle: Schaltegger & Synnestvedt (2002)

Die gepunktete und die gestrichelte Kurve in Abbildung 2 stellen zwei grundsätzlich unterschiedliche Meinungen dar, wie sich freiwillige Umwelt- und Sozialmaßnahmen auf den ökonomischen Erfolg des Unternehmens auswirken. Einerseits existiert die Vorstellung, dass Umwelt- und Sozialaktivitäten, die über die Erfüllung der Gesetze hinausgehen, nur Kosten verursachen und in Konflikt mit dem Ziel des wirtschaftlichen Erfolgs stehen (gepunktete Linie in Abbildung 2).[3] Diese Ansicht geht davon aus, dass jede Umwelt- und Sozialmaßnahme (Bewegung nach rechts) den ökonomischen Erfolg reduziert (fallender Verlauf der gepunkteten Linie). Typischerweise angeführte Beispiele sind End-of-pipe-Maßnahmen wie Kläranlagen, Lärmwälle, Deponien oder Filter im Umweltschutz.

[3] Vgl. z.B. Friedman (1970); Cohen et al. (1995); Walley & Whitehead (1994).

Demgegenüber steht die Position, dass durch betriebliche Umwelt- und Sozialmaßnahmen die wirtschaftliche Performance verbessert werden kann, also ein positiver Zusammenhang besteht (oberer Aufwärtsbogen der dicken gestrichelten Line). Da nicht beliebig viele Umwelt- und Sozialmaßnahmen den ökonomischen Erfolg immer weiter erhöhen, wird der maximale wirtschaftliche Erfolg (ÖE*) bei Punkt A erreicht.[4] Ab diesem Punkt vermindern weitere ökologische und soziale Maßnahmen dann den wirtschaftlichen Erfolg, wobei in Punkt B der wirtschaftliche Erfolg dem Ausgangsniveau (ÖE0) entspricht. Typische Beispiele für einen positiven Zusammenhang zwischen freiwilligen Nachhaltigkeitsmaßnahmen und Unternehmenserfolg sind eine Kostenreduktion durch gesteigerte Energieeffizienz oder neu erschlossene Kundenkreise durch Bioprodukte.

Ohne auf die Gründe für die unterschiedlichen Sichtweisen einzugehen, zeigt die Darstellung, dass es Einzelbeispiele an Maßnahmen gibt, die beide Sichtweisen illustrieren und dass der firmenspezifische Zusammenhang zwischen einem Umwelt- und Sozialengagement und dem Unternehmenserfolg im Spektrum zwischen den beiden Kurven in Abbildung 2 liegen kann. Mit anderen Worten: Für den Business Case unternehmerischer Nachhaltigkeit kommt es weniger auf die Anzahl an Nachhaltigkeitsaktivitäten an, als auf die Art und Weise, wie das Nachhaltigkeitsmanagement ausgestaltet wird. Je nach Ausgestaltung wird der Zusammenhang zwischen freiwilligen Umwelt- und Sozialmaßnahmen positiv oder negativ auf den Unternehmenserfolg wirken.

Die Herausforderung für das Management besteht demnach darin, diejenigen ökologischen und sozialen Aktivitäten zu identifizieren, die den ökonomischen Erfolg am meisten stärken und diese Maßnahmen so umzusetzen, dass die Kosten plangemäß niedrig gehalten werden, um den ökonomischen Erfolg zu maximieren. Damit stellt sich die Frage nach den Ansatzpunkten, um den Business Case unternehmerischer Nachhaltigkeit zu entwickeln.

6 Ansatzpunkte für den Business Case unternehmerischer Nachhaltigkeit

Die Beurteilung der Wirkung von Umwelt- und Sozialaktivitäten auf den Unternehmenserfolg muss anhand der Variablen und Treiber erfolgen, aus denen sich der wirtschaftliche Erfolgsbeitrag des Unternehmens auch konventionellerweise zusammensetzt. Die ökonomischen Wirkungen von Nachhaltigkeitsmaßnahmen können zu einer Verbesserung oder Verschlechterung folgender ökonomischer Erfolgstreiber führen:

[4] Vgl. z.B. Porter (1991); Porter & van der Linde (1995a) ibid. (1995b); Porter & Esty (1998); Schaltegger et al. (2012); vgl. auch Schmidheiny & BCSD (1992).

- Kosten,
- Umsatz, Preis und Gewinnmarge,
- Risiko,
- Reputation, intangible Werte und Markenwert,
- weitere Faktoren wie Innovation und Arbeitszufriedenheit mit Einfluss auf die oben genannten Aspekte.

Nachhaltigkeitsmaßnahmen können in einem ersten Schritt im Licht dieser Ansatzpunkte grundsätzlich checklistenartig geprüft werden, wobei auch kombinierte Wirkungen und Folgewirkungen möglich sind (z.B. erhöht sich durch steigende Reputation der Umsatz). Auch kann auf Basis des hier nicht weiter diskutierten Environmental Shareholder-Value-Ansatzes untersucht werden, welche Wirkung bestimmte soziale und ökologische Maßnahmen auf den Unternehmenswert haben.[5]

6.1 Kosten

Während Kostensteigerungen durch Umwelt- und Sozialmaßnahmen meist rasch erkannt werden, müssen Kostenreduktionspotenziale gezielt gesucht und gemanagt werden. Dies ist einerseits dadurch bedingt, dass Kosten von Umweltmaßnahmen meist auch entsprechend benannt werden (z.B. Kosten der Kläranlage, Personalkosten der Umweltbeauftragten), während kostensenkende Wirkungen in der Regel unter anderen Bezeichnungen im Rechnungswesen erscheinen (z.B. durch geringere Material- oder Energiekosten). Wichtige Ansatzpunkte zur Kostensenkung liegen in der Dematerialisierung von Produktionsverfahren (z.B. durch Abfallvermeidungs- sowie Energie- und Wassersparmaßnahmen). Um den Einfluss der Realisierung oder Unterlassung unterschiedlicher Umweltschutzmaßnahmen auf die Kosten berechnen zu können, ist eine moderne Kostenrechnung erforderlich. Dass besonders integrierte Umweltschutzmaßnahmen durchaus beträchtliche und auch für das Management oft unerwartete Kosteneinsparpotenziale haben können, wurde in den letzten Jahren mit der Entwicklung von Umweltkostenrechnungsmethoden und ihrer Anwendung in der Praxis aufgezeigt. Von besonders großer Bedeutung sind dabei die durch Reststoffe verursachten indirekten Produktionskosten. Indirekte Kostensenkungswirkungen betreffen insbesondere auch intangible Aspekte wie die Arbeitsmoral oder die Unternehmensreputation.

[5] Vgl. Schaltegger & Figge (1997), (2000).

6.2 Umsatz, Preis und Gewinnmarge

Die Erhöhung des Umsatzes oder des Preises und der Gewinnmarge bedingen eine Nutzensteigerung für die Abnehmer. Dabei können ökologische und soziale Attribute besonders im Konsumgütermarkt einen wesentlichen Beitrag leisten. Umsatzwachstum und betriebliche Gewinnmarge werden von der allgemeinen Entwicklung der Branche und der Wettbewerbsposition der Unternehmung innerhalb der Branche bestimmt.[6] Einzelne Unternehmen können ihre Wettbewerbsfähigkeit und -position durch eine geeignete Strategie steigern. In Anlehnung an Porter kann grundsätzlich zwischen den Strategien der Preisführerschaft und der Differenzierung zur Verbesserung der Wettbewerbsposition gegenüber den Konkurrenten einer Branche unterschieden werden.[7] Ökologische und soziale Faktoren können einen materiellen Einfluss auf beide Strategien haben.

Eine Preisführerschaft kann unter anderem durch Kostensenkungen erreicht werden, die Spielraum für eine kompetitive Preisgestaltung geben. In dem Maß, in dem es zu einer zunehmenden Internalisierung externer ökologieinduzierter Kosten kommt, d.h. zu einer Kongruenz gesamtgesellschaftlicher und betrieblicher Kosten, harmoniert das betriebswirtschaftliche Ziel einer Kostenreduktion mit Nachhaltigkeitszielen. Es kann daher davon ausgegangen werden, dass, eine entsprechende zukünftige Internalisierung externer Kosten vorausgesetzt, die Strategie der Preisführerschaft durch entsprechendes Nachhaltigkeitsmanagement in Zukunft an Bedeutung gewinnen wird.

Besonders in sehr kompetitiven Märkten kann einem Margenverfall durch die Strategie der Differenzierung entgegengewirkt werden. In etlichen Märkten bietet sich eine öko-soziale Differenzierung an. In bestimmten Fällen kann sich eine Unternehmung durch Produktlabels oder Zertifizierung nach ISO 14000, EMAS oder SA 8000 gegenüber der Konkurrenz abheben. So stellen beispielsweise immer mehr Unternehmungen entsprechende Anforderungen an ihre Lieferanten.

6.3 Risiko

Ökologisch und gesellschaftlich induzierte Risiken betreffen oft ganze Branchen (d.h. haben einen systematischen Charakter), können jedoch auch einzelne Unternehmen sehr unsystematisch treffen. Während Energiepreissteigerungen einen systematischen Charakter haben (d.h. alle Unternehmen betreffen), kennzeichnen sich Unfälle oder

6 Vgl. Porter (1991).

7 Vgl. Porter (1991).

Boykottaufrufe von NGOs durch ihren unsystematischen und unvorhersehbaren Einzelfallcharakter. Selbst mittelständische Unternehmen, die selten einem Boykottaufruf ausgesetzt sind, können in ihrer Rolle als Lieferanten großer Markenartikelanbieter dennoch von solchen ebenso betroffen oder Auslöser dafür sein. Beide Arten von Risiken können für Unternehmen ein substanzielles Ausmaß bis zur Existenzgefährdung annehmen. Das Risikomanagement muss entsprechend angepasst werden. Während es im ersten Fall darum geht, mit Effizienzsteigerungen die Exponiertheit z.B. gegenüber einer Energiepreissteigerung zu reduzieren, können Unfallrisiken durch Risikovorsorge und manchmal auch durch Versicherungen vermindert werden.

6.4 Reputation, intangible Werte und Markenwert

Ökologische und soziale Aspekte können für die Unternehmensreputation und die Identifikation mit Marken eine essentielle Rolle spielen. Dies gilt sowohl für den Aufbau der Reputation als auch für deren Pflege. Da Innovationen von der Konkurrenz kopiert werden und damit Preise und Margen über die Zeit erodieren, besteht eine wichtige Rolle der Markenführung in der Signalisierung von Innovationen sowie der Schaffung intangibler und immaterieller Werte zur Kundengewinnung und -bindung. Eine Vernachlässigung kann die Reputation rasch für sehr lange Zeit schädigen und hohe Marketingkosten für den Wiederaufbau des guten Rufs und des Markenwerts zur Folge haben. Wie schwerwiegend derartige Reputationsschäden sein können, illustrieren die Beispiele Vattenfall, Enron oder Schlecker.

6.5 Weitere Faktoren

Selbstverständlich können weitere Faktoren einen Einfluss auf die oben genannten Aspekte ausüben, wie das aus der Beschäftigung mit Nachhaltigkeitsthemen entstehende Innovationspotenzial oder die Arbeitszufriedenheit. Eine systematische Prüfung geplanter Umwelt- und Sozialmaßnahmen bezüglich ihrer Wirkungen auf Kosten, Umsatz und Margen, Risiko, Reputation und Markenwert dient der Identifikation positiver und negativer Einflüsse auf den Unternehmenserfolg. Dies stellt die Ausgangslage für einen weiteren Konkretisierungsschritt dar.

Diese grundsätzlichen Ansatzpunkte für eine ökonomisch erfolgversprechende nachhaltige Wirtschaftsweise stellen keinen Automatismus dar und sollten immer im spezifischen Unternehmenskontext und bezüglich der Unternehmensstrategie geprüft werden.

7 Besonderheiten und Implementationsprobleme – Was ist wichtig für die Umsetzung?

Nachhaltigkeitsmanagement ist mit etlichen Umsetzungsproblemen konfrontiert, wobei den direkt wahrnehmbaren und geäußerten Implementationsproblemen wie ein Widerstand einzelner Mitarbeiter oder des mittleren Managements, mangelnde finanzielle Ressourcen oder Zeitmangel usw. eine Reihe inhärenter Umsetzungsprobleme zugrunde liegt, auf die die entsprechenden Personen keine Antworten gefunden haben. Zu den wichtigsten zählen:

- *Messbarkeit der Umwelt- und Sozialverträglichkeit, Erfolgswirksamkeit und Informiertheit des Managements*: Die Messung der ökologischen und sozialen Qualität von Gütern und der Umwelt- und Sozialeinwirkungen von Produktionsprozessen ist vielfach ausgesprochen schwierig. Welche Produktionsprozesse, Zulieferprodukte und Endprodukte besonders nachhaltig sind, ist keineswegs auf den ersten Blick zu erkennen. Die Messung und Kommunikation der Schadschöpfung (als z.B. die bewertete Summe aller Umwelt- und/oder Sozialeinwirkungen eines Produkts) erfordern den interdisziplinären Austausch zwischen technisch-naturwissenschaftlichen und sozialwissenschaftlichen Experten und Marketingfachleuten. Meist fehlt das entsprechende Know-how. Ebenso verhält es sich mit der Messung der ökonomischen Wirkung einer Verbesserung der Umwelt- oder Sozialperformance, die meist weder klar quantifizierbar noch klar auf Einzelmaßnahmen zurückgeführt werden kann.
- *Überzeugungen des Managements*: Nachhaltigkeitsmanagement erfordert die Offenheit der Manager, nach Chancen für das Unternehmen zu suchen. Im Unterschied zu Unternehmern (Entrepreneuren) empfinden Manager die Auseinandersetzung mit ökologischen und sozialen Themen vorwiegend als externen Druck und „Belästigung". Im Unterschied zu vielen anderen Unternehmensaktivitäten, wie Marketing- oder PR-Maßnahmen, wird gefordert, dass der Beitrag von Umwelt- und Sozialmaßnahmen zum Unternehmenserfolg klar rechenbar sein muss. Stark verbreitete Clichéevorstellungen, dass freiwillige Umwelt- und Sozialmaßnahmen ohnehin nur Kosten verursachen würden, tragen dazu bei, dass es im Management sehr häufig an Grundkenntnissen zu Nachhaltigkeitsmanagement fehlt und sich viele nicht an das Thema heranwagen, weil es ihnen zu komplex erscheint.
- *Werturteile und Stakeholder-Diskurs*: Unternehmerische Nachhaltigkeitsorientierung ist nicht nur eine methodische Frage, sondern beinhaltet Urteile über Werte und Lebensstile. Nur dort, wo es um die Existenzbedrohung der Menschheit geht, wird man einen ökologischen oder sozialen Imperativ ableiten können. Nachhaltigkeitsmanagement betrifft jedoch meist normative Entscheidungen, die Werturteile erfordern. Mit solchen Werturteilen tut sich die Unternehmensleitung oft schwer.

- *Nachhaltigkeit als Querschnittsaufgabe*: Die Mischung aus Ratlosigkeit, wie mit Umwelt- und Sozialaspekten umgegangen werden soll, und aus der hohen Bedeutung, die außermarktliche Themen auf den Unternehmenserfolg haben können, führt häufig zur Bildung einer Stabsgruppe zum Umwelt- oder Nachhaltigkeitsmanagement. Diese Stäbe stehen organisatorisch parallel zur „Managementlinie".[8] Umwelt- und Sozialmanagement wird damit als spezielle betriebliche Funktion außerhalb der konventionellen Managementaufgaben gesehen und delegiert. Dabei wird vergessen, dass Nachhaltigkeitsaspekte alle betrieblichen Funktionsbereiche beeinflussen und nicht mit einer Delegation an einen Beauftragten oder Stab (bzw. einer organisatorischen End-of-pipe-Lösung) abgehakt werden können. Eine Integration des Managements von Umwelt- und Sozialaspekten in das konventionelle betriebliche Management und eine Klarstellung, dass die Verantwortung zu Nachhaltigkeitsfragen in der Linie verbleibt, ist erforderlich, um dem Querschnittscharakter von Nachhaltigkeitsthemen berücksichtigen zu können.
- *Konkretisierung und Operationalisierung eines abstrakten Zielbündels*: Nachhaltige Entwicklung stellt ein abstraktes Zielbündel (von der inhaltlichen Berücksichtigung sozialer, ökologischer und ökonomischer Aspekte, der Zukunftsorientierung, Partizipation bis zu methodischen Fragen usw.) dar, das für jedes Unternehmen im Lichte seiner Märkte und Rahmenbedingungen konkretisiert und operationalisiert werden muss. Ausgehend von der Unternehmensstrategie, der Markt- und Konkurrenzsituation, der Produktions- und Geschäftsprozesse sowie den spezifischen Rahmenbedingungen ist zu analysieren, welche Umwelt- und Sozialaspekte besonders erfolgsrelevant sind, wie sie mit anderen Erfolgsgrößen des Unternehmens zusammenhängen und wie sie gemessen und gemanagt werden können.
- *Wertschöpfungsübergreifende Betrachtung*: Nachhaltigkeitsmanagement erfordert mehr als üblich die Beachtung ökologischer und sozialer Probleme über die gesamte Wertschöpfungskette. Entsprechend ergibt sich ein großer Koordinations- und Kommunikationsbedarf über unterschiedlichste Produktions- und Handelsstufen.
- *Glaubwürdigkeit des Angebots, Informiertheit der Konsumenten und Nachhaltigkeit als Querschnittsaspekt im Konsummuster*: Konventionellerweise wird im Marketing davon ausgegangen, dass Konsumenten zwar eher uninformiert sind, sich aber prinzipiell Transparenz über die Qualität der Produkte verschaffen könnten. Eine der zentralen Herausforderungen des Nachhaltigkeitsmarketings besteht in den speziellen Informations- und Glaubwürdigkeitsproblemen nachhaltiger Angebote. Vielen nachhaltigen Produkten sind die entsprechenden Eigenschaften weder anzusehen, noch können sie beim Gebrauch erfahren werden. Auch wurden nachhaltige Produkte lange auf ein spezielles Marktsegment der Umwelt- und Sozialbewegten ausgerichtet.

[8] Vgl. Schaltegger et al. (2003).

Eine entsprechend isolierbare Gruppe ist allerdings kaum auszumachen. Nachhaltigkeit ist ein Querschnittsthema durch unterschiedlichste Käuferschichten und soziale Gruppen. Nachhaltigkeitsmarketing steht vor der Herausforderung, verschiedenste Konsumentengruppen von Gelegenheitskäufern, die relativ wenige Kenntnisse über nachhaltige Produkte besitzen, bis zu Gruppen mit ganz bestimmten Kaufgewohnheiten anzusprechen.

- *Umwelt- und Sozialmanagementsysteme* werden dem konventionellen Management häufig als *Satellitensysteme* hinzugefügt. Dies ist einerseits strategisch fahrlässig, da die ökonomischen Risiken, die aus den Umwelt- und Sozialthemen hervorgehen, von den Entscheidungsträgern in der „Linie“ oft zu spät erkannt und nachträgliche Korrekturen erforderlich werden. Andererseits ist dies zu bedauern, da eine solche Herangehensweise nicht dem Querschnittscharakter von Umwelt- und Sozialaspekten gerecht wird, und somit weder die ökologischen und sozialen noch die ökonomischen Chancenpotenziale des Nachhaltigkeitsmanagements voll ausgeschöpft werden können. Zu beobachten ist auch, dass mit der organisatorischen Ausgliederung der Verantwortung für Umwelt- und Sozialthemen vielfach selbst die marktlich relevanten Nachhaltigkeitsthemen in der Linie übersehen werden.

Aus diesem Grund sollte der Fokus auf Nachhaltigkeitsmanagementansätze gelegt werden, die ökologische und soziale Aspekte in das konventionelle Management integrieren.

8 Ausblick

Erfolgreiches Nachhaltigkeitsmanagement muss sich an ökonomischen Anreizen und Erwartungen ebenso orientieren wie an außermarktlichen Anforderungen und Entwicklungen. Genauso vermag die Finanzanalyse das Erfolgspotenzial eines gut gemanagten Business Case for Sustainability zu erkennen und in ein attraktives Finanzinvestment umzumünzen.

Die Ausführungen haben skizziert, wie Nachhaltigkeitsmanagement gestaltet sein muss, damit es im Sinne des eigenen Business Case auch nachhaltige Wirkungen entfalten kann. Dabei ist zu bedenken, dass der Business Case for Sustainability natürlich nicht die einzig mögliche Perspektive zur Realisierung eines unternehmerischen Nachhaltigkeitsmanagements darstellt. Der Business Case kann für jedes Unternehmen sehr verschieden ausfallen und auch die relative Bedeutung der Treiber kann unterschiedlich groß sein. Hinzu kommt, wie bei Innovationsprozessen oder der Einführung anderer organisatorischer Maßnahmen auch, dass der Business Case nicht immer sofort ersichtlich oder rechnerisch nachweisbar ist, sondern vorerst eine (begründete) Erwartung des Managements oder von Investoren darstellen kann. Dies darf jedoch kein Freipass für blauäugiges Verhalten sein, sondern erfordert wie bei allen Management- und Investitionsentscheidungen eine saubere Argumentationsbasis. Genau hier kann das Konzept des Business Case for Sustainability der Finanzanalyse und bei Investmententscheidungen helfen, um der Unterschiedlichkeit unternehmerischer Analysefälle mit Differenziertheit zu begegnen.

Literatur

Arora, S./Cason, T., (1996): Why do Firms Volunteer to Exceed Environmental Regulations? Understanding Participation, in: EPA's 33/50 Program, Land Economics, 72 (4), S. 413-432.

Butz, C./Plattner, A., (1999): Nachhaltige Aktienanlagen: Eine Analyse der Rendite in Abhängigkeit von Umwelt- und Sozialkriterien, Basel.

Cohen, M./Fenn, S./Naimon, J., (1995): Environmental and Financial Performance. Are They Related? Vanderbilt University, Nashville.

Day, R., (1998): Beyond Eco-Efficiency. Sustainability as a Driver for Innovation. World Resources Institute, Sustainable Enterprise Initiative, Washington D.C.

Ditz, D./Ranganathan, J./Banks, D. (Hg.), (1995): Green Ledgers: Case Studies in Corporate Environmental Accounting. World Resource Institute, Washington D.C.

Dyllick, T./Hockerts, K., (2002): Beyond the Business Case for Corporate Sustainability, in: Business Strategy and the Environment, 11 (4), S. 130-141.

Freemann, R. E., (1984): Strategic Management. A Stakeholder Approach, Marshfield.

Friedman, M., (1970): The Social Responsibility of Business is to Increase its Profits, in: An Introduction to Business Ethics. hg. von Chryssides, G. D. and Kaler, J. K. London.

Hart, S./Ahuja, G., (1996): Does It Pay to Be Green?, in: Business Strategy and the Environment 5, (1), S. 30-37 (1996).

Johnson, S. D., (1995): An Analysis of the Relationship Between Corporate Environmental and Economic Performance at the Level of the Firm, University of California, Irvine (Doctoral Dissertation).

Klassen, R. D./McLaughlin, C. P., (1996): The Impact of Environmental Management on Firm Perfomance, in: Management Science 42, (8), S. 1196-1214.

McGuire, J./Sundgren, A./Schneeweis, T., (1988): Corporate Social Responsibility and Firm Financial Performance, in: Academy of Management Journal 31, December, S. 854-872.

Meffert, H./Bruhn, M., (1996): Das Umweltbewusstsein von Konsumenten. Die Betriebswirtschaft 5, S. 631-648.

Porter, M./Esty, D., (1998): Industrial Ecology and Competiveness. Strategic Implications for the Firm, in: Journal of Industrial Ecology, 2 (1), S. 35-43.

Porter, M./van der Linde, C., (1995a): Green and Competitive. Ending the Stalemate, in: Harvard Business Review, (September/October), S. 120-134.

Porter, M./van der Linde, C., (1995b): Toward a New Conception of the Environment-Competitiveness Relationship, in: Journal of Economic Perspectives. Fall.

Porter, M., (1991): America's green strategy, Scientific American, April 96.

Schaltegger, S./Burritt, R., (2005): Corporate Sustainability, in: Folmer, H./Tietenberg, T. (Hg.): The International Yearbook of Environmental and Resource Economics 2005/2006. A Survey of Current Issues, Cheltenham: Edward Elgar, S. 185-222.

Schaltegger, S./Burritt, R./Petersen, H., (2003): Corporate Environmental Management. Striving for Sustainability, Sheffield.

Schaltegger, S./Figge, F., (2000): Environmental Shareholder Value. Economic Success with Corporate Environmental Management, Eco-Management and Auditing, Vol. 7, No. 1, S. 29-42.

Schaltegger, S./Herzig, C./Klinke, T./Müller, J./Kleiber, O., (2007): Nachhaltigkeitsmanagement in Unternehmen. Von der Idee zur Praxis. Managementansätze zur Umsetzung von Corporate Social Responsibility und Corporate Sustainability, hg. von BMU; Econsense & CSM Berlin/Lüneburg.

Schaltegger, S./Lüdeke-Freund, F./Hansen, E., (2012): Business Cases for Sustainability. The Role of Business Model Innovation for Corporate Sustainability, International Journal of Innovation and Sustainable Development, Vol. 6, No. 2, S. 95-119.

Schaltegger, S./Synnestvedt, T., (2002): The Link between „Green“ and Economic Success. Environmental Management as the Crucial Trigger between Environmental and Economic Performance, in: Journal of Environmental Management, Vol. 65, No. 2, S. 339-346.

Schmidheiny, S./BCSD (Business Council for Sustainable Development), (1992): Changing Course, MIT Press, Cambridge.

II
Nachhaltige Geldanlagen – Einführung, Zielgruppen und Wachstumspotenziale

Nachhaltige Geldanlagen

Martin Faust/Stefan Scholz

1 Chancen und Herausforderungen für die Finanzdienstleistungsbranche durch Nachhaltige Geldanlagen

Der überwiegende Teil der Finanzdienstleister in Deutschland konnte in den vergangenen Jahren Erfahrungen mit Nachhaltigen Geldanlagen sammeln. Die Aktivitäten reichten dabei von Vertriebskampagnen über eigene Produktentwicklungen bis hin zu einer umfangreichen Integration Nachhaltiger Geldanlagen in die Anlage- und Vermögensberatung. Einige Häuser haben ihre Aktivitäten allerdings bereits wieder eingestellt bzw. deutlich reduziert. Die hierfür aufgeführten Begründungen lassen sich kurz zusammenfassen – höherer Arbeitsaufwand, mangelnde Akzeptanz bei Führungskräften und Mitarbeitern, ungenügende Nachfrage der Kunden sowie die Priorisierung anderer interner Projekte. Darüber hinaus liefern Dauerthemen wie beispielsweise die nicht eindeutige Definition Nachhaltiger Geldanlagen, ein befürchteter Performanceverzicht, das nach wie vor relativ geringe Kundenvolumen sowie Diskussionen über Toleranzwerte, willkommene Schlagworte um sich nicht intensiver mit dem Thema befassen zu müssen. Es trat eine gewisse Ernüchterung ein, da der vielfach erhoffte Durchbruch der Nachhaltigen Geldanlage zum „Mainstream“ ausblieb.

Andererseits konnten Banken, welche sich auf Nachhaltige Geldanlagen spezialisiert und ihr Geschäftsmodell darauf ausgerichtet haben – oft als Nachhaltigkeits- oder Ethikbanken bezeichnet – in den letzten fünf Jahren überdurchschnittliche Zuwachsraten verbuchen. Erklärungen hierfür erfolgen meist im Zusammenhang mit dem Vertrauensverlust gegenüber herkömmlichen Bankangeboten, ein gestiegenes Interesse an verantwortlichen Investitionsmöglichkeiten sowie einem Wertewandel in der Bevölkerung.

Zurzeit muss ein Kreditinstitut nicht mit nennenswerten Nachteilen oder gar existenziellen Risiken rechnen, wenn es seine bisherige Strategie beibehält und Nachhaltige Geldanlagen unberücksichtigt lässt. Kurzfristig ist auf Gesamtbankebene weder ein spürbarer Verlust von Marktanteilen, noch eine Verringerung des Gewinnes zu befürchten. Dies wird jedoch künftig der Fall sein, beispielsweise durch gesetzliche Regelungen, Auflagen von Aufsichtsgremien oder veränderten Kundenbedürfnissen.

Viele Herausforderungen für eine systematische Integration Nachhaltiger Geldanlagen bleiben weiter bestehen und universelle Lösungsansätze fehlen. Die Praxis hat jedoch gezeigt, dass es sinnvoll erscheint, folgende Punkte für das eigene Institut gründlich zu durchdenken:

- Positionierung zum Thema Nachhaltige Geldanlage,
- Definition und Operationalisierung von Nachhaltigkeitskriterien für die Produktauswahl,

- Kooperation mit externen Partnern für die Umsetzung,
- Kommunikation mit Kunden und Mitarbeitern.

In den folgenden Kapiteln erfolgt eine allgemeine Einleitung in das Thema Nachhaltige Geldanlagen. Hierfür wird zunächst auf die Frage der Definition bzw. der Abgrenzung zu klassischen Anlageformen eingegangen. Hieran schließt sich eine nähere Betrachtung der vorhandenen Konzepte und Anlageformen an. Ein kurzer Marktüberblick sowie Thesen für die Zukunft schließen den Beitrag.

2 Nachhaltige Geldanlagen – Begriffsdefinition und Besonderheiten

2.1 Definition Nachhaltige Geldanlage

Die Bezeichnung „Nachhaltige Geldanlage" ist kein eindeutig definierter Begriff und wird nach wie vor in sehr unterschiedlicher Weise verwendet. Ebenso lassen sich eine Vielzahl synonym verwendeter Begriffe finden. Diese reichen von „Socially Responsible Investment (SRI)" oder „Sustainability Investment" bis hin zu Bezeichnungen wie beispielsweise „Ethisch-Ökologische Geldanlage" oder „Grünes Geld".

Um Begriffssicherheit zu schaffen, was unter Nachhaltigen Geldanlagen zu verstehen ist, hat die Projektgruppe Ethisch-Ökologisches Rating und das Wuppertal Institut für Klima, Umwelt, Energie auf Anregung des Forum Nachhaltige Geldanlagen und des Vereins Ethisch orientierter Investoren (CRIC e.V) bereits im Jahr 2004 die „Darmstädter Definition Nachhaltiger Geldanlagen" als Ergebnis eines Expertenworkshop entwickelt.

> *„Nachhaltige Geldanlagen tragen zu einer zukunftsfähigen Entwicklung bei. Sie ermöglichen dies durch eine umfassende Analyse der Anlageobjekte. Diese Analyse berücksichtigt wirtschaftliche und soziale Leistungen, Naturverträglichkeit und gesellschaftliche Entwicklungen".*[1]

Wie aus Abbildung 1 hervorgeht, erweitern Nachhaltige Geldanlagen die klassische Finanzanalyse um die Nachhaltigkeitsanalyse, welche die ökologischen und sozialen Komponenten, zusätzlich zu den klassischen ökonomischen Kriterien, als gleichrangige Analysekriterien einbezieht.

[1] Hoffmann, J./Scherhorn G./Busch, T. (2004), S. 6.

Abbildung 1: Drei-Säulen-Modell Nachhaltiger Geldanlagen

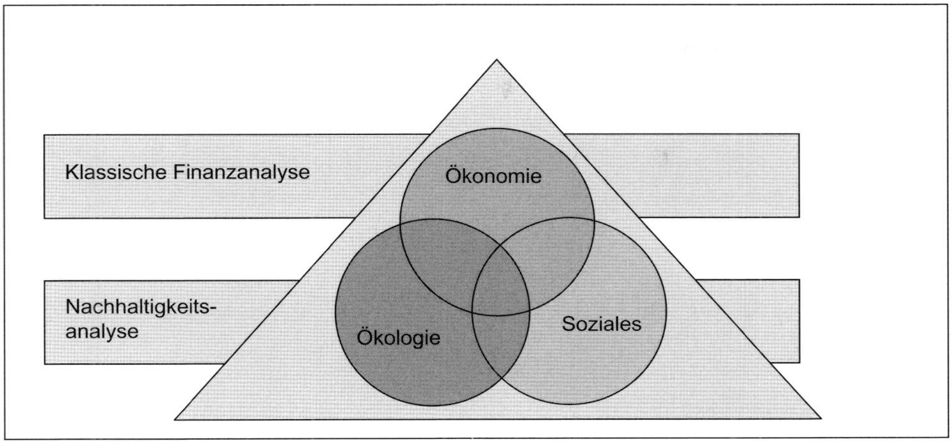

Quelle: Eigene Darstellung

Gemäß der o.g. Definition werden Nachhaltige Geldanlagen durch folgende Punkte gekennzeichnet:[2]

In **ökonomischer Sicht** erfordern Nachhaltige Geldanlagen, dass

- Gewinne auf Basis langfristiger Produktions- und Investitionsstrategien statt in kurzfristiger Gewinnmaximierung erwirtschaftet werden,
- Erträge aus Finanzanlagen in vertretbarer Relation zu Erträgen aus realer Wertschöpfung stehen,
- die Erfüllung elementarer Bedürfnisse nicht gefährdet wird,
- Gewinne nicht auf Korruption beruhen.

In **ökologischer Sicht** erfordern Nachhaltige Geldanlagen, dass die Gewinnerzielung im Einklang steht mit der

- Steigerung der Ressourcenproduktivität,
- Investition in erneuerbare Ressourcen,
- Wiedergewinnung und Wiederverwendung verbrauchter Stoffe,
- Funktionsfähigkeit globaler und lokaler Ökosysteme.

[2] Hoffmann, J./Scherhorn G./Busch, T. (2004), S. 6.

In **sozialer und kultureller Sicht** erfordern Nachhaltige Geldanlagen, dass die Gewinnerzielung im Einklang steht mit der

- Entwicklung des Humankapitals: Verantwortung für Arbeitsplätze, Aus- und Weiterbildung, Förderung selbstverantwortlichen Arbeitens, Vereinbarkeit von Beruf und Familie, Respekt vor der Verschiedenheit der Einzelnen,
- Entwicklung des Sozialkapitals: Schaffung von Erwerbschancen, Ausgewogenheit zwischen den Generationen, diskriminierungsfreier Umgang mit Minderheiten, Funktionsfähigkeit der Regionen, Förderung zivilgesellschaftlichen Handelns,
- Entwicklung des Kulturkapitals: Respekt vor kultureller Vielfalt unter Wahrung persönlicher Freiheitsrechte und gesellschaftlicher Integrität, Mobilisierung der Potentiale kultureller Vielfalt.

Die aufgeführten Punkte bieten damit einen Rahmen für die Identifizierung entsprechender Anlageobjekte. Schwierigkeiten bestehen dabei meist in der konkreten Zuordnung einzelner Vermögenswerte anhand ihrer ökologischen und sozialen Wirkung. Hierfür bedarf es einer Reihe präziser Analyse- und Auswahlkriterien welche im Kapitel 3 näher betrachtet werden.

2.2 Abgrenzung gegenüber „klassischen Geldanlagen"

Nachhaltige Geldanlagen werden häufig als eigenständige Asset-Klasse bezeichnet. Diesem Ansatz einer Abgrenzung gegenüber „klassischen Geldanlagen" wird hier nicht gefolgt. Eine Asset-Klasse zeichnet sich gemäß Definition durch gleichartige Vermögenswerte aus, die zueinander ein homogenes und zu anderen Vermögenswerten ein heterogenes Rendite-Risikoprofil aufweisen.[3]

Bei Nachhaltigen Geldanlagen erfolgt die Auswahl der Anlageobjekte analog zum „klassischen" Asset Management anhand fest definierter Kriterien. So werden bei „klassischen Anlageformen" ökonomische Kriterien z.B. anhand von Kennzahlen der Gewinn- und Verlustrechnung bzw. Bilanz zur Investitionsentscheidung herangezogen. Im Unterschied dazu erfolgt bei Nachhaltigen Geldanlagen zusätzlich eine Selektion der Anlageobjekte anhand ökologischer und sozialer Kriterien. Durch diese Vorgehensweise sollen Unternehmen, welche durch Umwelt- oder Reputationsrisiken gefährdet sind, ausgeschlossen bzw. Unternehmen ausgewählt werden, welche aus ökologischer und sozialer Sicht besonders fortschrittlich agieren.

[3] Vgl. Bruhns, C./Meyer-Bullerdiek, F. (2003), S. 126.

Der Unterschied zwischen „klassischen Geldanlagen" und Nachhaltigen Geldanlagen besteht damit in unterschiedlichen Kriterien für die Auswahl der Anlageobjekte. Bei beiden erfolgt allerdings die Anlage in den vorhandenen Asset-Klassen Aktien, festverzinsliche Wertpapiere oder Immobilien. Aus diesem Grund werden Nachhaltige Geldanlagen nicht als eigene Asset-Klasse betrachtet, sondern als eine Anlagestrategie. Mit zunehmendem Produktangebot an Nachhaltigen Geldanlagen besteht für den Anleger die Wahl zwischen einer „klassischen Anlage" oder einer Nachhaltigen Geldanlage. Dabei entsprechen die zugrunde liegenden Anlageinstrumente der gleichen Asset-Klasse.

2.3 Mittelverwendung als vierte Dimension der Geldanlage

Investoren in Nachhaltige Geldanlagen wollen mit ihrer Anlageentscheidung bewusst Einfluss auf die Mittelverwendung ihrer Geldanlage nehmen. Als verantwortungsbewusste Investoren nehmen sie eine gezielte Produktauswahl vor und identifizieren sich stärker mit ihren Anlagen. Wie aus Abbildung 2 hervorgeht, wird das klassische Dreieck der Anlageentscheidung, um die Mittelverwendung ergänzt, zu einem Viereck.

Abbildung 2: Erweiterung der Anlageentscheidung um die Mittelverwendung

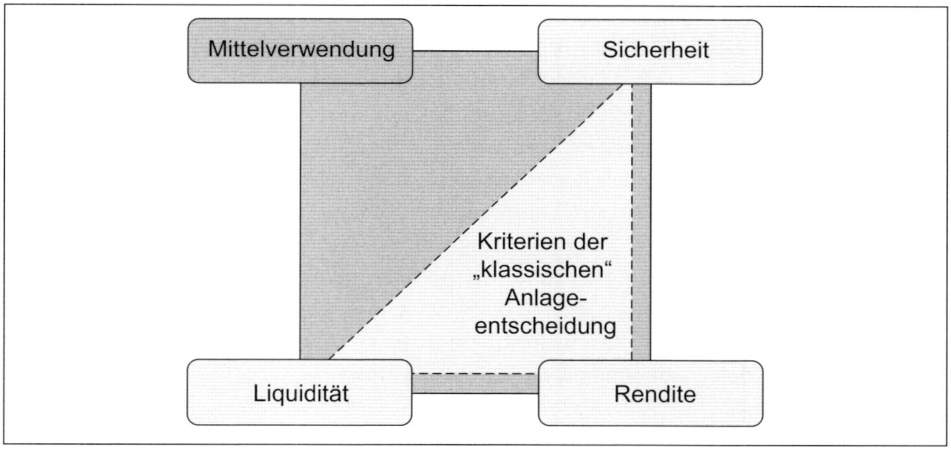

Quelle: In Anlehnung an Schäfer/Lindenmayer (2007)

Grundsätzlich kann unter einer Nachhaltigen Geldanlage jede Anlage verstanden werden, welche neben den „klassischen“ ökonomischen Analysekriterien zusätzlich ökologische und soziale Kriterien berücksichtigt.[4] Aufgrund fehlender Standards ergeben sich von Produkt zu Produkt erhebliche Unterschiede, die einen unmittelbaren Einfluss auf die Auswahl der Anlageobjekte haben. Daher ist eine vollständige Transparenz der definierten Nachhaltigkeitskriterien für die Auswahl der Anlageobjekte sowie deren Kontrollmechanismen gegenüber Anlegern, Öffentlichkeit sowie Analysten unverzichtbar.

3 Nachhaltige Geldanlagen – Konzepte

3.1 Historische Entwicklung

Die Entstehung Nachhaltiger Geldanlagen wird im Allgemeinen auf Anfang des 20. Jahrhunderts in den USA mit dem Ausschluss sogenannter „Sin Stocks“ zurückgeführt. Dabei wurden in erster Linie Aktien von Unternehmen, welche Tabak und Alkohol produzierten sowie Glücksspiele betrieben, ausgeschlossen und erstmalig auf einen Zusammenhang zwischen Geldanlage und gesellschaftlich problematischen Wirtschaftszweigen aufmerksam gemacht. In den 1970er Jahren folgte, insbesondere sensibilisiert durch den Vietnam-Krieg, in den USA der Ausschluss von Unternehmen der Rüstungsindustrie. Im Jahr 1971 wurde mit dem „Pax World Fund“ der erste ethische Investmentfonds aufgelegt. Mit Beginn der 1980er Jahre erlangte das „Shareholder Advocacy“ eine zunehmende Bedeutung durch die Kampagne „Kein Geld für die Apartheid“. Mittels erworbener Aktienstimmrechte an Unternehmen, welche Geschäftsbeziehung zum südafrikanischen Regime unterhielten, wurde auf den Hauptversammlungen für medienwirksame Proteste gesorgt. Zu Beginn der 1990er Jahre hielt aufgrund des gestiegenen Umweltbewusstseins das Interesse an der Förderung von zukunftsorientierten Umwelttechnologien Einzug in die Geldanlage. So wurden die ersten Umwelttechnologiefonds aufgelegt und später durch eine soziale Komponente erweitert, womit sich das Drei-Säulen-Modell (Ökonomie-Ökologie-Soziales) zunehmend durchsetzen konnte.[5]

---

[4] Vgl. Schäfer, H. (2005), S. 558.

[5] Vgl. Gabriel, K. (2007), S. 32ff; Schneider, S. (2006), S. 120.

Abbildung 3: Historische Entwicklung Nachhaltiger Geldanlagen

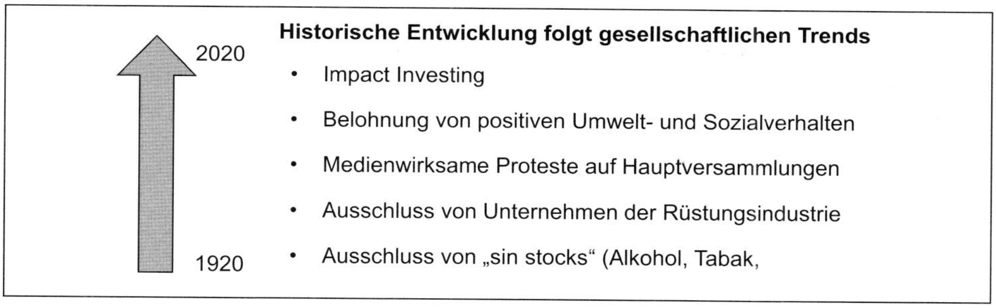

Quelle: Eigene Darstellung

3.2 Engagement-Konzept

Mit dem Engagement-Konzept wird eine aktive Beeinflussung der Unternehmen zu einem ökologisch und sozial gerechten Verhalten angestrebt. Dabei wird in Form eines aktiven Aktionärswesens auf die Wahrnehmung der Aktionärsrechte wie beispielsweise des Stimmrechts Wert gelegt. Weiterhin können auf Hauptversammlungen Gegenanträge zu den Tagesordnungspunkten gestellt werden. Aktivitäten im Rahmen des Engagement-Konzeptes beziehen sich nicht nur auf einzelne Unternehmen. Häufig richtet sich die Kritik auch auf ganze Branchen.

In einer nächsten Stufe steht der Aktionär im konstruktiven Dialog mit dem Management des Unternehmens, z.B. bei Investorengesprächen. Hierbei besteht das Ziel darin, das Management des Unternehmens für die ökologischen und sozialen Anforderungen der Anleger zu sensibilisieren.

Engagement setzt die Beteiligung an dem – nicht nachhaltigen – Unternehmen voraus und steht damit in Widerspruch zu den Anlegerzielen. Demgegenüber dienen Screening-Konzepte dazu, nicht nachhaltige Unternehmen und Staaten aus dem Anlageportfolio zu eliminieren bzw. diejenigen zu identifizieren, welche die Anforderungen des Investors an Nachhaltigkeit erfüllen.

3.3 Screening-Konzepte

3.3.1 Negativ-Screening

Das Negativ-Screening stellt die einfachste und älteste Form eines nachhaltigen Investmentansatzes dar. Dabei werden mittels Negativ- bzw. Ausschlusskriterien Unternehmen oder Branchen ausgeschlossen, die zu den weltweit größten Umwelt- und Sozialproblemen beitragen. Das Ziel besteht in der Vermeidung von Risiken für die Geldanlage, welche sich für Unternehmen beispielsweise durch Umweltschäden oder durch Reputationsverluste und deren Folgewirkungen ergeben können. Das Negativ-Screening stellt somit eine Exit-Strategie dar, indem nicht nachhaltig agierende Unternehmen verkauft werden bzw. eine Investition von vornherein vermieden wird.

Aus ökologischer Sicht werden dabei meist die Themen Luftfahrt, Automobilindustrie, Kernenergie sowie die Anwendung von Gentechnologien in der Landwirtschaft ausgeschlossen. Aus sozialer und ethischer Sicht erfolgt meist ein Ausschluss der Bereiche Alkohol, Glücksspiel, Kinderarbeit, Pornografie, Tabak, Tierversuche sowie der Rüstungsindustrie.

Hierbei bereitet jedoch die zunehmend arbeitsteilige Wirtschaft mit vielfältigen Abnehmer- und Lieferantenbeziehungen Schwierigkeiten. So können die Produkte eines Papierherstellers in der Tabakindustrie eingesetzt werden und ein Mikrochip in Waffensysteme eingebaut werden. Dies kann u.U. auch ohne das Wissen des Herstellers erfolgen. Ebenfalls ist es kaum möglich, die Herkunft sämtlicher Vorprodukte nachzuvollziehen. Daher werden häufig Toleranzwerte in Höhe von z.B. 5% des Unternehmensumsatzes in einem eigentlich ausgeschlossenen Bereich als zulässig definiert.

Die Kritikpunkte bei der Anwendung von Negativ- bzw. Ausschlusskriterien beziehen sich häufig auf die „Härte" und „Tiefe" der entsprechenden Kriterien. Durch die Akzeptanz von Toleranzwerten befinden sich Unternehmen trotz ihrer Tätigkeit in einem ausgeschlossenen Bereich weiterhin im Investmentuniversum der Nachhaltigen Geldanlage. In der Praxis ist es nicht möglich, die definierten Ausschlusskriterien auf die gesamte vollständige Zulieferkette des Unternehmens anzuwenden. Vielfach erfolgt eine Beschränkung in der Anwendung der Ausschlusskriterien auf das Unternehmen selbst ggf. unter Berücksichtigung der Tochtergesellschaften.

Bei der Anwendung von Negativ- bzw. Ausschlusskriterien ist zu beachten, dass das Investmentuniversum, je nach Umfang der definierten Ausschlusskriterien, stark eingeschränkt werden kann. Hierdurch ist ein Vergleich mit herkömmlichen Benchmarks nur eingeschränkt aussagekräftig.

3.3.2 Positiv-Screening

Beim Positiv-Screening werden Kriterien definiert, anhand derer Unternehmen aus ökologischer und sozialer Sicht bewertet werden. Dabei können die Vorarbeiten von Nichtregierungsorganisationen (NGO) in Form allgemein anerkannter Konventionen als Orientierung dienen. Die mittels Fragebögen, Interviews, Datenbankenresearch sowie der Unternehmensberichterstattung gewonnenen Daten einzelner Unternehmen werden für die Erstellung eines Nachhaltigkeitsratings herangezogen. Im Wesentlichen werden dabei die Bereiche Unternehmenspolitik, Managementprozesse, Umweltprozesse, Produkte, Mitarbeiterbedingungen sowie der Dialog mit Anspruchsgruppen betrachtet. Die Erhebung der Daten erfolgt durch hierauf spezialisierte Nachhaltigkeitsagenturen.

Beim Positiv-Screening erfolgt in der Beurteilung von Unternehmen vielfach eine Trennung in Nachhaltigkeits-Leader und Innovatoren. Bei Nachhaltigkeits-Leadern handelt es sich um Unternehmen mit einer hohen Marktkapitalisierung, einer globalen Ausrichtung und einer umfangreichen Produktpalette. Hingegen werden klein- bis mittelkapitalisierte Unternehmen mit hohem Wachstumspotenzial als Innovatoren bezeichnet. Diese, meist recht jungen Unternehmen, produzieren Güter oder erbringen Dienstleistungen, die einen ökologischen Mehrwert schaffen. Bei der Beurteilung von Nachhaltigkeits-Leadern und Innovatoren kommen unterschiedliche Beurteilungsverfahren zur Anwendung.

Die Selektion von Nachhaltigkeits-Leadern erfolgt meist mittels eines Best-in-Class-Ansatzes. Dabei werden die einzelnen Beurteilungskategorien, welche je nach der zu untersuchenden Branche, unterschiedlich gewichtet werden, zu einem Gesamturteil komprimiert. Anhand der Ergebnisse werden die Unternehmen in eine Reihenfolge gebracht, die dem Rang der Nachhaltigkeit in ihrer Branche entspricht. Eine im Vorfeld definierte Zugangshürde bestimmt dann, welche Unternehmen in das nachhaltige Investmentuniversum aufgenommen werden. So werden vielfach die nachhaltigsten 5% bis 20% der Unternehmen einer Branche in das Investmentuniversum aufgenommen.

Bei der Selektion von Innovatoren stehen vor allem die Produkte bzw. die Dienstleistungen der Unternehmen im Vordergrund. Die Themenbereiche beziehen sich hierbei im Wesentlichen auf ökologische Wirkungen wie beispielsweise die Bekämpfung des Klimawandels durch Energieerzeugung aus Erneuerbaren Energien, die Steigerung der Energieeffizienz, die Entwicklung alternativer Antriebskonzepte oder auf die umweltverträgliche Herstellung von Nahrungsmitteln.

Kritikpunkte beim Positiv-Screening beziehen sich vielfach auf den Best-in-Class-Ansatz. Dabei wird meist aufgeführt, dass selbst das fortschrittlichste Unternehmen einer stark umweltschädlichen Branche keine vollständige Vermeidung von Umweltbelastungen erreichen kann. Weiterhin ist zu berücksichtigen, dass die Angaben für eine Unternehmensbeurteilung meist auf Informationen des Unternehmens selbst beruhen. Da die nachhaltige Berichterstattung keiner gesetzlichen Kontrolle – wie beispielsweise der Testierung durch eine dritte Partei analog eines Jahresabschlusses – unterliegt, bestünde die Möglichkeit einer zu positiven Selbstdarstellung des Unternehmens.

In der Praxis existieren unterschiedliche Mischformen der beschriebenen Konzepte Nachhaltiger Geldanlagen. Dabei wird die Kombination von Negativ- und Positivkriterien innerhalb des Screening-Konzeptes als Best-of-Class bezeichnet. Hierbei erfolgt die Anwendung der Positivkriterien auf das durch Negativ- bzw. Ausschlusskriterien reduzierte Investmentuniversum. Dadurch wird es möglich, einen Teil der o.g. Kritikpunkte des Best-in-Class-Ansatzes zu begegnen. Abbildung 4 gibt einen Überblick der verschiedenen Konzepte Nachhaltiger Geldanlagen.

Abbildung 4: Konzepte Nachhaltiger Geldanlagen

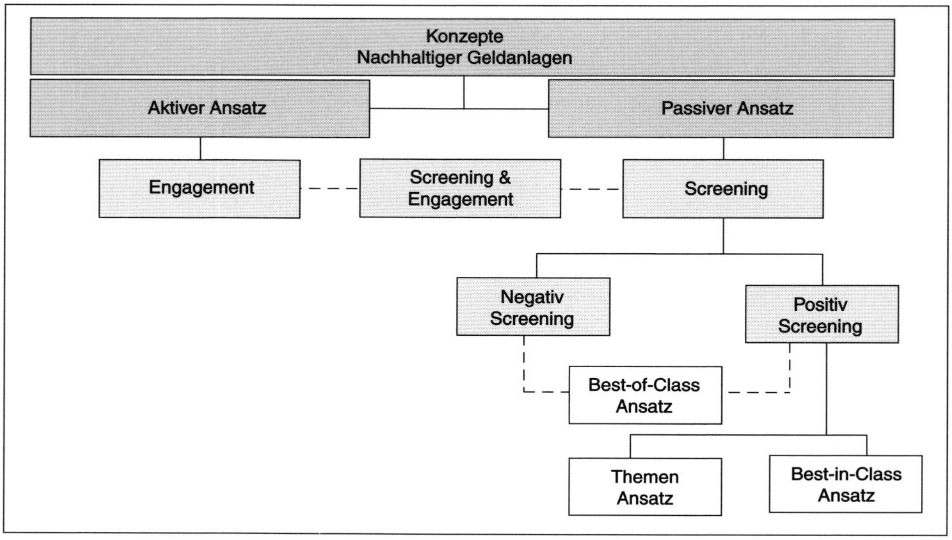

Quelle: Eigene Darstellung

4 Nachhaltige Geldanlagen – Anlageformen

4.1 Klassifizierung der Produkte

Mit dem wachsenden Interesse an Nachhaltigen Geldanlagen hat nicht nur die Zahl der am Markt vorhandenen Produkte, sondern auch ihre Vielfalt zugenommen. Obwohl noch nicht vollständig alle Investmentthemen durch Nachhaltige Geldanlagen in Deutschland abgebildet werden können, steht dem Anleger mittlerweile eine recht umfangreiche Produktpalette zur Verfügung.

Für eine Klassifizierung ist die Unterscheidung in Nachhaltige Investments im engeren Sinne und in Themeninvestments sinnvoll. Dabei können Nachhaltige Investments im engeren Sinne die in Kapitel 2.1 aufgestellten Kriterien einer Nachhaltigen Geldanlage in ihrer Gesamtheit erfüllen. Themeninvestments hingegen erfüllen meist nur einige dieser Kriterien. Sie tragen aber zu einer Lösung der ökologischen bzw. sozialen Herausforderungen bei und leisten damit einen Beitrag zu einer nachhaltigen Entwicklung. Es müssen jedoch beispielsweise bei der Herstellung von Solarmodulen soziale Kriterien, z.B. verantwortliche Arbeitsbedingungen, nicht zwingend erfüllt sein.

Themeninvestments werden daher zu der Anlageform der Nachhaltigen Geldanlage im weiteren Sinne gezählt. Die Abbildung 5 fasst die wichtigsten Unterscheidungsmerkmale beider Kategorien in einer Übersicht zusammen.

Abbildung 5: Klassifizierung Nachhaltiger Geldanlagen

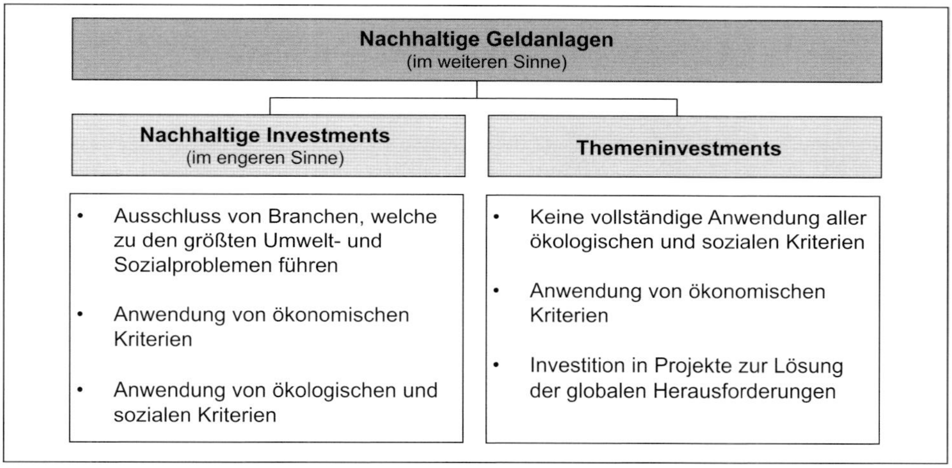

Quelle: Eigene Darstellung

Sowohl Nachhaltige Investments im engeren Sinne als auch Themeninvestments können in verschiedenen Anlageformen auftreten. Wie auch bei „klassischen Anlagen“ kann auch hier zwischen der direkten und der indirekten Anlage unterschieden werden. Bei Nachhaltigen Geldanlagen müssen allerdings einige Besonderheiten berücksichtigt werden, auf welche im Folgenden eingegangen wird.

4.2 Direktanlagen

Direktanlagen sind dadurch gekennzeichnet, dass Anleger direkt in das entsprechende Unternehmen bzw. Anlageobjekt investieren. Dabei fällt der Investor selbst die Anlageentscheidung. In der der Abbildung 6 sind die wichtigsten Direktanlagemöglichkeiten dargestellt.

Abbildung 6: Möglichkeiten einer nachhaltigen Direktanlage

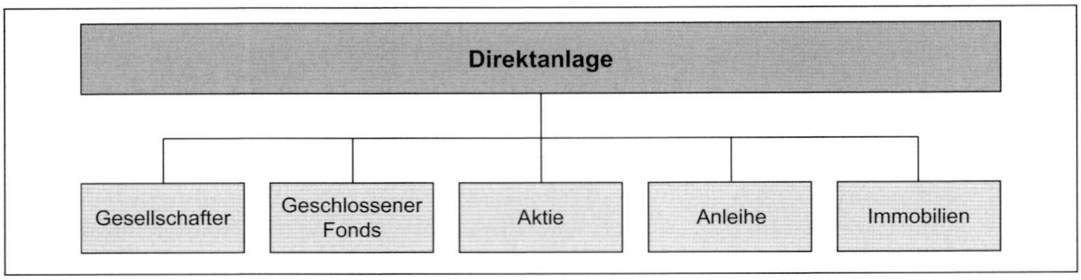

Quelle: Eigene Darstellung

Eine Geldanlage als Gesellschafter in Unternehmen, welche nachhaltige Projekte realisieren, stellt eine sehr individuelle Anlagemöglichkeit dar. In Deutschland werden damit häufig regionale Projekte für die Erzeugung Erneuerbarer Energien, beispielsweise Windkraftanlagen, Solaranlagen oder Biomasseanlagen, finanziert. Diese können der Kategorie der Themeninvestments zugeordnet werden, da sie durch die Stromerzeugung aus regenerativen Energien einen wichtigen Beitrag zur Reduktion der Umweltbelastungen leisten. Durch die sehr unterschiedlichen Ausgestaltungsmöglichkeiten der Projekte ist ein Vergleich untereinander kaum möglich. Für eine Investitionsentscheidung bedarf es einer fachkundigen Beurteilung sowohl der finanziellen als auch der technischen Gegebenheiten.

Die Beteiligung in Form von geschlossenen Fonds hat in Deutschland einen besonderen Stellenwert. So wurden bis 2013 von Privatanlegern Projekte im Bereich Erneuerbare Energien im Gesamtvolumen von mehr als 10 Mrd. EUR realisiert.[6] Besonders attraktiv sind die Anlagen durch die garantierten Stromeinspeisevergütungen des Erneuerbaren Energie Gesetzes (EEG). Hierdurch ist es möglich, die zu erzielenden Einnahmen über einen Zeitraum von 20 Jahren zu kalkulieren. Allerdings konnten in der Vergangenheit viele dieser Projekte ihre optimistischen Prognosen nicht erreichen. So ergaben sich Abweichungen hinsichtlich der Sonneneinstrahlung und des Windaufkommens. Darüber hinaus haben technische Schwierigkeiten die Rendite geschmälert. Somit erlangt auch hier die Beurteilung der Plausibilität der Geschäftsmodelle besondere Bedeutung. Geschlossene Fonds aus dem Bereich der Erneuerbaren Energien können den Themeninvestments Nachhaltiger Geldanlagen zugerechnet werden.

Eine Nachhaltige Geldanlage in Aktien unterscheidet sich grundsätzlich nicht von einer klassischen Aktienanlage. Die wesentlichen Erfolgsfaktoren einer Aktienanlage bestehen bekanntlich in einer geeigneten Asset Allokation, der Titelselektion und dem richtigen Timing bei Kauf und Verkauf. Bei einer nachhaltigen Aktienanlage ist innerhalb der

[6] Vgl. Bundesverband Sachwerte und Investmentvermögen (2014).

Titelselektion zusätzlich eine ökonomische und soziale Beurteilung des Unternehmens notwendig. Dabei kann der Fokus sowohl auf Unternehmen liegen, welche in bestimmten Themenbereichen, beispielsweise der Energieerzeugung aus regenerativen Energien oder der Herstellung von Wind-, Solar- oder Biomasseanlagen tätig sind, als auch auf nachhaltigen Unternehmen. Je nachdem, welche Selektionskriterien angewendet werden, können Unternehmen sowohl in die Kategorie der Themeninvestments als auch in die Kategorie der nachhaltigen Investments im engeren Sinne eingeordnet werden. In beiden Fällen bedarf es jedoch eines umfangreichen Research-Prozesses für die Titelselektion. So sind z.B. Energie- und Materialverbrauch oder die Integration von Umweltstandards in den Herstellungsprozess entscheidende Faktoren bei der ökologischen Beurteilung eines Produktionsunternehmens. Dies erfordert einen Zugang zu detaillierten Unternehmensinformationen, die durch einen weiterführenden Informationsaustausch mit dem zu beurteilenden Unternehmen ergänzt werden müssen.

Bei einer Nachhaltigen Geldanlage in Anleihen wird im Wesentlichen in Unternehmensanleihen und in Staatsanleihen differenziert. Die Auswahl nachhaltiger Unternehmen bei einer Anlage in Unternehmensanleihen unterscheidet sich dabei nicht von der Auswahl von Unternehmen für eine Aktienanlage. Entspricht ein Unternehmen den aufgestellten Nachhaltigkeitskriterien, ist eine Nachhaltige Geldanlage sowohl in Form von Eigenkapital durch eine Aktienanlage als auch in Form von Fremdkapital mittels Unternehmensanleihe gegeben. Nachhaltige Unternehmensanleihen können analog der Aktienanlage sowohl in der Kategorie der Themeninvestments als auch der Kategorie nachhaltige Investments im engeren Sinne auftreten.

Die Auswahl von Staatsanleihen für eine Nachhaltige Geldanlage bedarf einer Länderanalyse anhand von Umwelt- und Sozialfaktoren. Diese kann mithilfe von Indikatoren wie beispielsweise der Umweltpolitik, des Energieverbrauchs oder dem Umgang mit Menschenrechten erfolgen. Ist ein Staat als nachhaltig identifiziert, können auch die regionalen Körperschaften (z.B. Bundesländer, Kantone) als nachhaltige Emittenten eingeordnet werden. Nachhaltige Staatsanleihen können somit der Kategorie der Nachhaltigen Investments im engeren Sinne zugeordnet werden.

Von wachsender Bedeutung ist die Direktanlage in Immobilien, die besondere Anforderungen hinsichtlich der Nachhaltigkeit erfüllen. Hintergrund dabei ist der enorme Ressourcenverbrauch bei der Erstellung sowie der Unterhaltung von Gebäuden. Im Rahmen verschiedener Zertifizierungsverfahren kann nunmehr eine Aussage über die Umweltverträglichkeit der Immobile getroffen werden.

Die Vorteile einer Direktanlage bestehen im Wesentlichen in der eigenständigen Entscheidung, in welches Projekt investiert wird. Insbesondere bei kleineren bzw. regionalen Projekten besteht häufig ein persönlicher Kontakt zu den handelnden Personen und ein persönliches Engagement findet statt.

Nachteile bestehen in der meist nur bedingten Prüfbarkeit der Plausibilität der Geschäftsmodelle sowie der technischen und finanziellen Rahmenbedingungen. Für die Beurteilung der Nachhaltigkeit von Unternehmen entsteht zudem ein hoher Informationsbedarf. Eine Direktanlage erfordert meist eine hohe Mindestanlage und kann dadurch zu einer geringen Diversifikation des Gesamtportfolios führen. Bei Investitionen in geschlossenen Fonds ist zudem die Liquidität der Geldanlage stark eingeschränkt.

4.3 Indirekte Anlagen

Indirekte Anlagen sind dadurch gekennzeichnet, dass die einzelnen Anlageentscheidungen an ein externes Management delegiert werden. Dadurch erlangt die Beurteilung der Leistungsfähigkeit des Managements sowie dessen Entscheidungskriterien eine besondere Bedeutung. Bei der Nachhaltigen Geldanlage muss zusätzlich die Expertise des Managements im Nachhaltigkeitsbereich überprüft werden. In Abbildung 7 sind die wichtigsten Formen einer indirekten Anlage dargestellt.

Abbildung 7: Indirekte Anlagemöglichkeiten

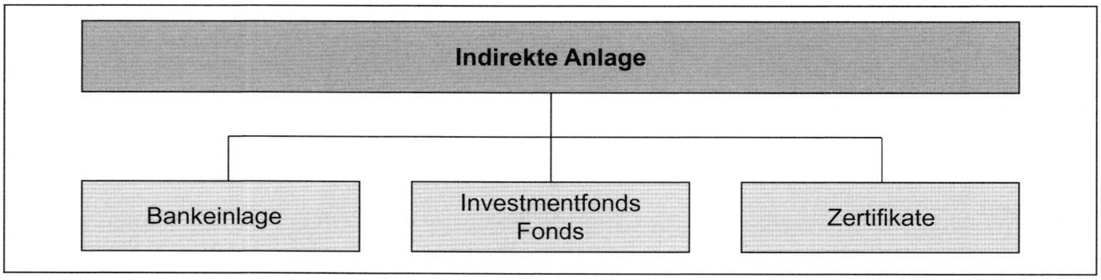

Quelle: Eigene Darstellung

Wie in Kapitel 2.3 bereits dargestellt, kommt der Mittelverwendung bei Nachhaltigen Geldanlagen eine besondere Bedeutung zu. Insbesondere bei Bankeinlagen ist das Informationsinteresse von Anlegern bezüglich des weiteren Verbleibs der eingebrachten Gelder und der Mitteln der Renditeerzielung deutlich gestiegen. Nach wie vor ist es für einen Außenstehenden sehr schwer, wenn nicht sogar unmöglich, darüber einen vollständigen Überblick zu erlangen. Dieses Sachverhalts haben sich einige Banken angenommen und ihn zu ihrem Geschäftsmodell erklärt. Bei Nachhaltigkeits- bzw. Ethikbanken werden Einlagen nur für die Finanzierung nachhaltiger Projekte verwendet und ein Einblick in die Kredit- und Refinanzierungsstruktur gewährleistet. Einige Sparkassen und Genossenschaftsbanken bieten Sparbücher und Sparbriefe an, deren Mittel zweckgebunden für nachhaltige Projekte in der Region verwendet werden. Nachhaltige Geldanlagen mittels Bankeinlagen sind daher der Kategorie der nachhaltigen Investments im engeren Sinne zuzurechnen.

Mit nachhaltigen Investmentfonds kann mittlerweile in fast alle Asset-Klassen investiert werden. Vom grundsätzlichen Aufbau unterscheiden sie sich nicht von der „klassischen Variante“. Die Besonderheit besteht zunächst in der Anwendung zusätzlicher ökologischer und sozialer Kriterien bei der Auswahl der Anlageobjekte. Das hierfür notwendige Nachhaltigkeitsresearch kann dabei durch die Fondsgesellschaft selbst oder eine externe Ratingagentur erfolgen. Neben der Expertise des Nachhaltigkeitsresearchs ist auf die Erfahrung des Fondsmanagements mit Nachhaltigen Investments und den in diesem Bereich bisher erzielten „TrackRecord“ zu achten. Eine Besonderheit stellen Exchange Traded Funds dar, die Nachhaltigkeitsindizes abbilden und daher den passiv gemanagten Anlagen zuzuordnen sind. Aufgrund ihrer Konstruktion sind sie sehr transparent und kostengünstig. Die Zusammenstellung der Indizes erfolgt anhand festgelegter Kriterien und in enger Zusammenarbeit mit Nachhaltigkeitsagenturen.

Investmentfonds können, je nach den zugrunde liegenden Anlageobjekten, der Kategorie der Themeninvestments oder der Nachhaltigen Investments im engeren Sinne zugeordnet werden. Für das aktive Management von nachhaltigen Portfolien können unterschiedliche Konzepte angewendet werden, welche in Kapitel 3 beschrieben wurden.

Mit Zertifikaten kann eine Vielzahl an nachhaltigen Anlagestrategien abgebildet werden. Der überwiegende Anteil bezieht sich dabei auf die Kategorie der Themeninvestments. Zu den Nachhaltigen Investments im engeren Sinne können Zertifikate gezählt werden, die Nachhaltigkeitsindizes abbilden. Bei beiden Kategorien basiert die Zusammensetzung der Zertifikate in der Regel auf den Ergebnissen externer Ratingagenturen. Auf ein aktives Management während der Laufzeit wird dabei meist verzichtet. Formal handelt es sich bei Zertifikaten um Inhaberschuldverschreibungen des Emittenten, welche die Anlagestrategien nur abbilden. Es ist nicht sichergestellt, dass der Emittent die Gelder in die nachhaltigen Basiswerte (z.B. Aktien, Anleihen) investiert.

Die Vorteile einer indirekten Anlage bestehen im Wesentlichen in der Auswahl der Anlagen durch ein Management, einer hohen Diversifikation der Geldanlage sowie in geringen Mindestanlagebeträgen. Durch die Integration eines Nachhaltigkeitsresearchs bilden umfangreiche Informationen die Grundlage der zu treffenden Anlageentscheidungen.

Als Nachteile können die Kosten für das Management der Geldanlage sowie die noch nicht vollständig vorhandene Transparenz der angewandten Nachhaltigkeitskriterien und deren Anwendungskontrolle angesehen werden.

5 Der Markt Nachhaltiger Geldanlagen

Aufgrund der sehr unterschiedlichen Definitionen von Nachhaltigkeit und Problemen bei der Datenbeschaffung, ist eine exakte Ermittlung der Anlagevolumina und -formen nicht möglich. Daher ergeben sich – je nach Datenherkunft – sehr unterschiedliche Aussagen zum Marktvolumen. Alle Untersuchungen kommen jedoch zu dem Ergebnis, dass die Marktvolumina zunehmen. Auffallend ist, dass das Marktwachstum bei institutionellen Anlegern deutlich höher ist als bei privaten Investoren.

Besondere Beachtung erfährt der jährliche Marktbericht des Forum Nachhaltiger Geldanlagen, dessen Ergebnisse nachfolgend kurz vorgestellt werden. Das Volumen Nachhaltiger Geldanlagen summierte sich im Jahr 2012 im deutschsprachigen Raum (DACH) auf rd. 120 Mrd. Euro. Im Vergleich zum Vorjahr entspricht dies einem Wachstum von 16,2%.[7] Das größte Segment hiervon bilden Kundeneinlagen und Einlagen von Spezialbanken mit einem Anteil von 48,9 Mrd. Euro (41%). Die Segmente Investmentfonds und Mandate konnten seit 2005 eine durchschnittliche jährliche Wachstumsrate von 26,7% verzeichnen.

Abbildung 8: Nachhaltige Geldanlagen in Deutschland, Österreich und der Schweiz

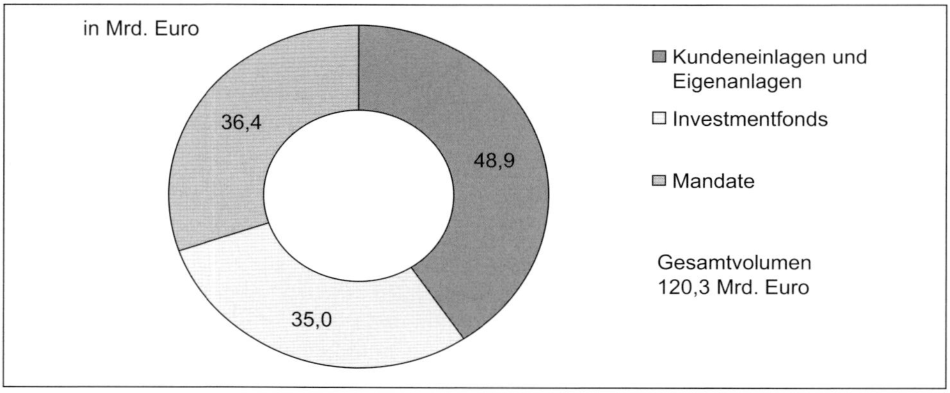

Quelle: Forum Nachhaltige Geldanlagen 2013

In Deutschland überwiegen mit 77% institutionelle Investoren den Markt Nachhaltiger Geldanlagen. Demnach ist auch die Anlageform der Anleihe mit 51% die dominierende Anlageform in Deutschland. Abbildung 9 gibt eine Übersicht über die Anteile der verschiedenen Asset-Klassen in Deutschland.

[7] Vgl. Forum Nachhaltige Geldanlagen (2013), S. 11 ff.

Abbildung 9: Anteil der unterschiedlichen Asset-Klassen in Deutschland 2012

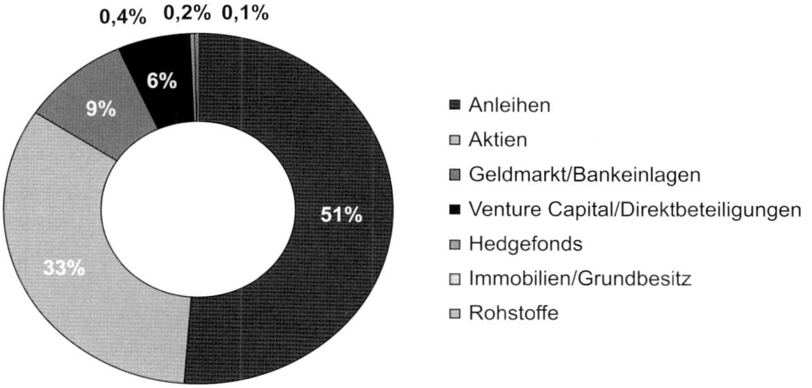

Quelle: Forum Nachhaltige Geldanlagen 2013

6 Thesen für die Zukunft

Im Vergleich zu Ländern wie Schweiz und Niederlande sowie in Skandinavien ist die Nachfrage privater Investoren nach Nachhaltigen Geldanlagen in Deutschland bisher noch recht gering. Es ist jedoch festzustellen, dass das Interesse kontinuierlich steigt. Insbesondere institutionelle Investoren wie Versicherungen, Pensionskassen und Stiftungen beschäftigen sich zunehmend mit dem Thema. Der immer wieder vorzufindenen Meinung, es handele sich nur um ein Modethema, dass wieder an Bedeutung verlieren wird, ist daher eindringlich zu wiedersprechen.

Mit zunehmendem Marktwachstum haben sich nicht nur die Anzahl der vorhandenen Produkte erhöht, sondern auch die Themengebiete Nachhaltiger Geldanlagen erweitert. So ist es heute möglich, die Geldanlagen über fast alle Asset-Klassen und Anlageformen nachhaltig auszurichten. Für die nächsten Jahre kann mit einem weiteren Wachstum der Produktanzahl und Vielfalt gerechnet werden.

In der Vergangenheit hat bereits ein Prozess der Professionalisierung Nachhaltiger Geldanlagen begonnen. Insbesondere die Qualität und die Wirkung der Auswahl nachhaltiger Ablageobjekte werden künftig weiter in den Mittelpunkt rücken. Ein besonderer Fokus wird hierbei auf die Zertifizierung der Produkte und ihre Integration in das Produktportfolio gelegt werden.

Eine Besonderheit im Deutschen Markt der Nachhaltigen Geldanlage ist die große Bedeutung der Spezialbanken mit Nachhaltigkeitsfokus. Diese vereinen ein beträchtliches Volumen und gelten als Pioniere der gesamten Branche der Nachhaltigen Geldanlage. Großbanken sowie Sparkassen und Genossenschaftsbanken haben das Thema bisher nur sehr zögerlich und eher unstrukturiert aufgegriffen. Angesichts der Unternehmensziele und der regionalen Verankerung sowie ihrer hohen Reputation ist das mangelnde Interesse bei öffentlich-rechtlichen und genossenschaftlichen Banken kaum nachvollziehbar. Künftig könnten hier Kooperationen mit Finanzdienstleistern entstehen, welche nicht das notwendige Know-how haben oder aufbauen möchten, um das Thema der Nachhaltigen Geldanlage vollumfänglich anzubieten.

Nachhaltige Geldanlagen werden sich aus einem Nischen-Dasein zu einem Mainstream-Produkt entwickeln, wenn sie dauerhaft in das Leistungsangebot der klassischen Banken aufgenommen werden und zu einem bedeutenden Bestandteil in den Portfolien der privaten und institutionellen Investoren werden. Die – wenn auch langsamer als von vielen erwartete – Entwicklung im letzten Jahrzehnt stimmt zuversichtlich, dass dies gelingt.

Literatur

Bundesverband Sachwerte und Investmentvermögen, (2014): Branchenzahlen 2013.

Bruns, C./Meyer-Bullerdiek, F., (2003): Professionelles Portfoliomanagement, Aufbau Umsetzung und Erfolgskontrolle strukturierter Anlagestrategien, 3. Auflage.

Forum Nachhaltige Geldanlagen, (2013): Marktbericht Nachhaltige Geldanlage 2013.

Gabriel, Klaus, (2007): Nachhaltigkeit am Finanzmarkt.

Hoffmann, J./Scherhorn, G./Busch, T., (Hg.), (2004): Darmstädter Definition Nachhaltiger Geldanlagen.

Schäfer, Henry, (2005): Wie nachhaltig ist die nachhaltige Geldanlage in Deutschland?, in: Zeitschrift für das gesamte Kreditwesen, 58. Jahrgang, Heft 11, S. 558-562.

Schäfer, Henry/Lindenmayer, Philipp, (2007): Implikationen von CRS-Rating-Systemen auf SRI-basiertes Asset-Management, Univ. Stuttgart BWl, Abt. III, Working Paper, Nr. 01/2007.

Schneider, Stefan, (2006): Erfolgsweg Nachhaltigkeit.

Nachhaltige Geldanlage – eine Begriffsanalyse

Dieter W. Horst

1 „Nachhaltige Geldanlage" als Problembegriff

„Nachhaltigkeit ist ein strategisches Konzept für Wirtschaft, Wissenschaft und Gesellschaft. Vor allem anderen ist Nachhaltigkeit aber eine Haltung – eine Selbstverpflichtung von Unternehmern und ihren Mitarbeitern, ihre Verantwortung wahrzunehmen für eine weltweit umwelt- und sozialverträgliche Entwicklung."

Christiane Underberg[1]

Das Wahrnehmen einer erweiterten unternehmerischen Verantwortung war frühzeitig von schwierigen Begriffsfindungen begleitet. Die direkte deutsche Übersetzung des Wortes „Sustainability" mit dem Begriff „Nachhaltigkeit" führte häufig zur Gleichsetzung mit Begriffen wie „kontinuierlich" oder „dauerhaft". Der Begriff „Corporate Social Responsibility" wurde beim Publikum offensichtlich so oft mit dem sozialen Engagement eines Unternehmens verwechselt, dass der Begriff zu „Corporate Responsibility" verschmolzen wurde – wobei selbst dieser Begriff immer noch gerne mit „Corporate Citizenship", also dem gemeinnützigen Engagement eines Unternehmens, verwechselt wird.

Analog dazu ist Nachhaltigkeit in der Finanzbranche ebenfalls einer umfassenden Begriffsvielfalt ausgesetzt. Unter anderem ist da die Rede von „Responsible Investments" und von „Socially Responsible Investments", von „Green Investments" oder „Impact Investing". Von der Berücksichtigung ökologischer, sozialer Kriterien und der Aspekte guter Unternehmensaufsicht – kurz ESG – ist ebenfalls die Rede. Aber auch von „Nachhaltiger Geldanlage", „Ethischem Investment" und „Grünem Geld" wird gesprochen.

Vor diesem Hintergrund soll im Folgenden die Frage erörtert werden, wie sehr die allgemeine Rezeption des Begriffes der Nachhaltigkeit einerseits und der Begrifflichkeit der Nachhaltigen Geldanlage in der Finanzbranche und der Gesellschaft andererseits ein Hemmnis bei der weiteren Markterschließung Nachhaltiger Geldanlagen ist.

---

[1] Braun, Sabine/Doerner, Ulf/Horst, Dieter W./Loew, Thomas (2010): Unternehmerische Verantwortung praktisch umsetzen; Hrsg. PwC 2. Auflage; http://www.pwc.de/de/nachhaltigkeit/unternehmerische-verantwortung-praktisch-umsetzen-nachhaltigkeitsmanagement.jhtml.

2 Nachhaltigkeit – ein vieldeutiger Begriff

Hauptsächlich sind momentan drei wesentliche Herleitungen für nachhaltiges Handeln im Gebrauch:

- Nachhaltiges Handeln ist eine moralische Verpflichtung – abgeleitet aus ethischen Grundsätzen (Bewahrung der Schöpfung) und erweitert auf den auf Generationengerechtigkeit zielenden Ansatz des Brundlandt-Berichts[2] und seiner grob zusammenfassbaren Maxime „heute so leben, dass künftige Generationen auch noch ihre Bedürfnisse befriedigen können".[3]
- Nachhaltiges Handeln ist aufgrund der Endlichkeit von Ressourcen und dem Anwachsen der Menschheit erforderlich, um eine langfristige und optimale Nutzung von Rohstoffen und Lebensräumen zu ermöglichen. Wichtige Vertreter dieses Ansatzes sind z.B. Ernst Ulrich von Weizsäcker für die Effizienzseite oder Michael Braungart für die Kreislauforientierung. Aber auch das World Busienss Council for Sustainable Development hat seinem Ansatz „Vision 2050 – Im Jahr 2050 leben rund 9 Milliarden Menschen gut und im Einklang mit den begrenzten Ressourcen der Erde" diese Herleitung zugrunde gelegt.[4]
- Nachhaltiges Handeln ist aufgrund der systemischen Verknüpfungen in der menschlichen Gesellschaft und in der Natur sowie zwischen diesen beiden erforderlich, um das „Funktionieren" dieser Systeme und ihrer Teilsysteme innerhalb bestimmter Bandbreiten zu halten. Ein Überschreiten der Bandbreitengrenzen führt zu Systemstörungen, die ab einer bestimmten Größenordnung oder Dauer der Störung zu erheblichen und auch irreversiblen Schäden führen. Als Vertreter dieser Strömungen können unter anderem Frederik Vester[5] und John Elkington[6] mit seiner „Tripple Bottom Line" gesehen werden.

---

[2] http://www.un-documents.net/wced-ocf.htm; interessant ist in diesem Zusammenhang, dass die ergänzende zweite Nachhaltigkeitsdefinition des Brundlandt-Berichts deutlich weniger zitiert wird, obwohl dort sogar Investitionen ausdrücklich erwähnt werden: „... ein Wandlungsprozeß, in dem die Nutzung von Ressourcen, das Ziel von Investitionen, die Richtung technologischer Entwicklung und institutioneller Wandel miteinander harmonieren und das derzeitige und künftige Potential vergrößern, menschliche Bedürfnisse und Wünsche zu erfüllen."

[3] In diesem Zusammenhang merkte einmal Prof. Schellhuber vom Potsdam Institut für Klimafolgenforschung während einer Veranstaltung des Bundesforschungsministeriums humorvoll an, dass Generationenverträge an sich schon schwierig seien, aber das Schließen von Generationenverträgen mit den noch ungeborenen Generationen von besonderer Schwierigkeit sei.

[4] http://www.wbcsd.org/vision2050.aspx.

[5] http://www.frederic-vester.de/.

[6] http://www.johnelkington.com/.

2.1 Der Nachhaltigkeitsbegriff in der Wirtschaft

Eine auch von moralischen Erwägungen getragene Nachhaltigkeitsausrichtung in Unternehmen findet sich häufig im inhabergeführten Mittelstand. Unternehmenseigentümer entscheiden hier oft sehr direkt und persönlich, wie sie eine erweiterte Unternehmensverantwortung, die als erweiterte Unternehmerverantwortung verstanden wird, realisieren wollen. Diese wird abgeleitet aus einem Verantwortungsgefühl für die nachkommende Familiengeneration, für die Mitarbeiter sowie für die Region in der das Unternehmen langjährig tätig ist, aber selbst religiöse Orientierungen sind möglich.

Die auf eine „clevere" Ressourcennutzung zielende Nachhaltigkeitsdefinition ist bei fremdgeführten Industrieunternehmen eingängiger. Verknappung von Rohstoffen oder zumindest ihre Verteuerung fördert die Bereitschaft, anders mit diesen Rohstoffen umzugehen. Es wird erkannt, dass allein zur Sicherung des Unternehmenswachstums – und hier lockt vor allem der neue Mittelstand in China und Indien – ein anderer, vorausschauender Umgang mit Ressourcen erforderlich ist. Insbesondere Konsumgüterhersteller wie Unilever mit dem „Sustainable Living Plan" oder Nestlé mit dem „Gemeinsame-Wertschöpfung"-Ansatz haben sich dieses Themas angenommen.

Der systemische Ansatz findet sich am ehesten bei einer aktiven Einbeziehung sozialer und ökologischer Faktoren in das Risikomanagement. Ausgangspunkt ist die Frage, welche Anforderungen und Reaktionen der Stakeholder dem unternehmerischen Handeln förderlich oder hinderlich gegenüberstehen. Dieser Ansatz ruft deshalb eine andere Kurzdefinition zu Nachhaltigkeit für Unternehmen in Erinnerung, nämlich dass Nachhaltigkeit die Führung des Unternehmens von den Anforderungen der Stakeholder her sei. Und tatsächlich findet sich ja heute beispielsweise bei den Berichtsstandards wie der „Global Reporting Initiative" die Maxime, dass z. B. Wesentlichkeit und Vollständigkeit der Berichterstattung letztendlich vom Informationsbedarf der Stakeholder her zu denken sind. Die Anwendung des Ansatzes setzt allerdings ein systematisches Stakeholdermanagement voraus sowie die Kompetenz, die mittel- bis langfristigen Folgen unternehmerischer Entscheidungen über ein breites Spektrum verschiedener, auch konträrer Nachhaltigkeitsthemen hinweg ermitteln zu können.

Ganz gleich, auf welche der eben dargelegten Interpretationen des Begriffes Nachhaltigkeit man abzielt, man sollte immer ein weiteres Phänomen berücksichtigen: Eine grundsätzliche Ambivalenz zu Nachhaltigkeit. In der Regel passiert es kaum, dass jemand den Gedanken eines verantwortungsvolleren Wirtschaftens grundsätzlich ablehnt. An den indirekten Reaktionen der Gesprächspartner erkennt man aber oft, dass der Begriff Nachhaltigkeit eher negative Assoziationen auslöst wie Verzicht auf Konsum, Komforteinschränkung oder Verlust individueller Freiheit. Den meisten Menschen in den westlichen Industrienationen ist natürlich klar, dass der von ihnen praktizierte Lebensstil ressourcenverschwendend ist und letztendlich auf Kosten anderer Menschen stattfindet.

Die hierdurch möglicherweise ausgelösten Schuldgefühle bestärken aber eher eine distanzierte Position oder werden kompensiert mit Annahmen wie der, dass der einzelne sowieso nichts tun kann. Andere Menschen beruhigen sich mit der Hoffnung, dass „schon rechtzeitig“ jemand eine technische Lösung finden wird, die entweder knapper werdende Rohstoffe ersetzt oder deren Nutzung effizienter gestalten kann. Auch die Vermutung, dass es noch ausreichend Ressourcen gibt, die nur noch nicht entdeckt worden sind, wird häufig geäußert. Im ersten Fall könnte man anführen, dass der Anstieg des Rohstoffverbrauchs durch den stetig wachsenden Konsum nach westlichem Vorbild des neuen Mittelstands in den Schwellenländern Effizienzsteigerungen egalisiert. Zum zweiten Argument ist anzumerken, dass die Erschließung neuer Rohstofflagerstätten mittlerweile mit einem erhöhten Risiko- und damit Kostenfaktor einhergeht. An dieser Stelle sollen diese Argumente nicht weiter diskutiert werden, es soll nur festgestellt werden, dass sie von der Hoffnung getragen sind, dass es „irgendwie“ wie gewohnt weitergehen kann, ohne dass ein Umdenken sowie Verhaltensänderungen erforderlich sind.

2.2 Der Nachhaltigkeitsbegriff in der Finanzbranche

In der Finanzbranche wurde in der Vergangenheit unternehmerische Nachhaltigkeit eher als ein außerhalb des Kerngeschäfts angesiedelter Zusatz sichtbar, z.B. in Form eines umfassenden gemeinnützigen Engagements, in Kunstsammlungen, Spenden und Corporate-Volunteering-Aktivitäten. Früh trat auch eine Fokussierung auf den betrieblichen Umweltschutz auf und es wurden Zertifizierungen nach DIN ISO 14001 oder EMAS angestrebt und Umwelterklärungen und -bilanzen veröffentlicht. Die indirekten Auswirkungen des Kerngeschäfts auf Umwelt und Gesellschaft, wie der Umgang mit Investitionen in problematische Branchen oder Projekte wurden jedoch eher organisatorisch beschrieben. Zu solchen organisatorischen Umschreibungen zählen u.a. die Darlegung von Organisationsstrukturen, z.B. zu Genehmigungsverfahren bei Geschäften mit Nachhaltigkeitsbezug oder die Benennung von Richtlinien, die bestimmte Geschäfte wegen negativer Nachhaltigkeitswirkung ausschließen. Auch die Beschreibung von Leuchtturmprojekten zu einzelnen Nachhaltigkeitsthemen wurde häufig genutzt, um zumindest einen ausschnittsweisen Blick auf die Nachhaltigkeitswirkung des Kerngeschäftes anzubieten. Alles in allem waren eher Haltungen erkennbar, die eine Distanzierung zu den indirekten Auswirkungen des Kerngeschäftes zum Ausdruck brachten. Aus Sicht der Finanzbranche wurde etwa die Verantwortung für die Folgen eines Projektes bei der jeweiligen Projektgesellschaft und nicht bei der finanzierenden Bank verortet.

Mittlerweile erlebt man aber eine Entwicklung in der Finanzbranche hin zur Etablierung eines modernen, auf eine Erweiterung der Unternehmensverantwortung zielenden Nachhaltigkeitsbegriffes – wie er sich z.B. in der veränderten Titelformulierung des Nachhaltigkeitsberichtes einer Bank von „Gesellschaftliche Verantwortung“ in „Unternehmerische Verantwortung“ zeigt. Insbesondere Unternehmen der Finanzbranche mit einer längeren Tradition zu Nachhaltigkeit beginnen die indirekten Auswirkungen ihres Kerngeschäftes offensiver zu berücksichtigen. Und eine Reihe von „Newcomern" hat Projekte zur grundsätzlichen Etablierung von Nachhaltigkeit begonnen bzw. veröffentlicht gerade ihren ersten Nachhaltigkeitsbericht.

Diese Entwicklung spiegelt sich auch darin wider, dass wesentliche, auf Freiwilligkeit fußende Nachhaltigkeitsstandards wie die „UN-backed Principles for Responsible Investment (PRI)"[7] oder die „Equator Principles"[8] in einem Weiterentwicklungsprozess begriffen sind. Dieser zielt bei den PRI auf eine Erhöhung von Transparenz durch erweiterte Berichtspflichten oder bei den Equator Principles auf eine Ausweitung der Anwendungsbereiche. Diese branchenintern generierten Transformationsprozesse werden extern durch politisches Handeln zumindest rudimentär gestützt – wie z.B. durch die Forderung der EU[9] sowie der Bundesregierung[10], dass Eigentümer und Verwalter von Anlagevermögen den PRI beitreten sollten.

Vielleicht trägt der oben beschriebene Wandel ebenfalls dem Umstand Rechnung, dass Nachhaltigkeit auch zunehmend bei den Risikoabteilungen Interesse weckt. Auch wenn Nachhaltigkeitsrisiken heute in den Lageberichten der Finanzinstitute noch eher selten auftauchen – neben den klassischen Risikoarten Marktpreisrisiko, Ausfallrisiko, Liquiditätsrisiko und operationelles Risiko, werden ökologische und soziale Risiken, am ehesten noch als sonstiges Risiko eingruppiert. Aber der sich parallel zum Begriff Nachhaltige Geldanlage ausbreitende Terminus des ESG-Investments deutet an, dass die ethische Ausrichtung zumindest um den Gedanken der Risikoabwehr ergänzt wird.

Interessant ist in diesem Zusammenhang, dass auch der deutsche Gesetzgeber die Grundlage für einen erweiterten Risikoaspekt in der Finanzbranche mit möglichem Nachhaltigkeitsbezug gelegt hat. In den Mindestanforderungen an das Risikomanagement (MaRisk)[11] werden Reputationsrisiken explizit als Beispiel für „andere Risiken" genannt, deren Auswirkungen auf die Liquidität im Rahmen des Risikomanagements ermittelt werden sollten. Reputationsschäden können aber auch durch Investments in ökologisch oder sozial besonders risikoreiche Projekte entstehen oder durch Geschäftspraktiken, die nicht mehr den aktuellen Anforderungen an einen verantwortungsvollen Umgang mit

[7] www.unpri.org.

[8] www.equator-principles.com.

[9] Mitteilung der Kommission vom 25.10.2011: Eine neue EU-Strategie (2011–14) für die soziale Verantwortung der Unternehmen (CSR).

[10] Aktionsplan CSR der Bundesregierung vom 06.10.2010: Nationale Strategie zur gesellschaftlichen Verantwortung von Unternehmen (Corporate Social Responsibility).

[11] http://www.bundesbank.de/Redaktion/DE/Standardartikel/Kerngeschaeftsfelder/Bankenaufsicht/risikomanagement_marisk_2012.html.

Kunden entsprechen. Die explizite Benennung des Reputationsrisikos im MaRisk könnte demnach zumindest mittelfristig die Berücksichtigung von Nachhaltigkeit in der Finanzbranche fördern. Denn ein Anstieg der Wahrscheinlichkeit eines Verstoßes gegen ökologische und soziale Anforderungen führt zu einem Anstieg der damit verbundenen Rechts- und Reputationsrisiken. Eine frühzeitige Integration von Nachhaltigkeitsthemen in den Entscheidungsprozess hilft dabei, sonstigen potenziellen Risiken frühzeitig entgegenzusteuern und somit auch die Kapitalrendite positiv zu beeinflussen. Es ist darüber hinaus zu berücksichtigen, dass Unternehmen der Finanzbranche durch die Adressierung von Nachhaltigkeitsrisiken und -chancen nicht nur ihre eigenen Risiken senken, sondern auch den Nachhaltigkeitsgedanken bei ihren Kunden fördern. Damit leistet aber dann die Finanzbranche auch einen wichtigen Beitrag, ihre Kunden fit für die Auswirkungen des globalen Wandels und damit wettbewerbsfähiger zu machen.

3 Problematisierungen zu Nachhaltiger Geldanlage

Im Zusammenhang mit Nachhaltiger Geldanlage werden immer wieder bestimmte Problematisierungen vorgenommen bzw. als Argumente gegen Nachhaltige Geldanlagen angeführt. Einige dieser Problematisierungen erweisen sich als hartnäckig und werden immer wieder erneut adressiert. Es ist hier nicht Zeit und Raum, sich mit diesen Sachverhalten ausführlich zu beschäftigen, sie werden angeführt, da einige von ihnen und die Art, wie sie diskutiert werden, als Teil einer grundlegenden Ablehnungshaltung gegen Nachhaltigkeit und gegen die Idee einer Nachhaltigen Geldanlage wahrgenommen werden.

Eine häufige Problematisierung ist die Frage, ob ein Unternehmen mit einem im Vergleich zu seinen Mitbewerbern besseren gesellschaftlichen Wertbeitrag auch eine bessere ökonomische Leistung erbringt.

Dies erinnert an eine ähnliche Fragestellung in den neunziger Jahren des letzten Jahrhunderts, als die Übernahme ökologischer Verantwortung von Unternehmen gefordert wurde und Umweltmanagementsysteme nach international anerkannten Normen wie DIN 14001 eingeführt wurden. Auch hier wurde diskutiert, ob Unternehmen, die einen vorbildlichen Umweltschutz betreiben, erfolgreicher wären als andere und ob ein Investment in diese Unternehmen vorteilhafter wäre als ein Investment in ein Unternehmen, das nur wenig Umweltschutz betreibe. Ein abschließendes Ergebnis dieser Debatte konnte nicht definiert werden, vielleicht wurde die Diskussion auch ergebnislos in die aktuelle Frage überführt, ob Nachhaltigkeit einen Wettbewerbsvorteil generiert. Dabei belegen mittlerweile mehrere Studien, dass Nachhaltige Geldanlagen zumindest marktkonforme Renditen erzielen können. Zwei der meist zitierten Meta-Studien sind die von Mercer und der Asset Management Working Group of the United Nations Environment Programme Finance Initiative verfassten Studien „Demystifying Responsible Investment

Performance“ und die Folgestudie „Shedding Light on Responsible Investment Performance“.[12] Darin wird in 20 der 36 untersuchten Studien ein statistisch signifikant positiver Zusammenhang zwischen dem Einbezug von ESG-Faktoren und der finanziellen Rendite aufgezeigt. Nur drei Studien weisen einen statistisch signifikant negativen Zusammenhang auf. Eine umfassende empirische Untersuchung zur Performance Nachhaltiger Indizes gegenüber dem MSCI World zeigt, dass Verantwortliche Geldanlagen gegenüber konventionellen Geldanlagen zumindest keinen Renditenachteil haben.[13]

Es ist auch plausibel nachvollziehbar, dass aus ungenügender Handhabung von Nachhaltigkeitsrisiken Kosten für Schadensersatz und -beseitigung oder für steigende Versicherungsprämien sowie schärfere rechtliche Rahmenbedingungen resultieren können. Somit werden zukünftige Cashflows und auch die Dividenden der gehaltenen Geldanlagen negativ beeinflusst. Folglich werden Nachhaltigkeitsrisiken langfristig auch den Anlageerfolg von Investoren negativ beeinflussen, wenn diese Nachhaltigkeitsaspekte in ihrer Anlagestrategie nicht berücksichtigen. Neben Nachhaltigkeitsrisiken gibt es aber auch Chancen, bspw. in Form von Wachstums-, Differenzierungs- oder Effizienzpotenzialen, die es zu berücksichtigen gilt.

Eine weitere, immer noch diskutierte Problematisierung ist die Frage, ob Nachhaltige Geldanlage das Anlagerisiko aufgrund einer Einschränkung des Anlageuniversums erhöht.

Nun ist grundsätzlich davon auszugehen, dass eine auf negativen und positiven Nachhaltigkeits-Ausschlusskriterien basierende Anlagestrategie oder auch ein strikter Nachhaltigkeits-Best-in-Class-Ansatz das Anlageuniversum einschränkt. Einzelne Stimmen mahnen, dies führe zu einem weniger stark diversifizierten Anlageuniversum mit einem höheren Risiko. Tatsächlich ermöglicht eine systematische Identifikation von Nachhaltigkeitsrisiken einen frühzeitigen Ausschluss risikobehafteter Geldanlagen aus dem Anlageuniversum. Somit weist das verminderte Anlageuniversum insgesamt ein niedrigeres Risiko auf. Durch die Berücksichtigung von Nachhaltigkeitsthemen wird gleichzeitig die Möglichkeit geschaffen, Chancen zu erschließen, die im Rahmen konventioneller Anlagestrategien unberücksichtigt bleiben. Werden Nachhaltigkeitsrisiken nicht per se aus

[12] Mercer/Asset Management Working Group of the United Nations Environment Programme Finance Initiative (2009): Shedding Light on Responsible Investment Performance.

[13] Siehe hierzu ausführlich Staub-Bisang, Mirjam (2011): Nachhaltige Anlagen für institutionelle Investoren. Wer sich mit dem Thema der Wirkung von Nachhaltigkeit auf den Unternehmenswert beschäftigen möchte, dem empfehle ich die Doktorarbeit meiner Kollegin Dr. Angelika Sawcyn: „Unternehmerische Nachhaltigkeit und wertorientierte Unternehmensführung: Empirische Untersuchung der Unternehmen im HDAX“ für die sie den Ludwig-Erhard-Preis 2012 erhielt.

einem Anlageuniversum vollständig ausgeschlossen, hilft ihre frühzeitige Identifikation im Analyse- und Entscheidungsprozesses, die entsprechenden Risiken anschließend sicherer zu steuern.

Eine zu der eben behandelten Frage interessanterweise entgegenstehende, weitere Problematisierung ist, ob denn nicht zumindest institutionelle Anleger im Rahmen ihrer Treuhändereigenschaft sogar verpflichtet wären, langfristig wirkende Faktoren ihrer Anlagen in die Anlageentscheidung zu berücksichtigen.

Auch hier ist die Antwort bekannt: Um zu klären, welche rechtliche Relevanz die Integration von ESG-Kriterien in die Anlagestrategie von institutionellen Investoren hat, gab die Arbeitsgruppe Asset Management Working Group (AMWG) des UNEP FI 2005 ein Gutachten in Auftrag. Der „Freshfield Report“[14] führte aus, dass die Berücksichtigung von ESG Teil der treuhänderischen Pflichten institutioneller Anleger sei, da diese ESG-Aspekte in vielen Fällen auch die Risiken von Anlagen beeinflussen können. Würde es versäumt, ESG-Aspekte angemessen zu berücksichtigen, so der Bericht, könne dies sogar zur Haftung wegen der Verletzung treuhänderischen Pflichten führen. Treuhänder sollten daher bevorzugt Anlagemöglichkeiten berücksichtigen, die dem Ziel einer nachhaltigen Entwicklung eher förderlich seien. Eine im Jahr 2009 veröffentliche Nachfolgestudie des UNEP FI stützt die Schlussfolgerungen des Freshfield Reports.

Wichtigste Problematisierung – deren Erörterung den Rahmen dieses Beitrags überschreiten würde – ist aber die Frage, was denn eine Nachhaltige Geldanlage eigentlich ist.

Das Forum Nachhaltige Geldanlagen definiert Nachhaltige Geldanlage als allgemeine Bezeichnung für nachhaltiges, verantwortliches, ethisches, soziales, ökologisches Investment und alle anderen Anlageprozesse, die in ihre Finanzanalyse den Einfluss von ESG-Kriterien einbeziehen.[15]

Der Ansatz, alles, was einen erweiterten Entscheidungshorizont in den Investitionsprozess einbezieht, unter nachhaltig zu subsumieren, ist zwar verständlich, aber ist er wirklich hilfreich? Denn die Vielfältigkeit der dann im Einzelnen angebotenen Ansätze verführt zu der Annahme, dass Nachhaltige Geldanlage in vielen Fällen nur ein „Etikettenschwindel“ sei. Hierzu sei exemplarisch auf den Journalisten Jochen Bettzieche verwiesen, der in seiner Kurzstudie zu Nachhaltigkeitsfonds für die Bundestagsfraktion von Bündnis 90/ Die Grünen 2012 feststellt: „Jeder Anbieter legt ethische, ökologische und soziale

[14] Freshfield Bruckhaus Deringer (2005): A legal framework for the integration of environmental, social and governance issues into institutional investment.

[15] http://www.forum-ng.org/de/nachhaltige-geldanlagen/nachhaltige-geldanlagen.html.

Kriterien offensichtlich anders aus. Der Begriff nachhaltige Geldanlage verspricht viel – und bietet nicht einmal ein produktübergreifendes Mindestmaß an Ethik, Ökologie und Sozialem.“[16]

Auch wenn das sicher eine radikale und eher scherenschnittartige Betrachtung ist – in der Praxis taucht dieses Problem immer wieder auf: Bei der Erstellung des Leitfadens „Nachhaltig und verantwortlich investieren“[17] für das Bundesministerium für Umwelt, Naturschutz und Reaktorsicherheit (BMU) führte PwC eine nicht repräsentative Umfrage unter Mitgliedern der Initiative „UN-backed Principles for Responsible Investment (PRI)“ durch und veranstaltete ergänzend ein „Expertenhearing“. Bei beiden Maßnahmen ging es auch darum, Widrigkeiten bei der Berücksichtigung von Nachhaltigkeitsaspekten bei der Geldanlage zu identifizieren.

Im Rahmen der Befragung wurden als Herausforderungen, denen Investoren am häufigsten begegnen, insbesondere genannt, den Begriff „Nachhaltigkeit“ adäquat und aussagekräftig zu definieren und zu operationalisieren. Auch die Herausforderungen, Nachhaltigkeitsinformationen zu erhalten, die finanziell relevant sind, sowie die geringe Standardisierung von Nachhaltigkeitskriterien und nachhaltigen Anlagestrategien wurden als Defizite genannt.

Vor diesem Hintergrund sind die gesetzgeberischen Initiativen, mit denen der Nachhaltigkeitsaspekt in der Anlageberatung verankert werden soll, ambivalent zu sehen – dies gilt z.B. für den Vorstoß der Politik vorsieht, wonach Kleinanleger im Rahmen grundlegender Informationen zu Anlageprodukten auch bezüglich Nachhaltigkeitsfragen informiert werden sollen.[18] So begrüßenswert es auch ist, dass insbesondere dem Privatanleger Nachhaltigkeit nahegebracht werden soll, wird auch hier keine abschließende Antwort auf die Frage gegeben, was genau Nachhaltige Geldanlage operativ bedeuten soll.

In den Diskussionen, was Nachhaltigkeit in der Finanzbranche und was Nachhaltige Geldanlage originär sein sollen, schwingt manches Mal auch die Erwartung mit, dass es Aufgabe der Finanzbranche sei, autonom, quasi im Alleingang ihr Handeln auf Nachhaltigkeit

[16] http://www.gruene-bundestag.de/fileadmin/media/gruenebundestag_de/themen_az/finanzen/mit_gutem_gewissen_anlegen/studie_nachhaltige_geldanlagen.pdf.

[17] Horst, Dieter/Krick, Thomas/Sawczyn, Angelika/Kolmar, Mirjam (2012): Nachhaltig und verantwortlich investieren – ein Leitfaden Die UN Principles for Responsible Investment (PRI); Hrsg. Bundesministerium für Umwelt, Naturschutz und Reaktorsicherheit (BMU); www.bmu.de/N49871/.

[18] Siehe hierzu auch Schmidt, Danielle (2013): Regulatorische Rahmenbedingungen für nachhaltige Geldanagen, in: Socially Responsible Investments in Banken. Markt – Bedingungen – Praxiserfahrungen, Bank-Verlag GmbH.

auszurichten. Sicherlich kann die Finanzbranche als „enabler“ einer nachhaltigen Wirtschaftsweise, als Förderer und Unterstützer der Transformation der Wirtschaft hin zu einer Green Economy, eine entscheidende Rolle spielen, nicht aber losgelöst vom Rest der Wirtschaft und Gesellschaft. Vielmehr wird ein iterativer Prozess vonnöten sein, in dem sich der Nachhaltigkeitsbezug von Dienstleistungen und Produkten schrittweise erhöht, um einer ebenfalls schrittweisen steigenden Nachhaltigkeitsrelevanz in der Gesellschaft zu entsprechen: Angebot schafft Nachfrage und umgekehrt. Außerdem muss die anstehende Modifikation bestehender Geschäftsmodelle durch Einbezug weitergehender Zeit- und Themenhorizonte organisatorisch handhabbar sein – und sie muss als Umdenkprozess innerhalb der einzelnen Unternehmen wie der ganzen Finanzbranche auf Jahre ausgelegt sein. Von der reinen Ertragsorientierung hin zu einem erweiterten Wertschöpfungsbegriff ist es unternehmerisch wie gesellschaftlich ein gangbarer, aber weiter Weg.

4 Nachhaltige Geldanlage – der falsche Begriff?

Antje Schneeweiß stellte 2010 vier wesentliche Hindernisse für Nachhaltige Geldanlage in Deutschland fest[19], die an der Schnittstelle Kunde/Berater wirksam seien. Unter anderem führt sie aus, beim Vertrieb von Nachhaltigkeitsfonds entstehe ein höherer Beratungsaufwand, weil dem Kunden neben den üblichen Themen (Sicherheit, Rendite, Verfügbarkeit) auch noch Nachhaltigkeitsaspekte vermittelt werden müssen. Außerdem sei die generelle Unkenntnis über Nachhaltigkeit und über die Auswahl nachhaltiger Papiere Grund, warum nachhaltige Anlageprodukte nicht aktiv verkauft werden.

Die Feststellungen von Frau Schneeweiß können um eine weitere Komponente ergänzt werden. Für einen umfassenderen Markterfolg von Nachhaltigen Geldanlagen ist die weiter oben beschriebene Ambivalenz zu Nachhaltigkeit eher hinderlich. Dabei ist es erst einmal gleich, ob diese Ambivalenz im Individuum verankert ist („Ich will nicht an meinen ressourcenintensiven Lebensstil erinnert werden“) oder „Unternehmensgeist“ ist („Wir wollen nicht für das, was außerhalb des Unternehmens vorgeht, verantwortlich sein“).

Es ist schwierig, auf der einen Seite verantwortungsvoll zu investieren, also ökologische und soziale langfristige Konsequenzen eines Investments in Entscheidungen miteinbeziehen, und gleichzeitig die eigene Lebensgestaltung über weite Strecken davon unberührt zu lassen. Es scheint nicht plausibel zu sein, dass man – zumindest nicht ohne sich des inneren Widerspruchs irritierend bewusst zu werden – in ein ressourcenschonend

[19] http://www.boell.de/downloads/Endf_Finanz-nachh-Entwickl.pdf.

handelndes Unternehmen investiert und gleichzeitig über seinen eigenen Ressourcenverbrauch nicht nachdenken will. Dass es umgekehrt eher geht, zeigt die heutige Situation beim Markt für Nachhaltige Geldanlagen im Retailgeschäft in Deutschland: Konsumenten, die einerseits gezielt Bio-Produkte kaufen und ihren Urlaubsflug klimaneutral stellen lassen, hinterfragen andererseits die Nachhaltigkeitswirkung ihrer Altersabsicherung viel zu selten.

Aber selbst wenn der Anleger bereit und interessiert ist, Anlegerverhalten und eigenen Lebensstil konsistent an einer erweiterten Verantwortung auszurichten, bestehen Schwierigkeiten bei der Vermarktung Nachhaltiger Geldanlage, wie folgendes Praxisbeispiel zeigt: Ein Mitarbeiter des Private Wealth Management (PWM) einer Bank führte aus, dass wohlhabende Privatkunden oft dem Nachhaltigkeitsgedanken und einer Nachhaltigkeit berücksichtigenden Form der Geldanlage interessiert und positiv gegenüberstehen. Diese Einstellung werde, so erklärte der PWM-Mitarbeiter, durch eine Reihe von Faktoren begünstigt. PWM-Kunden hätten oft eine Phase in ihrem Leben und einen Vermögensstand erreicht, in dem eine (ergänzende) Ausrichtung weitergehender Werte und Fragestellungen erfolge. Dazu gehöre die Frage, was man „inhaltlich" hinterlasse, aber auch das Bedürfnis, sich selbst in einem übergeordneten System ideell zu verankern. Bei den PWM-Kundenbetreuern herrsche jedoch die Sorge vor, dass man mit einem Thema in Erklärungsnot käme, von dem man vermute, dass es zwangsläufig zu Renditeeinbußen führe, und das gesamtgesellschaftlich negativ besetzt sei.

Hat also der Investmentmanager recht, der unlängst in einem Interview folgendes Statement abgab: „Das Wort ‚nachhaltig' mag ich nicht, es wurde in der Vergangenheit überstrapaziert – auch in der Investmentbranche. Dort wurden mit dem Label ‚Nachhaltigkeit' Fonds verkauft, in denen sich Aktien eines Ölkonzerns fanden, dessen Bohrinsel in Flammen aufging, oder die eines Kraftwerksbetreibers, dessen Anlage in Japan für eine Katastrophe sorgte. Wir fordern von Unternehmen ein verantwortliches Handeln – auch und vor allem im Sinne der Risikovermeidung."[20]

Auch beim „Expertenhearing" bei der oben bereits erwähnten Erstellung des PRI-Leitfadens des Bundesumweltministeriums wurde die Frage, ob in dem zu erstellenden Leitfaden von „Nachhaltigen Investments" oder von „ESG" zu sprechen sei, durchaus kontrovers diskutiert und in der Diskussion spiegelte sich die bereits oben skizzierte Schwierigkeit der Begriffsfindung wieder.

[20] https://www.deutsche-bank.de/cr/de/konkret-Michael-Schneider-verantwortlich-fuer-Environmental-und-Social-Capital-bei-der-Deutschen%20Bank-im-Gespraech-mit-der-WELT-ueber-verantwortungsvolles-Investieren.htm.

Die Fragestellung, ob der Begriff der Nachhaltigen Geldanlage nicht abgelöst werden sollte, bleibt derzeit offen. Ob man den technisch klingenden ESG-Begriff besser als den auch moralisierend wirkenden Begriff „Nachhaltigkeit" bei Kunden und Vertriebsmitarbeitern platzieren kann, ist fraglich. Fast ist man versucht zu überlegen, ob man nicht überhaupt eine ganz neue Begrifflichkeit und ein überarbeitetes inhaltliches Konzept Nachhaltiger Geldanlage bräuchte: Ausgangspunkt ist hier der Gedanke, ob die traditionellen Konzepte Nachhaltiger Geldanlage die tatsächlich von Investitionen ausgelösten oder geförderten ökologischen und sozialen Auswirkungen schon ausreichend einbeziehen. Negative Wirkungen können zwar über Verfahren zum Ausschluss bestimmter Branchen oder Technologien vermieden werden, und über Positivkriterien oder Themenfonds können bestimmte, auf Nachhaltigkeit positiv wirkende Branchen und Technologien gefördert werden. Auch belohnen Best-in-Class-Ansätze bei der Anlageauswahl die Nachhaltigkeitsorientierung von Unternehmen, und die Wirkung eines aktiven Aktionärstums, wie es bspw. die Signatories der „UN-backed Principles for Responsible Investment" praktizieren, kann gar nicht hoch genug geschätzt werden. Aber es besteht auch die Frage, ob nicht stärker als bisher die tatsächliche Wirkung eines nachhaltigen Investments, also der tatsächliche Wertbeitrag für die Gesellschaft, holistischer ermittelt und berücksichtigt werden sollte.

Erste Ansätze hierfür beginnen sich zu entwickeln wie der Impact Investing Ansatz des Global Impact Investing Network[21] oder die Idee des Integralen Investing von Dr. Marina Bozesan: „Integral Impact Investors ... and Integral Businesses are showing how the financial bottom line can be significantly increased by adding cultural and developmental metrics to the social, environmental, and financial ones."[22] Voraussetzung hierfür sind natürlich, dass die Methoden und Verfahren zur Ermittlung der Auswirkungen von Investitionen weiter entwickelt werden, um der Komplexität der Einbeziehung verschiedenster Nachhaltigkeitsaspekte und der Erweiterung herkömmlicher Zeithorizonte der Betrachtung gerecht zu werden. Hieran werden weiter Unternehmensverbände als Zusammenschluss unmittelbar Betroffenener arbeiten wie das WBCSD[23] und auch die Wirtschaftsprüfer als Experten für Systeme und Prozesse zur effizienten Datengenerierung und zur Unternehmensbewertung. Als Beispiel hierfür kann der Total Impact Measurement and Management-Ansatz von PricewaterhouseCoopers gelten.[24]

21 http://www.thegiin.org/cgi-bin/iowa/investing/index.html.

22 http://www.vfu.de/global/download/%7BSXMMVTKUDO-3142011104516-BVHPSQTTXM%7D.pdf.

23 http://www.wbcsd.org/work-program/development/measuring-impact.aspx.

24 Siehe hierzu www.pwc.com/totalimpact.

Abbildung 1: Illustrative Darstellung des PwC TIMM-Ansatzes

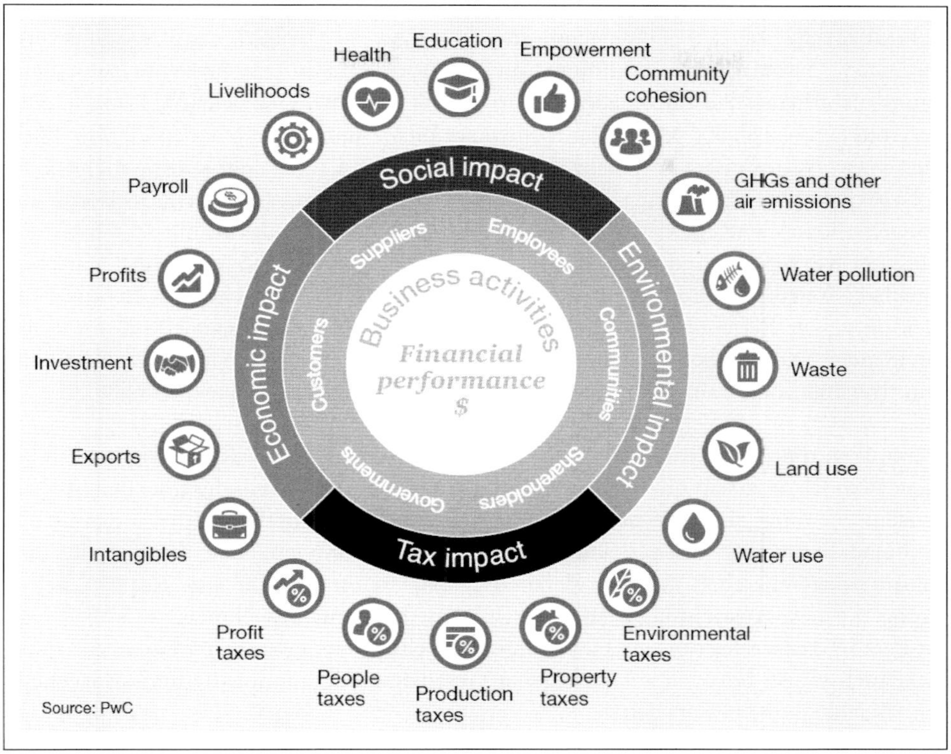

Quelle: Measuring and managing total impact: A new language for business decisions, PWC 2013

Und wichtig bleiben die Pionierarbeiten einzelner Unternehmen, die sich engagieren, um die Möglichkeiten ihrer Rechenschaftslegung im Sinne des Nachhaltigkeitsgedankens weiter auszudehnen. Sie sind hier wichtige Impulsgeber wie z.B. die Environmental Profit & Loss-Berechnung von Puma,[25] den Faktor-3-Ansatz von Henkel[26] oder SEEBALANCE von BASF.[27]

[25] http://www.pwc.de/de/nachhaltigkeit/puma-mit-pwc-zur-oekologischen-gewinn-und-verlustrechnung.jhtml.

[26] http://www.henkel.de/nachhaltigkeit/unsere-ziele-36252.htm.

[27] http://www.basf.com/group/corporate/de/sustainability/eco-efficiency-analysis/seebalance.

Hilfreich ist bei diesem Gesamtprozess die zeitgleich stattfindende Debatte um eine Erweiterung der bisherigen finanzzentrierten Rechenschaftslegung von Unternehmen um nichtfinanzielle Aspekte. Diese schon länger andauernde Debatte wird beispielsweise durch den Vorschlag der EU-Kommission vom April 2013 für eine Richtlinie zur Offenlegung nichtfinanzieller Informationen durch große Unternehmen befeuert. Danach müssen Unternehmen ab 500 Mitarbeitern und einer Bilanzsumme von mehr als 20 Mio. EUR oder einem Nettoumsatz von mehr als 40 Mio. EUR im Lagebericht künftig nichtfinanzielle Aspekte berichten – u.a. ihre Grundsätze, Risiken und Ergebnisse in Bezug auf Umwelt-, Sozial- und Arbeitnehmerbelange, Achtung der Menschenrechte oder Bekämpfung von Korruption und Bestechung. Auch Deutschland ist hier mit dem Deutschen Nachhaltigkeitskodex bereits auf einem innovativen Weg.[28] Gleiches gilt für die Entwicklung einer Berichterstattung, in der finanzielle und nicht-finanzielle Kennzahlen aufeinander bezogen berichten sollen (Integrated Reporting IR), wie sie das IIRC mit dem Consultation Draft of the International <IR> Framework anschieben will.[29]

Wenn dann die Ausrichtung eines Unternehmens auf die Herausforderungen des globalen Wandels und sein quantifizierter Wertbeitrag für die Gesellschaft bei der Investitionsentscheidung des Anlegers tatsächlich umfassend eingepreist werden – dann kann die Finanzbranche zu einem wichtigen Treiber werden: Zu einem Treiber für die Ausrichtung der Wirtschaft auf den globalen Wandel selbst und für eine Rechenschaftslegung, die diese Ausrichtung nachweist. Um diese Rolle zu übernehmen, muss allerdings ein Paradigmenwechsel in der Finanzbranche weiter vorangetrieben werden. Sie muss dann auch selbst, bezogen auf ihr eigenes Geschäftsmodell, innovativ und konsequent den „Nachhaltigkeitsweg" gehen.

---

[28] http://www.nachhaltigkeitsrat.de/deutscher-nachhaltigkeitskodex.

[29] http://www.theiirc.org/consultationdraft2013 – Zur Bedeutung von IR für die Finanzbranche siehe auch: Burghardt, Markus (2013): Integrated Reporting – Lohnt sich der zusätzliche Aufwand für Kreditinstitute, in: Zeitschrift für das gesamte Kreditwesen 11 vom 01.06.2013, S. 559. http://www.pwc.de/de/rechnungslegung/integrated-reporting-die-zukunft-der-berichterstattung.jhtml.

Literatur

Braun, Sabine/Doerner, Ulf/Horst, Dieter W./Loew, Thomas, (2010): Unternehmerische Verantwortung praktisch umsetzen, hg. von. Pricewaterhouse Coopers, 2. Auflage; http://www.pwc.de/de/nachhaltigkeit/unternehmerische-verantwortung-praktisch-umsetzen-nachhaltigkeitsmanagement.jhtml

Burghardt, Markus, (2013): Integrated Reporting – Lohnt sich der zusätzliche Aufwand für Kreditinstitute, in: Zeitschrift für das gesamte Kreditwesen 11 vom 01.06.2013, S. 559 ff. http://www.pwc.de/de/rechnungslegung/integrated-reporting-die-zukunft-der-berichterstattung.jhtml

Freshfields Bruckhaus Deringer (Hg.), (2005): A legal framework for the integration of environmental, social and governance issues into institutional investment. http://www.unepfi.org/fileadmin/documents/freshfields_legal_resp_20051123.pdf

Horst, Dieter W./Krick, Thomas/Sawczyn, Angelika/Kolmar, Mirjam, (2012): Nachhaltig und verantwortlich investieren – ein Leitfaden. Die UN Principles for Responsible Investment (PRI), hg. von Bundesministerium für Umwelt, Naturschutz und Reaktorsicherheit (BMU), www.bmu.de/N49871/

Mercer/Asset Management Working Group of the United Nations Environment Programme Finance Initiative (Hg.), (2009): Shedding light on responsible investment: Approaches, returns and impacts. London.

Sawczyn, Angelika, (2011): Unternehmerische Nachhaltigkeit und wertorientierte Unternehmensführung: Empirische Untersuchung der Unternehmen im HDAX. Hamburg: Verlag Dr. Kovac.

Schmidt, Danielle, (2013): Regulatorische Rahmenbedingungen für nachhaltige Geldanlagen, in: Socially Responsible Investments in Banken. Markt – Bedingungen – Praxiserfahrungen. Köln: Bank-Verlag.

Staub-Bisang, Mirjam, (2011): Nachhaltige Anlagen für institutionelle Investoren. NZZ libro.

Links

http://www.basf.com/group/corporate/de/sustainability/eco-efficiency-analysis/seebalance

http://www.boell.de/downloads/Endf_Finanz-nachh-Entwickl.pdf

http://www.bundesbank.de/Redaktion/DE/Standardartikel/Kerngeschaeftsfelder/Bankenaufsicht/risikomanagement_marisk_2012.html

http://www.equator-principles.com

http://www.forum-ng.org/de/nachhaltige-geldanlagen/nachhaltige-geldanlagen.html

http://www.frederic-vester.de/

http://www.gruene-bundestag.de/fileadmin/media/gruenebundestag_de/themen_az/finanzen/mit_gutem_gewissen_anlegen/studie_nachhaltige_geldanlagen.pdf

http://www.henkel.de/nachhaltigkeit/unsere-ziele-36252.htm

http://www.johnelkington.com

http://www.nachhaltigkeitsrat.de/deutscher-nachhaltigkeitskodex

http://www.pwc.com/totalimpact

http://www.pwc.de/de/nachhaltigkeit/puma-mit-pwc-zur-oekologischen-gewinn-und-verlustrechnung.jhtml

http://www.thegiin.org/cgi-bin/iowa/investing/index.html

http://www.theiirc.org/consultationdraft2013/

http://www.un-documents.net/wced-ocf.htm

http://www.unpri.org

http://www.vfu.de/global/download/%7BSXMMVTKUDO-3142011104516-BVHPSQTTXM%7D.pdf

http://www.wbcsd.org/vision2050.aspx

http://www.wbcsd.org/work-program/development/measuring-impact.aspx

Rechtliche Rahmenbedingungen und Standards in der Nachhaltigen Geldanlage

Georg Schürmann

1 Einleitung

Fehlende Standards sowie kaum vorhandene rechtliche Rahmenbedingungen werden immer wieder als Grund von Investoren angeführt, wenn es darum geht, warum sie nicht bzw. kaum in Nachhaltige Geldanlagen investieren. Dabei wollen Anleger, die ihr Geld sozial und ökologisch handelnden Unternehmen anvertrauen, durchaus mit ihrer Geldanlage eine gesellschaftliche Verantwortung übernehmen. Doch schnell stellen sie fest: Nachhaltigkeit ist ein dehnbarer Begriff.

Es ist – wie so häufig – alles eine Frage der Definition. Einen einheitlichen Standard, was unter Nachhaltiger Geldanlage zu verstehen ist, gibt es nicht. Es fehlen auch konkrete rechtliche Rahmenbedingungen. Genau das macht die Auswahl so schwer für Anleger, die ihr Geld bewusst investieren wollen. Immer öfter ist deshalb der Ruf nach Mindeststandards im Bereich der Nachhaltigen Geldanlage zu hören, mit dem Ziel, sowohl privaten und institutionellen Investoren als auch Anlageberatern eine transparente Möglichkeit für Nachhaltiges Anlegen zu geben.

Nach ethischen, sozialen und ökologischen Gesichtspunkten getätigte Investments werden international unter den Begriffen Socially Responsible Investments (SRI) zusammengefasst. Hierzulande wird dafür der Oberbegriff Nachhaltige Anlagen verwendet. Vielfach werden auch die Bezeichnungen grünes Geld, grüne Investments, beziehungsweise Öko-Fonds gebraucht, die genau genommen aber nur einen Teilaspekt abdecken. Alleine die sehr unterschiedlichen Begrifflichkeiten machen deutlich, wie schwer die Orientierung für Investoren ist. Hinzu kommt, dass Nachhaltigkeit von manchen Marktteilnehmern auf die ökonomische Nachhaltigkeit reduziert wird.

Und nicht jeder Fonds, der die Schlagwörter Nachhaltigkeit, Öko, SRI & Co. im Namen führt, wird den hohen Ansprüchen auch gerecht. Mit dem Begriff Nachhaltigkeit wird durchaus auch Missbrauch betrieben. Für Diskussion hat beispielsweise eine Studie[1], die die Bundestagsfraktion von Bündnis 90/Die Grünen im Frühjahr 2012 in Auftrag gegeben hat, gesorgt: Demnach investieren Nachhaltige Fonds Geld von Privatanlegern auch in allgemein nicht als ökologisch, sozial oder ethisch akzeptierte Kapitalanlagen. Neun von zehn der untersuchten Nachhaltigen Fonds hätten Geld von Anlegern etwa direkt oder indirekt auch bei Rüstungsfirmen investiert, heißt es in der Untersuchung. Ein Fonds habe mit dem Verzicht auf Investitionen in Kernkraft geworben, aber Geld in einen Konzern gesteckt, der an einem Atomstrom-Produzenten beteiligt gewesen sei.

[1] Jochen Bettzieche: Von ethischen Maschinenpistolen und ökologischem Uranabbau – Kurzstudie über den Inhalt von Nachhaltigkeitsfonds; im Auftrag der Bundestagsfraktion von Bündnis 90/Die Grünen, 2012.

Dabei gibt es durchaus verschiedene Ansätze, den Anbietern Nachhaltiger Geldanlageprodukte genauer auf die Finger zu schauen und den Investoren Anhaltspunkte über Anlagestil und verantwortungsbewusstem Umgang mit den anvertrauten Anlegergeldern zu geben. Mit dem Europäischen Transparenzkodex und entsprechenden Logo[2] für Nachhaltigkeitsfonds sowie den Nachhaltigkeitsprofilen[3] des Forum Nachhaltiger Geldanlagen e.V. sind bereits erste Grundlagen geschaffen worden.

Daneben existieren weitere Standards auf internationaler Ebene wie z.B. die UN Principles for Responsible Investment[4] oder auch Standards in bestimmten Produktbereichen wie z.B. für Mikrofinanzfonds, die eine Orientierungshilfe bieten.

In einigen Ländern sind erste Formen von Gütesiegeln für Nachhaltige Geldanlagen eingeführt worden. In Europa sind hier Österreich, Luxemburg und Frankreich zu nennen. Auch in Australien existiert eine Art Gütesiegel.

In Deutschland gibt es aktuell intensive Diskussionen und auch Planungen zur Einführung von Gütesiegeln bzw. Mindeststandards. So planen die Verbraucherschutzminister der Länder jetzt ein bundesweites Gütesiegel für Nachhaltige Finanzprodukte einzuführen.[5]

Wie auch immer die Ergebnisse aussehen werden: Klar ist, dass das Thema Mindeststandards für Nachhaltige Geldanlagen immer mehr Akteure am Finanzmarkt umtreibt. Die Ergebnisse dürften ein wichtiger Beitrag für mehr Transparenz und Verständlichkeit bei Nachhaltigen Finanzprodukten und damit eine Basis für ein Gütesiegel für nachhaltige Geldanlagen sein. Denn ein Finanzprodukt ist nicht automatisch sicher, nur weil es in Nachhaltige Themen investiert. Solange es keine verpflichtenden Mindeststandards gibt, darf jeder Anbieter sein Geldanlageprodukt nachhaltig nennen – ganz egal, in welche Werte nun wirklich investiert werden.

---

2 http://www.forum-ng.org/de/transparenz/transparenzlogo.html.

3 http://www.forum-ng.org/de/fng-nachhaltigkeitsprofil/projekt.html.

4 http://www.unpri.org/about-pri/about-pri/.

5 Siehe Pressemitteilung 204/2012 des Ministeriums für Ländlichen Raum und Verbraucherschutz Baden-Württemberg vom 14.09.2012.

2 Rechtsnormen

Bei der Behandlung des Themas wird häufig übersehen, dass Nachhaltige Investments den gleichen rechtlichen Rahmenbedingungen wie klassische bzw. konventionelle Finanzprodukte unterliegen. Anders als vielleicht einige Marktakteure glauben mögen, gibt es jedoch keine gesetzlich verankerten Nachhaltigkeitsvorgaben für die Finanzbranche.

Das bedeutet, dass für Nachhaltige Geldanlageprodukte die gleichen Regeln gelten wie für konventionelle Produkte. Dazu zählt beispielsweise die Kontrolle durch die Bundesanstalt für Finanzdienstleistungsaufsicht, kurz BaFin, die für alle in Deutschland aufgelegten Anlageprodukte gilt.

Ebenfalls beachtet werden müssen bei der Produktauflage zahlreiche Gesetze, wie das Aktiengesetz, das Kreditwesengesetz, das Investmentgesetz sowie das Wertpapiererwerbs- und Übernahmegesetz. Gleiches gilt für das Einkommenssteuergesetz, die Abgabenordnung, das Körperschaftssteuergesetz, das Doppelbesteuerungsabkommen, das Gewerbesteuergesetz, das Umsatzsteuergesetz. Weil die Produkte in der Regel börsengehandelt sind, sind auch das Wertpapierhandelsgesetz, das Depotgesetz sowie das Börsengesetz von Bedeutung. Die EU-Richtlinie über Märkte für Finanzinstrumente (kurz MiFID oder Markets in Financial Instruments Directive), die die Finanzmärkte innerhalb der EU harmonisiert, zählen ebenfalls zu den Rechtsnormen.

Bleibt noch die Vermögensanlagen-Verkaufsprospektverordnung, die für den Anlegerschutz wichtig ist. Denn in Deutschland dürfen Vermögensanlagen nicht ohne einen Prospekt, den die BaFin zuvor gebilligt hat, öffentlich angeboten werden. Die Prospektpflicht erstreckt sich dabei auf Unternehmensanteile, Anteile an Treuhandvermögen oder sonstigen geschlossenen Fonds, Genussrechte und Namensschuldverschreibungen, die nicht in Wertpapieren verbrieft sind. Die BaFin prüft dabei, ob der Prospekt die gesetzlich geforderten Mindestangaben enthält und ob der Prospektinhalt verständlich und frei von Widersprüchen ist. Wichtig dabei: Die Finanzaufsicht überprüft weder die Seriosität des Emittenten noch kontrolliert sie das Produkt.

Auch wenn es keine besonderen Rechtsnormen gibt, denen die Anbieter Nachhaltiger Geldanlageprodukte unterliegen, so existieren zumindest Berichtspflichten für institutionelle Investoren. So etwa § 115 Abs. 4 des Versicherungsaufsichtsgesetz (VAG). Der seit 2005 gültige Paragraph beschreibt die Berichtspflicht der Pensionsfonds (bAV) gegenüber den Versorgungsberechtigten im Bezug auf ganzheitlich nachhaltiges Investieren. Im Wortlaut heißt es dort:

„Der Pensionsfonds muss die Versorgungsberechtigten grundsätzlich schriftlich bei Vertragsschluss sowie jährlich schriftlich darüber informieren, ob und wie er ethische, soziale und ökologische Belange bei der Verwendung der eingezahlten Beiträge berücksichtigt.“

Diese Informationspflicht wirkt sich auch auf viele Privatanleger aus, da der Begriff Versorgungsberechtigte auch die Arbeitnehmer betrifft, die diese Form der betrieblichen Altersvorsorge (bAV) nutzen.

Von Belang ist außerdem § 7 Abs. 1 des Altersvorsorgezertifizierungsgesetz (AltZertG). Dieser Paragraph regelt die vorvertragliche Berichtspflicht. Das heißt, der Anbieter ist verpflichtet, dem Kunden vor Vertragsschluss über die Berücksichtigung seiner Belange zu informieren.

„Der Anbieter von Altersvorsorgeverträgen informiert der Vertragspartner vor Abgabe von dessen Vertragserklärung in Textform über – Anlagemöglichkeiten und die Struktur des Anlageportfolios sowie des Risikopotenzials und der Berücksichtigung ethischer, sozialer und ökologischer Belange bei der Verwendung eingezahlter Beiträge.“

In der Regel erfolgt die Information durch Formulare und Vordrucke, also die typischen Produktprospekte. Es muss laut Wortlaut berichtet werden, ob ethische, soziale oder ökologische Belange berücksichtigt werden, nicht wie diese aussehen.

Als Fazit bleibt festzuhalten: Die Rechtsnormen mit Bezug zur Nachhaltigen Geldanlage greifen nur das Thema Transparenz auf und dies auf niedrigem Niveau. Sie können damit nicht als Orientierung für Investoren dienen.

3 Standards

3.1 Internationale Standards

Auf internationaler Ebene bieten nachhaltig orientierten Anlegern vor allem die 2006 beschlossenen **UN Principles for Responsible Investment (UN PRI)**[6] eine erste Orientierungshilfe. Darin verpflichten sich Investoren und Asset Manager, ökologische, soziale und Corporate-Governance-Standards in ihren Investmentprozessen einzuhalten.

[6] http://www.unpri.org/about-pri/about-pri/.

Die Prinzipien geben somit für Investment Manager einen Rahmen vor, in dem Kriterien in Hinsicht auf Umwelt, Soziales und Unternehmensführung in die gängige Entscheidungsfindung bei Investitionen einfließen.

Die UN PRI sind 2005 aus einer Gruppe institutioneller Anleger hervorgegangen und hat mittlerweile einen enormen Stellenwert erlangt. Die mehr als 1100 Mitglieder aus 50 Ländern verwalten insgesamt mehr als 32 Billionen US-Dollar.[7] Auch im deutschsprachigen Raum steigen die Mitgliederzahlen.

Das PRI-Abkommen basiert auf dem Ansatz, dass Umwelt-, Sozial- und Corporate-Governance-Themen (kurz ESG) Einfluss auf das Ergebnis eines Anlageportfolios haben können. Die Unterzeichner verpflichten sich zu folgenden sechs PRI-Prinzipien:

Abbildung 1: UN Principles for Responsible Investment

1. Einbeziehen von ESG-Themen in die Analyse- und Entscheidungsprozesse im Investmentbereich.
2. Aktive Rolle von Aktionären und Integration von ESG-Themen in die eigene Aktionärspolitik und -praxis.
3. Einfordern einer angemessenen Offenlegung in Bezug auf ESG-Themen bei den Unternehmen und Körperschaften, in die investiert wird.
4. Förderung von Akzeptanz und Umsetzung dieser Grundsätze in der Investmentbranche.
5. Kooperationen, um die Wirksamkeit bei der Umsetzung dieser Grundsätze zu steigern.
6. Berichterstattung über eigene Aktivitäten und Fortschritte bei der Anwendung der Grundsätze.

Quelle: http://www.unpri.org/about-pri/the-six-principles/

Als Unterzeichner des Abkommens verpflichten sich die Institute, jährlich ein Reporting über die Umsetzung der einzelnen Prinzipien zu erstellen. Auf Basis dieser Informationen werden die Aktivitäten der Unterzeichner vom PRI-Sekretariat bewertet und zudem in einem jährlich erscheinenden Report veröffentlicht.

Für das Segment Mikrofinanzen wurde gemeinsam mit der Initiative PRI im Januar 2011 die **Principles for Investors in Inclusive Finance (PIIF)**[8] veröffentlicht. Die Unterzeichner verpflichten sich bei Investitionen im Bereich Mikrofinanz u.a. Prinzipien wie

[7] Stand: Dezember 2012.

[8] http://www.unpri.org/areas-of-work/principles-for-investors-in-inclusive-finance/piif-work-stream/.

Fairness, Transparenz und Verbraucherschutz zu berücksichtigen. Die Initiative wurde von acht überwiegend europäischen Erstunterzeichnern ins Leben gerufen.

Ebenfalls auf internationaler Ebene von Bedeutung ist der **Global Compact der Vereinten Nationen**. Dahinter verbirgt sich eine Initiative für Unternehmen, die sich verpflichten, ihre Geschäftstätigkeiten und Strategien an folgenden zehn Prinzipien auszurichten:

Abbildung 2: Prinzipien des UN Global Compact

Menschenrechte	*Arbeitsnormen*	*Umweltschutz*	*Anti-Korruption*
Schutz internationaler Menschenrechte unterstützen und achten keine eigene Beteiligung an Menschenrechts-verletzungen sicherstellen	Vereinigungsfreiheit und das Rechts auf Kollektivverhand-lungen anerkennen Zwangsarbeit beseitigen Abschaffung von Kinderarbeit Diskriminierung bei Anstellung und Beschäftigung verhindern	Unterstützung eines vorsorgenden Umgangs mit Umweltproblemen größeres Verantwortungs-bewusstsein für Umwelt durch Initiativen erzeugen Förderung der Entwicklung und Verbreitung umweltfreundlicher Technologien	alle Arten von korrupten Verhalten vermeiden/ verhindern (einschließlich Erpressung und Bestechung)

Quelle: www.unglobalcompact.org/Languages/german/die_zehn_prinzipien

UN Global Compact ist mit mittlerweile mehr als 10.000 Teilnehmern aus 145 Ländern die weltweit größte Nachhaltigkeitsinitiative.[9] Daran teilnehmen können neben Unternehmen rund um den Globus aber auch Regierungen, Gewerkschaften sowie andere Organisationen der Zivilgesellschaft. Das Hauptziel ist das Aufdecken eigener Potenziale sowie die Integration neuartiger, nachhaltiger Ansätze.

Sowohl die UN PRI als auch die UN Global Compact geben dem Investor einen Hinweis, dass sich der Asset Manager bzw. die Fondsgesellschaft intensiv mit Nachhaltigkeitsthemen auseinandersetzt und darüber berichtet. Es bedeutet jedoch nicht, dass ein Mindeststandard bei der Kapitalanlage eingehalten wird.

[9] Stand Dezember 2012.

Immer mehr Unternehmen orientieren sich bei ihrer Berichterstattung nach außen auch an den Vorgaben und Indikatoren der **Global Reporting Initiative (GRI)**.[10] Ihre Leitlinien, die GRI-Guidelines, haben sich international als Standard der nachhaltigen Berichterstattung etabliert. Die GRI ist eine netzwerkbasierte Organisation mit Fokus Berichterstattung nachhaltiger Performance. Wichtig ist der Dialog der Mitglieder, zu denen Unternehmen, Gewerkschaften und Berufsverbände gehören. Partnerschaften bestehen zudem mit dem Umweltprogramm der Vereinten Nationen UNEP und dem Unternehmensnetzwerk UN Global Compact. Dabei werden in einem Diskussionsprozess Prinzipien zur Messung und Kommunikation eigener Unternehmensleistung entwickelt. Charakteristisch ist die freiwillige, externe Zertifizierung von Nachhaltigkeitsberichten nach der GRI-Guideline.

3.2 Europäische Standards

Das offizielle Eurosif-Transparenzlogo ist für europäische Anleger ein wichtiges Identifizierungsmerkmal. Seit 2008 sorgt das Logo für Nachhaltige Publikumsfonds für mehr Transparenz im Finanzmarkt. Eurosif (European Sustainable and Responsible Investment Forum) ist eine Initiative der europäischen Foren für Nachhaltige Geldanlagen aus Frankreich, den Niederlanden, Großbritannien sowie des Forums für Nachhaltige Geldanlagen in Deutschland, Österreich und der Schweiz. Neben den nationalen Foren sind eine Anzahl von Unternehmen und Institutionen direkt Mitglied bei Eurosif.

Das Transparenzlogo für Nachhaltigkeitsfonds wird an die Unterzeichner des Europäischen Transparenz-Kodex für Nachhaltigkeitsfonds verliehen und soll Anlegern die Möglichkeit geben, schnell und sicher festzustellen, ob und wo sie ausführliche Informationen über die nachhaltige Anlagestrategie eines Investmentprodukts finden. Der Transparenz-Kodex und das Transparenzlogo helfen, die Investmentstrategie eines Fonds sowohl für die breite Öffentlichkeit als auch für andere interessierte Gruppen, wie etwa Asset Manager und Ratingagenturen, nachvollziehbarer zu machen.

[10] https://www.globalreporting.org/languages/german/Pages/default.aspx.

Abbildung 3: Transparenzlogo von Eurosif

Quelle: http://www.forum-ng.org/de/transparenz/transparenzlogo.html

Das Gütesiegel „transparent“ sichert somit die Qualität nachhaltiger Investments. Der Grundansatz lautet: Qualitätssicherung durch Transparenz, Informationen für Anleger, Erhaltung des vielfältigen Spektrums Nachhaltiger Geldanlagen, keine Vorgabe ethischer Standards.

Für Anleger und Investoren bietet es nachvollziehbare Informationen zu Fonds und Fondsmanagement. Es zeigt auf, welche Nachhaltigkeitskriterien und Research-Verfahren angewandt werden, – wie die Informationsvermittlung an die Anleger und Investoren verläuft – welcher Engagement-Ansatz verfolgt wird und ob vom Fondsmanagement Stimmrechte ausgeübt werden.

Ein Investmentfonds, der das Transparenzlogo führt, ist somit transparent, es garantiert jedoch nicht das Einhalten von Mindeststandards.

Daneben zeichnet auch die französische SRI-Organisation Novethic[11] Fonds mit ihrem SRI-Label aus. Das im Jahr 2009 entwickelte Label soll Anlegern ebenfalls eine Orientierungshilfe bei der Wahl Nachhaltiger Finanzprodukte bieten. Es steht vor allem als Zeichen dafür, dass den Fonds ein konsistenter SRI-Prozess zugrunde liegt und sie sich durch ein hohes Maß an Transparenz auszeichnen. Erst vor Kurzem hat Novethic allerdings die Kriterien verschärft. Die Fondsgesellschaften müssen nun belegen, dass sie die Unternehmen maßgeblich unter Berücksichtigung von ESG-Faktoren für das Portfolio auswählen.

[11] http://www.novethic.com/novethic/v3_uk/sri-socially-responsible-investment-sri-label.jsp.

Relativ neu ist die Fondsbewertung anhand internationaler Normen durch die schwedische Nachhaltigkeitsagentur Ethix SRI Advisors.[12] Das so genannte Ethix Fund Screening markiert jeden Fonds mit einem Symbol, das zeigt, ob in ihm Aktien von Unternehmen enthalten sind, die nachweislich internationale Umwelt-, Menschenrechts-, Arbeitsrechts- und Korruptionsnormen gebrochen haben. Die Screening-Methode wurde zusammen mit dem staatlichen Pensionsfonds AP7 für die nordischen Länder entwickelt.

Ein Label speziell für Mikrofinanzfonds vergibt die Luxembourg Fund Labeling Agency (LuxFLAG).[13] Das ist eine unabhängige Vereinigung, die 2006 in Luxemburg gegründet wurde. Ziel der Agentur ist es, Investmentfonds, die im Mikrofinanzbereich tätig sind, mit einem spezifischen Label auszuzeichnen, das nach klar definierten und veröffentlichten Kriterien vergeben wird. Das LuxFlag-Label garantiert Investoren, dass ihre Gelder auch tatsächlich in Mikrofinanz fließen. Um das LuxFlag-Label zu erhalten, müssen Investmentfonds transparent sein, sich von einer nationalen Behörde beaufsichtigen lassen und mindestens ein Viertel ihres Mikrofinanz-Portfolios in Mikrofinanzinstitutionen investieren, die von einer Mikrofinanz-Ratingagentur bewertet werden, die wiederum von LuxFLAG anerkannt ist.

Abbildung 4: Label von LuxFlag

Quelle: Vgl. http://www.luxflag.lu/luxflag_home.html

Im Juni 2011 wurde das Luxflag-Evironment-Label eingeführt. Diese LuxFlag-Label garantiert, dass der Fonds im Umweltbereich in verantwortungsvoller Weise unter Beachtung von ESG-Kriterien investiert. Es findet eine jährliche Überprüfung der Fonds statt. Allerdings tragen ein Jahr nach Einführung nur sehr wenige Fonds dieses Label.

Des Weiteren ist Österreichs Umweltzeichen[14] zu nennen, welches mit der Unterbezeichnung UZ 49 nachhaltige Fonds auszeichnet. Allerdings trugen bis Ende 2012 weniger als zehn Fonds dieses Zeichen.

[12] http://www.ethix.se/.

[13] http://www.luxflag.lu/luxflag_home.html.

[14] http://www.umweltzeichen.at/cms/home/produkte/nachhaltige-finanzprodukte/content.html.

Auf europäischer Ebene existieren mittlerweile eine Vielzahl von Ansätzen für Label, die oft nur eine nationale oder insgesamt sehr geringe Bedeutung haben. Nur das Transparenzlogo von Eurosif kann man auf europäischer Ebene als etabliert bezeichnen. Für Investoren im Bereich Mikrofinanz bieten das LuxFlag-Label und die PIIF gemeinsam eine gute Orientierung.

3.3 Deutsche Standards

Auch auf nationaler Ebene gibt es zahlreiche Bestrebungen, nachhaltige Standards zu etablieren. So beispielsweise der seit Ende 2011 existierende Deutsche Nachhaltigkeitskodex (DNK).[15] Er will Unternehmen mithilfe einer Datenbank Impulse für mehr Transparenz und nachhaltige Verantwortung geben.

Der DNK listet die wichtigsten Indikatoren für eine nachhaltige Unternehmensführung auf. Sein Ziel ist es, insbesondere dem Kapitalmarkt quantitative Informationen in kompakter Form zur Verfügung zu stellen und durch eine bessere Lesbarkeit und Vergleichbarkeit den Anwenderkreis von Nachhaltigkeitsberichten zu vergrößern. Transparentes, verbindliches Nachhaltigkeitsmanagement wird durch diesen Standard nicht nur dokumentiert, sondern auch honoriert.

Ein Teil der Unternehmen hat den Kodex als Einstieg in die Nachhaltigkeitsberichterstattung genutzt. Der Kodex beschreibt in 20 Kriterien mit je bis zu zwei Leistungsindikatoren Aspekte der Ökologie, Sozialem und der Unternehmensführung.

Das Hauptziel des DNK ist, das nachhaltige Wirtschaften zu stärken. Dadurch können nicht nur neue Investorengruppen für die Unternehmen erschlossen und Innovationen gefördert werden. Auch die Konsumenten werden stärker auf das Thema aufmerksam gemacht und sensibilisiert. Und nicht zuletzt wird der Zugang zu relevanten Nachhaltigkeitsinformationen für die Investoren, die sich erstmals mit der nachhaltigen Geldanlage beschäftigen, erleichtert.

Ein neues und ambitioniertes Angebot hat das Forum Nachhaltige Geldanlagen (FNG) auf den Weg gebracht. Der Zusammenschluss von Banken, Fondsanbietern und Finanzvertrieben hat auf seiner Homepage die **„FNG-Matrix"**[16] freigeschaltet. In dieser umfangreichen Datenbank sind Nachhaltige Fonds und die entscheidenden Kriterien aufgelistet, nach denen sie Aktien und Anleihen auswählen.

---

[15] http://www.nachhaltigkeitsrat.de/projekte/eigene-projekte/deutscher-nachhaltigkeitskodex.

[16] http://www.forum-ng.org/de/fng-nachhaltigkeitsprofil/fng-matrix.html.

Ziel der Initiative des Forums ist ebenfalls die Schaffung von mehr Transparenz von Publikumsfonds, die sich an nachhaltigen Kriterien orientieren. Mit der Matrix und den Profilen soll die Nachhaltigkeitsstrategie einzelner Fonds in Bezug auf die drei Kernbereiche Umwelt, Soziales und gute Unternehmensführung für Verbraucher übersichtlich und verständlich dargestellt werden. Neben allgemeinen Angaben über den Publikumsfonds muss der Anbieter über die Anlageform des Fonds (Aktien, Anleihen, Immobilien), die Risikoklasse des Fonds (Risikoklassen von 1 bis 7), den Umfang der Nachhaltigkeitsanalyse (z.B. durch ein externes Audit) sowie über positive Anlagekriterien und Ausschlusskriterien aus den Bereichen Umwelt, Ethik, Soziales und gute Unternehmensführung informieren. Für jeden der Fonds sind alle relevanten Informationen in einem Nachhaltigkeitsprofil auf zwei DIN-A-4-Seiten zusammengefasst.

Für Berater und Kunden soll so ein möglichst einfaches System entwickelt werden, das diesen leichteren Zugang zu Nachhaltigen Geldanlagen verschafft und die Einordnung zulässt. Natürlich entbinden die Werkzeuge die Berater nicht von der selbstständigen Überprüfung des Marktes und der konkreten Produkte.

Für die Hauptbereiche Umwelt, Ethik und Soziales sowie Governance wird nach Themenfonds und nach Ausschlusskriterien unterschieden. Unabhängig von den Hauptbereichen werden noch die Anlagestrategien Engagement, Stimmrechtsausübung, Best-in-Class und Integration abgefragt. Ebenfalls abgefragt werden Angaben zur Nachhaltigkeitsanalyse. Ergänzt werden die Angaben im FNG-Fondsprofil durch allgemeine Informationen, etwa dem Produkt selbst, der Allokation der Anlageklassen sowie der Transparenz. Dazu zählen etwa die Unterzeichnung des Transparenz-Kodex, die Offenlegung der Investmentansätze, des Portfolios sowie des Nachhaltigen Anlageuniversums.

4 Problematik der „treuhänderischen Pflichten"

Investoren wie beispielsweise Pensionsfonds oder Vermögensverwalter, die nicht auf eigene Rechnung agieren, müssen sich bekanntlich mit dem Problem der „Fiduciary duty" auseinandersetzen. Diese Treuhänderverpflichtung ist ein wichtiges Element in der Beziehung zwischen Treuhänder und Kunden. Die treuhänderischen Pflichten besagen im Wesentlichen, dass der Treuhänder das ihm anvertraute Vermögen im Sinne des Treuhandgebers zu verwalten hat, aus seiner Position keinen Profit schlagen darf, sofern der Treuhandgeber nicht zustimmt, und dass Eigeninteressen hinten angestellt werden müssen.

Allerdings werden die treuhänderischen Pflichten international durchaus unterschiedlich interpretiert. So wird etwa im angelsächsischen Raum die Berücksichtigung von ESG-Kriterien als Pflicht gesehen. Im sogenannten Freshfields-Report 2005 wurde die Rechtssituation zu „Treuhänderischen Pflichten" erstmals auf internationaler Ebene systematisch untersucht. Die Anwaltskanzlei Freshfields Bruckhaus Deringer untersuchte für den Bereich institutioneller Investments weltweit, ob die Integration von Umwelt-, Sozial- und Governance-Themen in die Investmentpolitik erlaubt, rechtlich erforderlich oder möglicherweise rechtlich eingeschränkt sei. Freshfields kam zu dem eindeutigen Ergebnis, dass institutionelle Investoren die Berücksichtigung von Nachhaltigkeits-Aspekten im Investmentprozess zumindest bewusst und nachweislich prüfen sollten, um ihren treuhänderischen Pflichten bezüglich einer langfristigen Performance-Optimierung zu genügen.

Die Analyse ergab somit, dass die Berücksichtigung von Nachhaltigkeitskriterien per se keinen Verstoß gegen die treuhänderischen Pflichten darstellt. Im Gegenteil: Ein Verstoß gegen treuhänderische Pflichten liegt demnach vor, wenn relevante Nachhaltigkeitskriterien nicht berücksichtigt werden.

Allerdings bedeutet der Report aber auch keinen Freifahrtschein für Nachhaltige Kapitalanlagen. Denn wenn ausschließlich in Nachhaltige Geldanlageprodukte investiert würde, könnte das Anlagespektrum und damit die Diversifizierung so weit eingeschränkt sein, dass die institutionellen Investoren ihre treuhänderischen Pflichten verletzen würden.

Eine weiterführende Argumentation wie der Freshfields-Report verfolgt auch ein Bericht der Finanzinitiative der Vereinten Nationen UNEP FI aus dem Jahr 2009, der auf dem Freshfields-Report aufbaut. Demnach ist die Integration von Umwelt-, Sozial- und Unternehmensführungsaspekten in Anlageentscheidungen eine rechtliche Notwendigkeit. Investmentberater und Serviceanbieter von institutionellen Anlegern haben demnach die Verpflichtung, öko-soziale Themen in ihre Dienstleistungen zu integrieren. Andernfalls besteht „das sehr reale Risiko, wegen Verletzung der Sorgfaltspflicht verklagt zu werden“, heißt es in dem Bericht. Insbesondere im anglo-amerikanischen Raum wird diese Sichtweise vertreten.

In Deutschland ist diese Interpretation der treuhänderischen Pflichten noch nicht so weit verbreitet. Rechtsprechung zu dieser Thematik ist ebenfalls nicht bekannt. Jedoch findet die Integration von ESG-Kriterien in die Finanzanalyse immer stärker Anwendung. Dies weniger abgeleitet aus der treuhänderischen Pflicht sondern eher aus der Erkenntnis, dass durch den integrativen Ansatz die Qualität der Analyse verbessert wird.[17]

[17] Siehe „Integrated Reporting? Wächst nun endlich zusammen, was zusammen gehört?“ Ralf Frank und Frank Klein, Portfolio Institutionell vom April 2012.

5 Herausforderungen und Ausblick

Auch wenn sich das Thema Nachhaltige Geldanlage zumindest in Deutschland immer noch in der Nische befindet: Der Markt für Nachhaltige Kapitalanlagen hat sich in den vergangenen Jahren rasant entwickelt und damit auch der Bedarf an Analysen, die den Investoren dabei helfen, nachhaltige von nicht nachhaltigen Unternehmen beziehungsweise Produkten zu unterscheiden. Doch angesichts fehlender Mindeststandards sind die Beschäftigung und die tatsächliche Umsetzung oft problematisch.

Erste Ansätze wie Transparenzlogos gibt es bereits. Sie leisten einen sinnvollen Beitrag für mehr Transparenz und Verständlichkeit bei Nachhaltigen Finanzprodukten und geben speziell institutionellen Investoren, die international die größte Anlegergruppe in Nachhaltigen Kapitalanlagen bilden, wichtige Hilfestellungen. Allerdings dürfte dies kaum ausreichen, um Pensionskassen, Stiftungen etc. zu noch mehr Investment in die Nachhaltige Geldanlage zu bewegen.

Die von den Vereinten Nationen unterstützten Principles for Responsible Investment können hierbei nicht mehr als ein Leitfaden sein. Die sechs Prinzipien geben zwar konkrete Handlungsmöglichkeiten. Wirklich bindend sind sie nicht. Denn sie lassen durchaus Spielraum für eine für den jeweiligen Investor passende Umsetzung. Gleichwohl sollte der Einfluss und die zunehmende Beschäftigung mit dem Thema nicht unterschätzt werden.

Nur im Segment der Mikrofinanzfonds gibt es mit den „Principles for Inclusive Finance" und dem LuxFlag-Label in Kombination eine gute Orientierung für Investoren.

Alternativ bzw. ergänzend kann sich der Anleger auf Informationen von Verbrauchermagazinen wie Ökotest stützen oder an die Anbieter wenden, die ausschließlich und langjährig nachhaltige Finanzprodukte offerieren.

Institutionelle Investoren müssen bereits im Rahmen ihrer treuhänderischen Pflichten für die Finanzperformance relevante Nachhaltigkeitsindikatoren in ihren Anlageentscheidungen berücksichtigen. Außerdem sehen die in Kapitel 2 beschriebenen Informationspflichten von institutionellen Investoren die Berücksichtigung ethischer, sozialer und ökologischer Belange vor.

Die Frage ist jedoch, ob es speziell für institutionelle Investoren noch weiterer gesetzlicher Maßnahmen bedarf. Es scheint sinnvoller, die bestehenden treuhänderischen Pflichten für die institutionellen Investoren nur gesetzeskonformer zu verfolgen. Diskussionswürdig ist in diesem Zusammenhang sicher auch eine Art Selbstverpflichtung der entsprechenden Investoren, um eine langfristig nachhaltige Entwicklung zu erreichen.

Zusammenfassend gibt es zahlreiche Möglichkeiten der Standardisierung von Nachhaltigkeitskriterien. Dazu gehören vor allem eine bessere Vergleichbarkeit sowie eine höhere Transparenz. Hinzu kommt eine einfachere Handhabung durch ein festes Ermittlungsschema. Daraus folgt eine bessere Annahme und Akzeptanz, da die Kosten niedrig bleiben.

Doch es gibt auch zahlreiche Grenzen. Das größte Hindernis: Die Kriterien müssen vergleichbar sein, das heißt, unterschiedliche Branchen haben eine unterschiedliche Nachhaltigkeitswirkung. Darüber hinaus muss geklärt sein, dass der Kosten/Nutzen-Faktor wirtschaftlich akzeptabel ist. Und zu guter Letzt gibt es kulturelle Unterschiede in der Auffassung von Nachhaltigkeit, die nur schwer abzubauen sind.

Speziell für institutionelle Investoren ist der Einstieg in das Thema Nachhaltigkeit sicher einfacher, wenn es feste Standards gibt, an denen man sich orientieren kann. Die Chance für eine stärkere Verankerung von Nachhaltigkeitskriterien in den Finanzmärkten und damit gleichzeitig Anreize für Unternehmen zu schaffen, ihre Performance in dem Bereich zu verbessern, liegt vor allem im institutionellen Bereich. Pensionskassen, Stiftungen, Family Offices sind bedeutende Akteure, da sie große Anlagevolumina verwalten, langfristige Strategien verfolgen und strenge Risikovorgaben beachten müssen, um dauerhaft ihre treuhänderische Pflicht erfüllen zu können.

Transparenz-Initiativen wie die FNG-Datenbank sind wichtige Schritte auf dem Weg. Konkrete gesetzliche Mindeststandards dürften kurz- bis mittelfristig nur schwer umzusetzen sein – auch wenn sie möglicherweise das entscheidende Element darstellen könnten, um Vertrauen in nachhaltige Investitionen zu stärken und um dem „Greenwashing“ von Finanzprodukten Einhalt zu gebieten. Dagegen könnten Initiativen der Marktteilnehmer schneller zu Erfolg führen.[18] Die Debatte darüber ist in vollem Gang.

[18] Siehe Pressemitteilung des Forums Nachhaltige Geldanlage vom 18. September 2012.

Literatur

Forum Nachhaltige Geldanlage, (2012): Pressemitteilung vom 18. September.

Frank, Ralf/Klein, Frank, (2012): „Integrated Reporting? Wächst nun endlich zusammen, was zusammen gehört?“, in: Portfolio Institutionell, April.

Hoffmann, Tim, (2011): Unternehmerische Nachhaltigkeitsberichterstattung: Eine Analyse des GRI G 3.1-Berichtsrahmens, Juli.

Rasche, Andreas/Kell, Georg/Ki-moon, Ban, (2010): The United Nations Global Compact: Achievements, Trends und Challenges.

Scharlau, Jan, (2009): Socially Responsible Investment: Die deutschen und europarechtlichen Rahmenbedingungen (Schriften zum Europäischen und Internationalen Privat-, Bank und Wirtschaftsrecht).

UNEP Finance Initiative, (2005): A legal framework for the integration of environmental, social and governance issues into institutional investment, October.

UNEP Finance Initiative, (2009): Fiduciary responsibility – Legal and practical aspects of integrating environmental, social and governance issues into institutional investment, July.

Nachhaltige Geldanlagen – die Forderung nach mehr Transparenz

Volker Weber

1 Mehrdimensionalität Nachhaltiger Geldanlagen

Wer sein Geld anlegt, möchte dies erfolgreich tun. Doch Erfolg bestimmt jeder Anleger nach seinen persönlichen Vorstellungen. Neben dem ökonomischen Erfolg einer Geldanlage, die sich in der Verzinsung oder der Kursteigerung bemisst, stehen ökologische und sozial-ethische Wirkungsweisen, wie z.B. Reduzierung der CO_2-Emissionen oder die Schaffung von Arbeitsplätzen im Vordergrund des Anlegerinteresses. Allen Aspekten gemeinsam ist, dass der Erfolg sich erst in der Zukunft zeigen wird. Deshalb gilt die Devise:

„Der beste Weg die Zukunft vorauszusagen, ist, sie zu gestalten."[1]

Eine Aussage, die in mehrfacher Hinsicht von Bedeutung ist. Die Rahmenbedingungen für eine Kapitalanlage sind für Investoren unattraktiv: niedriger Kapitalmarktzins, mitunter negative Realverzinsung, Abgeltungssteuer. Die Erwartung an die Finanzprodukte nach stabilen, sicheren und attraktiven Einkünften nehmen zu. Dadurch steigt der Anspruch in qualitativ hochwertige Produkte zu investieren. Dabei wünscht sich der Anleger einen nachhaltigen Anlageerfolg, so dass Transparenz und Vertrauen eine große Rolle bei der Anlageentscheidung spielen. Transparenz zu schaffen ist hierbei die große Herausforderung, um Vertrauen zu erzeugen.

Kommen noch Faktoren wie „persönliche Werte des Anlegers" – etwa Ethik, Religion – oder Begriffe wie „soziales Gewissen" und „ökologische Verantwortung" der Unternehmen oder des Staates als Anlageerfordernis dazu ist der Anleger im Bereich der nachhaltigen Investmentmöglichkeiten am besten aufgehoben. Heute scheint diese Form der Kapitalanlage ihre Exotik zu verlieren. Die Volumenzahlen des Forums Nachhaltige Geldanlagen e.V. zeigen dies eindrücklich und auch die Zahl der Anlageprodukte hat sich stark erhöht.[2] Nachhaltige oder verantwortungsvolle Geldanlagen sind den Kinderschuhen entwachsen und sind fester Bestandteil des Produktangebotes beispielsweise der großen Assetmanager.

Die Unternehmen haben diese Entwicklung erkannt. Viele setzen gezielt auf die Ansprache dieser wachsenden Nachhaltigkeits-Gemeinde, für die Lebensgefühl und Zukunftsgerechtigkeit einen immer wichtigeren Stellenwert einnehmen. Strategischer Konsum

---

1 Alan Kay, US-amerikanischer Informatiker.

2 Vgl. Forum Nachhaltige Geldanlagen (2008).

beispielsweise von Nahrungsmitteln, Bekleidung und Elektronik-Artikeln inspiriert die Forschungs- und Entwicklungsabteilungen der Global Player und wirkt somit auch auf regionale Märkte und deren Zulieferer ein. Wer sich diesem Trend verschließt, der läuft sehr stark Gefahr, sich seine Zukunft selbst zu verbauen und bald vom Markt zu verschwinden. Dies löst auch einen Wettbewerb unter den Unternehmen aus. Jedes will zeigen, dass es führend im Bereich Umwelt- und Klimaschutz ist. Die Veröffentlichung eines Nachhaltigkeitsberichts mit der Offenlegung wichtiger Daten im Bereich Ökologie, wie z.B. die Kennzahlen zu Energieverbrauch oder Treibhausgasemissionen oder der sozialen Verantwortung, die sich in etwa in einer Ausbildungsquote ausdrückt, wird für die Unternehmen unabdingbar, um keinen Wettbewerbsnachteil zu erleiden.

Eine ähnliche Entwicklung zeichnet sich auch im Bereich der Finanzanlagen ab. Denn der moderne, aufgeklärte Anleger will mehr als nur eine Symbiose des magischen Anlagedreiecks aus Sicherheit, Liquidität und Rentabilität. Auch hier nehmen mittlerweile die Aspekte der ökologischen und sozialen Nachhaltigkeit einen immer größeren Stellenwert ein. So beschäftigen sich mehere Studien mit dem Thema „Ertragssteigerung durch Nachhaltigkeit“. Eine Studie der britischen RCM aus 2011 zeigt, dass Investoren ihre Renditen um jährlich 1,6% in den letzten fast fünf Jahren erhöhen konnten, wenn sie in Firmen mit überdurchschnittlichen Umwelt-, Sozial- und Governance-Ratings investiert hätten. Selbst in extremen Marktsituationen hätten ESG-Vorgaben die Performance nicht beeinträchtigt. Die Outperformance gelte über Branchen und Regionen hinweg. Dies zeigt eindrucksvoll, dass sich Ökologie und Ökonomie nicht ausschließen, sondern sehr gut voneinander profitieren und sich dies im Ergebnis für den Anleger positiv bemerkbar macht.

Damit tritt die Nachhaltigkeit aus dem Image heraus, nur für bestimmte, besonders ökologisch oder sozial eingestellte Anleger in Frage zu kommen. Es gilt jetzt nur noch für jeden Investor festzulegen, ob Nachhaltige Investments die Basis oder die Ergänzung des eigenen Portfolios sein sollen.

Ein Vergleich über einen längeren Zeitraum herkömmlicher und nachhaltiger Investments verdeutlicht den Einfluss der Nachhaltigkeit auf die Finanzrendite. So schneidet der Dow Jones Sustainability Index deutlich besser ab als sein herkömmliches Pendant.

Abbildung 1: 10-Jahres-Vergleich herkömmlicher und nachhaltiger Index

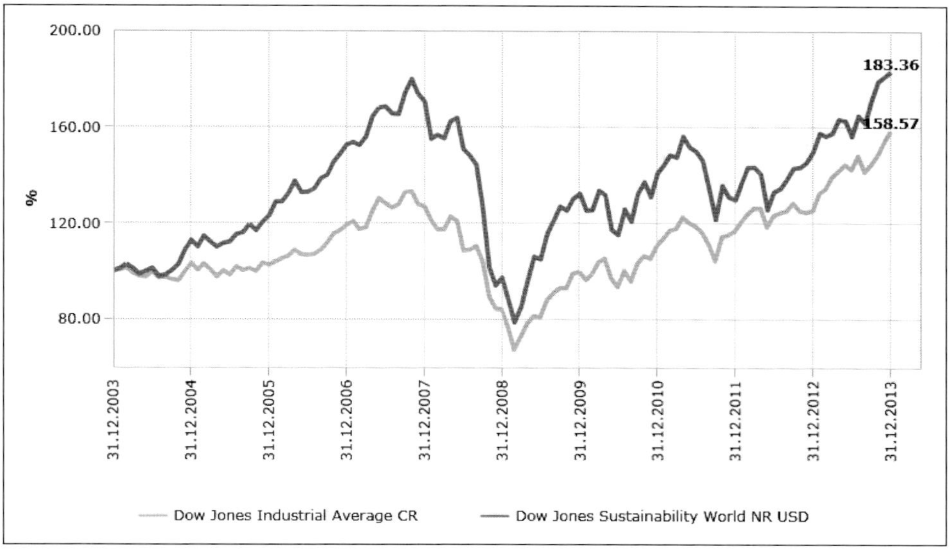

Quelle: Lipper

2 Die traditionellen Anlagemotive

Wer sein Geld anlegen will, dem steht eine Vielzahl von Anlageprodukten zur Verfügung.

Zentraler Punkt einer Anlage sollte deshalb immer die Tatsache sein, das individuelle Anlagemotiv genau zu spezifizieren. Das mag bei der Komplexität des Anlegers und den immer kürzeren Beratungszeiten bei Anlagevermittlern, die für den Kunden zur Verfügung stehen, ein schwieriges Unterfangen sein. Damit sich der Kunde ein umfassendes Bild vom Anlageprodukt machen kann, spielen daher die Transparenz und die Einfachheit (Struktur) des Finanzprodukts eine sehr wichtige Rolle.

Entscheidend für den Erfolg einer Anlage ist aber nicht die Gegenwart, sondern eindeutig die Zukunft, also der Zeitpunkt, an dem der Anleger über das Geld wieder verfügen will und eine neue Anlage – sei es in Form einer Anschaffung oder in Form einer anderen Kapitalanlage – vornimmt. Deshalb ist gerade im klassischen Anlagemotivbereich die Frage nach dem „was wollen Sie, lieber Anleger, mit dem Geld nach Ablauf der Anlagedauer machen?“ von entscheidender Bedeutung.

Steht eine konkrete Anschaffung wie Haus, Auto oder Möbel im Vordergrund, ist der Anleger dann zufrieden, wenn er sich mit seiner Anlage diese Investition leisten kann. Dann entsteht Zufriedenheit und die Anlage wird positiv beurteilt.

Neuerdings steht auch immer häufiger die Frage im Fokus, was mit dem Geld über den Anlagehorizont passiert, wie es investiert wird und wie Zinsen oder Gewinne erwirtschaftet werden.

Abbildung 2: Blackbox der Geldanlage

Für die Zeit der Anlagedauer war das Geld in der Regel in einer Blackbox, wichtig war der Gewinn am Ende des Anlagezeitraums. Durch die Entwicklungen während der Finanzkrise und dem gesellschaftlichen Wandel wird die Black Box häufiger hinterfragt. Es wird somit gefordert, wie angesprochen, mehr Transparenz in der Anlage zu schaffen.

3 Rückbesinnung auf Werte

Nun spiegeln Geldanlagen immer auch das Wertesystem der Gesellschaft wider. Die Erfahrung zeigt, dass der deutsche Anleger besonders im Sicherheitsdenken große Prioritäten gesetzt hat und weiterhin setzt.

Seit Mitte der neunziger Jahre kommen allerdings verstärkt neue Anlagemotive auf, die auch eine geänderte Einstellung der Gesellschaft im Hinblick auf ihre Grundwerte erkennen lassen. Das Streben nach immer höheren Gewinnen in immer kürzeren Zeitabständen wurde mit der New Economy-Blase und der Finanzmarktkrise ab 2007 immer wiedergedämpft. Die Globalisierung mit ihren Auswirkungen auf den Wettbewerb, der wachsende Konkurrenzdruck, dem die Unternehmen ausgesetzt sind, wirkt sich zunehmend auf die Belegschaften aus. Die Anforderungen an Mobilität und Erreichbarkeit steigen ständig – längst ist das Mobiltelefon allein zum Telefonieren zu schade und Smartphones ermöglichen einen permanenten Internetzugang. Informationen sind somit schnell zur Hand und Entwicklungen lassen sich leichter nachverfolgen. Die Unternehmen sind immer mehr selbst zur transparenten Offenlegung ihrer Handlungen angewiesen. Alle diese Faktoren tragen dazu bei, dass sich viele die Frage nach dem Sinnhaften stellen: „Immer weiter so ist out!"

Verstärkt wurde dieses gesellschaftliche Umdenken sicherlich durch ökologische und soziale Krisen. Nicht zuletzt die Atomkatastrophe in Japan haben zu einem gesellschaftlichen Umdenken geführt, welches eine Entwicklung hin zu mehr Nachhaltigkeit und einem ökologisch sozialen Wandel fordert: „Bio ist trendy – vom Nischenprodukt zum Mainstream".

Der Wunsch nach Tranparenz und Einfachheit der Finanzprodukte bringt Licht in die Blackbox. Nachhaltigkeit wird als eigenständiger Investmentprozess akzeptiert. In immer größerer Zahl werden andere Anlagekriterien festgelegt. Dadurch werden die traditionellen nicht ersetzt, eher stark ergänzt – „Gutes Gewissen und eine gute Rendite" sind die aktuellen Stichworte. Diese Bedürfnisse nach neuen Anlagekriterien müssen auch mit Informationen belegt werden, womit wieder die Transparenz in den Vordergrund tritt. Die Unternehmen benötigen Nachhaltigkeitsberichte, um den Informationsbedarf der Anleger und Investoren zu bedienen. Nachhaltige Ratingagenturen sorgen zusätzlich für Transparenz hinsichtlich der ökologischen und sozialen Leistungen von Unternehmen.

4 Ganzheitliche Anlagekriterien

Nachhaltigkeit basiert auf drei Säulen. Neben der ökologischen Nachhaltigkeit spielt die soziale Nachhaltigkeit eine ebenso bedeutende Rolle. Beide erbringen ihren Beitrag zur wirtschaftlichen Nachhaltigkeit. Daraus leiten sich deshalb auch die Begriffe und Kriterien ab, die nun innerhalb der Gesellschaft akzeptiert und immer größere Bedeutung erlangen. Investoren fordern immer häufiger die ganzheitliche Betrachtung.

Der Berater wird von seinem Kunden mit Themenkomplexen wie Generationengerechtigkeit, Ethik, Moral, soziale Verantwortung und Umweltbilanzen konfrontiert, die bei der Anlageentscheidung eine Rolle spielen sollen. Energieeffizienz, Erneuerbare Energie, nachhaltige Forstwirtschaft, „Equator Principles", Umweltmanagementsysteme und Menschenrechtskonventionen werden zu Auswahlkriterien für investierbare Produktangebote.

Dies verlangt auch vom Berater ein Höchstmaß an Flexibilität sowie die Bereitschaft, sich dieser neuen Herausforderung zu stellen, denn nun sind nicht mehr nur Finanzkennzahlen wie Alphas oder Deltas gefragt, sondern es findet eine Diskussion über das persönliche Wertesystem des Kunden statt, das er auch in seinen Investments wiederfinden will.

Nicht mehr die Einstellung: „Ich gebe Ihnen mein Geld, machen Sie was daraus", sondern der sinnvolle und damit nachhaltige Einsatz des Geldes ist vom Anleger nachgefragt. Somit hat die Blackbox ausgedient.

Wichtig für den Anleger ist es, von seinem Berater verstanden zu werden und bei seinen individuellen Kriterien abgeholt zu werden. Je besser sich der Berater und sein Kunde im Einklang befinden, desto höher ist die Akzeptanz beim Kunden, dem Anlagevorschlag des Beraters zu folgen.

Deshalb hier zusammenfassend einige Stichpunkte, die es dem Berater erleichtern sollen, mit dem Kunden seine nachhaltigen Anlagekriterien zu definieren:

- *Unternehmenspolitik:* Leitbild, Corporate Governance Standards, Sponsoring, nachhaltige Strategie
- *Management:* Umweltmanagementsystem, soziale Verantwortung, Aus- und Weiterbildung, Risikomanagement
- *Betrieb und Produktion:* Altlasten, Energieverbrauch, Energiequellen, Effizienz
- *Produkte:* Umweltbilanz, Lebenszyklus, Verbraucheranforderung
- *Arbeitnehmer:* Entlohnung, Mitarbeiterzufriedenheit, Beruf und Familie, Gleichberechtigung, Mitarbeiterförderung
- *Stakeholder:* Rechte von Kunden, Menschenrechte, Anforderungen an Lieferanten, Einhaltungsrichtlinien

Daneben spielen sogenannte Negativkriterien ebenfalls eine wichtige Rolle bei der Produktfindung. Auch das ist ein Spiegelbild der gesellschaftlichen Diskussion. Die folgende Abbildung zeigt beispielhaft, welche Ausschlusskriterien ein Anleger an seine Kapitalanlage stellen kann.

Abbildung 3: Ausschlusskriterien

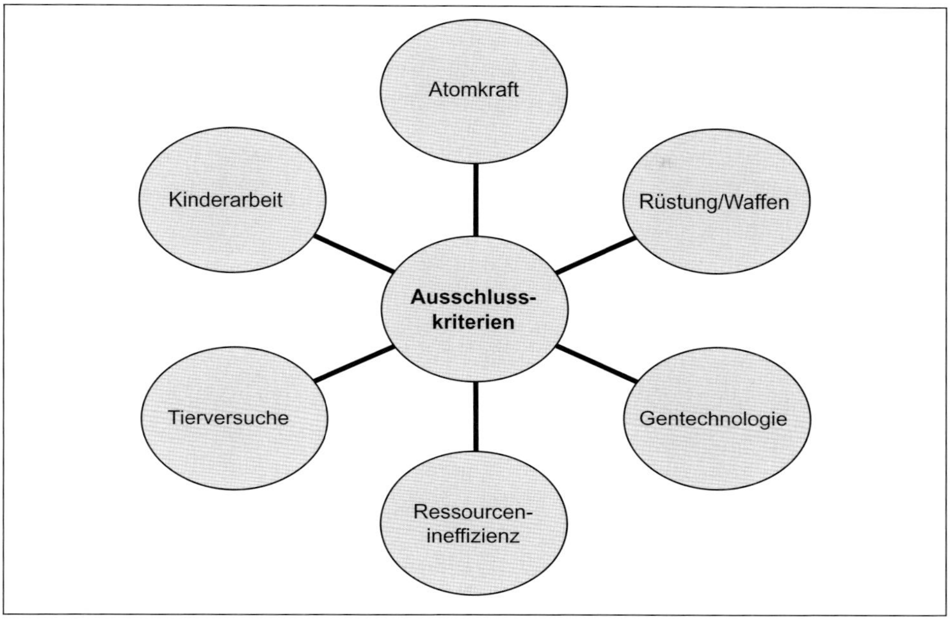

5 Für jeden Anleger das passende Argument

Um erfolgreich in der Anlageberatung zu sein, gelten auch im Bereich der Nachhaltigen Investments zwei Grundsätze:

- Kenne Deinen Markt.
- Kenne Deinen Kunden.

Gerade hier unterschätzen noch viele Berater das Potenzial der nachhaltigen Anleger. In jedem potenziellen Investor findet man Interesse für moralische und ethische Investments. Nicht nur die transparente Darstellung der Produkte, sondern auch das Wissen über die Bedürfnisse der Anleger, um beides zusammen zu führen sind der Schlüssel zum Erfolg.

Im Folgenden sollen fünf Nutzensegmente für sozial-ökologische Investments aufgeführt werden.[3]

[3] Die Zahlen stammen von einer Erhebung des Imug Instituts im Auftrag der Swisscanto Fondsleitung AG.

Die Idealisten

Mit rund 18% der potenziellen Anleger stellen die Idealisten rund ein Fünftel. Sie verkörpern mit der nachhaltigen Anlage den Ursprung des sozialen und ethischen Gedankenguts. Sie verlangen von ihrer Kapitalanlage ein Höchstmaß an Nachhaltigkeit. Für sie steht nicht die Rendite im Vordergrund.

Die Motive für diese Zielgruppe liegen eindeutig im Bereich der vorbildlichen Umweltstandards (hohe Reduktionsraten von CO_2, positive Ökobilanz) und der sozialen Verantwortung (Gleichberechtigung, Mitarbeiterförderung, Menschenrechte).

Diese Anlegergruppe legt in Bezug auf Transparenz den größten Wer auf die Daten bzgl. ESG-Aspekten und Ausschlusskriterien. Die geforderten Informationen sind bspw. von den teilnehmenden Fonds in der Transparenzmatrix und den FNG-Nachhaltigkeitsprofilen zu finden.

Die Renditefokussierten

Mit rund 36% der potenziellen Investoren stellt für diese Anlagegruppe die Rendite das Hauptanlagekriterium dar. Neue Trends mit sehr guten Gewinnchancen sind ihre Lieblingsspielwiese. Deshalb sind sie gerade für Themeninvestments in Erneuerbare Energie, Klimawandel oder Wasser sehr gut zu gewinnen.

Überzeugendes Argument und damit auch Auswahlkriterium ist der Weitblick der Unternehmen im Hinblick auf den Umweltschutz. Bereits realisierte Umweltschutzmaßnahmen verhindern Folgekosten, die sich positiv auf die zukünftige Ertragslage auswirken. Das gibt Potenzial für steigende Kurse. Weitblick gepaart mit Ressourcen- und Energieeffizienz sind hier angesagte Argumente.

Transparenz ist dabei insbesondere mit Blick auf die Portfoliounternhemen, die Geschäftsbereiche und die Umweltaspekte gefordert. Zur ganzheitlichen nachhaltigen Betrachtung werden dabei die Informationen der FNG-Nachhaltigkeitsprofile in Kombination mit den finanziellen Aspekte hinsichtlich der (kurzfristigen) Performancehistorie und dem Ausblick für den Themenbereich benötigt.

Die Ertragsinteressierten mit ethischer Orientierung

Mit ca. 9% ist diese Gruppe der Anleger an stetigen, sicheren Erträgen interessiert. Dabei spielen Kriterien wie Kinderarbeit, Ökobilanz und Menschenrechte eine Rolle. Sie streben nicht nach hohen, allerdings nach gleichbleibenden Erträgen.

Nicht das Streben nach maximalem Gewinn, sondern die Vereinbarkeit mit Gesellschaft und Natur steht hier im Vordergrund. Verhinderung von Ausbeutung in der dritten Welt bzw. der Einsatz für nachhaltige Agrar- und Forstwirtschaft dürften wichtige Auswahlkriterien dieser Zielgruppe sein.

Der Gleichklang zwischen Kapitalerhalt und ökologischen und sozialen Aspekten, d.h. der ganzheitlich nachhaltige Ansatz, muss für diese Anlegergruppe zur Investition transparent offengelegt sein. Für unterschiedliche soziale und ökologische Aspekte müssen die Ausprägungen bei der Kapitalanlage abbildbar sein. Aktuell müssen diese Information auch aus bspw. den FNG-Datensätzen und klassischen finanziellen Ratings zusammengefügt werden, was einen hohen Investitionsaufwand darstellt.

Die Risikoscheuen

Mit gut 27% stellen die Risikoscheuen die zweitgrößte Gruppe der Anleger in Nachhaltige Investments. Für sie muss der Kapitalerhalt in jeder Phase des Investments sicher sein. Nachhaltige Rentenfonds oder Fonds mit max. 30% Aktienbeimischung sind für diese Gruppe geeignet.

Was kann der Staat im Hinblick auf die Ökologie und die Soziale Verantwortung tun? Stichpunkte wie Energiemix, Energieverbrauch, Recyclingsysteme, Generationengerechtigkeit, Zukunftsfähigkeit der Sozialsysteme kombiniert mit sicheren Staatsanleihen sind die Zielrichtung dieser Anleger.

Diese Anleger benötigen aus Transparenzsicht Zugriff auf dieselben Daten wie die Gruppe der ertragsinteressierten Investoren mit ethischer Orientierung.

Die Verantwortungsbewussten mit Gewinnerwartung

„Schön, wenn wir damit auch noch Gewinn machen" – diese Einstellung vertreten rund 10% der Anleger. Im Vordergrund dieser Investoren steht klar das Thema Generationengerechtigkeit. Das Hinterlassen einer lebensfähigen Umwelt und funktionierender Sozialsysteme wie Rente oder Gesundheitssystem stehen bei der Anlageentscheidung an erster Stelle.

Damit der Berater seinen Kunden am besten und schnellsten im Bereich der ethischen Anlagemöglichkeiten einschätzen kann, ist es daher wichtig, möglichst frühzeitig die ethisch/ökologische Frage zu stellen.

Diese Gruppe ist auch auf eine transparente Offenlegung der finanziellen, sozialen und ökologischen Aspekte der Fonds angewiesen. Wichtig ist hierbei, dass die ökologischen und sozial/ethischen Präferenzen bedient werden können.

Jeder Anleger sollte sich über folgende Fragen Gedanken machen:

- Wie wichtig sind mir ethische Kriterien bei der Geldanlage?
- Wie wichtig ist mir eine lebenswerte Umwelt?
- Ist mir Lebensqualität wichtig?

Je nach Antwort des Kunden können im Weiteren die nachhaltigen Anlagekriterien diskutiert und besprochen werden.

Um anschließend das Ergebnis der Beratung in ein vertrauensvolles Angebot zusammenfassen zu können, benötigen Anleger und Berater die angesprochenen transparenten Daten des Anlageproduktes. Hier wäre es, wie nachfolgend näher ausgeführt werden soll, wünschenswert, wenn diese Daten in komprimierter und geprüfter Form zur Verfügung stehen würden.

6 Transparenz schafft Vertrauen

Für den Gedanken der Auflösung der Blackbox und somit der Offenlegung der zur Anlageentscheidung benötigten Informationen tritt das Forum Nachhaltige Geldanlagen (FNG) mit dem Transparenzlogo und der in 2012 vorgestellten Transparenzmatrix sowie den FNG-Nachhaltigkeitsprofilen ein. Seit Mai 2008 sorgt das Transparenzlogo für mehr Transparenz im nachhaltigen Anlagemarkt. In Deutschland, Österreich und der Schweiz vergibt das FNG, als ein Mitgliedsverband des europäischen Dachverbands Eurosif, das Logo.

Das Transparenzlogo bietet den Fondsmanagern die Möglichkeit, auf Basis der Europäischen Transparenzleitlinien ihre nachhaltige Investmentstrategie klar darzulegen.

Anhand von sieben Fragenkomplexen geben diese Aufschluss über die nachhaltige Anlagestrategie. Im Einzelnen sind das:[4]

- Grundlegende Informationen zum Fonds und zum Begriff der Nachhaltigkeit, der zugrunde gelegt wird.
- Investmentkriterien werden dargelegt: So sieht der Investor, in welche Werte investiert werden kann.
- Research-Verfahren wird erläutert: So erkennt man, ob mit Ausschlusskriterien gearbeitet wird.
- Auswertung und Umsetzung zeigt auf, wie der Manager in der Praxis agiert.
- Engagement beurteilt, ob das Fondsmanagement auch in der Hauptversammlung aktiv wird.
- Stimmrechtsausübung wird in der Regel nicht aktiv wahr genommen.
- Regelmäßige Aktivitäten des Fondsmanagers im Hinblick auf die Informationen der Anleger.

Abbildung 4: Transparenzlogo für Nachhaltige Publikumsfonds

Quelle: Eurosif (2008)

Das Transparenzlogo wurde 2012 durch die Transparenzmatrix und die dazugehörigen FNG-Nachhaltigkeitsprofile erweitert. In der Transparenzmatrix, als Datenbank, soll der jeweilige nachhaltige Publikumsfonds mit den wichtigsten ökologischen und sozialen Aspekten erfasst werden. Auf Basis der Transparenzmatrix entsteht aus den Daten das

[4] Weitere Informationen zum Transparenzlogo und der Transparenzmatrix für nachhaltige Publikumsfonds sind beim Forum für nachhaltige Geldanlagen e.V. zu erhalten.

FNG-Nachhaltigkeitsprofil, welches komprimiert auf zwei Seiten die soziale und ökologische Ausrichtung anhand der verwendeten Nachhaltigkeitsstrategien vorstellt. Die Transparenzmatrix umfasst dabei u.a. die Bereiche:

- Allgemeine Informationen
- Bereiche und Ausführung der Nachhaltigkeitsanalyse
- Transparenz/Verfügbarkeit der für Investoren interessanten Daten
- Ausgestaltung des Engagement-Prinzips
- Ausschlusskriterien (wert- und normbasierte Ausschlusskriterien)

Es soll somit die Entscheidungsfindung der Investoren je nach Wertevorstellung in Bezug auf Nachhaltigkeit in der Anlage erleichtert und die Ausgestaltung bei den Finanzprodukten transparenter gemacht werden. Die Transparenzmatrix ermöglicht einen einfacheren Vergleich der Nachhaltigkeitsfonds miteinander.

Der nächste Schritt in einer Entwicklung hin zu mehr Transparenz und eine weitere Orientierungshilfe für die Anleger im stark wachsenden Markt der nachhaltigen Publikumsfonds würde nun ein verbindliches Nachhaltigkeits-Label bilden. Dieser Aspekt soll nachfolgend näher beleuchtet werden.

Bisher hat das Forum an mehr als 110 Nachhaltigkeitsfonds das Transparenzlogo verliehen und es existieren darüber hinaus mittlerweile für 77 Publikumsfonds detaillierte FNG-Nachhaltigkeitsprofile. Das Transparenzlogo war der erste Schritt zur Erfüllung des steigenden Bedürfnisses der Anleger nach mehr Informationen darüber, in welche Wertpapiere ihre Gelder fließen. Die Transparenzmatrix und die FNG-Nachhaltigkeitsprofile dienen nun der Steuerung und Bündelung der Daten, um den Anlegern den Zugriff auf diese zu erleichtern. Gleichzeitig trägt es dem Wachstum des nachhaltigen Anlagemarkts Rechnung, denn immer mehr konventionelle Fondsgesellschaften bieten Investmentprodukte mit nachhaltigen Anlagekriterien an. Mit der steigenden Zahl nachhaltiger Fonds nimmt jedoch auch die Vielfalt der Anlagestrategien im Hinblick auf die Nachhaltigkeit der Anlageprodukte zu.

„Nachhaltige Geldanlagen“, „grünes“ oder auch „gutes Geld“ sind längst zu Begriffen geworden, die für ein verantwortungsbewusstes, umweltfreundliches, soziales und bzw. oder ethisches Investieren stehen, deren Inhalte und Kriterien jedoch nicht in jedem Fall klar abgrenzbar und für die Öffentlichkeit nachvollziehbar sind. Das Transparenzlogo und die Transparenzmatrix für nachhaltige Publikumsfonds sind damit erste entscheidende Schritte für die Qualitätssicherung nachhaltiger Investments. Als nächste Stufe müsste nun bei der Vielzahl der Nachhaltigen Geldanlagen auf der Basis der bisherigen Ausarbeitung ein Mindeststandard definiert werden, welcher als Qualitätssiegel dienen kann. Lediglich Publikumsfonds, die die Anforderungen des Mindeststandards erfüllen können somit als nachhaltige Geldanlagen angesehen werden. Hierbei müsste diese Definition, um eine ganzheitliche Betrachtung zu ermöglichen, allerdings ökologische, soziale **und** ökonomische Aspekte mit berücksichtigen. Das Transparenzlogo und die Transparenzmatrix bilden dabei die Grundlage für die ökologische, ethische und soziale Sphäre.

Für die angesprochene Erweiterung zum Mindeststandard müssten die eingeworbenen Daten nun noch hinsichtlich der Definition des Mindeststandards (Kriterienkatalogs) durch eine Feedbackschleife überprüft und durch die ökonomischen/finanziellen Aspekte ergänzt werden. Dies bietet durch das Siegel anschließend die Möglichkeit einer weiteren Orientierungshilfe, welches eine weitere Verbreitung vereinfacht.

7 Kompetenz zeigen – neue Kunden gewinnen

Die Anhängerschaft für Nachhaltige Investments wächst täglich. Viele Studien, u.a. des Forums nachhaltige Geldanlagen e.V., zeigen, dass es sich beim Sustainability-Markt um einen dynamischen Wachstumsmarkt handelt. Derzeit werden viele Aktivitäten zur Verbreitung des nachhaltigen Gedankenguts gestartet. Von strategischemKonsum ist die Rede. Es stellt sich als Wettbewerbsvorteil heraus, wenn man aktiv in diesem Bereich tätig ist. Die Kundschaft wartet förmlich auf ein nachhaltiges aber seriöses Angebot. Deshalb steigert es die Kompetenz des Beraters – und unterscheidet ihn dadurch positiv von anderen – wenn er in diesem Bereich aussagefähig und beratungskompetent ist. Das Siegel könnte hierbei auch den Beratern als Instrument dienen, um sich dem Bereich Nachhaltige Geldanlagen weiter zu öffnen und „gesichert" nachhaltige Produkte anzubieten. Er kann somit dem Anleger die Nachhaltigkeit des Produkts anhand des transparenten Ratingprozesses darlegen.

Ein weiterer wichtiger Aspekt beim Angebot Nachhaltiger Geldanlagen ist, dass dieses Thema ständig aktuell in der Tageszeitung präsent ist. Jeden Tag wird von der Politik ein Beschluss im Umwelt- und Sozialbereich gefasst, über Unternehmen wird berichtet, Wetterkapriolen treten ein. Beratungs- und Ansprachеanlässe gibt es also reichlich zu vermelden.

Literatur

Forum Nachhaltige Geldanlagen: Statusbericht Nachhaltiger Anlagemarkt 2012.

Forum Nachhaltiger Geldanlagen: Statusbericht Nachhaltiger Geldanlagen 2011.

Nachhaltigkeit als Teil des Risikomanagements bei der Kapitalanlage

Ingo Speich/Stephanie Senff-Gerstein

1 Nachhaltigkeit – Trend oder strategische Haltung?

Der weltweite Problemdruck hinsichtlich Umwelt- und Luftverschmutzung, Ressourcenknappheit und demografischer Entwicklung, um nur beispielhaft einige zu nennen, steigt ungebremst. Sowohl Unternehmen als auch Investoren sind inzwischen Teil der öffentlichen Diskussion und stehen dadurch unter einem zunehmenden Erwartungsdruck. Der Ruf nach Nachhaltigkeit und gesellschaftlicher Verantwortung speziell in der Kapitalanlage wird lauter – ob schon etwa die Hälfte von 202 befragten institutionellen Investoren in Deutschland mit einem Gesamtvermögen von 2,4 Bio. EUR Nachhaltigkeitskriterien in ihrer Kapitalanlage bereits berücksichtigen.[1] Allerdings wird der Begriff Nachhaltigkeit in der Öffentlichkeit auf ganz unterschiedliche Weise verstanden und dabei häufig mit Begrifflichkeiten wie Moral, Wahrhaftigkeit oder Ethik verbunden. Ein einheitliches Verständnis, was genau eine „Nachhaltige Kapitalanlage" eigentlich ausmacht, fehlt bisher.

Wie kann es also gelingen, einen relevanten Beitrag zur Lösung sozial-ökologischer Probleme zu leisten und dadurch zugleich einen eigenen Mehrwert zu generieren? Nach kurzer Diskussion des Begriffs „Nachhaltigkeit" im gesellschaftlichen Kontext werden die Herausforderungen und Erfolgsfaktoren des nachhaltigen Asset Managements beleuchtet. Besonderes Augenmerk wird hierbei auf das Handlungsfeld „Engagement" gelegt, also das aktive Aktionärstum, das bei institutionellen Anlegern als der größten Anlegergruppe in der Praxis zunehmende Relevanz erfährt. Mittels Engagement wird auf Unternehmen gezielt eingewirkt, um die Nachhaltigkeit zu fördern. Dabei stehen neben Marketingaspekten auch wirtschaftliche Argumente im Vordergrund. Lediglich 42,6% der institutionellen Investoren sind mit ihren Risikomodellen zufrieden.[2] Und immerhin 45,4% der institutionellen Investoren sehen Nachhaltigkeit als eine Möglichkeit, Risiko und Rendite der Kapitalanlagen zu optimieren.[3] Es gibt ganz unterschiedliche Betätigungsfelder, als aktiver Aktionär Einfluss auf die Nachhaltigkeitsaktivitäten von Unternehmen zu nehmen: Investorengespräche, Unternehmensbesuche und schließlich auch die Stimmrechtsausübung auf Hauptversammlungen sind nur einige davon.

---

[1] Vgl. Union Investment (2012): Nachhaltiges Vermögensmanagement institutioneller Anleger, S. 8.

[2] Union Investment: Ergebnisse TED-Umfrage (2012), 7. Risikomanagement-Konferenz, S. 2.

[3] Union Investment: Ergebnisse TED-Umfrage (2012), 7. Risikomanagement-Konferenz, S. 5.

2 Einordnung des Begriffs Nachhaltigkeit in den gesellschaftlichen und unternehmerischen Kontext

2.1 Begriffsbestimmung von Nachhaltigkeit

Der Begriff „Nachhaltigkeit" hat in den letzten Jahren sowohl in der Forschung als auch in der wirtschaftlichen Praxis stark an Bedeutung gewonnen. Gleichwohl ist Nachhaltigkeit ein vielschichtiger Begriff und erfährt in der öffentlichen Diskussion viele Interpretationen. Die UN-Kommission für Umwelt und Entwicklung (Brundtland-Kommission) definierte bereits 1987 den Begriff der nachhaltigen Entwicklung als „eine Entwicklung, welche die Bedürfnisse der heutigen Generationen auf eine Art und Weise befriedigt, dass auch zukünftige Generationen ihre Bedürfnisse befriedigen können".[4] Eine nachhaltige Entwicklung bezeichnet damit eine dauerhaft umwelt- wie auch gesellschaftsverträgliche Entwicklung. Diese recht abstrakte Definition wurde in der Folge durch das „Drei-Säulen-Modell" konkretisiert, das die ökologische, ökonomische und soziale Dimension von Nachhaltigkeit unterscheidet.[5] Alle drei Dimensionen sind dabei nicht isoliert voneinander zu betrachten, sondern vielmehr miteinander verzahnt und daher aufeinander abzustimmen. Dieses inhaltliche Verständnis ist Grundlage dieses Beitrags.

Abbildung 1: „Drei-Säulen-Modell" Nachhaltigkeit

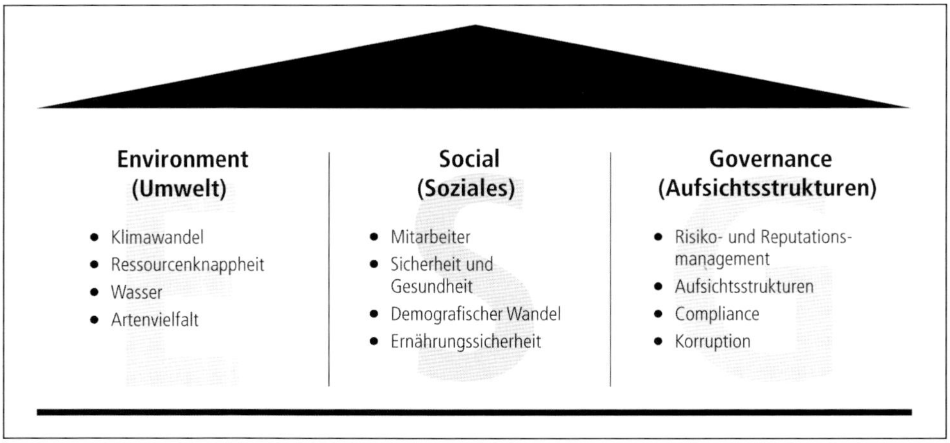

Quelle: Union Investment (2012)

[4] Vgl. Belz/Bilharz (2005): Einführung in das Nachhaltigkeits-Marketing, S. 3.
[5] Vgl. Belz/Bilharz (2005): Einführung in das Nachhaltigkeitsmarketing, S. 3.

2.2 Globales Thema: nachhaltige Kapitalanlagen

Die Nachfrage nach nachhaltigen Investments wächst weltweit und wird weiter steigen. Nicht zuletzt auch deshalb, weil es politisch gewollt ist. Die EU-Kommission verabschiedete kürzlich die Finanzierung eines Programms, das Investoren helfen soll, ESG-Faktoren (kurz für Environmental-, Social-, Governance-Faktoren) bei ihren Investmententscheidungen stärker zu berücksichtigen. Zudem wurde im Dezember 2012 ein Aktionsplan zum Engagement durch den EU-Kommissar Barnier veröffentlich. Unternehmen müssen demnach transparenter werden, indem Berichtspflichten ausgeweitet werden und Abweichungen von marktüblichen Standards substanziell erklärt werden müssen. In den nächsten Jahren sollte dazu das Gesellschaftsrecht in Europa angepasst werden. Auf Aktionärsseite wird eine Novelle der EU Richtlinie über Aktionärsrechte angestrebt, die auch nachhaltige Zielgrößen insbesondere bei Vergütungsthemen beinhalten soll. In der Summe fordert die EU Kommission von „verantwortungsvollen" Aktionären einen verstärkten Aktivismus und möchte damit die Selbstregulierung des Marktes anstoßen.[6]

Das Selbstverständnis eines zukunftsorientierten Asset Managers ist das eines aktiven, langfristig orientierten Aktionärs, der internationale Nachhaltigkeitsstandards erfüllt und seine Geschäftstätigkeit auf dieser Basis kontinuierlich weiterentwickelt. Damit ist Nachhaltigkeit kein Lippenbekenntnis, sondern Teil vorausschauenden Handelns.

3 Erfolgsfaktor Nachhaltigkeit im Asset Management

3.1 Nachhaltigkeit als Risikofilter

Nachhaltig ausgerichtete Anlagestrategien haben längst ihr Nischendasein verlassen und entwickeln sich zu einer festen Größe im Investmentprozess. Nachhaltigkeitskriterien werden bei ausgewählten Asset Managern zunehmend als wirksame Risikofilter bei der Anlageentscheidung erkannt. Die eher kurzfristig ausgelegte quantitative Unternehmensanalyse wird um eine längerfristige qualitative Komponente ergänzt: Gezielt werden

[6] Vgl. EU Kommission Aktionsplan (2012): Europäisches Gesellschaftsrecht und Corporate Governance.

Ereignis-, Reputations- und Regulierungsrisiken durch eine entsprechende Titelselektion bereits im Vorfeld versucht zu minimieren. Dabei führt Nachhaltigkeit erwiesenermaßen zu einer vergleichbaren absoluten Rendite wie Anlagen, die Nachhaltigkeit nicht berücksichtigen.[7] Zusätzlich wird durch die Vermeidung von Risiken jedoch eine verbesserte risikoadjustierte Rendite erreicht.[8]

Beispielsweise können drohende Konsumentenboykotte oder auch mögliche strafrechtliche Konsequenzen bei unternehmerischem Fehlverhalten so rechtzeitig identifiziert und bewertet werden. In der Risikoanalyse verknüpfen nachhaltige Investmentkriterien harte Zahlen mit weichen Faktoren zu einer umfassenden Gesamtrisikosicht. Die Berücksichtigung von Nachhaltigkeitskriterien führt so zu einem optimierten Risiko-Rendite-Profil als Teil eines optimierten Risikomanagements. Der Blick in die Praxis zeigt, dass die nachfolgenden Ausschlusskriterien in besonderer Weise die Risikostruktur eines breit diversifizierten Aktienportfolios optimieren:

- Streubomben, Landminen und deren Schlüsseltechnologien,
- Atomenergie,
- Verletzung der ILO Arbeitsstandards,
- Pornografie/Erwachsenenunterhaltung (z.B. Filme ab 18 Jahren),
- Tierversuche für kosmetische Zwecke,
- Glücksspiel,
- Rüstung,
- Alkohol,
- Tabak,
- Verwicklung in Skandale und kontroverse Unfälle.

Sofern ein Unternehmen gegen diese Kriterien verstößt, indem es beispielsweise einen Umsatzanteil in einem dieser Geschäftsfelder erzielt, ist es aus dem Anlageuniversum auszuschließen.

Ereignisrisiken zeichnen sich durch eine sehr niedrige Eintrittswahrscheinlichkeit aus. Allerdings geht von ihnen oftmals ein sehr großes Schadensmaß aus. Insofern sollten beispielsweise Unternehmen aus der Energiebranche, insbesondere Produzenten von

[7] Vgl. Research Center For Financial Services – Steinbeis Hochschule Berlin (2013): Nachhaltige Investments aus dem Blick der Wissenschaft.

[8] Vgl. Schmidt/Speich (2009): Dynamisches Risikomanagement durch Nachhaltigkeit.

Nuklearstrom kritisch gesehen werden. Der Fall des Betreibers des Atomkraftwerks in Fukushima, das Unternehmen Tepco, hat dies jüngst gezeigt.

Selbst ein Investment in der Solarbranche muss kritisch gesehen werden, birgt es in erheblichen Maße Regulierungsrisiken. So sind die Geschäftsmodelle erheblich von staatlichen Förderungen getragen, deren Fortbestand allerdings mit Unsicherheiten verbunden ist. Werden sie gestrichen, ist das Geschäftsmodell nicht mehr aufrecht zu erhalten. Zusätzlich bestehen im Solarbereich enorme Klagerisiken, da in der Dünnschichttechnologie toxisches Cadmium-Tellurit verwendet wird.

3.2 Integration im Investmentprozess

Die globalisierte, moderne Investmentwelt lässt sich mit den klassischen Modellen der Risikoanalyse nicht mehr verlässlich erfassen. Eine um Aspekte der Nachhaltigkeit erweiterte Risikoanalyse liefert wichtige Erkenntnisse und kommt insbesondere der langfristigen Bewertung von Investments zugute. Nachhaltig orientierte Unternehmen profitieren z.B. von einem besseren Image, setzen Ressourcen effizienter ein, motivieren ihre Mitarbeiterschaft stärker und können ihre eigenen Risiken besser einschätzen. Eine gute Ausgangsposition, um wirtschaftlich auf Dauer erfolgreich zu sein. Somit ist ein Portfoliomanagement vorteilhaft, das in seinem Investmentprozess speziell Nachhaltigkeit berücksichtigt.

Möglichkeiten nachhaltigen Investierens werden idealerweise in einem mehrstufigen Prozess ermittelt. Zunächst erfolgt die Bestimmung des Investmentuniversums gemäß den Nachhaltigkeitskriterien, die flexibel nach Anlegerbedürfnissen eingestellt werden können. Hier empfiehlt es sich, mit mehreren ausgesuchten Beratern sowie Datenbankanbietern von ESG-Daten zusammenzuarbeiten, die ihrerseits wiederum in internationale Netzwerke von Analysten eingebunden sind. Die Heterogenität der Datenanbieter ist notwendig, um die jeweiligen Stärken und speziellen Kenntnisse sinnvoll zu nutzen, gleichwohl sich dadurch zwangsläufig auch der Komplexitätsgrad der Auswertung stark erhöht. Ein eigenes hierfür verantwortliches Team ist daher unerlässlich.[9] Im Anschluss daran erfolgt dann die Kombination des Nachhaltigkeitsresearch und des klassischen Investmentprozesses.

[9] Vgl. Schmidt/Speich (2010): Eigenes Nachhaltigkeitsresearch fördert Glaubwürdigkeit.

Abbildung 2: Nachhaltige Investments von Union Investment: Der Investmentprozess

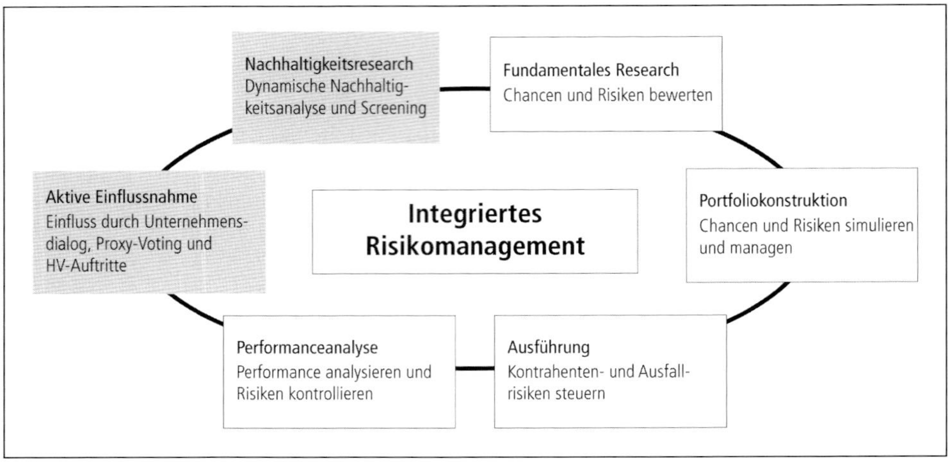

Quelle: Union Investment (2012)

3.3 Nachhaltigkeits-Policy als Handlungsrahmen

Eine Nachhaltigkeits-Policy ist hilfreich, um die Grundsätze des verantwortungsvollen Handelns im Rahmen des Asset Managements umfassend einzuordnen. Diese systematische Herangehensweise fördert und untermauert zusätzlich die Glaubwürdigkeit des Nachhaltigkeitsansatzes. Der Rat für nachhaltige Entwicklung hat hierfür als Orientierungsrahmen den „Deutschen Nachhaltigkeitskodex" in Zusammenarbeit mit mehreren Stakeholdern entwickelt. Leider finden keine nachhaltigen Inhalte Eingang in den „Deutschen Corporate Governance Kodex".[10] Die Kodex-Kommission sieht auch weiterhin eine klare Trennung von Corporate Governance und Nachhaltigkeit vor. Investoren müssen weiterhin nachhaltige Inhalte im Kontakt mit Unternehmen besonders einfordern. Eine Kombination der beiden Indizes wird mittelfristig jedoch unausweichlich sein.

Die Hauptversammlungsagenden sehen zudem keinen spezifischen Tagesordnungspunkt zur Nachhaltigkeit vor. Nur ein indirektes Abstimmen über die bestehenden Tagesordnungspunkte ist möglich. Bspw. kann der Investor nur bei signifikanten Verstößen den Vorstand und Aufsichtsrat nicht entlasten oder das Vergütungsprogramm aufgrund fehlender nachhaltiger Elemente ablehnen.

[10] Deutscher Corporate Governance Kodex (2012).

3.4 Grundsätze verantwortungsbewussten Investierens

Da die meisten Mandate global investiert werden, ist auch ein globaler Standard für nachhaltiges Asset Management vorteilhaft. Als weithin etabliert und international anerkannt gelten hier die Grundsätze für verantwortungsbewusstes Investment gemäß den UN Principles for Responsible Investment (UN PRI). Die UN PRI-Richtlinien wurden erstmals im Jahr 2006 in einer international gültigen Selbstverpflichtung durch die Vereinten Nationen formuliert. Diese Richtlinien umfassen finanzmarktrelevante Umwelt-, Sozial-, und Governance-Themen. Diese werden unter dem englischen Kürzel ESG (Environmental, Social und Corporate Governance) zusammengefasst.

Bei der aktiven Einflussnahme auf Unternehmen dienen ESG-Kriterien zunehmend als Richtschnur für die Bewertung von Nachhaltigkeit. In Deutschland haben sich entgegen dem internationalen Trend bis Oktober 2013 nur 46 Kapitalmarktteilnehmer den UN PRI-Prinzipien mit ihrer Unterschrift verpflichtet. Insbesondere in der Rolle als aktiver Asset Manager kann darin ein Mittel gesehen werden, um im Interesse von Nachhaltigkeitsmandaten eine nachhaltige Corporate Governance in Unternehmen zu etablieren.[11] Prinzipiell sind die UN PRI ein sehr wirksames und erfolgreiches Mittel, um nachhaltige Inhalte im Kapitalmarkt zu verankern, auch wenn die UN PRI in einzelnen Belangen hinterfragt werden.[12]

4 Aktives Aktionärstum ist Risikosteuerung

4.1 Im Dialog mit Unternehmen

Das aktive Aktionärstum beinhaltet viele Betätigungsfelder. Aktive Asset Manager überprüfen beispielsweise anhand von Nachhaltigkeitskriterien, inwieweit sich die Investition in ein Unternehmen lohnt. Dabei adressieren sie neben wirtschaftlichen Aspekten auch ganz gezielt soziale, ökologische und Corporate-Governance-Themen. Denn eine verantwortungsvollere nachhaltige Unternehmenspolitik entspricht aus ganz wirtschaftlichen Gründen dem Interesse von Investoren. Zum einen, um die Rendite zu verbessern und zum anderen zur Vermeidung von schwer kalkulierbaren Ereignisrisiken. Als

[11] Die vollständige Fassung und die Liste der Unterzeichner der UN PRI-Grundsätze sind unter www.unpri.org abrufbar.

[12] Eine detaillierte Betrachtung zu den UN PRI findet sich bei Gray, T.R. (2009): Investing for the environment? The limits of the UN Principles of Responsible Investment.

Plattform zur Durchsetzung der Nachhaltigkeitskriterien haben sich neben den direkten Unternehmenskontakten vor allem die Redebeiträge und das Abstimmungsverhalten auf Hauptversammlungen bewährt.

4.2 Aktiver Aktionär mit Vote und Voice

Die aktive Einflussnahme ist ein wesentlicher Bestandteil des Engagement-Prozesses. Dieser besteht aus der Stimmrechtsausübung auf Hauptversammlungen (Vote) sowie den Investorengesprächen, Unternehmensbesuchen, der Teilnahme an Hauptversammlungen und der Einflussnahme über externe Kommunikation (z.B. Verbands- und Medienarbeit), was zusammengenommen den konstruktiven Unternehmensdialog darstellt (Voice).

Abbildung 3: Aktiver Aktionär mit Vote und Voice

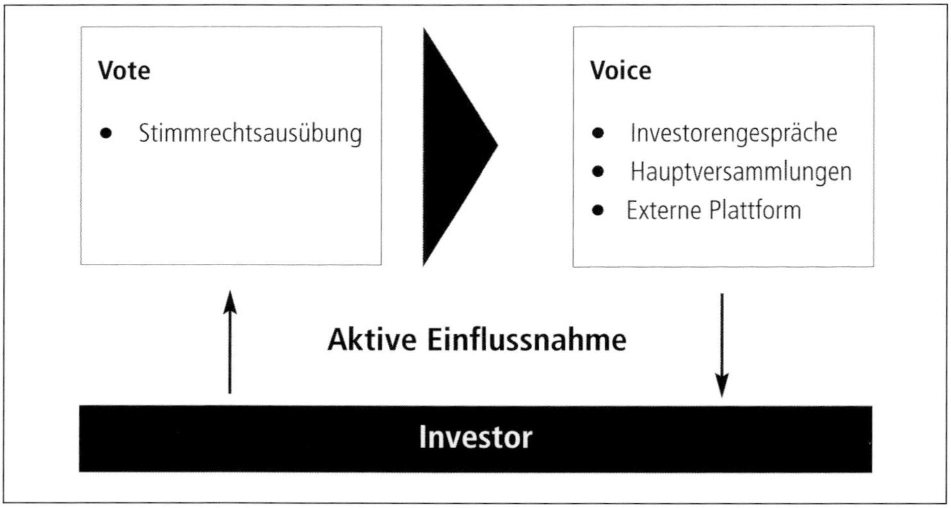

Quelle: Eigene Abbildung

Vote – Stimmrechtsausübung

Ein aktives Portfoliomanagement nimmt auf Hauptversammlungen im Interesse der Anleger und zum Nutzen des betreffenden Investmentvermögens regelmäßig Einfluss auf die Unternehmensführung und Geschäftspolitik von Aktiengesellschaften. Grundsätzlich sollten dabei alle Maßnahmen unterstützt werden, die den Wert des Unternehmens langfristig und nachhaltig steigern und gegen solche stimmen, die diesem Ziel entgegenstehen. Voraussetzung für eine transparente und konsequente Ausübung der anvertrauten Stimmrechte ist eine verbindliche Abstimmungspolitik. Hierfür ist die Festlegung umfassender Abstimmungsrichtlinien, die sich in Teilbereichen (z.B. bei den Kapitalmaßnahmen) an den Empfehlungen des Deutschen Corporate Governance Kodex anlehnen, hilfreich. Um die Nachhaltigkeitsinteressen und Anforderungen der Anleger angemessen zu berücksichtigen, können die Richtlinien bewusst strenger ausgelegt werden als die Empfehlungen des Deutschen Corporate Governance Kodex. Die Richtlinien sollten in einer Proxy-Voting-Policy dokumentiert sein. Investoren sollten gezielt nachhaltige Aspekte in dieser Policy verankern, auch wenn dies – wie bereits erläutert – vom Deutschen Corporate Governance Kodex nicht eingefordert wird.

Voice – konstruktiver Unternehmensdialog

Für einen konstruktiven Unternehmensdialog können eine Vielzahl von Aktivitäten und Initiativen zum Thema Nachhaltigkeit mit der Stimme begleitet werden. Dazu zählten Redebeiträge auf Hauptversammlungen, der direkte Austausch mit Unternehmen sowie Diskussionen auf Plattformen externer Institutionen. Diese Aktivitäten sollten von einem detaillierten globalen Nachhaltigkeitsresearch flankiert werden. Eine enge Verzahnung von Nachhaltigkeits- und Fundamentalresearch führt zu einer inhaltlich unterfütterten Engagementaktivität. Der Voice-Prozess entfaltet in der Praxis die größte Wirkung, wenn nachhaltige Inhalte an das Management im Einzelgespräch kommuniziert werden können. Regelmäßige Gespräche sind dabei die Voraussetzung, um auch die Unternehmensvertreter und die Veränderungen im Unternehmen über die Zeit zu begleiten.[13]

Abbildung 4: Konstruktiver Unternehmensdialog

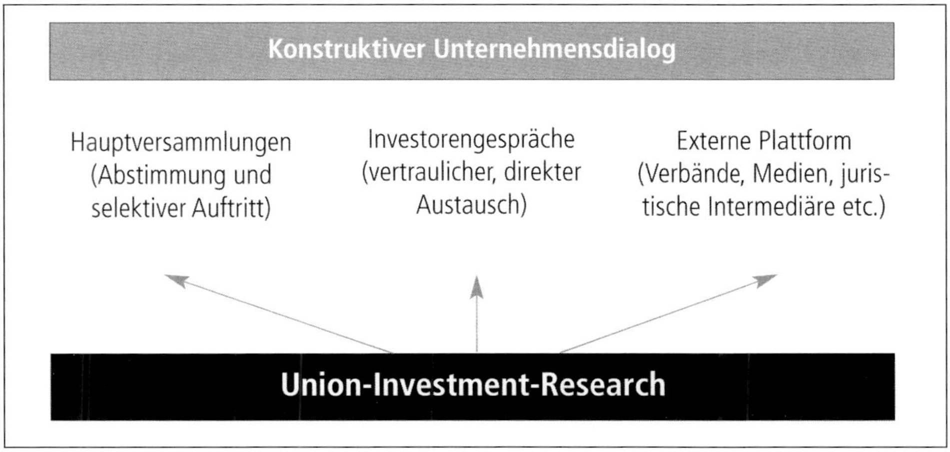

Quelle: Eigene Abbildung

[13] Vgl. Schmidt/Speich (2011): Kritische Themen mit Unternehmen stärker diskutieren.

Der konstruktive Unternehmensdialog muss durch einen systematischen Engagementprozess gekennzeichnet sein, der einerseits ein objektives Vorgehen gewährleistet, die gegebenen Ressourcen optimal nutzt und andererseits sowohl dem Anleger als auch dem Unternehmen gegenüber eine höchstmögliche Transparenz sicherstellt. Dabei haben immer Fakten im Vordergrund zu stehen, die eine Verbesserung des Unternehmens aus Aktionärssicht zur Folge haben. So sind beispielsweise eine politische Agenda, spezielle Weltanschauungen oder emotionale Beweggründe nicht zielführend und sollten daher unbedingt vermieden werden.

Unternehmen befinden sich im ständigen Wandel und die Einflussmöglichkeit von großen Investoren ist nicht zu unterschätzen. Im Rahmen eines konstruktiven Unternehmensdialoges gilt es, Unternehmen vor allem langfristig zu begleiten. Beispielsweise hat Siemens auch aufgrund des Einwirkens auf Investorenseite ein Joint Venture im Nuklearbereich mit AREVA, einem französischen Industriekonzern, der auf dem Gebiet von Energieerzeugungsanlagen tätig ist, aufgegeben sowie eine Minderheitsbeteiligung am Rüstungsunternehmen Krauss-Maffei-Wegmann abgestoßen. Im Gegenzug entwickelte sich Siemens zu einem deutlich nachhaltigeren Unternehmen, indem es das „grüne Produktportfolio“ massiv ausbaute und die gesetzte Zielgröße von 25 Mrd. EUR Umsatz bereits vor dem gesetzten Zieltermin 2011 übertraf. Siemens erhöhte das Umsatzziel für 2014 in dieser Sparte auf inzwischen 40 Mrd. EUR. In der Regel sind die Profitabilität und das Umsatzwachstum in diesem Produktportfolio höher einzuschätzen als die des klassischen Industriegeschäftes und das zahlt sich wiederum für den Investor aus. Als weitere positive Beispiele in diesem Wandlungsprozess gelten BMW und Daimler mit der massiven Reduktion der CO_2-Werte, Daimler mit der Abgabe seiner EADS-Anteile und RWE mit dem Ausbau der Erneuerbaren Energien.

Diese kleine Auswahl an Beispielen zeigt, dass die Adressierung von ESG-Themen durch die Investoren im Rahmen von Managementmeetings und Hauptversammlungen von den Unternehmen durchaus ernst genommen werden. Die steigende Bedeutung von ESG-Aspekten in der Kapitalanlage und die daraus resultierende Legitimation durch den Kapitalmarkt erzeugt einen Handlungsdruck, der die Geschäftspolitik von Unternehmen nachhaltig beeinflussen kann.

5 Engagement gewinnt an Bedeutung

Skandale, negative Berichterstattung in der Öffentlichkeit, einseitige Orientierung auf kurzfristigen Gewinn – all dies kann sich negativ auf den Börsenkurs von Unternehmen auswirken. Immer mehr Privatanleger und institutionelle Investoren orientieren sich deshalb nicht mehr nur an der Dividende oder den Vergütungsmodellen für das Management. Sie wollen ihre Aktionärsrechte auch für die Umsetzung einer verantwortungsvollen Wirtschaftsweise einsetzen, damit Unternehmen, in die sie investiert sind, auch langfristig erfolgreich wirtschaften.

So sind nachhaltige Investments inzwischen zwar in aller Munde, aber längst noch nicht in den Portfolios aller Investoren: Gaben im Jahr 2011 bereits knapp 42% der Großanleger an, ihre Rolle als aktiver Investor auf- oder ausbauen zu wollen, so sind es in 2012 schon 47%. Zunehmende Bedeutung für die nachhaltige Kapitalanlage institutioneller Investoren erhalten ebenso die Prinzipien der Vereinten Nationen für verantwortungsvolles Investieren (UN PRI). 67% der Großanleger, die diese Prinzipien kennen, setzen sich mit den darin enthaltenen Standards und Anforderungen auseinander. 21% von ihnen gaben 2012 an, die UN PRI bereits unterzeichnet zu haben, zwölf % planten eine Unterzeichnung in nächster Zukunft. Auch der aktive Dialog mit Unternehmen, in die man investiert hat, scheint als Instrument der Nachhaltigkeitssteuerung seinen Platz im Repertoire von Großanlegern gefunden zu haben. Fast ein Viertel der Investoren nutzte 2012 dieses Instrument zur Durchsetzung von ESG-Aspekten.[14]

Es ist kaum zu übersehen, dass die Berücksichtigung von Kriterien des nachhaltigen Investments inzwischen einen Wertewandel im institutionellen Asset Management in Gang gesetzt hat. Damit wächst der Bedarf an kundengerechten Lösungen, obgleich bei manchen Investoren offensichtlich noch Unklarheit hinsichtlich der individuell passenden Konzeption und der Umsetzbarkeit im eigenen Investmentprozess herrscht. Dies macht im Asset Management innerhalb eines konzeptionell ausgerichteten Nachhaltigkeitsansatzes auch einen mehrdimensionalen Engagement-Ansatz erforderlich, bei dem der konstruktive Dialog mit Unternehmen im Mittelpunkt steht und der letztlich auf eine nachhaltige Wertsteigerung der verwalteten Vermögenswerte abzielt.

Literatur

Belz, Frank-Martin/Bilharz, Michael, (2005): Einführung in das Nachhaltigkeits-Marketing, in: Belz, Frank-Martin/Bilharz, Michael (Hrsg.): Nachhaltigkeits-Marketing in Theorie und Praxis, Wiesbaden.

Deutscher Corporate Governance Kodex, (2012): Deutscher Corporate Governance Kodex, aufgerufen am 30.12.2012: http://www.corporate-governance-code.de/ger/archiv/index.html.

Europäische Kommission, (2012): Aktionsplan: Europäisches Gesellschaftsrecht und Corporate Governance – ein moderner Rechtsrahmen für engagiertere Aktionäre und besser überlebensfähige Unternehmen, Zugriff am 30.12.2012: http://ec.europa.eu/internal_market/company/docs/modern/121212_company-law-corporate-governance-action-plan_de.pdf.

[14] Union Investment (2012), Ergebnisbericht zur Nachhaltigkeitsstudie 2012.

Gray, Taylor R., (2009): Investing for the environment? The limits of the UN Principles of Responsible Investment, Young Scholars Finance Academy, London.

Rat für nachhaltige Entwicklung, (2012): Dialogue „German Sustainability Code“, Zugriff am 06.01.2013: http://www.nachhaltigkeitsrat.de/en/projects/projects-of-the-council/deutscher-nachhaltigkeitskodex.

Research Center For Financial Services – Steinbeis-Hochschule Berlin, (2013): Nachhaltige Investments aus dem Blick der Wissenschaft: Leistungsversprechen und Realität. Analysebericht, München.

Schmidt, Michael/Speich, Ingo, (2009): Dynamisches Risikomanagement durch Nachhaltigkeit, in: Börsenzeitung, Vol. 47, 10.03.2009, S. 4.

Schmidt, Michael/Speich, Ingo, (2010): Eigenes Nachhaltigkeitsresearch fördert Glaubwürdigkeit, in: Börsenzeitung, Vol. 35, 20.02.2010, S. B2.

Schmidt, Michael/Speich, Ingo, (2011): Kritische Themen mit Unternehmen stärker diskutieren, in: Börsenzeitung, Vol. 45, 05.03.2011, S. B2.

Union Investment, (2012): Ergebnisse TED-Umfrage. 7. Risikomanagement-Konferenz von Union Investment, Mainz 2012, Zugriff am 06.01.2013: http://institutional.union-investment.de/docme/fonds/themen/uin/risikomanagement/risikomanagementkonferenz/siebte_rm_konferenz/TED_2012.pdf.

Union Investment, (2012): Nachhaltiges Vermögensmanagement institutioneller Anleger, Ergebnisbericht zur Nachhaltigkeitsstudie 2012 von Union Investment, aufgerufen am 06.01.2013: http://institutional.union-investment.de/downloads/uin/1994c5d46b4036804d094351db3fe2b4.0.0/NachhaltigeKapitalanlagen_Ergebnisbericht_zur_Nachhaltigkeitsstudie_2012.pdf.

Union Investment, (2012): Nachhaltige Kapitalanlagen. Chancen nachhaltig nutzen, Zugriff am 06.01.2013: http://institutional.union-investment.de/downloads/uin/0e88c469d51108f6c1ec6e929e498bc6.0.0/A4_Nachhaltigkeit.pdf.

UN PRI, (2013): The six Principles for Responsible Investments, Zugriff am 18.11.2013: http://www.unpri.org/about-pri/the-six-principles/.

Institutionelle Investoren – Motive und Bedeutung

Christoph Klein

1 Einleitung

Die Finanzkrise seit 2007, aber auch Faktoren wie zunehmende Ressourcenvernichtung, Umweltverschmutzungen, Anforderungen aus globalem Bevölkerungswachstum und Klimawandel haben bei vielen Investoren zu einem Umdenken geführt. Eine reine Optimierung kurzfristiger Renditen reicht nicht mehr aus. Verantwortliches Investieren bedeutet ein eigenständiges, sorgfältiges und vorausschauendes Einschätzen verschiedenster Risiken. Es wird von Investoren erwartet, über den „Tellerrand" hinauszuschauen und sich frühzeitig bzw. permanent auch mit unwahrscheinlichen, aber möglichen Ereignissen und Rahmenbedingungen zu beschäftigen. Auch wenn in den letzten Jahren eher die Politik der Zentralbanken die Entwicklung der Kapitalmärkte bestimmte und weniger einzelbetriebliche Fundamentaldaten, sind Analysten und Portfoliomanager aus Erfahrung und Vorsicht angehalten, ihr sorgfältiges „Bottom-up-Research" weiter zu betreiben – auch wenn es momentan wenig honoriert wird.

Als Beispiel soll die Anlage in Unternehmensanleihen dienen. Hier erwarten Investoren von ihren Vermögensverwaltern eigenständige Bonitätsanalysen und -prognosen. Das Ziel ist es, Schäden aus Zahlungsstörungen wie z. B. einen Konkurs rechtzeitig vorauszusehen, zu vermeiden, oder die daraus entstehenden Verluste zu reduzieren. Ein alleiniges Vertrauen auf die Einschätzung von Ratingagenturen ist für viele Investoren nicht mehr ausreichend. Zur Bonitätsanalyse werden geeignete „klassische" Faktoren wie Verschuldungsgrad, Stabilität der Operating Cash Flows etc. genutzt.[1] Zusätzlich werden nun zunehmend weitere sogenannte „Key Performance Indicators (KPIs)" einbezogen, die für die künftige Bonitätsentwicklung als relevant eingeschätzt werden.[2] Diese KPIs decken dabei vielfältige Bereiche ab, wie die langfristige Sicherstellung der Wasserversorgung des Betriebes (Environmental), die Reputation der Mitarbeiterführung als Erfolgsfaktor im künftig erwarteten Wettbewerb um zunehmend knappe Fachkräfte (Social), aber auch die transparente Unternehmensführung, die den Interessen möglichst aller Anspruchsgruppen gerecht wird (Governance).[3]

Von besonderem Interesse ist die Verzahnung klassischer und nachhaltiger Faktoren, da sie strategische ökonomische Wechselwirkungen aufweisen. Aufgrund der Bedeutung und Komplexität ist ein detailliertes integriertes Reporting aus Investorensicht wünschenswert.

---

1 Caouette, John, B./Altman, Edward, I./Narayanan, Paul (1998): Managing Credit Risk, New York, S. 85 ff.

2 Klein, Christoph (2013): Reduzierung der Marktvolatilität durch Bondkommunikation, in: Hasler, Peter, T. et. al., Praxishandbuch Debt Relations, Wiesbaden, S. 517 f.

3 Bassen, Alexander (2010): Finanzkommunikation aus Sicht von Investment Professionals, in: Kapitalmarkt in Theorie und Praxis, Hrsg. Rau, Fritz, H., Merk, Peter, Frankfurt am Main, S. 433 ff.

2 Die Entwicklung der Begriffe für Nachhaltigkeit

Die Anfänge des nachhaltigen Investierens lagen in der Definition und Anwendung von Ausschlusskriterien, häufig vor einem ethischen Hintergrund. Diese Kriterien waren höchst unterschiedlich motiviert und nur schwer zu systematisieren. Es folgten breitere Konzepte wie Sustainability, Social Responsible Investing (SRI) und Corporate Social Responsibility (CSR). Auch hier war eine präzise global akzeptierte Beschreibung und Abgrenzung kaum möglich. Erst seit etwa zehn Jahren haben sich in der Forschung, aber auch in der Praxis die Begriffe Environmental, Social, Governance (ESG) etabliert und durchgesetzt, die auf einer Vielzahl von „Key Performance Indicators“ beruhen. Diese Indikatoren sollten für jede Branche spezifisch ausgewählt werden und quantifizierbar sein, um effektive Vergleiche zu ermöglichen.[4] Organisationen wie z.B. die United Nations Principles of Responsible Investing (UN PRI) haben dabei in Kooperation mit wichtigen Investoren eine Standardisierung geschaffen, die die Kommunikation, aber auch die praktische Anwendung erleichtern.

3 Motive der Investoren für nachhaltige Investitionen

In Gesellschaft und Medien werden globale Trends wie der Verbrauch von Ressourcen und Klimawandel, demografische Entwicklungen, aber auch neue Technologien und zunehmende Regulierung verschiedener Sektoren diskutiert. Diese Trends sind ökonomisch bedeutsam und betreffen langfristig auch institutionelle Investoren.

[4] Eurosif (2009): Public Policy Position related to Sustainable and Responsible Investment („SRI“), 14.4.2009, S. 2.

Nach einer Umfrage von Eurosif gibt es jedoch noch weitere Beweggründe für nachhaltige Investitionen:[5]

Abbildung 1: Gründe für die Beratung bzgl. nachhaltiger Investments auf Seiten europäischer institutioneller Investoren

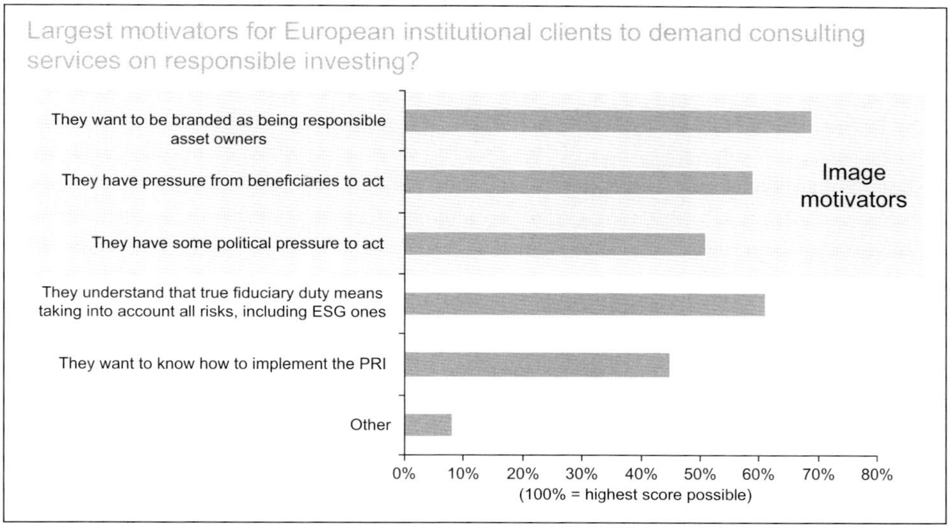

Quelle: Eurosif Investment Cosultants & Responsible Investment Study 2009

[5] Eurosif (2009): Investment Consultants & Responsible Investment Study.

Eine weitere Studie von Eurosif zeigt die Dynamik der wichtigen Motive nachhaltigen Investierens:[6]

Abbildung 2: Motive für nachhaltiges Investieren

Quelle: Eurosif European SRI Study 2012

Gesellschaftlicher Druck scheint hier die gesetzlichen Vorgaben zu verschärfen. Der erste Platz wird aber durch die eigenständige Nachfrage von Institutionellen nach nachhaltigen Investitionen belegt. Viele Investoren sehen es als „Fiduciary Duty" an, ESG-Kriterien in ihren Vermögensanlagen zu berücksichtigen, um potenzielle Risiken frühzeitig zu erkennen. Wenn es in einem Investmentprozess, der ESG-Kriterien einschließt, gelingt, Risiken zu reduzieren und durch diese Analyse schwach performende Wertpapiere vermieden werden, sollten sogar höhere Erträge aus der Investition erzielbar sein. Eine erwartete relative Outperformance – insbesondere risikoadjustiert – ist eine starke Motivation für institutionelle Investoren.

[6] Eurosif (2012): European SRI Study.

Interessant ist auch die Fragestellung, warum institutionelle Investoren nicht nachhaltig investieren:[7]

Abbildung 3: Hinderungsgründe für die Einführung nachhaltiger Investments

Quelle: Eurosif Investment Consultants & Responsible Investment Study 2009

Es zeichnet sich ab, dass nachhaltiges Investieren als langfristiger Prozess verstanden wird, der ressourcenaufwendig ist (Mitarbeiter, Research) und momentan (noch) nicht angemessen honoriert und bezahlt wird. Vereinzelt gibt es Kritiker, die prinzipiell vermuten, dass ein ESG-Ansatz zu geringeren erwarteten Renditen führt. Dass dies nicht so sein muss, soll später im Kapitel 5 zum Thema ESG-Implementierung und Portfoliokonstruktion gezeigt werden.

[7] Eurosif (2009): Investment Consultants & Responsible Investment Study.

4 Die Bedeutung nachhaltiger Investitionen

Trotz der im vorherigen Abschnitt geschilderten Schwierigkeiten ist das Wachstum nachhaltiger Investitionen beeindruckend.[8] Das nach ESG-Kriterien verwaltete Vermögen hat sich in knapp zehn Jahren fast verfünffacht. Weiterhin zeigt die Grafik unten, dass der Anteil europäischer Investoren sehr stark zugenommen hat. Dabei dominieren institutionelle Investoren mit ca. 94% sehr deutlich gegenüber Retail Investoren.[9] Hier gelten insbesondere Investoren aus Skandinavien und den Niederlanden als sehr fortschrittlich.

Abbildung 4: Starkes Wachstum globaler ESG-Investitionen

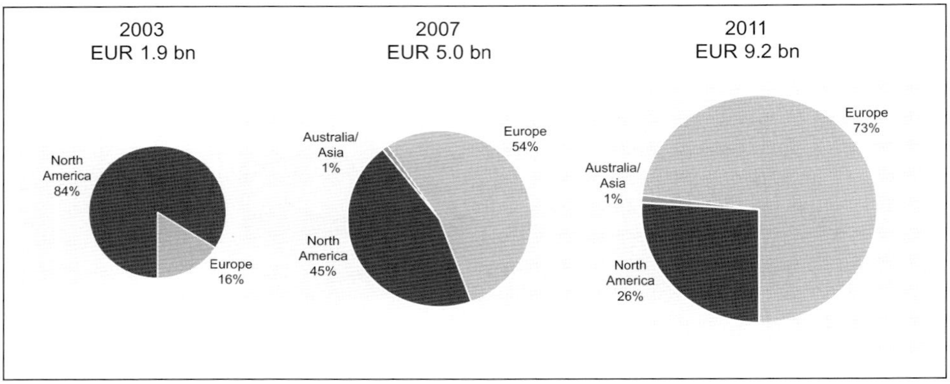

Quelle: Eurosif European SRI Study 2012, US SIF 2010 Socially Responsible Investing Trends in the US, BCG Report Global Asset Management 2012

[8] Eurosif (2012): European SRI Study, US SIF (2010): Socially Responsible Investment Trends in the United States, BCG Report (2012): Global Asset Management.

[9] Eurosif (2012): European SRI Study.

Besonders hoch ist der Anteil nachhaltiger Investoren in den Asset-Klassen Unternehmensanleihen und Immobilien, wie die folgende Grafik zeigt:[10]

Abbildung 5: Anteil der von UN PRI Signatories verwalteten Vermögen

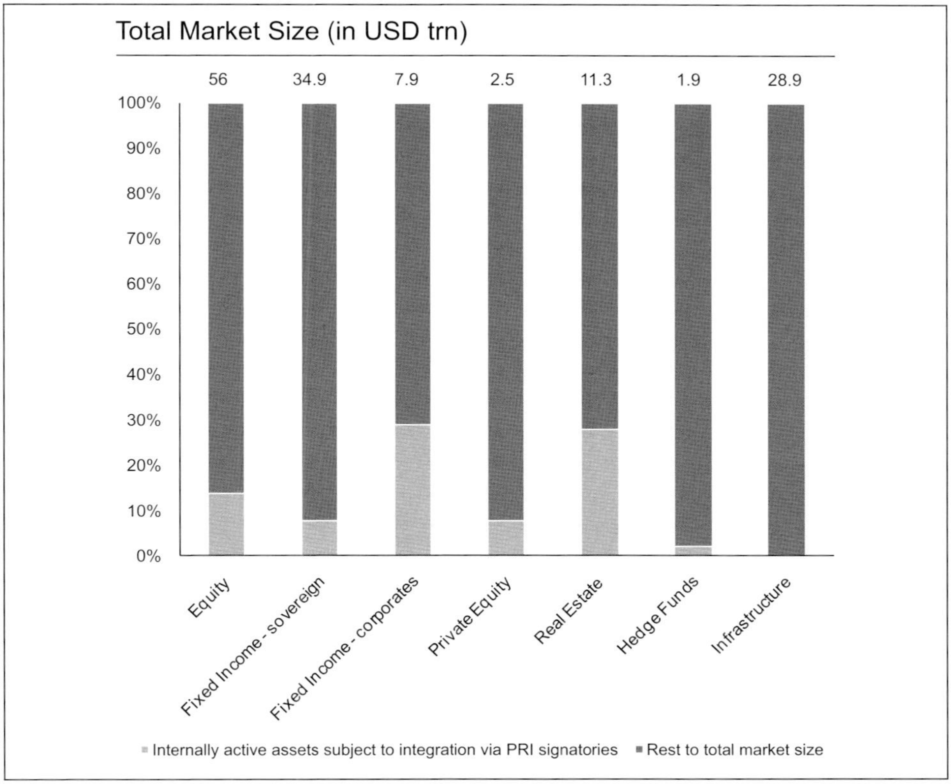

Quelle: UN PRI Report on Progress 2011

[10] UN PRI (2011): Report on Progress.

Neben den verwalteten Vermögen ist auch eine zweite Perspektive von Bedeutung: Die Vereinten Nationen haben die Principles of Responsible Investing aufgestellt (UN PRI) und Investoren gebeten, diese Grundprinzipien des nachhaltigen Investierens anzuerkennen. Diese Investoren gelten als sogenannte UN PRI Signatories. 2013 ist die Zahl auf knapp 1.200 Unterzeichner aus 50 Ländern angestiegen. Das verwaltete Vermögen dieser Investoren entspricht etwa 10% des globalen Kapitalmarktvolumens. Beeindruckend ist die Dynamik der Entwicklung, wie in folgender Abbildung dargestellt wird:[11]

Abbildung 6: Übersicht der Investoren, die die UN PRI anerkannt haben

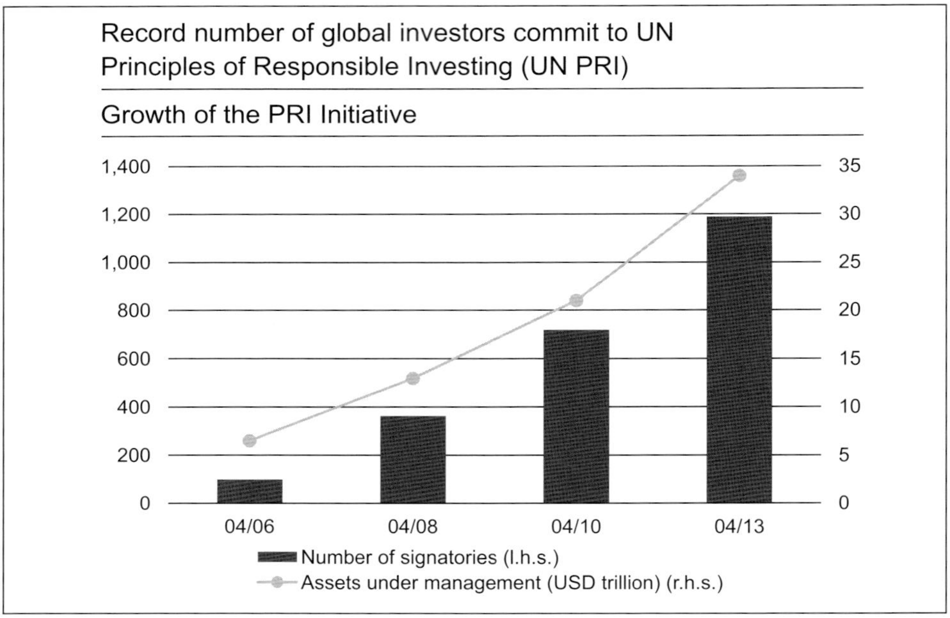

Quelle: UN PRI Annual Report, Mai 2012

Künftig werden UN PRI Signatories präzise und transparent aufzeigen müssen, wie genau sie nachhaltig investieren, z. B. welche ESG-Investmentprozesse erstellt und eingesetzt werden und die Implementierung in Portfolios erfolgt. Die Beantwortung des Fragebogens ist umfangreich und bindet erhebliche Ressourcen bei Investoren. Es ist daher möglich, dass die Zahl der Signatories aufgrund dieser erhöhten Anforderungen temporär zurückgeht. Unterschreiben alleine reicht nicht mehr.

[11] UN PRI (2013): Annual Report Mai.

5 Verschiedene Wege der Portfolioimplementierung

In diesem Teil werden verschiedene Wege vorgestellt, wie institutionelle Investoren nachhaltig investieren. Dazu wird beispielhaft auf die Asset-Klasse Unternehmensanleihen eingegangen.

5.1 Ausschlusskriterien

Die älteste Form des nachhaltigen Investierens ist die Einführung von Ausschlusskriterien. Der Katalog der Kriterien wird von den Investoren und deren Aufsichts- und Beratungsgremien festgelegt. Die UN PRI hat die Hersteller von Sreubomben weltweit ausgeschlossen, so dass UN PRI Signatories derartige Aktien und Unternehmensanleihen prinzipiell nicht kaufen dürfen.

5.1.1 Schwierigkeit bei der Festlegung von Kriterien

Die Ausschlusskriterien werden üblicherweise von institutionellen Investoren gesetzt. So gibt es Investorengruppen, die Investitionen in Alkoholhersteller oder Firmen, die Kinderarbeit unterstützen, untersagt. Gerade der letztere Fall ist schwierig: Eine Welt ohne Kinderarbeit ist erstrebenswert. Es gibt leider einige Regionen in der Welt, in denen Kinder wesentlich zum Familieneinkommen beitragen müssen, um das Überleben zu sichern. Wird Kinderarbeit nun global prinzipiell verboten, ohne für Alternativen zu sorgen, könnte das ganz ungewollte negative Folgen haben. Wichtige Organisationen unterscheiden sorgfältig zwischen verbotener Kinderausbeutung und Kinderarbeit. Es gelten Anforderungen wie ein Mindestalter von 12 Jahren, der Zugang zu Schulbildung und medizinischer Versorgung, die strikt und permanent eingehalten und kontrolliert werden. Als weiteres Beispiel für die Schwierigkeit genereller Ausschlusskriterien soll das Verbot der Aufnahme von Waffenherstellern dienen. Darf die Polizei folglich nicht mehr mit Schusswaffen ausgerüstet werden? Wie schützt sich eine Gesellschaft dann gegen gefährliche Gewalttäter?

Derartige Fragestellungen sind für Investoren und Vermögensverwalter wichtig, um nachhaltige Ziele zu erreichen und nicht ungewollte Probleme zu verursachen. Aufgrund der hohen Komplexität und vielschichtigen Perspektiven arbeiten viele Investoren mit Gremien zusammen, die z.B. aus Akademikern, Klerikern, Philosophen und Hilfsorganisationen bestehen.

Aus Sicht der Portfoliokonstruktion sind Ausschlüsse bestimmter Sektoren möglicherweise schwierig, da das Universum der Anlagemöglichkeiten reduziert wird, ohne dass ähnliche Alternativen verfügbar sind. Im Bereich der Unternehmensanleihen gelten Alkoholproduzenten als stabil. Vergleichsweise sind deren Cash Flows relativ hoch und wenig zyklisch. Ein Ausschluss des Sektors wird die Charakteristika auch eines breit gestreuten Portfolios verschieben und relative Risiken (ungewollt) erhöhen.

5.1.2 Fragen der konsequenten Anwendung

Eine weitere Schwierigkeit stellt die Frage der Konsequenz dar. Wenn zum Beispiel Alkohol strikt ausgeschlossen werden soll – wie geht der Investor dann z.B. mit Supermarktketten um, die auch alkoholhaltige Getränke verkaufen? Konsequenterweise müssten dann auch Mineralölkonzerne ausgeschlossen werden, da deren Tankstellen-Niederlassungen ebenfalls Alkohol anbieten. Einige Investoren setzen diesbezüglich Grenzen; lediglich 5% des Umsatzes darf aus dem Handel mit Alkoholerzeugnissen generiert werden. Dabei stellt sich die Frage, wie genau die Prozentzahl festgelegt wird und ob die Berichterstattung der Firmen ausreicht, um eine permanente Kontrolle zu erreichen.

5.2 „Best-in-Class"-Ansätze

Eine alternative Vorgehensweise nachhaltiger Investoren sind sogenannte „Best-in-Class"-Ansätze. Hier werden keine ganzen (Sub-)Sektoren ausgeschlossen, sondern es wird innerhalb der einzelnen Sektoren eine relative Bewertung anhand der schon besprochenen ESG-„Key Performance Indikators" vorgenommen. Auch diese Aufgabe ist aufgrund der Vielzahl der Faktoren anspruchsvoll. Der ESG-Research-Anbieter Sustainalytics nutzt ca. 160 Indikatoren aus den Bereichen ESG. Einige wenige sollen in dieser Übersicht exemplarisch gezeigt werden:[12]

[12] Deutsche Asset & Wealth Management; Sustainalytics, 2013.

Abbildung 7: Auswahl einiger ESG-Faktoren

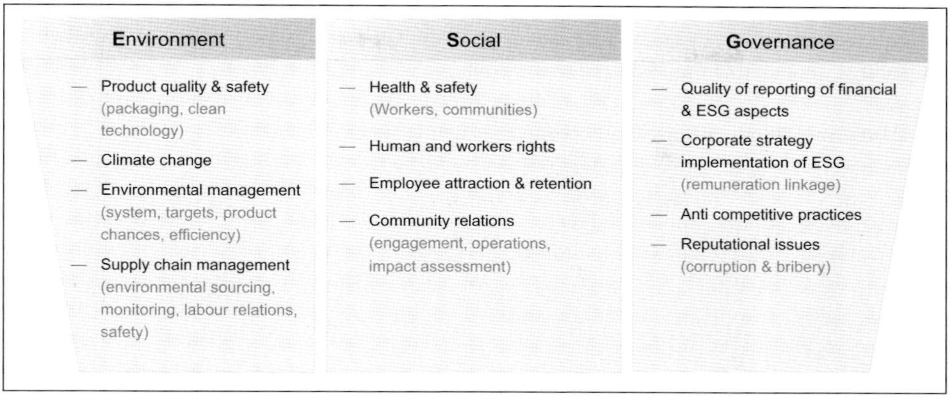

Quelle: Deutsche Asset & Wealth Management (DeAWM) 2013

Um das Beispiel Alkohol weiterzuführen, soll angenommen werden, dass Alkoholproduzenten nun prinzipiell erlaubt seien. Ein Alkoholhersteller, der mit Werbung gezielt Minderjährige anspricht, Mitarbeitergruppen diskriminiert und kein umweltfreundliches Abfallmanagement betreibt, wird ein sehr schwaches ESG-Rating erhalten und ganz sicher nicht als „best in class“ hervorgehen.

Die Kunst ist nun, aus den Ausprägungen der ca. 160 ESG-Faktoren Scores für jeden Emittenten zu erstellen und aus diesen wiederum transparente ESG-Ratings. Hierzu bedarf es eines guten, detaillierten Research-Inputs und einer ESG-Rating-Methodologie. Als Ergebnis erhalten Investoren ESG-Ratings für jede Position (hier für jeden Emittenten). Bei der DeAWM wurde entschieden, für beste ESG-Ratings die Note A, für die schlechtesten die Note F zu vergeben.

5.2.1 Dezidierte ESG-Portfolien

Ein dezidiertes ESG-Portfolio könnte so konstruiert werden, dass im Unterschied zu 5.1 alle Sektoren prinzipiell zugelassen werden, aber die Emittenten ein Minimum-ESG-Rating von D aufweisen müssen. Relativ schwache ESG-Ratings E und F werden ausgeschlossen. Bei dieser Vorgehensweise muss es nicht dazu kommen, dass ungewollte Sektorabweichungen zwischen Portfolio und Benchmark entstehen. Allerdings kann es sein, dass ein nach „klassischen“ Kriterien besonders attraktiver Emittent ausgeschlossen wird.

Vorteile solcher ESG-Portfolios mit Minimum-ESG-Ratings sind die Transparenz und einfache Verständlichkeit. Ein ESG-Reporting zeigt die ESG-Rating-Verteilung des Portfolios gegenüber der Benchmark. Ein derartiges Reporting ist sowohl für Kunden als auch für Aufsichtsgremien leicht verständlich.

Abbildung 8: ESG-Rating-Verteilung Portfolio versus Benchmark

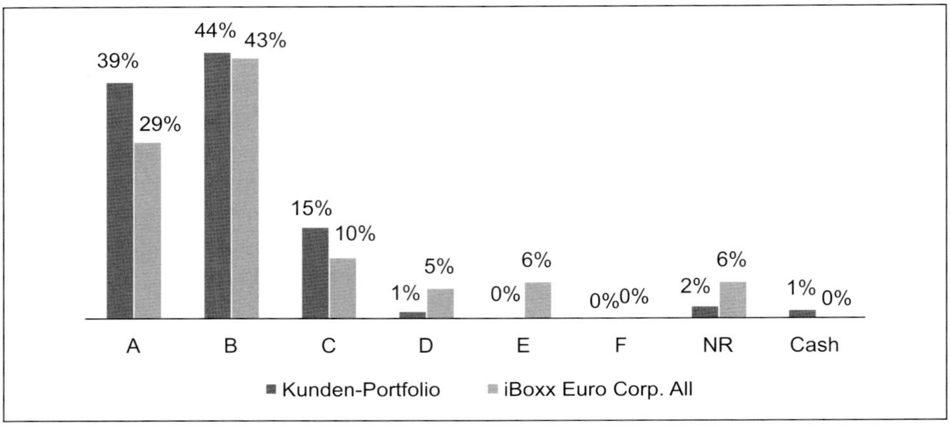

Quelle: DeAWM 2011

5.2.2 Plattformweiter Einsatz bei Investmentprozessen

Einige Investoren verfolgen weiterhin eine reine Ertragsoptimierung, verlangen jedoch gleichzeitig die Einbeziehung von ESG-Kriterien. Derartige Mandate und Fonds gelten als aktuelle „Mainstream Investments". Hier ist der kritische Fall genau der Emittent, der nach „klassischen" Merkmalen sehr attraktiv ist, aber ein schwaches ESG-Rating aufweist. Die DeAWM hat folgende Vorgehensweise und plattformübergreifende Regel eingeführt: Der oben beschriebene Emittent darf gekauft oder gehalten werden, wenn:

1. der Analyst und die Portfoliomanager die Risiken im Detail kennen. Warum ist das ESG-Rating so schwach? Gibt es "Critcal Incidents" und "Controversial Issues"? Was sind potenzielle "Worst case" und "Fat tail events"?

2. die Anleihe sehr günstig ist (im Falle von Unternehmensanleihen besonders weiter Credit Spread), so dass die ESG-Risiken überkompensiert werden.

3. eine positive Dynamik erkennbar ist. Sind dem Unternehmensmanagement die ESG-Probleme bewusst? Wird ausreichend gegengesteuert sowie spezielle Vorkehrungen getroffen?

Für den Punkt 3. kommt ein wichtiges Element des aktiven nachhaltigen Investors hinzu: Engagement. Durch gezieltes Nachfragen, konstruktive Kritik, Verbesserungsvorschläge und intensive Diskussion wird versucht, Unternehmen zu einer Verbesserung der Key Performance Indicators zu bewegen. Gelingt dies, wird sich das ESG-Rating verbessern, die Bonität zunehmen, der Credit Spread sinken und die Unternehmensanleihe outperformen. Gleichzeitig kann sogar ein realer Impact erreicht werden, der sich mit Zielen des nachhaltigen Investors deckt wie etwa die Verbesserung des Klimaschutzes.

ESG-Risiken werden ganz bewusst und gezielt eingegangen, aber gleichzeitig intensiv kontrolliert, um Verbesserungen zu erreichen. Diese Vorgehensweise ist zwar besonders arbeitsintensiv, aber zugleich äußerst vielversprechend, was die Ertragserwartung und den Impact angeht.

5.3 Bedeutung der Kommunikation

Die Kommunikation mit allen Beteiligten ist für den Erfolg der nachhaltigen Anlage entscheidend. Welche Ziele werden langfristig verfolgt? Könnten Zielkonflikte entstehen, z.B. dadurch dass eine Entscheidung andere Ziele negativ beeinflusst? Welche Konsequenzen ergeben sich aus bestimmten Entscheidungen? Gemeinsame Diskussionen verbessern i.d.R. die Entscheidungsfindung bei komplexen Zusammenhängen und schwierigen ethischen Fragestellungen. So wird des gegenseitige Vertrauen erhöht und das Risiko potenziell enttäuschter Erwartungen gemindert.

Kommunikation mit dem Investor (Anleger)

Der institutionelle Investor legt üblicherweise die Ziele und Anlagerestriktionen und damit den Rahmen für einen Vermögensverwalter fest. Der Verwalter sollte frühzeitig die erwarteten Auswirkungen auf relative Risiken, Performanceerwartungen, aber auch weitere potenzielle Zielkonflikte frühzeitig aufzeigen. Normalerweise sind Kundenbeziehungen im Asset Management langfristig – insbesondere dann, wenn Mandate komplex sind und besondere abgestimmte Investmentprozesse wie eine ESG-Implementierung enthalten. Dann ergibt sich über viele Jahre z.B. bei regelmäßigen Anlageausschusssitzungen die Möglichkeit, zu diskutieren, Kriterien und Methoden im Investorensinne zu verbessern und/oder den realen Impact zu erhöhen.

Kommunikation zwischen Investoren

Nachhaltiges Investieren ist noch recht neu. Zugleich ist das Themengebiet des nachhaltigen Investierens besonders komplex. Organisationen wie die UN PRI bieten Arbeitsgruppen für interessierte und engagierte Investoren an, um sich auszutauschen, aber auch, um Industriestandards für Begriffe und Methoden zu definieren. Dort angesprochene Anregungen können dazu führen, dass selbst erfahrene ESG-Investoren den Investmentprozess oder die Portfolioimplementierung weiter verbessern.

Kommunikation innerhalb der Investment-Plattform

ESG-Investmentprozesse sind schwierig, komplex und arbeitsreich. Es muss das Ziel sein, alle Analysten und Portfoliomanager einzubeziehen und Mindestvoraussetzungen und -standards permanent weiterzuentwickeln. Andererseits könnten sich für einen Vermögensverwalter Reputationsrisiken ergeben, wenn in einem Subsektor gravierende ESG-Risiken nicht bekannt sind oder trotz Kenntnis nicht analysiert wurden. Um eine disziplinierte plattformweite Umsetzung zu erreichen, ist die unbedingte Unterstützung des Senior Managements unverzichtbar.

Kommunikation mit Firmen und Staaten (Engagement)

Wie im Abschnitt 5.2.2. beschrieben, stellt das Engagement die „Königsdisziplin“ dar. Hier nutzt der Investor seinen Einfluss oder seine Kenntnis, Entscheidern von Firmen oder Staaten den Sinn von verbesserten ESG-Verhalten und Mindeststandards nahezubringen. Dieses Vorgehen kann Investmentrisiken reduzieren und erfreulicherweise zu einer spürbaren realen Verbesserung einer Vielzahl von mittelbar oder unmittelbar Beteiligten führen.

Kommunikation mit Consultants und Verbänden

Consultants beraten institutionelle Investoren bei der Auswahl aktiver Vermögensverwalter und beurteilen deren Anlageerfolg, eingegangene Risiken, Ressourcen und Investmentprozesse. Dabei hat die Einbeziehung von ESG-Kriterien erheblich an Bedeutung gewonnen. Ein guter ESG-Investmentprozess reicht alleine nicht aus, um ein Mandat zu gewinnen, aber es kommt immer häufiger vor, dass ein Vermögensverwalter ohne Erfahrung und fundierte Kenntnisse im nachhaltigen Investieren bei der Auftragsvergabe erst gar nicht in die engere Wahl gezogen wird.

Unter den Verbänden und Organisationen wurden bisher nur die United Nations erwähnt. Es gibt jedoch eine Vielzahl weiterer Institutionen wie z.B. das Carbon Disclosure Project oder die DVFA, die sich sehr um nachhaltige Investitionen bemühen und bereits verdient gemacht haben. Sie bieten oftmals Plattformen im Rahmen von Konferenzen an oder Research-Arbeiten. Dadurch erhöhen sie die Marktdurchdringung und tragen zu einer verbesserten und effektiveren Kommunikation zur Erreichung von (ESG)-Investmentzielen bei.

6 Fazit

Institutionelle Investoren beschäftigen sich zunehmend mit nachhaltigen Investmentprozessen. Das zeigt sich in dem deutlichen Anstieg der nach ESG-Kriterien verwalteten Vermögen, wobei Unternehmensanleihen und Immobilien als führende Asset-Klassen angesehen werden können. Auch die Anzahl der UN PRI Signatories ist in den letzten Jahren stark angestiegen.

Vermögensverwalter, die nur geringe Expertise in ESG-Investmentprozessen vorweisen können, werden seltener mandatiert.

Es wird davon ausgegangen, dass nachhaltiges Investieren weiter an Bedeutung gewinnen wird. Das sollte insgesamt zu einer Reduktion künftiger Investitionsrisiken führen, da weitere Risikofaktoren vorausschauend analysiert und ungewollte Risiken minimiert werden.

Ein realer Impact kann durch gezielte, ESG-konforme Vermögensanlagen sowie durch das Engagement informierter Investoren erreicht werden. Damit können sogar langfristige und komplexe Aufgaben wie Klimaschutz oder bessere Arbeitsbedingungen in Entwicklungsländern konstruktiv angegangen werden.

Literatur

Bassen, Alexander, (2010): Finanzkommunikation aus Sicht von Investment Professionals, in: Kapitalmarkt in Theorie und Praxis, Hrsg. Rau, Fritz, H./Merk, Peter, Frankfurt am Main.

Caouette, John, B./Altman, Edward, I./Narayanan, Paul, (1998): Managing Credit Risk, New York.

Eurosif, (2009): Investment Consultants & Responsible Investment Study.

Eurosif, (2009): Public Policy Position related to Sustainable and Responsible Investment („SRI“), 14.4.2009.

Eurosif, (2012): European SRI Study.

Grober, Ulrich, (2010): Die Entdeckung der Nachhaltigkeit, Kulturgeschichte eines Begriffs, München.

Klein, Christoph, (2013): Reduzierung der Marktvolatilität durch Bondkommunikation, in: Hasler, Peter T. et. al.: Praxishandbuch Debt Relations, Wiesbaden.

Principals for Responsible Investment (PRI), (2011): Report on Progress.

Principals for Responsible Investment (PRI), (2013): Annual Report.

The Boston Consulting Group (BCG), (2012): Capturing Growth in Adverse Times: Global Asset Management.

US SIF, (2010): Socially Responsible Investment Trends in the United States.

Nachhaltige Geldanlage und Versicherungen

Axel Wilhelm

1 Einleitung

Die Versicherungswirtschaft ist aufgrund ihrer Größe und zentralen Stellung eine volkswirtschaftliche Schlüsselbranche. Allein in Deutschland verwalten derzeit 580 Versicherungsunternehmen 457 Millionen Versicherungsverträge.[1] Die weltweiten Beitragseinnahmen aller Erstversicherer werden für das Jahr 2011 mit 4,6 Bio. USD angegeben.[2]

Das Prinzip der kollektiven Risikoübernahme ist wesentlich für das Funktionieren eines modernen Wirtschaftssystems. Ereignisse, deren Folgen für einzelne Wirtschaftsteilnehmer untragbar sind, verlieren durch Versicherung ihren existenzbedrohlichen Charakter. Insofern stellt das Prinzip Versicherung per se „eine hochstehende und ethisch wertvolle Form gesellschaftlicher Kooperation dar".[3] Häufig wird aber auch die Versicherungsbranche insgesamt als einer der nachhaltigsten Wirtschaftszweige weltweit genannt.

Der vorliegende Artikel nutzt dies als Ausgangshypothese einer Analyse der aktuellen Nachhaltigkeitsaktivitäten der Versicherungswirtschaft mit besonderem Fokus auf die Kapitalanlageseite. Hierzu wird in Kapitel 2 das Thema Nachhaltigkeit mit Blick auf bestehende Geschäftsmodelle und die internationale Zusammenarbeit in der Branche bilanziert. Kapitel 3 beleuchtet die Besonderheiten der Kapitalanlage in der Versicherungswirtschaft und zieht eine Verbindungslinie zu den Notwendigkeiten und Möglichkeiten einer nachhaltigen Veranlagung der Versichertengelder. Kapitel 4 zeigt einen Ausschnitt aus der bereits recht vielfältigen Praxis nachhaltiger Versicherungsinvestments in Deutschland mit einem aktuellen Schwerpunkt der Branche: Investments in Erneuerbare Energien. Nach zwei ausführlichen Anlegerportraits stellt der abschließende Ausblick unter anderem die Entwicklungsschritte einer nachhaltigen Investmentstrategie für Versicherer noch einmal zusammenfassend dar.

2 Nachhaltigkeit in der Versicherungswirtschaft

2.1 Nachhaltigkeit als Geschäftsmodell

Das Thema Nachhaltigkeit ist im Sinne einer Langfristökonomie bereits seit jeher Teil des Versicherungsgeschäfts. Denn Versicherer sichern nur diejenigen Risiken ab, die sie

[1] Vgl. GDV (2012c).

[2] Vgl. GDV (2012b).

[3] Vgl. Friesenbichler (2010).

erkennen, beschreiben und langfristig einschätzen können.[4] Und ihr Geschäftsmodell ist stärker als in vielen anderen Branchen auf die Zukunft gerichtet.[5] Insbesondere in den **Personenversicherungen** (z.B. Lebens- oder Krankenversicherung) werden vertragliche Verpflichtungen eingegangen, die in der Regel erst in 30, 40 oder 50 Jahren eingelöst werden. Dies bedingt, dass die unterlegte Leistungsverpflichtung ebenso stabil und langfristig ausgelegt ist – und nicht zuletzt muss auch die betreffende Kapitalanlage diesen Anforderungen folgen. Das Geschäftsmodell eines Personenversicherers muss somit auf Jahrzehnte hinaus tragen.

In der **Sachversicherung** überwiegen dagegen insbesondere Themen rund um die versicherten Risiken. Hier sind Versicherer in letzter Zeit bereits teilweise zu Treibern nachhaltigen Wirtschaftens seitens ihrer Kunden geworden. Im Sinn der oben genannten längerfristigen Abschätzbarkeit von Risiken sind in den vergangenen Jahren zunehmend auch soziale und vor allem Umweltthemen in den Fokus der Versicherer gerückt. Physikalische Umweltinformationen oder Informationen zum Nachhaltigkeitsmanagement von Unternehmen werden herangezogen, um die monetären Risiken schädlicher ökologischer und sozialer Auswirkungen kalkulierbar und damit versicherbar zu machen.[6] Zugleich helfen Versicherer bei der Suche nach Lösungen für neue globale Herausforderungen, weil sie ihr Geschäft betreffen: Klimaveränderung, demografischer Wandel oder überforderte Gesundheitssysteme – viele dieser Probleme werden in der Assekuranz analysiert als geschäftsrelevante, neue Risiken, sogenannte „Emerging Risks“. Hier verbindet sich die traditionelle, vorausschauende und verantwortungsvolle Perspektive der Versicherungswirtschaft mit den aktuellen Nachhaltigkeitsherausforderungen des 21. Jahrhunderts.[7] Die Versicherungsbranche nimmt dabei auch eine Frühwarnfunktion für die Gesellschaft wahr. Der deutsche Rückversicherer Munich Re z.B. warnte bereits vor fast 40 Jahren erstmals vor dem Klimawandel.[8]

Der **Klimawandel** steht auch im Zentrum des Engagements der Schaden- und Rückversicherer, die von den Folgen eben dieser Entwicklung unmittelbar betroffen sind: Durch Starkregen, Winterstürme, Überschwemmungen und Hurrikans entstehen jährlich Schäden in Milliardenhöhe, die von den Versicherern beglichen werden. Das Interesse der Versicherungswirtschaft richtet sich dabei auf die Vermeidung oder zumindest die Begrenzung des Klimawandels, aber auch auf den Schutz der Bürger vor seinen Folgen.[9]

---

4 Vgl. Schulte (2011).
5 Vgl. hierzu und im Folgenden Hoenen (2010).
6 Vgl. Hoenen (2010).
7 Vgl. Schulte (2011).
8 Vgl. Zwick (2012).
9 Vgl. Hoenen (2010).

Dabei wirkt sie im eigenen aber auch im Interesse der Gesellschaft aufklärend, im besten Fall auch schadenmindernd, da sie über die Berechnung der Prämien Risiken quantifiziert und diesen neuen Risiken somit erstmals ein „Preisschild“ umhängt.[10]

Das Thema Klimaschutz wird folglich seit einigen Jahren von der Versicherungswirtschaft weltweit erforscht, diskutiert und angemahnt.[11] Auch in Deutschland vertritt die Branche – vertreten durch den Gesamtverband der Deutschen Versicherungswirtschaft (GDV) – mittlerweile eine einheitliche Haltung: Die Versicherungswirtschaft unterstützte 2009 die Absicht der EU und der Bundesregierung, ein weltweites Klimaschutzabkommen mit anspruchsvollen Reduktionszielen zu vereinbaren – und erklärte sich bereit, mit gutem Beispiel voranzugehen.[12] Unabhängig vom aktuellen Status der internationalen Klimapolitik: Laut GDV Jahresbericht 2012 bleibe der Klimawandel eines der drängendsten Probleme der Gegenwart. Mit Blick auf die auch in Deutschland häufiger auftretenden Wetterextreme wie Überschwemmungen durch Hochwasser und Starkregen führt die Versicherungswirtschaft derzeit mit inzwischen vier Bundesländern gemeinsam Kampagnen zur Aufklärung der Bevölkerung über den richtigen Naturgefahrenschutz durch; Kampagnen mit weiteren Bundesländern sollen folgen.[13]

Das neue Nachhaltigkeitsverständnis der Branche zeigt sich auch in den im Jahr 2012 verabschiedeten **Principles for Sustainable Insurance** – einer Selbstverpflichtung zur systematischen und noch stärkeren Berücksichtigung von nachhaltigkeitsrelevanten Kriterien im täglichen Versicherungsgeschäft (beispielsweise Zeichnung, Produktentwicklung, Kapitalanlage, Abwicklung, Vertrieb und Marketing).[14] Die Principles for Sustainable Insurance werden im Folgeabschnitt noch näher vorgestellt.

Bei so viel nachhaltigem Verständnis und Selbstbewusstsein verwundert es auch nicht mehr, dass im Rahmen des **Vertriebsmonitors für die Assekuranz 2010** erstaunliche 94% der Versicherungsunternehmen in Deutschland angaben, dass das Thema Nachhaltigkeit für den geschäftlichen Erfolg relevant sei. Bei zwei von drei Versicherungen

[10] Vgl. Zwick (2012).
[11] Vgl. The Geneva Association (2009).
[12] Vgl. GDV (2011).
[13] Vgl. GDV (2012c).
[14] Vgl. PSI (2012).

sind die ökonomischen, sozialen und umweltbezogenen Aspekte der Nachhaltigkeit nach eigenen Angaben sogar schon heute Bestandteil der Geschäftspolitik.[15] Weitere Ergebnisse:

- Je größer das Unternehmen, desto wichtiger wird die ökologische und ökonomische Nachhaltigkeit beurteilt.
- Das Thema Nachhaltigkeit wird in allen Versicherungssparten (Leben, Nicht-Leben, Kranken) als wichtig angesehen.
- Für die Mehrheit der Befragten gewinnt ein Versicherer mit nachhaltigem Image an Attraktivität.
- Ein Vertrieb kann sich mit nachhaltigen Versicherungsprodukten besonders hervorheben.

Diese Selbsteinschätzung der Versicherungswirtschaft deckt sich nach Angaben von Branchenkennern allerdings noch nicht in Gänze mit der aktuell zu beobachtenden geschäftlichen Praxis. Sie spiegelt sich beispielsweise derzeit nur teilweise in den Ergebnissen der **Ratings**, die die auf die Bewertung sozialer und umweltbezogener Themen spezialisierte Nachhaltigkeits-Ratingagentur oekom research bei der regelmäßigen Analyse von rund 120 Versicherungsunternehmen aus 26 Ländern vorlegt. Dabei könne doch laut oekom research gerade die konsequente Berücksichtigung von Nachhaltigkeitskriterien in den Bereichen Versicherung, Kapitalanlage und Unternehmensführung einen maßgeblichen Beitrag zur Kunden- und Mitarbeiterbindung und -gewinnung und damit zur finanziellen Stabilität einer Erstversicherung leisten.[16]

Auch die internationale ESG-Ratingagentur Sustainalytics kommt in einer Untersuchung der Aktivitäten und Maßnahmen zum Thema Klimaschutz zu einem eher ernüchternden Ergebnis. Die Versicherungswirtschaft habe zwar das Problem und auch ihre eigene Schlüsselstellung im Kampf gegen den Klimawandel erkannt, die Maßnahmen einer proaktiven Problembekämpfung und auch die Transparenz der einzelnen Versicherungsunternehmen seien aber insgesamt noch verbesserungsbedürftig.[17]

Zwischen Anspruch und Wirklichkeit liegt demnach noch eine gewisse Wegstrecke mit Hürden, die es in den kommenden Jahren zu überwinden gilt. Die Erklärungen dafür sind vielschichtig. Bereits 2007 hat die **Finanzinitiative der Vereinten Nationen (UNEP FI)** verschiedene Barrieren herausgearbeitet, die eine intensivere Beschäftigung der Branche mit dem Thema Nachhaltigkeit erschweren würden. Dazu gehören strukturelle

[15] Vgl. hierzu und im Folgenden Maas, P. et al. (2010).
[16] Vgl. Haßler, R. et al. (2012).
[17] Vgl. Sustainalytics (2010).

Barrieren, die den gesamten Finanzsektor betreffen, wie z.B. eine falsche Einschätzung der Relevanz von Nachhaltigkeitsthemen durch die Unternehmen, starre regulatorische Rahmenbedingungen oder ungenügende Kapazitäten. Hinzu kämen sowohl angebots- als auch nachfrageseitige Hürden zur nachhaltigen Ausgestaltung von Versicherungen. 2012 fasste UNEP FI die aktuellen Erkenntnisse wie folgt zusammen:[18]

- Die Versicherungswirtschaft ist groß und komplex und entsprechend bedarf es einer differenzierten Herangehensweise an Nachhaltigkeitsthemen.
- Es verdichten sich die Hinweise, dass Nachhaltigkeitshemen einen materiellen Einfluss auf die Zeichnung von Versicherungsrisiken und die Produktentwicklung haben. Daraus folge, dass sich die Berücksichtigung von Nachhaltigkeitshemen auch auf die Geschäftsentwicklung und den langfristigen Unternehmenswert auswirken werde.
- Versicherer stellen zudem immer häufiger fest, dass die fehlende Berücksichtigung von Nachhaltigkeitshemen ein hohes Verlustpotenzial bergen kann (Risikofrequenz, Schwere des Ereignisses, fehlende Beherrschbarkeit).
- Gleichzeitig fehle es an ausreichendem gesellschaftlichen Willen, diese Nachhaltigkeitsrisiken zu adressieren und folglich seien auch Gesetzgebung und Regulierung in diesem Bereich noch unterentwickelt.

Die Versicherungswirtschaft kann bei einem Prämienvolumen von global mehr als 4,5 Bio. USD und weit über 22 Bio. USD Kapitalanlagen mit verantwortlichem Verhalten eine hohe Wirksamkeit erzielen.[19] Dabei ist die Branche in ihrer Doppelrolle als Risikoträger auf der einen und institutioneller Anleger auf der anderen Seite in einer idealen Position, Nachhaltigkeitskriterien systematisch und umfassend zu adressieren. Sie kann auf diesem Wege zum einen ihre eigene ökonomische Stellung nachhaltig stärken und zum anderen eine angemessene Rolle im Transformationsprozess zu einer nachhaltigen Weltwirtschaft wahrnehmen.[20]

2.2 Netzwerke und Kooperationen

Es gibt mittlerweile eine farbenfrohe Landschaft von Verbänden und Interessenvertretungen rund um das Thema Nachhaltige Geldanlagen. Hervorzuheben sind hier zunächst die sogenannten Social Investment Foren, die in der Regel als nationale Verbände gegründet wurden – in Deutschland, Österreich und der Schweiz ist dies das **Forum**

[18] Vgl. hierzu UNEP FI (2007) und Clemens-Hunt (2012).

[19] Vgl. Zwick (2012).

[20] Vgl. hierzu Clemens-Hunt (2012).

Nachhaltige Geldanlagen e.V. (FNG) – und sich mittlerweile auch zu international tätigen Verbänden zusammenschließen, beispielsweise im **European Social Investment Forum (Eurosif)** mit Sitz in Brüssel. Diese Fachverbände vertreten im Prinzip alle Marktteilnehmer einschließlich institutioneller Investoren, werden aber traditionell eher von Anbietern nachhaltiger Kapitalanlagelösungen aus dem Finanzdienstleistungsspektrum dominiert.

Einen globalen Ansatz mit Schwerpunkt auf Banken und Versicherern verfolgt seit mittlerweile 20 Jahren die **United Nations Environment Programme Finance Initiative (UNEP FI)**, die als Partnerschaft zwischen dem Umweltprogramm der Vereinten Nationen und dem globalen Finanzsektor gestaltet wurde. UNEP FI arbeitet heute mit mehr als 200 Finanzinstituten zusammen, die das sogenannte UNEP FI Statement unterzeichnet haben. Seit 1995 sind neben Banken auch Versicherungen Teil der Initiative. Derzeit sind ca. 17% der UNEP FI Mitglieder der Versicherungswirtschaft zuzurechnen, deutsche Mitglieder sind Stand Januar 2013 die Allianz SE, die Munich Re und die oeco capital Lebensversicherung AG.[21]

UNEP FI arbeitet in Deutschland ferner mit dem **VfU – Verein für Umweltmanagement und Nachhaltigkeit in Finanzinstituten e.V.** zusammen. Der VfU versteht sich in erster Linie als Netzwerk und Kommunikationsplattform. Die Mitglieder teilen die Grundüberzeugung, dass der Finanzsektor eine grundlegende Rolle für eine nachhaltige Entwicklung spielt. Der VfU versteht sich mit 15 Jahren Erfahrung in der Rolle, mit seinen Mitgliedern „innovative Ideen im Feld der nachhaltigen Finanzwirtschaft zu entwickeln und aufzunehmen, sie in unseren vertrauensvollen Netzwerken zu teilen oder in kooperativen Projekten umzusetzen“.[22] Als Banken-Initiative gestartet, sind mittlerweile auch erste Versicher (Allianz, Generali) Mitglied beim VfU.

Die UNEP FI hat wichtige Pionierarbeiten zum Verständnis nachhaltiger Kapitalanlage insbesondere auch aus Investorensicht geleistet und stand Pate für zwei weitere Initiativen der Vereinten Nationen:

---

[21] Vgl. UNEP FI (2013b). Die Versicherer unterzeichneten 1997 noch eine branchenspezifische „Erklärung der Versicherungswirtschaft zum Einsatz für die Umwelt“ (UNEP Statement of Environmental Commitment by the Insurance Industry). Im Jahr 2002 wurden die Arbeitsgruppen der *Financial Institutions Initiative* (FII) und der *Insurance Industry Initiative* (III) zusammengeführt zur *UNEP Finance Initiative* und erst 2011 wurden dann auch die unterschiedlichen Statements zum heutigen „UNEP Statement of Commitment by Financial Institutions on Sustainable Development“ zusammengefasst.

[22] Vgl. VfU (2013).

Die derzeit prominenteste globale Initiative sind die **Principles for Responsible Investment (PRI)** – eine Finanzinitiative der UN, die mit dem Ziel ins Leben gerufen wurde, Grundsätze für verantwortungsbewusstes Investieren zu entwickeln und umzusetzen.[23] Der Initiative sind seit ihrem Start in 2005 mehr als 1.100 Unterzeichner beigetreten, die 2012 über 30 Bio. USD an Anlagevolumen verwalten. Stand Januar 2013 waren dies weltweit 719 Investment Manager, 180 Professional Service Partner und 273 Asset Owner, also institutionelle Investoren.

Die PRI umfassen insgesamt sechs Prinzipien, denen sich die Unterzeichner – soweit mit ihrer treuhänderischen Verantwortung vereinbar – verpflichten.[24] Sie spiegeln die zunehmende Bedeutung von Umwelt-, Sozial- und Unternehmensführungskriterien bei Investitionsentscheidungen wider. Der Kreis deutscher institutioneller Investoren ist mit zwölf Unterzeichnern derzeit noch überschaubar, im engeren Sinne der Versicherungswirtschaft zuzurechnen waren hier Stand Januar 2013 die Allianz SE und die Munich Re. Die Altersvorsorgebranche ist ferner mit Bayerischer Versorgungskammer, MetallRente GmbH und dem Versorgungswerk der Wirtschaftsprüfer in NRW vertreten.

Die jüngste Initiative aus dem UNEP FI-Wirkungsbereich sind die im Sommer 2012 präsentierten **Principles for Sustainable Insurance (PSI)**. Das neue Nachhaltigkeitsverständnis der Versicherungswirtschaft liest sich in der englischsprachigen Präambel wie folgt: “Sustainable insurance is a strategic approach where all activities in the insurance value chain, including interactions with stakeholders, are done in a responsible and forward-looking way by identifying, assessing, managing and monitoring risks and opportunities associated with environmental, social and governance issues. Sustainable insurance aims to reduce risk, develop innovative solutions, improve business performance, and contribute to environmental, social and economic sustainability.”[25]

---

[23] Vgl. UN PRI (2013).

[24] Die sechs *Principles for Responsible Investment* lauten (vgl. UN PRI (2013)):
Prinzip 1 – Wir werden ESG-Themen in die Analyse- und Entscheidungsprozesse im Investmentbereich einbeziehen.
Prinzip 2 – Wir werden aktive Aktionäre sein und ESG-Themen in unsere Aktionärspolitik und -praxis einbeziehen.
Prinzip 3 – Wir werden eine angemessene Offenlegung in Bezug auf ESG-Themen bei den Unternehmen und Körperschaften fordern, in die wir investieren.
Prinzip 4 – Wir werden die Akzeptanz und die Umsetzung dieser Grundsätze in der Investmentbranche vorantreiben.
Prinzip 5 – Wir werden zusammenarbeiten, um unsere Wirksamkeit bei der Umsetzung dieser Grundsätze zu steigern.
Prinzip 6 – Wir werden über unsere Aktivitäten und unsere Fortschritte bei der Anwendung der Grundsätze Bericht erstatten.

[25] Vgl. PSI (2012).

Die aktuell 34 Unterzeichner (Stand Februar 2013) verpflichten sich zur systematischen und damit noch stärkeren Berücksichtigung von nachhaltigkeitsrelevanten Kriterien im täglichen Geschäft. Sie wollen damit ihr Engagement für den Nachhaltigkeitsgedanken, der Versicherung ohnehin innewohne, ergänzen.[26] Die Principles for Sustainable Insurance komplettieren dabei die Principles for Responsible Investment.

Die PSI umfassen insgesamt vier Prinzipien, denen sich die Unterzeichner verpflichten:[27]

- "Principle 1 – We will embed in our decision-making environmental, social and governance issues relevant to our insurance business.
- Principle 2 – We will work together with our clients and business partners to raise awareness of environmental, social and governance issues, manage risk and develop solutions.
- Principle 3 – We will work together with governments, regulators and other key stakeholders to promote widespread action across society on environmental, social and governance issues.
- Principle 4 – We will demonstrate accountability and transparency in regularly disclosing publicly our progress in implementing the Principles."

Die teilweise doch recht wolkigen Prinzipien werden – ähnlich wie das bei den PRI der Fall ist – noch mit entsprechenden Handlungsoptionen weiter ausgeführt. Zu Prinzip 1 finden sich die Unterpunkte „Company Strategy, Risk Management and Underwriting, Product and Service Development, Claims Management, Sales and Marketing" und nicht zuletzt auch das „Investment Management". Hier wird angeregt, Nachhaltigkeitsthemen in den Kapitalanlageprozess zu integrieren, beispielsweise durch die Implementierung der PRI. An dieser Stelle schließt sich der Kreis und es wird gleichzeitig der ganzheitliche Ansatz einer Kombination von PSI und PRI deutlich – der Anspruch ist eine globale Rahmensetzung für die nachhaltige Entwicklung der Versicherungswirtschaft. Nach Ansicht von Experten sei die Entwicklung der Principles for Sustainable Insurance grundsätzlich gut mit den Ideen von Solvency II abgestimmt – auch hier würden ein ganzheitliches Risikomanagement, der „Total Balance Sheet"-Ansatz und ein vorausschauendes Handeln verlangt.[28] Dem ehrgeizigen Unterfangen hat sich auch die Munich Re als bisher einziger deutscher Unterzeichner angeschlossen (Stand Februar 2013).

---

[26] Vgl. Zwick (2012). Astrid Zwick, derzeit Leiterin CSR bei der Munich Re, war 2010 bis 2012 Vorsitzende der UNEP FI – Arbeitsgruppe zur Entwicklung der PSI.

[27] Vgl. UNEP FI (2013a).

[28] Vgl. Clemens-Hunt (2012).

3 Die Anlage der Versichertengelder

3.1 Das Kapitalanlagegeschäft von Versicherungsgesellschaften

Versicherungsunternehmen gehören weltweit zu den wichtigsten institutionellen Investoren. Ende 2009 betrugen die Kapitalanlagen der gesamten Branche ca. 22,6 Bio. USD, das entsprach zu diesem Zeitpunkt ca. 12% der weltweit vorhandenen Kapitalanlagen. Einen vergleichbar hohen Anteil verwalten weltweit nur jeweils Pensionsfonds und Investmentgesellschaften.[29]

Auch in Deutschland gehören Versicherer mit einem Kapitalanlagebestand von ca. 1.325 Mrd. EUR (Stand 2012) zu den größten institutionellen Investoren.[30] Die nachstehende Abbildung zeigt die Entwicklung dieses Bestandes in 10-Jahresschritten von 1960 bis 2010.

Abbildung 1: Historische Entwicklung der Kapitalanlagen der deutschen Versicherungswirtschaft in Mrd. EUR

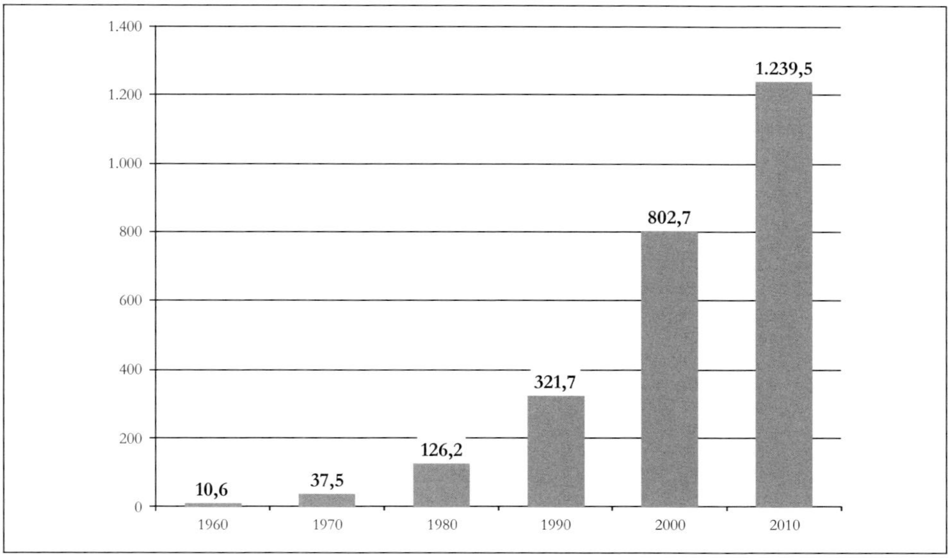

Quelle: BaFin, zitiert nach GDV 2012b

[29] Vgl. Swiss Re (2010). Neuere, weniger gut belegte Quellen sprechen von ca. 24 Bio. USD für 2011.

[30] Vgl. GDV (2012c).

Der Löwenanteil des Kapitalanlagebestandes entfällt hierbei auf die Lebensversicherer. Dies begründet sich in der Langfristorientierung dieses Versicherungszweiges; die sowohl langfristigen als auch substantiellen Leistungsverpflichtungen gepaart mit den regelmäßigen Sparbeiträgen der Versicherten bedingen einen hohen Kapitalanlagebestand.

Tabelle 1: Kapitalanlagebestand nach Versicherungszweigen 2011

Sparten (2011)	**Mrd. EUR**	**Anteil in v.H.**
Lebensversicherung	742,7	57,8%
Krankenversicherung	189,6	14,7%
Schaden- und Unfallversicherung	138,0	10,7%
Rückversicherung	215,2	16,7%
Insgesamt	**1.285,5**	**100,0%**

Quelle: BaFin, zitiert nach GDV 2012c

Versicherungsunternehmen unterscheiden sich fundamental von anderen institutionellen Anlegern wie etwa Banken oder Investmentgesellschaften, da sich ihr spezifisches Geschäftsmodell – langfristige Vorsorge und Absicherung von Risiken – zwangsläufig auch in der Ausrichtung der Kapitalanlage widerspiegelt. Das verwaltete Kapital stammt hierbei im Wesentlichen aus der Prämienvorauszahlung, der Bereitstellung von Sicherheitsmitteln und in bestimmten Sparten aus Sparvorgängen. Versicherer sind an sicheren, beständigen und lang laufenden Cash-Flows interessiert, um ihre ebenfalls lang laufenden Verbindlichkeiten begleichen zu können, und halten ihre Anlagen in der Regel bis zur Endfälligkeit.[31] Die wichtigsten Merkmale lassen sich am Beispiel der Lebensversicherungen im Vergleich zu Banken anhand der folgenden Übersicht nachvollziehen:

Tabelle 2: Kapitalanlage der Lebensversicherer versus Bankgeschäft

Kapitalanlage – Merkmale	**Lebensversicherungen**	Banken
Kerngeschäft	**Altersvorsorge**	Kreditvergabe/Einlagen/Eigenhandel
Finanzierung der Leistungen	**Regelmäßige Prämieneinnahmen**	Refinanzierung am Kapitalmarkt/ Einlagen
Hauptziel der Kapitalanlage	**Erfüllbarkeit der Verpflichtungen**	Marge zwischen Markt und Kreditzins
Risikoneigung	**Sicherheitsorientierung**	Renditeorientierung
Durationen	**Langfristig**	Kurzfristig

Quelle: Weiler 2012

[31] Vgl. GDV (2012a).

Lebensversicherer müssen darüber hinaus die versicherungstechnischen Verpflichtungen verzinsen. Dabei steht der Großteil der Überschüsse aus der Kapitalanlage den Versicherungsnehmern zu. Lebensversicherungen und Altersvorsorgeprodukte stehen daher nicht nur innerhalb der Versicherungsbranche, sondern auch zu anderen Finanzanlagen im Wettbewerb. Die erwirtschaftete Rendite ist somit auch ein wichtiger Wettbewerbsfaktor.[32] Insbesondere um den angesprochenen Gleichlauf von Kapitalanlage und langfristiger Risikovorsorge zu erreichen, findet sich in den Kapitalanlagen der Assekuranz jedoch ein sehr hoher Anteil defensiver Renteninvestments bei gleichzeitig nur geringen Teilen risikoreicherer Anlagen.[33] Tabelle 3 zeigt die aktuelle Verteilung der Kapitalanlagen nach Anlagearten: Festverzinsliche Wertpapiere bilden den Schwerpunkt mit einem Anteil von mehr als 80% am gesamten Kapitalanlagebestand. Infolge der Finanzmarktkrise wurde das Engagement in Aktien deutlich reduziert. Daher lag die durchschnittliche Aktienquote Ende 2011 nur noch bei ca. 2,9% – 2007 lag dieser Anteil noch bei 8,2%.

Tabelle 3: Kapitalanlagebestand nach Anlagearten 2011

Anlagearten (2011)	**Mrd. EUR**	**Anteil in v.H.**
Renten	1.034,8	80,5%
Aktien	36,8	2,9%
Beteiligungen	142,1	11,1%
Immobilien	39,9	3,1%
Sonstige	31,7	2,5%
Insgesamt	**1.285,5**	**100,0%**

Quelle: BaFin, zitiert nach GDV 2012c

Mit Blick auf den hohen Anteil von Renten im Kapitalanlagebestand ist es nicht verwunderlich, dass die Finanz- und Schuldenkrise und insbesondere die Niedrigzinsphase der letzten Jahre Versicherungsinvestoren vor große Herausforderungen stellt. „Es gibt keine risikolosen Erträge mehr. Wir leben in einer Welt der ertraglosen Risiken", formulierte Frank Engels, Chef des Rentenfondsmanagements bei Union Investment, im Jahr 2012.[34] Vor allem die Lebensversicherer stellt das Kapitalmarktumfeld vor die Herausforderung, die Folgen der Niedrigzinspolitik für ihre Versicherten bestmöglich zu mildern und private Altersvorsorge weiterhin attraktiv und lohnenswert zu gestalten.[35] Es ist zu

[32] Vgl. Klencz (2012).

[33] Vgl. GDV (2012a).

[34] Engels wird u.a. im Handelsblatt vom 10.11.2012 zitiert. Das Bonmot war in Investorenkreisen allerdings schon vor diesem Veröffentlichungsdatum geläufig.

[35] Vgl. GDV (2013c).

erwarten, dass die Durchschnittsrendite der Kapitalanlagen vermutlich noch einige Jahre lang eher zurückgehen wird; und selbst eine schnelle, kräftige Erhöhung des Zinsniveaus würde nur sehr langfristig Besserung bringen. Hinzu kommen Bonitätsrisiken bei einer zunehmenden Zahl von Emittenten (z.B. in Anleihen der PIIGS-Staaten, in Anleihen schwacher Banken) und eine hohe Volatilität der stillen Reserven und Lasten in den Kapitalanlagen. Im Übrigen mag die zu beobachtende kurzfristige Realisierung stiller Reserven zwar zu einer zeitnahen Verbesserung des Kapitalergebnisses führen; langfristig beeinträchtigt sie jedoch die künftige Durchschnittsrendite, da die notwendige Neuanlage in der Regel zu niedrigeren Zinssätzen erfolgt.[36]

Aufsichtsrechtliche Anforderungen

Die Kapitalanlagen der Versicherungswirtschaft unterliegen zudem weitgehenden aufsichtsrechtlichen Anforderungen. Die zuständige **Bundesanstalt für Finanzdienstleistungsaufsicht (BaFin)** verlangt, dass der Versicherer „mit der Vermögensanlagetätigkeit durch Art, Umfang und Qualität der Deckungsmittel die dauernde Erfüllbarkeit der Versicherungsverträge sicherzustellen" hat. So soll die Kapitalanlage risikogerecht sein. Um die dauernde Erfüllbarkeit der Versicherungsverträge sicherzustellen, muss das Soll des Sicherungsvermögens (also der Teil, der dazu dient, die Ansprüche der Versicherungsnehmer im Insolvenzfall zu sichern) und des sonstigen gebundenen Vermögens mit Vermögensanlagen bedeckt sein, die den gesetzlichen Qualifikationen genügen. § 54 Abs. 1 **Versicherungsaufsichtsgesetz (VAG)** führt diese wie folgt aus: „Die Versicherer haben die Bestände des Sicherungsvermögens und des sonstigen gebundenen Vermögens so anzulegen, dass sie möglichst große Sicherheit und Rentabilität bei jederzeitiger Liquidität erreichen und dabei eine angemessene Mischung und Streuung wahren."[37] Außerdem muss das Versicherungsunternehmen über genügend freie Finanzmittel verfügen, um unerwartete Verluste verkraften zu können.[38]

Für Erstversicherer legt ferner die **Anlageverordnung (AnlV)** die gesetzlich zulässigen Vermögensgegenstände für das Sicherungsvermögen und das sonstige gebundene Vermögen fest. Darüber hinaus enthält die Verordnung quantitative Mischungs- und Streuungsgrenzen, Bestimmungen zur Kongruenz und Belegenheit der Anlagen und sie verpflichtet die Versicherer zu einem qualitativen Anlagemanagement sowie zu internen Kontrollverfahren.[39] Des Weiteren werden die oben genannten Bestimmungen durch

[36] Vgl. Klencz (2012).

[37] VAG (2012).

[38] Vgl. BaFin (2013).

[39] Vgl. AnlV (2011). Für Rückversicherer gelten nur die allgemeinen Anlagegrundsätze und die Währungskongruenz der Anlagen.

Rundschreiben der BaFin konkretisiert, die den Versicherern weitere Vorgaben zu den Anlagegrundsätzen, zum Anlagekatalog und vor allem zum Risikomanagement der Kapitalanlagen macht. Laut BaFin kommt der Verpflichtung zum qualitativen Anlagemanagement und zu internen Kontrollverfahren daher „eine überragende Bedeutung" zu.[40]

Darüber hinaus wird in der deutschen Versicherungswirtschaft auch die nationale Umsetzung von **Solvency II** mit Spannung und Sorge erwartet. Solvency II ist ein Projekt der EU-Kommission, welches zu einer grundlegenden Reform des Versicherungsaufsichtsrechts in Europa führt. Die neuen Aufsichtsregeln berühren vor allem die Vorschriften für die Eigenmittelausstattung von Versicherungsunternehmen mit dem Ziel, deren Risiken angemessen mit entsprechenden Eigenmitteln zu unterlegen. Ursprünglich sollte die Richtlinie bis Mitte 2013 in nationales Recht umgesetzt und ab 2014 angewendet werden. Allerdings ist bereits angekündigt, dass die Richtlinie bereits vor ihrem Inkrafttreten an maßgeblichen Stellen geändert werden soll. Damit wird eine Verzögerung von Solvency II – in Deutschland erfolgt die Umsetzung über eine Novellierung des **Versicherungsaufsichtsgesetzes** – über 2014 hinaus wahrscheinlich.[41]

3.2 Einflussgrößen einer nachhaltigen Geldanlage von Versicherern

Die oben ausgeführte, spezifische Vermögensallokation der deutschen Versicherer und die recht eng geführte Regulierung haben auch unmittelbaren Einfluss auf die branchenspezifische Perspektive auf das Thema Nachhaltige Geldanlage. Im internationalen Vergleich waren die deutschen Versicherer in Summe daher bei diesem Thema bisher eher zurückhaltend. In letzter Zeit gibt es aber zahlreiche Signale dafür, dass sich auch deutsche Versicherungsinvestoren langsam aber sicher dem Thema Nachhaltigkeit und insbesondere der nachhaltigen Kapitalanlage zuwenden.

Zum einen setzt sich hier die Erkenntnis durch, dass sich das Anforderungsprofil von Versicherungen – Investition in sichere, langfristige und dauerhaft wertschöpfende Kapitalanlagen – weitgehend mit dem Profil nachhaltiger Kapitalanlagen deckt.[42] Hier bieten sich unter anderem Investments in Erneuerbare Energien an, die in Abschnitt 4.2 näher besprochen werden. Zum anderen bieten sich Nachhaltige Geldanlagen auch als Grund-

[40] Vgl. BaFin (2013).

[41] Vgl. GDV (2012c). Angesichts der Verzögerung in der europäischen Gesetzgebung hat sich der federführende *Bundestagsausschuss Finanzen* dafür ausgesprochen, die weitere Entwicklung abzuwarten und die Beratung zur VAG-Novelle zu einem späteren Zeitpunkt aufzunehmen.

[42] Vgl. GDV (2012a).

lage eines verbesserten Risikomanagements an – beispielhaft zu nennen sind hier der – von vielen nachhaltigen Investoren rechtzeitig vollzogene – Ausschluss von (intransparenten) ABS-Strukturen oder von Investments in Staatsanleihen der sogenannten PIIGS Staaten; im Aktienbereich analog die Vermeidung eines Engagements z.B. in Aktien von BP. Und schließlich eröffnen sich auch neue Marktchancen, sowohl durch die Entwicklung und Gestaltung neuer Versicherungsdienstleistungen als auch durch die Berücksichtigung anspruchsvollerer Erwartungen der Versicherungsnehmer.

Ein Weckruf für die Versicherungsbranche war in diesem Zusammenhang die Debatte um Wertpapiere von Streumunition-Herstellern in den Kapitalbeständen von Riester-Verträgen. Das Verbraucher-Magazin Finanztest präsentierte im Januar-Heft 2011 unter dem Titel „Auf vermintem Gelände" eine umfassende Untersuchung von Anbietern von Riester-Verträgen, darunter – neben sechs Fondsgesellschaften, 86 Banken und 20 Bausparkassen – auch 62 Versicherungen. Diese wurden daraufhin getestet, ob sie das Geld ihrer Versicherten in Aktien oder Anleihen von Herstellern von Streubomben investieren. Der Artikel wurde flankiert von Befragungen der Finanztest-Leser, die sich deutlich dahingehend äußerten, dass es sie zum einen überraschen würde, wenn „der Anbieter ihres Riester-Produktes in Unternehmen investiert, die Geschäfte mit geächteten Waffen machen". Zum anderen forderten diejenigen Befragten, die Streubombeninvestments ablehnen, dass ihr Anbieter sich umgehend von entsprechenden Aktien und Anleihen trennen solle – auch auf die Gefahr hin, dass den Versicherten dadurch Gewinne entgehen sollten.[43] Das Thema hat laut Finanztest viele Anbieter „auf dem falschen Fuß erwischt". Zahlreiche Anbieter hätten die Fragen nach ethischen Leitlinien und möglichen Ausschlusslisten nicht beantworten wollen, viele hätten nur vage geantwortet. Von allen befragten Versicherern hatten seinerzeit laut Finanztest nur zwei Anbieter Anlagerichtlinien vorlegen können, die Hersteller von Kriegswaffen ausschlossen (Debeka und oeco capital Lebensversicherung). Zwei weitere internationale Anbieter konnten ethische Anlageleitlinien vorlegen, die auch den Ausschluss von Streubomben-Herstellern beinhalten (Generali und Axa). Andere Versicherer hätten zwar mitgeteilt, dass sie Richtlinien beachten würden, „...konnten oder wollten das aber nicht schriftlich nachweisen". Weitere Anbieter gaben an, an entsprechenden Richtlinien zu arbeiten. Andere Versicherer wähnten sich im (falschen) Glauben, durch ausschließliche Investments entweder in große Indizes oder in europäische Titel nicht vom Thema betroffen zu sein. Knapp die Hälfte aller Versicherer hätten laut Finanztest gar nicht oder so schwammig geantwortet, dass die Antworten nicht verwendet werden konnten.

Das Thema Investments in Streubomben wurde daraufhin auch in einer öffentlichen Anhörung des Finanzausschusses des Deutschen Bundestages angesprochen. Hier ging es im Juli 2011 u.a. um das Thema „Ökologische, ethische und soziale Neuausrichtung

43 Vgl. hierzu und im Folgenden Finanztest (2011).

der Finanzmärkte". Dr. Axel Wehling vom GDV plädierte in dieser Anhörung auf Nachfrage dafür, das Thema nicht gesetzlich zu regeln, sondern vielmehr auf Freiwilligkeit und Transparenz zu bauen.[44] Nicht zuletzt vor diesem Hintergrund hat sich auch bereits der GDV mit diesem Thema befasst. In einem Rundschreiben an seine Mitglieder aus dem Sommer 2012 wird auf die zunehmende Bedeutung von ethischen, sozialen und ökologischen Standards bei der Kapitalanlageentscheidung hingewiesen. Das Thema werde „in den kommenden Jahren aus Sicht des Verbandes zunehmend an Bedeutung gewinnen". Institutionelle Investoren würden infolge ihrer Hebelfunktion für die Kapital- und Kreditmärkte in das Blickfeld des öffentlichen Interesses rücken. Vor diesem Hintergrund werde es zunehmend wichtiger, dass die Unternehmen dem Thema nachhaltiger Investments – und damit einhergehend einer verantwortungsbewussten Kapitalanlage – eine angemessene Bedeutung zukommen lassen. Mögliches Instrument zur Umsetzung seien insbesondere Standards für eine entsprechende Kapitalanlagepolitik. Diese könnten allerdings nur unternehmensindividuell erarbeitet werden.[45] Eine zukünftige Neuuntersuchung des Themas durch Finanztest oder andere wird zeigen, ob die Branche ihre Hausaufgaben erledigt hat.

Die verschiedenen Wege zur Ausgestaltung einer nachhaltigen Kapitalanlagepolitik sind in diesem Sammelband an anderer Stelle detailliert beschrieben. Hier bestehen für Versicherer letztlich dieselben Möglichkeiten wie für alle institutionellen Investoren, die gängigen **Strategien nachhaltiger Kapitalanlage** sind:[46]

- Anwendung von Ausschlüssen mittels diverser werte- oder normbasierter Negativkriterien oder mittels einfachem Screening (beispielsweise nach den eben genannten Streubomben-Investments),
- Anwendung positiver nachhaltiger Kriterien, wie z.B. Best-in-Class Investments, aber auch Anlagen in bestimmte nachhaltige Themen, Branchen oder Projekte (Erneuerbare Energie, Umwelttechnologien),
- Stimmrechtsausübung und Engagement als direkte Auseinandersetzung zwischen Investor und Unternehmen (derzeit i.d.R. Aktiengesellschaften),
- ESG Integration, d.h. ESG (Environmental, Social, Governance) – Kriterien und finanziellen Kriterien fließen gemeinsam in Analyse und Investmentmodell ein.

[44] Vgl. Bundestag (2011).
[45] Vgl. GDV (2012d).
[46] Vgl. z.B. Eurosif (2012) oder VBDO (2011).

Eine entsprechende Umfrage unter europäischen institutionellen Investoren – darunter 20% Versicherer – durch das französische Institut Novethic kam zu dem Ergebnis, dass 2012 die Anwendung von Ausschlüssen und Engagement die mit Abstand häufigsten genutzten Strategien sind.[47]

Traditionell wird Nachhaltige Geldanlage zunächst mit Aktien in Verbindung gebracht und dies gilt auch heute noch weitgehend, beispielsweise im anglo-amerikanischen Raum. Im europäischen Durchschnitt hingegen – ähnlich wie auch in Deutschland und Österreich – teilen sich die bestehenden nachhaltigen Kapitalanlagen wie folgt auf: 53% Anleihen, 33% Aktien und 14% übrige Anlageklassen. Nachhaltiges Anlegen ist heute in praktisch allen Anlageklassen möglich. Aktien, Anleihen, Immobilienanlagen, Private Equity Investments, Hedgefonds, Sparkonten und sogar Geldmarktfonds gibt es mittlerweile in nachhaltigen Varianten.[48]

Systematische Aussagen zu Verteilung und Häufigkeit der genannten Strategien einer nachhaltigen Kapitalanlage durch insbesondere deutsche Versicherer lassen sich derzeit nicht seriös machen. Einzelne Beispiele werden auf den folgenden Seiten noch näher vorgestellt. Bestehende Untersuchungen beispielsweise durch das Forum Nachhaltige Geldanlage oder den europäischen Dachverband Eurosif liefern wertvolle Übersichten für den Gesamtmarkt für Nachhaltige Geldanlagen und dessen Trends, ein genaues Bild zu einzelnen Branchen wie beispielsweise der Versicherungswirtschaft lässt sich hieraus allerdings derzeit noch nicht gewinnen.[49] So lag der Anteil der Versicherungswirtschaft an den nachhaltigen institutionellen Investoren im Jahr 2011 in Deutschland laut FNG nur bei knapp 8% – was vermutlich aber eher etwas über den Teilnehmerkreis der Studie als über den realen Anteil aussagt.

Allerdings legt auch eine Untersuchung der Union Investment zu deutschen Großanlegern nahe, dass die deutsche Versicherungswirtschaft das Thema Nachhaltige Kapitalanlage noch nicht in vollem Umfang für sich entdeckt hat. Zwar lautet das hoffnungsfrohe Gesamtergebnis, dass insgesamt fast zwei Drittel der deutschen Großanleger im Jahr 2010 im Rahmen ihrer Anlageentscheidungen auf Nachhaltigkeitskriterien zurückgreifen. Am stärksten würden diese allerdings bei Stiftungen und Kirchen berücksichtigt, bei denen eine entsprechende Ausrichtung der Kapitalanlagen traditionell stark verankert sei. Mit deutlichem Abstand folgten Kapitalanlagegesellschaften, Großunternehmen und auch Versicherungen. Ein unterdurchschnittliches Interesse wiesen hingegen Kreditinstitute und vor allem Altersvorsorgeeinrichtungen sowie Pensionskassen auf. Bei der

[47] Vgl. Novethic (2012).
[48] Vgl. FNG (2011).
[49] Vgl. FGN (2012), Eurosif (2012).

Frage, wie stark denn diese Kriterien im Vergleich zu anderen Kriterien bei Anlageentscheidungen berücksichtigt würden, schnitten wiederum die Versicherer am schlechtesten ab. Nachhaltigkeitskriterien wurden hier vergleichsweise am wenigsten stark berücksichtigt.[50]

Eine – nicht repräsentative – Umfrage unter deutschen Versicherern wurde 2012 im Rahmen einer wissenschaftlichen Arbeit von Klencz unternommen. Hier wurde sowohl nach der gegenwärtigen als auch der zukünftigen Relevanz von Nachhaltigkeit unter anderem in der Kapitalanlage gefragt. Das Stimmungsbild lässt sich in aller Kürze wie folgt zusammenfassen: Nachhaltigkeitskriterien in der Kapitalanlage haben gegenwärtig noch keine besondere Relevanz. Die befragten Versicherer gehen allerdings gleichzeitig von einer zunehmenden Bedeutung aus.[51]

Der niederländische Branchenverband VBDO (Dutch Association of Investors for Sustainable Development) hat in einer Untersuchung der niederländischen Versicherungswirtschaft idealtypisch die drei Phasen beschrieben, die institutionelle Investoren auf dem Wege zu einer nachhaltigen Kapitalanlagepolitik durchlaufen:[52]

- Phase 1: "Why should we bother?" – Versicherungen erkennen nicht, inwiefern nachhaltige Kapitalanlagen das Ergebnis ihres Investmentportfolios positiv beeinflussen könnten. Vielmehr besteht der Verdacht, dass eine nachhaltige Kapitalanlage vermutlich zu höheren Kosten und einer Beschränkung der Investmentmöglichkeiten führt.
- Phase 2: "Our boss demands it." – Nachhaltigkeit beziehungsweise CSR werden zu wichtigen gesellschaftlichen Anforderungen an die Unternehmung. Für Finanzdienstleister sei es nun naheliegend, nachhaltige Kapitalanlage als wichtigen „key performance indicator" zu berücksichtigen. Man weiß nicht, ob das wirklich zu einer Verbesserung von Ergebnis oder Risikomanagement führt, aber zumindest hilft es, die Reputation zu stärken und die gesellschaftliche Betriebslizenz zu behalten. Nachhaltige Kapitalanlage ist somit nicht uninteressant und entwickelt eine gewisse Relevanz.
- Phase 3: "We see the value ourselves." – Man glaubt selbst, dass eine nachhaltige Kapitalanlage („ESG Factors") einen materiellen Einfluss auf das Investmentergebnis hat. Darüber hinaus eröffnen sich neue Chancen im Markt und im verbesserten Kontakt mit bestehenden Kunden.

50 Vgl. Union (2011).
51 Vgl. Klencz (2012).
52 Vgl. VBDO (2011).

Als Hauptmotive einer nachhaltigen Kapitalanlage sieht der VBDO zusammenfassend: Die Erwartungen der Gesellschaft[53], treuhänderische Verantwortung (Fiduciary responsibility)[54], Risiko Management und finanzielle Performance.

Die Vermutung, dass diese idealtypischen Entwicklungsphasen auch auf weite Teile der deutschen Versicherungswirtschaft zutreffen, liegt nahe. Die anschließende Frage, in welcher Phase sich die Branchenmehrheit aktuell befindet, lässt sich nicht abschließend klären. Häufig geäußerte Zweifel sind beispielsweise noch immer: Wie gut kann ein nachhaltiges Anlageportfolio im Vergleich zum Markt langfristig rentieren? Wird der Trend zu nachhaltigen Investment womöglich ein Opfer des aktuellen Niedrigzinsumfeldes? Dass aber bereits eine wahrnehmbare Anzahl von einheimischen Versicherern trotz dieser Fragen Phase 1 oder auch 2 mittlerweile bewältigt hat, lässt sich nicht zuletzt an den folgenden Beispielen ablesen.

4 Nachhaltige Versicherungsinvestments in der Praxis

4.1 Versicherer und Erneuerbare Energien

Bei der Förderung Erneuerbarer Energien kommt der Versicherungswirtschaft eine Doppelrolle zu, zum einen als Kapitalgeber, zum anderen auch als Risikoträger. Denn verlässlicher Versicherungsschutz ist eine notwendige Voraussetzung für alle Anleger, um in neue Formen der Energieerzeugung zu investieren. In vielen Bereichen, wie z.B. bei großen Offshore Windparks, ist zudem die Risikoexpertise der Versicherungsingenieure hoch gefragt. Auf der Kapitalanlageseite wird seitens der Versicherer auf die besonderen Merkmale und Vorteile der sogenannten Renewables verwiesen: Attraktive und planbare Erträge, stabile Cashflows, lange Laufzeiten und eine geringe Korrelation der

[53] „Institutional investors should use their position as capital providers to deny notorious polluters and human rights offenders access to capital, stimulate the large majority of companies to invest in sustainable development and production methods and grant smaller, truly innovative companies easier access to capital.“ (VBDO (2011)).

[54] Ein Bericht der Finanzinitiative des UN Umweltprogramms (UNEP FI) kam 2009 – basierend auf einer Untersuchung der rechtlichen Situation in neun verschiedenen Ländern – zu folgendem Schluss: Die Berücksichtigung von ESG-Kriterien sei nicht nur eine treuhänderische Option. Vielmehr wird davor gewarnt, dass ein Unterlassen in Zukunft als Vernachlässigung der treuhänderischen Pflicht interpretiert werden könnte. Eine ausführliche Diskussion findet sich bei Staub-Bisang (2011).

Erträge zum Kapitalmarkt. Die Versicherungswirtschaft kann in dieser Doppelrolle zu einem der Wegbereiter für die Marktreife neuer Klimaschutztechnologien werden.[55] In den letzten Jahren haben bereits zahlreiche deutsche Versicherer in die Erzeugung Erneuerbarer Energien investiert.

Beispielsweise hatte die Allianz Versicherung bereits Ende 2011 mehr als 1,3 Mrd. EUR in Erneuerbare Energien investiert und verfügte über 34 Windparks mit einer Gesamtleistung von 658 Megawatt und sieben Solarparks mit einer Gesamtkapazität von 74 Megawatt. Ein weiterer Ausbau des Erneuerbare-Energien-Portfolios ist geplant, zugleich soll mit Direktinvestments in Klimaschutzprojekte die CO_2-Bilanz der Allianz ausgeglichen werden.[56]

Auch die Gothaer Versicherung engagiert sich stark im Thema Renewables. Zum einen gilt das Unternehmen als einer der führenden Schaden- und Unfallversicherer für Erneuerbare Energien, zum anderen hat das Unternehmen Erneuerbare Energie als „wichtiges Investitionsfeld" entdeckt. Das 2012 aufgelegte Investmentprogramm umfasst 500 Mio. EUR.[57]

Die Munich Re treibt nach eigenen Angaben ihr Erneuerbare-Energien-Programm weiter voran. Anfang 2013 war der Rückversicherer mit einem höheren dreistelligen Millionenbetrag in 32 französische Windparks investiert, das angestrebte Investitionsvolumen in diesem Bereich liegt bei 2,5 Mrd. EUR.[58] Einen Schritt weiter ging Munich Re bei der (Mit-)Gründung einer Industrieinitiative zur Realisierung der Desertec-Vision mit der Desertec Foundation. Die eigens aufgebaute Dii GmbH mit mittlerweile über 50 Gesellschaftern und Partnern tritt für die Vision einer nachhaltigen Energieversorgung aus den Wüsten der EUMENA-Region ein.[59]

Über diese einzelnen Beispiele großer Gesellschaften hinaus gibt es zudem bereits eine Reihe weiterer Versicherer, die allein oder teilweise auch in gemeinsamen Projektgesellschaften in verstärktem Maße in Erneuerbare Energien investieren. In dieser Gesamtbetrachtung müssen aber die Relationen im Auge behalten werden. Der Anteil Erneuerbarer-Energien-Investments am Gesamtportfolio der deutschen Versicherer beträgt schätzungsweise derzeit maximal 1%. Angesichts der Verunsicherung an den Renten- und Aktienmärkten steht eine mögliche Ausweitung dieses Anteils allerdings auf der

[55] Vgl. Hoenen (2010).

[56] Vgl. portfolio institutionell (2012a).

[57] Vgl. portfolio institutionell (2012b).

[58] Vgl. portfolio institutionell (2013).

[59] Vgl. Zwick (2012) oder auch direkt: www.dii-eumena.com/de/. EUMENA steht hier für die Regionen Europa, Naher Osten und Nordafrika.

Tagesordnung der Versicherungswirtschaft. Der Blick richtet sich hier verstärkt auf alle alternativen Investments, hinter denen sich hauptsächlich reale Werte verbergen: Immobilien, Infrastruktur und eben Anlagen zur Erzeugung Erneuerbarer Energie.[60]

Die Gründe dafür sind vielfältig. Mit deutschen Staatsanleihen ist beispielsweise die Garantieverzinsung deutscher Lebensversicherungen nicht mehr zu erzielen. Somit müssen Anlageklassen mit einer höheren Renditeerwartung und stabilen Cash Flows beigemischt werden. Ferner wünschen sich Investoren wertstabile Anlagen mit niedriger Volatilität, und nicht zuletzt dienen Sachwerte der weiteren Diversifikation der Portfolios.[61] Weitere Eigenschaften von Erneuerbaren Energien wie z.B. die relativ unelastische Stromnachfrage sowie im Idealfall die garantierte Abnahme des erzeugten Stroms aufgrund staatlicher Einspeisevergütungen machen diese Asset-Klasse zu einem attraktiven Investment.[62]

Der GDV formuliert das wie folgt: „Vor dem Hintergrund des historisch niedrigen Zinsumfeldes bei gleichzeitig lang laufenden Verpflichtungen in der Lebensversicherung ist es naheliegend, über neue, von den Gesetzen des Finanzmarktes weitgehend entkoppelte, möglichst langfristige Investitionsmöglichkeiten mit kalkulierbaren Erträgen nachzudenken. Mögliche Anlagefelder sind aus Sicht der Assekuranz deshalb z.B. Investitionen in die Erschließung und Nutzung regenerativer Energiequellen und die zu ihrer Abnahme und Verteilung erforderlichen Netze."[63]

Natürlich kommt auch zum Tragen, dass diese aus Investorensicht geschilderte Perspektive auf eine energiepolitische Situation trifft, die viele Entwicklungen begünstigt, namentlich die ausgerufene Energiewende in Deutschland, aber auch der gewaltige Investitionsbedarf in die globale Energie-Infrastruktur im Allgemeinen.[64]

Die **Investitionsmöglichkeiten** in Erneuerbare Energien sind vielfältig. Die wichtigsten Formen der Erneuerbaren Energie-Erzeugung sind derzeit Photovoltaik, Solarthermie und CSP (Concentrated Solar Power), Wind (Onshore/Offshore), Biomasse und Wasserkraft. Erneuerbare Energie-Investments lassen sich regional bis weltweit tätigen. Neben institutionellen Investoren sind zudem auch Projektentwickler, Energieversorger und

[60] Vgl. Sandhövel (2012).
[61] Vgl. Kleine et al. (2011).
[62] Vgl. Sandhövel (2012).
[63] Vgl. GDV (2012a).
[64] Vgl. Sandhövel (2012).

Privatpersonen aktive Nachfrager nach Erneuerbare Energie-Projekten. Die Investitionsmöglichkeiten reichen von Einzelprojekten bis zu diversifizierten Infrastrukturfonds.[65] Dabei gibt es verschiedene Arten von Fondsstrukturen, die sich vor allem hinsichtlich der Merkmale Laufzeit, Struktur und Vergütungsmodelle unterscheiden. Die zu wählende Fondsstruktur (z.B. deutsche Kommanditgesellschaft, Luxemburger SICAV, internationale Limited Partnership) hängt in der Regel vom Investitionsfokus und dem Investorenkreis ab; so ist für einen in Deutschland investierenden Fonds mit lediglich deutschen Investoren in der Regel eine deutsche Kommanditgesellschaft sinnvoll.

Dennoch birgt der Erneuerbare-Energie-Sektor neben einer Vielzahl an attraktiven Investmentmöglichkeiten auch **Risiken**, die berücksichtigt werden sollten. Hier ist zunächst das stark politisch geprägte Umfeld für Erneuerbare Energien zu berücksichtigen. Bislang waren Erneuerbare Energien ohne ausreichende Fördermechanismen in der Regel nicht wettbewerbsfähig gegenüber fossilen Energieträgern. Insofern sind Investoren in der Vergangenheit sehr pragmatisch den Förderrahmenbedingungen – zumeist Einspeisevergütungen – in den verschiedenen Ländern gefolgt. Dies führte allerdings zu regelrechten „Investmentblasen“ wie beispielsweise in Spanien. Aber auch in Deutschland, Frankreich oder Italien hatte und hat die politische Diskussion über die zukünftige Ausgestaltung der Einspeisevergütungen beziehungsweise Fördergesetze eine massive Unsicherheit bei den Investoren zur Folge. Auch die nachträgliche und rückwirkende Änderung von Rahmenbedingungen, wie beispielsweise die steuerliche Behandlung von Erträgen aus Erneuerbaren Energien in Tschechien, ist ein aus Investorensicht kritischer Punkt, genauso wie langwierige und komplizierte behördliche Prozesse sowie Genehmigungsverfahren wie z.B. in Griechenland. Das politische Umfeld für Erneuerbare Energien stellt daher ein nicht zu vernachlässigendes Risiko dar.[66]

[65] Vgl. hierzu und im Folgenden Kreuter (2012).
Investitionsmöglichkeiten umfassen:
– Einzelprojekte: Direktinvestitionen in Einzelprojekte kommen nur für größere institutionelle Anleger in Frage, die neben der Beurteilung der Wirtschaftlichkeit des Projektes beim Ankauf auch das laufende Asset Management übernehmen können.
– Fonds mit Fokus auf Projekten zu einer bestimmten Form der Erneuerbare Energie – Erzeugung, z.B. Solarfonds, Windkraftfonds o.a.
– Diversifizierte Erneuerbare-Energien-Fonds: Es gibt zahlreiche, auch internationale Fondsanbieter mit unterschiedlichen Schwerpunkten in Bezug auf Länder sowie Erneuerbare-Energie-Technologien. Dem Vorteil der höheren Diversifikation stehen dabei die komplexeren Strukturen als Nachteil gegenüber.
– Diversifizierte Infrastrukturfonds: Viele Infrastrukturfonds investieren einen Teil ihrer Mittel in Erneuerbare-Energien-Projekte, jedoch ist deren Anteil am Gesamtfonds zumeist beschränkt und beträgt selten mehr als ein Drittel.

[66] Vgl. hierzu und zu den folgenden Abschnitten Sandhövel (2012).

Des Weiteren sollte die technologische Reife von Anlagen zur Erzeugung Erneuerbarer Energie ein zentrales Thema bei der Risikobewertung sein. Gerade beim wichtigsten Baustein in der Umsetzung der Energiewende in Deutschland, dem Ausbau der Windkraft Offshore, zeigt sich, dass der Reifegrad dieser Technologie gegenwärtig nur eine begrenzte Versicherbarkeit zulässt. Dies führt zu Verzögerungen bei den Ausbauplänen. Gefordert wird eine staatliche Risikoübernahme als Überbrückung bis zur Marktreife, ohne die sich Investoren in diesem Feld noch spürbar zurückhalten werden. Auf der allgemeinen Projektebene ergeben sich für Investoren im Wesentlichen Risiken wie beispielsweise die Standortwahl bei Windparks oder fehlerhafte Windgutachten, die Nichtbeachtung von regionalen Gegebenheiten bei Investitionen in Solarenergie oder Unsicherheiten in der Verfügbarkeit von Rohstoffen bei Biomasse-Anlagen. Diese und andere Faktoren haben in den vergangenen Jahren bei vielen Investments die Rendite negativ beeinflusst.[67]

Wichtige **Sonderthemen** einer Kapitalanlage im Bereich der Erneuerbaren Energien sind zum einen die eigentumsrechtliche Entflechtung im Energiebereich, zum anderen geplante Regelungen im Rahmen von Solvency II, die hier beide nur angerissen werden können. Nach der Novelle des **Energiewirtschaftsgesetzes** von 2010 darf ein Konzern nur eingeschränkt gleichzeitig an Energieerzeugung oder -vertrieb und am Energietransport beteiligt sein. Diese auf die Energiewirtschaft gerichtete Regelung will mit strukturellen Maßnahmen den Missbrauch von Energienetzen unterbinden. Allerdings trifft sie auch Finanzinvestoren, die ja per se kein Monopol im Energiesektor anstreben. Somit ist eine Beteiligung an Strom- und Gasnetzen je nach nationalem Rechtsrahmen nur eingeschränkt oder gar nicht möglich, wenn gleichzeitig ein Portfolio von Erneuerbare-Energie-Anlagen gehalten wird (und umgekehrt). Finanzinvestoren, die auf der einen Seite über ein solches Portfolio verfügen, kommen somit als Investoren in die Energienetze nicht in Frage.

Und in den Regelungen für Solvency II ist bislang vorgesehen, dass Investitionen in Infrastruktur und Erneuerbare Energien in der Quote für nicht notierte Beteiligungen mit u.a. Hedgefonds und Private Equity zusammengefasst und mit Risikokapital in Höhe von 49% unterlegt werden. Nach Meinung vieler Marktbeobachter und auch der

[67] *Kernrisiken für Erneuerbare Energie – Investoren* auf der Mikroebene sind bspw.:
– Photovoltaik: Schwankende Sonneneinstrahlung; Performanceverlust der Anlage.
– Solarthermie/CSP (Concentrated Solar Power): Schwankende/ausbleibende Sonneneinstrahlung; Performanceverlust der Kollektoren oder des Kraftwerks.
– Wind (Onshore/Offshore): Schwankende Winderträge; Komponentenausfall/Effizienzverluste während der Betriebsphase; Wenig Erfahrungswerte bzgl. Offshore Windparks
– Biomasse: Steigende Feedstockpreise; Geringe Auslastung; Anlageneffizienz.
– Wasserkraft: Wasserverfügbarkeit; Trockenheit; Überschwemmungen.
Vgl. Sandhövel (2012).

Versicherungswirtschaft selbst sei allerdings das Risikoprofil dieser Anlageklassen nicht vergleichbar. Langfristig orientierte Investments in regulierte Infrastruktur und Erneuerbare Energien seien vielmehr tendenziell risikoärmer und hätten geringere Ertragserwartungen. Die Risikoprofile von Investitionen in Erneuerbare Energien differieren aufgrund von garantierten Abnahmepreisen, der Unabhängigkeit von Rohstoffpreisen oder der geringen beziehungsweise fehlenden Korrelation zu Kapitalmarktrisiken deutlich von den Investitionen in risikoreichere Anlageklassen. Die verhältnismäßig hohe Risikokapitalunterlegung im Standardmodell erschwert Infrastrukturinvestments deshalb auch den Wettbewerb mit anderen Anlageklassen. Als Lösung wird hier die Schaffung einer separaten Risikoklasse für Investments in regulierte Infrastruktur und Erneuerbare Energie mit angemessen niedriger Risikokapitalunterlegung bei gleichzeitig erleichterter Zulassung interner Risikomodelle vorgeschlagen.[68]

Dementsprechend hat die Versicherungswirtschaft ein **Forderungspapier** erarbeitet, das die politischen Handlungsfelder zur Stärkung von Investitionen in nachhaltige Infrastrukturprojekte benennt.[69] Um der Assekuranz Investitionen in ökonomisch und ökologisch nachhaltige Infrastrukturprojekte („grüne Investments") zu ermöglichen, seien laut GDV rechtliche und regulatorische Anpassungen notwendig, die größtenteils ohne zusätzliche Belastung der öffentlichen Haushalte umgesetzt werden könnten. Es wird gefordert, zunächst eine „neue Risikoklasse für Anlagen in Erneuerbare Energien und Infrastruktur" zu etablieren und zudem „Unternehmensbeteiligungen auf nachhaltige Infrastrukturprojekte" ausdehnen zu können.[70]

Die Einbindung der Versicherer als institutionelle Investoren bei der Bereitstellung von Kapital für den ökologischen Umbau erfordert laut GDV verlässliche Rahmenbedingungen für Investitionen, d.h. Planungssicherheit durch Beständigkeit im Bereich von Förderungen und Finanzierungsmaßnahmen sowie die Harmonisierung von Förder-

68 Vgl. Sandhövel (2012).

69 Vgl. GDV (2012a).

70 Die *Forderungen des GDV* im Einzelnen:
1. Neue Risikoklasse für Anlagen in Erneuerbare Energien und Infrastruktur etablieren!
2. Unternehmensbeteiligungen auf nachhaltige Infrastrukturprojekte ausdehnen – Konzernverbot lockern!
3. Barwert bei Investitionen in Erneuerbare Energien ansetzen!
4. Verzicht auf Vollkonsolidierung bei Investitionen in Erneuerbare Energien und Infrastruktur!
5. Entflechtungsvorschriften lockern!
6. Nationale und europäische Rahmenbedingungen harmonisieren!

mechanismen innerhalb der Europäischen Union. Die aufsichtsrechtlichen Anforderungen unter Solvency II führten hingegen zu einer Fehlallokation privaten Kapitals hin zu riskanten, hochrentierlichen Geldanlagen.[71]

Mit oder ohne Solvency II: Der Markt für Erneuerbare Energien und Netzinfrastruktur ist weltweit ein Wachstumssektor. Gerade die Mobilisierung privaten Eigen- und Fremdkapitals war und bleibt eine kritische Größe zum Ausbau dieses Sektors. Gleichzeitig erkennt die Versicherungswirtschaft in Investitionen in Erneuerbare Energien Vorteile in doppelter Hinsicht: Sie ermöglichen erstens eine weitere Diversifikation der Kapitalanlagen um zukunftsträchtige und damit finanziell nachhaltige Investitionen und sie leisten zweitens in der Art der Anlage einen Beitrag zum ökologisch und energetisch nachhaltigen Umbau der Wirtschaft. Rechtssicherheit bzw. stabile regulatorische Rahmenbedingungen, aber natürlich auch attraktive Renditemöglichkeiten, die auf das Risikoprofil abgestimmt sein müssen, sind dabei die wesentlichen Voraussetzungen für ein zukünftig starkes Engagement institutioneller Investoren.[72]

4.2 Unternehmensstudien

Die vorliegenden Abschnitte haben gezeigt, dass Nachhaltige Geldanlagen bei Versicherern auch in Deutschland bereits sehr konkret Gestalt annehmen. Viele Versicherungsinvestoren sind bereits heute schon nachhaltig positioniert oder entdecken und entwickeln dieses Thema gerade auf eigene Weise. Zwei Fallbeispiele sollen abschließend die ganze Bandbreite der Entwicklungsmöglichkeiten anreißen. Hier werden jedoch ausnahmsweise mal nicht die schon oft in anderen Publikationen porträtierten und auch in diesem Kapitel bereits genannten Münchener DAX-Schwergewichte Allianz und Munich Re näher vorgestellt. Denn auch andere Unternehmen der deutschen Versicherungswirtschaft sind bereits im Thema Nachhaltigkeit unterwegs. Beispielhaft seien hier die Barmenia Versicherung aus Wuppertal genannt, die 2009 ihren ersten Nachhaltigkeitsbericht herausgegeben hat,[73] oder die Volkswohl Bund Versicherungen aus Dortmund, die 2012 eine „Leitlinie zur Verantwortung" veröffentlichten, die unter anderem auch Vorgaben zur Gestaltung einer verantwortungsvollen Kapitalanlage macht.[74]

[71] Vgl. GDV (2012a).

[72] Vgl. Sandhövel (2012) oder GDV (2012a).

[73] Vgl. Barmenia (2009).

[74] Vgl. Volkswohlbund (2012).

Hier vorgestellt werden zwei hannoversche Versicherer mit sehr unterschiedlichem Unternehmensprofil, die allerdings jeweils eine eigene klare Handschrift bei der Umsetzung nachhaltiger Kapitalanlagepolitik erkennen lassen.

4.2.1 Hannover Rück

Die Hannover Rückversicherung AG (Hannover Rück) ist mit einem Prämienvolumen von rund 12 Mrd. EUR der drittgrößte Rückversicherer der Welt. Sie betreibt alle Sparten der Schaden- und Personen-Rückversicherung und ist mit circa 2.200 Mitarbeitern auf allen Kontinenten vertreten. Das Deutschland-Geschäft der Gruppe wird von der Tochtergesellschaft E+S Rück betrieben. Das Volumen der selbstverwalteten Kapitalanlagen beträgt mehr als 30 Mrd. EUR, ca. 90% des Portfolios bestehen aus festverzinslichen Papieren.[75]

Die Hannover Rück richtet ihre Kapitalanlagepolitik im Einklang mit ihrem Geschäftszweck auf die Erzielung stabiler und attraktiver Ergebnisse aus. Gleichzeitig ist sich die Hannover Rück ihrer Verantwortung als globaler Investor mit signifikantem Kapitalanlagenportfolio bewusst. Daher finden in Investitionsprozessen neben den traditionellen finanztechnischen Faktoren seit kurzem auch Nachhaltigkeitskriterien entsprechende Berücksichtigung. Nachhaltige Kapitalanlagen wurden im Unternehmen erstmals 2010 konkret thematisiert; seit 2012 ist eine entsprechende Anlagestrategie nebst Richtlinien implementiert. Die strategische Verantwortung für das Thema liegt in der Fachabteilung Investment Management, die wiederum direkt an das Ressort des Finanzvorstands angebunden ist.

Bei der Gestaltung der Kapitalanlagepolitik haben „Umwelt-, Sozial- und Governance-Kriterien“ (ESG) zunehmende Bedeutung. Die Hannover Rück orientiert sich in diesem Zusammenhang in erster Linie an den zehn Prinzipien des Global Compact der Vereinten Nationen (UNGC) und bezieht damit Aspekte aus den Bereichen Menschenrechte, Arbeitsbedingungen, Umwelt und Anti-Korruption in ihre Anlageentscheidung mit ein.

Zur Sicherstellung der Einhaltung ihrer eigens gesetzten ESG-Maßstäbe (insbesondere UNGC) überprüft das Unternehmen seine selbstverwalteten Kapitalanlagen im halbjährlichen Turnus. Bei Nichteinhaltung der zuvor genannten Kriterien ist der Ausschluss aus dem Anlageuniversum vorgesehen. Das Portfolio-Screening erfolgt dabei für die Anlageklassen festverzinsliche Wertpapiere (Staats- und halbstaatliche Anleihen, Unternehmensanleihen, besicherte Anleihen) sowie börsennotierte Aktien und umfasste im Jahr 2012 rund 90% der selbst verwalteten Kapitalanlagen des Unternehmens. In Ergänzung

[75] Vgl. hierzu und im Folgenden Hannover Rück (2013).

zu den halbjährlichen Portfolio-Screenings wird zudem im Vorfeld möglicher Neuinvestitionen geprüft, ob der jeweilige Emittent gegen die definierten ESG-Kriterien verstößt. Sollte dies der Fall sein, wird von einem Engagement abgesehen.

Die Hannover Rück entwickelt ihre Nachhaltigkeitsstrategie im Kapitalanlagenmanagement fortlaufend weiter, um sie möglichst kontinuierlich zu verbessern und auch auf neue Anforderungen auszurichten. Besonderer Wert wird auf die Qualität des Emittenten-Universums gelegt. Instrumente wie Rating- und „Best-in-Class"-Analysen werden ausgebaut, um das Kapitalanlagenportfolio und potenzielle Neuinvestitionen auf Nachhaltigkeitsgesichtspunkte zu prüfen. Auch eine Verschärfung bzw. Ausweitung der Negativkriterien ist wahrscheinlich. Neben diesen prozessualen Verbesserungen stehen auch nachhaltige Investments selbst auf der Agenda. So investiert die Hannover Rück schon heute über Infrastrukturfonds auch in Erneuerbare Energien.

4.2.2 oeco capital

Die oeco capital Lebensversicherung AG (oeco capital) wurde 1995 gegründet und ist seit August 2000 eine Tochter der Concordia Versicherung Holding AG in Hannover. Als erster deutscher Lebensversicherer hat sich die oeco capital in ihrer Satzung bereits vor 18 Jahren ausdrücklich zu einer „menschen- und umweltfreundlichen Kapitalanlagepolitik" verpflichtet. Die Anlagepolitik bezieht sich auf das komplette Sicherungsvermögen – die oeco capital ist damit der erste – und bislang einzige – konsequent nachhaltig ausgerichtete Lebensversicherer auf dem deutschen Markt. Die oeco capital, die zu den kleineren Anbietern am Markt gehört, bietet eine breite Palette an Produkten zur Alters- und Hinterbliebenenversorgung und zur Risikovorsorge kombiniert mit einer umfassenden nachhaltigen Kapitalanlage an. Das Volumen der Kapitalanlage betrug Ende 2012 ca. 300 Mio. EUR. Das Umweltmanagementsystem der oeco capital ist nach EG-Umwelt-Audit-Verordnung EMAS validiert.[76] Das Unternehmen war 1997 auch einer der ersten Unterzeichner der UNEP-Erklärung der Versicherungswirtschaft zum Einsatz für die Umwelt. Die oeco capital Lebensversicherung ist vom Fachmagazin portfolio institutionell mit dem portfolio Award 2013 als „Bester nachhaltiger Investor" ausgezeichnet worden.

Die Verwaltung der Kapitalanlagen erfolgt in Verantwortung des Vorstands durch die Abteilung Wertpapiere der Muttergesellschaft. Hier ist auch eine eigene Fachstelle eingerichtet, die sich um das Thema Nachhaltige Kapitalanlagen der oeco capital kümmert.

[76] Vgl. hierzu und im Folgenden Oeco capital (2013).

Zusätzlich überwacht ein mit externen Experten besetzter ökologischer Beirat die Einhaltung der nachhaltigen Grundausrichtung der Unternehmensziele und Geschäftsaktivitäten, insbesondere auch in der Kapitalanlage. Die Kapitalanlagepolitik des Unternehmens wird übergeordnet durch die engen rechtlichen Vorgaben für deutsche Lebensversicherungen bestimmt. Die nachhaltige Anlagepolitik ist aus Sicht der oeco capital und ihrer Kunden Mittel zum Zweck, um wirtschaftliche Veränderungen, soziale Gerechtigkeit und umweltfreundliche Innovationen zu fördern. Die Operationalisierung erfolgt mittels der vom ökologischen Beirat verabschiedeten „Leitlinien für nachhaltige Kapitalanlage und Unternehmensführung". Der Rahmen für die Anlagepolitik ist somit gleichberechtigt gesetzt: Im Vordergrund steht die Erwirtschaftung verlässlicher Renditen unter Einhaltung der Nachhaltigkeitsleitlinien.

Bei der Auswahl der Kapitalanlagen arbeitet die oeco capital mit einem Team von professionellen Beratern zusammen. Das Auswahlverfahren erfolgt nach einem dreistufigen System: In der Finanzanalyse werden mögliche Anlagen von den Kapitalanlage-Experten der Concordia und durch externe Portfolio-Manager auf ihre wirtschaftliche Bonität hin untersucht. In der Nachhaltigkeitsanalyse erfolgt eine Prüfung der nachhaltigen Ausrichtung der Anlage sowohl durch externe Nachhaltigkeitsbewertungen und -studien als auch intern durch den Umweltbeauftragten. Eine zusammenfassende Beurteilung aller Kapitalanlagen mit Bezug auf Nachhaltigkeit wird durch den ökologischen Beirat vorgenommen.

Im Ergebnis steht ein Anlageuniversum, das als verbindliche Grundlage aller Anlageentscheidungen dient. Dieses wird zudem fortlaufend überprüft. Ca. 90% des Portfolios der oeco capital bestehen aus festverzinslichen Papieren – die allesamt den Nachhaltigkeitsleitlinien genügen. Neben einem Spezialfonds für Aktien wurde das Anlageuniversum in den vergangenen Jahren um weitere nachhaltige Investments erweitert. So hat die oeco capital in einen der ersten nachhaltigen Private Equity Dachfonds investiert. Die zugrundeliegenden Fonds investieren weltweit in junge Unternehmen verschiedener Umwelttechnologie-Branchen. Darüber hinaus hat sich die oeco capital 2012 erstmals direkt an einer Gesellschaft beteiligt, deren Geschäftszweck der Betrieb von Windparks ist. Diese Beteiligungs-Investments werden nach erfolgten Kapitalabrufen bis zu 4% der gesamten Kapitalanlagen ausmachen – ein im Branchenvergleich weit überdurchschnittlicher Anteil. Investments in nachhaltige Immobilienanlagen sind in Prüfung. Neben dieser Ausweitung einer nachhaltigen Kapitalanlagepolitik auf die investierten Anlageklassen steht bei der oeco capital auch Transparenz im Vordergrund. Das Unternehmen informiert alle Kunden regelmäßig über Inhalte und Struktur seiner nachhaltigen Kapitalanlagen.

5 Ausblick

Mehr Licht als Schatten – die Bestandsaufnahme der nachhaltigen (Kapitalanlage-)Aktivitäten deutscher Versicherer hat zum Teil überraschende und insgesamt im Sinne der Nachhaltigkeitsagenda ermutigende Ergebnisse zu Tage gefördert. Mit Blick auf die aktuell zu beobachtenden Entwicklungen im Markt weicht die zögerliche Haltung der Vergangenheit insbesondere der deutschen Versicherungsbranche einer neuen Dynamik. Zahlreiche neue Aktivitäten in der Branche und viele Praxisbeispiele lassen erwarten, dass sich die Versicherungswirtschaft in den kommenden Jahren an der Spitze der Entwicklungen zu den Themen Nachhaltigkeit und Nachhaltige Geldanlagen etablieren will.

Dabei stehen der Branche wie beschrieben in Abhängigkeit der individuellen Entwicklungsphase und der jeweiligen Rahmenbedingungen verschiedene Optionen zur Verfügung. Für Versicherer, die sich noch eher am Anfang des Weges befinden, empfehlen sich beispielsweise folgende erste **Schritte zur Entwicklung einer nachhaltigen Investmentstrategie**:[77]

- Das Thema Nachhaltige Kapitalanlagen muss überhaupt erst einmal in die Agenda des Unternehmens aufgenommen werden. Hierzu gehört auch eine entsprechend Unterstützung seitens der Unternehmensführung.
- Als erste Umsetzung bieten sich Ausschlüsse bestimmter unerwünschter Praktiken an, hier empfiehlt sich eine Orientierung an international gängigen Themen und Normen. Beispiele sind hier das bereits genannte Thema Streumunition oder auch Kinderarbeit.
- Es gibt bereits eine Reihe von Versicherern in Deutschland und Europa, die schon (gute) Erfahrungen zum Thema nachhaltige Kapitalanlage gesammelt haben. Diese können Neueinsteigern als Blaupause, Benchmark oder Sparringspartner für eigene erste Schritte dienen. Eine Reihe von Initiativen und Branchenverbänden (PRI, FNG, UNEP FI) fordert und fördert ausdrücklich den Erfahrungsaustausch innerhalb der Gruppe nachhaltiger Investoren.
- Die Auswahl von bezüglich Nachhaltigkeit kompetenten Finanzdienstleistern (Asset Managern, Banken) erleichtert die eigene Orientierung und Umsetzung im Thema.

[77] Vgl. VBDO (2011) und UNEP FI (2009a).

Als weitere Schritte für „fortgeschrittene" Investoren bieten sich unter anderem an:

- Die Orientierung an und die Umsetzung von internationalen Richtlinien wie PRI, PSI o.ä.
- Die Ausweitung einer nachhaltigen Kapitalanlagepolitik auf alle investierten Anlageklassen.
- Transparenz und Berichterstattung zur nachhaltigen Kapitalanlagepolitik.

Mit Blick auf die Vielfalt der Möglichkeiten und die Veränderungsdynamik der Branche wird die Versicherungsbranche sicherlich auch in Zukunft häufig als einer der nachhaltigsten Wirtschaftszweige weltweit genannt werden.

Literatur

AnlV, (2011): Verordnung über die Anlage des gebundenen Vermögens von Versicherungsunternehmen (Anlageverordnung), Fassung vom 11.02.2011.

BaFin (Bundesanstalt für Finanzdienstleistungsaufsicht), (2013): Kapitalanlagen (http://www.bafin.de/DE/Aufsicht/VersichererPensionsfonds/Kapitalanlagen/kapitalanlagen_node.html).

Barmenia Versicherungen, (2009): Nachhaltigkeitsbericht.

Clemens-Hunt, P. (International Institute for Sustainable Development, The Blended Capital Group, and the United Nations Environment Programme Finance Initiative), (2012): Lenses and clocks – Financial stability and systemic risk, (Insuring the Future, S. 43-49).

Deutscher Bundestag, (2011): Wortprotokoll Nr. 17/56 des Finanzausschusses des Deutschen Bundestages vom 04.07.2011 (Öffentliche Anhörung).

Eurosif, (2012): European SRI Study.

Finanztest, (2011): Auf vermintem Gelände, Heft 1.

FNG (Forum Nachhaltige Geldanlagen e.V.), (2011): Nachhaltige Geldanlagen – Eine Übersicht für institutionelle Anleger.

FNG (Forum Nachhaltige Geldanlagen e.V.), (2012): Marktbericht.

Friesenbichler, R., (2010): Wie ethisch sind Versicherungen? www.fokus-nachhaltigkeit.at/article/2010/10/, (Zugriff Januar 2013).

Garz, H./Kudszus, V./Volk, C. (WestLB), (2004): Insurance & Sustainability.

GDV (Gesamtverband der Deutschen Versicherungswirtschaft e.V.), (2011): Herausforderung Klimawandel – Antworten und Forderungen der deutschen Versicherer.

GDV (Gesamtverband der Deutschen Versicherungswirtschaft e.V.), (2012a): Positionspapier zur Verbesserung der Bedingungen für Investitionen in Erneuerbare Energien und Infrastruktur.

GDV (Gesamtverband der Deutschen Versicherungswirtschaft e.V.), (2012b): Statistisches Taschenbuch der Versicherungswirtschaft.

GDV (Gesamtverband der Deutschen Versicherungswirtschaft e.V.), (2012c): Jahrbuch 2012 – Die deutsche Versicherungswirtschaft.

GDV (Gesamtverband der Deutschen Versicherungswirtschaft e.V.), (2012d): Mitglieder-Rundschreiben vom 05.06.2012.

Hannover Rück, (2013): Schriftliche Befragung des Unternehmens im Februar 2013.

Haßler, R./Löffler, A., (2012): Nachhaltigkeitsrating von Krankenversicherungen, in: Adolph, T./Everling, O./Metzler, M. (Hg.): Krankenversicherung im Rating – Leistungsbewertungen und Management als Schlüsselfaktoren, Wiesbaden.

Hoenen, R.-P., (2010): Nachhaltigkeit in der Versicherungswirtschaft, in Newsletter Assekurata Punkt! 22.

Kennaway, A. (The Geneva Association), (2012): Sustainability as the Driving Force – Reality or Myth?

Kleine, J./Krautbauer, M./Esser, M., (2011): Immobilien und Infrastruktur bei institutionellen Investoren. Studie des Research Center for Financial Services der Steinbeiss Hochschule Berlin und Commerz Real.

Klencz, Michael, (2012): Die Rolle nachhaltiger Kapitalanlagen im Asset-Management von Versicherungsunternehmen, Masterarbeit FH Köln.

Kreuter, B. (Palladio Partners), (2012): Kapital sucht Wind, in: Going Public „Clean Tech 2012“, S. 62f.

Maas, P./Bodderas, M. (Institut für Versicherungswesen der Universität St. Gallen), (2010): Vertriebsmonitor für die Assekuranz, Ergebnisbericht.

Novethic, (2012): ESG Strategies by Asset Owners – Different Scenarios across Europe.

Oeco capital, (2013): Schriftliche Befragung des Unternehmens im Januar 2013.

Portfolio institutionell, (2012a): Newsflash 04.04.2012, www.portfolio-institutionell.de/ (Zugriff im Januar 2013).

Portfolio institutionell, (2012b): Newsflash 27.06.2012, www.portfolio-institutionell.de/ (Zugriff im Januar 2013).

Portfolio institutionell, (2013): Newsflash 09.01.2013, www.portfolio-institutionell.de/ (Zugriff im Januar 2013).

Sandhövel, A., (2012): Chancen und Herausforderungen bei neuen Energien für institutionelle Investoren, in: Energiewirtschaftliche Tagesfragen, Heft 9, S. 56-59.

Schulte, R., (2011): Nachhaltigkeit wird zum neuen Wachstumstreiber, in: Zeitschrift für Versicherungswesen 8/2011, S. 277-279.

Staub-Bisang, M., (2011): Nachhaltige Anlagen für institutionelle Investoren.

Sustainalytics, (2010): Insurance and Climate Change.

Swiss Re, (2010): Sigma 5/2010 – The insurance investing in a changing regulatory environment.

The Geneva Association, (2009): Insurance Industry and Climate Change.

UNEP FI, (2003): Risk, the environment and the role of the insurance industry.

UNEP FI, (2007): Insuring for stability – Why and how the leaders are doing it.

UNEP FI, (2009): The global state of sustainable insurance.

UNEP FI, (2011): Insurance climate change statement.

UNEP FI, (2012): Creating the „New Normal" – Enabling the Financial Sector to Work for Sustainable Development.

UNEP FI, (2013a): PSI Website, http://www.unepfi.org/psi/, (Zugriff Januar 2013).

UNEP FI, (2013b): UNEP FI Website, http//www.unepfi.org, (Zugriff Februar 2013).

Union Investment, (2011): Nachhaltiges Vermögensmanagement institutioneller Anleger.

UN PRI, (2013): Principles für Responsible Investment – Website, www.unpri.org, (Zugriff Februar 2013).

VAG, (2012): Versicherungsaufsichtsgesetz (Gesetz über die Beaufsichtigung der Versicherungsunternehmen), Fassung vom 05.12.2012.

VBDO (Dutch Association of Investors for Sustainable Development), (2011): Benchmark Responsible Investment by Insurance Companies in the Netherlands 2011: At the Crossroads.

VfU (Verein für Umweltmanagement und Nachhaltigkeit in Finanzinstituten e.V.), (2013): VfU-Website, www.vfu.de, (Zugriff im Februar 2013).

Volkswohlbund, (2012): Verantwortung (Nachhaltige Unternehmenspolitik).

Weiler, W. (GDV), (2012): Kapitalanlagen 2012, Vortrag auf GDV-Pressekolloquium am 18. April 2012.

Wilhelm, A., (2008): Pensionskassen und Nachhaltige Geldanlagen, in: Faust, Martin/ Scholz, Stefan (Hg.): Nachhaltige Geldanlagen – Produkte, Strategien und Beratungskonzepte,1. Auflage, Frankfurt, S. 223-246.

Zwick, A., (2012): Neue Nachhaltigkeitsregeln stärken Risikomanagement, in: Börsenzeitung vom 20.06.2012, S. 4.

Pensionskassen und nachhaltige Veranlagung

Silke Stremlau

1 Einleitung

Im aktuellen Marktbericht des Forums Nachhaltige Geldanlagen ist zu Akteuren im deutschsprachigen Raum nachzulesen, dass die Anlagen genossenschaftlicher und betrieblicher Pensionsfonds gerade einmal 6 % der Volumina der nachhaltig anlegenden institutionellen Investoren in Deutschland ausmachen. Hinzu kommen noch einmal 3 % aus dem Bereich der öffentlichen Pensionsfonds.[1] Gleichzeitig sind Pensionskassen und Altersvorsorgeeinrichtungen per se auf einen langen Anlagehorizont hin ausgerichtet, könnten also per definitionem nachhaltig, also langfristig orientiert anlegen. Die Gründe für das geringe Engagement gerade dieser Anlegergruppe sind vielfältig: Sie reichen von einer geringen Aktienquote bei deutschen Anlegern über die deutsche Gründlichkeit im Vergleich zum internationalen Pragmatismus bis hin zu – anders als im europäischen Ausland – fehlenden Vorreitern unter den Pensionsfonds aufgrund der umlagefinanzierten, nicht kapitalgedeckten Struktur der Altersvorsorge in Deutschland. Im Folgenden soll dargestellt werden, auf welcher rechtlichen Grundlage die nachhaltige Veranlagung von Pensionsgeldern fußt, welche Argumentationen verfolgt werden und welche Hindernisse überwunden werden müssen auf dem Weg, Pensionskassen stärker als bisher auf den Weg zu einer nachhaltigen Investmentstrategie zu bringen.

2 Argumentationsstränge für die nachhaltige Veranlagung von Pensionsgeldern

Pensionskassen und Stiftungen sind sie als „Treuhänder“ dazu verpflichtet, das ihnen anvertraute Geld nicht nach eigenen Maßstäben anzulegen, sondern die Anlageentscheidungen ausschließlich im Sinne der Kunden und Auftraggeber zu treffen. Im Kontext der Debatte um nachhaltiges Investment und um die Integration von ESG-Kriterien[2] in die Finanzanlage wird somit die Frage diskutiert, ob Treuhänder zu einer Integration von Nachhaltigkeit verpflichtet sind, um Risiken des Portfolios zu minimieren und um ganzheitliche Aspekte bei der Bewertung von Renditeaussichten der Investitionsobjekte zu berücksichtigen. Aber auch, ob sie im Sinne eines Reputationsmanagements eigentlich gar nicht um eine ESG-Integration umhin kommen. Allerdings gibt es bis heute kein Land in Europa, das explizit die treuhänderische Pflicht und die Veranlagung nach Nachhaltigkeitskriterien vorschreibt.[3]

1 Forum Nachhaltige Geldanlagen (2013), S. 23.

2 ESG bedeutet „Environmental, Social and Governance“, also die Berücksichtigung von ökologischen, sozialen und Unternehmensführungsaspekten in die Anlagestrategie.

3 Vgl. Eurosif/Forum Nachhaltige Geldanlagen (2005), S. 10.

Eher im Gegenteil: In der Vergangenheit haben viele Pensionsfonds die Ansicht vertreten, dass eine SRI-Anlagestrategie[4] unvereinbar mit den grundlegenden Anforderungen einer Anlagestrategie einer Pensionskasse ist, nämlich stabile und langfristige Erträge zu erwirtschaften. Nachhaltigen Investments wurde hier per se und vielfach entgegen wissenschaftlicher Erkenntnisse eine zu große Volatilität, ein zu hohes Risiko durch mangelnde Diversifikation und eine zu geringe Ertragsprognose unterstellt.

Will man sich also der Frage nach der treuhänderischen Pflicht zur Beachtung von Nachhaltigkeitskriterien für die Anlage von Pensionsgeldern nähern, lassen sich fünf verschiedene Blickwinkel und Argumentationsstränge identifizieren (vgl. Abbildung 1):

- Normativ: „Bei langfristiger Geldanlage müssen intra- und intergenerationelle Aspekte berücksichtigt werden."
- Risikobezogen: „Ein nachhaltiger Investmentstil minimiert die Portfoliorisiken durch Vermeidung kontroverser und nicht zukunftsgerichteter Investments."
- Renditeorientiert: „Eine Beachtung von ESG-Kriterien unterstützt die Suche nach zukunftsorientierten, renditestarken Investitionsobjekten."
- Nachfragebasiert: „Gerade bei langfristig angelegten Geldern ist es den Anlegern wichtig, in nachhaltig wirtschaftende, also langfristig erfolgreiche Unternehmen im Sinne eines Stakeholder-Modells zu investieren."
- Gesetzlichbasiert: „Kein Gesetz untersagt die Einbeziehung von ESG-Kriterien bei der Anlage von Pensionsgeldern."

[4] SRI steht für „Socially Responsible Investment" und bedeutet gesellschaftlich verantwortliches Investment, kurz: Nachhaltiges Investment.

Abbildung 1: Argumentationsstränge für die treuhänderische Pflicht bei einer nachhaltigen Veranlagung von Pensionsgeldern

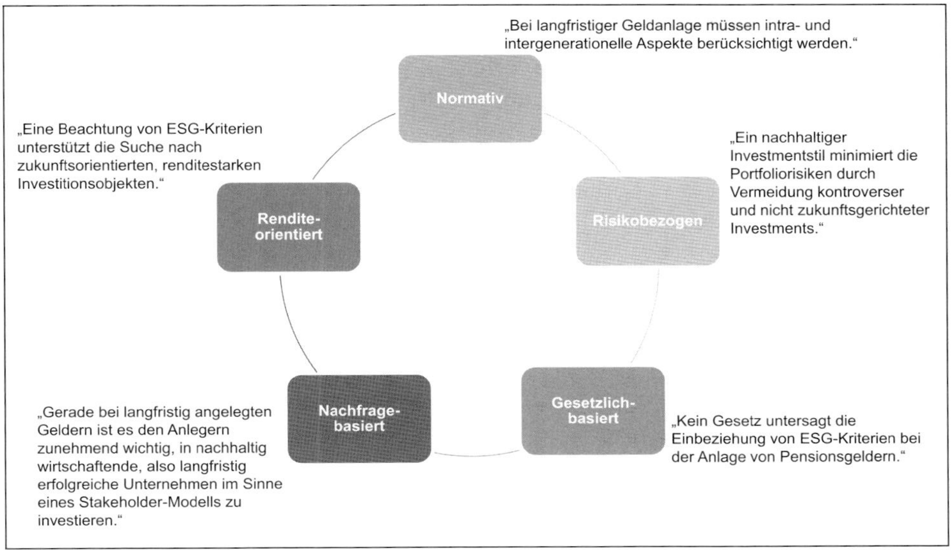

Quelle: imug, 2013

Fachleute nehmen diese Argumentationsstränge auf und untermauern damit die prinzipielle Verpflichtung von Treuhändern zur Einbeziehung von ESG-Kriterien bei der Veranlagung von Pensionsgeldern. Der Rechtsexperte Paul Watchman, einer der Autoren des international bekannten Freshfields Reports von 2005, bringt die normative und gesetzlich orientierte Facette folgendermaßen auf den Punkt:

"There is no reason in law why trustees cannot consider social and moral criteria in addition to their usual criteria of financial returns, security and diversification. This applies to trustees of all pension funds. [...] It is an obligation on pension fund trustees not simply a right or option to state in their Statement of Investment Principles what the fund's guidelines are on responsible investment and to what extent social, environmental or ethical considerations are taken into account."[5]

[5] UNEP FI Asset Management Working Group (2009), S. 15.

Des Weiteren führt er aus, dass die Einbeziehung von ESG-Kriterien keine Experimente in der Nische darstellten, sondern als Mainstream-Investments, also als Anlagen im breiten Kapitalmarkt, angesehen werden können. Er sieht sogar eine große reale Gefahr, dass Treuhänder von Pensionsgeldern angeklagt werden können, wenn sie auf der eigentlichen Basis zur absoluten Kundenverpflichtung die Berücksichtigung von ESG-Kriterien missachten. Seiner Auffassung nach müssen Asset Manager das Thema proaktiv und nicht reaktiv angehen.[6]

Diese Einschätzung vertritt auch Daniel Just, für die Kapitalanlagen verantwortlicher Vorstand der Bayerischen Versorgungskammer: „Ein Verstoß gegen treuhänderische Pflichten liegt aber vor, wenn relevante Nachhaltigkeitskriterien nicht berücksichtigt werden."[7]

Bisher gibt es noch keinen Fall, in dem Anleger ihren Treuhänder wegen einer derartigen Missachtung verklagt haben; denkbar vor dem Hintergrund dieser Argumentation wäre es aber durchaus. Der Original-Freshfields Report aus dem Jahr 2005, der die Rechtslage in mehreren Ländern untersuchte, hat ganz klar konstatiert, dass die Einbeziehung von ESG-Kriterien in die Investmentanalyse die Bewertungsgrundlage der Investitionsobjekte erweitert und damit stichhaltig ist. Die Einbeziehung ist somit zulässig und wird in allen wichtigen Gerichtsständen vorausgesetzt.[8] Fortgeführt wird diese Aussage durch den Nachfolgebericht von 2009, der zudem noch stärker auf die Integration von ESG-Prinzipien abhebt, die Schwierigkeiten herausarbeitet und dennoch klar macht, dass die nachhaltige Veranlagung klar in den Vertrag zwischen Kapitaleigner und Asset Manager eingebettet sein muss.[9]

3 Altersvorsorge im Wandel

3.1 Wachsende Bedeutung betrieblicher Altersvorsorge

In den letzten zwölf Jahren ist in Deutschland ein langsamer Wechsel bei der Altersvorsorge zu verzeichnen. Das Besondere des deutschen Systems, nämlich die umlagefinanzierte, nicht kapitalgedeckte staatliche Rente wird ergänzt bzw. ersetzt durch einen vermehrten Einsatz privater Altersvorsorge und/oder betrieblich organisierter Altersvorsorge. Der

[6] Vgl. UNEP FI Asset Management Working Group (2009), S. 16.
[7] Zitiert nach Patrick Eisele (2011), S. 2.
[8] Vgl. UNEP FI Asset Management Working Group (2005), S. 7.
[9] Vgl. UNEP FI Asset Management Working Group (2009), S. 17.

Name, der mit diesem Systemwechsel in der Öffentlichkeit in Verbindung gebracht wird, ist der Name des ehemaligen sozialdemokratischen Arbeitsminister Walter Riester, der im Jahr 2001 die sogenannte „Riester-Rente" auf den Weg gebracht hat. Hintergrund war die zu erwartende Lücke in der Rentenkasse, hervorgerufen durch den demografischen Wandel und ein Wegbrechen von Arbeitnehmern, die in die Rentenkasse einzahlen. Die Idee war, diese Lücke durch ein Mehr an privater Altersvorsorge zu schließen.

Im Jahr 2005 machte die staatliche, nicht kapitalgedeckte, sondern umlagefinanzierte Rente noch ca. 85 % am deutschen Pensionseinkommen aus; während 10 % aus der privaten Altersvorsorge kamen und nur 5% aus der betrieblichen Altersvorsorge. Experten gehen für die nächsten Jahre von einer deutlichen Verschiebung in Richtung eines Abschmelzens der umlagefinanzierten staatlichen Rente auf 60 % aus.[10] Die Relevanz privater kapitalgedeckter Altersvorsorgeeinrichtungen, darunter Pensionsfonds, wird dadurch in den nächsten Jahren immer mehr an Bedeutung gewinnen und mit ihnen auch deren Anlagekriterien.

3.2 Einführung der Berichtspflicht in Deutschland

Angeregt durch die Diskussion in Großbritannien und das dortige Wachstum ethisch-ökologischer Fonds verabschiedete der Deutsche Bundestag im Jahr 2002 eine Berichtspflicht zu Nachhaltigkeitskriterien bei Pensionsfonds und 2005 für Pensionskassen und Direktversicherungen. Man hatte sich durch die Berichtspflicht ein Marktwachstum ethisch-ökologischer Anlagekonzepte erhofft, da man davon ausging, Anleger würden verstärkt diese Art von Produkten nachfragen, wenn ein solcher Passus in den Pensionsfondsunterlagen auftauchen würde. Somit wurden Pensionsfonds- und -kassen sowie Direktversicherungen – als drei externe Wege der betrieblichen Altersvorsorge – dazu verpflichtet, anfangs nur bei Vertragsabschluss und später auch einmal jährlich schriftlich darüber zu informieren, ob und – falls ja – wie ethische, soziale und ökologische Belange bei der Verwendung der eingezahlten Beiträge berücksichtigt werden.[11] Heute weiß man, dass die Berichtspflicht nicht den erhofften Anschub zum Marktwachstum beigetragen hat.

Zwar berichtete eine Studie von Fortis Investments im Dezember 2008, rund 50 % der ausgewerteten Produkte der betrieblichen Altersvorsorgeprodukte beachteten Nachhaltigkeitsaspekte mit faktischen Auswirkungen auf die Vermögensanlagen.[12] Diese Zahl

---

[10] Vgl. Raffelhüschen, B. (2008), S. 45.

[11] Vgl. Versicherungsaufsichtsgesetz (2008), §§ 10a Abs. 2; 115 Abs. 4; 118b Abs. 1; Anlage D Nr. 2 lit. B) cc).

[12] Fortis Investment (2008), S. 10.

wirkt auf den ersten Blick positiv. Sie muss aber stark relativiert werden, denn nur ein Drittel der angeschriebenen Pensionskassen hat überhaupt geantwortet. Und von diesem Drittel berücksichtigten auch nur gut 22% faktisch Nachhaltigkeitsaspekte. Zudem musste nicht die gesamte Geldanlage dieser Pensionsfonds nachhaltig ausgerichtet sein, sondern es reichte schon aus, wenn lediglich ein Nachhaltigkeitsfonds im Rahmen eines fondgebundenen Tarifes enthalten war, daneben aber beispielsweise auch 20 konventionelle Fonds.

Festzuhalten ist, dass der erwartete Schub für Nachhaltige Geldanlagen trotz der Berichtspflicht ausgeblieben ist und sich bisher erst wenige Anbieter um eine wirklich konsistente Anlagestrategie unter Einbeziehung von ESG-Kriterien bemühen. Das hängt auch mit einem strukturellen Haken im Gesetz zusammen, den es so in Großbritannien und Frankreich nicht gibt: Deutsche Altersversorger können das Gesetz „aushebeln", indem sie einfach erklären, keine ESG-Kriterien anzuwenden.

4 Status quo bei Pensionsfonds und Nachhaltigkeit

4.1 Aktuelle Situation in Deutschland

International heben sowohl die Nachfolgepublikationen des Freshfields-Reports von 2005 als auch alle neueren Veröffentlichungen zum Thema auf die positive Wirkung der UN-Prinzipien für verantwortliches Investieren der Vereinten Nationen (Principles for Responsible Investments, (UN PRI)) ab: Sie gelten international zum einen als Treiber für Altersversorger und zum anderen als eine gute Orientierung dafür, wie eine an ESG-Kriterien orientierte Anlage von Pensionsgeldern aussehen kann. In rasantem Tempo bekennen sich weltweit Kapitaleigner und Vermögensverwalter zu diesen PRI-Leitlinien.

Auf deutscher Seite hingegen sind aber gerade einmal vier Asset-Owner (Kapitaleigner) aus dem Bereich der Altersversorgung unter den PRI-Mitgliedern zu finden: die S-Pensionskasse, die Bayerische Versorgungskammer, die MetallRente und das Versorgungswerk der Wirtschaftsprüfer und der vereidigten Buchprüfer (WPV).[13] Die Anzahl der deutschen UN PRI-Unterzeichner weist im Vergleich zu anderen Ländern moderate Wachstumsraten auf, doch ist die große Abstinenz von Altersvorsorgeeinrichtungen jeglicher Art sehr auffällig.

[13] Letzter Zugriff am 28.6.2013: http://www.unpri.org/signatories/signatories/?country=Germany.

Heribert Karch, Geschäftsführer der MetallRente GmbH – dem Versorgungswerk der beiden großen Sozialpartner Gesamtmetall und IG Metall – hat einmal auf einem Workshop der Evangelischen Akademie in Arnoldshain im Jahr 2007 gesagt: „Ich wünsche mir, dass ich mir nicht länger wie ein Geisterfahrer auf der Autobahn vorkomme. Wir alleine gegen den Strom. Ich hätte gerne mal welche, die hinter mir herfahren.“[14]

Die MetallRente hat seit Beginn ihrer Gründung im Jahr 2001 ihre Anlagepolitik stets an Nachhaltigkeitskriterien orientiert, allerdings in unterschiedlichen Entwicklungsstadien und mit unterschiedlicher Strenge. Sie vertritt die Ansicht, dass „jede finanzielle Anlage den Investor zur Verantwortung – auch im Sinne gesamtgesellschaftlicher Interessen – verpflichtet. Dies umso mehr, da institutionelle Altersvorsorgeeinrichtungen zusätzlich eine treuhänderische Verantwortung gegenüber dem „Workers Capital“ – also ihren Anspruchsberechtigten – haben“.[15] Zurzeit ist der MetallRente-Pensionsfonds der einzige der aktuell 27 Pensionsfonds, der ausschließlich nach ESG-Kriterien anlegt, und das nicht nur in einer kleinen Beimischung.

4.2 Berufsständische und öffentliche Versorgungseinrichtungen

Blickt man auf die berufsständischen Versorgungswerke und die Versorgungskassen für den öffentlichen und kirchlichen Dienst, fällt die Analyse folgendermaßen aus: Rund 60% dieser Versorgungswerke beziehen zumindest ausgewählte Nachhaltigkeitsaspekte in ihre Anlagestrategie mit ein. Dies ergab eine Studie des Umweltministeriums und von Allianz Global Investors, durchgeführt vom Nachhaltigkeitsexperten Axel Hesse. Ernüchternd ist dagegen die Befragung der Beamtenpensionsfonds bzw. Versorgungsrücklagen des Bundes und der Länder: Sie haben bisher keinerlei entsprechende Kriterien integriert.[16] „Damit wird der Staat nicht seiner Vorbildfunktion gerecht“, folgert der Autor der Studie. „In anderen europäischen Ländern erfahren nachhaltige Investments deutlich größeren Zuspruch, häufig waren dort öffentlich-rechtliche Altersversorgungseinrichtungen Vorreiter wie beispielsweise in Frankreich oder in Skandinavien.“[17]

[14] Tagung der Evangelischen Akademie Arnoldshain im November 2007, zusammengefasst in: Ulshöfer, G./Bonnet, G. (2009).

[15] Eurosif Studie (2011), S. 17.

[16] Hesse, A. (2011), S. 6.

[17] Hesse, A. (2011), http://www.sd-m.de/files/Pressemitteilung_20111121_Nachhaltigkeit_oerAV.pdf.

Ähnlich mager sieht es bei den Firmenpensionsfonds aus: Nach einer Umfrage des Handelsblatt Business Briefing Nachhaltige Investments im Juni 2012[18] bezeichnen lediglich zwei von zehn Pensionsfonds die Berücksichtigung von ESG-Kriterien als ihre Treuhandverantwortung. Der Newsletter hat die Firmenpensionsfonds von Bosch, Deutsche Post, Hypovereinsbank, IBM Deutschland, MAN, Nestlé, RWE, Siemens und der Deutschen Telekom angeschrieben. All dies sind Unternehmen, die seit Jahren ausgewiesenes CSR-Engagement betreiben, ausführliche Nachhaltigkeitsberichte veröffentlichen und in einschlägigen Rankings auch gerne eine gute CSR-Performance bescheinigt bekommen. Der Handelsblatt-Umfrage zufolge schließt die Deutsche Post DHL lediglich Aktien von Streumunitionsherstellern aus. Eine konsistente nachhaltige Anlagepolitik liegt noch nicht vor. Keiner der zehn Firmenpensionsfonds berücksichtigt systematisch ESG-Aspekte bei der Anlage. Allerdings scheinen die UN PRI als Kriterium bei der Auswahl von Asset Managern an Bedeutung zu gewinnen: So geben beispielsweise MAN und RWE an, dass ein Großteil der Pensionsanlagen bereits heute schon von Vermögensverwaltern gemanagt wird, die die UN PRI unterzeichnet haben.

4.3 Diskrepanz zwischen Nachhaltigkeitsengagement und Finanzanlage

Worin liegen die Gründe für die Kluft zwischen einerseits sehr engagierten Unternehmen im Bereich CSR und den nicht nachhaltigen Pensionsfonds derselben Unternehmen? In den Nachhaltigkeitsberichten deutscher Großkonzerne finden sich alle wichtigen ESG-Kennzahlen, angefangen von den CO_2-Emissionen über die Diversityquote[19] bis hin zur Anzahl der gemeldeten Korruptionsvorfälle. Allerdings sucht man vergeblich Hinweise auf eine nachhaltige Anlagestrategie der Firmenpensionsfonds oder Pensionsrückstellungen.

Die Literatur und wissenschaftliche Forschung ist an dieser Stelle noch nicht sehr ergiebig. Folgende Thesen wären es wert, anhand empirischer qualitativer Sozialforschung untersucht werden:

- CSR-Engagement ist zwar in den meisten Unternehmen auf der Top-Management-Ebene angesiedelt und wird häufig direkt an den Vorstandsvorsitzenden berichtet. Es erreicht aber in den wenigsten Fällen auch den CFO (Chief Financial Officer), der für die Finanzanlage des Unternehmens zuständig ist.

[18] Bergius, S. (2012), S. 3.

[19] Unter „Diversity" versteht man die Vielfalt der Belegschaft in Bezug auf Geschlecht, Alter, Herkunft, sexuelle Orientierung, religiöse und weltanschauliche Einstellungen.

- Die meisten CFOs großer Unternehmen gehören der Generation 55+ an, für die sich Ökologie und Ökonomie immer noch ausschließen. Ein Wechsel hin zu einer zukunftsbasierten, an Nachhaltigkeitskriterien orientierten Veranlagung bedarf eines Generationenwechsels hin zu jüngeren Managern, die mit Tschernobyl, Greenpeace und den Grünen sozialisiert worden sind.
- Alle Ansätze von „Integrated Reporting“ und „CSR als Business Case“ sind im Moment noch Zukunftsmodelle und noch lange nicht in allen Vorstandsetagen angekommen. CSR ist immer noch mehr Marketing und Kommunikation als ein wirklich neues, strategisches Steuerungsmodell für Unternehmen.

Ein ähnliches Bild wie in Deutschland ergibt sich in der Schweiz. Die wenigsten Schweizer Pensionskassen haben sich bisher mit dem Thema UN PRI oder der Berücksichtigung von ESG-Risiken in der Vermögensverwaltung systematisch auseinandergesetzt. Die Gründe für die mangelnde ESG-Integration hat die Universität St. Gallen versucht zu identifizieren, indem sie unter Schweizer Pensionskassenverantwortlichen[20] qualitative Interviews führte. Die wichtigsten drei Barrieren werden wie folgt definiert:

- Fehlendes Know-how der Verantwortlichen,
- Operative (Über-)Belastung der Finanzentscheider,
- Fehlender öffentlicher Druck von Seiten der Versicherten, der Medien, der Politik und der Nichtregierungsorganisationen.

Um diese Barrieren zu überwinden, scheint also ein Strategiemix notwendig zu sein: Es beginnt beim Know-How-Transfer über den positiven Zusammenhang zwischen ESG-Integration und Performanceentwicklung, geht über eine adäquate Verantwortungszuschreibung des Nachhaltigkeitsthemas auf Vorstandsebene bis hin zur Schaffung gesetzlicher Rahmenbedingungen.

[20] Ishibashi, S./Laakso, T. (2012), S. 20-23.

5 Risikominimierung und Renditeoptimierung

5.1 Vorteile der Einbeziehung von ESG-Faktoren

Welche Gründe sprechen für die Einbeziehung von ESG-Faktoren bei der Veranlagung von Pensionsgeldern? Die Vorteile lassen sich in drei Bereiche gliedern, die natürlich miteinander zusammen hängen: Risikominimierung, Renditeoptimierung und Vermeidung von Reputationsrisiken.

Der strategische Vorteil von Unternehmen, die frühzeitig und proaktiv nachhaltige Produkte und Dienstleistungen entwickeln, liegt auf der Hand: Sie gestalten den Markt, minimieren Reputationsrisiken durch die Vermeidung kontroverser Geschäftsfelder und managen ihr Unternehmen umsichtig im Sinne des Stakeholder-Modells[21], wodurch sie u.a. die Mitarbeiterloyalität erhöhen. Durch einen effizienten Umgang mit endlichen Ressourcen werden Kosten reduziert und Entsorgungskosten minimiert. Aus Investorensicht spricht demnach viel für eine langfristige Rendite, die zwar keine großen Ausbrüche nach oben aufweist, aber ein stetiges und gesundes Wachstum impliziert.

Unternehmen, die ihr Geschäftsmodell an ökonomischen, sozialen, ethischen und ökologischen Grundsätzen gleichermaßen ausrichten, stehen weniger in der Gefahr, auf kurzfristige Trends zu setzen, Verursacher großer Skandale zu werden oder Mitarbeiter an Wettbewerber zu verlieren. Gerade für langfristig und defensiv anlegende Investoren, wie Pensionskassen und -fonds, sollten diese Prinzipien nachvollziehbar sein. Die Mehrheit der wissenschaftlich fundierten Performancevergleiche nachhaltiger versus konventioneller Anlagen kommt immer wieder zu dem gleichen Urteil: Mit großer Wahrscheinlichkeit haben SRI-Investments keinen Renditenachteil gegenüber konventionellen Anlagen; mit geringer Wahrscheinlichkeit erwirtschaften sie sogar eine Outperformance.[22] Des Weiteren ist belegt, dass Unternehmen mit einer guten bis sehr guten ESG-Performance geringere Kapitalkosten haben und ihnen ein geringes Risiko adjustiert werden kann, was einen klaren Einfluss auf die Renditeerwartung der Investments hat und sich dementsprechend bei der Veranlagung auszahlt.

---

[21] Unter „Stakeholdern" versteht man alle „Anspruchsgruppen" eines Unternehmens, also Gruppen, die gewisse Erwartungen an das Unternehmen haben. Dies sind im Gegensatz zum „Shareholder-Modell" nicht nur die Anteilseigner, sondern auch die Mitarbeiter, Kunden, Lieferanten, Anwohner, NGOs, die Politik, die jeweiligem Standortgemeinden und die Öffentlichkeit/Presse.

[22] Deutsche Bank Group (2012), S. 8.

5.2 Finanzieller Impact für Pensionsportfolios

Eine empirische Studie von Höpfner, Rezech und Siegel von der University St. Andrews aus dem Jahr 2012 geht der durch den Freshfield-Report aufgeworfen Frage nach, welchen finanziellen Impact die Einbeziehung von ESG-Kriterien in ein Pensionsportfolio hat, das mit den gesetzlichen Pflichten zu umsichtigen Handeln übereinstimmt.

Für die Studie wurden ESG-Daten der internationalen Ratingagentur EIRIS[23] in 25 realistische Portfolios von Pensionsfonds integriert und über 77 Monate hinweg untersucht. Fazit der Untersuchung: Es gibt keinerlei Hinweise darauf, dass die Integration von Nachhaltigkeitsaspekten in den Investmentprozess von Pensionsfonds nachteilige Auswirkungen auf die finanzielle Performance hat.[24]

Allerdings gibt es Faktoren, die bei der Integration beachtet werden müssen, um wirklich zu einem positiven Einfluss zu gelangen:

- Definition einer ausgewogenen ESG-Strategie, die die wichtigsten ESG-Faktoren beinhaltet und Themen identifiziert, die sowohl einen Treiber in Richtung Nachhaltigkeit darstellen als auch eine gesellschaftliche Relevanz besitzen;
- Verwendung von Qualitätsresearch zur Beurteilung der ESG-Performance der Investitionsobjekte;
- Entwicklung von ESG-Kriterien für alle Asset-Klassen, unter anderem weil gerade auch im Bereich der Staatsanleihen starke Interdependenzen zwischen Nachhaltigkeitsperformance und Credit-Rating zu verzeichnen sind;
- Differenzierung der Kriterien nach Asset-Klassen;
- Ergänzung des kriteriengestützten Selektionsprozesses um Engagement-Aktivitäten, um finanziell attraktive Unternehmen mit einem derzeit schlechten Nachhaltigkeitsrating auf ein höheres ESG-Level zu heben.

Ergänzend zu diesen Punkten weist eine aktuelle Studie der Steinbeis-Hochschule Berlin auf den Vorteil des aktiven Managements im Vergleich zu passiven Ansätzen im Bereich der Nachhaltigkeitsfonds hin: „Aktive Manager können den Anlegern in diesem Zusam-

[23] EIRIS gehört zu den größten unabhängigen ESG-Ratingagenturen weltweit mit Sitz in London.

[24] Höpfner, A./Rzech, M./Siegel, K. S. (2012), S. 26.

menhang einen Mehrwert bieten, da diese individuelle Anforderungen berücksichtigen können und zudem die Möglichkeit haben, im Rahmen eines dynamischen Ansatzes, Nachhaltigkeit als zusätzlichen Risikofilter zu nutzen."[25]

6 Ausblick

Die Integration von ESG-Kriterien in Investmententscheidungen und umfassende Nachhaltigkeitsratings von Investitionsobjekten sind unumkehrbar. Sie stellen vielmehr einen Erkenntnisgewinn dar, der sicherlich in unterschiedlicher Tiefe und Ausprägung angewendet werden kann, aber niemand wird mehr die bloße Relevanz bestreiten. Mit Blick auf die globalen Probleme, wie Klimawandel, Ressourcenknappheit, Biodiversitätsverlust, Korruptionsprobleme und Arbeitsbedingungen in der Lieferantenkette, bleibt der Problemdruck in einem nicht unerheblichen Maße auch zukünftig bestehen. Damit liegt es auf der Hand, dass langfristig ausgerichtete Treuhänder wie Pensionskassen und Altersvorsorgeeinrichtungen sich mit diesen Fragestellungen auseinandersetzen und sie pro-aktiv in ihre Kapitalanlageentscheidungen einbeziehen. Es wurde nachgewiesen, dass es vielmehr einer Pflichtverletzung gleichkäme, diese zusätzlichen Aspekte nicht einzubeziehen. Gleichwohl bedarf es hier noch viel Überzeugungsarbeit, eine weitere Professionalisierung sowie einen Generationenwechsel auf der Entscheiderebene.

Literatur

Bergius, Susanne, (2012): Firmenpensionsfonds halten sich bedeckt, in: Handelsblatt Business Briefing Nachhaltige Investments, 15.06.2012. http://www.handelsblatt.com/downloads/6750336/5/HB-Business-Briefing-Investments_06_12.pdf, zugegriffen: 29. April 2013.

Deutsche Bank Group, (2012): Sustainable Investment. Establishing Long-Term Value and Performance. https://www.dbadvisors.com/content/_media/Sustainable_Investing_2012.pdf, zugegriffen: 29. April 2013.

EIRIS, (2012): On track for Rio+20? How are global companies responding to sustainability? http://www.eiris.org/media/press-release/on-track-for-rio20-how-are-global-companies-responding-to-sustainability/, zugegriffen am 29. April 2013.

[25] Steinbeis Research Center for Financial Services (2013), S. 10.

Eurosif/Forum Nachhaltige Geldanlagen, (2005): Vermögensverwalter von Pensionsfonds als nachhaltige Investoren. http://www.forum-ng.org/images/stories/nachhaltige_geldanlagen/vermoegensverwalter_von_pensionsfonds_fng-eurosif-2005.pdf, zugegriffen: 29. April 2013.

Eurosif, (2011): Corporate Pension Funds and Sustainable Investment Study. http://www.eurosif.org/research/corporate-pension-funds, zugegriffen: 29. April 2013.

Eurosif/Forum Nachhaltige Geldanlagen, (2011): http://www.forum-ng.org/images/stories/Presse/pm_eurosif_fng_4.10.2011.pdf, zugegriffen: 29. April 2013.

Forum Nachhaltige Geldanlagen, (2013): Marktbericht Nachhaltige Geldanlagen 2013, Berlin.

Eisele, Patrick, (2011): Nachhaltigkeitsvordenker. http://www.portfolio-institutionell.de/newsdetails/article/titelthema-nachhaltigkeitsvordenker.html, zugegriffen: 29. April 2013.

Fortis Investment (Hrsg.), (2008): Betriebliche Altersvorsorge und nachhaltige Investments in Deutschland. http://www.sd-m.de/files/Hesse_BMU_FortisInvestments_bAV_und_nachhaltige_Investments_in_D.pdf, zugegriffen: 29. April 2013.

Hesse, Axel, (2011): Öffentlich-rechtliche Altersversorgung und nachhaltige Investments in Deutschland. http://www.sd-m.de/files/Pressemitteilung_20111121_Nachhaltigkeit_oerAV.pdf, zugegriffen am 29. April 2013.

Höpfner, Adreas G. F./Rzech, Michael/Siegel, K. S., (2012): Does pension funds' fiduciary duty prohibit the integration of environmental responsibility criteria in investment processes? A realistic prudent investment test. http://papers.ssrn.com/sol3/papers.cfm?abstract_id=1930189, zugegriffen: 29. April 2013.

Ishibashi, Shinobu/Laakso, Tuuli-Maija, (2012): Sustainable Investments in Switzerland – An Empirical Analysis of Asset Owners and Asset Managers on the Current Acceptance, Perceptions and Barriers. http://contrast-capital.com/cc/wp-content/uploads/20120908_Project-Report-PublicVersion_Final.pdf, zugegriffen am 29. April 2013.

Raffelhüschen, Bernd, (2008): Altersvorsorge in Deutschland: Besser als ihr Ruf? dpn, Juli/August 2008.

Steinbeis Research Center for Financial Services, (2013): Nachhaltige Investments aus dem Blick der Wissenschaft. Leistungsversprechen und Realität. Analysebericht. http://www.steinbeis-research.de/pdf/Executive%20Summary_Nachhaltige_Investments_aus_dem_Blick_der_Wissenschaft.pdf, zugegriffen am 29. April 2013.

Ulshöfer, Gotling/Bonnet, Gesine (Hrsg.), (2009): Corporate Social Responsibility auf dem Finanzmarkt. Nachhaltiges Investment – politische Strategien – ethische Grundlagen, Wiesbaden.

UNEP FI Asset Management Working Group, (2005): A legal framework for the integration of environmental, social and governance issues into institutional investment (Freshfields Report). http://www.unepfi.org/fileadmin/documents/freshfields_legal_resp_20051123.pdf, zugegriffen: 29. April 2013.

UNEP FI Asset Management Working Group, (2009): Fiduciary responsibility. Legal and practical aspects of integrating environmental, social and governance issues into institutional investment. http://www.unepfi.org/fileadmin/documents/fiduciaryII.pdf, zugegriffen: 29. April 2013.

Versicherungsaufsichtsgesetz, (2008): Berichtspflicht gemäß §§ 10a Abs. 2; 115 Abs. 4; 118b Abs. 1; Anlage D Nr. 2 lit. B) cc) VAG [in der Fassung vom 28.05.2008].

Stiftungen und Nachhaltige Geldanlagen

Berenike Wiener

1 Einleitung

Stiftungen zählen neben kirchlichen Einrichtungen, Pensionsfonds und Pensionskassen zur Kategorie der institutionellen Anleger. Dieser Begriff suggeriert, dass Stiftungen in Deutschland im Allgemeinen über ein beträchtliches Vermögen verfügen und somit im Gegensatz zu privaten Anlegern einen viel größeren Spielraum für maßgeschneiderte Finanzprodukte haben. Das zweite Kapitel gibt dementsprechend einen Überblick über die deutsche Stiftungslandschaft sowie über rechtliche und wirtschaftliche Rahmenbedingungen.

Nachhaltigkeit ist ein Begriff, der heutzutage in aller Munde ist und fast schon inflationär gebraucht wird. Einerseits ist man seiner überdrüssig, andererseits ist der damit verbundene Gedanke so aktuell wie nie zuvor. Unsere Gesellschaft steht vor einem Wendepunkt: Wir müssen unser Verhalten grundlegend ändern, um Ressourcen zu schonen und die Welt für künftige Generationen lebenswert zu erhalten. Warum Stiftungen und Nachhaltigkeit zusammenpassen, soll im dritten Kapitel skizziert werden. Grundsätzlich stehen Stiftungen alle Anlageklassen offen und auch der Gedanke der Nachhaltigkeit lässt sich mit allen Anlageklassen verbinden.

Stiftungen und Nachhaltige Geldanlagen sind zwei Pole, die ideal verzahnt werden können. Im vierten Kapitel geht es um die Darstellung, wie der Stiftungszweck und das Stiftungskapital in Einklang gebracht werden können. Es geht hier nicht um Nennung nachhaltiger Produkte auf dem Finanzmarkt. Das Schlagwort für diesen Perspektivenwechsel lautet hier „Mission Investing".

2 Stiftungen

2.1 Begrifflichkeit und Typologie

Der Begriff „Stiftung" ist zum einen ein gesetzlich nicht definierter Oberbegriff für eine Vielzahl von Rechtsformen, wie z. B. die Stiftungs-GmbH oder der Stiftungsverein, zum anderen bezieht er sich auf den Akt des Stiftens selbst. Unabhängig von der gewählten Rechtsform ist den unterschiedlichen Stiftungstypen gemein, dass eine Vermögensmasse verselbstständigt wird, deren Erträge für einem vom Stifter bestimmten Zweck auf Dauer gewidmet sind und ausgeschüttet werden müssen. Die Stifterin oder der Stifter legt in der Satzung fest, welchen Zweck die Stiftung verfolgen soll. In 94% der Fälle handelt es sich dabei um gemeinnützige, kirchliche oder mildtätige Zwecke. Der Prototyp einer Stiftung ist die rechtsfähige Einrichtung bürgerlichen Rechts (§§ 80 ff. BGB). Mit Stand vom

31. Dezember 2012 gibt es in Deutschland 19.551 solcher rechtsfähigen Stiftungen bürgerlichen Rechts. Diese Form ist das klassische Instrument zur Verwirklichung eines auf Dauer angelegten Zwecks und untersteht der staatlichen Stiftungsaufsicht.

Daneben gibt es weitere Varianten:

- Familienstiftungen, die eine Unterart der rechtsfähigen Stiftung bürgerlichen Rechts sind, jedoch ihrem Zweck nach überwiegend dem Interesse der Mitglieder einer oder mehrerer Familien dienen. Familienstiftungen sind daher gerade nicht gemeinnützig;
- Bürgerstiftungen sind ebenfalls eine Unterart der rechtsfähigen Stiftung bürgerlichen Rechts. Sie werden von Bürgern für Bürger gegründet und fördern regional soziale, kulturelle oder ökologische Zwecke. Häufig mit einem zunächst überschaubaren Kapital ausgestattet, verfolgen Bürgerstiftungen einen langfristigen Vermögensaufbau,
- nicht rechtsfähige Treuhandstiftungen. unterliegen für gewöhnlich nicht der staatlichen Stiftungsaufsicht. Daher gibt es auch keine vollständige Erfassung der unselbstständigen Stiftungen in Deutschland. Die nicht rechtsfähige Treuhandstiftung ist eine verbreitete Organisationsform, die – je nach Vereinbarung mit dem Treuhänder – mit einer viel geringeren Kapitalausstattung als die Stiftung bürgerlichen Rechts gegründet werden kann. Natürlich sollte auch eine Treuhandstiftung mit einem Kapital ausgestattet sein, das eine nachhaltige und dauerhafte Erfüllung des Stiftungszwecks ermöglicht. Dazu überträgt die Stifterin oder der Stifter dem Treuhänder das Kapital. Rechtlich gesehen ist die Treuhandstiftung somit ein Vertragsverhältnis zwischen Stifter und Treuhänder. Daher verfügt die Treuhandstiftung nicht über eine eigene Rechtspersönlichkeit.

Kernstück einer jeden Stiftung ist neben dem Stiftungsvermögen und der Stiftungsorganisation der Stiftungszweck. Die Abgabenordnung nennt 25 verschiedene Stiftungszwecke, die als gemeinnützig anerkannt werden können. Trotz aller Vielfalt und Unterschiedlichkeit haben die meisten Stiftungen eines gemeinsam: Sie fördern Bereiche des gesellschaftlichen Lebens, die im Sinne der Stifterin oder des Stifters zu wenig bearbeitet werden. Dementsprechend sind die Betätigungsfelder deutscher Stiftungen vielfältig und bilden im Grunde alle Bereiche der Gesellschaft ab: soziale Zwecke, Wissenschaft und Forschung, Bildung und Erziehung, Kunst und Kultur sowie Umweltschutz. Die Umsetzung des Stiftungszwecks kann entweder operativ oder fördernd erfolgen. Die Stiftung kann also entweder selbst Projekte entwickeln und durchführen, um den Stiftungszweck zu realisieren oder sie kann andere gemeinnützige Organisationen fördern, die sich ihrerseits im Sinne des Stiftungszwecks engagieren. Stiftungen gestalten die Gesellschaft, indem sie immer wieder öffentliche Debatten über neue Betätigungsfelder anregen. Die Bedeutung für die Gesellschaft hat auch die Politik erkannt, die durch Gesetzesänderungen die Rahmenbedingungen immer weiter verbessert.

Abbildung 1: Betätigungsfelder

Gewichtete Verteilung der Stiftungszweckhauptgruppen*
Stand 31. Dezember 2012

Soziale Zwecke	**4.306,2**	29,7%
Wissenschaft und Forschung	**1.800,7**	12,4%
Bildung und Erziehung	**2.211,8**	15,3%
Kunst und Kultur	**2.202,9**	15,2%
Umweltschutz	**555,1**	3,8%
Andere gemeinnützige Zwecke	**2.639,2**	18,2%
Privatnützige Zwecke	**772,2**	5,3%

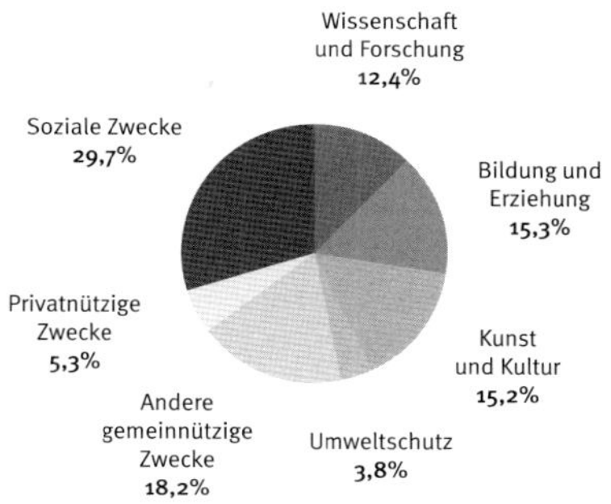

* Einzelzwecke sind zu Hauptgruppen zusammengefasst, diese wurden gewichtet. [n= 14.488]

Quelle: Aktuellste Statistiken des Bundesverbandes Deutscher Stiftungen vom 31.12.2012 (http://www.stiftungen.org/de/news-wissen/kompetenzzentrum-stiftungsforschung/statistiken.html)

2.2 Stiftungen damals und heute

Stiftungen haben eine lange Tradition. Historisch betrachtet stehen sie in einer dem permanenten Wandel unterworfenen Welt für Kontinuität und Stabilität und in einem ständigen Spannungsverhältnis zwischen staatlichem Schutz und staatlicher Kontrolle. Bekanntermaßen hat sich nicht nur die geografische Landkarte im Laufe der Jahrhunderte verändert, sondern auch die Rechtsprechung. Deshalb ist es umso erstaunlicher, dass sich die Stiftung als Institution über einen so langen Zeitraum gehalten hat.

Werfen wir einen kurzen Blick zurück: Im Mittelalter gab es Stiftungen, die entweder mildtätige Zwecke verfolgten und dabei Träger sozialer Einrichtungen wie Waisenhäuser und Spitäler waren oder in Form von Memorialstiftungen schlicht dem Andenken des Stifters dienten. Eine Blütezeit erlebte das Stiftungswesen im 19. Jahrhundert, als das Bürgertum im Zuge der Industrialisierung zu Vermögen kam, Verantwortung übernahm und neue Stiftungen gründete.

Um 1900 gab es in Deutschland über 100.000 Stiftungen, deren Zahl sich bis zur Mitte des 20. Jahrhunderts jedoch drastisch reduzierte. Grund hierfür waren die schwierigen Rahmenbedingungen, mit denen sich das Stiftungswesen in dieser Zeit konfrontiert sah: zwei Weltkriege, Inflation und Währungsreformen, NS-Diktatur und das spätere sozialistische Gesellschaftssystem in der ehemaligen DDR. Diese gravierenden Ereignisse führten – je nach Form des Stiftungskapitals – zur Aufzehrung von Stiftungsvermögen, zu Zusammenlegungen, Auflösungen oder Verstaatlichung.

Erst in der zweiten Hälfte des 20. Jahrhunderts, d.h. in den 1980er Jahren, setzte eine breitere Renaissance des Stiftungsgedankens in Westdeutschland ein, die bis heute anhält. Seit der Wiedervereinigung sind über 70% der heute in der Bundesrepublik Deutschland bestehenden Stiftungen gegründet worden. Das kontinuierliche Wachstum erlebte im Jahr 2007 einen vorläufigen Höhepunkt mit einer Zahl von 1.134 Gründungen.

Abbildung 2: Stiftungsgründungen pro Jahr

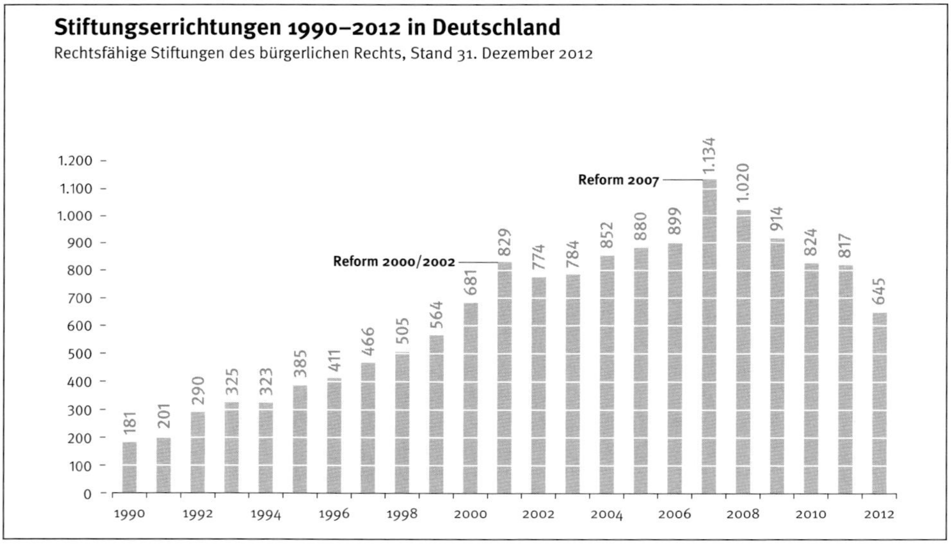

Quelle: Aktuellste Statistiken des Bundesverbandes Deutscher Stiftungen vom 31.12.2012 (http://www.stiftungen.org/de/news-wissen/kompetenzzentrum-stiftungsforschung/statistiken.html)

Die Ursachen für diesen Aufschwung im Stiftungswesen sind mannigfaltig: der über Jahrzehnte gewachsene Wohlstand, der demografische Wandel, die Erbschaftswelle sowie auch die gewachsene Bereitschaft, sich zu engagieren und die Lust an Partizipation und zivilgesellschaftlicher Mitgestaltung des Gemeinwesens. Neben gesellschaftlichen Veränderungen spielen jedoch auch rechtliche Rahmenbedingungen eine große Rolle für den Boom.

Die im Jahr 2008 ausgebrochene Wirtschafts- und Finanzkrise stellte die Stiftungswelt erneut vor eine große Herausforderung. Dennoch ist bisher kein Fall einer Stiftung bekannt, die aufgrund der seither anhaltenden Niedrigzinsphase aufgelöst werden musste. Der scheinbare Rückgang von Neugründungen im Jahr 2012 auf 645 Stiftungen bürgerlichen Rechts zeigt, dass die Bemühungen des Bundesverbandes Deutscher Stiftungen gefruchtet haben, die Gründung rechtsfähiger Stiftungen bürgerlichen Rechts nur mit einem ausreichenden Kapitalstock zu genehmigen. Auch wenn es keine rechtliche Vorgabe für das Mindestkapital einer rechtsfähigen Stiftung gibt, so wird eine rechtsfähige Stiftung für gewöhnlich von der Stiftungsaufsicht nicht anerkannt werden, wenn das Kapital unter 50.000 EUR liegt. Kleinere Stiftungssummen fließen in alternative Stiftungsformen wie die eingangs erwähnten Treuhandstiftungen.

2.3 Stiftungsrechtliche Kriterien der Kapitalanlage

In der Öffentlichkeit wird der Stiftungszweck meist als Hauptmerkmal einer Stiftung wahrgenommen. Vor dem Hintergrund der anhaltenden Niedrigzinsphase und starker Verunsicherung auf den Kapitalmärkten rückt das Thema der Geldanlage immer stärker in den Mittelpunkt der Stiftungsarbeit. Vermögensanlage und Vermögensverwaltung gehören zu den ursprünglichen Funktionen der Stiftungsvorstände und sollten mit der gleichen Sorgfalt wahrgenommen werden wie Entscheidungen über die Mittelverwendung. Das heißt. die Verwendung der Erträge aus der Vermögensverwaltung unterliegt sowohl dem Bundes- als auch dem Landesrecht, das sich allerdings in der Regel nur sehr grundlegend mit der Anlage und Verwaltung des Stiftungsvermögens befasst. Die Landesstiftungsgesetze beinhalten allgemeine Grundsätze der Vermögensverwaltung. Gemäß § 80 Abs. 2 BGB soll „die dauernde und nachhaltige Erfüllung des Stiftungszwecks gesichert erscheinen". Weitere Richtlinien und Vorgaben für die laufende Verwaltung dieses Vermögens sind im BGB jedoch nicht enthalten. Der Stiftungsvorstand ist somit zur rentierlichen Anlage des Stiftungsvermögens verpflichtet, um die zur Verwirklichung des Stiftungszwecks notwendigen Erträge zu erwirtschaften. Ob der Wert real oder nominal erhalten werden muss, ist in der Literatur weiterhin umstritten. Das geltende Stiftungsrecht verpflichtet jedoch nicht zum strikten Inflationsausgleich.

Weitere rechtliche Rahmenbedingungen gibt im Bereich des Stiftungssteuerrechts insbesondere die Abgabenordnung vor. Die gesetzlichen bzw. stiftungsrechtlichen Grundlagen liefern hier jedoch nur grobe Vorgaben wie Sparsamkeit, Sicherheit oder Wirtschaftlichkeit. Diese lassen im Umkehrschluss allerdings auch erkennen, dass Stiftungen im Rahmen der Möglichkeiten der Vermögensanlage erhebliche Freiräume genießen, die diese gerade in Bezug auf Nachhaltige Geldanlagen nutzen sollten.

2.4 Vermögensstruktur deutscher Stiftungen

Die in Deutschland ansässigen rechtsfähigen Stiftungen bürgerlichen Rechts verfügen über ein Gesamtvermögen von rund 100 Mrd. EUR. Insgesamt sind sie damit als institutionelle Kunden für Banken interessant. Es wäre jedoch ein Trugschluss anzunehmen, dass jede deutsche Stiftung vermögend sei. Fakt ist, dass der Stiftungssektor eine starke Konzentration aufweist: Wenige Stiftungen verfügen über die Vermögensmasse. Dies verdeutlicht aber auch, dass die Mehrheit der Stiftungen eine teilweise sehr geringe Vermögensausstattung aufweist, die bisweilen sogar für eine wirkungsvolle Stiftungstätigkeit zu gering ist. Hinzu kommt, dass manch eine kleine Stiftung ihr Vermögen unprofessionell bewirtschaftet.

Abbildung 3: Die 15 größten rechtsfähigen Stiftungen bürgerlichen Rechts

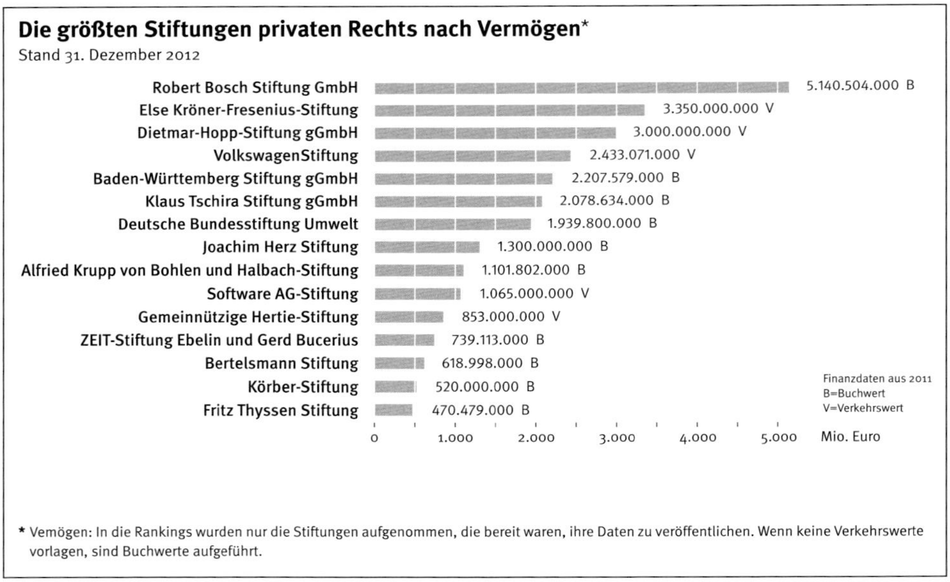

Quelle: Aktuellste Statistiken des Bundesverbandes Deutscher Stiftungen vom 31.12.2012 (http://www.stiftungen.org/de/news-wissen/kompetenzzentrum-stiftungsforschung/statistiken.html)

Die folgende Übersicht verdeutlicht die Aufteilung der rechtsfähigen Stiftungen bürgerlichen Rechts nach Vermögensklassen.

Abbildung 4: Vermögensklassen der rechtsfähigen Stiftungen bürgerlichen Rechts

Stiftungen und Vermögen in Klassen*
Stand 31. Dezember 2012

bis zu 100.000 €	**2.209**	28,4%
bis zu 1.000.000 €	**3.478**	44,7%
bis zu 10.000.000 €	**1.720**	22,1%
bis zu 100.000.000 €	**339**	4,4%
mehr als 100.000.000 €	**40**	0,5%
	7.786	100,0%

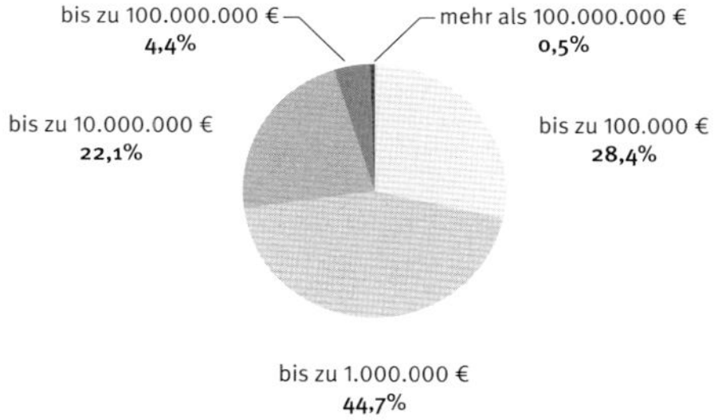

* Anzahl der Stiftungen in fünf Klassen nach Stiftungskapital einschließlich Zustiftungen. [n= 7.786]

Quelle: Aktuellste Statistiken des Bundesverbandes Deutscher Stiftungen vom 31.12.2012 (http://www.stiftungen.org/de/news-wissen/kompetenzzentrum-stiftungsforschung/statistiken.html)

Über die Hälfte der Stiftungen weist ein Vermögen von bis zu 500.000 EUR auf. Etwa ein weiteres Viertel verfügt über ein Vermögen von höchstens 1 Mio. EUR. Geht man davon aus, dass der Gesamtbetrag des Stiftungsvermögens 100 Mrd. EUR beträgt, so läge das durchschnittliche Vermögen einer Stiftung bei 3,9 Mio. EUR Euro. Allerdings sagt dieser Wert nichts über die wahre Verteilung der Mittel aus. Der Median des angegebenen Vermögens liegt dagegen bei nur 293.000 EUR. Die 15 größten Stiftungen bürgerlichen Rechts vereinen ca. 10,5 Mrd. EUR auf sich.

Privatrechtliche Stiftungen bürgerlichen Rechts bestreiten ihre Ausgaben typischerweise aus Vermögenserträgen. Häufig erhalten Stiftungen aber auch zu einem erheblichen Teil Spenden, die zeitnah verwendet werden müssen. Andere Einnahmequellen sind Zuwendungen der öffentlichen Hand oder im Falle eines Zweckbetriebes oder wirtschaftlichen Geschäfts z.B. Leistungsentgelte oder Sponsoring. In der folgenden Übersicht wird die Einnahmenverteilung dargestellt, die auf den Angaben von 4.877 rechtsfähigen Stiftungen bürgerlichen Rechts basiert.

Tabelle 1: Verteilung der Einnahmen von Stiftungen

Art der Einnahmen	Mio. Euro	Prozent
Vermögensverwaltung	2.039,3	43%
Spenden	416,8	9%
Zweckbetrieb	1.094,2	23%
Wirtschaftlicher Geschäftsbetrieb	331,4	7%
Öffentliche Förderung	572,0	12%
Rücklagen	39,7	1%
Sonstige	255,2	5%
Summe	**4.748,6**	**100%**

Quelle: Bundesverband Deutscher Stiftungen, Verzeichnis Deutscher Stiftungen, Berlin 2011, Seite 32

Aufgrund der unterschiedlichen Einnahmequellen erklärt sich, dass die Gesamtausgaben nicht anhand einer durchschnittlichen Verzinsung des Gesamtvermögens errechnet werden können.

3 Nachhaltigkeit

Gemeinnützige Stiftungen verfolgen das Ziel, die Gesellschaft durch Förderung des Gemeinwohls zu verbessern und zu verändern. Dieses Ziel ist langfristig und in vielen Fällen generationsübergreifend ausgerichtet, so dass grundlegende Werte über viele Jahre und Jahrzehnte vermittelt werden können. Entsprechend lässt sich festhalten, dass Stiftungen die Nachhaltigkeitsakteure schlechthin sind.

3.1 Begrifflichkeit

„Nachhaltigkeit" oder „sustainable development" ist ein Oberbegriff, der inzwischen vielseitig gebraucht wird. Wer von Nachhaltigkeit spricht, meint häufig zunächst primär die Nachhaltigkeit im Bereich des Umweltschutzes. In der Tat bildete die Umwelt den Ausgangspunkt für die Entwicklung des Begriffs der Nachhaltigkeit, auch wenn er inzwischen in einem wesentlich umfassenderen Sinn verwendet wird. So formulierte bereits im Jahr 1713 Hans Carl von Carlowitz in seinem Buch „Silvicultura oeconomica" Grundsätze der Nachhaltigkeit:

> *„Schlage nur so viel Holz, wie der Wald verkraften kann! So viel Holz, wie nachwachsen kann."*

Das 19. und beginnende 20. Jahrhundert waren zwar von wichtigen Entwicklungen in der Sozialpolitik geprägt, aber der Aspekt der Umwelt blieb unbetrachtet und der technische Fortschritt führte zu einer radikalen Ausbeutung der Natur. Aufgrund der industriellen Umbrüche war das vorrangige Thema die Sozialpolitik. Demgegenüber wurden die Themen Umwelt und Naturschutz nachrangig behandelt und vernachlässigt. 1972 fand in Stockholm die erste Umweltkonferenz statt, die als Beginn der internationalen Umweltpolitik gilt. Vertreter aus 113 Staaten verabschiedeten eine Deklaration zu Umweltfragen. Doch erst die Veröffentlichung des Brundtland-Berichts 1987 führte zu einer internationalen Diskussion und einer gängigen Definition des Begriffs der Nachhaltigkeit:

> *„Dauerhafte Entwicklung ist Entwicklung, die die Bedürfnisse der Gegenwart befriedigt, ohne zu riskieren, dass künftige Generationen ihre eigenen Bedürfnisse nicht befriedigen können.“*

Seit Veröffentlichung des Berichts „Grenzen des Wachstums“ durch die Kommission für Entwicklung und Umwelt wird das Thema Nachhaltigkeit weltweit diskutiert. Gemäß der Kernaussage des Berichts sollten wir nicht auf Kosten zukünftiger Generationen leben. Der Veröffentlichung folgten mehrere Konferenzen, womit das Thema auch in der Politik zunehmend Beachtung fand. Im Jahr 1989 wurde die Konferenz der Vereinten Nationen über Umwelt und Entwicklung einberufen.

Der Brundtland-Bericht war erneut auch Grundlage für die Konferenz in Rio de Janeiro 1992. Als Ergebnis entstand hier ein Arbeitspapier – die „Agenda 21“ – mit konkreten Handlungsanweisungen für Staaten und Bürger.

Zehn Jahre später fand die bislang größte UN-Konferenz, der Weltgipfel für nachhaltige Entwicklung, in Johannesburg statt und es wurden neue Zielvorgaben für die nächsten Jahre formuliert. Als besonders relevant wurde das Thema Bildung in Bezug auf Nachhaltigkeit eingeführt. Demzufolge ist Bildung der Schlüssel für eine nachhaltige Entwicklung.

Die Konferenz von Johannesburg rief für den Zeitraum von 2005 bis 2014 die Weltdekade der „Bildung für eine nachhaltige Entwicklung“ aus. Alle UN-Mitglieder verpflichteten sich dementsprechend, Bildung als Basis für nachhaltige Entwicklung in der Gesellschaft zu verankern. Zuletzt tagte die UN 2012 wieder in Rio de Janeiro.

Auch die Wirtschaft hat das Thema Nachhaltigkeit für sich entdeckt. So wird immer deutlicher, dass Unternehmen, die nicht in diesem Sinne arbeiten, ihre Firmenwerte in Gefahr bringen. Private und zunehmend auch institutionelle Anleger möchten ihr Geld nachhaltig anlegen und erwarten Transparenz auf diesem Gebiet.

Nachhaltigkeit ist zum Leitbild des 21. Jahrhunderts geworden und gilt als ein Gesamtkonzept, das ökologische, ökonomische und soziale Entwicklungen verzahnt, die nicht getrennt voneinander betrachtet werden dürfen. Fortschritt kann es hier nur durch ganzheitliches Denken geben.

3.2 Nachhaltigkeitsmodelle

Wie erwähnt ist Nachhaltigkeit als ein Gesamtkonzept zu verstehen, dass auf den Säulen Ökologie, Ökonomie und Soziales beruht. Der Begriff wird auch immer wieder grafisch dargestellt. Das am häufigsten verwendete Modell ist das „Nachhaltigkeitsdreieck", welches in diesem Kontext ökologische, ökonomische und soziale Aspekte verbindet. Diese Sichtweise unterstützt auch der von der Bundesregierung ins Leben gerufene Rat für nachhaltige Entwicklung:

> *„Nachhaltige Entwicklung heißt, Umweltgesichtspunkte gleichberechtigt mit sozialen und wirtschaftlichen Gesichtspunkten zu berücksichtigen. Zukunftsfähig wirtschaften bedeutet also: Wir müssen unseren Kindern und Enkelkindern ein intaktes ökologisches, soziales und ökonomisches Gefüge hinterlassen. Das eine ist ohne das andere nicht zu haben."*

Einen ähnlichen Ansatz verfolgt das Drei-Säulen-Modell, welches die genannten Faktoren als drei Säulen darstellt, auf denen die nachhaltige Entwicklung aufbaut. Andere Nachhaltigkeitsmodelle wie z.B. das Ein-Säulen-, das Pyramiden- und das gewichtete Drei-Säulen-Modell, stellen die Ökologie in den Vordergrund.

Bei der Bewertung der verschiedenen Nachhaltigkeitsmodelle wird immer wieder zwischen starker und schwacher Nachhaltigkeit unterschieden. Als schwache Nachhaltigkeit bezeichnet man die Vorstellung, dass natürliche Ressourcen durch Human- und Sachkapital ersetzt werden können. Starke Nachhaltigkeit stellt die Ökologie über die anderen Dimensionen wie Ökonomie, Kultur, Soziales.

4 Stiftungen und Nachhaltige Geldanlagen

Geht es beim Begriff „Nachhaltigkeit" im Stiftungssektor um eine gesellschaftliche Vision, so stellen nachhaltige Geldanlagen ein konkretes Handlungsfeld dar, handelt es sich doch um Produkte, die auf dem Finanzmarkt angeboten werden. Stiftungen sind damit Nachhaltigkeitsakteure, denn sie sind auf zwei Ebenen tätig. Über ihren Satzungszweck verwirklichen sie die gesellschaftliche Dimension der Nachhaltigkeit. Durch den verantwortungsvollen Umgang mit ihrem Vermögen in Form von Kapitalanlagen haben sie Einfluss auf gesellschaftliche Entwicklungen.

Eine wachsende Zahl deutscher Stiftungen ist für das Thema sensibilisiert und integriert die Dimension der Nachhaltigkeit in ihre Anlagestrategie.

4.1 Nachhaltige Geldanlagen

Unter dem Begriff „Nachhaltige Geldanlagen" werden alle Geldanlagen verstanden, die neben rein wirtschaftlichen Kriterien auch Nachhaltigkeitskriterien wie Ökonomie, Ökologie und Soziales berücksichtigen. Grundsätzlich gilt, dass bei jeder Wahl der Vermögensanlage zunächst die drei Kriterien Sicherheit, Liquidität und Rendite nach Möglichkeit miteinander in Einklang gebracht werden müssen. Diese Faktoren werden auch als das magische Dreieck der Vermögensanlage bezeichnet. Sie müssen bei der Wahl einer Anlagestrategie berücksichtigt und gewichtet werden, um – je nach zur Verfügung stehender Anlagesumme und anderer Rahmenbedingungen – die Ziele, die mit der Geldanlage verbunden sind, in möglichst großem Umfang zu erreichen. Die drei Dimensionen markieren jedoch auch immer ein Spannungsfeld.

Die Dimension der Sicherheit zielt auf das Risiko, das mit einer Geldanlage verbunden ist. So kann bei einer hochspekulativen Anlage das Vermögen beispielsweise aufgrund von Zahlungsausfällen, Insolvenzen oder Kurseinbrüchen ganz oder teilweise verloren gehen. Im Normalfall stehen Sicherheit und Rentabilität im Widerspruch. Höhere Sicherheit bedeutet meistens einen Verzicht auf Rentabilität. Umgekehrt sind Geldanlagen mit hoher Rendite meist mit einem höheren Risiko verbunden.

Die Liquidität bezieht sich auf die Verfügbarkeit des angelegten Geldes. Hierbei spielt die Handelbarkeit der Geldanlagen eine große Rolle. Auf einem Girokonto befindliches Geld kann jederzeit abgehoben werden, während Festgeld unter Umständen erst nach einigen Monaten oder Jahren verfügbar ist.

Die Kategorie der Rentabilität bezieht sich auf den Ertrag, den eine Geldanlage abwirft. Höhe und Art können in Form von Zinsen oder Dividenden ausgeschüttet werden und unterliegen Kursänderungen. So fällt die Rendite für Festgeld in der Regel höher aus als beim Tagesgeld. Aktien wiederum können eine höhere Rendite als Festgeld und Derivate höhere Renditen als Aktien erwirtschaften. Kurz: Je höher das Risiko, desto geringer ist die Sicherheit.

Wenn Stiftungen in ihrer Vermögensanlage Kriterien der Nachhaltigen Geldanlage berücksichtigen, erweitern sie das magische Dreieck um den Aspekt der Nachhaltigkeit als vierte Dimension zum magischen Viereck. Alle vier Dimensionen müssen im Zusammenspiel betrachtet werden und stehen immer in einem Spannungsverhältnis. Die Lösung kann nur darin liegen, relativ hohe Zinsen bei relativ geringem Risiko zu erwirtschaften und dabei möglichst noch die Dimension der Nachhaltigkeit zu berücksichtigen. Bei der Berücksichtigung Nachhaltiger Geldanlagen ist bei jeder Entscheidung ein Spagat zu machen und es sind die betriebswirtschaftlichen Faktoren genauso miteinzubeziehen wie die ideellen Ziele des Stiftungszwecks.

Stiftungen sollten bei der Definition der Anlagestrategie immer folgende Zielvorgaben festlegen und sich mindestens auf Risiko, Rendite und Zeithorizont beziehen. Hohe Erträge bei geringem Risiko sind gegenwärtig nicht realisierbar. Rechtliche Beschränkungen bei der Integration Nachhaltiger Geldanlagen in das Portfolio bestehen nicht. Es sind jedoch mögliche Restriktionen, die sich aus der Satzung und den Anlagerichtlinien ergeben, zu beachten.

In stürmischen Zeiten auf den Kapitalmärkten, wenn Kursänderungen deutlich häufiger eintreten und Vorhersagen zunehmend schwerer fallen, ist es besonders wichtig, das Anlageziel vor Augen zu haben. In Zeiten von Niedrigzinsphasen, Eurokrise und hoher Staatsverschuldung werden verantwortungsbewusste Stiftungsgremien immer mehr Zeit für die ertragreiche und ethisch vertretbare Vermögensanlage verwenden müssen. Die Verwaltung des Stiftungskapitals wird aufwändiger. Stiftungsvorstände als haftbare Organe der Stiftungsarbeit und somit auch der Vermögensbewirtschaftung sollten sich heutzutage über jegliche Form des Investments gründlich informieren. War es in den 90er Jahren noch möglich, über eine konservative Anlagestrategie respektable Erträge für die Umsetzung des Stiftungszwecks zu erwirtschaften, so zwingt die veränderte Situation Stiftungen heute zum Umdenken.

Stiftungen schöpfen die Möglichkeiten und Grenzen bei der Integration von Nachhaltigen Geldanlagen noch nicht aus. Grundsätzlich stehen Stiftungen alle Anlageklassen offen und auch der Gedanke der Nachhaltigkeit lässt sich mit allen Anlageklassen verbinden. Der Kenntnisstand über solche Produkte wächst stetig, die Intransparenz auf dem Markt wird sich der zunehmenden Nachfrage anpassen und verbessern.

Die Integration Nachhaltiger Geldanlagen in der Vermögensanlage hat Vor- und Nachteile. So können Stiftungen durch Nachhaltige Geldanlagen das Risiko im Portfolio minimieren, denn sie stehen per se den spekulativen Anlageformen entgegen. Auch das Vorurteil, Nachhaltige Geldanlagen brächten weniger Rendite als herkömmliche Produkte, ist wissenschaftlich widerlegt und nicht haltbar. Die Niedrigzinsphase sollte zudem die Stiftungen ermutigen, jetzt mit der Integration zu beginnen und Erfahrung zu sammeln.

Nachteile bei der Verwendung Nachhaltiger Geldanlagen können sich z.B. negativ auf den Diversifikationseffekt auswirken, wenn Nachhaltigkeitskriterien zu eng definiert werden und Klumpenrisiken provoziert werden. Achtet eine Stiftung allerdings ganz bewusst auf das Gebot der Diversifikation und berücksichtigt Nachhaltige Aspekte, so kann das Rendite-Risiko-Profil einer Stiftung verbessert werden. Zudem kann somit auch die Leistungskraft insgesamt gestärkt werden. Auch der Ausdruck moralischer Werte ist durch die Vermögensanlage möglich.

Die Integration Nachhaltiger Geldanlagen in das Portfolio deutscher Stiftungen ist weiterhin zunehmend verbreitet. Der Markt wird sich entsprechend anpassen müssen, ebenso die Qualität der Berater. Das schwierige Marktumfeld zwingt Stiftungsverantwortliche zu einem Umdenken.

4.2 Bewertungskriterien

Wenn Stiftungen im Rahmen ihrer Vermögensanlage der Dimension der Nachhaltigkeit Beachtung schenken, stellt sich die Frage, wie sie an entsprechende Informationen gelangen, da die Bewertungskriterien für Nachhaltigkeit schwer festzustellen sind. Eine Möglichkeit stellen Research- und Ratingagenturen dar. So gibt es seit 2004 in Europa führende Firmen sowie Indexanbieter für Nachhaltigkeit wie z.B. Arese, Core Ratings, Ethibel, Eiris, Imug, Innovest, Inrate, Oekom Research, Sustainalytics oder Vigeo. Mit ihrer Verpflichtung zu mehr Transparenz und Qualität ist die nachhaltige Fondsbranche der konventionellen Finanzbranche große Schritte voraus. So fragen Verbraucher beispielsweise immer öfter, welche Arbeitsbedingungen bei Unternehmen herrschen, wie sie mit Kinderarbeit umgehen oder wie es um den Rohstoffverbrauch steht: All dies wollen ethisch orientierte Anleger in zunehmendem Maße wissen. Die weltweit ca. 70 Agenturen arbeiten dabei alle nach einem ähnlichen Prinzip. Sie filtern je nach Branche diejenigen Unternehmen heraus („Best-in-Class“-Methode), die ihrer Ansicht nach am verantwortlichsten handeln. Entsprechend wird gewichtet, wie die jeweiligen Kriterien bewertet werden und wie streng die Ausschlusskriterien sind. Letztendlich ergibt sich daraus eine unterschiedliche Bewertung.

Andere Research-Häuser stellen den Investoren lediglich Informationen zur Verfügung, so dass diese selbst entscheiden müssen und können, was für sie vertretbar ist. Da Stiftungen sehr unterschiedliche Satzungszwecke verfolgen und somit ganz verschiedene Schwerpunkte setzen, wie z.B. Umwelt, Bildung oder Soziales, sind die Verantwortlichen in der Pflicht, sich mit den konzeptionellen Unterschieden und diversen Herangehensweisen der Research- und Ratingagenturen auseinanderzusetzen. So legen einige Stiftungen besonderen Wert auf Ressourcen- und Umweltschutz, während anderen faire und gute Arbeitsbedingungen und die Achtung der Menschen- und Arbeitsrechte in Unternehmen und bei ihren Zulieferern am Herzen liegen. Manchen Stiftungen ist wiederum die gezielte Armutsbekämpfung wichtig. Vielen Nachhaltigkeitsverfechtern gehen die verschiedenen Ratings jedoch nicht weit genug. Ihrer Ansicht nach sollten nur wirklich nachhaltig wirtschaftende Unternehmen, deren Produkte und Dienste einer entsprechenden Entwicklung nutzen, in Nachhaltigkeitsindizes oder -fonds gelistet werden.

Eine gemeinnützige Stiftung ist dem Gemeinwohl über mehrere Generationen verpflichtet und bietet schon deshalb zahlreiche Anknüpfungspunkte für das Thema der Nachhaltigkeit, wobei „Nachhaltigkeit“ gleichzeitig für „Dauerhaftigkeit“ steht. Auch im Rahmen der Vermögensbewirtschaftung einer Stiftung sollte der Anspruch auf Dauerhaftigkeit gelten: Eine Stiftung ist gut beraten, wenn sie sämtliche Entscheidungen und Handlungen auf mittel- bis langfristige Zeiträume ausrichtet. Immer mehr Investoren und auch Stiftungen entwickeln vor dem Hintergrund der Nachhaltigkeit eine ganzheitliche Strategie. So achten sie bei der Anlage ihres Vermögens immer stärker auf eben jene Kriterien. Dieses wachsende Bewusstsein zeigt, dass der Aspekt der Verantwortung auch allmählich in der Finanzbranche angekommen ist. Heutzutage können es sich Anleger im Allgemeinen kaum noch leisten, in althergebrachte Wirtschaftspraktiken zu investieren. Nicht-verantwortungsbewusstes, nicht nachhaltiges Wirken kann inzwischen zu einem enormen Imageproblem werden.

Stiftungen können sich dem Thema der Nachhaltigen Geldanlage in mehreren Schritten annähern. Beim kriteriengeleiteten Investieren legen Stiftungen in ihren Anlagerichtlinien entsprechende Ziele fest, die ihr Anlagespektrum als Ausschlusskriterien (Negativliste) begrenzen oder als Positivkriterien zur Auswahl hervorragender Emittenten dienen. Mit den in den Richtlinien festgehaltenen Rahmenbedingungen kann an Dienstleiter herangetreten werden, die dann geeignete Finanzprodukte auswählen. Gängige Kriterien für Negativlisten sind der Ausschluss von Rüstungs-, Tabak- und Alkoholproduktion. Des Weiteren dulden Stiftungen häufig keine Emittenten, die z.B. am Bau von Atomkraftwerken beteiligt sind, Chemikalien produzieren oder Kinderarbeit in ihrer Wertschöpfungskette dulden. Das Portfolio kann jedoch auch ganz bewusst über Positivkriterien Unternehmen aufnehmen, die als Klassenprimus in der Branche angesehen werden. Gängige Kriterien sind hier u.a. die Einhaltung von Sozial- oder Umweltstandards.

Eine weitere Möglichkeit, den Nachhaltigkeitsgedanken zu fördern, ist das Wahrnehmen von Aktienstimmrechten (Engagement). So kann eine Stiftung beispielsweise über ein aktives Stimmrecht Einfluss auf die nachhaltige Entwicklung eines Unternehmens nehmen oder in den Dialog mit Unternehmen treten und auf Missstände aufmerksam machen. Im Hinblick auf die Struktur der Vermögensverteilung der Stiftungen in Deutschland wäre ein Zusammenschluss mehrerer Stiftungen sehr effektiv und ratsam.

4.3 Mission Investing

Der Begriff „Mission Investing“ ist ein Sammelbegriff für eine Investmentpraxis deutscher Stiftungen, die Mittelverwendung und Kapitalanlage in Einklang bringt. Der Bundesverband Deutscher Stiftungen hat hierzu im Jahr 2012 eine Stiftungsstudie herausgegeben. Mission Investing oder „zweckbezogenes Investieren“ ist in der Stiftungswelt mittlerweile verbreitet und geht weit über die Sensibilisierung für Nachhaltige Geldanlagen hinaus. Diese Praxis bietet sich für Stiftungen in doppelter Hinsicht an, denn sie kann auf beiden Ebenen nachhaltig funktionieren. Diese Form der Geldanlage kultiviert zudem die gemeinnützige Zweckerfüllung.

Das Stiftungsvermögen in Einklang mit dem Stiftungszweck zu bringen, bedeutet primär, dass der Stiftungszweck in der Vermögensanlage nicht durchkreuzt, sondern im Rahmen der Geldanlage berücksichtigt wird.

Gerade in Zeiten niedriger Zinsen, in denen sich Stiftungen über jede Form der Kapitalanlage gründlich informieren sollten, ist es auch angezeigt, darüber nachzudenken, wo bzw. worin eine Stiftung investiert. In solchen Zeiten ist es unabdingbar, Vermögensanlagen umfassend zu planen sowie Stiftungskapital und Stiftungszweck nicht länger getrennt zu denken und zu behandeln. So kann eine Stiftung ihre Vermögensmasse auf der Basis einer übergreifenden Strategie für eine positive Entwicklung einsetzen. Insgesamt betrachtet haben Stiftungen durch zweckbezogene Investitionen einen deutlich größeren Hebel.

Über diese Hebelwirkung kann wiederum ein enormer gesellschaftlicher Nutzen erzielt werden, der über eine reine Projektförderung nicht möglich wäre. Das Gesamtvermögen der deutschen Stiftungen wird auf mehr als 100 Mrd. EUR geschätzt. Unter der Annahme, dass nur 3% des Gesamtvermögens deutscher Stiftungen wirkungsorientiert angelegt werden würden, würden der gemeinnützigen Arbeit 3 Mrd. EUR jährlich zur Verfügung stehen. Würden hiervon Betriebsmittel abgezogen werden und dann 15% wirkungsorientiert angelegt werden, wären 9 Mrd. EUR angelegt. Dies könnte eine Hebelwirkung von 300% erreichen.

Mission Investing ist grundsätzlich in allen Anlageklassen – Aktien, festverzinsliche Papiere, Sparbriefe, Unternehmensbeteiligungen oder Immobilien – möglich und eine Umstellung des Portfolios ist nicht notwendig. Auch stiftungs- und steuerrechtlich ist eine Einbeziehung des Stiftungszwecks in die Anlageentscheidung zulässig. Die Anlagestrategie kann unverändert bleiben. Eventuell ist eine Ergänzung und bewusste Einbeziehung von Mission Investing sinnvoll.

Nachhaltige Geldanlagen finden sowohl bei Stiftungen als auch bei Vermögensberatern eine immer größere Bedeutung. Der Anteil im Portfolio bundesdeutscher Stiftungen steigt langsam aber stetig an. Stiftungen stehen also vor der Herausforderung, neben ökonomischen Zielen auch ihre außerökonomischen Ziele in ihre Vermögensverwaltung zu integrieren. So können sie unter Umständen nicht nur die Leistungskraft des Stiftungsvermögens (Kapitalerhalt und Erzielung angemessener Renditen), sondern auch dessen Effizienz (Investieren im Einklang mit dem Stiftungszweck) erhöhen und damit die steigende Nachfrage nach Stiftungsgeldern optimal befriedigen.

4.4 Impact Investing

Mission Investing oder Zweckbezogenes Investieren lässt sich durch die genannten Kriterien, also kriteriengeleitetes Investieren oder aktives Aktionärstum, relativ leicht im Stiftungsportpolio umsetzen. Impact Investing stellt eine besonders wirksame Art der Umsetzung des Stiftungszwecks dar, obgleich deutsche Stiftungen diese Form der Investition bislang noch äußerst selten verfolgen. Grundsätzlich geht es beim Impact Investing darum, Direktinvestitionen in Form von Darlehen oder Unternehmensbeteiligungen zu tätigen und somit kleine und mittlere Unternehmen sowie Projekte, die einen Beitrag zu den Förderzielen der Stiftung leisten, mit Kapital auszustatten oder entsprechende Immobilien zu finanzieren. Der Grund für die geringe Verbreitung dieses Anlagestils ist der Mangel an standardisierten Produkten, die speziell für Stiftungen konzipiert sind.

Mission Investing sollte bei Stiftungen zu einem ganzheitlichen Umdenken beitragen und somit einen Perspektivwechsel im Wirtschaft- und Finanzsystem bewirken. Die Niedrigzinsphase zwingt die Verantwortlichen dazu. Mit Hilfe des Mission Investing ist es teilweise möglich, die niedrigen Erträge und das damit reduzierte Fördervolumen abzufedern. Die klassische Aufteilung des Kapitals, wonach überwiegend in festverzinsliche Wertpapiere und weniger in Aktien und Immobilien investiert wird, erwirtschaftet in der anhaltenden Niedrigzinsphase nur sehr geringe Renditen. Andererseits sind Stiftungen im Rahmen Nachhaltiger Geldanlagen für das Thema sensibilisiert und haben einen gestiegenen Anspruch an Wirkungsmöglichkeiten. In ihrer Gesamtheit können Stiftungen als institutionelle Anleger so gesellschaftliche Veränderungen bewirken. Soziale und ökologische Missstände können nicht nur mit gemeinnützigen Zuwendungen beseitigt werden. Verbraucher und damit Stiftungen als Kapitalgeber und Bankkunden können und müssen ihre Macht gezielt einsetzen.

Insbesondere so genannte Impact Investments bieten Chancen, dieses Potenzial zur Lösung sozialer und ökologischer Probleme mit einer Mischung aus Markt und Spende zu aktivieren. Für viele Stiftungen lohnt es sich durchaus, das Experiment zu wagen und Fördermittelvergabe und Vermögensanlage im Hinblick auf den Stiftungszweck zusammenzudenken und nach Wegen zu suchen, um mehrere Stiftungsziele – Kapitalerhalt, Rendite und Stiftungszweck – gleichzeitig zu verfolgen.

5 Zusammenfassung

Die deutsche Stiftungslandschaft ist bunt und vielfältig; sie ist lebendig und zukunftsweisend. Mit einem Gesamtkapital von ca. 100 Mrd. EUR werden die Stiftungen in Deutschland in ihrer Gesamtheit als institutionelle Kunden betrachtet. Die Aufschlüsselung der Vermögensstruktur zeigt jedoch, dass die meisten Einrichtungen über ein geringes Vermögen verfügen.

Stiftungen sind im ideellen Bereich der Zweckverfolgung dem Gedanken der Generationengerechtigkeit und der Ressourcenschonung verpflichtet. Sie stoßen Themen an, die für die nachhaltige Fortentwicklung der Gesellschaft von großer Bedeutung sind. Gerade das Thema Nachhaltigkeit ist für Stiftungen äußerst relevant.

Stiftungen sind für das Thema Nachhaltigkeit im Allgemeinen und für Nachhaltige Geldanlagen im Besonderen sensibilisiert. Durch die Verzahnung von Stiftungszweck und Stiftungskapital gelingt es ihnen, über das Werkzeug des Mission Investing eine nachhaltige Hebelwirkung zu erzielen.

Unabhängig von Größe, Art und Zweck können Stiftungen in mit ethischem Verantwortungsgefühl gewählte Finanzprodukte investieren und Mission Investing realisieren. Bei der Umstellung auf Mission Investing bedarf es keiner Umstrukturierung des Stiftungsportfolios. Weder rechtliche noch interne Rahmenbedingungen sprechen gegen Investitionen in nachhaltige Produkte.

Wie sich die Frage der Nachhaltigen Geldanlagen im Rahmen des Stiftungssektors in Zukunft weiterentwickeln wird, hängt maßgeblich von der Anpassungsfähigkeit der Finanzbranche ab. Das Marktpotenzial ist von Seiten der Banken noch nicht ausgeschöpft. Stiftungen sind für das Thema aufgeschlossen und erwarten vor allem in künftigen Beratungsgesprächen den Gedanken aufgreifende, kompetente Gesprächspartner.

Literatur

Bundesverband Deutscher Stiftungen, (2011): Verzeichnis Deutscher Stiftungen, Berlin.

Bundesverband Deutscher Stiftungen, (2011): Stiftungswelt 2/2011.

Bundesverband Deutscher Stiftungen, (2010): Stiftungswelt 3/2010.

Bundesverband Deutscher Stiftungen, (2012), StiftungsStudie, Mission Investing im Deutschen Stiftungssektor, Berlin.

Falk, Hermann, (2011): StiftungsRatgeber, Vermögensanlage. Stiftungsvermögen professionell verwalten – ein Leitfaden, Berlin.

Forum Nachhaltig Wirtschaften, (2012), 03/2012, S. 8-48, München: Altop Verlag.

Hüttemann, R./Schön, W., (2007): Vermögensverwaltung und Vermögenserhaltung im Stiftungs- und Gemeinnützigkeitsrecht, Köln/München.

III
Nachhaltige Geldanlagen – Anlageformen

Nachhaltige Einlagen

Thomas Jorberg

1 Einlagengeschäft als Basis

1.1 Wertewandel

Für immer mehr Menschen bedeutet Geld anlegen nicht mehr einzig und allein die Wahl des Angebots mit dem höchsten Zins. Vielmehr möchten die Anleger heute etwas Sinnvolles mit ihrem Geld bewirken und ihre persönlichen Werte auch in ihrer Geldanlage wiederfinden. Die immer wiederkehrenden Finanz- und Bankenkrisen, aber auch die zuletzt mit großem Engagement betriebenen Aufklärungskampagnen über die Finanzierung von Atomenergie oder die Spekulationen mit Nahrungsmitteln haben den Anlegern bewusst gemacht, dass Bankgeschäfte zu tätigen bedeutet, sowohl wirtschaftlich als auch gesellschaftlich und ökologisch Verantwortung zu übernehmen. Deshalb suchen sie nach sinnstiftenden und nachhaltigen Alternativen.

Nachhaltiges Einlagengeschäft ist die Basis für das breite Spektrum von sozial-ökologischen Geldanlagen. Ein Girokonto mit Bankkarte oder ein Tagesgeldkonto bei einem nachhaltig agierenden Geldinstitut ist für viele Kundinnen und Kunden ein guter Einstieg in den bewussten Umgang mit Geld im Hinblick auf sozial-ökologische Kriterien.

1.2 Sozial-ökologische Mittelverwendung

Die GLS Bank ermöglicht ihren Anlegern, die ökologischen, sozialen und realwirtschaftlichen Folgen ihrer Geldanlage in ihre Anlageentscheidung mit einzubeziehen. Geld ist für die GLS Bank ein Instrument zur Gestaltung der Gesellschaft. Sie investiert gezielt in die Erhaltung und Entwicklung unserer natürlichen Lebensgrundlage.

Die GLS Kunden wollen über die Anlagekriterien Sicherheit, Verfügbarkeit und Rendite hinaus vor allem eine ökologisch und sozial sinnvolle Mittelverwendung. Dabei können sie auf eine doppelte Sicherheit bauen, was sowohl das sozial-ökologische Rating durch Ethibel mit Bestnote, als auch das Fitch-Rating mit A+ zeigt. Das Bankgeschäft entspricht also nach der Beurteilung von unabhängigen Dritten sozial-ökologischen und auch finanzwirtschaftlichen Kriterien in besonderem Maße. Hinzu kommt der voll umfängliche Schutz der Kundeneinlagen durch die Sicherungseinrichtung des BVR (Bundesverband der Deutschen Volksbanken und Raiffeisenbanken). Im Wertpapiergeschäft ist GLS Kunden wichtig, dass ihr Geld realwirtschaftlich wirksam wird, also nicht in undurchsichtige Derivate und Verbriefungen fließt, deren soziale und wirtschaftliche Effekte nicht nachvollzogen werden können.

Abbildung 1: Dimensionen der Geldanlage

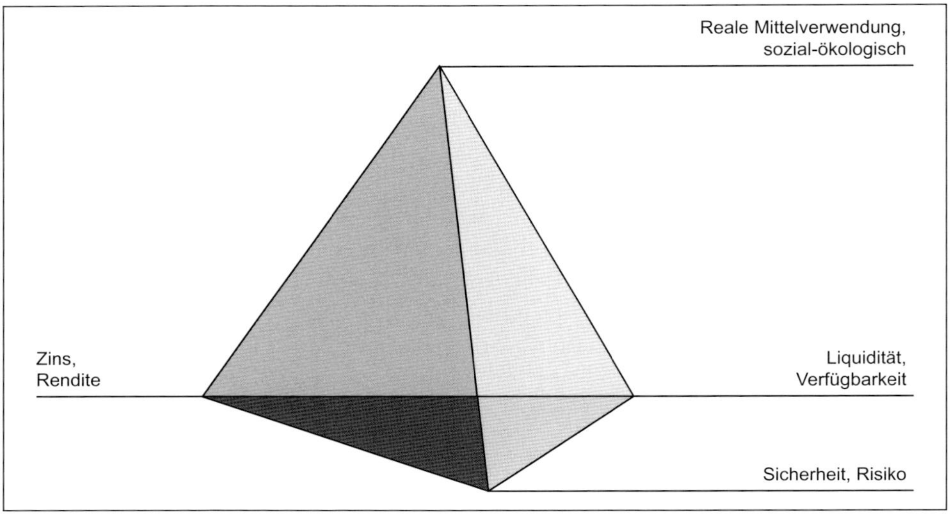

1.3 Das Angebotsspektrum der GLS Bank

Die GLS Bank ist die erste sozial-ökologische Universalbank der Welt und bietet Ihren Kundinnen und Kunden als einzige Bank werteorientierte Geldanlagen, Finanzierungen, Beteiligungskapital, Stiftungen und Schenkungen aus einer Hand an. Neben dem Hauptsitz in Bochum hat die GLS Bank Filialen in Hamburg, Berlin, Frankfurt, Stuttgart, München und Freiburg. Neben den persönlichen Begegnungen wickelt sie einen großen Teil ihrer Aufträge mit ihren etwa 160.000 Kundinnen und Kunden per Telefon, Post, Email sowie über ihr Service-Portal im Internet ab. Sie ist Teil des genossenschaftlichen Verbundes. Durch diese Kooperation können GLS Kunden bundesweit die etwa 19.000 Geldautomaten der Volksbanken kostenlos nutzen. Das Bilanzvolumen der GLS Bank betrug im Dezember 2012 2,7 Mrd. EUR.

Das jährliche Bilanzwachstum liegt regelmäßig im zweistelligen Bereich. 2012 waren es 20,4%. Die Kundeneinlagen hatten im Oktober 2013 bei einem Volumen von 3,1 Mrd. Euro die folgende Struktur:

- Girokonten: 23%
- Tagesgeld: 33%
- Festgeld: 5%
- Sparbriefe: 17%
- Spareinlagen: 14%

1.4 Transparenz als Chance

Die Erweiterung des Bankgeschäfts um eine verwendungsorientierte Geldanlage ist eine Herausforderung an die Kommunikation einer Bank, bietet aber auch die Chance einer besonderen Identifikation und Bindung ihrer Kunden. Die zusehends geforderte größere Transparenz kann dazu genutzt werden, Finanzierung und Kommunikation zu verbinden. Beispielsweise könnte eine regional tätige Bank oder Sparkasse die Wirksamkeit ihrer Investitionen in der Region sichtbar machen und sich damit ein Alleinstellungsmerkmal verschaffen. Neben dem Konditionsvergleich mit Wettbewerbern hätte sie dadurch neue Ansätze in der Kundenansprache. Allerdings kann diese Art von Transparenz nicht als Argumentation für unattraktive Konditionen dienen. Mit Ökolebensmitteln wird mittlerweile auch nicht mehr in erster Linie „Verzicht" assoziiert, sondern „Lebensqualität". Genau so kann auch der interessierte Umgang mit Geld das Leben bereichern – im umfassenden Sinne. Dies wird im Folgenden am Beispiel der GLS Bank dargestellt.

2 Kommunikation und Transparenz

2.1 Veröffentlichung aller Kredite

Ein sehr schlichtes Instrument mit großer Wirkung ist die Veröffentlichung der neu vergebenen Kredite. Eine solche Liste gibt die GLS Bank ihren Kunden dreimal jährlich heraus, mit allen wesentlichen Angaben über Geschäftskunden: Name des Kreditnehmers, Ort, Verwendungszweck und Betrag. Außer einer Sortierung nach Branchen und einigen wenigen Fotografien von Projektbeispielen ist diese Liste mit jeweils etwa 260 Krediten sehr einfach gehalten und provoziert die Frage, ob sie mehr als einen Verwaltungsakt darstellt. Erhalten die Anleger mit dieser Datenmenge einen wirklichen Bezug zum Kreditgeschäft? Tatsächlich nehmen Kunden regelmäßig Bezug auf diese Liste, sowohl mit inhaltlichen Anmerkungen zu einzelnen Krediten als auch mit Fragen zu Aktivitäten der Bank in bestimmten Regionen oder Branchen. Das sind gute Anknüpfungspunkte für ein Kundengespräch. Auch in der Ansprache von Neukunden ist die Auskunft, dass Kredite veröffentlich werden, so schlicht wie überzeugend, etwa vor dem Hintergrund negativer Erfahrungen mit Kreditverbriefungen an den internationalen Finanzmärkten. Die GLS Kreditnehmer stimmen dieser Offenlegung gerne zu, denn eine Kreditvergabe durch die GLS Bank gilt auch als Wertschätzung des finanzierten Vorhabens. Darum ist die „Kreditliste" seit Gründung der GLS Bank im Jahr 1974 unverändert ein ganz wesentliches Instrument der Kundenkommunikation.

2.2 Branchenübersicht

Die GLS Bank finanziert Unternehmen und Projekte, die für eine besondere Qualität in der Deckung von Grundbedürfnissen stehen. Dies wird anhand der regelmäßig veröffentlichten Branchenübersicht mit den jeweiligen Kreditvolumina in Bereichen wie Regenerative Energien, Bildung, Ernährung, Gesundheit oder Wohnen dargestellt. Davon ausgehend kann ein umfassendes Bild über die Wirksamkeit der Geldanlagen gegeben werden. Anhand von Projektbeispielen wird der ganzheitliche Ansatz deutlich: Zu den finanzierten Angeboten in allen Lebensbereichen haben viele GLS Kunden meist einen realen Bezug, etwa durch den Kauf von ökologischen Produkten oder das Engagement für kulturelle und soziale Einrichtungen. Die GLS Bank als Hausbank ist somit ein integrierter Bestandteil eines nachhaltigen Lebensstils, der sich durch besondere Qualitäten definiert. Negativkriterien, wie etwa der Ausschluss von industrialisierter Landwirtschaft oder Atomkraft, werden zwar von der Bank umgesetzt, aber nicht so aktiv kommuniziert wie die positiven Auswirkungen der Finanzierungen.

Abbildung 2: Branchenübersicht 20.374 Kredite mit einem Volumen von 1.417 Mio. EUR

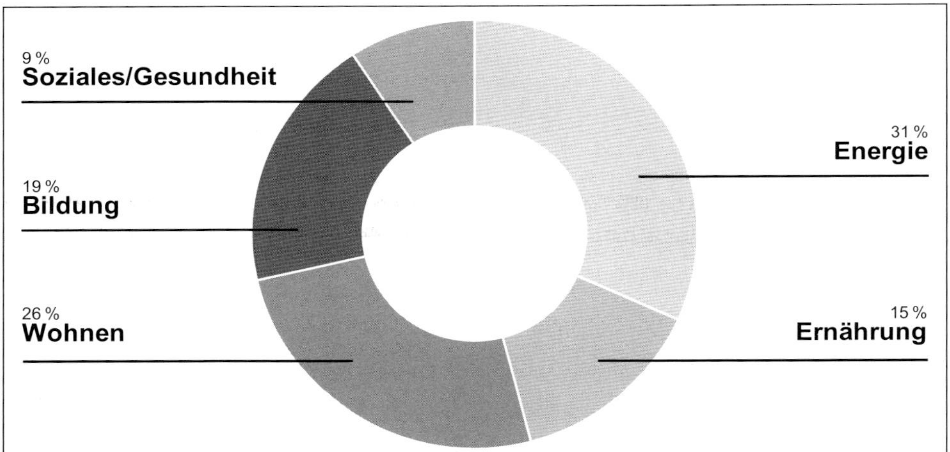

2.3 Auswahl der Mittelverwendung

Schon mit der Kontoeröffnung können GLS Kunden auswählen, in welchem Lebensbereich oder in welcher Branche ihr Geld vorzugsweise als Kredit verwendet werden soll. Ausgehend von ihrer Transparenz bietet die GLS Bank also konkrete Handlungsmöglichkeiten an. Dadurch haben die Kunden einen weiteren Anreiz, sich intensiver mit der Kreditvergabe und der Geschäftspolitik der Bank zu befassen. Ein interessanter Effekt ist allerdings, dass etwa 50% der Kunden bei der Kontoeröffnung „keine Präferenz" auswählen, also der Bank freistellen, wo ihr Geld investiert wird. In Kundengesprächen wird deutlich, dass dies an einer hohen Identifikation mit den Werten und der Arbeitsweise der GLS Bank liegt.

2.4 Förderkonditionen

GLS Einleger können wählen, ob sie die von der Bank angebotenen marktüblichen Zinskonditionen in voller Höhe in Anspruch nehmen wollen. Die wesentlichen Anlageangebote werden auf Kundenwunsch hin auch zinslos geführt. Dadurch ermöglichen sie besonders günstige Zinskonditionen für ausgewählte Projekte, denen lediglich eine Kostendeckungsumlage (KDU) in Rechnung gestellt wird, welche die Kosten für Personal- und Sachaufwand, einen Zinssockelbetrag und einen kleinen Zuschlag für die Abdeckung von Kreditrisiken beinhaltet. Die KDU kommt beispielsweise Schenkgemeinschaften zugute, die gemeinschaftlich das Eigenkapital für die Finanzierung gesellschaftlich wichtiger Initiativen aufbringen. Die KDU wird jedes Jahr neu berechnet. Sie beträgt im Jahr 2013 2,50% p.a.

Durch dieses Instrument wird besonders eindrücklich der Mechanismus durchbrochen, dass über Geldanlagen weitgehend anhand der Zinskonditionen entschieden wird. Vielmehr können die Einleger gezielt die Entwicklung in bestimmten Branchen fördern – mit rückzahlbaren Bankanlagen statt mit Spenden.

2.5 Projektsparen

In Projektpartnerschaften mit gemeinnützigen Organisationen bietet die GLS Bank Sparkonten an, deren Zinserträge nicht dem Sparer, sondern als Spende einer ausgewählten Organisation zufließen. Solche Förderprojekte sind beispielsweise ökologische Saatgutinitiativen, die Junge Deutsche Philharmonie, die Zukunftsstiftung Entwicklungshilfe oder das Obdachlosenprojekt „Hinz und Kunzt". Die Bewerbung dieser Angebote geschieht auch durch die geförderten Organisationen.

Gemeinsame öffentliche Auftritte der GLS Bank zusammen mit ihren geförderten und finanzierten Projekten sind an der Tagesordnung. Viele Mitglieder und Kunden der GLS Bank sind auch im Umfeld von Kreditnehmern aktiv bzw. sind über eine Projektfinanzierung auf die GLS Bank gestoßen.

2.6 Transparenz der Eigenanlagen

Über die vergebenen Kredite hinaus werden auch die Bankanlagen, Wertpapiere und Beteiligungen der GLS Bank offen gelegt. Wie jede andere Bank ist sie angehalten, Geld liquide verfügbar am Markt anzulegen.

Diese so genannten Eigenanlagen machen rund 47% der Bilanzsumme aus und werden regelmäßig veröffentlicht. Sowohl für die Eigenanlagen als auch für die Wertpapierdepots der GLS Kunden gilt ein strenges Auswahlverfahren. Ein Anlageausschuss bestehend aus internen und externen Mitgliedern legt die sozial-ökologischen Anlage- und Ausschlusskriterien fest und nimmt auf dieser Basis nur vorbildliche Unternehmen und Länder in das Anlageuniversum auf. Die Einleger bekommen das komplette Bilanzvolumen transparent gemacht und können somit nachvollziehen, dass keine Unternehmen und Projekte finanziert werden, die den Werten der GLS Bank widersprechen.

2.7 Gesellschaftliche Einbindung

In der Kundenzeitschrift „Bankspiegel", der jährlichen Mitgliederversammlung und in regionalen Veranstaltungen werden zu ausgewählten Schwerpunkten inhaltliche Bezüge von den finanzierten Unternehmen und Projekte zu aktuellen gesellschaftlichen Fragen aufgezeigt. Für viele Einleger ist dieser Spannungsbogen von gesellschaftlichen Aufgabenstellungen zu der konkreten Projektarbeit, die durch ihre Einlagen finanziert wird, ganz wesentlich. Daran wird auch die inhaltliche Kompetenz der GLS Bank mit ihren Netzwerkpartnern deutlich, die unter anderem in nicht-öffentlichen Fachgesprächen und internen Mitarbeiterveranstaltungen erarbeitet wird. International kooperiert die GLS Bank zudem im Rahmen der „Global Alliance for Banking on Values" (GABV) mit 22 wertebasierten Banken aus aller Welt.

2.8 Projekte

Die GLS Bank steht in der Öffentlichkeit für eine Reihe von Projekten, die sie mitinitiiert oder maßgeblich unterstützt hat. Über die Bankdienstleistungen hinaus kann sie dabei auch ihre Erfahrung in der Entwicklung von geschlossenen Fonds oder auch im Bereich „Spenden und Stiften" einbringen. Solche Projekte waren beispielsweise der Kauf des Schönauer Stromnetzes in Bürgerhand, wofür unter anderem ein Beteiligungsfonds aufgelegt und eine breit angelegte Spendenkampagne mit prominenter Unterstützung durchgeführt wurde, oder aktuell die Initiative Energie in Bürgerhand in Berlin. Bundesweit beachtet wird auch das Projekt „Jedem Kind ein Instrument", durch das zunächst im ganzen Ruhrgebiet alle Grundschüler ein Musikinstrument erlernen können. Regelmäßige Erwähnung in der Presse findet die GLS Bank außerdem durch ihr Mikrofinanzangebot in Deutschland. Mit solchen Projekten, die fallweise auch in Kooperation mit öffentlichen Stellen durchgeführt werden, erweitert die GLS Bank laufend ihr Umfeld und lässt ihre Kunden an interessanten Aktivitäten teilhaben, die über das tägliche Bankgeschäft hinausgehen.

2.9 Nachhaltige Zinsgestaltung

Die GLS Bank bietet ihren Anlegern und Kreditnehmern marktdurchschnittliche Zinssätze, die sie so kalkuliert, dass die Sach- und Personalkosten gedeckt sind und eine angemessene Risikovorsorge getroffen ist. Sie orientiert sich dabei an der Marktzinsmethode, indem sie jeweils von den Zinsen am Geld- und Kapitalmarkt ausgeht. Nach Abzug einer definierten Sollmarge werden für jedes Angebot separat die Zinsen festgelegt. Vor dem Hintergrund des verschärften Wettbewerbs, in dem manche Banken mit höheren Zinsen für Einlagen als für Kredite werben, ist dies eine wesentliche strategische Entscheidung. Andere Banken bieten „Angreifer-Konditionen" an, um gezielt Kunden zu kaufen. Das Erstgeschäft wird dabei bezuschusst, um Folgegeschäfte generieren zu können. Die hohen Einstiegszinsen werden als Marketing-Kosten gesehen. Auch andere nicht rentable Angebote wie beispielsweise kostenlose Girokonten sind zumindest mittelfristig etwa durch Provisionsgeschäfte zu finanzieren. In jedem Fall muss letztlich der Kunde solche „Angreifer-Konditionen" bezahlen.

Grundsatz der GLS Bank ist eine transparente und auf Dauer verlässliche Konditionsgestaltung. Sie kalkuliert die Geschäfte so, dass sie auch langfristig angeboten werden können, als Basis für eine stabile Kundenbeziehung. Die Kunden zahlen die Kosten dort, wo sie entstehen, beispielsweise mit Gebühren für das Girokonto. Die GLS Bank „kauft" also keine Kunden und macht keine Unterschiede zwischen Neu- und Bestandskunden. Im Ergebnis liegen die Zinskonditionen der GLS Bank dicht über oder unter den ermittelten Durchschnittszinssätzen in Deutschland.

Eine solche klare Positionierung verleiht der GLS Bank eine Glaubwürdigkeit und Authentizität, die Finanzdienstleister mit nur vereinzelten sozial-ökologischen Angeboten nicht erreichen. Als Indikatoren dafür können außergewöhnlich gute Werte hinsichtlich Kundenzufriedenheit und Kundenbindung festgestellt werden sowie diverse Auszeichnungen. In der Begründung des Deutschen Nachhaltigkeitspreises 2012, den die GLS Bank im Dezember 2012 verliehen bekam, heißt es: „Als Vorreiterin des nachhaltigen Bankgeschäfts setzt die GLS Bank in Zeiten der Finanzkrise ein deutliches Zeichen für nachhaltiges Wirtschaften in allen Facetten. Durch die Veröffentlichung aller neu vergebenen Kredite und ihrer Eigenanlagen fördert die sozial-ökologische Universalbank transparente Geldverwendung in beeindruckendem Maße."

In Anleihen investieren – Gibt es Nachhaltigkeitsspreads?

Marcus Pratsch

1 Anleihen im Nachhaltigkeitskontext

1.1 Anleihen haben als nachhaltiges Anlageinstrument signifikant an Bedeutung gewonnen

Bevor man sich der eigentlichen Fragestellung, ob es einen Nachhaltigkeitsspread gibt, widmet, ist es zunächst notwendig, sich die Bedeutung von Anleihen als nachhaltiges Anlageinstrument vor Augen zu führen.

Viele Jahre fristeten Anleihen gegenüber anderen Asset-Klassen im Nachhaltigkeitskontext ein Schattendasein. Nachhaltigkeitsinvestoren in Deutschland präferierten die Aktie als Anlageform. Staats- und Unternehmensanleihen wurden in ihren Portfolios weitestgehend untergewichtet. So taxierte das European Sustainable Investment Forum (Eurosif) im „European SRI Report 2008" den Gesamtanteil von Aktien an allen Nachhaltigkeitsportfolios in der Bundesrepublik auf etwa 70%. Der Anteil von Bonds hingegen betrug zum damaligen Zeitpunkt lediglich rund 21%.[1]

Ein Blick auf den aktuellen Marktbericht des Forums Nachhaltige Geldanlagen (FNG) offenbart, dass sich das Blatt hinsichtlich der Kapitalallokation mittlerweile gewendet hat. Der Anteil der Anleihen am nachhaltigen Anlagemarkt in Deutschland betrug im Jahr 2011 57%. Der Anteil von Aktien hingegen lag nur noch bei 23%.[2]

---

[1] Eurosif, European SRI Study 2008 (2008); FNG, Marktbericht Nachhaltige Geldanlagen 2007 (2008).

[2] Eurosif, European SRI Study 2012 (2012); FNG, Marktbericht Nachhaltige Geldanlagen 2011 (2012).

Abbildung 1: Anteil am nachhaltigen Anlagemarkt (in %): Anleihen vs. Aktien

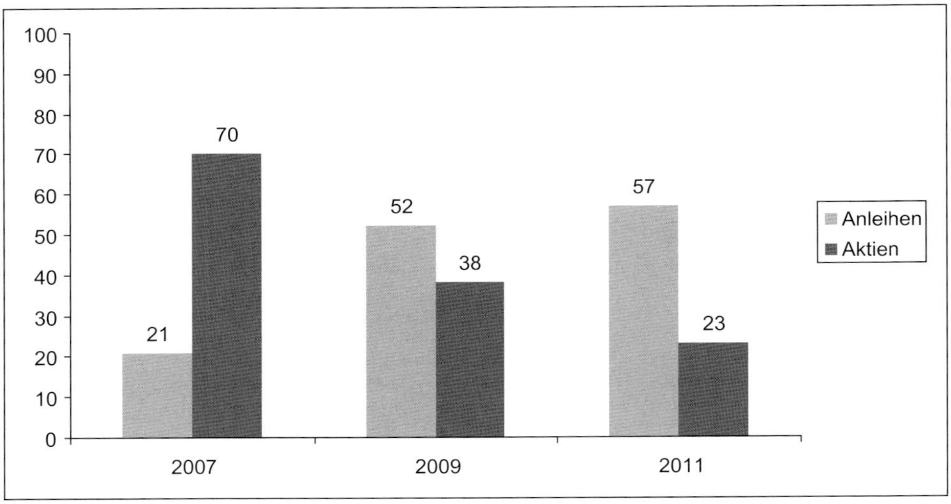

Quelle: Eurosif, European SRI Study 2008, 2010, 2012; FNG, Marktbericht Nachhaltige Geldanlagen 2007, 2009, 2011

Womit lässt sich die zunehmende Affinität nachhaltigkeitsorientierter Investoren für Anleihen erklären? Warum haben Aktien ihre Spitzenposition als nachhaltiges Anlagevehikel in Deutschland eingebüßt? Die Gründe dafür sind mannigfaltiger Natur.

1.1.1 Von der Finanz- zur Eurokrise: Krisengewinner Anleihen

Sowohl in der Finanz- als auch der in der Eurokrise haben sich Anleihen als solides Anlagevehikel erwiesen. Profitierten in der Finanzkrise vornehmlich die Anleihen stabiler Staaten gingen im Zuge der Eurokrise insbesondere Corporate Bonds als Krisengewinner hervor.

Die Finanzkrise und die daraus resultierende Wirtschaftskrise haben zu signifikanten Verwerfungen an den globalen Aktien- und Anleihenmärkten geführt. Innerhalb weniger Tage wurden riesige Anlegervermögen mit einer nie dagewesenen Dynamik vernichtet. Aktieninvestoren traf es dabei besonders hart. Viele Papiere halbierten sich in kürzester Zeit, einige Finanztitel gaben sogar bis zu 90% nach. Wenig verwunderlich also, dass immer mehr Anleger der Aktie den Rücken kehrten und sich nach alternativen Asset-Klassen umsahen. Es kam zu einer Verschiebung der Allokation von Kapital zugunsten von Staatspapieren. Statt in Unternehmen zu investieren, liehen Anleger nun lieber den stabilsten Staaten der Welt ihr Geld. Parallel zum Nachfrageboom senkten die Notenbanken massiv die Zinsen, was der Preisentwicklung von Staatspapieren zu einem enormen Schub verhalf.

Vor dem Hintergrund der anhaltenden Staatsschuldenkrise stoßen inzwischen Corporate Bonds bei Investoren auf großes Interesse. Emittenten profitieren insbesondere von der Tatsache, dass Anleger angesichts der Dauerkrise um die hochverschuldeten Staaten im Euro-Raum Anleihen von Unternehmen als vergleichsweise sichere und rentable Anlage einstufen. Für Investoren bieten sich angesichts des gegenwärtigen Niedrigzinsniveaus auch nur wenige Alternativen. Daher nutzen am Corporate Bond-Markt zahlreiche Unternehmen die Gunst der Stunde, um sich günstig mit Fremdkapital einzudecken.

1.1.2 Zunehmende Regulierung stärkt Bedeutung von Anleihen in der Unternehmensfinanzierung

In Folge der Finanzkrise sowie neuer Eigenkapitalvorschriften für Banken im Rahmen von Basel III erfreuen sich Anleihen einer immer größeren Beliebtheit in der Unternehmensfinanzierung. Striktere regulatorische Vorgaben sowie die Bilanzverknappung der Banken haben die klassische Kreditfinanzierung in den vergangenen Jahren zunehmend erschwert. Auch bei Mittelständlern stehen Anleihen als Finanzierungsalternative zum Bankkredit mittlerweile hoch im Kurs. So ist es nicht verwunderlich, dass laut einer Studie der Ratingagentur Fitch der Anteil von Bonds bei der Unternehmensfinanzierung von 53% im Jahr 2008 auf 73% im Jahr 2011 stieg.[3]

1.1.3 Konservatives Risiko-Rendite-Profil passt zur Motivation von Nachhaltigkeitsinvestoren

Nachhaltig orientierte Investoren denken langfristig und weniger tradingorientiert. Ihr Anlageverhalten beruht weder auf Spekulation noch auf der Absicht, die höchstmögliche Rendite um jeden Preis zu erzielen. Nachhaltigkeitsorientierte Anleger schätzen die regelmäßigen, kalkulierbaren Ausschüttungen von Bonds. Zudem nimmt die Risikoperspektive einen für sie wichtigen Stellenwert ein. Sie bevorzugen einen sicheren Hafen statt eines stürmischen Gewässers. Hinzu kommt, dass ihre Motivation nicht ausschließlich auf dem materiellen Gewinn beruht. Es geht auch um das Erreichen einer ökologischen, einer sozialen sowie einer governancegetriebenen Rendite.

Aufgrund unverändert schwankender Finanzmärkte dürften Anleihen daher auch in 2013 weiterhin attraktiv bleiben. Investoren schätzen beispielsweise das attraktive Risiko-Rendite-Profil, welches viele Unternehmensanleihen im derzeitigen Niedrigzinsumfeld bieten.

---

[3] Fitch Credit Market Research (2012): European Corporate Funding Disintermediation; The Continent embraces Bonds.

1.2 Klassische Bewertung von Anleihen – Black Box mit Hinblick auf Nachhaltigkeit

Die langjährige Dominanz von Aktien als nachhaltiges Anlageinstrument kann unter anderem mit der Tatsache begründet werden, dass Nachhaltigkeit bei Anleihen noch weitestgehend einer „Black Box" gleichkommt.

Traditionelle Ratingagenturen wie Moody's, Standard & Poor's und Fitch blenden Nachhaltigkeitskriterien in ihrem Ratingsprozess fast vollkommen aus. Ferner basiert die klassische Berechnung des Credit-Spreads vornehmlich auf ökonomischen und Governance-Komponenten (vergleiche Kapitel 2.2). Nachhaltigkeitsindizes sind zudem fast ausschließlich auf Aktien fokussiert. Performancestudien sowohl aus Wissenschaft und Praxis behandeln vorrangig den Aktienmarkt.

Abbildung 2: Anleihenbewertung – Black Box im Hinblick auf Nachhaltigkeit

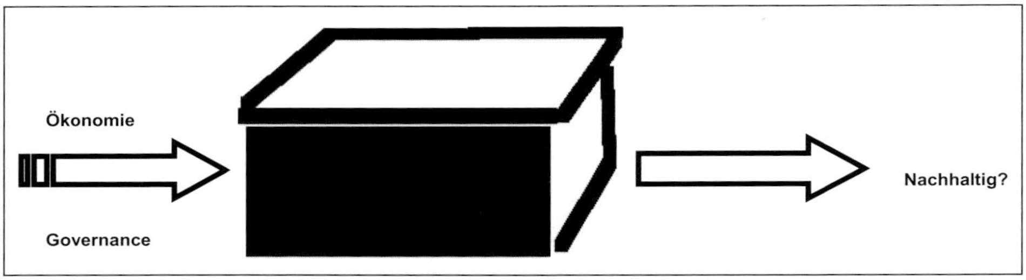

Quelle: DZ BANK Sustainable Investment Research

1.2.1 Traditionelle Ratings stoßen unter Nachhaltigkeitsgesichtspunkten an ihre Grenzen

Im Zuge der Finanz- und Eurokrise sind die drei Oligopolisten Moody's, Standard & Poor's und Fitch stark in die Kritik geraten. Ihnen wird zur Last gelegt, einseitige und wenig transparente Bewertungsmaßstäbe heranzuziehen. Nachhaltigkeitskriterien spielen dabei so gut wie gar keine Rolle. Daher wird der Ruf nach einer nachhaltigen, gemeinnützigen, fairen und transparenten Ratingagentur für Europa lauter.

Traditionelle Kreditratings bilden unter Nachhaltigkeitsgesichtspunkten nur einen ganz kleinen Teil der Realität ab. Die klassischen Rating-Agenturen Moody's, Standard & Poor's und Fitch blenden soziale und ökologische Gesichtspunkte in ihrem Ratingprozess fast vollkommen aus. Kriterien guter Staats- beziehungsweise Unternehmensführung (Governance) werden lediglich ansatzweise thematisiert. Als Beispiele hierfür lassen sich unter anderem Korruption oder das Rechtssystem aufführen. Teilweise werden relevante Informationen nur gesondert vom eigentlichen Kreditrating bereitgestellt.

Insbesondere die Staatschuldenkrise der vergangenen Jahre hat aber deutlich gemacht, dass die klassischen Kreditratings unlängst an ihre Grenzen gestoßen sind. Sie reichen für eine umfassende Bewertung von Staatsanleihen nicht mehr aus, da sie die Korrelation von wenig nachhaltiger Politik und den damit assoziierten Schwierigkeiten eines Landes nur unzureichend beziehungsweise gar nicht abbilden. Mit Blick auf eine nachhaltigkeitsrelevante Bewertung sind sie zumeist wenig transparent. Häufig hinken sie zudem der Realität hinterher, da eine Abstufung erst dann erfolgt, wenn die Probleme bereits in einem fortgeschrittenen Stadium sind und der Kursverfall der Papiere längst eingesetzt hat. Statt langfristiger Chancen und Risiken eines Landes bilden sie oftmals nur eine starre Momentaufnahme ab, die sich an der Vergangenheit orientiert.

Auch im Hinblick auf Corporate Bonds bieten traditionelle Kreditratings nur wenige Informationen, die als Indikator für die zukünftige Entwicklung eines Unternehmens herangezogen werden können. Um Aussagen über die Langfristperspektive eines Unternehmens machen zu können, sind beispielsweise auch Einschätzungen über die künftige Zahlungsbereitschaft, die künftige Investitionstätigkeit oder das Nachhaltigkeitspotenzial der angebotenen Produkte beziehungsweise Dienstleistungen erforderlich.

2 Wege aus der Black Box

2.1 Nachhaltigkeitsanalyse bei Bonds gewinnt durch Bewusstseinswandel bei Investoren und Emittenten an Momentum

In der Vergangenheit wurden Nachhaltigkeitsaspekte in der Analyse von Anleihen oft komplett ausgeblendet oder weitgehend stiefmütterlich behandelt. Auch schenkten viele Anleger dem Nischensegment nachhaltige Bonds keinerlei Aufmerksamkeit, denn sie brachten mit jener Anlageform zumeist eine Schmälerung ihrer Rendite in Verbindung. Spätestens seit den Bilanzskandalen von Enron oder WorldCom mussten auch Anleihenbesitzer feststellen, dass die alleinige Orientierung an der in Aussicht gestellten Rendite für eine Investitionsentscheidung nicht ausreicht.

Ausgehend von diesen Ereignissen hat sich der Finanzmarkt neben der Politik zu einer relevanten Einflussgröße auf regionale, nationale und internationale Umwelt- und Sozialprobleme entwickelt. Eine zielgerichtete Lenkung von Finanzströmen kann der Förderung von Nachhaltigkeit dienen. Wichtig ist, dass diese Gestaltungsmöglichkeit verantwortlich genutzt wird.

Mit steigendem Anlagevolumen erhöht sich auch der Informationsbedarf nachhaltig orientierter Investoren. Dieser unterscheidet sich von dem traditioneller Anleger durch eine höhere Komplexität, da nachhaltig engagierte Investoren nicht ausschließlich unter Renditeaspekten investieren. Unternehmen und Staaten müssen ganzheitlicher bewertet werden. In den Mittelpunkt der Nachhaltigkeitsanalyse sollten daher neben ökonomischen Kennzahlen sogenannte „nicht-finanzielle" Aspekte aus den Bereichen Ökologie, Soziales und (Corporate) Governance rücken. Die Einbeziehung dieser Kriterien in die Bewertung sollte insbesondere auch vor dem Hintergrund erfolgen, dass Nachhaltigkeit mehr und mehr zu einem strategischen Wettbewerbsfaktor für global agierende Unternehmen und Staaten wird.

Der Wandel von einer lokalen Produktions- hin zu einer globalen Dienstleistungs- und Informationsgesellschaft hat dazu geführt, dass „nicht-finanziellem" Kapital, wie z.B. Humankapital, Sozialkapital oder Kulturkapital, eine immer zentralere Schlüsselrolle für den Erfolg von Unternehmen und Staaten zukommt. So machen beispielsweise „nicht-finanzielle" Werte mittlerweile einen beträchtlichen Anteil am Unternehmenswert aus, insbesondere in der Langfristperspektive. Nur Unternehmen und Staaten, die die Interdependenzen zwischen den einzelnen Dimensionen der Nachhaltigkeit erkennen und dementsprechend handeln, werden langfristig erfolgreich sein.

Letztlich schafft die Einbeziehung von Nachhaltigkeitsaspekten in die Analyse von Anleihen sowohl gesellschaftlichen als auch ökonomischen Mehrwert. Evaluierte Unternehmen und Staaten sollen z.B. dazu bewegt werden, proaktiv ihre Standards hinsichtlich Ökologie, sozialer Kriterien und Governance zu verändern. In den Mittelpunkt der Motivation rückt die Langzeitperspektive, weitsichtige Entscheidungen sind gefordert. In der Folge kann sich dies positiv auf das Risikoprofil und damit auf den wirtschaftlichen Erfolg von Unternehmen und Staaten auswirken. Ziel der nachhaltigen Analyse von Anleihen ist es also, eine „Win-Win-Situation" zu schaffen – sowohl aus Sicht der Investoren als auch für den zu bewertenden Emittenten selbst.

2.2 Nachhaltigkeit als komplexer, dynamischer Analyse- und Investmentprozess

Nachhaltigkeit ist ein komplexes Gebilde. Allein die Definitionsvielfalt lässt erahnen, dass unter dem Begriff der Nachhaltigkeit mehr subsumiert ist als eine bloße Betrachtung von Umweltfaktoren. So darf in einer umfassenden Nachhaltigkeitsanalyse von Anleihen die Einbeziehung von Sozial- und Governance-Faktoren ebenso wenig fehlen wie die Berücksichtigung der ökonomischen Dimension. Nur in dieser gesamtheitlichen Betrachtung kann Nachhaltigkeit funktionieren, da sich die einzelnen Dimensionen gegenseitig bedingen.

Abbildung 3: Dimensionen der Nachhaltigkeit

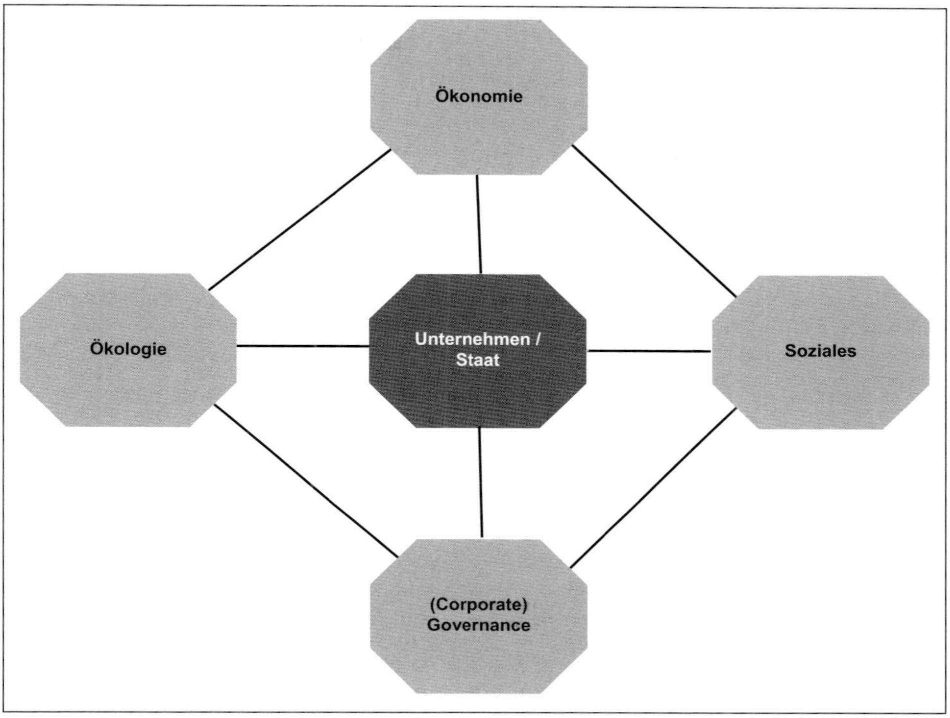

Quelle: DZ BANK Sustainable Investment Research

Die strategischen Ziele hinter den vier Dimensionen sollen ein wichtiger Teil unternehmerischen und staatlichen Denkens und Handelns werden und die Suche nach konkreten Problemlösungen unterstützen. Eine Umsetzung der Kriterien kann helfen, reputationale Wettbewerbsvorteile gegenüber Konkurrenten bzw. anderen Staaten und damit finanzielle Vorteile zu erzielen und kann somit als Strategie zur Verbesserung der Wettbewerbsfähigkeit aufgefasst werden.

Ferner ist zu beachten, dass Nachhaltigkeit kein starres Konstrukt ist, sondern dass sich die Untersuchungsgegenstände im Zeitablauf dynamisch entwickeln. Unternehmen und Staaten, die heute in der Investmentanalyse als nachhaltig klassifiziert werden, können in der nächsten Evaluation bereits als nicht mehr nachhaltig eingestuft werden oder umgekehrt.

Ungeachtet der Sichtweise, aus der man das Thema Nachhaltigkeit betrachtet: Das Grundanliegen eines jeden Unternehmens ist immer der wirtschaftliche Erfolg. Nahezu alle Unternehmen, die sich nachhaltig engagieren, geben in ihrem Internetauftritt offen zu, dass soziales und ökologisches Engagement auch aus strategischem Eigennutz durchgeführt wird. Die Gründe für soziales und ökologisches Engagement lassen sich in diesem Sinne als eine Mischung aus Pflichtgefühl gegenüber der Gesellschaft und der Umwelt, das auf Tradition basiert, und kalkulierten wirtschaftlichen Vorteilen auf Kunden- und Mitarbeiterebene ableiten. Auch Staaten verfügten nur über einen begrenzten Mitteleinsatz und sollten ihre Handlungen am Ökonomischen Prinzip orientieren. Das Ökonomische Prinzip (auch Wirtschaftlichkeitsprinzip genannt) bezeichnet die Annahme, dass Wirtschaftssubjekte aufgrund der Knappheit der Güter bei ihrem wirtschaftlichen Handeln die eingesetzten Mittel mit dem Ergebnis ins Verhältnis setzen und nach ihren persönlichen Präferenzen zweckrational eine Nutzen- bzw. Gewinnmaximierung anstreben. Hauptziel eines Staates ist demnach die Maximierung des Allgemeinwohls. Selbiges gilt für die Investorenseite. Nachhaltigkeitsorientierte Anleger wollen mit gutem Gewissen investieren. Aber sie möchten keineswegs auf Rendite verzichten, sondern wie klassische Investoren auch ihr Geld vermehren. Daher gelten auch für nachhaltige Investments die klassischen Anlageziele Rentabilität, Sicherheit und Liquidität.

Im Gegensatz zur traditionellen Bewertung von Anleihen rückt im Nachhaltigkeitskontext der Langfristaspekt noch stärker in den Mittelpunkt der Analyse, denn ökonomische Nachhaltigkeit postuliert, dass die gegenwärtige Gesellschaft und somit eben auch Unternehmen und Staaten als Teil dieser Gesellschaft nicht über ihre Verhältnisse leben sollen, um Einbußen für nachkommende Generationen auszuschließen. Gewinne sollen also auf Basis langfristiger Produktions-, Investitions- und Innovationsstrategien erzielt werden.

Im Gegensatz zum Bondholder-Value-Ansatz, der den Wert eines Emittenten ausschließlich aus Sicht der Anleihegläubiger (Bondholder) ermittelt, rückt bei der Nachhaltigkeitsanalyse die Stakeholder-Perspektive in den Vordergrund. Der Stakeholder-Value-Ansatz erfasst ein Unternehmen bzw. einen Staat in seinem gesamten sozialökonomischen Kontext und versucht, die Bedürfnisse der unterschiedlichen Anspruchsgruppen in Einklang zu bringen mit dem Ziel eine dauerhafte Existenz des Unternehmens beziehungsweise des Staates zu sichern und eine potenzielle Fehlsteuerung, wie sie bei ausschließlicher Ausrichtung des Unternehmens bzw. des Staates an zum Teil kurzfristigen Interessen der Anleihengläubiger eintreten könnte, zu vermeiden. Neben Anteilseignern und Mitarbeitern, auch als interne Stakeholder bezeichnet, gehören als externe Stakeholder unter anderem Verbraucher, Lieferanten, Fremdkapitalgeber (wie z.B. Anleihengläubiger), der Kapitalmarkt, die Öffentlichkeit sowie die Natur zum Kreis der Anspruchsträger. Letztere werden unter dem Begriff der sogenannten nicht-marktlichen Anspruchsgruppen subsumiert.

Abbildung 4: Unternehmensanleihen – Stakeholder- statt purer Bondholderperspektive

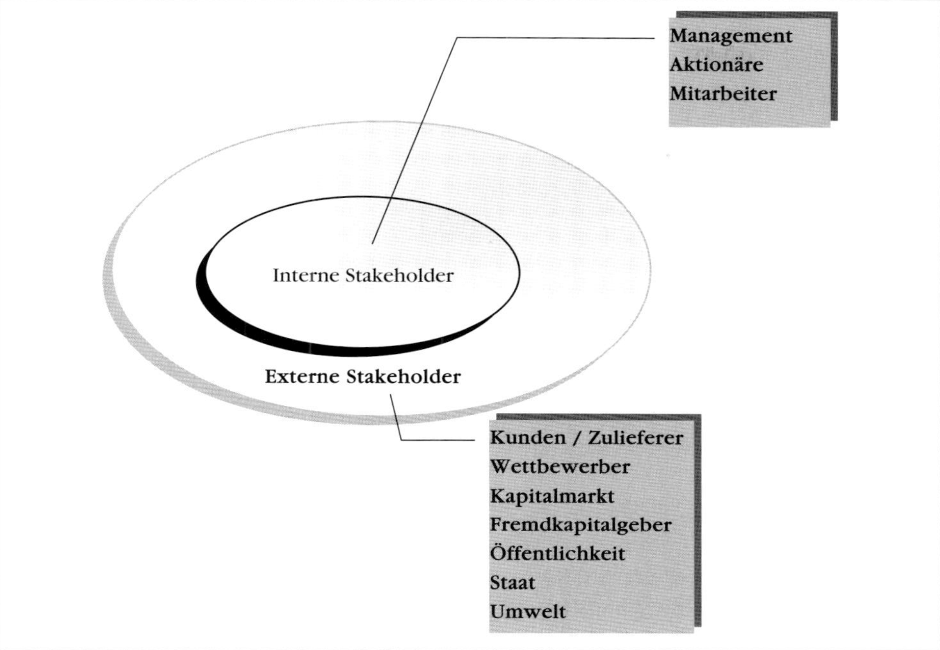

Quelle: DZ BANK Sustainable Investment Research

3 Gibt es Nachhaltigkeitsspreads?

3.1 Die Betrachtung des klassischen Spreads

Ausgangspunkt für die Untersuchung, ob es einen Nachhaltigkeits-Spread gibt bzw. welchen Einfluss Nachhaltigkeit auf den Spread hat, ist die Analyse des klassischen Spreads. Hierbei gilt es zunächst zwischen Unternehmensanleihen und Staatsanleihen zu differenzieren.

Der klassische Credit Spread bei Unternehmensanleihen ist definiert als Renditedifferenz zwischen einer Unternehmensanleihe und einem Referenzzinssatz, welcher zumeist durch eine Staatsanleihe oder eine als sehr sicher eingestufte Unternehmensanleihe (AAA-Rating) approximiert wird, welche drei Bedingungen erfüllen muss: Sie muss frei von Ausfallrisiko sein, das gesamte Laufzeitspektrum abbilden und auf einem liquiden Markt gehandelt werden.

Der Spread bei Staatsanleihen ergibt sich aus der Renditedifferenz zwischen einer mit Ausfallrisiko behafteten Staatsanleihe und einer als sicher eingestuften Staatsanleihe. Bei Emissionen von Anleihen europäischer Staaten erfolgt in der Regel ein Vergleich mit der Rendite von laufzeitgleichen deutschen Staatsanleihen. Emissionen aus aufstrebenden Staaten wie beispielsweise Brasilien, China und Indien oder aus Entwicklungsländern werden oftmals mit der Rendite von US-Staatsanleihen mit identischer Laufzeit verglichen.

In Bezug auf den Spread muss man zwischen der Sicht des Anlegers und der Sicht des Emittenten unterscheiden.

Aus Anlegersicht ist der (Credit) Spread Ausdruck für den Renditeaufschlag, den die Anleger für die Übernahme eines höheren (Ausfall-) Risikos für das von ihnen bereitgestellte Kapital erhalten. In der Regel gilt: Je geringer die Bonität des Unternehmens, desto höher der Credit Spread, also die Risikoprämie. Ferner hat sich der (Credit) Spread in den vergangenen Jahren für Investoren zunehmend zu einem alternativen Bonitätsindikator entwickelt, der mehr umfasst als das pure Rating.

Aus Unternehmenssicht bestimmt der (Credit) Spread die Höhe der Finanzierungskosten des Emittenten bei der Ausgabe neuer Anleihen. In der Regel gilt: Je geringer der Credit Spread, desto geringer die Refinanzierungskosten des Unternehmens und desto höher dessen Profitabilität. Die Börse reflektiert Veränderungen im Rating des Schuldners durch Käufe bzw. Verkäufe von Anleihen, wodurch sich neue Renditedifferenzen ergeben. Bei einer Hochstufung des Ratings steigt die Nachfrage nach Anleihen. Die Kurse steigen. Der Renditeabstand gegenüber einem als sicher eingestuften Bonds verringert sich. Bei einer Herabstufung des Ratings werden die Anleihekurse wegen des nun größer eingeschätzten Risikos sinken. Der Spread wird größer. Veränderungen des Ratings spiegeln sich also unmittelbar im (Credit) Spread wider und wirken sich somit unmittelbar auf die Refinanzierungskosten und dadurch auf das Finanzprofil des Emittenten aus.

In einem nächsten Analyseschritt gilt es nun zu eruieren, welche Faktoren den (Credit) Spread beeinflussen. Hier ist zunächst festzuhalten, dass die Risikoeinstufung einer Staats- bzw. einer Unternehmensanleihe durch eine Ratingagentur maßgeblichen Einfluss auf die Höhe des (Credit) Spreads hat. Bei näherer Betrachtung ist festzustellen, dass der (Credit) Spread aber nicht allein durch die mit dem Bond verbundenen Kreditrisiken determiniert wird.

Ein Blick auf das „pure" Rating am Beispiel einer Unternehmensanleihe zeigt Folgendes: Es setzt sich aus quantitativen, qualitativen sowie Erfahrungs- und Umweltfaktoren zusammen. Zu den quantitativen Faktoren gehört beispielsweise die Bewertung der wirtschaftlichen Verhältnisse des Emittenten durch eine umfassende Analyse der Bilanz (Eigenkapitalquote, Verschuldungsgrad, Forderungsbestand etc.) der Gewinn- und Verlustrechnung (Umsatzentwicklung, Ertragshöhe und -qualität etc.) sowie der Kapitalflussrechnung (Operativer Cashflow, freier Cashflow etc.). Zu den qualitativen Faktoren zählen Merkmale wie Managementqualität, (Unternehmens-)Strategie, Organisations- und Prozessorganisation, Mitarbeiterpotenzial, Aufbau des Controllings und Risikomanagements und die Beziehung zu Geschäftspartnern. Erfahrungs- und Umweltfaktoren umfassen Faktoren wie Branchenentwicklung, Standortbedingungen und Lieferanten- sowie Kundenbeziehungen.

Neben diesen Faktoren beeinflussen aber noch weitere Faktoren den Spread, welche nicht im Rating wiederzufinden sind. Zu nennen sind beispielsweise die Restlaufzeit der Anleihe, die Währung des Bonds, das allgemeine Zinsniveau, die allgemeine Wirtschaftslage, eine Besicherung, Vorrangigkeit/Nachrangigkeit oder der Sektor des Emittenten.

Zu guter Letzt soll nun die analytische Berechnung des Spreads näher betrachtet werden.

Da an den Kapitalmärkten keine Renditen, sondern lediglich Marktpreise beobachtet werden, müssen zunächst Anleiherenditen berechnet werden, aus denen anschließend (Credit) Spreads abgeleitet werden. Hierbei bieten sich im Folgeschritt zwei unterschiedliche Berechnungsverfahren an: Der Einzeltitelvergleich, bei dem der (Credit) Spread aus der Renditedifferenz zweier Anleihen bestimmt wird, sowie der Strukturkurvenansatz, bei dem sich der (Credit) Spread als Differenz zweier Spot Rates ergibt.[4]

Für die weitere Analyse sollen Einzeltitelvergleiche fokussiert werden.

Ausgangspunkt für die Renditeberechnung von Titeln mit gleicher Restlaufzeit ist die folgende Formel:

$$P^{full} = \frac{C_D/f_D}{(1+y_D/f_D)^{f_D T_1}} + \frac{C_D/f_D}{(1+y_D/f_D)^{f_D T_2}} + \ldots + \frac{100 + C_D/f_D}{(1+y_D/f_D)^{f_D T_N}}$$

[4] Die einzelnen Ansätze an dieser Stelle herzuleiten und zu erläutern würde den Rahmen dieser Publikation sprengen. Wir verweisen daher an dieser Stelle auf die umfassenden Analysen von Ulrich Pape und Matthias Schlecker; Pape, Ulrich/Schlecker, Matthias (2008): Berechnung des Credit Spreads; in: Corporate Finance v. 06.10.08, Heft 10, Seite 658-665.

Die Renditedifferenz ergibt sich demnach aus:

$$\text{Yield Spread} = y_D - y_B$$

Aufgrund der hohen Anzahl unterschiedlicher Ausstattungsmerkmale gestaltet sich die Identifizierung einer geeigneten Referenzanleihe als sehr schwierig. Ferner ist zu beachten, dass der (Credit) Spread zudem durch Marktpreisbewegungen, Angebots- und Nachfrageeffekte sowie Liquiditätsveränderungen der Vergleichsanleihe tangiert wird. Daher ist die Verwendung von Indizes als Benchmark, bei denen sich die Vergleichsrendite aus mehreren Staats- oder Unternehmensanleihen berechnet, oftmals die bessere Alternative, um eine verlässliche Aussage über den (Credit) Spread zu erhalten.

3.2 Der Einfluss von Nachhaltigkeit auf den Spread

Nach dem ersten Schritt der Analyse des klassischen Spreads gilt es, in einem zweiten Schritt zu untersuchen, wo im klassischen Spread Nachhaltigkeitskomponenten enthalten sind.

Das Ergebnis aus dem vorangegangen Abschnitt ist, dass der (Credit) Spread durch die Risikoeinstufung einer Ratingagentur maßgeblich beeinflusst wird. Die Crux dabei ist, dass bei klassischen Ratingagenturen Nachhaltigkeitskriterien bislang nur eine untergeordnete Rolle spielen. Die ökonomische Perspektive steht beim Rating eindeutig im Vordergrund. Umweltkriterien werden nicht gesondert analysiert bzw. berücksichtigt. Soziale Aspekte werden nicht explizit untersucht und in das Rating einbezogen. Zudem fließen nur wenige (Corporate)-Governance-Kriterien wie beispielsweise Korruption oder das Rechtssystem indirekt in das Rating ein. Governance-Scoring-Systeme werden von klassischen Ratingagenturen bislang lediglich als separates Analyseinstrument verwendet.

Was also sagt der klassische (Credit) Spread über Nachhaltigkeit aus? In das Rating von Staatsanleihen beispielsweise fließen bereits heute einige Nachhaltigkeitsfaktoren implizit mit ein. Dazu gehören z.B. politische Risiken (Gefahr von Umstürzen, sozialen Unruhen), der institutionelle Rahmen (Rechtssystem), die Qualität der Staatsführung (Korruption, Verlässlichkeit, Haushaltsführung) oder aber die Anfälligkeit für Naturkatastrophen (Überschwemmungen, Wirbelstürme). Eine Analyse, ob der Staat umweltfreundlich wirtschaftet, bleibt allerdings aus.

Der Einfluss von Nachhaltigkeitskomponenten auf den Spread wurde bereits in zahlreichen Studien untersucht. So haben Erb et al. (1996) einen Zusammenhang zwischen der Rendite von Staatsanleihen und dem Länderrisiko gemessen mit Hilfe der „International Country Risk Guide“ identifiziert. Portfolios, die in Staatsanleihen von Ländern mit hohem Risiko investiert haben, erzielten eine signifikant höhere Performance.[5] Connolly (2007) hat einen Zusammenhang zwischen dem Rating von Staatsanleihen und Korruption gemessen mit Hilfe des „Transparency International's Corruption Perceptions Index" identifiziert. Zunehmende Korruption impliziert eine Herabstufung der Bonität, da die Gefahr besteht, dass Erlöse aus Anleihen immer mehr in weniger produktive Projekte allokiert werden. Zudem steigt die Wahrscheinlichkeit, dass Anleihe-Erlöse in Steueroasen verlagert werden.[6]

Auch bei Unternehmensanleihen gibt es eine Reihe von Nachhaltigkeitsfaktoren, die in das Rating einfließen und daher den Spread beeinflussen. Sie kommen vorwiegend aus dem Bereich der Corporate Governance. So kommt beispielsweise eine Studie der Universitäten Iowa und Wisconsin aus dem Jahr 2004 zu dem Ergebnis, dass das Credit Rating eines Unternehmens negativ mit der Anzahl von Stimmrechtsblöcken, die mindestens 5% betragen, sowie negativ mit dem Grad der Machtbefugnisse des Vorstandsvorsitzenden korreliert. Eine positive Korrelation ergibt sich mit schwächeren Aktionärsrechten hinsichtlich der Abwehr von Übernahmen, mit dem Grad der finanziellen Transparenz, mit der Unabhängigkeit des „Boards" (Verwaltungsrat), mit Höhe des Anteilsbesitzes der Board-Mitglieder (Bekenntnis zum Unternehmen) sowie mit den Branchenkenntnissen der Board-Mitglieder. Schlechtere Corporate Governance führt also zu höheren Fremdfinanzierungskosten.[7]

Folglich gibt es eine Reihe von Nachhaltigkeitskomponenten, die den (Credit) Spread beeinflussen. Da Nachhaltigkeitskriterien für den Analyseprozess klassischer Rating-Agenturen nach wie vor eine untergeordnete Rolle spielen, fließen sie vornehmlich indirekt in die Risikoeinstufung eines Unternehmens oder eines Landes ein. Eine explizite Berücksichtigung ökologischer, sozialer sowie Corporate-Governance-Faktoren findet derzeit noch nicht statt. Aus Sicht nachhaltigkeitsorientierter Investoren ergibt sich daher die Forderung nach mehr Transparenz durch den expliziten Einbezug von Nachhaltigkeitskriterien in das Rating.

---

5 Erb et al. (1996): Political risk, economic risk and financial risk; Working Paper, Duke University.

6 Connolly, M. (2007): Measuring the Effect of Corruption on Sovereign Bond Ratings, in: Journal of Economic Policy Reform.

7 Collins, D. W. et al. (2004): The Effects of Corporate Governance on Firms' Credit Ratings, University of Iowa.

3.3 Das Nachhaltigkeitsdilemma beim Spread

Hinterfragt man im nächsten Analyseschritt die Bedeutung des Spreads noch einmal genauer, steht man vor einem Dilemma – einem Nachhaltigkeitsdilemma. Sollen Anleger für nachhaltiges Investieren belohnt werden oder aber „Gutes tun" und dabei auf Rendite verzichten? Um diese Frage zu klären, soll die Sichtweise verschiedener Finanzmarktakteure analysiert werden.

Aus Emittentensicht gilt ein als nachhaltig wahrgenommener Schuldner als sicherer und kann deshalb zu günstigeren Konditionen am Kapitalmarkt Geld aufnehmen. Er wird also für sein Handeln belohnt. Anleger, die bewusst in Anleihen von nachhaltigeren Unternehmen bzw. Staaten investieren, erhalten wegen des geringer eingeschätzten Ausfallrisikos einen niedrigeren Kupon als beim Kauf von mit hohen Risiken behafteten Bonds. Die höhere Sicherheit erkauft er sich also mit einer niedrigeren Rendite. Für Fondsmanager ergibt sich demnach folgende Problematik: Kunden verlangen eine hohe oder gar überdurchschnittliche Rendite, die mit dem Kauf nachhaltiger Anleihen oft nicht erzielt werden kann. Der „Performance-Druck" verleitet evtl. zum Eingehen höherer Risiken.

Die Formel des klassischen Spreads lautet:

$$\text{Credit Spread} = \text{RU} - \text{RS}$$

Hier zeigt sich: In der Praxis werden Anleger für das Eingehen von Risiken belohnt. Das spiegelt sich in einem höheren Credit Spread wider. Risiken, die aus nicht nachhaltigem Wirtschaften entstehen können, werden im klassischen Rating nicht explizit erfasst und werden von den Anlegern – wenn überhaupt – sehr diffus wahrgenommen oder oft komplett ausgeblendet. Die wenigen bereits implizit im Rating erfassten Nachhaltigkeitsfaktoren (Qualität der Unternehmens- bzw. Staatsführung, Struktur des Rechtssystems, Ausgestaltung des Risikomanagements) wirken bei positiver Beurteilung gegenüber nicht nachhaltigen Schuldnern risikomindernd und senken somit den Credit Spread. Ceteris paribus erzielen Investoren, die unter nachhaltigen Gesichtspunkten investieren, eine geringere Rendite.

Genau an dieser Stelle sollte künftig ein Umdenken stattfinden. Klassische Ratingagenturen sollten ihre Credit Ratings um explizite Nachhaltigkeitsaspekte erweitern. Denkbar ist z.B. die Einbeziehung klassischer Nachhaltigkeitsaspekte aus den Bereichen Ökologie, Soziales und Corporate Governance in die Risikobetrachtung als integrativer Ratingansatz.

Eine (erweiterte) Formel für den Credit Spread könnte demnach folgendermaßen aussehen:

Credit Spread = (RU – RS) + (RKCG + RKSoziales + RKUmwelt)

Da es nicht „das" nachhaltige Unternehmen oder „den" nachhaltigen Staat gibt, weil jeder Schuldner Nachhaltigkeitsrisiken aufweist, wird Nachhaltigkeit als Risikokomponente definiert.

Auffallend ist zunächst, dass auch bei der erweiterten Formel für den (Credit) Spread kurzfristig gilt: „Je nachhaltiger das Investment, desto geringer die Rendite." Warum ist das so? Die Gründe sind im Zeithorizont der Anlage, im Motiv für die Anlage sowie in der Funktionsfähigkeit der Märkte zu finden.

Kurzfristig können mit Staatsanleihen mit geringer Bonität und schwacher ökonomischer Nachhaltigkeit (siehe Griechenland) hohe (Spekulations-) Gewinne erzielt werden. Man muss aber gar nicht ins Ausland blicken, denn mit deutschen Unternehmensanleihen (insbesondere aus dem Bankensektor) konnte in der jüngsten Vergangenheit der Einsatz innerhalb weniger Tage mehr als verdoppelt werden. Anleger, die sich hingegen ausschließlich auf „nachhaltigere" Anleihen beschränkt haben, mussten eine schlechtere Entwicklung ihres Portfolios hinnehmen.

Das Interesse an kurzfristigen (Spekulations-) Gewinnen deckt sich nicht mit der Motivation eines klassischen „Nachhaltigkeitsanlegers". Mit dem Investment in Anleihen von Unternehmen bzw. Staaten, die verlässlich und langfristig orientiert wirtschaften, soziale Standards beachten, den ökologischen Fußabdruck zu minimieren versuchen und eine gute Unternehmens- bzw. Staatsführung betreiben, verfolgt der Investor nicht nur ein rein ökonomisches Ziel. Zudem sollte der Anleger nicht auf kurzfristige (Spekulations-) Gewinne schielen, sondern Geduld für sein verantwortungsvolles, bewusst getätigtes Investment aufbringen. Der Anleger erzielt langfristig mit der Anlage in nachhaltigere Investments nicht nur eine ökonomische, sondern auch eine soziale, eine ökologische und eine Governance-Rendite. Die Langfristperspektive muss daher (wieder) in den Vordergrund rücken.

Normalerweise sollten Anleger, die unter Nachhaltigkeitsaspekten investieren, das Ausfallrisiko ihres Portfolios verringern und langfristig höhere Renditen erzielen, da ihnen ein kompletter oder ein teilweiser Ausfall eines Schuldners i.d.R. erspart bleibt. Aktuell bietet sich jedoch ein anderes Bild: Mit dem Hinweis auf „Systemrisiken" werden Unternehmen (z.B. Kreditinstitute) oder Staaten (z.B. Griechenland), gerettet, die unter normalen Umständen insolvent wären. Verluste werden (über den Steuerzahler) sozialisiert, anstatt die Risikokapitalgeber (Anleiheinvestoren) stärker oder gar vollständig am Misserfolg zu beteiligen. Die Folge ist einleuchtend: Auf der Jagd nach höheren Renditen fließt viel Geld in die Kassen von nicht nachhaltig agierenden Schuldnern (die somit belohnt werden), während nachhaltig wirtschaftende Emittenten evtl. sogar vor dem Problem stehen, ausreichend Investoren zu finden. Es kommt also zu einer Fehlallokation von Kapital.

Wie also lässt sich die Funktionsfähigkeit des Kapitalmarktes stärken? Klar definiertes Ziel muss sein, Investorengelder in nachhaltig wirtschaftende Unternehmen bzw. Staaten zu lenken. Der Kapitalmarkt sollte als Impulsgeber für nachhaltiges Wirtschaften agieren und nachhaltigere Emittenten fördern, was letztlich zu Vorteilen für alle direkt und indirekt am Unternehmenserfolg bzw. an der Verbesserung staatlichen Handelns Interessierter führt. Schließlich müssen Risikokapitalgeber im Falle (drohender) Insolvenzen stärker zur Verantwortung gezogen werden.

4 Die Performance nachhaltiger Anleihen

Es stellt sich also letztlich die Frage, ob langfristig orientierte und Nachhaltigkeitskriterien berücksichtigende Anleger tatsächlich auf lange Sicht Renditeverzicht üben müssen? Diese Frage ist eindeutig mit nein zu beantworten, wie einige Beispiele im Folgenden zeigen werden.

Betrachtet man beispielsweise eine 7-jährige Anleihe der BASF AG. Die BASF gehört in Sachen Nachhaltigkeit zu den Spitzenreitern unter den deutschen Large Caps. Sie wurde mehrfach für ihre Nachhaltigkeitsarbeit ausgezeichnet und ist seit Jahren in allen wichtigen Nachhaltigkeitsindizes vertreten.

Abbildung 5: Performancevergleich – BASF-Anleihe vs. Benchmarkindex

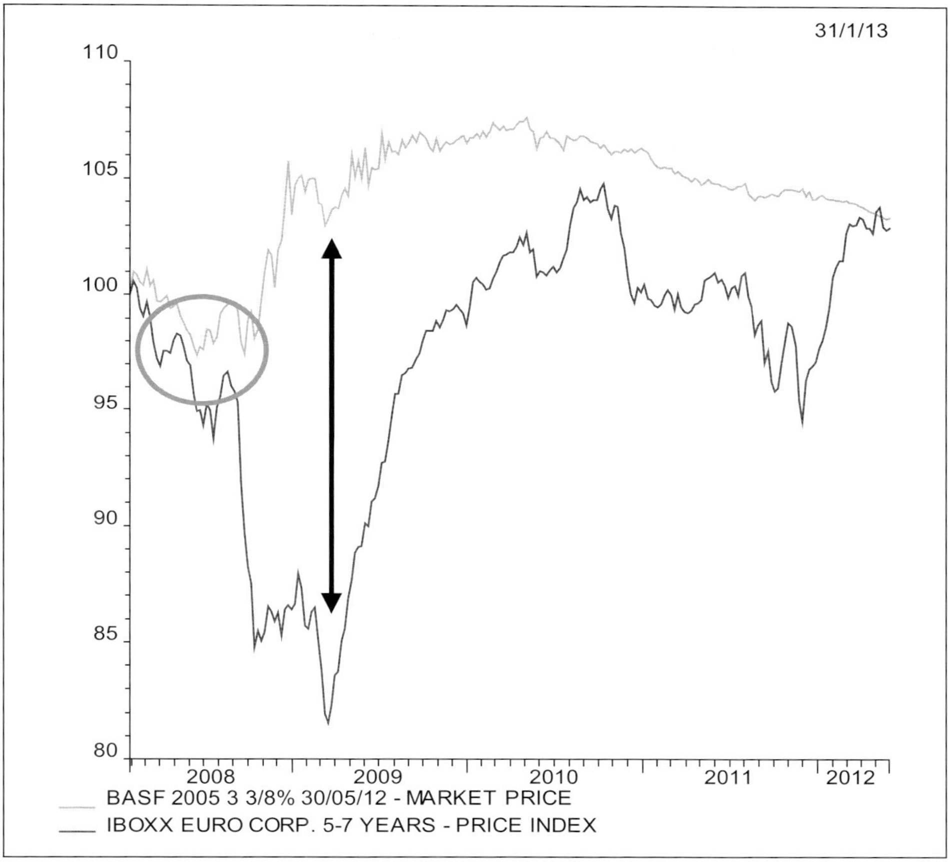

Quelle: Thomson Datastream, BASF AG, DZ BANK Sustainable Investment Research

Ein Vergleich mit einem Benchmarkindex mit gleicher Laufzeit zeigt kurzfristig eine identische Performance. Langfristig hat die BASF-Anleihe aber die Nase vorn. Auffallend ist insbesondere auch die deutliche Outperformance in den Krisenjahren 2008 und 2009.

Der Anteil von Nachhaltigkeitskomponenten an der Outperformance lässt sich nur schwer quantifizieren. Zieht man also einen noch strengeren Vergleich heran, indem man einen Benchmarkindex wählt, in dem ausschließlich Unternehmen mit einem AAA-Rating enthalten sind. Auch hier zeichnet sich ein ähnliches Bild wie beim vorangegangen Vergleich ab. Zunächst lässt sich eine identische Performance ablesen, später ist dann die BASF-Anleihe im Vorteil. Der Renditeabstand gegenüber dem Benchmarkindex ist im Durchschnitt jedoch geringer, was sich insbesondere in den Krisenjahren 2008 und 2009 ablesen lässt. Warum ist das so? Da, wie die Analyse gezeigt hat, Nachhaltigkeit implizit in das Unternehmensrating mit einfließt, ist an dieser Stelle die These erlaubt, dass AAA-geratete Unternehmen im Durchschnitt nachhaltiger sind als die Allgemeinheit. Der Spread gegenüber der BASF-Anleihe wird also geringer.

Abbildung 6: Performancevergleich – BASF-Anleihe vs. Benchmarkindex (AAA-geratete Unternehmen)

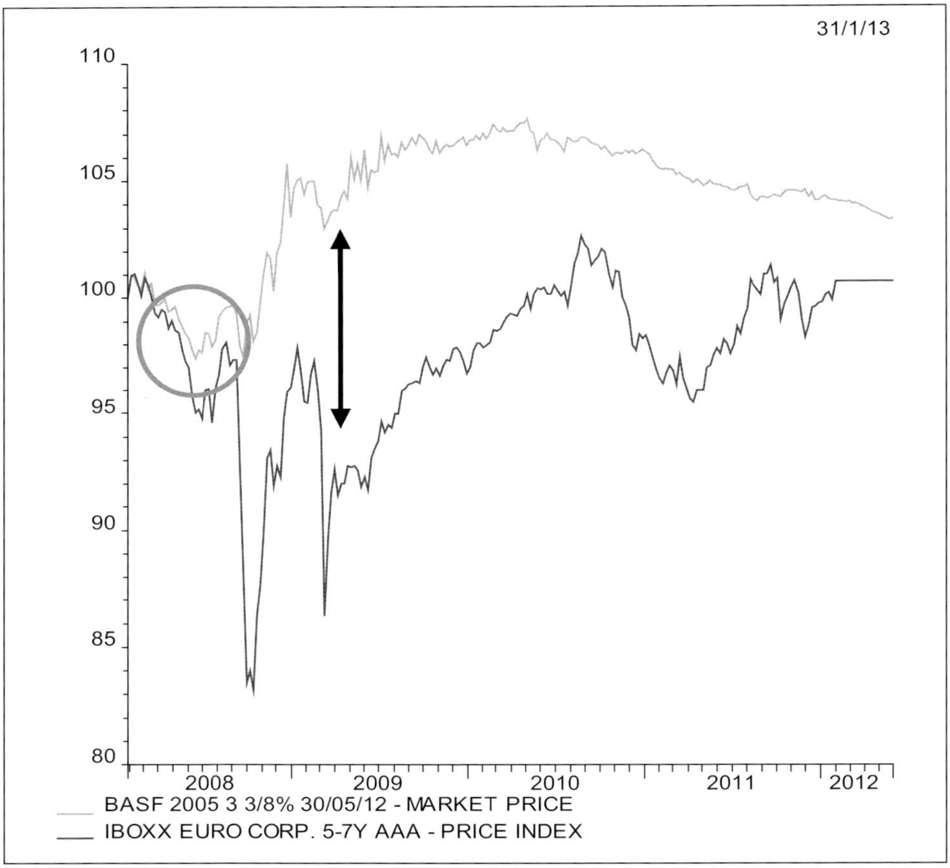

Quelle: Thomson Datastream, BASF AG, DZ BANK Sustainable Investment Research

Wirft man nun noch einen kurzen Blick auf die historische Performance einer Anleihe der BP-Finanzierungstochter BP Capital Markets, ist hier augenscheinlich der Ende April 2010 beginnende Einbruch gegenüber dem gewählten Benchmarkindex, der im Zusammenhang mit dem Untergang der Bohrplattform Deepwater Horizon im Golf von Mexiko zu sehen ist. Die Gründe für diese Entwicklung der Performance dürften sicherlich nicht nur ökonomischer Natur gewesen sein.

Abbildung 7: Performancevergleich – Anleihe BP Capital Markets vs. Benchmarkindex (AAA-geratete Unternehmen)

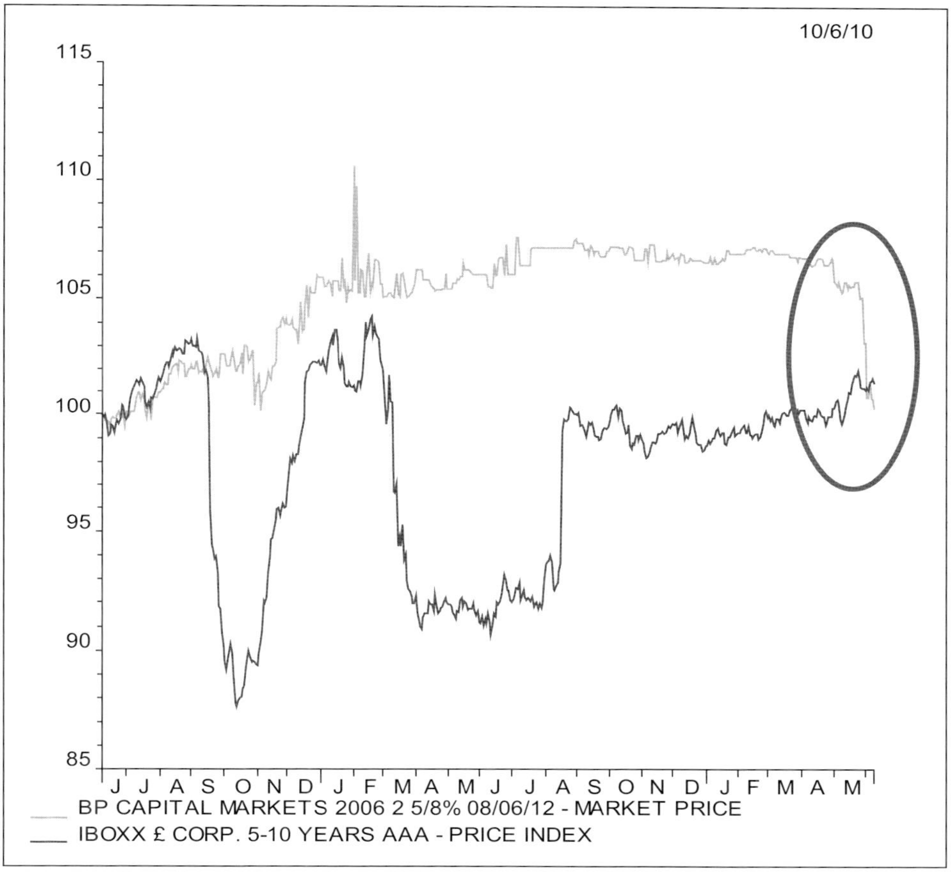

Quelle: Thomson Datastream, BP Capital Markets, DZ BANK Sustainable Investment Research

Der abschließende Performancevergleich zwischen einer deutschen und einer griechischen Staatsanleihe während der Eurokrise macht deutlich, dass es eine Korrelation zwischen dem Nachhaltigkeitsgrad des politischen Handelns (Handeln unter ökonomischen, ökologischen, sozialen und Governance-Aspekten) und der Entwicklung der Anleihenkurse des entsprechenden Emittenten gibt.

Abbildung 8: Performancevergleich – Deutsche Staatsanleihe vs. Benchmarkindex (nachhaltiger Staat)

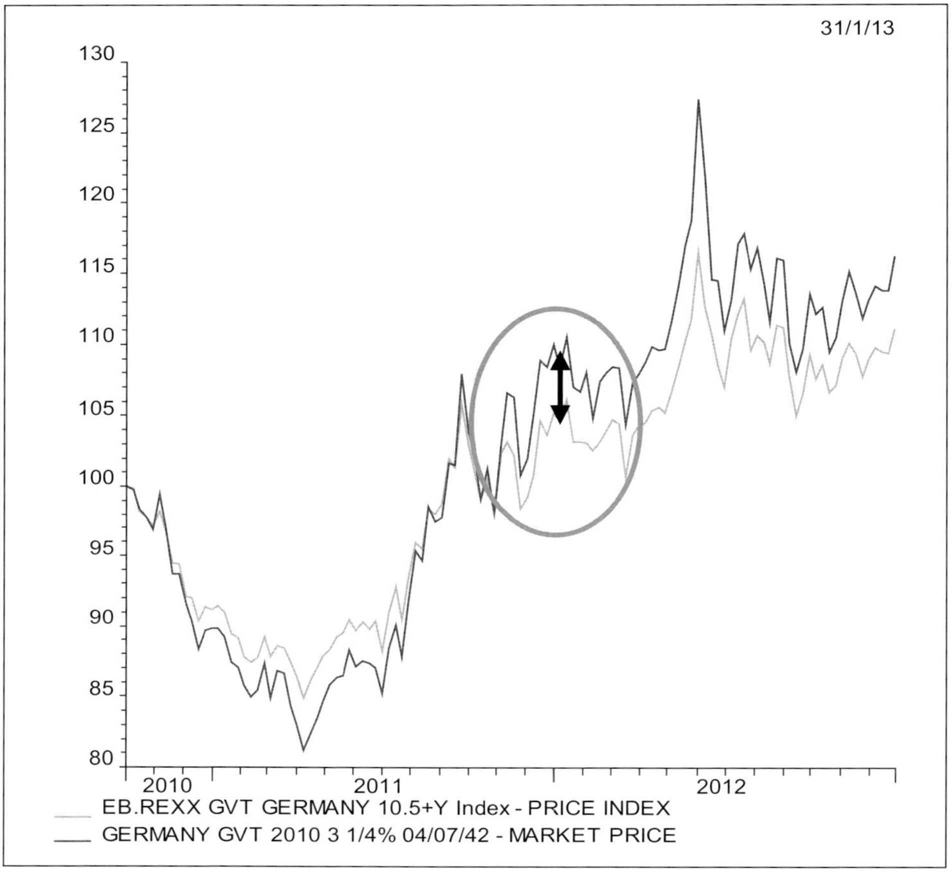

Quelle: Thomson Datastream, DZ BANK Sustainable Investment Research

Während das deutsche Papier selbst in der Hochphase der Eurokrise einen positiven Spread aufweist, bricht die griechische Staatsanleihe im Kurs weiter ein. Neben einer unsoliden Fiskalpolitik dürften sich auch ESG-Gesichtspunkte wie geringe Umweltstandards (E = Ökologie), ein mangelhaftes Bildungs- und Gesundheitssystem (S = Sozial) sowie eine hohe Korruptionsrate (G = Governance) in der Kursentwicklung widerspiegeln.

Abbildung 9: Performancevergleich – Griechische Staatsanleihe vs. Benchmarkindex (nachhaltiger Staat)

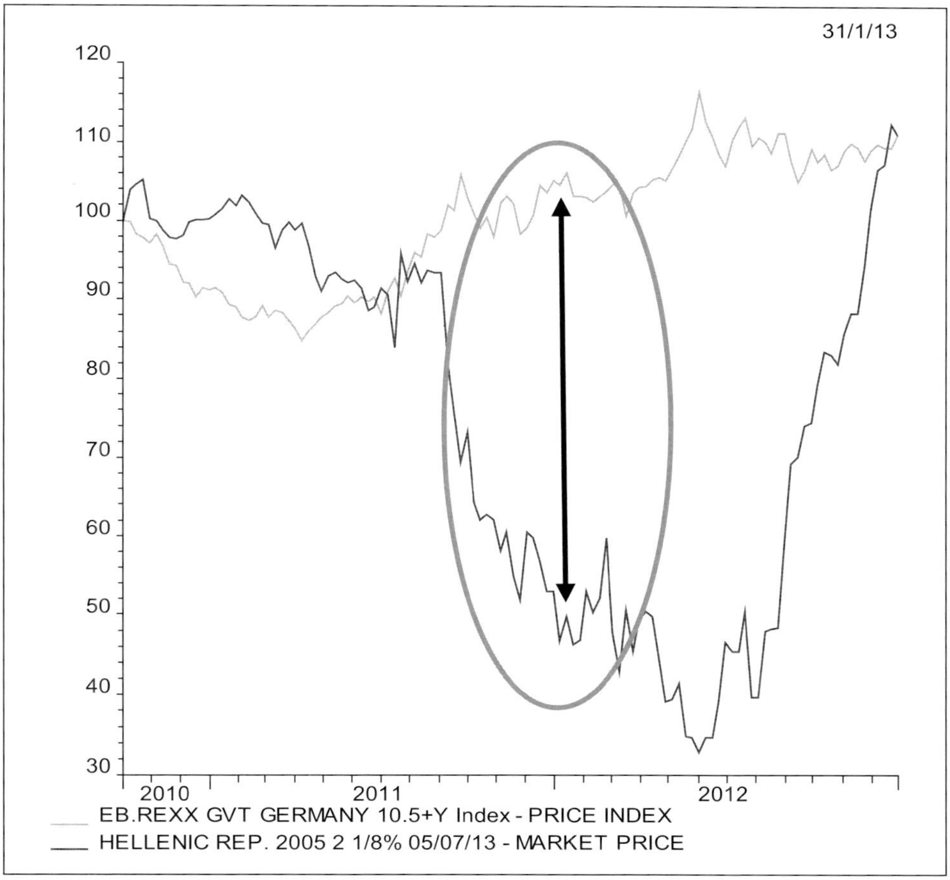

Quelle: Thomson Datastream, DZ BANK Sustainable Investment Research

Klimaanleihen

Karsten Löffler/Simone Ruiz/Thomas Liesch

1 Einleitung

Die Beschlusslage der jährlichen UN-Klimakonferenz[1] fordert eine Stabilisierung der Treibhausgaskonzentration in der Atmosphäre, um eine durchschnittliche Erderwärmung von mehr als 2°C über dem vorindustriellen Niveau zu verhindern.[2] Um dieses Ziel zu erreichen, muss der globale Ausstoß an Treibhausgasen gegenüber dem Jahr 2000 um 50% bis 2050 sinken.[3]

Im Mittelpunkt möglicher Minderungsmaßnahmen stehen der weitere Ausbau der Energieerzeugung aus Erneuerbaren Energien und Investitionen in Energieeffizienz-Maßnahmen. Ohne deutlich stärkere Anstrengungen würde der globale Energieverbrauch bis 2050 voraussichtlich um rund 80% steigen, bei einem Anteil von rund 85% konventioneller Energieträger. Die Kohlenstoffdioxid-(CO_2)-Emissionen[4] aus der Energieerzeugung würden um 70% ansteigen.[5]

Industrienationen haben sich verpflichtet, bis 2020 mindestens 100 Mrd. USD jährlich an Klimafinanzierung für Entwicklungsländer zu mobilisieren.[6] Schätzungen sagen, dass bis 2030 jährlich etwa 1 Bio. USD oder 2% des globalen Bruttoinlandsproduktes (BIP) investiert werden müssen, um die weltweite Energieinfrastruktur zu entkarbonisieren.[7] Da die erforderlichen Mittel nicht allein aus engen öffentlichen Budgets aufgebracht werden können, wird die Finanzierung mit privatem Kapital, und hier insbesondere über den Kapitalmarkt, wie z.B. über Klimaanleihen, eine wichtige Rolle spielen müssen.[8]

Klimaanleihen sind eine Alternative zum klassischen Bankdarlehen bzw. zur Projektfinanzierung zur Deckung des langfristigen Finanzierungsbedarfs von klimafreundlichen Projekten. Klimaanleihen könnten den bisher für die Finanzierung dieser Projekte ver-

---

1 Bei der jährlichen UN Klimakonferenz verhandeln die 194 Vertragsstaaten der 1992 verabschiedeten UN Klimarahmenkonvention konkrete Maßnahmen zum Klimaschutz.

2 Diese Klimastabilisierung erfordert eine Begrenzung der Treibhausgaskonzentration auf maximal 450 ppm CO_2e (ppm = Parts per Million, Messgröße für CO_2-Konzentration in der Atmosphäre; CO_2e = CO_2-Äquivalent). Mit Anbruch des industriellen Zeitalters ist die Konzentration von etwa 280 ppm auf heute ca. 393 ppm CO_2e gestiegen. Ohne zusätzliche Maßnahmen werden es bis Ende des Jahrhunderts mehr als doppelt so viel sein (936 ppm). Vgl. IPCC (2013).

3 Vgl. IPCC (2007). Teil 2 und 3 des nächsten IPCC Report wird nächstes Jahr veröffentlicht und vermutlich drastischere Einschnitte für nötig halten, um das 2°C-Ziel einzuhalten.

4 Globale CO_2-Emissionen machen etwa 75% der gesamten Treibhausgasemissionen aus.

5 Vgl. OECD (2012B).

6 Vgl. UNFCCC (2009).

7 Vgl. IEA (2011).

8 Vgl. UN (2010).

hältnismäßig wenig in Anspruch genommenen Anleihenmarkt erschließen und gleichzeitig langfristig orientierte Investorenkreise, wie z.B. Pensionskassen und Versicherer, gewinnen.

Als **Emittenten** kommen internationale Finanzinstitutionen (IFIs), Gemeinden, Unternehmen sowie spezielle Projektgesellschaften in Frage. Das Marktsegment bekam seinen Namen durch Pionieranleihen der IFIs, wie etwa der Europäischen Investitionsbank (EIB) – *Climate Awareness Bonds* – oder der Weltbankgruppe – *Green Bonds*.

Nach der gängigsten **Definition** werden über Klimaanleihen Projekte zur Vermeidung von klimaschädlichen CO_2-Emissionen (wie z.B. Ersatz fossiler Brennstoffe durch aus regenerativen Quellen erzeugte Energie und Energieeffizienz-Maßnahmen) oder zur Anpassung an den Klimawandel (z.B. zur Verbesserung des Schutzes vor extremen Naturereignissen wie Überschwemmungen und Dürren) finanziert.[9] Investoren erwarten in der Regel Transparenz über die Mittelverwendung, zum Teil sogar verifiziert durch unabhängige Dritte.

Das ausstehende **Volumen** an Klimaanleihen wurde Mitte 2013 auf etwa 346 Mrd. USD geschätzt.[10] Davon sind 163 Mrd. USD oder 42% auch für institutionelle Investoren von Interesse: Sie haben ein Investmentgrade-Rating, sind in einer für Indizes geeigneten Währung begeben und erzielen ein Emissionsvolumen von mehr als 100 Mio. USD. Der Großteil (83%) wird von „grünen" Unternehmen (z.B. Solar- und Windindustrie, aber auch Bahnunternehmen) emittiert. Der Rest (17%) verteilt sich auf Kommunen und IFIs wie die Weltbank oder ist projektbasiert.[11] Es handelt sich um einen wachsenden Markt, allerdings entfällt auf ihn bisher nur ein verschwindend geringer Teil des auf über 78 Bio. USD bezifferten globalen Anleihenmarkts.[12]

Unternehmensanleihen, deren Erlöse zwar ganz oder teilweise klimabezogen verwendet werden, die aber grundsätzlich der allgemeinen Unternehmensfinanzierung dienen und somit nicht projektgebunden sind, werden im Folgenden nicht weiter betrachtet. Gleiches gilt für Investitionsvehikel, deren Erlöse zwar zweckgebunden für klimabezogene

---

[9] Vgl. Climate Bonds Initiative (CBI). CBI ist eine Non-profit-Organisation, die sich für die Entwicklung dieses Marktes sowie für Marktstandards einsetzt.

[10] Vgl. CBI (2013), Anleihen kommen überwiegend aus dem Sektor Transport (263 Mrd. USD), Energie (41 Mrd. USD) und Finanzierung (32 Mrd. USD). Weitere Bereiche sind Gebäude und Industrie, Land- und Waldwirtschaft, Recycling und Umweltschutz. Die Berechnung basiert auf ausstehenden Anleihen, die nach 2005 emittiert wurden.

[11] Vgl. CBI (2013).

[12] Vgl. OECD (forthcoming).

Maßnahmen verwendet werden, die aber nicht als Anleihe strukturiert sind, wie z.B. Sparbriefe, aber auch Fonds, die z.B. in Klimaanleihen, Unternehmen der Wind- und Solarbranche oder klimabezogene Projekte investieren.

Kapitel 2 behandelt die unterschiedliche Ausgestaltung von klimabezogenen IFI-Anleihen, Kommunalanleihen und Projektanleihen. Kapitel 3 gibt einen Überblick über die Barrieren, die das Wachstum dieses Marktes behindern. Abschließend werden in Kapitel 4 Optionen zur Weiterentwicklung des Klimaanleihen-Segments beleuchtet. Kapitel 5 fasst zusammen.

Für diesen Beitrag wurde eine Reihe von Experteninterviews geführt.[13]

2 Ausgestaltung von Klimaanleihen

Die konkrete rechtliche und wirtschaftliche Ausgestaltung von Klimaanleihen unterscheidet sich zum Teil erheblich. Wesentlich für die Beurteilung durch die Anleihegläubiger ist der Umfang des finanziellen Rückgriffs im Insolvenzfall des Emittenten (siehe Abbildung 1). Es können zwei verschiedene Formen differenziert werden.

(i) Die Haftung erstreckt sich auf Vermögenswerte, die über die projektbezogenen Vermögenswerte deutlich hinausgehen: Projektspezifische Risiken fallen kaum ins Gewicht, da die Bonität der Anleihe in der Regel auf die Bonität des Emittenten (IFIs und Kommunen) abstellt. Eine etwaige Unterperformanz der finanzierten Projekte hat somit im Allgemeinen keinen Einfluss auf den Kapitaldienst. Im Falle von IFIs oder Kommunen als Emittenten wird häufig ein gutes bis sehr gutes Investmentgrade-Rating erreicht.

(ii) Die Haftung beschränkt sich grundsätzlich auf spezielle, extra für diesen Zweck eingerichtete Investitionsvehikel, so genannte Conduits oder Special Purpose Vehicles (SPVs): Lediglich die finanzierten Vermögenswerte dienen als Sicherheit. Die Finanzierung über anleihenemittierende SPVs bedingt eine direktere Verknüpfung von Risiko und Ertrag mit den finanzierten Projekten, da keine sonstigen Vermögenswerte vorhanden sind. Der Cashflow aus den unterliegenden Vermögenswerten und der Umfang von Risikopuffern definieren deshalb entscheidend die Schuldendienstfähigkeit. Erfahrungsgemäß ist eine sorgfältige und hinreichend konservative Strukturierung notwendig, um zumindest ein niedriges Investmentgrade-Niveau zu erreichen.[14]

[13] Für die vollständige Liste der Interviewpartner siehe Danksagung.

[14] Hierzu zählt etwa die Eigenkapitalquote.

Abbildung 1: Verschiedene Formen von Klimaanleihen

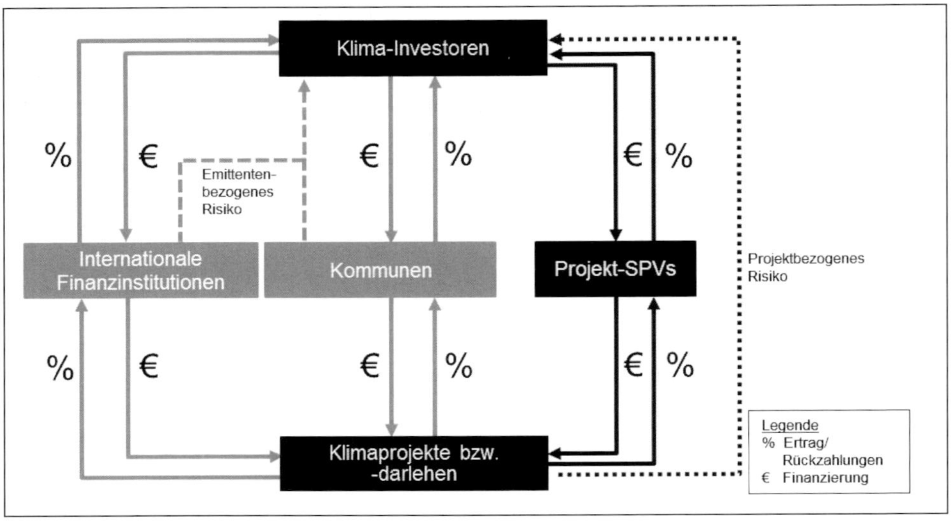

Quelle: Eigene Darstellung

Zur Vereinfachung werden im Folgenden IFI-Anleihen, Kommunalanleihen sowie Projektanleihen unterschieden.

2.1 Klimabezogene IFI-Anleihen

Da der Klimawandel Entwicklungs- und Schwellenländer besonders trifft und der Energieverbrauch dort am stärksten ansteigen wird, kommt den IFIs eine besondere Rolle bei der Finanzierung von Klimalösungen für diese Länder zu. Dies, zusammen mit der Notwendigkeit, zukünftig weit höhere Beträge mobilisieren zu müssen und dafür auch neue Investorengruppen anzusprechen, sind wichtige Gründe für die Entwicklung klimabezogener IFI-Anleihen (siehe Tabelle 1). Sie sind eine wichtige Marktkategorie, da sie Integrität, hohe Bonität und je nach Emissionsvolumen auch Liquidität kombinieren.

IFIs refinanzieren sich traditionell über Anleihen im Ratingbereich AAA, da die Mitgliedsstaaten, z.B. der Internationalen Bank für Wiederaufbau und Entwicklung (IBRD), durch ihre Kapitalzusagen hinter den Verbindlichkeiten stehen, aber auch weil die IFIs in der Regel eine konservative Finanzierungspolitik betreiben.

Einige IFIs, wie z.B. die IBRD, die Internationale Finanz-Corporation (IFC), welche beide zur Weltbank-Gruppe gehören, aber auch die EIB und der drittgrößte Emittent von IFI-Klimaanleihen, die Asiatische Entwicklungsbank (ADB), haben auf Nachfrage von nachhaltig orientierten Investoren, wie z.B. schwedischen Pensionsfonds, begonnen, Klimaanleihen zu begeben. Diese sind in der Regel nicht anders strukturiert als Standardanleihen dieser Emittenten, mit der Eigenschaft, dass die vom allgemeinen Refinanzierungsportfolio abgegrenzten Anleiheerlöse ausschließlich in klimabezogene Projekte fließen. Projekt- und Länderrisiken sind untergeordnet, da die Projekte direkt über die Bilanz der ausgebenden Institution finanziert werden. Folglich weisen IFI-Klimaanleihen ein ähnliches Risiko-Ertragsprofil wie deren Standardemissionen (AAA-Rating) auf.

Tabelle 1: Emittenten von IFI-Klimaanleihen

Name	Emittent	Volumen (Mio. EUR)	Anzahl	Ø Laufzeit	Währungen
World Bank Green Bonds[a]	IBRD	~ 2.650	58	Überwiegend 5, 7 und 10 Jahre	17 verschiedene Währungen, u.a. USD, AUD, JPY, BRL, ZAR, SEK, TRY
Climate Awareness Bonds[b]	EIB	~ 2.416	16	Überwiegend 2 bis 7 Jahre	z.B. EUR, AUD, ZAR, SEK
IFC Green Bonds[c]	IFC	~ 1.654	15	3, 4 und 10 Jahre	z.B. USD, AUD, BRL
Clean Energy Bonds[d]	ADB	~ 486	2	3-7 Jahre	z.B. BRL, TRY
Environmental Sustainability Bonds[e]	EBRD	~ 125	8	4-6 Jahre	z.B. AUD, BRL, IDR

[a] Vgl. World Bank (A), World Bank (B), World Bank (2013).
[b] Vgl. EIB (2010), EIB (2013).
[c] Vgl. IFC (2012), IFC (2013).
[d] Vgl. ADB (2010), ADB (2012A), ADB (2012B).
[e] Vgl. EBRD (2010), EBRD (2012).

Quelle: Wechselkurse vom 14.06.2013, eigene Darstellung

Bisher lag das Hauptinteresse für diese Art von Anleihen überwiegend bei japanischen Privatanlegern, skandinavischen institutionellen Anlegern und auch klimabewussten staatlichen Investoren (z.B. California State Treasurer).[15] Eine im November 2012 in SEK begebene Klimaanleihe der EIB stieß auch auf starke Nachfrage durch Treasury-Abteilungen von Banken.[16] Die Erfahrung der IFIs mit der Projektselektion, bei der Kontrolle und beim Monitoring stärkt das Vertrauen der Investoren.

[15] Vgl. World Bank (2013), EIB (2012A).

[16] Vgl. EIB (2012B).

Bei der Projektselektion stehen Maßnahmen in den Themenfeldern Energieeffizienz und Erneuerbare Energien im Vordergrund. Bei der Weltbank gehört dazu auch die Nachrüstung von fossilen Kraftwerken und bei der ADB der Zugang zu sauberen Energieformen.[17] Somit sind Investitionen in traditionelle Formen der Energiegewinnung nicht auszuschließen, solange sie zu einem verringerten CO_2-Ausstoß führen. Manche Marktteilnehmer erwähnen einen Mangel an öffentlicher Transparenz bei der Mittelverwendung, da detaillierte Informationen in der Regel nur zu ausgewählten Projekten über Investoren-Newsletter und ggf. auf Nachfrage zur Verfügung gestellt werden.

Kommerzielle Banken spielen bei der Strukturierung und beim Vertrieb dieser Produkte eine aktive Rolle: Die ersten Zeichner der EIB-Anleihen waren die schwedischen Investoren SBAB Bank und die Apotekets Pensionsstiftelse sowie die Korea Investment Corporation.[18] Der Weltbank „Green Bond" wurde zusammen mit der Skandinaviska Enskilda Banken (SEB) entwickelt und unter anderem von ihr vertrieben.[19] Die japanische Nikko Asset Management hat zwei Green Bond Fonds aufgelegt,[20] der Vermögensverwalter State Street Global Advisors bietet Kunden eine Möglichkeit, in ein IFI-Klimaanleihen-Portfolio zu investieren.[21] Die Import-Export Bank of Korea hat mit Unterstützung von SEB und Bank of America Merrill Lynch eine mehrfach überzeichnete Anleihe mit etwas niedrigerem Investmentgrade-Rating (Aa3) begeben, die der Finanzierung von Projekten im Rahmen nationaler CO_2-Reduktionsprogramme dient.[22]

2.2 Klimabezogene Kommunalanleihen

Neben Unternehmen und IFIs sind Gemeinden, insbesondere in den USA, aber auch z.B. in Norwegen, die größten Herausgeber von Klimaanleihen. Die Anleihen, so genannte Munis[23], werden in den USA über Steuererleichterungen oder Zinsreduktionen subventioniert. Die Mittelverwendung erfolgt vor allem für Energieeffizienz-Programme im Gebäudesektor sowie zur Finanzierung von Erneuerbaren Energien.

[17] Vgl. World Bank (2013), ADB (2012C).

[18] Vgl. EIB (2012A).

[19] Vgl. World Bank (A).

[20] Vgl. Nikko Asset Management (2010).

[21] Vgl. State Sreet Global Advisors (2011).

[22] Vgl. CBI Blog (2013A).

[23] „Muni" ist die Abkürzung von „Municipality".

Während in Europa Unternehmen und Gemeinden weiterhin hauptsächlich Bankkredite in Anspruch nehmen,[24] ist der Anleihenmarkt in den USA traditionell weiter entwickelt. So finanzieren US-Gemeinden größere Klimaprojekte erfolgreich über Anleihen. Diese Emissionen zählen in Summe mit zu den bedeutendsten im Klimaanleihenmarkt. Sie bieten häufig steuerlich interessante Konditionen und eine relativ gute Bonität, sodass sie auch für institutionelle Anleger von Interesse sind. Folgende Formen sind am US-Markt am häufigsten anzutreffen:[25]

- CREBs und QECBs: Der Energy Policy Act schaffte 2005 eine neue Anlageklasse für öffentlich finanzierte erneuerbare Energieprojekte, die **Clean Renewable Energy Bonds** (CREBs). Ab 2008 erhielten „neue" CREBs wie auch die 2011 eingeführten „Energiespar"-Anleihen (**Qualified Energy Conservation Bonds**, QECBs) Mittel aus dem staatlichen Krisenprogramm. Zusammen kommen diese Programme auf über 5,6 Mrd. USD Fördermittel. So genannte „direct pay subsidy bonds" erlauben Kommunen und qualifizierten Emittenten, wie z.B. Elektrizitätserzeugern, Projekte zu subventionierten Zinsen statt wie bisher mit Steuervorteilen zu finanzieren. Dadurch konnten auch steuerbefreite institutionelle Investoren für solche Anleihen gewonnen werden.

- PACE Anleihen: Eine dritte Art von Klimaanleihen, die vom US-Zentralstaat gefördert werden, sind die 2008 eingeführten „PACE" (**Property Assessed Clean Energy**) Bonds. Diese dienen dazu, Energieeffizienz- und Erneuerbare-Energien-Maßnahmen im Gebäudesektor zu finanzieren.[26] Das Paket umfasst eine günstige Finanzierung für Gebäudeeigentümer, die über eine besondere Gebäudesteuer in einem Zeitraum von zehn bis 20 Jahren zurückgezahlt wird. Die US-Regierung stellt zusätzliche Ausfallgarantien für die von Gemeinden ausgegebenen PACE-Anleihen zur Verfügung. Nach Zusammenbruch des US-Immobilienmarktes war die staatliche Immobilienkreditagentur FHFA jedoch zurückhaltend private Immobilienkredite mit einem PACE-Anteil zu versichern, da PACE Rangvorgang genießt und die Risikokontrolle mangelhaft sei.[27] Dadurch kam das PACE-Programm im privaten Immobilienbereich so gut wie zum Erliegen.

[24] In Norwegen sind Anleihen bereits weiter verbreitet: Kommunalbanken Norway hat zwischen 2010 und 2011 für norwegische Kommunen Klimaanleihen in Höhe von 245 Mio. USD begeben. Vgl. OECD (2011).

[25] Vgl. OECD (2011), DSIRE (2012).

[26] Energiekosteneinsparungen müssen größer sein als die Kosten der Maßnahmen.

[27] Vgl. CBI Blog (2010), Sustainable Industries Blog (2010).

Interessante Entwicklungen gibt es im gewerblichen Gebäudebereich: Die ersten städteübergreifenden Anleihen wurden 2011 erfolgreich platziert.[28] Über die Carbon War Room Initiative ist ein innovatives Konsortium (PCC – PACE Commercial Consortium) entstanden, das Energieeinsparungen vermarktet, kurzfristige Finanzierung bereitstellt, die Einsparungen versichert und beabsichtigt, die gebündelten Kredite zu verbriefen.[29] Bevor die Frage der Bewertung durch die FHFA nicht geklärt ist, bleibt der Markt jedoch in seiner Entwicklung beschränkt. Ein Gerichtsurteil in Kalifornien könnte dieses Jahr Klarheit bringen.[30] Die Climate Bonds Initiative (CBI) sieht für den PACE-Markt ein jährliches Potenzial in Höhe von 12 Mrd. USD, sobald die FHFA ihre Einstellung bezüglich PACE-Anleihen ändert.[31]

2.3 Klimabezogene Projektanleihen

Klimabezogene Projektanleihen bieten den größten Spielraum bei der Strukturierung in abgestufte Risikotranchen und einen direkteren Risikobezug zu den finanzierten Vermögenswerten.

Im Gegensatz zu den IFI-Klimaanleihen ist der Kapitaldienst bei Projektanleihen direkt an die Leistung der unterliegenden Vermögenswerte geknüpft. Die Bandbreite der Klimaanleihen zugrunde liegenden Vermögenswerte reicht von einzelnen Projekten oder Wirtschaftsgütern bis zu einem Pool von Projekten, in dem unterschiedliche Projektarten, wie etwa Wind-, Solarparks oder Energieeffizienz-Maßnahmen gebündelt werden können. Darüber hinaus ist denkbar, Kredite zu verbriefen, die von Banken z. B. für die Finanzierung von Erneuerbare-Energien-Projekten vergeben wurden.

---

28 Figtree Energy Resource Anleihe, Januar 2011. Diese finanziert sieben Projekte in vier kalifornischen Städten über eine 750.000 USD Anleihe; vgl. Gerdes, J. (2012).

29 Vgl. Energi Insurance Services, Inc., Aston, Adam (2011). Beteiligt sind Lockheed Martin (Technologie & Überprüfung), Energi (Versicherung der Einsparungen), Hannover Rück (Rückversicherung für Energi), Barclays Capital (Anleihenstrukturierung und -platzierung) und Ygrene Energy Fund (Mittelverwaltung).

30 Kalifornien hat gegen den Entschluss geklagt, der Fall ist auf Herbst 2013 vertagt. Vgl. United States District Court (2013).

31 Vgl. CBI (2012).

Tabelle 2: Beispiele für projektbezogene Klimaanleihen

Name Anleihe	Tranche	Herausgeber und Emissionsjahr	Betrag in Mio. EUR	Laufzeit in Jahren	Kupon in %	Initial-Rating	Mittelverwendung und regulatorische Rahmenbedingungen
CRC Breeze Finance Bonds (Breeze II)	A	CRC Breeze Finance 2006-2007	300	20	5,30	BBB	430 MWp Onshore Windpark-Portfolio in Deutschland und Frankreich (39 Projekte). Garantierte Einspeisevergütung und Stromabnahme in beiden Ländern für 20 bzw. 15 Jahre.
	B		50	10	6,10	BB+	
	C		120	20	n. v.	n. v.	
Andromeda PV Parks	A	Sunpower/ Andromeda Finance 2010x	97,6	18	5,72	Aa2	Projektfinanzierungsanleihe für zwei Photovoltaik-Anlagen in Lazio, Italien. Insgesamt 51,4 MWp. Garantierte 20 Jahre Einspeisevergütung bis zu einer bestimmten Menge, danach Verkauf zu Marktpreis und Vorlieferrecht.
	B		97,6	18	4,84	Baa3	
Topaz		MidAmerican Energy 2012	850	27	5,75	BBB	Solaranlage (USA), 550 MWp. Keine staatliche Unterstützung, PPA über 25 Jahre mit PG&E, Wartungsabkommen.

Quelle: Eigene Darstellung

Projektanleihen bieten sich insbesondere in Ländern an, in denen langfristige gesetzlich oder vertraglich garantierte Abnahmeverpflichtungen mit Vertragspartnern guter Bonität zu überwiegend fixierten Preisen für die in das Netz eingespeiste Energie bestehen.[32]

- Innovativ, aber riskant – CRC Breeze Finance: Dieses SPV gehört mit zu den ersten Zugriffen auf den Kapitalmarkt zur Finanzierung von Erneuerbare-Energien-Infrastrukturen. Der Bau der Windfarmen in Deutschland und Frankreich wurde zunächst über Eigenkapital und kurzfristige Bankdarlehen finanziert. Die Anlagen wurden dann, zur Hälfte fertig gestellt, an das SPV verkauft. Danach begab das SPV Anleihen in drei Tranchen: Die A- und B-Tranchen als strukturierte Eurobonds und die C-Tranche als Privatplatzierung. Die A-Tranche war mit einer Monoliner (Anleihe-

[32] Vgl. Brinda, B./Fislage, B. (2011).

versicherer)-Garantie verbunden. Eine unerwartet schlechte Windperformanz sowie höhere laufende Kosten und technische Schwierigkeiten mit einigen Turbinen führten zu einer Herabstufung der Bonität der A- und B-Tranchen im Juli 2010 und Herbst 2011.[33]

- Mit semi-staatlicher Garantie – Andromeda PV: Für die Finanzierung des Baus der beiden Photovoltaik-Anlagen in Italien wurden zunächst zwei Projektkredite aufgenommen, die durch die Erlöse aus der Emission der Anleihetranchen abgelöst wurden. In diesem Fall verhalf eine Garantie der italienischen Exportkreditbank zu einem besseren Rating und niedrigeren Zinsen für eine der beiden begebenen Tranchen. Die B-Tranche wurde vollständig von der EIB gezeichnet.[34]
- Führende Investoren nähern sich dem Markt – Topaz: Warren Buffetts MidAmerican Energy erwarb das 550 MWp Topaz-Projekt von First Solar im Dezember 2011. Im Februar 2012 folgte eine Anleiheemission im unteren Investmentgrade-Bereich, die auf großes Investoreninteresse stieß. Das Ziel in Höhe von 700 Mio. USD wurde mit einem Zeichnungsvolumen in Höhe von 1,2 Mrd. USD weit übertroffen. Die Emission wurde dann auf 850 Mio. USD aufgestockt. Eine weitere Emission im Juni 2013 erzielte 1 Mrd. USD – anvisiert waren 700 Mio. USD.[35] Diese Emissionen zeigen, dass Investoren größeres Interesse an Erneuerbare-Energien-Projekten entwickelt haben. Das Topaz-Projekt verfügt mit einem langfristigen Stromabnahme-Vertrag (PPA) mit Pacific Gas and Electric, einem Wartungsabkommen mit First Solar und der Bereitschaft des Eigentümers, ggf. fehlendes Fremdkapital durch Eigenkapital zu ersetzen, über gute Ausgangsbedingungen.[36]

Der Markt für klimabezogene Projektanleihen wurde 2013 auf etwa 7 Mrd. USD geschätzt.[37] Doch die Marktstudie sieht Luft nach oben: Sie identifiziert 225 Projekte in Europa und Nord-Amerika, die potenziell für Klimaanleihen in Höhe von 142 Mrd. USD und die Zielgruppe institutioneller Investoren in Frage kämen.

---

33 Vgl. OECD (2011).

34 Vgl. OECD (2011), Brinda, B./Fislage, B. (2011).

35 Vgl. Climate Bond Initiative Blog (2013B). Die Anleihe erzielte Einstufung auf Baa3 bei Moody's.

36 Vgl. BNEF (2012). Zudem Platzierung als „Rule 144A"-Anleihe, unter erleichterten regulatorischen Vorschriften bei Vertrieb an institutionelle Anleger. Dennoch müssen dabei zwei Ratingagenturen die Anleihe bewerten.

37 Vgl. OECD (2013), basierend auf Bloomberg New Energy Finance (BNEF) 'Green Bonds Market Outlook 2013 – Ripe pickings at the green bond market'.

3 Barrieren für Klimaanleihen

Das bisher relativ geringe Volumen des Klimaanleihenmarktes lässt sich mit allgemein auf den Klimaanleihenmarkt sowie auf den spezifischen Anleihetyp wirkenden Faktoren erklären.

3.1 Unterentwickelte Struktur des Klimaanleihenmarktes

Einige Akteure identifizieren einen Teufelskreis, der ein dynamischeres Marktwachstum sowie einen großflächigen Einstieg institutioneller Investoren erschwert (siehe Abbildung 2):

1. Unzureichende Zahl an Emittenten und Anleihen mit Investmentgrade-Rating: Institutionelle Investoren bevorzugen eine diversifizierte Auswahl an großvolumigen Anleihen. Die limitierte Anzahl an in Frage kommenden Emittenten behindert hingegen durch zu hohe Konzentrationsrisiken sowie regulatorische oder interne Beschränkungen (häufig max. 10% pro Emittent und max. 10% einer Emission) den Aufbau eines Klimaanleihen-Portfolios.

2. Geringe Sekundärmarktliquidität durch relativ geringe Volumina pro Emission: Der Marktzugang erfolgt bisher primär per Privatplatzierung. Investoren fordern in der Regel einen Illiquiditätsaufschlag. Damit geht tendenziell eine Beschränkung auf Investoren einher, die eine Buy-and-Hold-Strategie verfolgen.

3. Mangelndes Investoreninteresse und Marktkenntnis, da es sich um ein junges Marktsegment handelt. Zudem gibt es wenig Aufmerksamkeit von Buy- und Sell-Side-Analysten.

4. Damit tendenziell beschränkte Mittelverfügbarkeit zur Finanzierung von Projekten über Klimaanleihen mit der Folge, dass sich dieses neue Marktsegment nur langsam etabliert.

Abbildung 2: Wechselseitige Interdependenzen auf dem Klimaanleihenmarkt

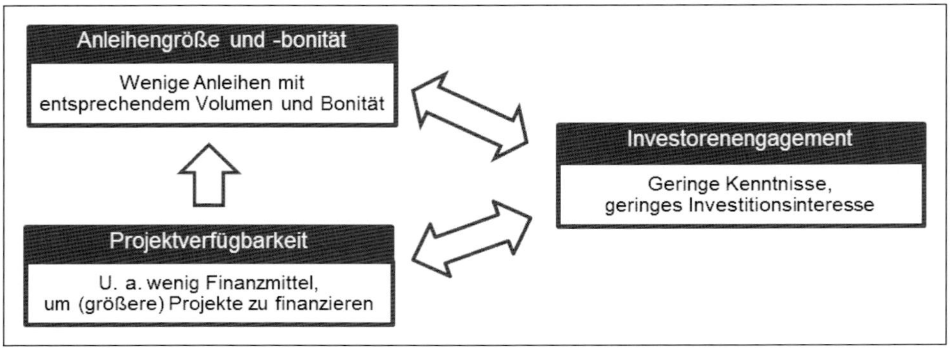

Quelle: Eigene Darstellung

3.2 Barrieren auf dem IFI-Anleihenmarkt

Klimaanleihen internationaler Finanzinstitute spielen, wie in 2.1 beschrieben, eine zentrale Rolle, um die Aufmerksamkeit für das Marktsegment zu erhöhen. Obwohl sich IFI-Klimaanleihen in ihrer Ausgestaltung kaum von traditionellen Anleihen dieser Emittenten unterscheiden, hat sich das platzierte Volumen weniger dynamisch entwickelt, als aus klimapolitischer Sicht wünschenswert ist.

Wichtige Gründe hierfür sind der zusätzliche Aufwand für die Emission von Klimaanleihen sowie Angebots- und Nachfrageaspekte.

1. Zusätzlicher Aufwand entsteht durch die erforderliche Auswahl geeigneter Projekte, ggf. darüber hinaus eine externe Zertifizierung sowie ein laufendes Reporting über das zugrunde liegende, abgegrenzte Projektportfolio während der Laufzeit der Klimaanleihe. Die Höhe des Zusatzaufwands wird von Marktteilnehmern auf einen bis fünf Basispunkte je nach Volumen der Emission geschätzt.

2. Das Mandat von IFI-Emittenten erlaubt nicht unbedingt die im Vergleich zu einer konventionellen Anleihebegebung höheren Refinanzierungskosten zu tragen. Ein „grüner Ertrag" oder der Vorteil des Erschließens neuer Anlegerkreise kann aus Emittentensicht nicht notwendiger Weise in Anrechnung gebracht werden. Bei entsprechend orientierten Investoren scheint eine „grüne Prämie" eher nachrangig zu sein, die Nachfrage durch diese Gruppe ist jedoch begrenzt. Dies behindert insbesondere IFIs mit größerem Projektportfolio, das für die Refinanzierung über Klimaanleihen nach eigener Auskunft sehr geeignet sei. Sobald mehr Investoren Interesse zeigten, sei es rasch möglich, Neuemissionen zu begeben.

3. Manche IFIs sehen keinen Bedarf an dezidiert „grünen“ Anleihen; klimabezogene Projekte könnten auch über konventionelle Emissionen finanziert werden, was den Mehraufwand spare. Dies reduziert zwar den potentiellen Projektpool für ein dynamischeres Angebot an IFI-Klimaanleihen, bedeutet aber nicht, dass weniger „grüne“ Projekte umgesetzt werden.

Dass der Markt an Bekanntheit gewonnen hat, zeigte die bis dato größte IFI-Klimaanleihe durch die IFC Anfang des Jahres 2013 (1 Mrd. USD bei einer Laufzeit von drei Jahren) und die bis dato größte EUR-denominierte und durch die EIB begebene Anleihe Mitte 2013 (650 Mio. EUR über sechs Jahre). Beide Anleihen waren mehrfach überzeichnet. Zuvor hatte das Gesamtvolumen von IFC-Klimaanleihen 1,2 Mrd. USD und von EIB-Klimaanleihen 1,7 Mrd. EUR betragen.

Bei allen IFI-Klimaanleihen ist es zur Vermeidung von Reputationsrisiken und zur Qualitätssicherung notwendig, genaue Kriterien – ggf. auch in Absprache mit den Investoren – dafür zu entwickeln, welche Arten von Projekten unter welchen Rahmenbedingungen in Frage kommen.

3.3 Barrieren auf dem Markt der Kommunalanleihen

Kommunalanleihen der Art, wie sie z.B. in den USA aufgelegt wurden, haben ebenfalls erhöhte Transaktionskosten, allerdings nicht zwangsläufig wegen des „grünen“ Faktors, sondern vor allem aufgrund des administrativen Mehraufwands für den Zugang zu Fördermitteln und der Kleinteiligkeit der zugrunde liegenden Projekte:

1. Insbesondere bei Energieeffizienz-Projekten ist die Bündelung schwierig; hier fehlt es an Aggregatoren. Emissionsvolumina, die auch institutionelle Investoren anziehen, können deshalb bisher nur selten erreicht werden.[38]
2. Bei den CREBs und QECB wurden bisher nur knapp 20% der zur Verfügung stehenden Mittel, etwa 1 Mrd. USD, genutzt.[39] Gründe hierfür sind Schwierigkeiten bei der Implementierung, aber auch die Vermarktung der Anleihen gestaltet sich schwierig.[40]

[38] Vgl. NREL (2009). Die Versuche einer stärkeren Bündelung von Projekten, waren bisher nicht sehr erfolgreich. Ein Beispiel ist Massachusetts, das zwölf Erneuerbare-Energien-Projekte zu insgesamt 1 MWp bündelte.

[39] Vgl. BNEF (2011).

[40] Vgl. CBI (2012).

3. Kommunale Klimaanleihen in den USA erreichen in der Regel nicht die höchsten Qualitätsstufen, da Kommunen – anders als beispielsweise in Deutschland, wo der Bund und die Länder die Kommunen im Falle eines Zahlungsengpasses unterstützen – prinzipiell insolvent gehen können. Investoren verlangen deshalb entsprechende Risikoaufschläge.

4. Sollte das Risiko-Ertrags-Profil von Kommunalanleihen durch steuerliche Anreize oder subventionierte Zinssätze verbessert werden, ist zu beachten, dass die dahinter liegenden staatlichen Programme von der jeweiligen Haushaltslage abhängig sind. Da diese Programme in der Regel zeitlich begrenzt sind, stellen staatliche Anreizprogramme keine verlässliche und dauerhafte Unterstützungsmaßnahme dar.

3.4 Barrieren auf dem Markt der Projektanleihen

Der Markt für klimabezogene Projektanleihen hat das größte Potenzial, den Kapitalmarkt zur Klimafinanzierung zu mobilisieren. Er fordert höhere Risikobereitschaft von Investoren als IFI- bzw. kommunale Klimaanleihen, ist aber eine interessante Möglichkeit zur Portfoliodiversifizierung. Zudem bietet er eine Antwort auf die aufgrund regulatorischer Entwicklungen, wie z.B. Basel III, zunehmend kurzfristig ausgerichtete Kreditvergabe von Banken.

1. Die Bewertung von Projektanleihen ist grundsätzlich von der Schuldendienstfähigkeit der Projekte abhängig. Zu Zahlungsstörungen kann es bei einem verschlechterten Cashflow kommen, z.B. durch Regulierungsänderungen, operative Probleme, Marktveränderungen oder Wettereinflüsse. Besonders relevant ist dies für Investitionen in Maßnahmen oder Technologien, für die noch keine Langzeiterfahrungen vorliegen oder deren Weg bis zur Wirtschaftlichkeit unter Marktbedingungen noch relativ weit ist, wie etwa Offshore-Windkraftanlagen oder Energiespeichertechnologien.

2. Nur wenige Anleihen erreichten bisher Emissionsvolumina in Höhe von mehreren 100 Mio. EUR, die für institutionelle Investoren häufig als Voraussetzung zum Investieren gelten. Geringe Volumina führen tendenziell zu Illiquiditätsaufschlägen und damit höheren Kapitalkosten.

3. Neben – im Vergleich zu einer Bankenfinanzierung – unter Umständen höheren Finanzierungskosten (Zinsen) müssen außerdem höhere Transaktionskosten einer Anleiheemission ins Kalkül gezogen werden, unter anderem für die Erstellung des Wertpapierverkaufsprospekts und die Erstellung eines Ratings, ggf. auch für eine „Klima“-Zertifizierung und ein laufendes Berichtswesen.

Projektanleihen erreichen in der Regel lediglich ein Rating im BBB-Bereich und liegen damit gerade noch im Investmentgrade-Bereich. Wünschenswert ist für viele Investoren aufgrund interner oder regulatorischer Vorschriften ein A-Rating, um einen ausreichenden Abstand zum spekulativen Niveau zu gewährleisten, welches bei BB+ beginnt. Auch wird zu beachten sein, wie Regulierungsänderungen (z.B. Solvency II) Einfluss auf Anleiheportfolios nehmen können.

Die Entwicklung passender Versicherungs- und Hedgingprodukte kann spezifische mit Erneuerbare-Energien-Projekten verbundene Risiken reduzieren[41] und sich wiederum positiv auf Ratings auswirken.

3.5 Barrieren auf Investorenseite

Klimaanleihen sind ein recht junges Phänomen und die Art der zu finanzierenden Projekte und Assets sind für viele Akteure noch vergleichsweise unbekannt. Zwar sind Investoren, insbesondere institutionelle, auf der Suche nach attraktiven alternativen Investitionsmöglichkeiten in Zeiten eines niedrigen Zinsniveaus. Aber die Einschätzung der zugrunde liegenden Risiken und Erträge im Vergleich zu anderen verzinslichen Wertpapieren stellt für Investoren zumindest bei Projektanleihen noch eine Herausforderung dar:

1. In einem jungen Markt, wie dem der Klimaanleihen, gibt es vergleichsweise wenig Informationsquellen und Orientierungsmöglichkeiten, wie sie z.B. (replizierbare) Transaktionen mit besonderem Aufmerksamkeitswert darstellen können. Dies erhöht Transaktionskosten und Risikoaufschläge.

2. Zudem erhöht das Fehlen von Markttransparenz und -standardisierung die Reputationsrisiken für alle Akteure im Hinblick auf eine inadäquate Objektauswahl der aus der Anleihe erlösten Finanzmittel.

3. Wichtig ist, dass die erwartete Rendite konkurrenzfähig zu „regulären“ Anleihen ist. Hier spielt es eine Rolle, ob ein „grüner Ertrag“ berücksichtigt werden kann und darf. Diese oft nicht bewusst gemachte Konfliktlinie schafft Probleme: So können etwa Nachhaltigkeitsabteilung und Investorenteam eines Investors unterschiedlicher Auffassung sein.

4 Ansätze zur Entwicklung des Klimaanleihenmarktes

Viele der interviewten Experten sahen Möglichkeiten, die im dritten Abschnitt herausgearbeiteten Barrieren des Marktes für Klimaanleihen zu überwinden oder zu umgehen. Gezielte Maßnahmen könnten das Marktumfeld und individuelle Anleiheemissionen

[41] Vgl. OECD (2013).

begünstigen, auch wenn besonders störende Entwicklungen im Anleiheumfeld, wie die so genannte Kreditklemme oder das mangelnde Vertrauen in Verbriefungen, als vorübergehend angesehen werden.

Auch die Verbriefung und Strukturierung von entsprechenden Darlehensportfolios von Kreditinstituten kann dazu dienen, das Klimaanleihenangebot zu erweitern. Kreditinstitute erhalten so neuen Spielraum zur Finanzierung von Projekten. Die finanziellen Rahmenbedingungen müssen jedoch aus Bankensicht attraktiv sein. Der Verbriefungsmarkt war mit der Finanzkrise so gut wie zum Erliegen gekommen, scheint sich aber langsam wieder zu erholen. Erwartungen für Entwicklungen im forderungsbesicherten Klimaanleihenmarkt sind möglicherweise überzogen, da Banken in Zukunft eher „einfachere“ Asset-Klassen (Kreditkarten, Immobilien) verbriefen werden.[42] Gleichzeitig könnte die Neuausrichtung der Regeln für alternative Investmentfonds in Deutschland die Kosten von geschlossenen Fonds in die Höhe treiben, sowie den Zugang für Privatinvestoren erschweren und Anleihen als alternatives Investitionsvehikel deshalb attraktiver machen.[43]

Ein Mittel, für institutionelle Investoren interessante Risiko-Ertragsprofile mit einem ausreichenden Bonitätsniveau zu erreichen, ist die Strukturierung von Anleihen in Tranchen unterschiedlicher Bonitätsstufen. Dieses vor der Finanzkrise weit verbreitete Instrument ist nicht zuletzt aufgrund des Fehlens von Anleiheversicherern weitgehend zum Erliegen gekommen, was insbesondere das Wachstum projektbezogener Klimaanleihen hemmt. Erst langsam gibt es Anzeichen einer Wiederbelebung des Anleiheversicherungsmarktes.

Auch eine Reihe öffentlicher Maßnahmen kann das Risiko-Ertragsprofil bei Klimaanleihen verbessern und staatliche Mittel hebeln:

1. Einspeisevergütungen: Die zugrunde liegenden Projekte könnten durch Fördermechanismen wie garantierte Einspeisevergütungen bei Erneuerbare-Energien-Projekten unterstützt werden; dies erleichtert die Marktdurchdringung von neuen Technologien und sorgt für langfristige Investitionssicherheit durch gut kalkulierbare Cashflows.

[42] Vgl. Accenture (2011). Zwischen 2011 und 2020 könnten bis zu 1,4 Bio. EUR als „grüne Anleihen“ verbrieft werden.

[43] Die deutsche Umsetzung der EU-Richtlinie Alternative Investment Fund Managers (AIFM) trat am 22.07.2013 in Kraft. Damit gehen weitreichende Pflichten auch für kleinere Fonds und Bürgerbeteiligungsmodelle einher. Zudem gelten neue Regeln für geschlossene Ein-Objekt-Publikumsfonds und ein maximaler Einsatz von 60% Fremdkapital.

2. Regulierung: Gezielte Regulierung könnte ebenfalls wirksam sein, um Raum für die Entwicklung entsprechender Anleihenklassen zu schaffen. Ein Ansatz wäre, analog zu Pfandbriefen, Anleihen mit Erneuerbare-Energien-Anlagen als Deckungsmasse zu ermöglichen.[44]

3. Garantien: Eine weitere vertrauensbildende Maßnahme sind Exportkreditgarantien, die Projekte im Ausland absichern können. Die öffentliche Hand könnte Garantiefazilitäten für bestimmte Projekte oder Projektpools einrichten, um insbesondere unkontrollierbare Risiken, gegen die sich der private Sektor nur schwer absichern kann, zu reduzieren, wie z.B. Regulierungsänderungen.

4. Steuerliche Maßnahmen setzen wirksame Anreize, wie z.B. anhand der Kommunalanleihen in den USA beobachtet werden kann: Gewinne aus entsprechenden Anleihen sind steuerbegünstigt bzw. zinssubventioniert, was klimabezogene US-Kommunalanleihen zu einem beachteten Marktsegment gemacht hat.

5. Strukturierungsunterstützung: Die öffentliche Hand, IFIs oder Exportkreditbanken könnten die Verbriefung und Strukturierung von Anleihen unterstützen, indem sie Juniortranchen zeichnen. Strukturierte Anleihen könnten zudem dazu dienen, Investoren an Klima-Projektanleihen heranzuführen, ohne sie dem vollen Projektrisiko auszusetzen. Die Europe 2020 Project Bond Initiative der Europäischen Kommission und der EIB ist ein gutes Beispiel dafür, wie Projekte über eine Teilrisikoübernahme durch öffentliche Akteure gefördert werden können.[45]

In Europa verfolgt die gemeinnützige Green Deal Finance Company in Großbritannien einen ersten, groß angelegten Ansatz zur Finanzierung öffentlich geförderter, aber privat strukturierter Energieeffizienz-Programme: Das Konzept sieht vor, zukünftige Einkommen so genannter „pay-as-you-save“-Strukturen[46] mittels kurzfristiger Bankkredite zu finanzieren, die Kredite zu aggregieren und darauf Anleihen zu begeben. Die ersten Anleihen könnten in der Höhe von 400 bis 500 Mio. GBP liegen, um den Markt für institutionelle Investoren interessant zu machen.[47] Insgesamt ist für die ersten fünf Jahre des Programms ein Anleihevolumen in Höhe von 5 Mrd. GBP vorgesehen. Dies könnte auf bis zu 20 Mrd. GBP ansteigen.[48]

[44] Vgl. Kidney, Sean (2013).

[45] Vgl. EIB (A).

[46] Ermöglicht es privaten Haushalten und Firmen, Energieeffizienz-Investitionen über Einsparungen in ihrer Stromrechnung zurückzuzahlen.

[47] Vgl. Nicholls, Mark (2012).

[48] Vgl. Nicholls, Mark (2012).

Neue Investorengruppen und sukzessive mehr Liquidität lassen sich auch über die systematische Inklusion von Klimaanleihen in (bestehende) breit genutzte Bond-Indizes anziehen. Institutionelle Portfolien werden häufig in Anlehnung an einen anerkannten Index verwaltet.

Die CBI hat im Rahmen eines internationalen Standardisierungs- und Zertifizierungsprojekts einen Klimaanleihen-Standard zunächst für Windenergie-Investitionen entwickelt, dessen erste Frage stets lautet: „Is it really green?"[49] Ein anerkanntes Prädikat für die Umweltintegrität einer Klimaanleihe, so die CBI, unterstütze die Entscheidungsfindung bei Investitionen und könne dem Markt darüber hinaus zur nötigen Tiefe verhelfen.[50] In den USA gibt es Ansätze, die Verbriefung von Solarprojekten zu erleichtern, indem Stromabnahme- und Pachtverträge sowie andere besicherungsrelevante Aspekte standardisiert werden, um mehr Klarheit über die mit der Asset-Klasse verbundenen Risikofaktoren zu schaffen (Solar Access to Public Capital).

5 Zusammenfassung und Ausblick

Klimaanleihen sind eine Möglichkeit, institutionelle Investoren zur Finanzierung von klimabezogenen Projekten zu mobilisieren. Die Finanzierungslücke in diesem Bereich ist gewaltig. Die weltweiten Rahmenbedingungen werden immer stärker darauf ausgerichtet sein, klimafreundliche Investitionen anzuregen und klimaschädliche zu vermeiden.

Es ist ein junger Markt mit etwas mehr als fünfjähriger Historie. Noch mangelt es an Liquidität und Diversifizierung. IFIs und Kommunen mit guter bis sehr guter Bonität stellen bisher den Großteil der Emittenten. Die von diesen Akteuren zu finanzierenden Projekte sind aber begrenzt, auch wenn es neue Ansätze gibt, die den Markt in Zukunft wachsen lassen könnten. Verschiedene IFIs prüfen neue Wege, um verstärkt privates Kapital zu hebeln, etwa über First Loss-Strukturen.

Durch den Privatsektor begebene Projektanleihen haben Potenzial, künftig einen größeren Teil des Klimaanleihenmarktes auszumachen, sofern Strukturierungsmöglichkeiten und Risikoappetit wieder zunehmen. Beispiele zeigen, dass nachhaltige Anleihen mit niedrigem Investmentgrade-Rating grundsätzlich gut aufgenommen werden. Zusätzlich

---

[49] Weitere Standards für Solar, Bio-Energie und Energieeffizienz-Projekte sowie für Bewaldungs- und Anpassungsmaßnahmen an den Klimawandel sind in der Entwicklung.

[50] Zertifizierungskosten werden auf etwa 60.000 USD pro Anleihe geschätzt. Bei wiederholten Ausgaben reduzieren sich diese Kosten. Der Standard ist nicht gleichzusetzen mit einer Kaufempfehlung, er steht nur für die Umweltintegrität der Anleihe und ersetzt keine finanzielle Evaluierung.

gibt es Anzeichen, dass Erneuerbare Energien ihr Nischendasein verlassen und auch für Mainstream-Investoren interessanter (und bekannter) werden, wie bei der Topaz Projektanleihe zu sehen war. Gerade in den USA sind Mega-Projekte bei Erneuerbaren Energien, die die für institutionelle Investoren nötige Größe haben, schon weiter verbreitet.

Klimaanleihen bieten sich auch zur Portfoliodiversifizierung an, die im natürlichen Investoreninteresse liegt, wenn Klimaregulierungen anspruchsvoller werden, z.B. durch höhere Emissionshandelspreise oder anspruchsvollere Standards für Treibhausgase emittierende Industrieanlagen. Die standardmäßige Aufnahme von Umweltfaktoren in die Researchprozesse großer Investoren könnte zudem zu neuen Materialitätserwägungen führen, die Klimaanleihen verstärkt in den Vordergrund langfristig orientierter Anleger rücken.

Danksagung

Wir danken unseren Interviewpartnern: Christof Aha (Beiten Burkhardt), Imtiaz Ahmad (Morgan Stanley), Tanguy Claquin (Crédit Agricole CIB), Frank Damerow (LBBW), David Diamond, Bozena Jankowska und Steffen Hörter (Allianz Global Investors), Søren Elbech (Interamerikanische Entwicklungsbank), Christopher Flensborg (Skandinaviska Enskilda Banken), Wolfram Haller (Siemens), Jochen Harnisch (Kreditanstalt für Wiederaufbau), Sean Kidney (Climate Bond Initiative), Matthias Kopp (WWF Deutschland), Bryan A. Kornswiet und Kimberley Stafford (PIMCO), Peter Munro und Dominika Rosolowska (Europäische Investitionsbank), Heike Reichelt (World Bank Group), Nick Robins (HSBC), Jens Rosebrock (Berater), Joseph Salvatore (Bloomberg New Energy Finance), Michael Schneider (Deutsche Bank), Vikram Widge (International Finance Corporation). Zudem bedanken wir uns bei Tobias Stalder für exzellente Assistenz.

Literatur

Accenture, (2011): Carbon Capital: Financing the low carbon economy.

Asian Development Bank (ADB), (2010): ADB Sells First Clean Energy Bond, Pressemitteilung vom 29. September.

Asian Development Bank (ADB), (2012A): ADB Clean Energy Bonds Flyer.

Asian Development Bank (ADB), (2012B): ADB Sells $339 Million in Clean Energy Bonds, Pressemitteilung vom 16. Mai.

Aston, A., (2011): Carbon War Room Aims to Cut the Barriers to Building Energy Retrofits, in: Greenbiz.com, 20. September.

Bloomberg New Energy Finance (BNEF), (2011): Clean Energy – Research Note: Bond, green Bond – licensed to thrill investors.

Bloomberg New Energy Finance (BNEF), (2012): Topaz bonds looking for room at the Buffett table.

Brinda, B./Fislage, B., (2011): Projektfinanzierungsanleihen, in: Finanzierung Erneuerbarer Energien, hrsg. v. Gerhard, M./Rüschen, T./Sandhövel, A.

Climate Bonds Initiative (CBI) in association with HSBC Climate Change Centre of Excellence, (2012): Bonds and Climate Change – The state of the market in 2012.

Climate Bonds Initiative (CBI) in association with HSBC Climate Change Centre of Excellence, (2013): Bonds and Climate Change – The state of the market in 2013.

Climate Bonds Initiative (CBI) Blog, (2010): PACE bond-funded finance for residential microgen & EE crippled, http://climatebonds.net/2010/09/blow-to-pace-bonds, Zugriff am 2. August 2013.

Climate Bonds Initiative (CBI) Blog, (2013A): Korean Exp-Imp Bank $500m Green Bond: way-oversubscribed, 95bps over UST. Bingo & bravo!, http://climatebonds.net/2013/02/kexim-green-bond, Zugriff am 2. August 2013.

Climate Bonds Initiative (CBI) Blog, (2013B): $1 bn solar bond, 22 yr Baa3, issued by MidAmerican Energy's Solar Star to fund CA plant, http://climatebonds.net/2013/06/solar-star-issues-1bn-bond, aufgerufen am 2. August 2013.

Database of State Incentives for Renewables & Efficiency (DSIRE), (2012): Clean Renewable Energy Bonds (CREBs), Stand vom 10. Dezember 2012.

Energi Insurance Services, Inc.: PACE Commercial Consortium Briefing.

European Bank for Reconstruction and Development (EBRD), (2010): EBRD, Deutsche Bank team up to issue Environmental Sustainability Bonds, Pressemitteilung vom 6. Dezember 2010.

European Bank for Reconstruction and Development (EBRD), (2012): EBRD Focus on Environment, http://www.ebrd.com/downloads/capital/Green.pdf, aufgerufen am 2. August 2013.

Europäische Investitionsbank (EIB), (2010): EIB emittiert neue „Klimaschutzanleihen“ – Beitrag zur Förderung von EE und Energieeffizienz durch Anleiheinvestitionen, Pressemitteilung vom 30. April 2010.

Europäische Investitionsbank (EIB), (2012A): EIB begibt neue, auf schwedische Kronen lautende Climate Awareness Bonds, Pressemitteilung vom 23. April 2012.

Europäische Investitionsbank (EIB), (2012B): EIB emittiert neue Klimaschutzanleihe in SEK, Pressemitteilung vom 13. November 2012.

Europäische Investitionsbank (EIB), (2013A): Climate Awareness Bonds Newsletter 2012, http://www.eib.org/attachments/fi/climate_awareness_bond_2013.pdf, Zugriff am 2. August 2013.

Europäische Investitionsbank (EIB), (2013B): The Europe 2020 Project Bond Initiative – Innovative infrastructure financing, http://www.eib.org/products/project-bonds/index.htm?lang=de, aufgerufen am 2. August 2013.

Gerdes, Justin, (2012): Powerful Solar Financing Program For Homeowners Gets Reprieve, in: Forbes, 27. Januar 2012.

International Energy Agency (IEA), (2011): World Energy Outlook.

International Finance Corporation (IFC), (2012): IFC Debuts Green Bond in U.S. Market, Raising USD 500 Million for Climate-Friendly Investments in Emerging Markets, Pressemitteilung vom 27. April 2012.

International Finance Corporation (IFC), (2013): IFC Targets Yearly USD 1 Billion in Green Bonds for Climate-Smart Investment in Emerging Markets, Pressemitteilung vom 19. April 2013.

International Panel on Climate Change (IPCC), (2007): Fourth Assessment Report.

International Panel on Climate Change (IPCC), (2013): Fifth Assessment Report: Part 1.

Kidney, Sean, (2013): Bond to the Rescue?, in: Environmental Finance March 2013.

National Renewable Energy Laboratory (NREL), (2009): Financing Public Sector Projects with Clean Renewable Energy Bonds (CREBs).

Nicholls, Mark, (2012): Green Deal Finance Co Eyeing Billions in Green Bonds, in: Environmental Finance, March 2012.

Nikko Asset Management (Nikko AM), (2010): The World's First Fund Developed in Cooperation with the World Bank to Investing World Bank Green Bonds: SMBC Nikko World Bank Bond Fund, Pressemitteilung vom 26. Januar 2010.

Della Croce, R./Kaminker C./Stewart F. (OECD), (2011): The Role of Pension Funds in financing green growth initiatives, WP 10, OECD Publishing, Paris.

Kaminker, C./Stewart, F. (OECD), (2012A): The Role of Institutional Investors in Financing Clean Energy, WP 23, OECD Publishing, Paris.

Organization for Economic Co-operation and Development (OECD), (2012B): OECD-Umweltausblick bis 2050. Die Konsequenzen des Nichthandelns.

Kaminker, C./Kawanishi, O./Stewart, F./Caldecott, B./Howarth, N. (OECD), (2013): Institutional Investors and Green Investments: Healthy Scepticism or Missed Opportunities?, OECD Publishing, Paris (forthcoming).

State Street Global Advisors (SSgA), (2011): Launch of Green Investment Bond Strategy, Pressemitteilung vom 19. Oktober 2011.

Sustainable Industries Blog (Charles Redell), (2010): PACE programs get their final blow?, http://sustainableindustries.com/blogs/sustainable-industries-blog/2010/08/pace-programs-get-their-final-blow, aufgerufen am 2. August 2013.

United Nations Framework Convention on Climate Change (UNFCCC), (2009): Copenhagen Accord.

United Nations (UN), (2010): Report of the Secretary-General's High-Level Advisory Group on Climate Change Financing.

United States District Court, (2013): People of the State of California vs. Federal Housing Finance Agency, Defendants' status report and motion to enlarge time, Case4: 10-cv-03084-CW.

World Bank, (2013): Green Bonds, http://treasury.worldbank.org/cmd/htm/World-BankGreenBonds.html,, Zugriff am 2. August 2013, (A).

World Bank, (2013): Green Bond Issuances to Date, http://treasury.worldbank.org/cmd/htm/GreenBondIssuancesToDate.html, Zugriff am 2. August 2013, (B).

World Bank, (2013): Green Bond Factsheet, http://treasury.worldbank.org/cmd/pdf/WorldBankGreenBondFactSheet.pdf, Zugriff am 2. August 2013.

Nachhaltige Investmentfonds – Markt, Konzepte und Performance in Europa

Michael Busack/Sven Rohwedder

1 Einleitung

Nachhaltigkeit klingt gut, nicht nur in den Ohren von Investoren. Doch was bedeutet Nachhaltigkeit bei Anlageentscheidungen und wie wird sie in Investmentfonds umgesetzt? Dieser Beitrag gibt Investoren einen Einblick in die verschiedenen Konzepte von Fondsgesellschaften, Nachhaltigkeitskriterien zu berücksichtigen. Außerdem wird der Umfang des Marktes dargestellt und überprüft, ob sich Nachhaltigkeitsfonds in Konstruktion und Performance von vergleichbaren Publikumsfonds unterscheiden. Der letzte Abschnitt zeigt einen Leitfaden für die Asset Allocation von Investoren unter Berücksichtigung von Nachhaltigkeitskriterien.

2 Nachhaltigkeit in Investmentfonds

2.1 Definitionen von Nachhaltigkeit für Investmentfonds

In Wissenschaft und Praxis haben sich zur Definition und Messung von Nachhaltigkeit drei zentrale Faktoren herausgebildet, die unter der Abkürzung ESG bekannt sind. Diese drei Faktoren sind Environmental (Umwelt), Social (Gesellschaft, Mensch) und Governance (Unternehmensführung). Anhand variabler Kriterien für diese drei Faktoren wird die Nachhaltigkeit wirtschaftlichen Handelns von Unternehmen, Staaten und Individuen beurteilt.

Unter dem ersten Begriff Environmental wird der Umwelteinfluss wirtschaftlicher Aktivität gemessen. Dies betrifft beispielsweise Auswirkungen auf Klima und Natur, CO_2-Ausstoß, Müllproduktion und -entsorgung, Umgang mit Ressourcen, Wasserverwendung, Energiequellen usw. Social bezeichnet weitläufig den Umgang mit Menschen. Darunter fallen die Themen Diskriminierung, Menschenrechte, Kinderarbeit, Arbeiter- und Konsumentenrechte sowie Geschäftsbereiche, die aufgrund ihrer Auswirkungen auf den Menschen als nicht nachhaltig angesehen werden, z.B. Alkohol, Tabak und Glücksspiel. Governance bezieht sich auf Corporate Governance und bezeichnet die Organisation des Unternehmens und die Auswirkungen auf die Stakeholder. Hierzu zählen die Ausgestaltung der Managementstruktur, der Kontrollgremien, Anreizsetzungen und Kompensation in der Führungsebene und die Beteiligung der Mitarbeiter.

Nachhaltige Fonds fokussieren sich bei ihren Investmententscheidungen auf eine Auswahl dieser Kriterien. Davon zu unterscheiden sind religiös motivierte Investments, die beispielsweise christliche oder islamische Werte berücksichtigen. Zwar ist eine Schnittmenge mit den genannten ESG-Kriterien vorhanden, dennoch können ethische Kriterien eingeschlossen sein, die nicht im weiteren Sinne zu den ESG-Kriterien gerechnet werden, wie das Zinsverbot bei schariakonformen Investments. Ebenfalls unterschieden werden müssen Themeninvestments, wie Fonds auf Umwelttechnik, regenerative Energien, Wasserversorgung oder Mikrofinanzierungen. Während generell unter dem Begriff „nachhaltiger Investmentfonds" ein diversifiziertes Portfolio verstanden wird, bietet ein Themeninvestment ein deutlich verengtes Investmentspektrum, vergleichbar mit einem Sektorfonds. Auch geht der Fokus auf ein nachhaltiges Thema nicht zwangsläufig mit nachhaltigem Wirtschaften einher. Unternehmen der Wasserversorgung können schlechte Corporate-Governance-Strukturen aufweisen oder Mikrofinanzinstitute die Kreditempfänger ausbeuten. Daher sollten Themeninvestments nicht per se als nachhaltig eingestuft werden.

2.2 Umsetzung von ESG im Portfoliomanagement

Bei der Positivselektion legt das Fondsmanagement spezielle Kriterien aus dem ESG-Rahmen fest, die ein Investment möglichst erfüllen soll. Positive Selektion bedeutet, nicht nur die ökonomisch sinnvollsten, sondern gleichzeitig diejenigen Investments mit dem besten ESG-Profil auszuwählen. Der sogenannte Best-in-Class-Ansatz ist die Reinform der Positivselektion und schließt keine Branche und kein Geschäftsfeld aus, sondern investiert in diejenigen Unternehmen mit dem besten ESG-Profil.

Die Negativselektion schließt bestimmte Unternehmen als Investment von vorneherein aus. Sie wird meist durch den Ausschluss bestimmter Branchen und Geschäftsfelder umgesetzt. Dazu zählen häufig Rüstung, Alkohol, Tabak, Glücksspiel, Pornografie, Gentechnik und Nuklearenergie. Negativselektion kann auch bedeuten, dass Unternehmen, die einen bestimmten Schwellenwert für ein ESG-Kriterium unterschreiten, ausgeschlossen werden. Das kann z.B. der prozentuale Anteil des Unternehmensumsatzes an einem unerwünschten Geschäftsfeld oder die Ausgestaltung der Kontrollgremien (Aufsichtsrat ungeeignet besetzt, Betriebsrat fehlt) sein.

„Shareholder Activism" bezeichnet das Engagement als (Mit-)Eigentümer im Unternehmen, welches Investoren insbesondere bei Aktieninvestments zeigen können. So können Großaktionäre oder Zusammenschlüsse von Aktionären versuchen, Einfluss auf die Unternehmenspolitik und damit auf die Umsetzung von ESG-Kriterien im Unternehmen zu nehmen.

„Impact Investing" hat zum Ziel, neben finanziellen Resultaten, anhand von ESG-Kriterien messbare Verbesserungen in Umwelt und Gesellschaft herbeizuführen. Konkret messbar heißt beispielsweise, den CO_2-Ausstoß bei der Energiegewinnung in einer bestimmten Region zu reduzieren, das Einkommen einer bestimmten Gruppe zu erhöhen oder die Arbeitslosigkeit zu senken. Themeninvestments spielen in diesem Zusammenhang eine besondere Rolle.

2.3 Transparenz von Nachhaltigkeit im Investmentprozess

Die Festlegung und Überprüfung der ESG-Kriterien kann auf verschiedenen Ebenen vollzogen werden. Konkret heißt das, sie können unternehmensweit festgelegt sein und für alle Fonds und Mandate eines Asset Managers gelten, oder sie können nur für einen bestimmten Fonds oder ein bestimmtes Mandat festgelegt sein. Ein erster Schritt bei der Ausrichtung des Asset Managements auf nachhaltige Kriterien sollte die Unterzeichnung der von den United Nations unterstützten Principles for Responsible Investment (PRI) sein. Unternehmen können die Anwendung von ESG-Kriterien selbst durchführen oder die Methodik einer externen Partei verwenden. Als externe Portfolioberater haben sich Ratingagenturen für Nachhaltigkeitskriterien etabliert. Bekannte Methoden sind z. B. die von oekom research, RobecoSAM, Safra Sarasin oder EIRIS. Eine externe ESG-Methodik zu verwenden, hat den Vorteil Entwicklungskosten zu sparen. Gleichzeitig sind die Methoden der Ratingagenturen für Investoren transparent dargestellt. Bei Verwendung einer eigenen Methodik sind höhere Research- und Entwicklungsaufwendungen nötig. Dafür kann die Methodik dann individueller angepasst werden und Asset Manager können deutlich schneller auf Änderungen im ESG-Profil von Unternehmen reagieren.[1] Wichtig aus Sicht der Investoren ist die Transparenz der verwendeten Methodik.

Für Investoren bedeutet Transparenz im Nachhaltigkeitsmanagement, dass der Selektionsprozess detailliert erklärt wird und dabei nachvollziehbar und wiederholbar ist. Dazu zählt beispielsweise eine genaue Definition der Positiv- oder Negativkriterien. Das European Sustainable Investment Forum (Eurosif) hat in Zusammenarbeit mit dem Forum Nachhaltige Geldanlagen (FNG) zu diesem Zweck ein Transparenzsiegel entwickelt.[2] Der Europäische Transparenz Kodex für Nachhaltigkeitsfonds ist ein ausführlicher Fragenkatalog zum ESG-Investmentprozess. Träger des Transparenzsiegels müssen diesen Fragenkatalog ausfüllen und öffentlich zur Verfügung stellen. So wird Investoren ein sehr hohes Maß an Transparenz geboten.

3 Der Europäische Markt

Der Markt für nachhaltige Investmentfonds wächst trotz oder auch gerade wegen der Finanz- und Euro-Krise in den letzten Jahren nicht schnell, aber doch kontinuierlich. Per Ende September 2013 waren 663 Fonds diesem Segment zuzuordnen, davon 423 Fonds,

[1] Siehe „Nachhaltigkeit als Risikofilter“ in „Nachhaltige Investments: Leistungsversprechen und Realität“, Kleine, J./Krautbauer, M./Schmidt, M., in: Absolut|report 4/2013, S. 62.

[2] Siehe „Das Transparenzlogo und der Europäische Transparenz Kodex“, Webseite des Forum Nachhaltige Geldanlagen, http://www.forum-ng.org/de/transparenz/transparenzlogo.html.

die breit gestreut anhand von Selektionskriterien investieren, und 140 Themenfonds aus den Gebieten Umwelttechnik, Regenerative Energien, Wasserversorgung und Mikrofinanz.[3] Zusammen verwalten diese ein Vermögen von über 77 Mrd. EUR. Nicht mitgerechnet sind Geldmarktfonds, individuelle Mandate oder Spezialfonds, die häufig für Investments in Regenerative Energien genutzt werden.

In Abbildung 1 ist die Unterteilung des Marktes anhand ihres Anlagefokusses dargestellt. Bezogen auf die einzelnen Asset-Klassen machen Aktien Global, Aktien Europa und Anleihen die größten drei Blöcke sowohl nach verwaltetem Vermögen als auch nach Anzahl der Fonds aus. In den 2000er Jahren erlebte die Sparte Umwelt & Regenerative Energien einen Höhenflug, der durch die Finanzkrise und den erheblichen Konkurrenzdruck aus Asien, beispielsweise bei Solarenergie, hart landete. Hier waren die häufigsten Liquidierungen von Fonds in den letzten Jahren zu beobachten. Dennoch machen diese Fonds immer noch 15% aller Fonds mit 10% des Fondsvermögens aus.

Abbildung 1: Volumen europäischer Nachhaltigkeitsfonds in Mrd. EUR

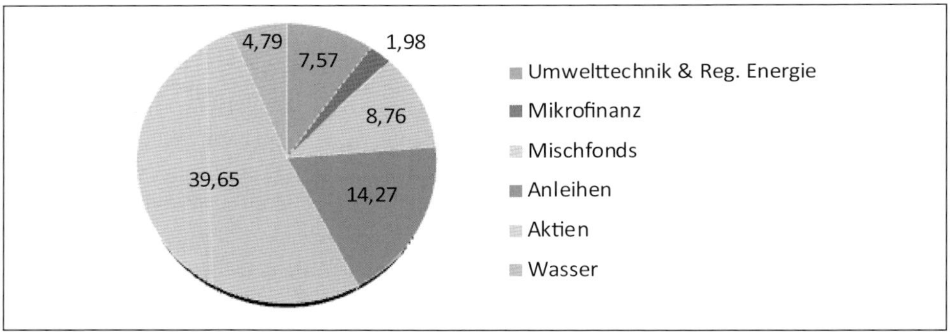

Quelle: Absolut Research GmbH

Nach Volumen und Anzahl entfallen rund zwei Drittel des Marktes für nachhaltige Investmentfonds auf Aktienstrategien, 20% auf Anleihen und ca. 15% auf Mischfonds. Der Euro ist in Westeuropa die dominant verwendete Währung. Als Basiswährung nutzen 75% der Fonds die Gemeinschaftswährung. Mit jeweils etwa 7% werden Schweizer Franken, Britische Pfund und US-Dollar verwendet. Die dominante Stellung des Euro bedeutet allerdings nicht, dass ein Fonds nicht auch in anderen Währungsklassen zur Verfügung steht, sondern unterstreicht nur die Bedeutung als „Hauptwährung" des Managers und der Fondsstandorte innerhalb der Euro-Zone.

[3] Monatliche Analyse Absolut|ranking Sustainability. Weitere Informationen unter http://www.absolut-research.de/rankings/sustainability/.

Ein Drittel der Fonds und des Vermögens entfällt allein auf Luxemburg, dem mit Abstand am häufigsten gewählten Domizil für Investmentfonds in Europa. Auf den ersten Blick überraschend ist das starke Engagement französischer Asset Manager bei nachhaltigen Investments. Auf sie entfallen 23% des Vermögens und 20% der Fonds. Deutschland kommt nach Großbritannien mit 9,6% und 7,1% erst an vierter Stelle, bei 6,0% des Vermögens und 8,3% der Fonds.

4 Performance

4.1 Monetäre und nichtmonetäre Performance von Nachhaltigkeit

Der Investmentprozess eines Asset Managers soll die aus ökonomischer Sicht besten Wertpapiere für sein Portfolio herausbilden. Der ESG-Filter schränkt das Universum zusätzlich ein, so dass nicht nur die ökonomisch sinnvollsten, sondern auch die nachhaltigsten Unternehmen ausgewählt werden. Es gibt eine Reihe von Gründen für Investoren und Asset Manager, Nachhaltigkeitskriterien bei ihren Investmententscheidungen zu berücksichtigen. Für Asset Manager ist ein Angebot an nachhaltigen Produkten zumeist wegen Marketingaspekten interessant. Auf dem Gebiet der Themeninvestments kann zudem spezielle Expertise ausgespielt werden. Aus Sicht der Investoren sind die Gründe für nachhaltiges Investieren vielschichtiger. Für viele Investoren spielt die Reputation eine wichtige Rolle. Kirchliche Versorgungswerke, die in die Waffenindustrie investieren, sind nur schwer vorstellbar. Versicherungen und Pensionseinrichtungen sind ebenfalls im Interesse ihrer Kundenbindung nicht daran interessiert, mit Themen wie Rüstung, Nuklearenergie oder Tabakwaren öffentlich in Verbindung gebracht zu werden. Auch andere nichtmonetäre Ziele wie Beiträge zur Minderung von Armut oder sauberer Umwelt finden sich teilweise in der Zielsetzung bestimmter Investorengruppen wieder.

Seit Beginn der 2000er Jahre treten jedoch verstärkt monetäre Gründe für nachhaltiges Investieren in den Vordergrund, die maßgeblich zum Wachstum der Sparte beitrugen. Gerade bei den langfristig ausgerichteten institutionellen Investoren wie Stiftungen, Versorgungswerken und Versicherungen setzte sich die Erkenntnis durch, dass für ein nachhaltiges Geschäftsmodell und neue Mitgliedergenerationen auch eine nachhaltige Investmentpolitik nötig ist. Der lange Anlagehorizont dieser Investoren ist zudem sehr gut mit den langfristigen Zielen einer nachhaltigen Entwicklung vereinbar. Ebenfalls kristallisierte sich heraus, dass nachhaltig wirtschaftende Unternehmen und Staaten auch ein geringes Risiko für die Portfolios darstellen. Effektives Ressourcenmanagement, Mitarbeiterzufriedenheit, hohe Umweltstandards und effektive Kontrollen der Führungsebenen machen Unternehmen weniger anfällig für Manipulationen, Betrug, Streiks, Haftungsfälle und Rohstoffknappheit. Aus Sicht der Investoren dienen ESG-Kriterien vorrangig der Risikominderung. ESG-Kriterien können also dazu beitragen, konkrete monetäre Interessen zu sichern.

Über die Auswirkungen nachhaltiger Selektion bei Aktien und Unternehmensanleihen, Staatsanleihen und Fonds sind zahlreiche Studien erschienen, was den Überblick erschwert. Das Steinbeis Research Center for Financial Services hat gemeinsam mit der Union Investment und unter Federführung von Prof. Dr. Jens Kleine eine Meta-Studie zur Performance nachhaltiger Geldanlage verfasst, um den Status Quo der wissenschaftlichen Forschung zu diesem Thema zu ermitteln.[4] Die 74 Studien zu nachhaltigen Investmentfonds zeigen keinen eindeutigen Trend. Manche Studien weisen positive, einige negative Resultate aus. Die meisten sind neutral oder gemischt in ihren Ergebnissen. Obwohl regionale Unterschiede berücksichtigt werden sollten, lässt sich generell festhalten, dass nachhaltige Titelselektion in Investmentfonds keine Performance-Nachteile mit sich bringt. Die Studien weisen im Detail darauf hin, dass Positivselektion einen positiven Einfluss auf die Performance haben kann, Best-in-Class-Ansätze somit tendenziell die besten Ergebnisse von Nachhaltigkeitsfonds liefern, während eine übermäßig strenge Negativselektion eher Nachteile für die Portfoliokonstruktion mit sich bringt.

4.2 Relative Performance nachhaltiger Investmentfonds

Der Vergleich von Investmentfonds mit und ohne nachhaltige Ausrichtung bietet interessante Einblicke. Eine 2012 veröffentlichte Studie zum nachhaltigen Investmentfondsmarkt in Europa[5] untersucht die Performanceunterschiede zwischen nachhaltigen und nicht nachhaltigen Fonds und Aktienindizes. Das Ergebnis war, dass sowohl Aktienindizes als auch Fonds mit nachhaltigen Selektionskriterien im Vergleich zu anderen Aktieninvestments ein Übergewicht zu Large-Cap-Titeln ausweisen. Bei weltweiten Indizes und Fonds besteht zudem ein deutliches Übergewicht hin zu Europa. Für den vorliegenden Beitrag wurde von den Autoren eine vergleichbare Style-Analyse[6] für den Zeitraum der letzten fünf Jahre (Oktober 2008 bis September 2013) durchgeführt, die zu ähnlichen Ergebnissen kommt. Daher wurde das Vergleichsuniversum der Fonds reduziert um diejenigen, die einen erklärten Mid-Cap- oder Small-Cap-Fokus haben.

---

[4] Kleine, J./Krautbauer, M./Weller, T. (2013): „Nachhaltige Investments aus dem Blick der Wissenschaft: Leistungsversprechen und Realität", Analysebericht des Research Center for Financial Services Steinbeis-Hochschule Berlin.

[5] „Nachhaltigkeitsfonds – Markt- und Performanceanalyse", Absolut Research, Dezember 2013.

[6] Vgl. Sharpe (1988), Determining a Fund's Effective Asset Mix, Investment Management Review Investment Management Review, December 1988, S. 59-69.

Im Oktober 2008 startete die Zeitreihe mit 53 global investierenden nachhaltigen Aktienfonds (ESG Global) und mit 54 in Europa investierenden Aktienfonds (ESG Europa). Ihre Anzahl erhöhte sich bis September 2013 auf 122 bzw. 115 Fonds. Aus diesen Fonds wurde jeden Monat der gleichgewichtete Durchschnitt der Renditen berechnet. Diese indexierte Zeitreihe diente als Grundlage für die Analyse. Als Vergleichsgruppe wurden europäische und globale Aktienfonds verwendet, die ihren Schwerpunkt auf Large Caps legen und keine nachhaltige Titelselektion verfolgen.[7] Ihre Anzahl betrug im Oktober 2008 für Aktien Europa 788 und für Aktien Global 617 und erhöhte sich bis September 2013 auf 1.027 und 862. Abbildung 2 zeigt den indexierten Verlauf der nachhaltigen Fonds und ihrer Vergleichsgruppen.

Abbildung 2: Indexierte Wertentwicklung nachhaltiger und „normaler" Aktienfonds – Oktober 2008 bis September 2013

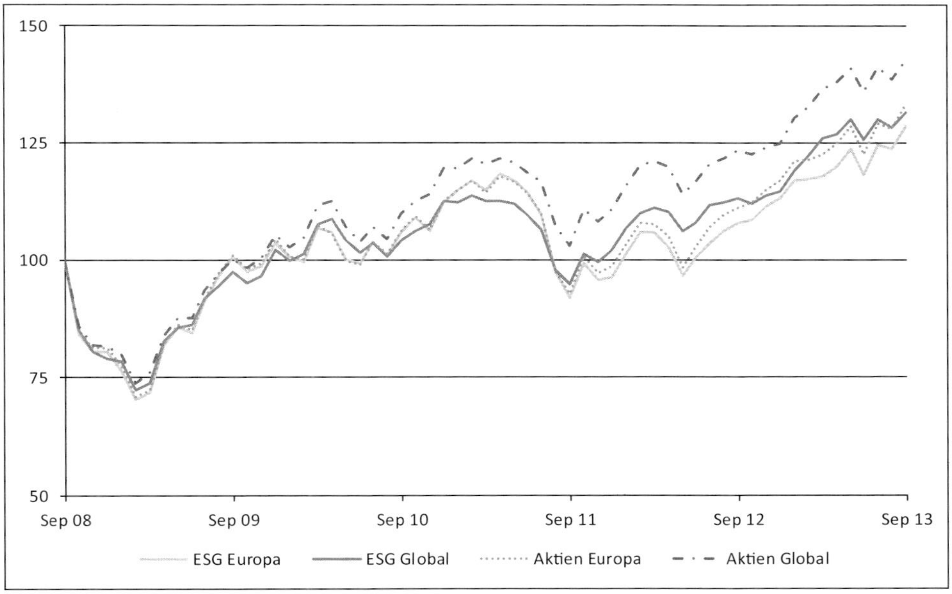

Quelle: Absolut Research GmbH

Erkennbar ist, dass die Verläufe nachhaltiger und nicht nachhaltiger Fonds mit Schwerpunkt Europa fast identisch sind. Über die letzten fünf Jahre erzielten sie einen Wertzuwachs von 28,7% und 33,4%. Dies spricht dafür, dass sich die nachhaltige Titelselektion im Durchschnitt nicht negativ auf die Performance auswirkt. Bei den weltweit

[7] Monatliche Analyse Absolut|ranking. Weitere Informationen unter http://www.absolut-research.de/rankings/.

investierenden Fonds ist der Unterschied jedoch erheblich. Hier erzielten die nachhaltigen Fonds einen Wertzuwachs von 31,7%, die Vergleichsgruppe jedoch 42,6%. Die Erklärung für diese deutlich schwächere Entwicklung liegt in dem eingangs beschriebenen Übergewicht nachhaltiger Titelselektion nach Europa. Die Style-Analyse ergab, dass die globalen Nachhaltigkeitsfonds im Durchschnitt zu drei Vierteln in Europa investiert waren. Dies liegt auch daran, dass nachhaltiges unternehmerisches Handeln und Nachhaltigkeitsreporting der Unternehmen in Europa stärker ausgeprägt sind, als in den USA oder in den Schwellenländern. Die Vergleichsgruppe Aktien Global war hingegen nur zu etwa 60% in Europa engagiert, 30% der Allokation lagen durchschnittlich in den USA. Aufgrund der Schuldenkrise in Europa und der sehr lockeren Geldpolitik der Federal Reserve Bank lief der US-amerikanische Aktienmarkt in den letzten fünf Jahren allerdings deutlich besser als der europäische Aktienmarkt. So erzielte der Stoxx Europa 600 Index ein Plus von 42%, der S&P 500 im gleichen Zeitraum jedoch plus 62%. Dass Nachhaltigkeit in globalen Portfolios europäischer Manager ein Übergewicht in Europa erzeugte, war in den letzten fünf Jahren ein Nachteil, muss es zukünftig aber nicht bleiben. Dieser Aspekt sollte bei der Portfoliokonstruktion unbedingt beachtet werden.

Dass nachhaltige Fonds im Durchschnitt von nicht nachhaltigen Fonds kaum zu unterscheiden sind, beweist auch der Blick auf Anleihen- und Mischfonds. Die Abbildungen 3 und 4 zeigen den Verlauf nachhaltiger Anleihefonds und Mikrofinanzfonds bzw. nachhaltiger Mischfonds und ihrer Vergleichsgruppen. Hier ist kaum ein Unterschied zu erkennen. Kleine Abweichungen können auch dadurch entstehen, dass die Anzahl der Fonds zur Berechnung der indexierten Gruppen kleiner sind als bei den Aktienfonds, Ausreißer hier also einen größeren Einfluss haben. Daher sollten die Ergebnisse nicht überinterpretiert werden.

Abbildung 3: Indexierte Wertentwicklung nachhaltiger und „normaler" Anleihenfonds – Oktober 2008 bis September 2013

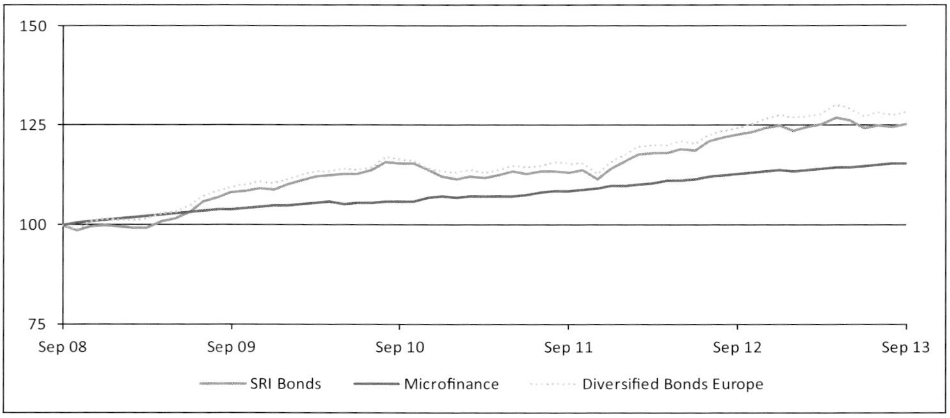

Quelle: Absolut Research GmbH

Abbildung 4: Indexierte Wertentwicklung nachhaltiger und „normaler" Mischfonds – Oktober 2008 bis September 2013

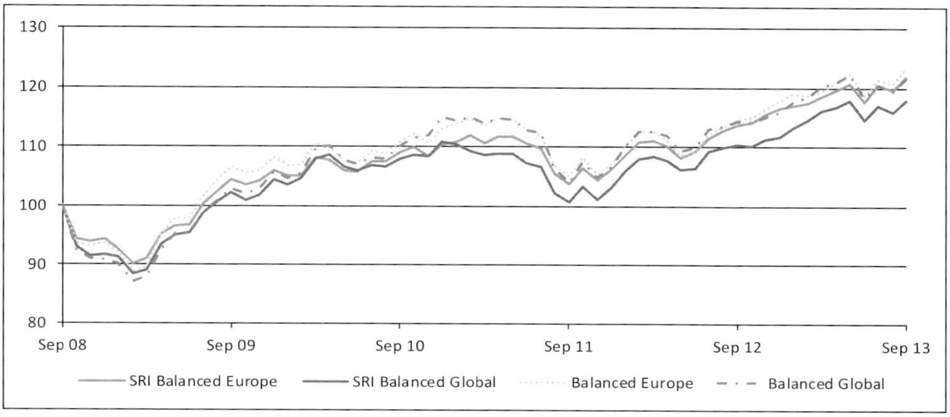

Quelle: Absolut Research GmbH

4.3 Absolute Performance nachhaltiger Investmentfonds

Ebenfalls interessant ist der Blick auf die absolute Performance von nachhaltigen Investmentfonds und deren Vergleichsgruppen. Tabelle 1 zeigt die Rendite- und Risikokennzahlen für nachhaltige Investmentfonds.[8] Die höchste Rendite über die letzten fünf Jahre lieferten Fonds mit dem Sektorfokus Wasser mit 8,4% p.a. Am schlechtesten schnitten Fonds der Sparte Umwelttechnik und Regenerative Energien ab. Sie verloren 0,7% p.a. Wie bereits im vorigen Abschnitt festgestellt wurde, sind mit Ausnahme der globalen Aktienfonds kaum Unterschiede zwischen nachhaltigen und nicht nachhaltigen Fonds zu erkennen. Dies gilt neben der Rendite auch für die Risikokennzahlen. In Bezug auf Volatilität und maximalen Periodenverlust (Maximum Drawdown) gibt es in den jeweiligen Gruppen Aktien, Anleihen und Mischfonds keine signifikanten Differenzen.

[8] Die Sharpe Ratio wurde mit dem 3-Monats-Euribor berechnet.

Tabelle 1: Rendite- und Risikokennzahlen der Fondsgruppen – Oktober 2008 bis September 2013

Fondstyp	**Rendite p.a.**	Vola. p.a.	MaxDD	Sharpe Ratio	VaR (95%)
Wasser	**8,4%**	12,7%	-22,2%	0,18	-4,9%
Aktien Global	**7,4%**	14,1%	-26,4%	0,15	-5,1%
Aktien Europa	**5,9%**	17,0%	-29,2%	0,11	-6,4%
ESG Global	**5,7%**	14,0%	-27,6%	0,12	-5,5%
ESG Europa	**5,2%**	17,0%	-29,8%	0,10	-6,3%
Umwelt/Reg. Energie	**-0,7%**	18,8%	-33,5%	0,01	-8,8%
Anleihen gemischt Europa	**5,1%**	3,2%	-3,5%	0,38	-1,1%
ESG Anleihen	**4,6%**	3,3%	-3,7%	0,34	-1,4%
Mikrofinanz	**2,9%**	0,6%	-0,4%	0,96	-0,1%
Mischfonds Europa	**4,3%**	7,3%	-11,0%	0,15	-3,1%
ESG Mischfonds Europa	**4,0%**	6,1%	-9,7%	0,16	-2,5%
Mischfonds Global	**4,0%**	7,6%	-12,8%	0,13	-3,2%
ESG Mischfonds Global	**3,3%**	6,7%	-11,5%	0,12	-2,8%

Quelle: Absolut Research GmbH

Dass nachhaltige Investmentfonds per se keinen Nachteil bringen, ist eine erfreuliche Nachricht für Investoren. Allerdings muss beachtet werden, dass nur Durchschnittswerte betrachtet werden. In allen Fondskategorien ist die Streuung der Ergebnisse sehr groß und die Unterschiede zwischen den besten und den schlechtesten 25% betragen oftmals 50 bis 100% der jeweiligen Kennzahl. Vor dieser Streuung der Ergebnisse, die eine sorgfältige Produktauswahl erfordert, schützt auch ein nachhaltiger Fonds nicht.

5 Asset Allocation mit nachhaltigen Investmentfonds und Nachhaltigkeit bei Investoren

Dieser Abschnitt soll Investoren einen Leitfaden liefern, mit dem sich die Integration von Nachhaltigkeit in das Portfolio umsetzen lässt. Zunächst ist für den Investor wichtig zu definieren, was Nachhaltigkeit für ihn bzw. das Unternehmen bedeutet. Ein erster Schritt für institutionelle Investoren kann die Unterzeichnung der Principles for Responsible Investment (PRI) sein, als Verpflichtung des Unternehmens, sich nachhaltig zu engagieren, mit konkreten Handlungsempfehlungen zur Umsetzung. Positiv- oder Negativkriterien können je nach Investor und Anlageziel stark voneinander abweichen. Daher muss sich der Investor darüber klar werden, welche Kriterien für ihn von Bedeutung sind und wie er sie definieren will.

Der zweite Schritt ist die Umsetzung der definierten Nachhaltigkeitskriterien im Portfoliomanagement. Für die verschiedenen Anlageklassen unterscheiden sich die Möglichkeiten der Umsetzung der Kriterien. Der Investor muss entscheiden, ob er selbst die Umsetzung von Nachhaltigkeitskriterien anwendet, oder externe Partner wie Ratingagenturen oder Asset Manager verwendet. Entscheidet er sich für letzteres muss abgestimmt werden, ob die externe Methodik die eigenen Nachhaltigkeitskriterien erfüllt oder ob sie ggf. angepasst werden muss.

Üblicherweise verfügen institutionelle Investoren über eine gewisse strategische Zielallokation. Drittens muss daher überprüft werden, inwieweit der Nachhaltigkeitsfilter Auswirkungen auf die Zusammensetzung der Anlageklassen hat. Wie beim relativen Vergleich von Nachhaltigkeitsfonds deutlich wurde, besteht zumindest im Durchschnitt der global investierenden Fonds ein Trend hin zu Europa und Large Caps. Mögliche Auswirkungen des Nachhaltigkeitsfilters auf die Zusammenstellung und Diversifikationseigenschaften des gesamten Portfolios sind daher essentiell.

Soll ein externer Asset Manager mit der Titelselektion beauftragt werden, ist die Auswahl des Managers von Bedeutung. Die Leistungen der verfügbaren Asset Manager gehen sehr weit auseinander. Die Analysen bei Absolut Research zeigen regelmäßig, dass die Performance des oberen und des unteren Quartils sehr stark auseinander driftet. Der Selektion eines geeigneten Asset Managers kommt bei einem aktiven Investment daher extrem hohe Bedeutung zu. Dazu gehört auch, den Investmentprozess detailliert zu verstehen, operationelle Risiken zu erfassen und die Eigenschaften der Asset-Klasse genau zu kennen.

Nachhaltige Titelselektion ist ein zusätzlicher Baustein im aktiven Management. Daher gilt im vierten Schritt: Bei Selektion eines nachhaltigen aktiven externen Managers ist eher noch mehr Due-Diligence-Aufwand erforderlich, als bei einem nicht nachhaltigen Manager. Denn nicht nur die Nachhaltigkeitsfilter müssen mit den eigenen Zielen abgestimmt werden, sondern der Investmentprozess des Managers ist für den Anlageerfolg letztlich mitentscheidend.

6 Zusammenfassung

Der Markt für nachhaltige Investments ist in den letzten Jahren kontinuierlich gewachsen und Investoren haben zunehmend die Bedeutung nachhaltigen Handelns und Investierens erkannt. In diesem Beitrag wurde beschrieben, wie Nachhaltigkeit bei Anlageentscheidungen und in Investmentfonds umgesetzt werden kann und welche langfristigen

Vorteile sich für Investoren ergeben. Nachhaltige Aktieninvestments tendieren zu einem leichten Überhang in Europa und in Großunternehmen. Bezüglich der Performance bringt Nachhaltigkeit keine Nachteile mit sich. Nachhaltigkeit ist dabei kein statischer Begriff. Investoren müssen auf Unternehmens- und Portfolioebene eine eigene Definition von Nachhaltigkeit finden und umsetzen. Dabei können Sie die PRI und externe Anbieter für die Umsetzung von Nachhaltigkeitskriterien zu Hilfe nehmen. Asset Manager und ihre Investmentfonds sind ein wichtiger Baustein bei der letztlichen Umsetzung von Nachhaltigkeit in konkreten Portfolios.

Literatur

Absolut Research, (2013): Nachhaltigkeitsfonds – Markt- und Performanceanalyse, Dezember.

Kleine, J./Krautbauer, M./Schmidt, M., (2013): Nachhaltigkeit als Risikofilter, in: Nachhaltige Investments: Leistungsversprechen und Realität, in: Absolutreport 4/2013.

Kleine, J./Krautbauer, M./Weller, T., (2013): Nachhaltige Investments aus dem Blick der Wissenschaft: Leistungsversprechen und Realität. Analysebericht des Research Center for Financial Services Steinbeis-Hochschule Berlin.

o. A.: Das Transparenzlogo und der Europäische Transparenz Kodex, http://www.forum-ng.org/de/transparenz/transparenzlogo.html.

Sharpe, (1988): Determining a Fund's Effective Asset Mix, in: Investment Management Review, December 1988, S. 59-69.

Links

http://www.absolut-research.de/rankings/

http://www.absolut-research.de/rankings/sustainability/

Nachhaltige Zertifikate

Markus Scholand/Doris Könen

1 Begriffsverständnis nachhaltiger Zertifikate

1.1 Einführung in eine Herausforderung

Die Zielsetzung, in einem Beitrag zentrale Aspekte Nachhaltiger Geldanlage mit dem Schwerpunkt auf dem deutschen Markt für Zertifikate zusammenzufassen, mündet zwangsläufig in einer dreifachen Herausforderung: Erstens ist diese Herausforderung in einem alles andere als klar definierten Nachhaltigkeitsbegriff zu suchen. Zweitens ist sie durch ein uneinheitliches und keineswegs einfaches Begriffsverständnis für das Anlageprodukt „Zertifikat" geprägt. Und sie ist drittens durch die noch viel zu wenig hinterfragten Verhaltensphänomene in den Anlageentscheidungen von Investoren und die damit korrespondierenden Erwartungen an Produkte und ihre Qualität gekennzeichnet.[1]

Um eine Antwort auf diese drei Aspekte zu ermöglichen und dabei auch dem Wunsch nach praxisorientierten Umsetzungsempfehlungen gerecht zu werden, wird zunächst eine Abgrenzung hinsichtlich dreier zentraler Begriffe vorgenommen. Dabei wird auch der Versuch unternommen, nachhaltige Zertifikate für private Anleger nicht als isoliertes Produkt- oder Marktsegment zu präsentieren, sondern den Entwicklungen anderer Anlageprodukte gegenüber zu stellen. Im Anschluss erfolgt die Skizze des Marktes für nachhaltige Zertifikate in Deutschland unter Bezugnahme auf zentrale Zertifikatearten, Anlagethemen und Erfahrungen, die in den vergangenen Jahren in diesem noch vergleichsweise jungen Markt gesammelt wurden. Welche abschließenden Empfehlungen sich insbesondere für die Produktentwicklungs- und Beratungspraxis ergeben, wird im letzten Kapitel dieses Beitrages ausgeführt.

1.2 Abgrenzungsproblematik „Nachhaltigkeit"

Bereits an anderer Stelle in diesem Buch haben Autoren eine Abgrenzung und Definition von Nachhaltigkeit versucht. Dabei wurde deutlich, dass ein an Nachhaltigkeit orientiertes zukunftsfähiges Handeln, insbesondere Wirtschaften, gleichermaßen moralisch geboten wie auch ökonomisch sinnvoll ist. Es wurde jedoch ebenfalls ersichtlich, dass

[1] Der Beitrag basiert zum Teil auf Texten des Fachjournalisten Stefan Schneider. Ihm gebührt ein herzlicher Dank für die Überlassung und Freigabe seines Manuskripts sowie die freundliche Unterstützung bei der Realisierung der Textvorlage. Ferner orientiert sich der Beitrag an Inhalten einer Lehrveranstaltung an der Universität Mannheim zu Corporate Social Responsibility im Wintersemester 2012/2013, die von den Verfassern begleitet wurde.
Es wird darauf hingewiesen, dass der vorliegende Beitrag nicht in Beziehung zu möglichen Markteinschätzungen der Portigon AG steht.

nachhaltiges Handeln keineswegs die Umsetzung einer Norm darstellt, sondern durch eine kaum einzugrenzende Vielfalt von Facetten sowie individuelle Herangehensweisen gekennzeichnet ist.[2] Nachhaltigkeit kann daher nur als sogenannter Containerbegriff aufgefasst werden: Ein Begriff, der nicht exakt zu definieren ist, zum Zweck seiner Operationalisierung jedoch die Möglichkeit zur Eingrenzung und Fixierung auf überprüfbare Attribute und Kriterien bietet. Diese Kriterien variieren ganz individuell von Mensch zu Mensch, ohne dass dies einen Widerspruch hinsichtlich des gemeinsam verfolgten Zieles einer zukunftsfähigen Entwicklung darstellt.[3]

Die Finanzindustrie lehnt sich in ihren Produkten und im Tagesgeschäft an ein weitaus weniger akademisch geprägtes Begriffsverständnis an. Man orientiert sich an einer verbreiteten Konvention, die durch den sogenannten Brundtland-Report geprägt ist.[4] Hier wird eine Deutungsperspektive für Nachhaltigkeit vorgegeben, welche die Notwendigkeit, zukünftigen Generationen die Möglichkeiten zur Befriedigung ihrer Bedürfnisse zu bewahren, als zentrale Lesart nachhaltigen Handelns anbietet. Eng damit verknüpft ist die integrative Betrachtung ökologischer, ökonomischer und sozialer Faktoren von Handlungen in ihren gegenseitigen Abhängigkeiten.[5] Nachhaltigkeit impliziert damit nicht nur einen Bewahrungsaspekt, sondern auch die Aufforderung zu Veränderungen. Schließlich geht es darum, in einer integrativen Sicht die Lebens- und Gestaltungsmöglichkeiten zukünftiger Generationen nicht nur zu sichern, sondern – wo möglich – zu verbessern.[6]

An dieser Stelle wird deutlich, dass das heutige unternehmerische Nachhaltigkeitsverständnis in seiner mehrheitlichen Wahrnehmung eher einen Entwicklungskorridor aufzeichnet, als dass es instrumentelle Regeln vorgibt, deren Befolgung automatisch zur „Existenz“ von Nachhaltigkeit führen. Entsprechend offen müssen auch Ansätze gehalten sein, die den Anspruch verfolgen, eine Definition für den Begriff des nachhaltigen

[2] Dem steht nicht entgegen, dass ganz unterschiedliche Gruppen von Marktakteuren Transparenzstandards oder Normen entwickelt und eingeführt haben, um unternehmerische Nachhaltigkeit messbar und vergleichbar zu machen. Vgl. etwa International Organization for Standardization (2010) oder Rat für Nachhaltige Entwicklung (2012).

[3] Interessant ist in diesem Zusammenhang mit einer vielfältigen Zusammenstellung von Nachhaltigkeitsdefinitionen und -modellen das Lexikon der Nachhaltigkeit der Aachener Stiftung Kathy Beys unter www.nachhaltigkeit.info.

[4] Vgl. zusammenfassend bereits Jörissen et al. (2001), S. 33 ff.

[5] Erwähnenswert ist – nicht nur vor dem Hintergrund der Finanzmarkt- und Währungskrisen der vergangenen Jahre – in diesem Zusammenhang der Beitrag von Luhmann (2001), S. 709 f. zu Parallelen zwischen der Robustheit ökologischer und finanzwirtschaftlicher Systeme.

[6] Praktisch gesehen bedeutet dies z. B. die Nutzung Erneuerbarer Energien zum Ressourcenschutz oder die Entwicklung von Bildungssystemen in Schwellen- und Entwicklungsländern zur Wahrung von Chancengleichheit.

Investments abzuleiten.[7] Vor diesem Hintergrund muss sowohl bei der Betrachtung des Marktes nachhaltiger Zertifikate in Deutschland, als auch in alltäglichen Anlage- und Beratungssituationen immer berücksichtigt werden, dass sich hinter dem Begriff Nachhaltigkeit ein weiter Subsumtionsraum spannt. Dieser kann individuell sehr unterschiedlich „gefüllt" sein und ist einem regulatorischen Angang nur begrenzt zugänglich.

1.3 Abgrenzungsproblematik „Zertifikate"

Ebenso wie die Begriffe Nachhaltigkeit und nachhaltiges Investment blicken auch Zertifikate in ihrem Begriffsverständnis auf eine noch vergleichsweise kurze Historie zurück. Im Vergleich zu anderen Anlageprodukten kamen Zertifikate als derivative Wertpapiere erst recht spät, gegen Ende der 1980er Jahre, auf. Seither sind vor allem in Deutschland die in Zertifikaten investierten Volumina explosionsartig angestiegen. Unbenommen der großen Zahl am Markt angebotener Zertifikate fällt es jedoch bis heute schwer, ein einheitliches Begriffsverständnis oder gar eine allgemein anerkannte Definition dieser strukturierten Wertpapiere abzuleiten.[8] Aus juristischer Sicht ist die Gemeinsamkeit dieser Produkte ihre Eigenschaft, dass es sich um Inhaberschuldverschreibungen der jeweiligen Emittenten handelt. Durch den Erwerb eines Zertifikats wird der Anleger zum Gläubiger des Emittenten und erhält das Recht zur Rückzahlung seines Investments oder zur Lieferung eines Basiswertes. Die Besonderheit dieser Inhaberschuldverschreibungen liegt darin, dass sich ihre Wertentwicklung neben der Bonität des Emittenten vor allem an der Bewertung eines dem Zertifikat zu Grunde liegenden Basiswertes orientiert. Brechmann et al. geben hier eine einführende Übersicht, welche verdeutlicht, dass als Basiswerte einzelne Aktien ebenso Verwendung finden wie Standardindizes, Branchen- oder Spezialindizes, Rohstoffe, Zinsen, Währungen oder Hedge Fonds.[9]

Bis zum Jahr 2008 hatte sich in der noch recht jungen Produkthistorie bereits eine Vielzahl unterschiedlicher Ausprägungen von Zertifikaten herausgebildet, welche das Deutsche Derivate Forum in zehn Zertifikategruppen oder -arten zusammenfasste.[10] Mit einem Anteil von etwa einem Drittel dominierten sogenannte Garantiezertifikate das

---

[7] Vgl. etwa die Ansätze des Forums Nachhaltige Geldanlagen (FNG) in den Quellen Forum Nachhaltige Geldanlagen (2005) und Forum Nachhaltige Geldanlagen (2013). Vgl. auch Global Sustainable Investment Alliance (2013), S. 8.

[8] So auch Brechmann et al. (2008), S. 13. Der Deutsche Derivate Verband (DDV) hält sich in seiner Beschreibung des Begriffs Zertifikat ebenfalls recht allgemein: „Ein Zertifikat verbrieft dem Anleger die Teilnahme an der Kursentwicklung anderer Wertpapiere und Finanzprodukte."

[9] Vgl. Brechmann et al. (2008), S. 16 ff.

[10] Vgl. Deutscher Derivate Verband (2008), S. 15 ff.

Produktangebot deutlich. Diese Zertifikateart kommt vor allem dem Sicherheitsbedürfnis vieler Anleger nach, denn sie bietet zum Laufzeitende eine Kapitalgarantie, die bei Emission festgelegt wird. Mit einem Anteil von gut einem Fünftel nahmen Bonuszertifikate am Markt den zweiten Platz ein. Diese strukturierten Wertpapiere beziehen sich auf einen bestimmten Basiswert, verfügen aber bis auf wenige Sonderkonstruktionen über eine feste Fälligkeit. Sie sind mit einem Bonuslevel ausgestattet, der über dem Kurs des Basiswertes bei Emission des Zertifikats liegt, sowie mit einer Risikoschwelle, die unter dem Kurs liegt. Durch ihre besondere Konstruktion bieten Bonuszertifikate den Anlegern nicht nur die Möglichkeit, an Kurssteigerungen und -verlusten zu partizipieren, auch Zusatzrenditen bei Seitwärtsbewegungen des Basiswerts sind möglich. Angesichts der Zahl möglicher Zertifikatearten, der Vielzahl denkbarer Basiswerte und der zunehmenden Zahl an Emittenten wird leicht verständlich, dass der Gesamtmarkt der Zertifikate in Deutschland zum Jahresende 2007 etwa 270.000 Produkte umfasste. „Die Vielzahl strukturierter Zertifikate ermöglicht den Anlegern, so gut wie jede erdenkliche Börsenlage mit einer entsprechenden Investition auszunutzen“, schlussfolgern Brechmann et al. daher ganz zu Recht.[11] Bis zum Jahresende 2011 umfasste der Markt für Anlage- und Hebelprodukte insgesamt 816.436 Zertifikate, allerdings mit einem tendenziell sinkenden Gesamtvolumen von 98,7 Mrd. EUR.[12]

Die buchstäbliche Erfolgsgeschichte von Zertifikaten am deutschen Markt und die damit verbundene Produktvielfalt dürfen nicht darüber hinwegtäuschen, dass die komplizierte Struktur dieser Wertpapiere häufiger Anlass zu Missverständnissen und auch Kritik ist. Diese Kritik beinhaltet unter anderem den Vorwurf fehlender Transparenz der Produkte und damit mangelnder Vergleichbarkeit der Angebote für Investoren oder den fehlenden Hinweis auf hohe (versteckte) Kosten einiger Zertifikate. Es ist keineswegs sichergestellt, dass in ihrer Struktur ähnliche Zertifikate dies auch über den Produktnamen zu erkennen geben. Andersherum können ähnlich klingende Produkte ganz unterschiedliche Ausstattungen aufweisen, so dass es leicht zu Irrtümern bei Anlegern (und auch Beratern) kommen kann. Die Komplexität der strukturierten Wertpapiere führt auch dazu, dass Marktstudien immer wieder das geringe Wissen der Investoren über ihre Anlageprodukte, insbesondere aber auch die fehlenden Kenntnisse vieler Anlageberater, konstatieren. Oehler führt daher treffend aus: „Wie die verschiedenen Zertifikate genau funktionieren, haben vermutlich nicht einmal die Berater verstanden.“[13]

Gerade im Nachhaltigkeitskontext ergibt sich noch ein weiteres Monitum von Zertifikaten. Ihre Wertentwicklung leitet sich fundamental aus einem anderen Finanzinstrument ab, dem Basiswert. Versteht man jedoch unter einer Nachhaltigen Geldanlage ein Invest-

[11] Brechmann et al. (2008), S. 40.

[12] Vgl. Deutscher Derivate Verband (2012), S. 9.

[13] Oehler (2008), S. 15.

ment, das über ökonomische Faktoren hinaus auch soziale und ökologische Kriterien berücksichtigt, so stellt sich die Frage, in welchem Umfang ein nachhaltiges Zertifikat überhaupt zu einer nachhaltigen Entwicklung beitragen kann. Zu dieser Frage führte bereits vor mehr als einem Jahrzehnt die Technische Universität Darmstadt eine Untersuchung durch. Diese ergab, dass Lenkungswirkungen (Nachhaltigkeitsimpacts) in Richtung einer nachhaltigen Entwicklung insbesondere durch die Bereitstellung von gründungsnahem Eigenkapital entfaltet werden können. In der Betrachtung verschiedener anderer Investitions- und Finanzierungsvarianten folgten dann mit erheblichem Abstand unter anderem Aktien, Investmentfonds und schließlich auch Zertifikate. Dies ist leicht nachvollziehbar, da Zertifikate nur passiv an der Entwicklung des Basiswertes partizipieren, ohne dass Anleger aktive Möglichkeiten besitzen, Lenkungswirkungen in Richtung einer nachhaltigen Entwicklung auszuüben. Für Zertifikate sind daher aus systemischen Überlegungen, im Vergleich mit anderen Anlageformen, die Nachhaltigkeitswirkungen eher gering. Es besteht daher eine zweifache Abgrenzungsproblematik für nachhaltige Zertifikate als solche sowie im Vergleich mit anderen Formen der Geldanlage. Zertifikate sind sowohl mit Blick auf ihre grundlegenden Produkteigenschaften, aber auch mit Blick auf die ihnen innewohnenden geringen Lenkungswirkungen, eher als „nachhaltigkeitsschwache“ Produkte zu kennzeichnen.

1.4 Abgrenzungsproblematik „Retailgeschäft"

Eine abschließende Abgrenzungsproblematik aufgrund einer unklaren Begriffsschärfe ergibt sich für das sogenannte Retailgeschäft. Hier geht es weniger um den Begriff. Denn der Teilanglizismus Retailgeschäft umschreibt nichts anderes als das (Massen-)Geschäft mit privaten Kunden. Die Problematik liegt vielmehr darin, wie dieses Geschäftsfeld durch Finanzinstitute angegangen wird. Eine Problematik, die in den vergangen zwei Dekaden zu umfänglichen Diskussionen über Produkt- und Vertriebskonzepte geführt hat und einen teilweisen Umbruch der Absatzkanäle mit sich brachte. Unbenommen davon und zu Teilen auch dem Beharrungsvermögen der Branche geschuldet, finden sich in den Geschäftsansätzen zur Adressierung von Retailkunden vielfach noch Konzepte, die basale eindimensionale Kontakt- und Differenzierungsansätze, beispielsweise auf der Grundlage soziodemografischer Kriterien, enthalten.[14] Entsprechende Lebensphasenkonzepte sehen unterschiedliche Ereignisse in der individuellen Entwicklung von Kunden als Indikatoren für Beratungsanlässe sowie das altersspezifische Angebot von Anlage-, Finanzierungs- oder Versicherungsprodukten vor. Als Grundannahme wird dabei ein Zusammenhang zwischen dem Lebensalter, den Einkommensverhältnissen sowie den finanziellen Bedürfnissen unterstellt.

[14] Vgl. auch Sieweck (2002), S. 303 ff.

Dass eine derartige Sicht- und Herangehensweise spätestens im Bereich Nachhaltiger Geldanlage ihre Berechtigung einbüßt, wurde bereits an anderer Stelle des Buches mit Ausführungen zur Zielgruppenanalyse deutlich gemacht. Man möchte dies mit Möntmann noch verstärken, der von atomistischen Märkten und einer extrem differenzierten Zielgruppenbestimmung spricht.[15] Faktisch ist es nach herrschender Meinung der Kaufverhaltensforschung so, dass neben soziodemografischen Faktoren eine Vielzahl anderer Aspekte das Verhalten von Investoren bei Anlageentscheidungen beeinflusst und bei einem ganzheitlichen sowie an den Bedürfnissen der Kunden orientierten Beratungs- und Betreuungsansatz in entsprechender Form berücksichtigt werden sollte.

Wenn gleichzeitig von Verbraucherorganisationen und Medien die Kritik zu hören ist, dass die Bedürfnisse der Kunden im Beratungsprozess oder durch die angebotenen Produkte nur unzureichend erfüllt würden, liegt dies zum Teil an einem weiteren Faktor: Finanzinstitute haben in ihren Geschäftskonzepten den Wandel vom Anbieter- zum Nachfragermarkt noch nicht hinreichend vollzogen. Ihre institutionellen sowie instrumentellen Voraussetzungen einer bedarfsorientierten Produktentwicklung besitzen daher noch Entwicklungspotenzial.[16] Zusammenfassend besteht die Abgrenzungsproblematik für das Retailgeschäft somit weniger in der Begriffsdefinition als vielmehr bei der konzeptionellen Stärke, Aktualität sowie Qualität der eingesetzten Geschäfts- und Produktkonzepte. Repräsentativ hierfür steht der Befund, dass eine zunehmende Zahl nachhaltiger Anlageprodukte in Verruf gerät, weil sie außer dem Produktnamen und markigen Werbeversprechen wenig Bezug zu „echter" Nachhaltigkeit besitzen. Gleichzeitig deutet diese Feststellung aber auch die zunehmende Marktbreite und -akzeptanz nachhaltiger Anlageprodukte an. Es wird – unterstützt durch fehlende Fachkenntnisse bei Vertriebsmittlern und Kunden sowie einen Mangel an akzeptierten „Minimalstandards" – für Trittbrettfahrer immer attraktiver, von der voranschreitenden Marktentwicklung aus der Nische heraus zu profitieren.

[15] Vgl. Möntmann (2003), S. 46 f. Die Komplexität nachhaltigen Anlageverhaltens skizziert bereits Rupf (1995), S. 291 ff., wenn lediglich ökonomische Fragestellungen betrachtet werden. Weitaus komplexer stellt sich dies in der Domäne Nachhaltiger Geldanlage dar, wenn drei miteinander verknüpfte Nachhaltigkeitsdimensionen zu berücksichtigen sind.

[16] Vgl. m.w.N. schon Scholand (2004), S. 308 ff.

2 Marktüberblick und -volumina nachhaltiger Zertifikate

2.1 Nachhaltige Zertifikate als Teilmenge nachhaltiger Investments

In seinem Statusbericht aus dem Jahr 2008 befasste sich der Dachverband der Anbieter nachhaltiger Investmentprodukte im deutschen Sprachraum, das Forum Nachhaltige Geldanlagen, ausführlich und rückblickend mit dem deutschen Markt für nachhaltige Anlagen.[17] Dieser war in Deutschland im Jahr 2007, wie auch in den Vorjahren, durch ein stetiges Wachstum gekennzeichnet. Mit einer Gesamtsumme von 11,2 Mrd. EUR an nachhaltigen Assets zum Jahresultimo 2007 wurde gegenüber der Vorperiode ein Zuwachs von 85% erreicht. Auf Aktienanlagen entfiel dabei ein Anteil von rund 70 Prozent, Zinspapiere waren mit rund 21% vertreten. Nachhaltige Assets stellten damit etwa 0,7% der Asset Allokation deutscher Finanzinstitute dar.

Abbildung 1: Anlagevolumina in Deutschland

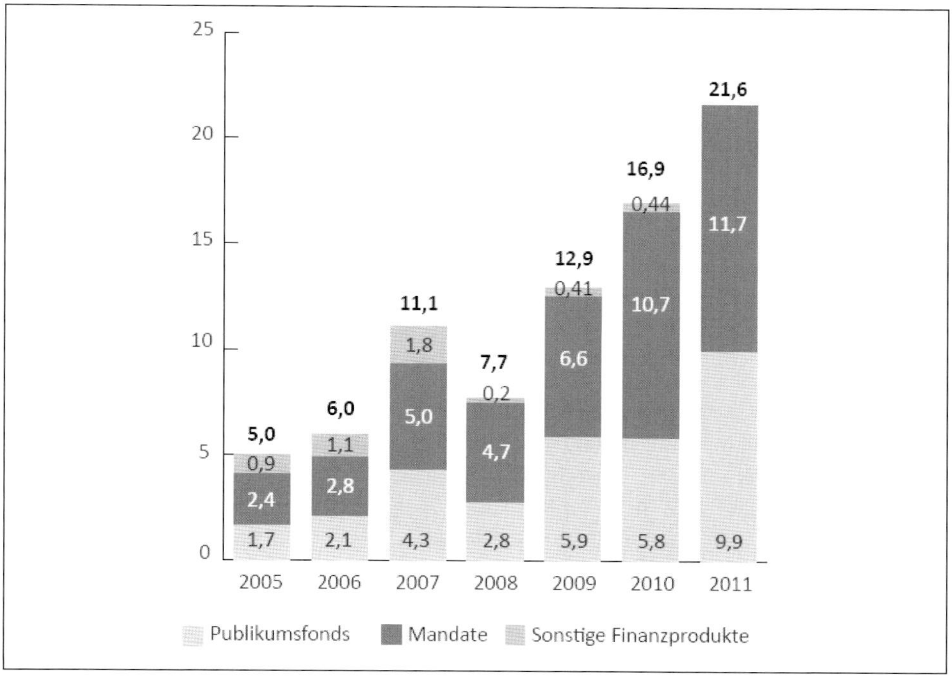

Quelle: Forum Nachhaltige Geldanlagen (2012), S. 15

[17] Vgl. Forum Nachhaltige Geldanlagen (2008), S. 14 ff.

Die rückblickende Bestandsaufnahme im Statusbericht 2008 ist deswegen von besonderem Interesse, weil der Markt in der Folgezeit durch zwei wesentliche und in sich gegenläufige Entwicklungen beeinflusst wurde. Einerseits standen die Auswirkungen der Finanz- und Währungskrisen einem weiteren Marktwachstum entgegen. Andererseits führte gerade die stetige Etablierung des Nachhaltigkeitsgedankens zu gesteigerten Marktaktivitäten sowohl auf der Anbieter- als auch auf der Nachfragerseite. Begleitet wurde dies von einer verstärkten Methodendiskussion über die Abgrenzung und Kategorisierung nachhaltiger Anlageprodukte. So spricht das Forum Nachhaltige Geldanlagen in seinem Marktbericht 2012 über ein Marktvolumen von insgesamt 63 Mrd. EUR per Jahresultimo 2011, ergänzt um Asset Overlays in Höhe von 618,2 Mrd. EUR.[18] Das darin enthaltene und als wesentlich betrachtete Segment der nachhaltigen Investmentsfonds und Mandate konnte weiter auf 21,6 Mrd. EUR wachsen, so dass sich der Anteil dieser nachhaltigen Anlagen am Gesamtmarkt nunmehr auf 1,2% belief. Kennzeichnend für die begleitende Methodendiskussion und in Sonderheit die Frage, wodurch sich ein Anlageprodukt als nachhaltiges Investment qualifiziert, ist die Tatsache, dass entsprechende Zahlenangaben keinen Alleinvertretungsanspruch mehr erheben können. So sprechen andere Quellen für den gleichen Berichtszeitraum z.B. von etwa 100 nachhaltigen Investmentfonds mit einem Volumen von 11,3 Mrd. EUR, andere von 300 nachhaltigen Fonds mit gut 30 Mrd. EUR Anlagevolumen.[19]

Gerade für den Vergleich mit nachhaltigen Zertifikaten ist das Volumen nachhaltiger Publikumsfonds eine interessante Bezugsgröße. Es stieg im Jahr 2011 gegenüber dem Vorjahr von 5,8 Mrd. EUR um 71% auf 9,9 Mrd. EUR an.[20] Beachtung verdient hier die Tatsache, dass qualitative Investmentaspekte, beispielsweise aktives Aktionärswesen sowie die striktere Verwendung von Ausschlusskriterien, eine zunehmende Bedeutung bei Publikumsfonds finden und auch in Fondssegmente „ausstrahlen", die nicht explizit als nachhaltig benannt werden.

Stellt man diesen Angaben das Volumen nachhaltiger Zertifikate gegenüber, so ergeben sich unterschiedliche Aussagen. Während das Forum Nachhaltige Geldanlagen für das Jahr 2011 lediglich ein Absatzvolumen für nachhaltige Zertifikate in Höhe von 1,2 Mrd. EUR dokumentiert, betrug das tatsächliche Emissionsvolumen der 67 neu aufgelegten Produkte 10,2 Mrd. EUR.[21] Allein diese Relation weist auf das Erfordernis einer detaillierten Datenanalyse gerade im Zertifikatemarkt hin. Sie zeigt darüber hinaus auf, dass, obwohl vielfach in Statistiken wenig beachtet, gerade strukturierte Wertpapiere der eigentliche Wachstumstreiber am Markt Nachhaltiger Geldanlagen sind. Gab es in

[18] Vgl. Forum Nachhaltige Geldanlagen (2012), S. 15.

[19] Vgl. Schneider et al. (2012), S. 20 f.

[20] Vgl. Forum Nachhaltige Geldanlagen (2012), S. 16.

[21] Vgl. Forum Nachhaltige Geldanlagen (2012), S. 15; Schneider et al. (2012), S. 11.

Deutschland beispielsweise zum Jahresende 2006 erst 51 nachhaltige Zertifikate, so wuchs dieser Wert bis zum Ultimo 2011 auf insgesamt 310 Produkte. Ihre addierten Emissionsvolumina ließen Investmentfonds und andere nachhaltige Anlageprodukte hinter sich. Im Jahr 2011 war die Entwicklung der Produktportfolien bei Zertifikaten von zwei Trends geprägt. Einige Anbieter bereinigten ihr Produktangebot, indem sie planmäßig auslaufende Zertifikate nicht durch Nachfolgeprodukte ersetzten, Zertifikate vor Fälligkeit kündigten oder fällig stellten. Andere Emittenten bauten ihr Angebot aus, indem sie auf Nischenthemen oder neue Basiswerte setzten.

2.2 Nachhaltige Zertifikate als Teilmenge im Gesamtmarkt der Zertifikate

Der DDV bezifferte den Retailmarkt für Zertifikate in Deutschland im Dezember 2011 mit 816.436 Produkten und einem unterjährig relativ konstanten, investierten Vermögen von etwa 100 Mrd. EUR als einen der größten weltweit.[22] Im Vergleich dazu nahm sich eine Zahl von 310 nachhaltigen Zertifikaten zum Ultimo 2011 zunächst bescheiden aus, selbst wenn diese Produkte mit 67 Neuemissionen innerhalb eines Jahres und einem Emissionsvolumen von 10,2 Mrd. EUR ein hoch dynamisches Marktsegment darstellen. Damit haben sich nachhaltige Zertifikate weiter von dem seit Ende 2007 im gesamten Derivatemarkt eher stagnierenden bis rückläufigen Trend abgekoppelt. Nachhaltige Zertifikate werden inzwischen von einer großen und weitgehend konstanten Zahl von Emittenten angeboten. Zum 31.12.2011 hatten 30 Emittenten ein entsprechendes Produkt im Angebot. Seit der ersten in Deutschland marktbreit durchgeführten Erhebung im Jahr 2006 stieg die Emittentenzahl damit um mehr als 75%. Das zeigt, dass sich inzwischen die Mehrheit der Emittenten aktiv mit dem Thema Nachhaltigkeit in ihrem Produktangebot beschäftigt oder durch Kundennachfrage hierzu veranlasst wird. Allerdings sind Art und Umfang des Produktangebotes sehr unterschiedlich, wie die Abbildung 2 veranschaulicht. Große Unterschiede bestehen auch bei der Bedeutung einzelner Zertifikatearten. Obwohl sich Zertifikate allgemein durch ein weites Spektrum an Typen und Funktionsweisen auszeichnen, konzentrierten sich nachhaltige Zertifikate im Jahr 2011 auf drei Formen: Index-/Partizipationszertifikate, Kapitalschutzzertifikate und strukturierte Anleihen. Umgangssprachlich gelten die letztgenannten zwei Arten als Garantiezertifikate.

[22] Vgl. Deutscher Derivate Verband (2012), S. 9.

Abbildung 2: Emissionsvolumen und Zahl nachhaltiger Zertifikate 2011 nach Emittenten

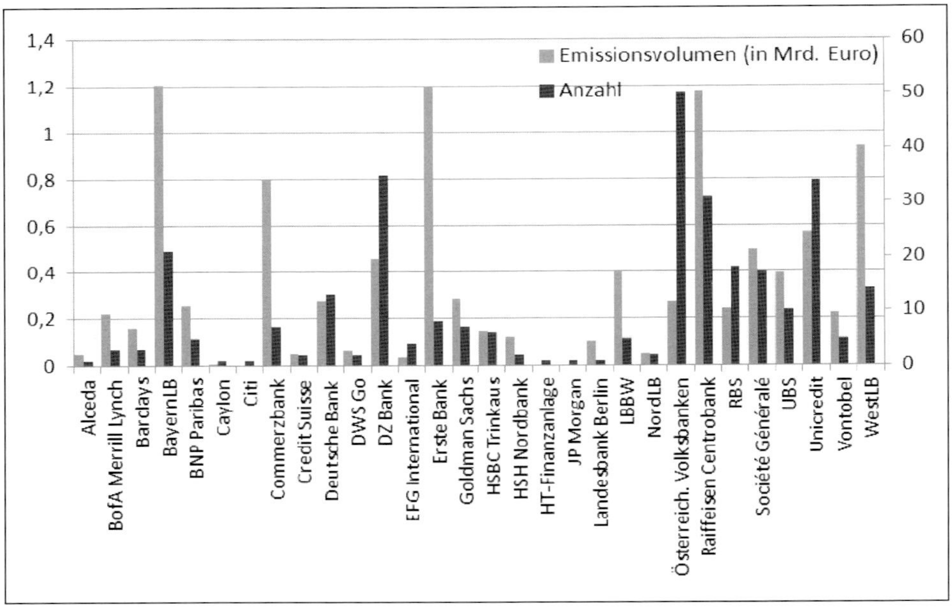

Quelle: Schneider et al. (2012), S. 15

Im Jahr 2011 setzten unter anderem die HypoVereinsbank (Unicredit) sowie die Commerzbank auf neue Anlagethemen und Basiswerte. Ein Weg, den auch die Raiffeisen Centrobank mit 13 neuen Index- und Discountzertifikaten im Themenfeld Erneuerbarer Energien ging. Die BayernLB begab 19 neue Produkte, die teilweise eine Spendenkomponente beinhalteten. Dass aber keineswegs alle Produktideen bei Investoren Anklang fanden, also ein ausreichendes Volumen im Vorfeld abgesetzt werden konnte, zeigen zwei Beispiele: Sowohl ein von der Commerzbank angekündigtes Energiewendezertifikat als auch ein Produkt der Credit Suisse auf den CS Global Alternativ Energy Index wurden kurz vor Emission zurückgezogen. Die Vermutung liegt damit nahe, dass mittelfristig die Markt- und Emissionstätigkeit bei verschiedenen Anbietern eher vorsichtig sein wird, um Misserfolge im Emissionsprozess möglichst auszuschließen. In den Jahren 2012 und 2013 liefen oder laufen bei einigen „kleineren" Emittenten darüber hinaus Zertifikate planmäßig aus. Ob es hier zu Nachfolgeprodukten kommt, ist fraglich. Ferner haben auch einige der „großen" Anbieter angekündigt, ihr Angebot im Umfang zu reduzieren.

3 Marktposition einzelner Zertifikatearten

3.1 Konzentration auf zwei Produktgruppen

Es wurde bereits ausgeführt, dass sich nachhaltige Zertifikate im Jahr 2011 vor allem auf drei Produktarten, die etwa 90% der am Markt verfügbaren 310 Zertifikate umfassten, verteilten. Diese ließen sich von ihrem Charakter her in zwei Gruppen unterteilen.

Ganz im Vordergrund standen mit 152 Zertifikaten die Garantiezertifikate. Dies entsprach fast 50% aller Produkte. Unter dem Oberbegriff der Garantiezertifikate werden Kapitalschutzzertifikate und strukturierte Anleihen zusammengefasst. Bei Kapitalschutzzertifikaten sichert der Emittent dem Anleger eine Rückzahlung bei Fälligkeit in Höhe des Nennwertes zu. Darüber hinaus besteht die Chance auf eine Rendite, die von der Entwicklung eines oder mehrerer Basiswerte abhängt. Strukturierte Anleihen sind Wertpapiere, die sich durch unterschiedliche Zusatzbedingungen auszeichnen. Die Höhe des Kupons kann dabei von der Wertentwicklung des zu Grunde liegenden Basiswertes abhängen. Bei Endfälligkeit bieten die Anleihen eine Kapitalgarantie. Garantiezertifikate kommen in ihrer Gestaltung besonders der Risikoaversion breiter Investorenkreise im Retailsegment entgegen.

Nachdem nachhaltige Garantiezertifikate bei früheren Marktstudien eher an Bedeutung eingebüßt hatten, ist es der veränderten Risikoorientierung der Anleger zu verdanken, dass sich dieser Befund umgekehrt hat.[23] Garantiezertifikate können daher wieder als Basisanlage im Bereich der nachhaltigen Zertifikate angesehen werden. Aufgrund der umfangreichen Produktpalette deckten nachhaltige Garantiezertifikate nahezu alle Anlagethemen ab. Dabei waren insbesondere die Anlagethemen „Erneuerbare Energien“, „Klimawandel“, „Nachhaltigkeit allgemein“ und „Ressourcen“ vertreten. Allerdings hatten nachhaltige Garantiezertifikate im Jahr 2011 noch nicht den hohen Anteil von 70% erreicht, den diese Zertifikateart im Gesamtmarkt der Zertifikate besaß.

Mit 126 Papieren waren Index-/Partizipationszertifikate hinsichtlich der Anzahl die zweitstärkste nachhaltige Zertifikateart. Dies entsprach mit weiter wachsender Tendenz gut 40% aller Produkte. Diese Zertifikate bieten die Möglichkeit, an der Kursentwicklung eines Basiswertes zu partizipieren. Mit nur einem Zertifikat kann ein Investor so in eine Anlageklasse, Branche oder Region investieren. Das Zertifikat bildet die Entwicklung des zu Grunde liegenden Basiswertes ab. Handelt es sich bei dem Basiswert um

[23] Im Jahr 2008 wurden beispielsweise nur 44 nachhaltige Garantiezertifikate gezählt. Diese Zertifikateart war damit nur die dritthäufigste Zertifikateart.

einen Index, so partizipiert der Anleger positiv wie auch negativ an dessen Wertentwicklung, wobei Indexzertifikate in der Regel über ein sogenanntes Bezugsverhältnis verfügen. Dies gibt an, mit welchem Bruchteil das Zertifikat den Index abbildet. Die zu Grunde liegenden Indizes werden überwiegend nicht von den Emittenten selbst berechnet. Der überwiegende Teil der Indexzertifikate ist als „Open-End-Variante" konzipiert. Nur wenige Zertifikate verfügten im Jahr 2011 über eine begrenzte Laufzeit. Eine Partizipation kann auch derart realisiert werden, dass ein Korb (engl.: *basket*) von Wertpapieren den Basiswert darstellt. Dieser Basket kann aus verschiedenen Aktien, welche nach Thema, Branche, Land oder Strategie zusammengesetzt werden, bestehen. Die Zusammensetzung des Korbes kann über die Laufzeit eines Zertifikates fest sein oder seine Gewichtung wird in bestimmten Zeitabständen vom Emittenten des Zertifikates überprüft.

Die Beliebtheit dieser Zertifikateart als Instrument der Diversifizierung und Risikostreuung gerade bei nachhaltigen Investoren kommt darin zum Ausdruck, dass ihr Emissionsvolumen im Jahr 2011 mit 5,19 Mrd. EUR das der Kapitalschutzzertifikate sogar überstieg. Hervorzuheben sind diese Produkte auch im Vergleich zum Gesamtmarkt der Zertifikate, wo sie lediglich einen Anteil von 5,5% einnahmen. Etwa zwei Drittel aller Emittenten führten mindestens ein Indexzertifikat im Angebot. Mit ihren Indexzertifikaten deckten sie dabei alle nachhaltigen Anlagethemen ab, insbesondere aber „Erneuerbare Energien", „Klimawandel" und „Nachhaltigkeit allgemein".

3.2 Weitere Produkte diversifizieren das Angebot

Die wesentlichen Ausgestaltungsmerkmale und Funktionsweisen von Zertifikaten gestatten ganz unterschiedliche Produktangebote. Neben Index-/Partizipationszertifikaten, Kapitalschutzzertifikaten und strukturierten Anleihen waren am Markt für Nachhaltige Anlageprodukte im Jahr 2011 daher weitere Zertifikatearten zu finden.[24] Die bereits angedeutete Konzentration auf wenige Zertifikatearten wurde hierbei aber deutlich, da zum Teil Emissionsvolumina, Anzahl und Anteil wegen fälliger Produkte, die nicht ersetzt wurden, weiter nachgaben.

Nach einer zweijährigen Pause waren ebenfalls wieder zwölf Discountzertifikate, entsprechend einem Anteil von knapp 4%, unter den nachhaltigen Anlageprodukten zu finden. Diese Zertifikateart bezieht sich auf einen oder mehrere Basiswerte und ist mit einer festen Fälligkeit und einem Höchstbetrag (engl.: cap) ausgestattet. Sofern der Kurs des Basiswertes den Höchstbetrag übersteigt, nimmt der Inhaber des Zertifikats nicht mehr

[24] Vgl. eine Übersicht von Zertifikatearten bei Schneider et al. (2012), S. 24 sowie den Marktüberblick in der Quelle Deutsches Derivate Forum (2012), S. 10.

an Kurssteigerungen teil. Im Gegenzug ist der Kurs des Discountzertifikates im Vergleich zum Basiswert geringer. Im Bereich der Nachhaltigen Geldanlage spielen Discountzertifikate nur eine untergeordnete Rolle. Die allesamt von der Raiffeisen Centrobank aufgelegten Produkte verfügten über eine kurze Laufzeit von weniger als zwei Jahren. Vor diesem Hintergrund ist fraglich, welche Rolle diese Zertifikateart in der Zukunft spielen wird.

Zahlenmäßig zu den „Randprodukten" gehörten fünf nachhaltige Expresszertifikate. Bei dieser Zertifikateart wird jeweils an bestimmten Beobachtungstagen überprüft, ob der aktuelle Stand des Basiswertes gleich oder höher dem Stand des Basiswertes bei Emission des Zertifikates ist. In diesem Fall kommt es zu einer vorzeitigen Rückzahlung des Zertifikates inklusive eines zusätzlichen Bonusbetrages. Ebenfalls eine geringe Bedeutung besitzen drei Bonus- beziehungsweise Teilschutzzertifikate. Diese Zertifikateart bietet dem Anleger ein bedingtes Rückzahlungsversprechen bei Fälligkeit. Hat der Basiswert während der Laufzeit des Zertifikates bei kontinuierlicher Betrachtung eine feste Kursschwelle nie erreicht oder unterschritten, wird bei Fälligkeit mindestens ein fester Bonus samt investiertem Kapital zurückgezahlt. Andernfalls partizipiert der Anleger – auch im Verlustfall – an der Wertentwicklung des Basiswertes.

Eine Gruppe von zwölf Zertifikaten umfasste solche Produkte, die aufgrund ihrer Ausstattung nicht eindeutig einer anderen Zertifikateart zugeordnet werden konnten. Hierbei handelte es sich um ein Produkt mit Kapitalschutz und elf Zertifikate ohne Kapitalschutz. Es waren beispielsweise bestimmte Alpha-Strukturen, mit denen Anleger von der unterschiedlichen Entwicklung zweier Basiswerte profitieren können. Weitere Beispiele aus dieser Gruppe wären Rainbowzertifikate oder Credit Linked Notes. Die abgedeckten Anlagethemen beschränkten sich auf „Erneuerbare Energie", „Nachhaltigkeit allgemein", „Ressourcen" sowie „Sonstiges". Ergänzend ist auch darauf hinzuweisen, dass weitere Zertifikatearten als Bestandteil des Gesamtmarktes existieren, etwa Sprintzertifikate und Hedge Fonds-Zertifikate, zu denen sich im Jahr 2011 jedoch keine nachhaltigen Produktvarianten fanden.

4 Anlagethemen im Überblick

Die Abgrenzungsproblematik zum Nachhaltigkeitsbegriff erschwert in erheblicher Weise die Bestandsaufnahme nachhaltiger Zertifikate und die Unterscheidung, ob ein Anlageprodukt als nachhaltig zu bezeichnen ist. Die bisherige Bestandsaufnahme geht daher in Übereinstimmung mit entsprechenden Definitionsansätzen davon aus, dass ein strukturiertes Anlageprodukt bereits dann mit dem Attribut „nachhaltig“ gekennzeichnet werden kann, wenn es thematisch dem Umfeld nachhaltiger Entwicklung zuzuordnen ist und keine Ausschlusskriterien vorliegen, die gegen eine solche Zuordnung sprechen.[25]

Ebenfalls von der Abgrenzungsproblematik beeinflusst ist die Zuordnung zu einzelnen Anlagethemen. Diese ist vor allem bei Zertifikaten, welche sehr unterschiedliche Nachhaltigkeitsaspekte ansprechen, nur schwer möglich. Sie kann im Einzelfall nur nach dem qualitativen Gesichtspunkt des „bestimmenden Aspektes“ eines Produktes erfolgen. Berücksichtigt man diese Einschränkung, so lassen sich in der Abfolge ihres Emissionsvolumens die folgenden sieben Anlagethemen im Produktangebot der Emittenten unterscheiden: „Nachhaltigkeit allgemein“, „gesellschaftliche Verantwortung“, „Erneuerbare Energie“, „Ressourcen“, „Klimawandel“, „Mobilität“ und „Sonstiges“.

Abbildung 3: Verteilung der Anlagezertifikate nach Investmentthema

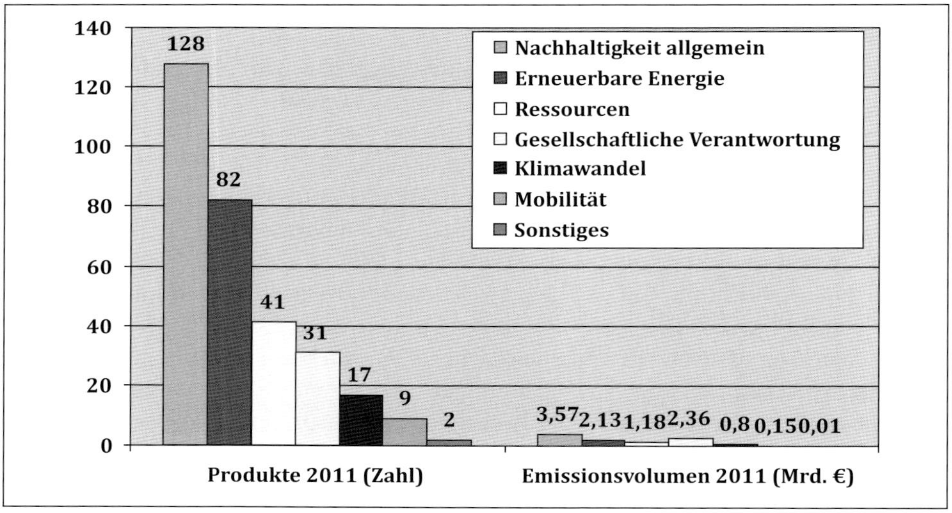

Quelle: Eigene Darstellung in Anlehnung an Schneider et al. (2012), S. 14

[25] Vgl. auch die Quellen Forum Nachhaltige Geldanlage (2005) sowie Schneider et al. (2008), S. 21. Dieser Anspruch genügt allerdings keinen strengen Nachhaltigkeitskriterien. Es ist daher, auch im Zuge einer zunehmenden Diskussion über die Qualität von Anlageprodukten im Retailmarkt, zu erwarten, dass in den kommenden Jahren sowohl ein differenzierungsstärkeres Begriffsverständnis entwickelt wird als auch mittelfristig quantitative Kriterien zur Messung der Nachhaltigkeitsimpacts von Finanzdienstleistungen Einzug halten. Der europäische Dachverband für nachhaltige Geldanlage (EUROSIF) unterscheidet aus ähnlichen Gründen bereits seit dem Jahr 2002 in allgemeiner Form sogenanntes „Core SRI“ und „Broad SRI“.

Wie auch in der Vorperiode dominierte das Anlagethema „Nachhaltigkeit allgemein" im Jahr 2011 das Produktangebot. „Nachhaltigkeit allgemein" ist subsumtionslogisch als Oberbegriff zu verstehen, wenn ein Zertifikat viele verschiedene Aspekte von Zukunftsfähigkeit anspricht, die in der Unternehmenspraxis unterschiedlich umgesetzt werden können, ohne jedoch einen konkreten inhaltlichen Fokus zu setzen. 128 Zertifikate und ein Emissionsvolumen von fast 3,6 Mrd. EUR festigten die Position dieses Kernthemas. Allerdings ging der Anteil am Gesamtbestand nachhaltiger Zertifikate im Jahresverlauf von 46% auf 41% (bezogen auf die Anzahl) und von 44% auf 35% (bezogen auf das Emissionsvolumen) zurück. Als Dauerthema hat sich mit 82 Produkten das Anlagethema „Erneuerbare Energie" etabliert. Entsprechend der öffentlichen Diskussion und dem geforderten (und geförderten) Umbau der Energieversorgung bedient dieses Anlagethema das Ziel, Ertragspotenziale zu erschließen, die mit dem schrittweisen Ausstieg aus der Verwendung treibhausgasintensiver fossiler Energieträger sowie der zunehmenden Nutzung erneuerbarer Energieträger verbunden sind. Wachstums- und Ertragspotenzial werden in der Nutzung der Solarenergie ebenso gesehen wie in Biokraftstoffen, Windkraft und anderen sogenannten „grünen Technologien".

Es folgt das Thema „Ressourcen" mit 41 Zertifikaten (zehn mehr als im Vorjahr). Hier werden Anlageprodukte erfasst, die die Nutzung von Wasser, Holz oder anderen Ressourcen fokussieren. Enthalten sind ebenfalls Anlageprodukte, welche – ganz im Verständnis des Ökologiebegriffes (gr.: oikos ~ „Haus", lógos ~ „Lehre") – Wechselbeziehungen zwischen der belebten und unbelebten Umwelt inklusive ihrer Stoff- und Energiehaushalte zum Thema haben. Dazu gehören umweltorientierte Handlungsfelder in großer Artenvielfalt, angefangen bei der Produktion von Biolebensmitteln bis zur Recyclingwirtschaft. „Gesellschaftliche Verantwortung" als Anlagethema umfasst die Anwendung besonders strenger Kriterien im Umwelt- und Sozialbereich oder ein besonderes Engagement oder die Berücksichtigung bestimmter Wertvorstellungen bei den zu Grunde liegenden Basiswerten. Dieses Thema weist nur 31 Produkte auf. Es beeindruckt jedoch durch ein mit 2,36 Mrd. EUR recht hohes Emissionsvolumen. Dieses war auf zahlreiche Neuemissionen der BayernLB zurückzuführen.

Nur begrenzte Marktpräsenz zeigten die Themen „Klimawandel", „Mobilität" und „Sonstiges". Interessant ist hierbei, dass im Gegensatz zu früheren Entwicklungen die Bedeutung des Anlagethemas „Klimawandel" deutlich abgenommen hat. Einerseits werden Produkte im Klimakontext heute oft den Anlagethemen „Nachhaltigkeit allgemein" und „Erneuerbare Energien" zugeordnet – ein Zeichen für Mainstreaming. Andererseits deuteten in der Vergangenheit manche Produktbezeichnungen auf den Klimaschutz hin, ohne diesem Anspruch bei näherer Betrachtung gerecht zu werden. Um ihre Reputation nicht zu gefährden, sind Anbieter hier vorsichtig geworden.

5 Resümee zu Herausforderungen und Perspektiven

5.1 Zusammenfassende Befundlage

Viele Investoren in Deutschland hatten negative Einflüsse auf ihre Anlagen zu verkraften: Ab dem Sommer des Jahres 2007 entwickelte sich die Immobilienkrise in den Vereinigten Staaten zu einer weltweiten Finanzkrise und im Oktober 2009 kam die Staatsschulden- und Währungskrise im Euroraum auf. In der Folge schichteten viele Anleger ihre Investments wieder in Geldmarktpapiere und Spareinlagen um. Mangelndes Vertrauen in international tätige Geschäftsbanken führte teilweise auch zu Institutswechseln, von denen insbesondere Sparkassen und genossenschaftliche Institute profitierten. All dies waren Zeichen einer Vertrauenskrise bei Privatinvestoren, die sich auch im Jahr 2011 fortsetzte und im Februar 2013 keineswegs beendet ist.[26] Der Gesamtmarkt strukturierter Anlageprodukte, die in Deutschland vor allem für private Investoren angeboten wurden, konnte sich diesem Trend nicht entziehen.

Wie dieser Beitrag zeigt, konnte sich der Teilmarkt nachhaltiger Zertifikate jedoch zumindest ansatzweise von diesem Negativtrend abkoppeln. Gegenüber der in der ersten Ausgabe des vorliegenden Handbuches genannten Zahl von 278 nachhaltigen Zertifikaten wuchs der Bestand um 12% auf 310 Produkte von 30 Emittenten zum Jahresultimo 2011. Dies zeigt, dass Nachhaltigkeitsthemen weiterhin und gleichermaßen für Emittenten und Anleger interessant sind. Die Ausführungen zum Wachstum einzelner Zertifikatearten sowie zur Entwicklung bei verschiedenen Anlagethemen veranschaulichen ferner, dass sich der Markt für nachhaltige Zertifikate als signifikantes Nischensegment fest etabliert hat.[27] Es zeigt sich auch, dass Veränderungen in der Marktstruktur noch stark von einzelnen Emittenten und Emissionsserien geprägt werden können.

Blickt man produktübergreifend auf das Angebot Nachhaltiger Geldanlagen in Deutschland, so liefern sich nachhaltige Investmentfonds und nachhaltige Zertifikate einen spannenden Wachstumswettbewerb. Während konzeptionell der geringe (aber gegenüber Zertifikaten immer noch bessere) Nachhaltigkeitsimpact für Fonds spricht, sind differenzierte Ausgestaltungsmöglichkeiten und schnelle Begebung klare Vorteile für Zertifikate.

---

[26] Die redaktionelle Bearbeitung dieses Beitrages wurde am 21.02.2013 abgeschlossen.

[27] Gleiches gilt dem Grunde nach für nachhaltige Investmentfonds und nachhaltige Exchange Traded Funds (ETF). Zum Jahresende 2011 stieg die Zahl der nachhaltigen ETF auf 25 bei 607,65 Mio. EUR Assets under Management. Zum gleichen Zeitpunkt gab es 108 nachhaltige Investmentfonds mit einem Volumen von insgesamt 13,5 Mrd. EUR. Vgl. auch Schneider (2012), S. 16 ff. Andere Quellen geben noch höhere Werte an.

Nach Einschätzung des Forums Nachhaltige Geldanlagen wird die Präsenz verschiedener nachhaltigkeitsrelevanter Themen (etwa Klimawandel oder Energieversorgung) zukünftig zu einem noch stärkeren Bewusstseinswandel bei den Investoren führen.[28] Diese höhere Sensibilisierung schafft einen wachsenden Markt für Anlageprodukte, welche sich diesen entsprechenden Themen widmen. Nachhaltige Zertifikate werden diese Marktentwicklung an vorderer Front gestaltend begleiten.

Dabei bleibt das zu Anfang genannte Monitum bestehen, Zertifikate könnten aufgrund ihrer Konzeption keine starken Lenkungswirkungen in Richtung einer nachhaltigen Entwicklung entfalten. Nachhaltige Zertifikate sind daher für die Emittenten wegen der nicht gelösten Abgrenzungsproblematiken am Markt weiterhin eine Herausforderung. Sie erfordert einerseits klare strategische Konzepte, andererseits Absatzwege, welche diese komplexen Produkte Investoren angemessen vermitteln können. Gerade der zuletzt genannte Punkt kann nachhaltigen Zertifikaten jedoch auch einen entscheidenden Vorteil verleihen: Die Möglichkeit, durch entsprechende Produkt- und Kommunikationsangebote gezielt traditionelle Anlegergruppen anzusprechen, deren primäre Interessen eher auf der Performance eines Anlageproduktes oder auf technologischen Trends liegen, die aber auch nachhaltigen Finanzmarktinnovationen gegenüber offen sind. Nachhaltige Zertifikate sind vielleicht nur als „hellgrün" im Sinn eines strengen Nachhaltigkeitsanspruches zu bezeichnen. Aber sie sind interessante Anlageprodukte, die durch ihre vielfältigen Ausgestaltungsmerkmale ganz unterschiedliche Investorentypen erreichen können und den Anbieter in einem schwierigen Marktumfeld eine gute Möglichkeit zur Differenzierung im Wettbewerb bieten.[29]

Die Befundlage lässt sich wie folgt zusammenfassen: Nachhaltige Zertifikate stellen einen differenzierungsstarken Nischenmarkt mit interessanten Produkten sowohl für Emittenten als auch für Investoren dar, dem es zum Teil noch an einem durchgängigen Qualitätsverständnis fehlt. Die wesentlichen Ausgestaltungsmerkmale und Funktionsweisen von Zertifikaten gestatten ganz unterschiedliche Produktangebote.

5.2 Empfehlungen für die Beratungspraxis

Im Rahmen dieses Beitrages wäre eine Bestandsaufnahme des Marktes nachhaltiger Zertifikate in Deutschland ohne abschließende Bemerkungen für die Beratungspraxis unvollständig. Diese betreffen die zu erwartende Marktentwicklung sowie konkrete Beratungssituationen gleichermaßen.

---

[28] Vgl. Forum Nachhaltige Geldanlagen (2008), S. 17.

[29] Vgl. auch Roland Berger (2012), S. 7.

Mit Blick auf den Gesamtmarkt ist zunächst anzunehmen, dass sich der dortige stabilisierende Trend mittelfristig fortsetzen wird. Der Nischenmarkt nachhaltiger Zertifikate wird sich von diesem Trend ablösen und zu einer verstärkten Nachfrage führen. Bedingt durch das Wertpapierhandelsgesetz (WpHG) und die „Markets in Financial Instruments Directive" (MiFID) sind die Anforderungen im Beratungsgespräch an die Informationen zu Risikoaspekten einer Anlage in den vergangenen Jahren bereits angestiegen – ein Aspekt, der dem Absatz komplexerer Finanzprodukte tendenziell eher entgegenstehen kann. Anlageberater müssen sich daher noch stärker mit den jeweiligen Produkteigenschaften befassen. Die Voraussetzungen einer besseren Information sind damit vorgegeben – ein grundsätzlicher Vorteil für nachhaltige Zertifikate. Aufgrund der gesteigerten Informations- und Berichtspflichten gegenüber Anlegern und der erforderlichen Risiko- und Erfahrungsbewertung von Kunden bieten sich beste Möglichkeiten, im Beratungsgespräch umfassende Kundeninformationen zu erheben und nachhaltige Anlageprodukte anzubieten. Eine erste Empfehlung geht daher in die Richtung, die Möglichkeiten der Datenerhebung und Kundenbefragung aktiv auszuschöpfen und nach Bedarfslage und Vermögensstruktur des Kunden aus dem großen Angebot (strukturierter) Anlageprodukte ein optimal auf das Bedarfsprofil passendes nachhaltiges Produkt zu identifizieren.

Die Renditeerwartungen von Zertifikaten hängen stark von der Struktur des jeweiligen Produktes ab. Grundsätzlich entsprechen nachhaltige Zertifikate in ihren Renditeprofilen durchaus dem Gesamtmarkt. Das noch verbreitete Vorurteil, Nachhaltigkeit – also die Berücksichtigung von ökologischen und sozialen Aspekten in Ergänzung zusätzlich zur ökonomischen Dimension eines Investments – wäre der Rendite schädlich, kann daher (auch) bei nachhaltigen Zertifikaten nicht geteilt werden. Eine zweite Empfehlung geht daher in die Richtung, in der konkreten Beratungssituation nachhaltige Zertifikate durch ihren Mehrwert zu differenzieren: Nachhaltige Zertifikate bieten eine adäquate Ertragsperspektive und tragen gleichzeitig in einem bestimmten Umfang zu einer nachhaltigen Entwicklung bei.

Die Tatsache, dass nachhaltige Zertifikate unter Ertragsgesichtspunkten durchaus konkurrenzfähig sind, bedeutet im Umkehrschluss auch, dass im gleichen Umfang wie bei traditionellen Produkten Verlustpotenziale bestehen und ebenfalls strukturierte Wertpapiere geringer Qualität am Markt sind. Nicht erst die Finanzmarkt- und Währungskrisen haben darauf aufmerksam gemacht, dass einige Anlageprodukte und Beratungsansätze durch die Emittenten themengetrieben und „mit der heißen Nadel gestrickt" regelrecht auf den Markt geworfen wurden und noch werden. Hier zeichnet sich wieder die – bereits erörterte – produktimmanente Abgrenzungsproblematik von strukturierten Wertpapieren mit Blick auf Qualitätsstandards ab. Dieses Qualitätsdefizit einiger Produkte, die allgemeine Komplexität der Zertifikate sowie die mangelnde Transparenz hinsichtlich der Produktinformationen hatten bereits vor einigen Jahren drei führende Ratinganbieter dazu veranlasst, standardisierte Bewertungen von Zertifikaten vorzunehmen. Das von der European Derivatives Group (EDG) entwickelte Ratingkonzept für Zertifikate ist dabei ein Beispiel.[30] Es zielt darauf ab, die in komplexen Beratungssituationen, wie sie bei Zertifikaten auftreten, enthaltenen Auswahlprozesse anhand objektiver Kriterien zu erleichtern und die Markttransparenz zu fördern. Hierzu greift das Rating der EDG auf eine Vielzahl quantitativer Kriterien zurück. Dazu gehören Kosten ebenso wie die Bonität des Emittenten, eine Risiko-Nutzen-Einstufung für den Investor sowie ein zusammenfassendes Gesamturteil. Einschränkend ist anzumerken, dass die am Markt befindlichen Ratingansätze noch recht jung sind und daher erst einen Teil aller Zertifikate erfasst haben. Dies gilt vor allem für nachhaltige Zertifikate. Nur einige sind in das Ratinguniversum eingeflossen und werden von den Anbietern unter ökonomischen Gesichtspunkten bewertet. Dennoch kann eine dritte Empfehlung in die Richtung gegeben werden, dann im Beratungsgespräch auf Zertifikateratings zurückzugreifen, wenn das grundlegende Investorenprofil bekannt ist und es um die Auswahl des optimalen Produktes geht. Eine zusätzliche Einschätzung der Nachhaltigkeitsqualität eines Zertifikates ist ergänzend unter Rückgriff auf Medienspiegel, wie sie Emittenten zur Verfügung stellen, und durch Fachstudien möglich.

5.3 Ausblick

Dieser Beitrag macht auf Basis der Marktdaten des Jahres 2011 deutlich, dass nachhaltige Zertifikate weiterhin einen kleinen, stabilen und im Wachstum befindlichen Markt darstellen. Die zu Beginn angesprochenen Abgrenzungsprobleme bleiben bestehen. Sie sind von Emittenten, Beratern und Anlegern aktiv anzugehen, um mögliche negative Wirkungen zu vermeiden und das Potenzial des Marktes voll zu nutzen.

Der Ausblick auf zukünftige Entwicklungen lässt verschiedene Trends wahrscheinlich erscheinen. Erstens wird der Markt Nachhaltiger Geldanlagen allgemein trotz oder vielleicht gerade wegen der aktuell krisenhaften Rahmenbedingungen weiter wachsen.[31] Nachhaltige Zertifikate profitieren hiervon ebenso wie neue Anlageprodukte. Auch nachhaltige ETFs sind in diesem Zusammenhang zu nennen. Zweitens wird sich die Ausgestaltung vieler Zertifikate ändern. Es werden sich Produkte mit kürzerer Restlaufzeit und höheren Sicherheitspuffern behaupten. Drittens – von besonderem Interesse für die Nachhaltigkeit – sind neue Anlagethemen zu erwarten, die fachlich „reif“ erscheinen und eine „Story“ besitzen. Die Verfasser dieses Beitrages nehmen inzwischen eine eher zurückhaltende Position ein, was die Innovationsaffinität der Finanzhäuser angeht. Die Nutzung geothermischer Energie, nachhaltige Immobilieninvestments oder der Bildungs-

[30] Vgl. zu Hintergrundinformationen die Internetseite www.derivatives-group.com/ratings.html.
[31] Vgl. auch Global Sustainable Investment Alliance (2013), S. 35.

bereich sind jedoch weiterhin Anlagethemen, die Potenziale für die Emission nachhaltiger Zertifikate besitzen. Viertens wird das schwierige Marktumfeld weiterhin qualitativ hohe Anforderungen sowohl an die Emittenten als auch an die Absatzmittler stellen. Dies mündet in die Weiterentwicklung der bestehenden Ratingkonzepte für den Gesamtmarkt ebenso wie in die Entwicklung anerkannter Maßstäbe für die Nachhaltigkeitsqualität von Zertifikaten.[32] Die zunehmende Kritik, beispielsweise an einigen Klimaschutzzertifikaten, lassen dies als conditio sine qua non erscheinen, damit Emittenten durch qualitätsschwache Produkte keine Reputationsrisiken eingehen.

Literatur

Brechmann, Arnd/Röder, Jürgen/Schneider, Stefan/Winkler, Dirk, (2008): Erfolgsweg Zertifikate. Strukturierte Produkte in der Beratungspraxis, Wiesbaden.

Deutscher Derivate Verband, (2008): Der deutsche Markt für derivative Produkte. Monatsstatistik zum Juli 2008, Frankfurt am Main.

Deutscher Derivate Verband, (2012): Die Zertifikatebranche in Zahlen. Das Buch der Fakten 6/1012, Frankfurt am Main.

Forum Nachhaltige Geldanlagen, (2005): Begriffserläuterungen im Bereich nachhaltiger Geldanlage, Berlin.

Forum Nachhaltige Geldanlagen, (2008): Statusbericht nachhaltiger Anlagemarkt 2008. Deutschland, Österreich und die Schweiz, Berlin.

Forum Nachhaltige Geldanlagen, (2012): Marktbericht nachhaltige Geldanlagen 2012. Deutschland, Österreich und die Schweiz, Berlin.

Forum Nachhaltige Geldanlagen, (2013): Was sind nachhaltige Geldanlagen? Berlin.

Global Sustainable Investment Alliance, (2013): Global Sustainable Investment Review – 2012, Utrecht [Dokument elektronisch veröffentlich unter http://www.gsi-alliance.org; Zugriff am 15.02.2013].

[32] So auch Roland Berger (2012), S. 5.

International Organization for Standardization, (2010): ISO 26000:2010 (en). Guidance on Social Responsibility, Genf [Dokument elektronisch veröffentlich unter https://www.iso.org/obp/ui/#iso:std:iso:26000; Zugriff am 15.02.2013].

Jörissen, Juliane/Kneer, Georg/Rink, Dieter, (2001): Wissenschaftliche Konzeptionen zur Nachhaltigkeit in: Grunwald, Armin/Coenen, Reinhard/Nitsch, Joachim/Sydow, Achim/Wiedemann, P. (Hrsg.): Forschungswerkstatt Nachhaltigkeit, Wege zur Diagnose und Therapie von Nachhaltigkeitsdefiziten, Berlin, S. 33-57.

Luhmann, H.-J., (2001): Das systematische Risiko des Finanzsystems. Parallelen zum Klimarisiko? in: Kreditwesen, Nr. 12/2001, S. 709-710.

Möntmann, H. G., (2003): Atomistische Märkte. Abschied von der Soziodemographie, in: Absatzwirtschaft, Nr. 5/2003, S. 46-53.

Oehler, K. D., (2008): Komplizierte Zertifikate verwirren die Kunden. Absatz der Branche stockt – Kritik an Garantiepapieren, in: Stuttgarter Zeitung, Ausgabe vom 10. Oktober 2008, S. 15.

Rat für Nachhaltige Entwicklung, (2012): Der Deutsche Nachhaltigkeitskodex, Berlin.

Roland Berger, (2012): Sustainable Banking offers Financial Institutions high Growth Potential. Roland Berger Strategy Consultants, Hamburg.

Rupf, Wolfgang, (1995): Anforderungen an einen gesamthaften Vermögensberatungsansatz. in: Cramer, Jörg-Engelbrecht/Rudolph, Bernd (Hrsg.): Handbuch für Anlageberatung und Vermögensverwaltung, Methoden und Instrumente des Portfoliomanagements, Frankfurt am Main, S. 291-296.

Schneider, S./Fahling, E./Scholand, M., (2008): Der Markt für nachhaltige Zertifikate in Deutschland. Ausgabe März 2008, Solingen.

Schneider, S./Baumast, A./Scholand, M./Fahling, E., (2012): Studie zum Markt für nachhaltige Anlageprodukte in Deutschland. Zertifikate, Exchange Traded Funds und aktiv gemanagte Investmentfonds. Ausgabe April 2012, Solingen.

Scholand, Markus, (2004): Triple Bottom Line Investing und Behavioral Finance. Investorenverhalten als Determinante der Entwicklung nachhaltiger Anlageprodukte, Frankfurt am Main und London.

Sieweck, J., (2002): Verstärkte Kundensegmentierung am Geldanlagemarkt. in: Sparkasse, Nr. 7/2002, S. 303-309.

Investition in nachhaltige Projekte mittels geschlossener Fonds

Martin Faust

1 Einleitung

Die Finanzierung nachhaltiger Investitionsprojekte erfordert hohe Geldbeträge. Eine Möglichkeit, das notwendige Eigenkapital zu beschaffen und privaten Kunden die Möglichkeit zu geben, in Nachhaltige Anlagen zu investieren, sind unternehmerische Beteiligungen, sogenannte geschlossene Fonds. Zielsetzung dieses Beitrages ist es, die Besonderheiten dieser Anlageform darzustellen und die mit einer Beteiligung an nachhaltigen Projekten verbundenen Chancen und Risiken zu erläutern.

Bei unternehmerischen Beteiligungen handelt es sich um ein für Finanzdienstleister und Anleger attraktives Produkt. Es unterscheidet sich fundamental von klassischen Wertpapieranlagen. Im Rahmen dieses Beitrages werden zunächst die besondere rechtliche und steuerliche Konstruktion erläutert sowie die Marktentwicklung dargestellt. Die mit Beteiligungen verbundenen allgemeinen Chancen und Risiken werden nachfolgend diskutiert. Im Mittelpunkt des Beitrages stehen die verschiedenen Investitionsmöglichkeiten in nachhaltige Projekte. Diese werden näher erläutert und auch die spezifischen Chancen und Risiken aufgezeigt. Angesichts der Vielzahl und Inhomogenität der Anlagemöglichkeiten kommt der Auswahl der Projekte eine besondere Bedeutung zu. Daher werden die hierbei zu berücksichtigenden Kriterien vorgestellt. Ebenfalls wird auf die Erfolgsfaktoren für den Vertrieb eingegangen. Den Abschluss des Beitrages bilden ein kurzes Fazit und ein Ausblick.

2 Geschlossene Fonds

2.1 Rechtliche und steuerliche Konstruktion

Bei geschlossenen Fonds beteiligt sich der Anleger auf der Grundlage eines von einem Initiator entwickelten Konzepts an einer Personengesellschaft. Er wird dadurch Mitunternehmer und eröffnet sich die damit verbundenen Chancen, trägt aber zugleich auch die unternehmerischen Risiken. Die meisten Beteiligungsfonds werden in der Rechtsform einer KG, insbesondere der GmbH & Co. KG aufgelegt. Hierdurch lassen sich die Vorteile einer Personengesellschaft mit der Haftungsbegrenzung einer Kapitalgesellschaft verbinden.

Bei einer Beteiligungsgesellschaft sind neben den Anlegern verschiedene Personen und Gesellschaften eingebunden. Nachfolgende Abbildung bietet eine Übersicht über die Struktur eines Beteiligungsmodells.

Abbildung 1: Struktur eines Beteiligungsmodells

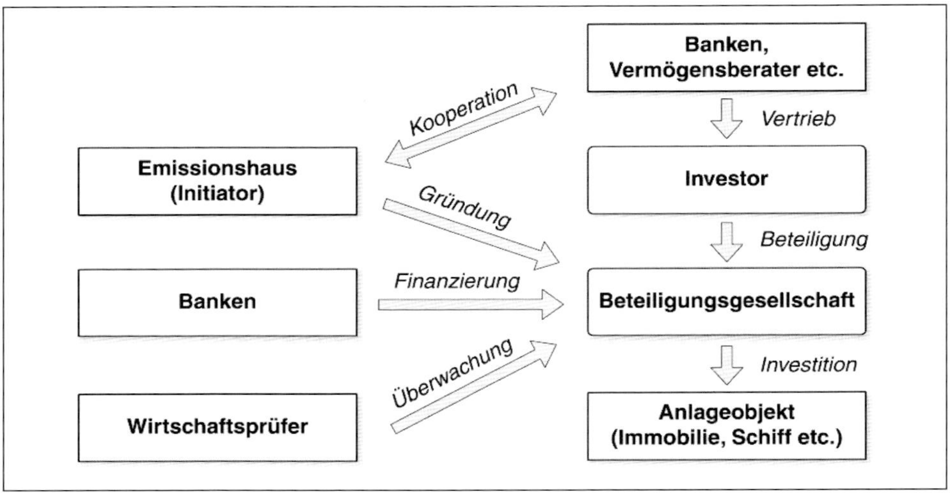

Die Initiative zur Gründung der Beteiligungsgesellschaft geht vom Initiator aus. Dieser verfügt zum einen über die notwendigen Marktkenntnisse, z.B. bei Erneuerbaren Energien, und zum anderen über Kontakte zu Vertriebspartnern. Diese werben die Investoren aus dem Kreis ihrer Kunden an und erhalten dafür Provisionen. Wird das für den Erwerb des Anlagegegenstandes notwendige Eigenkapitals erreicht, werden keine weiteren Anleger mehr aufgenommen, der Fonds wird „geschlossen". Neben dem Eigenkapital der Investoren wird in der Regel über Banken zusätzliches Fremdkapital für den Erwerb des Anlageobjektes beschafft. Die laufende Überwachung der Beteiligungsgesellschaft erfolgt durch einen Wirtschaftsprüfer. Die Anleger erhalten einen jährlichen Geschäftsbericht, in dem die Entwicklung des Projektes dokumentiert wird. Einmal im Jahr findet eine Gesellschafterversammlung statt (ggf. auch im Umlaufverfahren), auf der jeder Gesellschafter entsprechend seines Kapitalanteils stimmberechtigt ist.

Die Rechtsform der Personengesellschaft wird auch aus steuerlichen Gründen gewählt. Diese gelten als sogenannte **partielle Steuersubjekte**, d.h., der Unternehmenserfolg wird zunächst auf Ebene der Gesellschaft ermittelt und anschließend jedem einzelnen Gesellschafter und damit letztlich dem Anleger zugeordnet. Anders als bei der Beteiligung an einer Kapitalgesellschaft (GmbH, AG) werden dem Anleger die steuerlichen Ergebnisse der Gesellschaft unmittelbar zugerechnet. Grundsätzlich werden Einkünfte aus dem Gewerbebetrieb erzielt, bei vermögensverwaltenden Personengesellschaften auch Einkünfte aus Vermietung und Verpachtung (z.B. bei Anlagen in Immobilien) oder Einkünfte aus Kapitalvermögen (z.B. Private Equity Fonds).

2.2 Der Markt für geschlossene Fonds in Deutschland

Der Beteiligungsmarkt ist durch eine unübersichtliche Vielzahl von Initiatoren und Modellen geprägt. Bedingt durch wirtschaftliche Entwicklungen sowie steuerliche und regulatorische Eingriffe, kam es in den letzten Jahren mehrfach zu gravierenden Veränderungen bei den Initiatoren, den angebotenen Produkten und dem Vertrieb.

Die Auswahl an Beteiligungsformen ist vielfältig und reicht von der Vermietung in- und ausländischer Immobilien, der Betreibung eines Wind- oder Solarparks, dem Ankauf von Lebensversicherungen auf dem Zweitmarkt (Lebensversicherungsfonds) bis hin zum Erwerb und der Vermietung eines Schiffes (Schiffsbeteiligungen) oder anderer Mobilien (z.B. Flugzeugen, Containern).

Attraktiv sind unternehmerische Beteiligungen durch ihre weitgehend unabhängig von der Situation auf den Wertpapiermärkten verlaufende Wert- und Ertragsentwicklung und die sich hieraus ergebende Diversifikation im Kundenportfolio.

Wurden noch vor einigen Jahren Beteiligungen primär aufgrund steuerlicher Vorteile erworben, so sind diese aufgrund mehrerer Steueränderungen zunehmend in den Hintergrund getreten. Die Beteiligungskonzepte müssen nun mehr denn je auch unter ökonomischen Gesichtspunkten überzeugen. Hinzu kommen immer häufiger auch ökologische oder ethische Anlagemotive, die es zu beachten gilt.

Die Bedeutung geschlossener Fonds für die Anlageberatung belegen die hohen Platzierungsvolumina in den letzten Jahren. Im Rekordjahr 2007 flossen in Deutschland Anlegergelder im Umfang von annähernd 13 Mrd. EUR in Fondsbeteiligungen.[1] Jedoch leidet der Markt für geschlossene Beteiligungen – wie andere Anlagemärkte auch – unter den Auswirkungen der Finanzmarkt- und Wirtschaftskrise. Das Platzierungsvolumen ist in den letzten Jahren deutlich gesunken. Während im Jahr 2008 trotz des kritischen Marktumfeldes noch Anlegergelder im Volumen von 10,2 Mrd. EUR eingeworben werden konnten, waren es 2010 nur noch 6,2 Mrd. EUR. Im Jahr 2012 ist das Volumen auf 3,8 Mrd. EUR weiter gesunken. Es liegt um 9 Mrd. EUR bzw. 70% unter dem Stand von 2007.[2]

[1] Vgl. Feri (2013), Kapitel 8, S. 48.

[2] Vgl. Feri (2013), Kapitel 8, S. 48.

Ein wachsender Anteil der Anlegergelder entfällt auf Anlagen im Bereich der Nachhaltigkeit. So ist der Anteil der Projekte in Erneuerbare Energien am Gesamtvolumen von 2007 bis 2012 von 2,1% auf 18,9% gestiegen.[3] In den einzelnen Jahren schwankten die Volumina des platzierten Eigenkapitals deutlich. Die tatsächlichen Investitionssummen lagen aufgrund der Nutzung von bis zu 50% Fremdkapital deutlich höher.

Abbildung 2: Energiefonds – Eigenkapital und Fondsvolumen[4]

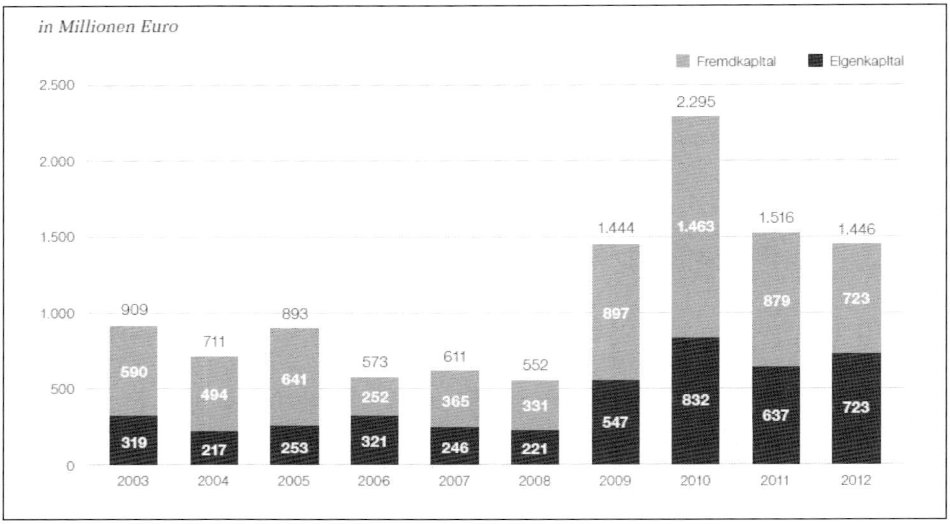

Quelle: VGF (2013), S. 19

Neben Investitionen in Erneuerbare Energien sind auch Projekte in Ackerland, Wald sowie Microfinance den Nachhaltigen Geldanlagen zuzuordnen.

2.3 Zunehmende Regulierung als Reaktion auf Vertrauenskrise

Die Ursachen für die gesunkenen Emissionsvolumen sind nicht nur den wirtschaftlichen Rahmenbedingungen anzulasten. Vielmehr besteht eine tiefe Vertrauenskrise gegenüber geschlossenen Fonds und ihren Anbietern.

[3] Vgl. Feri (2013), Kapitel 8, S. 48.

[4] Vgl. VGF (2013), S. 19.

Viele der Probleme sind hausgemacht. So tummelten sich auf dem Markt aufgrund eines fehlenden Zulassungsverfahrens eine Vielzahl unseriöser Initiatoren. Darüber hinaus haben viele Anbieter trotz fehlenden Know-hows eine Ausweitung ihrer Angebotspalette vorgenommen. Ebenfalls gab es einen Trend zu immer exotischeren Anlagen, für die keine Erfahrungswerte vorlagen, so in Einkaufzentren in Indien, Wohnimmobilien in China, Riesenräder und Patentrechte.

Ein Grundproblem besteht darin, dass die Auswahl der Anlagen auf der Basis von Plandaten erfolgt. Hier waren viele Prognoserechnungen stark geschönt und die Anleger hätten nur unter sehr optimistischen Umständen die Planrenditen erzielt.

Im Rahmen der Wirtschaftskrise seit 2008 ergaben sich bei vielen Fonds ökonomische Schwierigkeiten. Viele Anleger fühlen sich über die Risiken der Anlagen und die Provisionsgestaltung nur sehr unzureichend informiert und klagen bei Gericht auf eine Rückabwicklung der Geschäfte. Anleger vermuten bei einigen Fondskonstruktionen eine systematische Benachteiligung gegenüber dem Initiator oder weiteren Geschäftspartnern. Hierzu beigetragen haben Intransparenzen durch die häufig sehr komplexe Konstruktion mit der Einschaltung vieler Geschäftspartner und Zwischengesellschaften im In- und Ausland. Interessenskonflikte können somit nicht ausgeschlossen werden.

Bei kaum einem anderen Anlageprodukt erwirtschaften Initiatoren und Vertrieb so hohe prozentuale Erträge wie bei geschlossenen Fonds. Hierdurch besteht die Gefahr, dass falsche Anreize bei Anbietern und Vertrieb gesetzt werden und nicht mehr die Interessen der Kunden im Vordergrund stehen.

Der durch unseriöse Anbieter, Vertriebe und Produkte entstandene Schaden für die Anleger und der in Folge eingetretene Vertrauensverlust sind auch dem deutschen Gesetzgeber anzulasten. Erst sehr spät hat die Politik auf die Verwerfungen im Markt reagiert. Somit besteht in den verschärften Regulierungen der letzten Jahre auch die Chance, die Attraktivität geschlossener Beteiligungen wieder zu steigern.

Mit dem zum 1. Juni 2012 in Kraft getretenen **Vermögensanlagegesetz** (VermAnlG) ist der Anlegerschutz im Markt für geschlossene Fonds gestärkt worden. Die gesetzlichen Änderungen haben gravierende Auswirkungen auf die Beratung und den Vertrieb von Beteiligungen. Im Kern wurden die bestehenden Vorschriften bei der Wertpapierberatung auf geschlossene Fonds ausgedehnt.

Zielsetzung ist es, für den Bereich der geschlossenen Fonds einen besseren Schutz der Privatanleger vor fehlerhafter Beratung und mangelhafter Aufklärung zu erreichen. Hierzu soll zum einen die Qualität der Beratung und Vermittlung von geschlossenen

Fonds erhöht sowie deren Kontrolle durch öffentliche Stellen sichergestellt werden. Umfassende Informationspflichten wie ein **Vermögensanlage-Informationsblatt** (VIB) sollen darüber hinaus die Transparenz der Produkte erhöhen.

Neben dem Vertrieb werden seit Juli 2013 mit der Umsetzung der **AIFM-Richtlinie (Alternative Investment Fund Managers Directive)** in deutsches Recht auch die Initiatoren geschlossener Fonds einer stärkeren Regulierung unterworfen.

3 Attraktivität geschlossener Fonds für Anleger

Ein Produkt wird nur dann von den Kunden akzeptiert, wenn es einen Nutzen für sie besitzt. Geschlossene Fonds bieten dem Anleger eine Reihe von Vorteilen, jedoch sind sie auch mit Risiken behaftet. Nachfolgend sollen die auf alle Beteiligungsarten zutreffenden dargestellt werden. Darüber hinaus ergeben sich aus der Fondskonstruktion und dem Anlageobjekt spezifische Chancen, aber auch Risiken.

3.1 Vorteile geschlossener Fonds

Wesentliche Vorteile sind:

- **Vermögensdiversifikation**

  Die Wertentwicklung geschlossener Fonds weicht von der klassischer Anlagen wie Aktien und Anleihen ab. Verantwortlich hierfür sind die häufig langfristigen Verträge mit Pächtern und Energieabnehmern, die konstante Erträge auch in Wirtschaftskrisen ermöglichen. Darüber hinaus sind Anlagen in Erneuerbaren Energien aufgrund der festen Abnahmepreise für Strom konjunkturunabhängig. Daher sind geschlossene Fonds aufgrund ihres häufig geringen Gleichlaufs (Korrelation) zu anderen Anlageklassen zur Diversifikation des Vermögens geeignet. Durch den Erwerb von Beteiligungen ist es dem Anleger möglich, das Verhältnis von Rendite zu Risiko im Gesamtportfolio zu verbessern.

- **Anlage in einen Sachwert**

  Bei der Mehrzahl der Beteiligungen erfolgt die Anlage der Gelder in Sachwerte wie Immobilien, Schiffe oder Flugzeuge. Diese bieten durch die regelmäßige Anpassung der Mieten und Charterraten sowie die Entwicklung des Veräußerungspreises einen gewissen Inflationsschutz.

- **Geringe Beteiligungsbeträge**

  Eine direkte Beteiligung an Immobilien oder Mobilien übersteigt auch bei vermögenden Anlegern das Investitionsvolumen. Zwar könnten sie einzelne Anlagen erwerben, jedoch ist der Aufbau eines diversifizierten Portfolios nur mit einem sehr hohen Vermögen möglich. Durch eine Fondslösung kann ein Investor auch mit geringeren Anlagebeträgen von den Vorteilen unternehmerischer Beteiligungen profitieren.

- **Finanzierbarkeit**

  Bei geschlossenen Fonds ist es üblich, dass neben dem Eigenkapital des Anlegers auch noch Kredite für den Erwerb der im Fonds enthaltenen Vermögensgegenstände in Anspruch genommen werden. Durch die Kreditfinanzierung kann der so genannte Leverage-Effekt zur Renditesteigerung genutzt werden.

- **Geringer Verwaltungsaufwand**

  Gut verdienende Angestellte, Freiberufler und Unternehmer sind üblicherweise zeitlich sehr stark in ihrem Beruf gebunden. Sie wollen deshalb nicht auch noch in ihrer spärlichen Freizeit übermäßig mit den Problemen ihrer Geldanlagen konfrontiert werden. Hier sind Beteiligungen besonders attraktiv, da nach dem Erwerb in der Regel nur noch ein geringer Verwaltungsaufwand anfällt, der deutlich niedriger als bei einer Direktanlage ist.

- **Professionelles Management**

  Da die Initiierung und das Management von Spezialisten übernommen werden, braucht der Anleger nicht selbst über Know-how sowie Marktzugang und -kenntnisse zu verfügen.

- **Teilweise steuerfreie Ausschüttungen – steuerliches Ergebnis**

  Aus der Prognoserechnung eines Fonds sind die zu erwartenden Ausschüttungen ersichtlich. Da der Anleger nicht die Ausschüttung versteuern muss, sondern immer das anteilige steuerliche Ergebnis, ergibt sich bei vielen Angeboten in den ersten Jahren ein positiver Steuereffekt. Dieser resultiert daraus, dass die laufenden Abschreibungen auf die Immobilie oder Mobilie zwar steuerlich berücksichtigt werden, liquiditätsmäßig aber keinen Abfluss darstellen. Demzufolge ist in den ersten Jahren das zu versteuernde Ergebnis geringer als die Ausschüttung, wodurch sich im Endeffekt eine teilweise steuerfreie Ausschüttung ergibt. Vorsicht ist aber bei Fonds mit hohen Innenfinanzierungen angebracht, da sich dieser positive Effekt aus den Anfangsjahren in der Zukunft irgendwann umkehrt. Das liegt wiederum an der Tilgung, die sich bei der Liquidität als Ausgabe niederschlägt, bei der Steuerrechnung aber keinen Eingang findet.

- **Negatives steuerliches Ergebnis**

  Einer der wesentlichen Gründe für den starken Absatzboom geschlossener Fonds in den Jahren vor 2006 lag in den hohen negativen steuerlichen Ergebnissen, die durch hohe Abschreibungen und Werbungskosten darstellbar waren. Da die Fonds in der Rechtsform einer Personengesellschaft konzipiert werden, führen diese Verluste zu einer Reduzierung der anderen positiven Einkünfte. Die Möglichkeiten der Generierung negativer steuerlicher Ergebnisse wurden jedoch in den letzten Jahren stark eingeschränkt.

- **Attraktive Nach-Steuer-Renditen**

  Aufgrund des Chance-Risiko-Verhältnisses lassen sich mit Beteiligungen hohe Renditen erzielen. Darüber hinaus bieten geschlossene Fonds häufig steuerliche Vorteile, z.B. durch steuerfreie Veräußerungsgewinne oder die Nutzung von Doppelbesteuerungsabkommen. Diese führen zu einer Erhöhung der Nach-Steuer- gegenüber der Vor-Steuer-Rendite – auch im Vergleich zu anderen, nicht oder weniger steuerlich privilegierten Anlageformen.

3.2 Risiken geschlossener Fonds

Wie bei jeder Kapitalanlage stehen den Vorteilen immer auch entsprechende Nachteile gegenüber. Vor allem darf bei geschlossenen Fonds nicht der Grundsatz des Kapitalmarktes, dass eine höhere Renditechance immer ein Spiegelbild des Risikoprofils ist, vergessen werden. Dieses kann bis zum Totalverlust des eingesetzten Kapitals führen. Dass dies nicht lediglich ein theoretisches Risiko darstellt, belegen zahlreiche Fälle in der jüngsten Vergangenheit.

Als wesentliche Risiken lassen sich deshalb folgende Punkte zusammenfassen:

- **Unternehmerisches Risiko**

  Bei geschlossenen Fonds handelt es sich um unternehmerische Beteiligungen. Es besteht daher die Gefahr, dass geringere Erträge bzw. Renditen als prognostiziert erwirtschaftet werden. Der Erfolg einer Beteiligung ist insbesondere von der Vermarktung und späteren Veräußerung der Immobilie oder Mobilie abhängig. Wesentlichen Einfluss auf den Vermarktungserfolg hat die allgemeine wirtschaftliche und konjunkturelle Entwicklung.

- **Haftung**

  In Abhängigkeit von der Rechtsform muss der Anleger u.U. auch mit seinem gesamten Privatvermögen haften. Aber selbst wenn keine über die Einlage hinausgehende Haftung vorhanden ist und diese bei der KG auch nicht über ein Wiederaufleben der Haftung entstanden ist, darf nicht das Haftungsrisiko in Form der erbrachten Einlage vergessen werden. Diese kann im schlimmsten Fall verloren sein (Totalverlust).

- **Steuerliche und rechtliche Risiken**

  Beteiligungen sind sehr komplexe Konstruktionen, die bei der Konzeption ein hohes Maß an Know-how erfordern. Selbst viele Steuerberater sind mit der Prüfung von Konzepten überfordert. Aus unerwarteten Gesetzesänderungen, Veränderungen in der Einschätzung der Finanzverwaltungen sowie aus der Rechtsprechung können sich Risiken ergeben. In der Folge kann es zu einer drastischen Senkung der Rendite oder einer Rückabwicklung kommen.

- **Finanzierung/Anschlussfinanzierung**

  Eine unternehmerische Beteiligung enthält in der Regel eine Kreditfinanzierung. Kredite sind nur dann für die nächsten Jahre gut kalkulierbar, wenn die Konditionen bereits festgeschrieben sind. Weil häufig die Dauer der Zinsfestschreibung nicht identisch mit der geplanten Laufzeit des Fonds ist, besteht eine Unsicherheit bezüglich der Zinskonditionen einer Anschlussfinanzierung.

  Da Zins- und Tilgungsleistungen unabhängig vom Erfolg der Anlage zu leisten sind, führt ein Sinken der Gesamtkapitalrendite unter die Fremdkapitalkosten zu einer Verringerung der Eigenkapitalrendite. Diese kann sogar negativ werden und zum Verzehr des Eigenkapitals führen.

  Als Sicherheit für die Kredite dient regelmäßig das Anlageobjekt, z.B. die Immobilie. Verliert dieses aufgrund von Marktentwicklungen drastisch an Wert, so können Klauseln in den Kreditverträgen dazu führen, dass die Kreditgeber zusätzliche Sicherheiten oder eine teilweise Rückzahlung des Kredites verlangen. Wird dies von den Anlegern abgelehnt, kann es zu einer Zwangsverwertung des Investitionsobjektes führen. Vielfach reicht der Liquidationserlös nur zur Deckung der Kredite aus, so dass sich für die Anleger ein Totalverlust ihres Kapitals ergibt.

- **Währungsrisiken**

  Da die Erträge aus der Vermietung oder Vercharterung der Anlageobjekte häufig in Fremdwährung erzielt werden, besteht ein Währungsrisiko. So kann eine Aufwertung des Euros zu deutlichen Mindereinnahmen führen.

Zur Nutzung der niedrigen Zinsniveaus in einigen Ländern erfolgt häufig die Kreditfinanzierung in Fremdwährungen wie US-Dollar, Schweizer Franken oder Yen. Auch hieraus können sich in Höhe der Zins- und Tilgungsleistung Risiken aus Wechselkursveränderungen ergeben.

- **Mangelnde Handelbarkeit**

  Bei geschlossenen Kapitalanlagen besteht keine Rücknahmeverpflichtung durch den Fondsinitiator oder den vertreibenden Finanzdienstleister. Es muss hier für den verkaufswilligen Gesellschafter über den Zweitmarkt ein neuer Anleger gefunden werden, der an dessen Stelle in die Gesellschaft eintritt. Der Zeitraum, innerhalb dessen ein neuer Gesellschafter gefunden wird, kann in Abhängigkeit von der Preisvorstellung des Verkäufers und dem Erfolg der Fondsgesellschaft durchaus mehrere Monate betragen. Schwierigkeiten bereitet insbesondere die Bepreisung des Unternehmensanteils. Aufgrund der damit verbundenen Unsicherheit kann es zu deutlichen Abschlägen gegenüber dem aus Verkäufersicht „fairen“ Wert kommen. Bei schlecht verlaufenden Fonds, an denen sich trotz eines erheblichen Preisabschlages kein neuer Anleger beteiligen will, kann ein Anteil auch vorübergehend unverkäuflich sein. Falls ein Anleger aber gerade zu diesem Zeitpunkt, z.B. durch eine wirtschaftliche Notlage, liquide Mittel benötigt, steht er vor einem großen Problem.

  Ende der neunziger Jahre hat die Börse Hamburg erstmals in Deutschland eine Plattform zum Handel von geschlossenen Fonds errichtet (Fondsbörse Deutschland). Andere Börsen sind dem gefolgt. Die Umsätze sind bislang nur sehr gering und konzentrieren sich häufig auf größere Fonds. Von vielen Fondsinitiatoren wird ebenfalls die Vermittlung bei Verkäufen sowie Käufen angeboten.

- **Spezifische Risiken einzelner Fondsarten**

  Neben den bereits genannten Risiken gibt es noch eine Reihe weiterer Quellen für Probleme. Diese sind oftmals sehr individueller Art und von der Ausgestaltung der Konzeption und dem Anlagegegenstand abhängig (z.B. die Qualität der technischen Anlagen bei Windkraftfonds, der Entwicklung der Charterraten bei Schiffsbeteiligungen).

4 Nachhaltige Projekte

Wie bereits aufgezeigt, stellen Investitionen in nachhaltige Anlagen bisher nur einen geringen, jedoch steigenden Teil des Gesamtvolumens von geschlossenen Fonds dar. Nachfolgend sollen die wesentlichen Investitionsobjekte im Bereich nachhaltiger Anlagen vorgestellt und hinsichtlich ihrer Chancen und Risiken bewertet werden.

4.1 Erneuerbare Energien

Deutschland ist weltweit – mit Abstand vor den USA und Japan – Vorreiter in Sachen Erneuerbare Energien. Der Anteil der regenerativen Energien an der gesamten Stromerzeugung hat sich von 6,5% im Jahr 2003 auf 24% im Jahr 2012 mehr als verdreifacht. Bis 2030 soll ihr Anteil auf 35% steigen.[5] Um ein weiteres Wachstum zu erreichen, unterstützt der Bund Investitionen in diesem Bereich durch zinsgünstige Förderdarlehen und festgelegte Mindestabnahmepreise für den erzeugten Strom. Dies ermöglicht ein wirtschaftliches Betreiben auch größerer Anlagen zur Nutzung der Energie aus Sonne, Wind und Wasser.

Erneuerbare Energien haben in den letzten Jahren stark an Bedeutung zugenommen. Hierfür verantwortlich sind insbesondere die gesetzlichen Rahmenbedingungen. Das **Erneuerbare-Energien-Gesetz** verpflichtet die Netzbetreiber zur Abnahme und Vergütung regenerativer Energien, wobei die erhöhten Erzeugungskosten nicht von den Energieversorgungsunternehmen selbst zu tragen sind, sondern von den Verbrauchern. Durch die gesetzliche Abnahmeverpflichtung besteht bezüglich des erzielten Strompreises eine sichere Kalkulationsgrundlage. Ein Preisrisiko besteht somit auf Grundlage der zurzeit geltenden gesetzlichen Vorschriften bei Investitionsobjekten in Deutschland nicht.

Andere Länder sind dem Beispiel Deutschlands gefolgt und unterstützen ebenfalls die Nutzung Erneuerbarer Energien. Daher werden auch geschlossene Fonds angeboten, die im Ausland investieren. Dem Anleger bietet dies die Möglichkeit, die Chancen im Ausland zu nutzen und die Risiken durch die Streuung über mehrere Länder und Regionen zu senken.

Erneuerbare-Energien-Fonds weisen neben den bereits aufgezeigten allgemeinen Chancen und Risiken einer unternehmerischen Beteiligung einige Besonderheiten auf, die Einfluss auf das Chance-Risiko-Profil haben. Nachfolgend werden die wesentlichen Beteiligungsformen im Bereich Erneuerbare Energien kurz vorgestellt, dabei mit Windkraft- und Solarfonds die beiden bedeutendsten Formen.

---

5 BMU (2013), S. 5, 7.

4.1.1 Windkraftfonds

4.1.1.1 Merkmale von Windkraftfonds

Eine herausragende Stellung bei den regenerativen Energien nimmt die Windenergie ein. Mittlerweile drehen sich hierzulande mehr als 20.000 Windräder und produzieren etwa 8% des benötigten Stroms.[6]

Die Anlageidee besteht darin, dass der Investor mit seiner Beteiligung Gesellschafter einer Personengesellschaft wird, die einen Windpark erwirbt und betreibt. Die Erträge erzielt die Gesellschaft durch die Veräußerung des erzeugten Stroms zum gesetzlich festgelegten Preis. Die Laufzeit des Investments ist in der Regel auf 15 bis 20 Jahre geplant. Danach erfolgen der Abbau der Anlagen und ihre Verschrottung.

Die Beteiligungsgesellschaften betreiben im Regelfall einen oder mehrere Windparks zur Energieerzeugung und verkaufen diesen Strom zur Gewinnerzielung. Damit ist die Beteiligungsgesellschaft gewerblich tätig. Die einzelnen Gesellschafter sind steuerlich Mitunternehmer und erzielen Einkünfte aus Gewerbebetrieb entsprechend ihrer quotalen Beteiligung am Ergebnis der Gesellschaft. Die Einkünfte werden beim einzelnen Gesellschafter besteuert und unterliegen seinem persönlichen Steuersatz.

Die Windenergieanlagen werden als Betriebsvorrichtungen steuerlich wie bewegliche Wirtschaftsgüter behandelt. Die Absetzung für Abnutzung (AfA) bestimmt sich daher nach den für bewegliche Wirtschaftsgüter maßgeblichen Vorschriften des Einkommensteuergesetzes (EStG).

Angeboten werden verstärkt auch Investitionsobjekte im Ausland. Diese bieten neben besseren Windbedingungen gegebenenfalls auch steuerliche Vorteile.

4.1.1.2 Chancen und Risiken

Windkraftfonds weisen neben den bereits aufgezeigten allgemeinen Chancen und Risiken einer unternehmerischen Beteiligung einige Besonderheiten auf, die Einfluss auf das Chance-Risiko-Profil haben.

[6] Vgl. Deutsche WindGuard (2013), S. 1.

Durch die gesetzliche Abnahmeverpflichtung besteht bezüglich des erzielten Strompreises eine sichere Kalkulationsgrundlage. Ein Preisrisiko besteht somit auf Basis der zurzeit geltenden gesetzlichen Vorschriften nicht. Dennoch besteht die Gefahr, dass durch gesetzliche Änderungen die Attraktivität für künftige Investitionen sinkt.

Von besonderer Bedeutung für den Erfolg eines Windkraftfonds sind der Standort und die verwendete Technik. Zur Auswahl des geeigneten Standorts werden Windgutachten erstellt. In die Windprognose fließen z.B. langjährige Messwerte des sogenannten Windatlasses sowie eine detaillierte Analyse der Oberflächenstruktur der umliegenden Landschaft ein. Bezieht man das ermittelte Windaufkommen auf den verwendeten Anlagentyp, ergibt sich die Prognose für die produzierte Strommenge. Bei den in der Vergangenheit platzierten Fonds lagen die tatsächlichen Werte häufig deutlich unterhalb der prognostizierten. Daher sollte bei der Prospektprüfung das Windgutachten kritisch betrachtet werden, denn mit der Prognosesicherheit der durchschnittlichen Jahreswindgeschwindigkeit steht und fällt der Fonds. Auch sollten mehrere Windgutachten vorliegen. Obligatorisch sollten Sicherheitsabschläge für schwankende Windverhältnisse eingebaut werden. Ebenfalls sollten in der Kalkulation Abschattungsverluste durch in unmittelbarer Nähe befindliche bzw. geplante Windenergieanlagen berücksichtigt werden.

Aufgrund der für einen effizienten Einsatz der Anlagen notwendigen durchschnittlichen Windgeschwindigkeiten kommen in Deutschland nur bestimmte Regionen in Frage. Die Erschließung neuer attraktiver Standorte bereitet daher immer größere Schwierigkeiten. Die Situation wird noch dadurch verschärft, dass die Kommunen und Landkreise aufgrund der zunehmenden Kritik in ihrer Bevölkerung weniger Genehmigungen erteilen bzw. diese an strenge Auflagen binden. So gehen die Kritiker der Windkraft immer häufiger gegen die Belästigungen durch Lärm und Schattenwurf sowie die baulichen Veränderungen in der Landschaft vor. Von großer Wichtigkeit ist deshalb, dass bei Fondsauflage alle Genehmigungen verbindlich vorliegen.

Windkraftanlagen bestehen aus technischen Hochleistungskomponenten, die einer regelmäßigen und professionellen Wartung bedürfen. Obwohl die technische Lebensdauer auf bis zu 30 Jahre ausgelegt ist, liegen kaum Erfahrungswerte für eine längere Nutzungsdauer vor. In der Kalkulation der Fondsrechnung müssen daher zum einen Kosten für Reparaturen Berücksichtigung finden, zum anderen auch Ertragsausfälle durch die Abschaltung der Anlage. Gleiches gilt für die laufenden Betriebskosten. Weiterhin sind Kosten für den Rückbau der Anlagen in angemessener Höhe anzusetzen. Ebenfalls sind in der Kalkulation Übertragungsverluste zu berücksichtigen, deren Höhe von der Länge der Leitungen bis zum abnehmenden Energieversorgungsunternehmen abhängt.

Eine Lösung für die abnehmende Zahl geeigneter Standorte im Binnenland wird in Off-Shore-Windparks auf hoher See und im Wattenmeer gesehen. Hierzu hat die Bundesregierung bereits einigen Initiatoren Konzessionen erteilt. Die Errichtung der Anlagen zum Teil auf hoher See stellt hohe technische Anforderungen und ist daher deutlich teurer als im Inland. Was die deutlich leistungsstärkeren Aggregate von Off-Shore-Windparks betrifft, so liegen noch keine Erfahrungswerte zur Langlebigkeit der Technik und den Reparatur- und Betriebskosten vor. Gegenüber Anlagen auf dem Festland sind jedoch die Windbedingungen deutlich besser.

4.1.2 Solarfonds

4.1.2.1 Merkmale von Solarfonds

Im Bereich der Erneuerbaren Energien werden neben den Windkraftfonds seit einigen Jahren Solarfonds angeboten. Angesichts der Schwierigkeiten bei der Findung geeigneter Standorte für Windparks rücken Solarparks zunehmend in das Interesse von Fondsinitiatoren und Anlegern.

Durch die enormen Fortschritte im Bereich der **Photovoltaik** in den letzten Jahren ist der Anteil an der Stromversorgung in Deutschland auf 5% gestiegen. Solarfonds unterscheiden sich in ihrer rechtlichen Struktur nicht von Windfonds. Die Laufzeit der Beteiligung beträgt in der Regel 15 bis 20 Jahre.

Ein Solarpark besteht aus mehreren tausend Solarmodulen, in denen die einzelnen Solarzellen elektrisch und mechanisch zusammengefasst werden. Da die benötigte Fläche sehr groß ist, werden Solarparks zumeist auf gepachteten Industriebrachen und ehemaligen Militärgeländen betrieben. Die Überwachung der Anlagen erfolgt über Ferndiagnosesysteme, so dass hierfür nur geringe Personalkosten anfallen. Aufgrund der verwendeten Technik, die ohne bewegliche Teile auskommt, arbeiten die Anlagen weitgehend verschleißfrei.

Deutlich einfacher in der Technik sind **Solarthermieanlagen**. Hierbei wird die Sonnenwärme genutzt, um Wasser oder andere Flüssigkeiten zu erwärmen. Das Wasser kann dann als Warmwasser oder für Fernwärme genutzt werden. Durch Spiegel ist es auch möglich, die Flüssigkeiten so zu erwärmen, dass der erzeugte Dampf zur Stromerzeugung genutzt werden kann.

Die Auswahl der Standorte erfolgt auf Grundlage von Gutachten zur sogenannten Globalstrahlung. Diese werden z.B. vom Deutschen Wetterdienst auf Basis von Boden- oder Satellitenmessungen mehrerer Jahrzehnte erstellt. Um auf dem Stand der heutigen Technik einen Solarpark wirtschaftlich betreiben zu können, ist ein sonnenreicher Standort notwendig. Da auch andere Länder staatliche Förderprogramme betreiben und über günstige Wetterbedingungen verfügen, werden verstärkt auch Fonds mit Solarparks in Südeuropa angeboten.

4.1.2.2 Chancen und Risiken

Für die Einspeisung des erzeugten Stroms in die Netze der Energieversorgungsunternehmen erhalten Photovoltaikanlagen in Deutschland eine Solarstromvergütung. Durch die für 20 Jahre gesetzlich garantierte Vergütung besteht für die Betreiber kein Preisrisiko. Unsicherheit besteht jedoch in der Menge des erzeugten Stroms. Diese ist zum einen von der verwendeten Photovoltaikanlage, zum anderen von der Sonnenscheindauer abhängig.

Die in den Solargutachten ausgewiesene Globalstrahlung stellt den Mittelwert aus mehrjährigen Beobachtungen dar. Dennoch ist es möglich, dass die solare Strahlung in der Zukunft von den Vergangenheitswerten abweicht. Der Stromertrag ist darüber hinaus vom Wirkungsgrad der verwendeten Solarmodule abhängig. Mit der Zeit können einzelne Solarzellen an Leistung verlieren oder ausfallen. In der Prognoserechnung sollte daher ein Risikoabschlag vorgenommen werden.

Da es sich um relativ neue technische Verfahren und Anlagen handelt, bestehen noch keine Erfahrungswerte über deren Langlebigkeit und Reparaturanfälligkeit. Es sollten daher nur Solarstromanlagen namhafter Hersteller verwendet werden. Diese geben häufig eine Garantie von bis zu 20 Jahren auf die Leistungsfähigkeit ihrer Solarmodule. Um die Sicherheit für den Anleger zu erhöhen, können Erlösversicherungen abgeschlossen werden. Diese geben eine Ertragsgarantie in Höhe eines bestimmten Prozentsatzes (z.B. 90%) des Prognoseertrags. Diese zusätzliche Sicherheit für den Anleger ist jedoch mit Kosten für die Versicherung und damit einer Reduzierung der prognostizierten Rendite verbunden. Um die Werthaltigkeit der Garantien zu gewährleisten, sollten nur Partner mit einer guten Bonität ausgewählt werden.

Aufgrund der innovativen Technik und der noch jungen Historie von Solarfonds kommt der Auswahl des Fondsanbieters eine besondere Bedeutung zu. Durch das gestiegene Interesse der Anleger an Solarfonds gehen auch Anbieter an den Markt, die noch über keinerlei Erfahrung mit der Errichtung und dem Betreiben von Solarparks verfügen. Es sollten daher Initiatoren ausgewählt werden, die erfolgreiche Referenzprojekte nachweisen können.

4.1.3 Biomasse/Biogas

Auf Biomasse und Biogas spezialisierte Fonds investieren in Anlagen, die regenerative, organische Stoffe wie Holz, Stroh, Pflanzenöle oder Abfallstoffe wie Gülle, Deponie-, Klär- und Grubengas in Energie umsetzen. Hierbei wird die Energie aus der Verbrennung der Stoffe und der Umwandlung in Gas gewonnen. Das erzeugte Gas kann dann in die Erdgasnetze eingespeist werden oder durch Verbrennung zur Stromerzeugung dienen.

Ein wesentlicher Vorteil von Biomasse und Biogas liegt in der kontinuierlichen Energieerzeugung. Bei Solar- und Windenergie bestehen demgegenüber gravierende, nicht planbare Schwankungen. Risiken können sich aus der Beschaffung der für die Erzeugung der Energie notwendigen Einsatzstoffe ergeben. Diese können unter Umständen nicht in der benötigten Menge und Qualität erworben werden. In Folge von Marktknappheiten kann es zu Preiserhöhungen kommen. Wichtig ist daher der Abschluss langfristiger Lieferverträge.

Die Menge des erzeugten Gases ist von der Qualität der Rohstoffe abhängig. Wetter- oder lagerbedingte Qualitätsminderungen können sich negativ auf die Erträge auswirken. Der Absatzpreis für Biogas setzt sich üblicherweise aus dem Marktpreis für handelsübliches Erdgas und einem Bonus für die bei der Verstromung des Biogases durch den jeweiligen Abnehmer erzielbare Einspeisevergütung zusammen. Der Erfolg der Anlage ist daher von der Entwicklung des Erdgaspreises abhängig.

Kritisch ist unter Nachhaltigkeitsgesichtspunkten zu sehen, wenn zur Herstellung der Biomasse andere Nahrungspflanzen verdrängt und Wälder gerodet werden.

4.1.4 Geothermie

Im Rahmen der Geothermie wird Erdwärme zur Strom- oder Fernwärmeerzeugung verwendet. Zur Nutzung der Erdwärme werden zum Teil mehrere Kilometer tiefe Bohrungen vorgenommen, mit denen heißes Wasser an die Erdoberfläche gefördert wird. In Geothermie-Kraftwerken wird dieses dann in Strom oder Fernwärme umgewandelt. Auch hier besteht der wesentliche Vorteil in der kontinuierlichen Stromerzeugung.

Bisher bestehen in diesem Bereich jedoch nur geringe Erfahrungen, so dass ein Engagement mit höheren Risiken verbunden ist. Einzelne Projekten mussten aufgrund von ausgelösten Erschütterungen im Erdreich abgebrochen werden.

Ein wesentlicher Vorteil von Geothermie liegt in der kontinuierlichen Wärmeerzeugung. Dem stehen jedoch ein hoher technischer Aufwand und geologische Risiken gegenüber.

4.1.5 Wasserkraft

Bereits seit vielen Jahrzehnten wird Wasserkraft zur Stromerzeugung genutzt. Hierzu werden z.T. riesige Staudämme mit unter Umständen gravierenden ökologischen Folgen errichtet. Darüber hinaus ist die Auswahl an geeigneten neuen Standorten in Mitteleuropa aufgrund der engen Besiedlung und der geografischen Gegebenheiten begrenzt.

Eine Alternative bietet die Nutzung von Ebbe und Flut in **Gezeitenkraftwerken**. Viele der hierzu entwickelten Techniken sind noch sehr jung und unerprobt.

4.2 Holz-/Waldfonds

4.2.1 Charakteristika

Im Rahmen eines Waldfonds wird von der Beteiligungsgesellschaft ein Waldgebiet erworben bzw. gepachtet. Die Erträge des Fonds werden durch die Veräußerung des Holzes generiert. Der Anleger erzielt Einkünfte aus Gewerbebetrieb.

Seit jeher ist der Wald ein wichtiger Bestandteil des Ökosystems, sowohl für den Menschen als auch für Tiere. Er bietet Schutz vor Hochwasser und Erosion und dient als Wasserspeicher. Der Wald verbessert die Qualität der Luft, indem er CO_2 aufnimmt und Sauerstoff abgibt. Somit trägt der Wald zur Reduzierung der Treibhausgase bei. Der Wald ist zudem ein wichtiger Rohstofflieferant. Als nachwachsender Rohstoff steigt die Bedeutung von Holz für die Volkswirtschaft. Holz kann vielseitig genutzt werden, u.a. als Brennholz, zu Herstellung von Papier oder als Baustoff. Holz bietet darüber hinaus eine vollständige Verwertung des Rohstoffs ohne Abfälle.

Waldinvestitionen stellen bei führenden institutionellen Investoren bereits seit einigen Jahren ein Kerninvestment dar. Mit geschlossenen Fonds ist es nun auch Privatanlegern möglich, in diesen Markt einzusteigen.

4.2.2 Chancen und Risiken

Angesichts seiner einzigartigen Eigenschaften als Bau- oder Werkstoff ist Holz weltweit unverzichtbar. Aufgrund der steigenden Zahl der Weltbevölkerung und des wirtschaftlichen Wachstums steigt die Nachfrage nach Holz und Holzprodukten. Diese steigende Nachfrage trifft auf ein aufgrund einer weltweiten Verknappung der Waldflächen nur langsam wachsendes Angebot. Die UN erwartet einen Anstieg des weltweiten Holzkonsums bis zum Jahr 2050 um 50%.

Wald als eigenständige Anlagekategorie beinhaltet eine Reihe von natürlichen Besonderheiten. Bäume haben ein stabiles und kontinuierliches Wachstum. Mit zunehmendem Alter gewinnen sie stetig und überproportional an Wert (sogenannter biologischer Zinseszinseffekt). Das Volumen des Baumes nimmt über viele Jahre hinweg exponentiell zu. Dadurch steigt auch der Wert des Holzes während dieser Zeit, da längere und dickere Stämme vielfältiger nutzbar sind und daher stärker nachgefragt werden. Bedingt durch die natürliche Wachstumszeit eines Baumes ist Holz dieser Größe und Qualität auch nicht kurzfristig reproduzierbar.

Durch diesen wertsteigernden Effekt ist ein Investor nicht gezwungen, in Phasen geringer Preise sein Holz zu ernten. Hierdurch entstehen auch keine Lagerkosten. Die laufenden Kosten für die Pflege des Waldes sind gering.

Werden im Rahmen von Klimaschutzprojekten Brachflächen mit Wald aufgeforstet, so erhält die Gesellschaft Emissionsrechte gutgeschrieben. Diese können dann am Markt veräußert werden.

Ist die Waldfläche nicht nur gepachtet, sondern im Eigentum des Fonds, so besteht die Möglichkeit, bei der Veräußerung des Grundstückes zusätzliche Erträge zu erwirtschaften.

Die größten Risiken bei Waldfonds gehen von der Natur selbst aus. So können Feuer, Sturm, Krankheiten und Schädlingsbefall zur Zerstörung des Waldes und damit der Ertragsgrundlage des Fonds führen. Zur Risikominimierung sollte ein Fonds seine Investitionen auf mehrere geografische Gebiete verteilen.

Das Wachstum von Bäumen benötigt viel Zeit, bis das Holz geerntet werden kann. In dieser Zeit muss der Wald bzw. die Plantage gepflegt werden. Diese Aufwendungen müssen in angemessener Höhe einkalkuliert werden. Wird eine neue Plantage oder ein neuer Wald gepflanzt, kann es Jahre bis zur ersten Ausschüttung dauern.

Aufgrund der günstigeren Klimabedingungen in den Tropen sind dort Holzinvestments besonders rentabel. Hieraus ergibt sich jedoch ein Länderrisiko. So können die Rechte ausländischer Investoren eingeschränkt werden bis hin zur Enteignung des Eigentums. Idealerweise sollten daher die Investments auf verschiedene Länder diversifiziert werden.

Die Holzinvestments erfolgen zumeist in US-Dollar oder in der Währung des Landes, in dem der Wald sich befindet. Daher besteht für Anleger aus dem Euroraum ein Währungsrisiko.

Darüber hinaus sollte auf eine nachhaltige Bewirtschaftung des Waldes geachtet werden. So sind Monokulturen ökologisch nicht sinnvoll.

5 Auswahl der angebotenen Produkte

Angesichts der Vielzahl von Beteiligungsangeboten bedarf es einer umfassenden Analyse der angebotenen Beteiligungen. Insbesondere folgende Punkte sind zu prüfen.

5.1 Initiator

Wie bei jedem Produkt, das im Vertrieb angeboten wird, ist es auch hier wichtig, mit kompetenten und verlässlichen Vertragspartnern zusammenzuarbeiten. Der Initiator sollte daher eine langjährige Erfahrung in der Konzeption und der Abwicklung von Beteiligungen in nachhaltige Projekte haben. Insbesondere sollte er über eine fundierte Kenntnis des Anlageobjekts sowie des zugehörigen Marktes verfügen. Von besonderer Bedeutung für die Auswahl des Fonds ist daher die Leistungsbilanz des Initiators. In der Leistungsbilanz gibt der Initiator darüber Rechenschaft, wie sich die bisher von ihm aufgelegten Fonds entwickelt haben. Gerade im Bereich nachhaltiger Projekte liegen diese aufgrund der kurzen Historie des Marktes jedoch noch nicht vor.

Da die Betreuung des Kunden nicht mit der Vertragsunterzeichnung endet, stellt der After-Sales-Service ein weiteres Qualitätsmerkmal dar. So möchte der Kunde regelmäßig informiert werden, ob die Versprechungen vor der Zeichnung auch eingehalten werden. Ein wesentliches Instrument stellt der jährliche Geschäftsbericht dar. Dieser sollte umfassend und verständlich sein. In diesem darf der Bericht des Treuhänders und eines eventuellen Beirats nicht fehlen.

Im sogenannten Zweitmarkt werden „gebrauchte“ Anteile an geschlossenen Fonds gehandelt. Leider existiert der Zweitmarkt noch bei Weitem nicht in der geregelten Form wie etwa einer Wertpapierbörse. Am Zweitmarkt ist bisher vielmehr ganz erhebliche Eigeninitiative von allen Seiten erforderlich. Eine bedeutsame Rolle am Zweitmarkt für gebrauchte Fondsanteile kommt daher verständlicherweise den Initiatoren zu. Sie sind es, die mit ihrer Größe und Erfahrung hilfreich und regulierend auf diesem sensiblen Markt eingreifen können und müssen.

5.2 Rechtliche und steuerliche Konzeption

Aufgrund ihrer sehr spezifischen rechtlichen und steuerlichen Konzeption unterliegen geschlossene Fonds besonderen Risiken. Im Interesse möglichst hoher Renditen werden Spielräume weitgehend ausgenutzt, mit der Folge, dass einzelnen Modellen die steuerliche Anerkennung verweigert wird. Aus der Rechtsformgestaltung können sich ebenfalls Risiken ergeben, die zu einer unbeschränkten Haftung mit dem Privatvermögen führen können.

5.3 Investitionsrechnung

Die Investitionsrechnung beschreibt die wirtschaftlichen Rahmendaten der Fondsbeteiligung. Es wird sowohl auf die Mittelherkunft als auch auf die Mittelverwendung eingegangen. Der Anleger kann sich hieraus ein Bild über die Kosten der Beteiligung wie auch über die zugrunde liegenden Vermögenswerte verschaffen.

Unter der **Mittelherkunft** sind die einzelnen Gesellschafter mit ihrem jeweiligen Kapitalanteil aufgelistet. In dieser Aufstellung ist auch das Fremdkapital enthalten, das dem Fonds aus einer möglichen Finanzierung zugeflossen ist. Die Summe all dieser Einzelpositionen stellt das Gesellschaftskapital dar.

Um sicherzustellen, dass das zur Realisierung eines Fondsprojekts erforderliche Fremdkapital auch tatsächlich zur Verfügung gestellt wird, sollte das Fondsangebot auch eine Finanzierungsgarantie enthalten, sofern nicht bereits entsprechend Finanzierungszusagen in Verbindung mit Konditionszusagen von Kreditinstituten vorhanden sind.

Voraussetzung der Realisierung des Investitions- und Finanzplans ist die Akquirierung der Anlegergelder. Kann das notwendige Eigenkapital nicht eingesammelt werden, ist die Realisierung des gesamten Investitionsvorhabens gefährdet. Wenn zur Absicherung der genannten Risiken eine Platzierungsgarantie vorhanden ist, muss zusätzlich, wie bei jeder Garantie, die Bonität des Garanten einwandfrei sein.

Bei der **Mittelverwendung** wird dem Investor die genaue Verwendung des Gesellschaftskapitals aufgezeigt. Dieses umfasst u.a. Kaufpreis/Baukosten, Erwerbsnebenkosten wie Grunderwerbsteuer, Notar-, Grundbuch- und Gerichtskosten, Fondskosten, Liquiditätsreserve und Zinsen. Ein besonderes Augenmerk sollte auf die sogenannten weichen Fondskosten gelegt werden. Diese fallen für die Konzeption und die Vermarktung an. Hierzu zählen neben den Provisionen für die Vermittlung von Eigen- und Fremdkapital u.a. auch Kosten für Garantien und Rechtsberatung. Die Angemessenheit der Beträge ist kritisch zu prüfen, z.B. anhand eines Vergleichs mit anderen Modellen bzw. branchenüblichen Standards.

5.4 Prognoserechnung

Beteiligungen sind langfristige Investitionen. Dementsprechend ist es für einen Anleger nicht nur wichtig, die aktuelle Ertragskraft abzuschätzen, sondern auch die zukünftigen Perspektiven in seine Anlageentscheidung mit einzubeziehen. Hierfür kann ihm die Prognoserechnung wichtige Informationen liefern. Dort wird eine mögliche Entwicklung der Einnahmen sowie der Ausgaben dargestellt. Der jeweils in einem Jahr verbleibende Überschuss stellt dabei den ausschüttungsfähigen Betrag für die Anleger dar.

Wichtig ist deshalb, dass eine Prognoserechnung nach kaufmännischen Grundsätzen konservativ und vorsichtig kalkuliert ist. Ein Initiator sollte bestrebt sein, bessere tatsächliche Ergebnisse zu erwirtschaften, als er anfänglich versprochen hat. Unseriöse Anbieter neigen dazu, dass sie die Stellschrauben einer Prognoserechnung maximal ausnutzen, um die Anlage besonders positiv darzustellen.

Da die meisten geschlossenen Fonds ihre Vermögensgegenstände teilweise über einen Kredit finanzieren, muss auch für die Zeit nach der ersten Zinsfestschreibung eine Annahme über den Anschlussfinanzierungszinssatz getroffen werden. Hier wird allerdings in umgekehrter Wirkung zu den Einnahmen durch eine zu niedrige Annahme die Prognose geschönt. Verstärkt werden auch Fremdwährungskredite eingesetzt. Hierdurch besteht das Risiko von Währungsschwankungen. Dieses betrifft neben den Zins- auch die Tilgungszahlungen.

Ebenfalls angemessen sollten die kalkulierten Instandhaltungskosten sein, d.h. die Aufwendungen für erforderliche Reparaturen, kleinere Erneuerungen und Verbesserungen.

Von hoher Bedeutung für den Erfolg einer Anlage und damit die Höhe der erzielten Rendite ist üblicherweise der Veräußerungserlös. Die Prognose ist mit sehr hohen Risiken behaftet. Die Höhe des Veräußerungserlöses ist insbesondere von der konjunkturellen Situation, dem Zustand des Vermögenswerts und dem technischen Fortschritt abhängig. Bei Investitionen in Erneuerbare Energien wird häufig kein oder nur ein geringer Veräußerungserlös anfallen. Vielfach werden sogar zu Ende der Fondslaufzeit Kosten für Abbau und Renaturierung anfallen.

6 Erfolgsfaktoren für den Vertrieb

Das Angebot geschlossener Fonds wird nur dann erfolgreich für den Finanzdienstleister sein, wenn die nachfolgenden Aspekte beachtet werden.

6.1 Qualifikation der Berater

Aufgrund der Komplexität des Produkts setzt die Beratung über Beteiligungen eine gute Kenntnis der Produkte sowie der wirtschaftlichen, persönlichen und steuerlichen Situation des Kunden und seiner Anlagementalität voraus. Nur so lassen sich Haftungsrisiken aus Falschberatungen vermeiden. Darüber hinaus sollte der Berater über die Fähigkeit verfügen, dem Kunden ein kompliziertes Produkt mit einfachen Worten zu erläutern.

Wesentliche Nebenbedingung für einen erfolgreichen Vertrieb ist daher eine ausreichende fachliche Qualifikation der Berater. Auch wenn es weder sinnvoll noch gewünscht ist, dass der einzelne Berater eine Fondsprüfung vornimmt, so ist es doch erforderlich, dass die Berater mit den verschiedenen Fondsarten und ihren spezifischen Chancen, aber auch Risiken vertraut sind. Angesichts der sehr unterschiedlichen Anlagen und der auch in diesem Bereich immer komplexeren Fondskonstruktionen bedarf das Know-how einer regelmäßigen Auffrischung und Aktualisierung. Hierbei sollte auf eine neutrale und damit von den Fondsinitiatoren unabhängige Ausbildung Wert gelegt werden. Diese sollte weit über die vom Gesetz geforderten Mindeststandards hinausgehen.

6.2 Zielgruppenauswahl

Nicht minder wichtig als die Auswahl der Produkte ist die Wahl der passenden Zielgruppe für eine Kapitalanlage. Auch die beste Kapitalanlage wird zu einem schlechten Produkt, wenn sie an den falschen Anleger verkauft wird. Dieser Grundsatz kann nur vom Berater individuell beachtet werden.

Die Auswahl, welches Produkt im Einzelfall einem Kunden angeboten wird, muss daher sehr sorgfältig vorgenommen werden. Der Verkauf eines Fonds, der nicht geeignet ist, den Bedürfnissen des Kunden gerecht zu werden, würde ansonsten langfristig zu Problemen mit dem Kunden führen. Vor allem darf im Beratungsgespräch nicht der Fehler gemacht werden, dem Kunden mehr zu versprechen als der Fondsprospekt.

Der Gesetzgeber und die Rechtsprechung stellen immer höhere Anforderungen an die Vermögensberatung. So ist der Berater zur Abfrage vieler Informationen über den Kunden verpflichtet.

Die nachfolgenden Punkte, die immer in ein Beratungsgespräch und damit in eine Anlageentscheidung einfließen müssen, sind nicht abschließend zu sehen. Je nach Ausgestaltung der Konzeption sind oftmals weitere Besonderheiten zu beachten, die zusätzliche Einschränkungen bei den als Anleger infrage kommenden Kunden notwendig machen.

- **Gesamtvermögensstruktur**

  Da geschlossene Fonds teilweise erhebliche Risiken aufweisen, sollte nicht ein zu großer Anteil des Gesamtvermögens in einen einzelnen Fonds investiert werden. Sollte gerade bei diesem Fonds der Worst-Case eintreten, dann kann dies unter Umständen sogar existenzielle Auswirkungen auf den Anleger haben. Auch bei der Diversifikation auf mehre Beteiligungen sollten Klumpenrisiken vermieden werden. Darüber hinaus sollte die Gesamtanlage in geschlossene Fonds zur Höhe und Struktur des Vermögens passen. Ebenfalls ist auf ein angemessenes Verhältnis zwischen liquiden und illiquiden Anlagen wie Beteiligungen zu achten.

- **Chance-Risiko-Profil**

  Je nach Konzeption einer Beteiligung ergibt sich ein bestimmtes Chance-Risiko-Profil. Das heißt Fonds, die aufgrund ihrer Konzeption höhere Risiken aufweisen, bieten in der Regel die größten Chancen auf einen überdurchschnittlichen Ertrag. Umgekehrt sollte deshalb ein Angebot, das nur eine begrenzte Chance aufweist, auch eine entsprechende Sicherheit bieten. Da die Anleger über eine unterschiedliche Risikobereitschaft verfügen, ist darauf zu achten, dass die Kapitalanlage zum Investor passt.

- **Anlagehorizont**

  Neben dem Risikoprofil des Investors ist auch sein Anlagehorizont zu berücksichtigen. Auch wenn die Mehrzahl der Gesellschaftsverträge eine unbegrenzte Laufzeit aufweist, sehen die Bedingungen in der Regel ein ordentliches Kündigungsrecht zu einem bestimmten Termin vor.

  Grundsätzlich ist es möglich, bereits vorher die Beteiligung über den Zweitmarkt zu veräußern. In der Praxis ist der Zweitmarkt jedoch nur sehr gering ausgebildet, daher ist eine vorzeitige Veräußerung der Beteiligung unter Umständen nicht oder nur zu niedrigen Preisen möglich.

  Aufgrund der Schwierigkeiten bei einer vorzeitigen Veräußerung sollte in der Beratung darauf geachtet werden, dass die Laufzeit des Fonds mit dem geplanten Anlagehorizont des Investors übereinstimmt. Wurden vor einigen Jahren noch überwiegend von Fonds mit Laufzeiten von 15 bis 25 Jahren angeboten, so besteht mittlerweile eine große Auswahl an Fonds mit deutlich kürzeren Laufzeiten.

7 Fazit und Ausblick

Geschlossene Fonds verbinden die Beschaffung des für ökologische Projekte notwendigen Eigenkapitals mit der Möglichkeit privater und institutioneller Anleger, in nachhaltige Projekte zu investieren. So bedarf es für die Umsetzung der Energiewende hoher Investitionen in Erneuerbare Energien. Neben den technologischen Herausforderungen stellt die Finanzierung einen der wesentlichen Engpassfaktoren bei der Umsetzung der ambitionierten Pläne dar. Hierbei können geschlossene Fonds einen wichtigen Beitrag zur Finanzierung nachhaltiger Projekte leisten.

Angesichts der mit unternehmerischen Beteiligungen verbundenen Risiken bedarf es jedoch einer sehr intensiven Produktauswahl. Vieles, was an Beteiligungsmodellen konstruiert wurde, erfüllte nicht die an das Angebot an Kunden zu stellenden hohen Ansprüche. Hierauf hat die Politik mit einer Erhöhung der regulatorischen Anforderungen an die Initiatoren und den Vertrieb reagiert. Dies ist als vertrauensbildende Maßnahme zu begrüßen, von der seriöse Anbieter und Berater profitieren werden.

Will er das Vertrauen der Kunden und damit die gesamte Geschäftsbeziehung nicht aufs Spiel setzen, so sollte der Finanzdienstleister nur geschlossene Fonds von namhaften und erfolgreichen Initiatoren anbieten. Dieses entbindet ihn jedoch nicht von einer Prüfung des spezifischen Modells.

Ebenso wichtig wie die Produktanalyse ist die Zielkundenauswahl. Beteiligungen in nachhaltige Anlagen sind nicht für alle Anleger geeignet. Die Angebote unterscheiden sich u.a. hinsichtlich der Laufzeit und der Höhe des Risikos. Eine besondere Position nimmt der Berater aufgrund seiner Kenntnisse über den Kunden ein. Er sollte über die für die Beratung in diesen Produkten erforderliche fachliche Qualifikation verfügen.

Werden die angesprochenen Erfolgsfaktoren für die Konzeption und das Angebot beachtet, so bieten Beteiligungen in nachhaltige Projekte die Möglichkeit, einen Mehrwert sowohl für den Initiator als auch den Kunden und den beratenden Finanzdienstleister zu erzielen.

Literatur

BMU, (2013): Erneuerbare Energien in Zahlen, Berlin.

Deutsche WindGuard, (2013): Status des Windenergieausbaus in Deutschland – Jahr 2012, Varel.

Faust, Martin, (2012): Beteiligungen. Studienbrief des Ausbildungsganges zum Financial Planner/Financial Consultant (Frankfurt School of Finance & Management), Frankfurt.

Feri Eurorating Services AG, (2013): Gesamtmarktstudie der Beteiligungsmodelle 2012, Bad Homburg.

Lüdicke, Jochen/Arndt, Jan-Holger/Götz, G., (2009): Geschlossene Fonds, 5. Aufl., München.

VGF – Verband Geschlossene Fonds, (2013): Branchenkennzahlen 2012, Berlin.

Nachhaltige Immobilieninvestments

Henry Schäfer/Christian Gromer

1 Einleitung

Immobilien werden als „gebaute Umwelt“ verstanden. Gebäude sind sowohl Arbeitsumgebung als auch Lebensraum, in denen Menschen bis zu 90% des Tages verbringen. Gebäude haben zudem eine lange Nutzungsdauer und werden daher oft über mehrere und von mehreren Generationen genutzt. Ebenso beeindruckend wie ihre Rolle im täglichen Leben ist die wirtschaftliche Bedeutung von Immobilien: So haben in Deutschland Immobilien im Jahr 2012 einen Anteil von 86,6% (7.434,02 Mrd. EUR) am deutschen Nettoanlagevermögen.[1] Damit einher geht regelmäßig ein hoher Investitionsbedarf in diesen Teil des gesamtwirtschaftlichen Kapitalstocks mit entsprechend erforderlicher Finanzierungsseite. Diesem Aspekt kommt in Zusammenhang mit der Bedeutung von Immobilien für die nachhaltige Entwicklung von Wirtschaft und Gesellschaft noch eine weitere herausragende Bedeutung zu: Vom Kapitalstock Immobilien gehen die bei weitem höchsten Emissionen von Treibhausgasen, insbesondere CO_2, aus.[2]

Das Handlungsfeld „Bauen und Wohnen“ ist also gleichermaßen von zentraler wirtschaftlicher und sozialer Bedeutung, und bietet damit signifikante Handlungspotenziale für eine nachhaltige Gestaltung von Wirtschaft, Gesellschaft und Umwelt. Insbesondere die Einflüsse bezüglich Ressourcenverbrauch und Emissionen sind statistisch beeindruckend und fordern geradezu alle Befürworter und Aktivisten einer nachhaltigen Entwicklung heraus.[3]

Nicht ohne Grund hat daher die deutsche Bundesregierung im Herbst 2007 in den Meseberger Beschlüssen mit dem Reduktionsziel für den Treibhausgasausstoß – „2 x 20 bis 2020“ – den Wohn- und Nichtwohngebäuden eine exponierte Stellung eingeräumt: Fast 50 Mt. CO_2-Minderungen sollen von 2008 bis 2020 von Gebäudemaßnahmen ausgehen. Ein ganzer Maßnahmenkatalog, gestützt durch staatliche Regulierungen wie Energieeinspar-Verordnung, Erneuerbare-Energien-Wärme-Gesetz etc. sollen sowohl Neu- als auch Bestandsbauten zukunftsfähig machen. Der dazu erforderliche Investitionsbedarf wird von Experten auf 150 Mrd. EUR veranschlagt.[4] Die Zielsetzung ist heute, nach dem Beschluss der Bundesregierung zur Energiewende vom 06.06.2011, über das Jahr 2020 erweitert und mit anderen energiepolitischen Zielen kombiniert worden. So existieren gegenwärtig für den Zeitraum 2020 bis 2050 mit den Stützjahren 2030 und 2040 nicht nur

---

[1] Vgl. Statistisches Bundesamt Deutschland (2013).

[2] Vgl. Bundesministerium für Umwelt, Naturschutz und Reaktorsicherheit, (2008a), S. 4.

[3] Vgl. Enquete-Kommission (1998).

[4] Vgl. Bundesministerium für Umwelt, Naturschutz und Reaktorsicherheit, (2008b), S. 6.

die Ziele zur Minderung der Treibhausgasemissionen, sondern auch für den Ausbau der Erneuerbaren Energien, für die Verbesserung der Energieeffizienz im Gebäudebereich und für die Energieeinsparung in den genannten Bereichen.[5]

Immobilien stehen jedoch nicht nur in Deutschland im Fokus von Maßnahmen zur Reduktion von Treibhausgas-Emissionen. So hat Frankreich ähnlich wie Deutschland mit seinem staatlichen Programm „Le Grenelle de l'environnement" zum Jahreswechsel 2007/2008 Immobilien eine hohe Priorität in der Klimaschutzpolitik eingeräumt. Und auf EU-Ebene ist insbesondere der im Jahr 2011 vorgestellte „Fahrplan für den Übergang zu einer wettbewerbsfähigen CO_2-armen Wirtschaft bis 2050" (EU Energy Roadmap 2050) zu nennen. Der Fahrplan stellt eine rechtlich nicht bindende politische Vereinbarung innerhalb der EU dar, die Treibhausgasemissionen bis zum Jahr 2050 um 80 bis 95% gegenüber dem Basisjahr 1990 zu senken. In dem Fahrplan werden diverse Maßnahmen dargestellt, die dazu beitragen sollen, die gesteckten Ziele in den Sektoren Stromerzeugung, Verkehr, Gebäude und Industrie zu erreichen. Immobilien nehmen hierin eine herausragende Stellung ein.[6]

Neben den Bemühungen der Politik sind die Anstrengungen der Privatwirtschaft zur Treibhausgasreduktion unübersehbar und auch hier spielen Immobilien eine herausragende Rolle. Multilaterale Organisationen wie die World Business Council on Sustainable Development Property Working Group, das UNEP SBCI (United Nations Environment Programme Sustainable Buildings and Construction Initiative) und die UNEP FI RPI (Finance Initiative Responsible Property Investing) sind in der internationalen Wahrnehmung die engagiertesten Akteure. Daneben halten Themen wie nachhaltige Immobilien sowie nationale Immobiliengutachter (wie der britische Royal Institution of Chartered Surveyors, RICS) Einzug in internationale Konferenzen und werden verstärkt von privatwirtschaftlichen sowie gemeinnützigen Standardisierern wie z.B. ISO und zahlreichen noch vorzustellenden Nachhaltigkeits-Zertifizierern spezifiziert.

Das Thema Nachhaltigkeit ist demnach in der Wahrnehmung internationaler Wirtschafts- und Politikakteure angekommen. Allerdings befindet sich der Bereich derzeit noch in einer Aufbauphase mit jedoch erkennbarem hohem Entwicklungspotenzial. Vordergründig ist die bereits angesprochene Chance zur Bewältigung des Klimawandels – und zwar weltweit. Mit einem Anteil von ca. 40% am weltweiten CO_2-Ausstoß stellen Gebäude wichtige Kandidaten für Bemühungen zur Bewältigung des Klimawandels dar. Zudem sind Immobilien in erheblichem Maß für den Ressourcenverbrauch der Erde verantwortlich: Etwa 30-40% des weltweiten Verbrauchs an Rohmaterial und Energie stehen in Zusammenhang mit Gebäuden. Weitere Angaben zum Anteil der gebauten

[5] Vgl. Goeke (2011), S. 53 ff.

[6] Vgl. Europäische Kommission (2011).

Umwelt an Ressourceninanspruchnahme und Umweltwirkungen können Abbildung 1 entnommen werden. Steigender Flächenbedarf vor allem in den Städten und die Ausweitung der Ballungsräume mit längeren Wegezeiten zu Arbeitsplätzen und Wohnorten sind in vielen Ländern der Welt weitere unübersehbare Einwirkungen auf die natürliche Umgebung durch nicht nachhaltige Formen der Immobiliennutzung.[7]

Abbildung 1: Anteil der gebauten Umwelt an Ressourceninanspruchnahme und Umweltbelastung

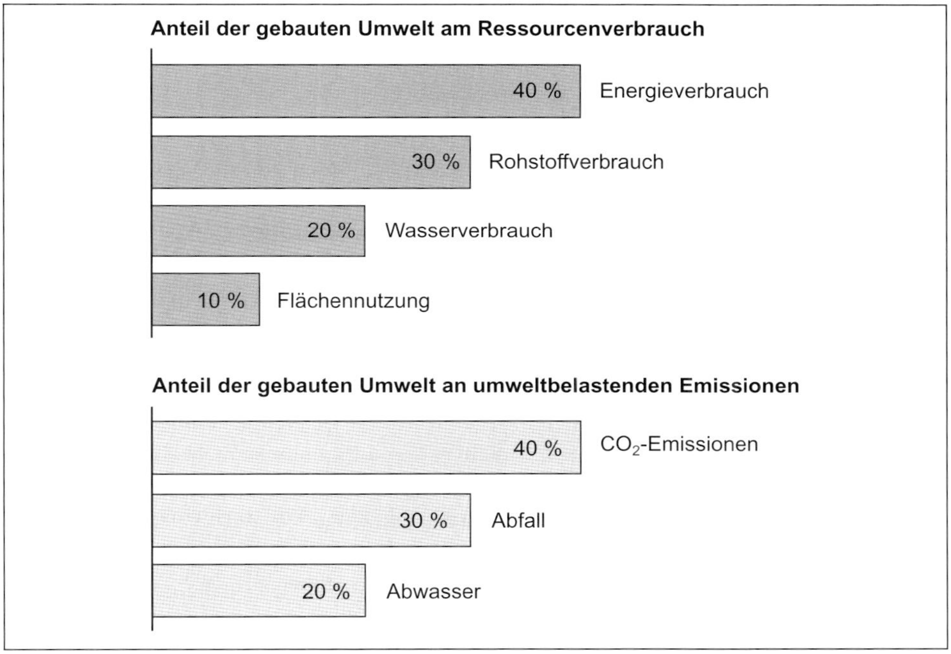

Quelle: UNEP 2006

Es sind bislang vor allem die Umweltauswirkungen, die im Fokus von Studien zu Nachhaltigkeitswirkungen von Immobilien stehen. In zahlreichen Analysen wurde im Gebäudesektor ein erhebliches Minderungspotenzial identifiziert, welches mit technisch und wirtschaftlich vertretbarem Aufwand im Interesse der Umweltentlastung erschlossen werden kann und soll.[8] Immobilien fügen sich jedoch auch hervorragend in das Paradigma des antropogenen Konzepts der nachhaltigen Entwicklung ein. Wie noch zu zeigen sein wird, werden gerade von Gebäuden und deren Nutzung die für das Nachhaltigkeitskonzept so zentralen Pfeiler „inter- und intragenerativer Gerechtigkeit" getragen.

[7] Vgl. Schäfer (2011), S. 30 f.

[8] Vgl. IPPC (2011).

Die Planung, Errichtung und systematische Bewirtschaftung von „Green Buildings", „Socially Responsible Property Investment", „Responsible Property Investments/Real Estate Management" bzw. von „Sustainable Buildings"[9] im Sinne energiesparender, ressourcenschonender, umweltfreundlicher, gesundheitsgerechter und kostengünstiger Gebäude mit hoher technischer, funktionaler, gestalterischer und städtebaulicher Qualität werden von Politik, Wissenschaft, Immobilienbranche und weiten Teilen der Öffentlichkeit als ein wesentlicher Beitrag zum Umweltschutz und zur nachhaltigen Entwicklung angesehen.

Energieeffizienz und Umweltqualität bzw. die Nachhaltigkeit von Gebäuden haben sich jedoch noch nicht zum festen Bestandteil von Investitions- und Finanzierungsentscheidungen entwickelt. In Deutschland werden in der Baubranche die zentralen Pfeiler der Nachhaltigkeit von Immobilien mittlerweile wahrgenommen und ihr Chancenpotenzial für eine Stärkung der Innovationskraft der Bauwirtschaft und ihrer wirtschaftlichen Prosperität erkannt.[10] Auf dem deutschen Kapitalmarkt ist dagegen der Faktor Umwelt in Verbindung mit Immobilieninvestitionen noch nicht angekommen. Nach den Angaben des Marktberichts für Nachhaltige Geldanlagen des Forums Nachhaltige Geldanlagen für das Jahr 2013 betrug der Anteil von nach Nachhaltigkeitskriterien investierten Immobilien in Deutschland 6%. Bei einem Gesamtvolumen Nachhaltiger Geldanlagen in Deutschland im Jahr 2012 in Höhe von 73,3 Mrd. EUR entspricht dies einem Wert für nachhaltige Immobilien von 4,4 Mrd. EUR.[11] Speziell in Deutschland mangelt es an geeigneten Anlagemöglichkeiten für nachhaltige Immobilieninvestments. Obwohl weltweit bereits 451 Immobilienanlagevehikel mit Nachhaltigkeitsmerkmalen identifizierbar sind, ist der deutsche Markt noch überschaubar.[12] Neben der Tatsache, dass in Deutschland in der Regel der Anteil nachhaltiger Immobilien in den Portfolios der Immobilienanlageanbieter langsam durch Zukäufe erhöht wird, ist ein wesentlicher Grund für diese Entwicklung die noch fehlende Integration von Nachhaltigkeitsaspekten in die finanzwirtschaftliche Bewertung der Immobilien.[13]

Unabhängig hiervon ist in einigen Ländern ein deutlicher Trend zu nachhaltigen Immobilien erkennbar. Allen voran ist der US-amerikanische Immobilienmarkt zu nennen. Hier erfolgen heute schon ein großer Teil aller Investitionen unter Berücksichtigung von Nachhaltigkeitskriterien. Auch international trifft man in den sogenannten „Boomtowns" der Welt wie in Dubai immer öfter auf hohes Interesse an nachhaltigen Immobilien. Und auf der alljährlich stattfindenden Immobilienfachmesse Mipim in Cannes wurde im

[9] Vgl. Pivo/McNamara (2005); UNEP (2006); UNEP FI (2006).
[10] Vgl. Braune et al. (2007).
[11] Vgl. Forum Nachhaltige Geldanlagen (2013), S. 17.
[12] Vgl. Schäfer et al. (2008), S. 41.
[13] Vgl. Gromer (2012), S. 271 ff.

Frühjahr 2008 erstmals die Kategorie „Grünes Bauen" im Rahmen des Mipim-Awards für international hervorragende Gebäude mit energetischer Qualität eingeführt. Kapitalanleger und -manager können aus den in Politik und Wirtschaft mittlerweile kaum noch bestrittenen Sachzwängen wie Energieeinsparung, Reduktion von Treibhausgasen etc. spezielle wirtschaftliche Vorteile eines First-Move-Advantages ziehen, indem sie spezielle Anlageprodukte mit nachhaltigen Immobilien konzipieren, also proaktiv auf Planer, Entwickler und Ersteller von Immobilien zugehen, sowie sie in der Konzeptionierung adäquater Finanzierungs- und Anlageprodukte beraten bzw. diese gemeinsam mit ihnen entwickeln.

2 Nachhaltige Investments in der Immobilienbranche

Aus anlagetheoretischer Sicht sind Immobilien als eigenständige Anlageklasse zu verstehen, unter anderem auch weil zwischen Immobilien und anderen Anlageobjekten wesentliche Unterschiede bestehen. Vom ökonomischen Verständnis her kann eine Immobilie einerseits als eine Kapitalanlage bzw. als ein Sachgut angesehen werden, andererseits ist sie auch ein Produktionsfaktor. Allerdings ist die Nutzung für die Wertermittlung einer Immobilie entscheidend, d.h. der Wert einer Immobilie resultiert nicht aus den Herstellkosten, sondern aus dem aktuellen Wert, den die Nutzung auf dem Markt erzielt.[14] Aus diesem Grund empfiehlt es sich, die Definition von Bone-Winkel/Müller zu übernehmen:

> *„Immobilien sind Wirtschaftsgüter, die aus unbebauten Grundstücken oder bebauten Grundstücken mit dazugehörigen Gebäuden und Außenanlagen bestehen. Sie werden von Menschen im Rahmen physisch-technischer, rechtlicher, wirtschaftlicher und zeitlicher Grenzen für Produktions-, Handels-, Dienstleistungs- und Konsumzwecke genutzt."*[15]

Aus dieser Definition des Immobilienbegriffs lassen sich die wesentlichen Eigenschaften Immobilität, Heterogenität, lange Dauer des Entwicklungsprozesses, hohes Investitionsvolumen, hohe Transaktionskosten, langer Lebenszyklus und die begrenzte Substituierbarkeit, die das Wirtschaftsgut Immobilie ausmachen und die es von anderen Wirtschaftsgütern abgrenzen, ableiten. Speziell aufgrund der Heterogenität und der Standortgebundenheit einer Immobilie existiert kein einheitlicher Immobilienmarkt, sondern viele sektorale und regional begrenzte Immobilienmärkte.[16]

[14] Vgl. Bone-Winkel/Müller (2005).

[15] Bone-Winkel/Müller (2005).

[16] Vgl. Loos (2005).

2.1 Anforderungen an nachhaltige Immobilien

Die Notwendigkeit, die soziale und wirtschaftliche Entwicklung im Einklang mit der Tragfähigkeit des Ökosystems zu gestalten sowie durch die Beachtung der Prinzipien einer inter- und intragenerativen Gerechtigkeit zu einer Stabilisierung weltweiter gesellschaftlicher Prozesse beizutragen, wird zunehmend anerkannt und führt zu verstärkten Anstrengungen im Bereich der Umsetzung des Leitbildes einer nachhaltigen Entwicklung. Mit der Corporate Social Responsibility bekennen sich Unternehmen zu ihrer sozialen und ökologischen Verantwortung. Dies trifft auch auf die Bau-, Wohnungs- und Immobilienwirtschaft zu.[17]

Nach Lützkendorf können folgende Immobiliengruppen unter Nachhaltigkeitsgesichtspunkten unterschieden werden:[18]

- *Energetisch optimierte bzw. energieeffiziente Immobilien (net zero energy buildings)* weisen einen überdurchschnittlichen energetischen Standard auf (Orientierung: Effizienzklassen der KfW). Das Nachhaltigkeitsziel solcher Gebäude ist eine ausgeglichene oder positive Energiebilanz im Jahresdurchschnitt.
- *Klimaneutrale Immobilien, i.S. energetisch optimierter Gebäude (net zero emission buildings)*: Kriterium ist die ausgeglichene Emissionsbilanz in der Nutzungsphase. Im Vordergrund der Beurteilung stehen die Treibhausgasemissionen.
- *Umwelt- und gesundheitsverträgliche Immobilien (green buildings)*: Zusätzlich zu den emissionsrelevanten Aspekten der vorangegangenen beiden Immobiliengruppen werden hier u.a. auch Fragen der Auswahl und der Ökobilanz der Bauprodukte, des Gesundheitsschutzes der Gebäudeproduzenten und -nutzer integriert.
- *Nachhaltige Gebäude (sustainable buildings, future-proof buildings, smart buildings, resilient buildings)* ergänzen die lebenszyklusbezogene Umwelt- und Gesundheitsverträglichkeit um eine ökonomische, technische und funktionale Qualität. Damit sollen heutige und künftige Nutzeranforderungen erfüllbar sein. Ferner sollen solche Gebäude auf Risiken aller Art (Umweltrisiken, Marktänderungsrisiken usw.) reagieren können. Die hohe Wertstabilität spielt eine weitere Rolle. In Deutschland wird konsequent der Ansatz nachhaltiger Gebäude verfolgt.

[17] Vgl. Gromer (2012), S. 41.

[18] Vgl. Lützkendorf (2013), S. 500.

2.2 Zertifizierungsverfahren nachhaltiger Immobilien

Zentral für die Identifikation nachhaltiger Immobilien und damit die Bestückung von Immobilienanlageprodukten sind die Definition von Nachhaltigkeit im Immobilienbereich und die Technologie des Screenings und Monitorings. Entgegen der seit Jahren bestehenden Usance bei Geldanlageprodukten basierend auf nachhaltigen Aktien und Anleihen, die mittels spezieller Rating-Verfahren identifiziert werden,[19] dominiert im Bereich nachhaltiger Immobilien das Zertifizierungsverfahren.

Während international bereits seit einem geraumen Zeitraum eine Vielzahl an Zertifizierungsverfahren existieren, ist das deutsche Zertifizierungsverfahren, das deutsche Gütesiegel für nachhaltiges Bauen, welches von der Deutschen Gesellschaft für nachhaltiges Bauen (DGNB) konzipiert wurde, noch relativ jung. Mit Vorstellung des DGNB-Zertifikats im Jahr 2008 und den ersten Zertifizierungen im Folgejahr existiert somit in Deutschland auch ein Standard für nachhaltige Immobilien (www.dgnb-system.de). Mit dem „Bewertungssystem Nachhaltiges Bauen (BNB)“ des Bundesministeriums für Verkehr, Bau und Stadtentwicklung (BMVBS) steht zudem für Bauvorhaben der öffentlichen Hand ein weiteres (kostenloses) Zertifizierungssystem in Deutschland zur Verfügung (www.nachhaltigesbauen.de). Die zeitlich verzögerte Entwicklung eines deutschen Nachhaltigkeitsstandards im Vergleich zum international derzeit führenden seit 1998 bestehenden amerikanischen Zertifizierungsverfahren – The Leadership in Energy and Environmental Design (LEED) – macht sich dadurch bemerkbar, dass mehrere Gebäude in Deutschland, wie beispielsweise die Zwillingstürme der Deutschen Bank in Frankfurt am Main nach der Sanierung mit dem LEED-Gütesiegel (in Platin) ausgezeichnet wurden. Obwohl sich die DGNB-Zertifizierung seit der Einführung erfolgreich entwickelt hat und in dem relativ kurzen Zeitraum seit Bestehen mehr als 500 Gebäude zertifiziert wurden, ist noch offen, ob sich das Zertifizierungsverfahren auch wegen der verzögerten Einführung gegen die etablierten Verfahren durchsetzen kann. Ähnlich dem LEED-Verfahren, bei dem die Qualität der Nachhaltigkeit einer Immobilie durch die Unterscheidung Platin, Gold, Silber und Certified zum Ausdruck gebracht wird, wird bei der DGNB-Zertifizierung in Abstufungen unterschieden – hier in Gold, Silber und Bronze. Nachdem zunächst nur die Zertifizierung von Gewerbeimmobilien möglich war, werden zwischenzeitlich auch weitere Immobiliengattungen wie Wohngebäude und Einkaufszentren zertifiziert.[20]

[19] Vgl. Schäfer (2009a), S. 350 ff.

[20] Vgl. Schäfer (2011), S. 35.

Auffällig ist im Immobiliensektor, dass die Zertifizierungsverfahren mit wenigen Ausnahmen ausschließlich auf nationale Immobilien beschränkt sind. Eine kleine Auswahl solcher nationaler Zertifizierungsverfahren mit Blick auf Europa:

- BREEAM (Building Research Establishment Environmental Assessment Method; Großbritannien),
- HQE (Haute Qualité Environnementale, Frankreich),
- MINERGIE (Schweiz),
- TQ (Total Quality, Österreich).

Vergleicht man die derzeit existierenden Zertifizierungssysteme miteinander, so kann man Folgendes feststellen:[21]

- Die Systeme unterscheiden sich teilweise erheblich in Anzahl und Art der Kriterien und Indikatoren, mit denen Gebäude bewertet werden.
- Auch bei den einzelnen Zertifizierern bestehen deutliche Schwerpunktsetzungen, was die Art der Kriterien/Indikatoren betrifft. So betont z.B. bereits oben genanntes amerikanisches LEED-System vor allem Kriterien wie Materialien und Ressourcen, Wassereffizienz, Nutzerkomfort, Energie/Atmosphäre, Innovationen/Design-Prozesse, Aufklärung über nachhaltige Gebäudeprozesse.
- Vergleicht man alle weltweiten Zertifizierungssysteme, so stellt man fest, dass der Nutzerkomfort das bei weitem am häufigsten verwendete Nachhaltigkeitskriterium ist. Erst danach folgen die sehr viel seltener verwendeten Kriterien wie Energie, Materialien, Lage und Anbindung, Klimawandel, Ressourcen- und Abfallmanagement.
- Die Nachhaltigkeitskriterien werden fast überwiegend nach dem 0/1-Prinzip eingesetzt (entweder das Kriterium ist erfüllt oder nicht). Abstufungen über den Grad der Erfüllung findet man selten.

Auch wenn die Zertifizierungssysteme noch methodisches Entwicklungspotenzial aufweisen, sind sie nicht nur für Bauherrn bzw. Käufer sowie Nutzer nachhaltiger Immobilien die entscheidende Voraussetzung zur Erkennung der sozialen und ökologischen Wirkungen von Gebäuden, sondern auch für nachhaltig ausgerichtete Kapitalgeber unentbehrlich.

[21] Vgl. Schäfer et al. (2008).

Im Gegensatz zum Markt für Nachhaltige Geldanlagen, auf dem Ratings fast ausschließlich als „Unsolicited Ratings“ durchgeführt werden, bei denen kein explizites Auftragsverhältnis zwischen dem beurteilten Unternehmen und einer Rating-Agentur besteht,[22] beginnt der Bewertungsprozess eines Gebäudes mit der Beantragung der Zertifizierung bei der jeweiligen Organisation durch den Architekten, Projektentwickler, Bauherren, Besitzer oder Mieter des Gebäudes (vergleichbar dem Solicited Rating im Unternehmensbereich wie z.B. bei Credit Ratings). Dies kann entweder bei den Organisationen selbst oder bei von den Organisationen zertifizierten Sachverständigen geschehen.

3 Nachhaltige Immobilien als Anlageklasse

Anlageformen im Immobilienbereich bilden in den meisten Ländern ein dauerhaftes und seit langer Zeit schon bestehendes Segment der Kapitalmärkte. Dies gilt auch für den deutschen Kapitalmarkt. Gleichwohl weisen die nationalen Immobiliensegmente der Kapitalmärkte spezifische Anlageformen, Akteursgruppen und -beziehungen sowie institutionelle Rahmenbedingungen auf. Grundsätzlich existieren die zwei Beteiligungsformen „direkte“ und „indirekte“ Immobilienanlage. Bei der direkten Immobilienanlage wird ein Investor unmittelbar Eigentümer von Immobilienobjekten. Bei der indirekten Immobilienanlage kauft der Anleger Anteile einer Gesellschaft, die Immobilien entwickelt, baut oder betreibt. Der Investor erwirbt folglich eine Finanzanlage und kein Sachvermögen.[23]

3.1 Verwendung von Investitionsrichtlinien mit Nachhaltigkeitsanspruch

Gerade institutionelle Investoren haben in einem ersten Schritt damit begonnen, ihre direkten Immobilienanlagen nach zuvor entwickelten Anlagerichtlinien, die besondere Nachhaltigkeitskriterien für Gebäude berücksichtigen, zu überprüfen. So entwickelte etwa der im Bereich Nachhaltiger Geldanlagen ohnehin sehr aktive kalifornische Pensionsfonds California Public Employees' Retirement System (CalPERS) sein California Urban Real Estate (CURE) Programm, mit dem u.a. gezielt in Wohnanlagen speziell für Geringverdiener investiert wird. Prudential Property Investment Managers (PRUPIM) haben eine Corporate Responsibility Initiative entwickelt, die sich u.a. auf das Gebäudemanagement, die Gebäudeerstellung und die Beschaffung erstreckt. Grasskamp[24] liefert diesbezüglich weitere Praxisbeispiele. Auffallend ist, dass über den Weg von Richtlinien

[22] Vgl. Schäfer (2009), S. 352.

[23] Vgl. Rehkugler et al. (2005), S. 40 f.

[24] Vgl. Grasskamp (2007).

und damit verbundenen Berichtspflichten ein erster Schritt zur Umsetzung von Nachhaltigkeitsvorstellungen bereits in Bestandsgebäuden erfolgen kann. Oftmals wird sich sogar herausstellen, dass in bestehenden Immobilienportfolios bereits Leistungen regelmäßig durchgeführt werden, die Bestandteile einer weitergehenden Nachhaltigkeitsstrategie im Immobilienbereich des Investors werden können.

3.2 Nachhaltige Immobilienanlageprodukte

Die andere Möglichkeit der Integration von Nachhaltigkeitskriterien in Immobilien ist die gezielte und bewusste Gestaltung von entsprechenden Anlageprodukten. In einer solchen indirekten Immobilienanlage bieten sich offene sowie geschlossene Immobilienfonds, Immobilien AGs und REITs (Real Estate Investment Trusts) als Anlagevehikel für nachhaltige Immobilien an. Im Folgenden werden die einzelnen Anlageformen und ihre Unterschiede beschrieben, wobei wegen der derzeitig geringen Relevanz für nachhaltige Immobilieninvestments Immobilien AGs ausgespart bleiben.

3.2.1 Offene Immobilienfonds

Offene Immobilienfonds werden als Publikumsfonds Privat- und institutionellen Anlegern angeboten, als Spezialfonds ausschließlich institutionellen Investoren. Beide unterliegen keinen Begrenzungen in Bezug auf das Fondsvermögen, die Laufzeit sowie die Anzahl der umlaufenden Anteilsscheine und der Anteilsinhaber. Diese drei Größen variieren ständig aufgrund der Neuausgabe von Anteilsscheinen, mit denen neue Anteilsinhaber akquiriert und neue Immobilienprojekte finanziert werden können sowie dem Rücklauf und dem Handel mit bereits ausgegebenen Anteilsscheinen.[25]

Im Zuge der Subprime-Krise und der Pleite des Bankhauses Lehman Brothers gerieten offene Immobilienfonds in große Existenznot aufgrund des massiven Abzugs von zuvor dort in hohem Umfang geparkter Liquidität. Dies führte zur Schließung einer ganzen Reihe von Immobilienfonds. Für Entspannung dieser bis heute noch nicht überwundenen Krisensituation soll „OIF 2.0“ (Offener Immobilienfonds 2.0) als Bestandteil des Gesetzes zur Stärkung des Anlegerschutzes und Verbesserung der Funktionsfähigkeit des Kapitalmarktes (AnsFuG, vom 7.4.2011) sorgen. Ziel des OIF 2.0 ist es, Liquiditätsengpässen besser entgegenzuwirken, den Anlegerschutz weiter zu verbessern und somit das Vertrauen der Anleger zu stärken. Kernpunkte der 2013 in Kraft getretenen Reform sind eine Ersthaltefrist von 24 Monaten für Neuanleger und eine Kündigungsfrist von zwölf Monaten für Bestands- und Neuanleger.

[25] Vgl. Alda/Lasen (2005).

Die derzeitige Krise und Reform offener Immobilienfonds hinterlässt auch für die Möglichkeit des Aufbaus von offenen Fonds mit nachhaltigen Immobilien erhebliche Einschränkungen. In Deutschland gab es schon vor der Subprime-Krise kaum offene Fonds aus dem Bereich der nachhaltigen Immobilieninvestments. Eine Ausnahme bildet noch der im Jahr 2009 aufgelegte nachhaltige Immobilienspezialfonds iii-Investments.[26] International wären hier beispielsweise der Investa Direct Office Fund und der Investa Commercial Property Fund zu nennen, die beide von der Investa Property aufgelegt wurden. Die Portfolios beider Fonds beinhalten Büroimmobilien in australischen Metropolen und werden vom Sustainable Investment Research Institute (SIRIS) geprüft und von der Ethical Investment Association (EIA) zertifiziert.[27]

3.2.2 Geschlossene Immobilienfonds

Obwohl eine semantische Nähe zwischen den beiden Immobilienanlageformen offene und geschlossene Immobilienfonds besteht, sind Aufbau und Eigenschaften sehr unterschiedlich. Beim geschlossenen Immobilienfonds sind die Anzahl der Anleger, das Investitionsvolumen, das Eigenkapital und die Laufzeit begrenzt.[28]

Der Grundgedanke des geschlossenen Immobilienfonds ist die Bündelung des Kapitals mehrerer Anleger, um damit größere Investitionen zu tätigen. Sobald die angestrebte Investitionssumme durch die Anleger einbezahlt ist, wird der Fonds geschlossen. Dies bedeutet, dass sich danach keine neuen Anleger an dem Fonds beteiligen können. Zumeist besitzt ein geschlossener Immobilienfonds eine geringe Anzahl an Objekten. Manche geschlossenen Fonds finanzieren nur ein Objekt wie beispielsweise ein Einkaufszentrum.

In Deutschland besteht die an sich noch geringe Anzahl von nachhaltigen Immobilieninvestments zum größten Teil aus geschlossenen Fonds, wie dem der Stadtwerke Berlin KG, dem Women's Prospertity Fund No. 1, dem Sonnenschiff-Fonds und der Solarhaussiedlung GmbH. Bei den Objekten dieser vier Fonds stehen die Verwendung von ökologischen Baustoffen und die Energieeffizienz der Immobilien im Vordergrund.[29]

[26] Vgl. o.V. (2009), S. 18.

[27] Vgl. Merrill Lynch (2005).

[28] Vgl. Kunath (2005), S. 153.

[29] Vgl. Schäfer et al. (2008), S. 274 ff.

3.2.3 Real Estate Investment Trusts (REITs)

Im Frühjahr 2007 wurde die Gesetzesgrundlage für den deutschen Real Estate Investment Trust (G-REIT) rückwirkend zum Jahresbeginn im Bundestag bzw. Bundesrat verabschiedet. Ein REIT ist prinzipiell eine börsennotierte Immobilienkapitalgesellschaft mit dem Ziel der Verpachtung bzw. Vermietung seines Immobilienvermögens, um auf diese Weise Gewinn zu erwirtschaften. Im Vergleich zu den üblichen Immobilien AGs unterliegt ein REIT einer besonderen Art der Besteuerung und Investitionsrestriktionen. Ein REIT muss für seine Gewinne weder Körperschafts- noch Gewerbesteuer abführen. Im Gegenzug sind 90% des nach HGB berechneten ausschüttungsfähigen Gewinns bis zum folgenden Jahr als Dividende auszuzahlen. Dafür sind die Dividenden der Gesellschafter voll steuerpflichtig.[30]

Der G-REIT zeichnet sich durch eine hohe Fungibilität, eine hohe Transparenz und Steuervorteile aus. Speziell für die Anlage in Portfolios erweisen sich seine Eigenschaften, eine beinahe beliebige Stückelung und Aufteilung des Immobilienrisikos sowie eine kostengünstige Handelbarkeit, als vorteilhaft.

Neben der bislang ohnehin geringen Zahl konventioneller REITs existiert in Deutschland bislang kein REIT mit Nachhaltigkeitsausrichtung. Als ausländisches Beispiel sei hier der US-amerikanische Forward Progressive Real Estate Fund genannt.[31] Der Fonds investiert überwiegend in Real Estate Investment Trusts (REITs) und Real Estate Operating Companies (REOCs), in denen Immobilien-Unternehmen enthalten sind, die u.a. Energiesparprogramme betreiben, umweltbewusst handeln und die Entwicklung von Green Building Standards favorisieren.

4 Akteure im Bereich nachhaltiger Immobilien und Kapitalmarkt

Die Grundüberlegungen der Akteursbeziehungen auf Finanzmärkten bezüglich der Wertschöpfung von Finanzprodukten im Allgemeinen und Nachhaltigen Geldanlagen im Besonderen sowie die besonderen Herausforderungen im Bereich von Finanzprodukten lassen sich mit erforderlichen Anpassungen auf die Wertschöpfung nachhaltiger Immobilienanlagen und die dabei relevanten Akteursgruppen übertragen. Abbildung 2 gibt dazu einen Überblick.

[30] Vgl. Schäfer et al. (2010b), S. 36.

[31] http://www.forwardfunds.com/pdf/facts/Forward_FFREX_Facts.pdf.

Abbildung 2: Mögliche Akteurskonstellation bei der Entwicklung von Produkten für nachhaltige Immobilieninvestments

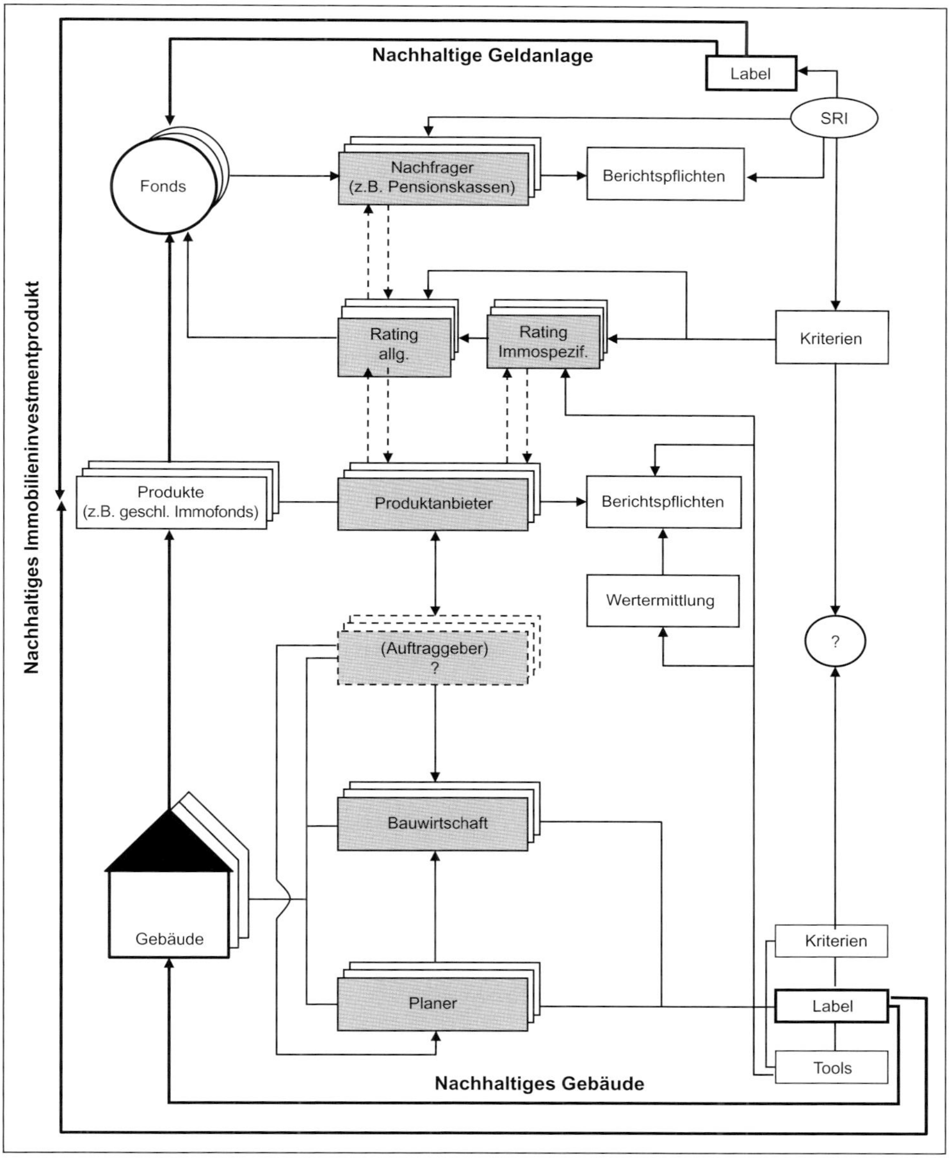

Quelle: Schäfer et al. 2008, S. 279

Kernelement der Akteurskonstellation ist die Verbindung zwischen der Bauwirtschaft und den Planern als zentrale Akteursgruppen der Gebäudeerstellung und des -betriebs – also die realwirtschaftliche Seite der Akteursbeziehung und der Finanzrespektive der Kreditwirtschaft. Die korrespondierende monetäre, d.h. finanzielle Seite der Akteursbeziehung ist für die Aufbringung der für die Gebäudeerstellung erforderlichen Finanzmittel zuständig. Indem Allokations- und Anreizstrukturen zur Mobilisierung von zusätzlichem Anlagekapital aus dem Finanzmarkt speziell für die Finanzierung nachhaltiger Immobilien aufgezeigt werden, gehen für die reale Seite – die Bauwirtschaft – zusätzlich Impulse zu Immobilienerstellungen und damit zur Auslastung und Ausweitung von Produktionskapazitäten aus (mit all den damit verbundenen indirekten Folgewirkungen vor allem im gesamtwirtschaftlichen Sektor wie Anstieg der Beschäftigten, höhere Auslastung der Produktionskapazitäten etc.).[32]

Die in der Akteurskonstellation eingebetteten Intermediäre – Finanzdienstleister als Produktanbieter, Rating-Agenturen als Gutachter oder als Informationsbroker – haben über ihre Allokationsfunktion hinsichtlich des Lotsens von Kapital erhebliche Funktionen im Informationsaustausch, der Informationsbereitstellung, deren Auswertung sowie dem Qualitätsmanagement zu übernehmen. Dies resultiert unmittelbar aus der hohen Informationskomplexität von Nachhaltigkeit auf der Ebene des Immobilienobjekts. Ferner sind in nachhaltige Immobilien investierende Anlageprodukte sehr erklärungsbedürftig.

5 Institutionelle Investoren auf dem Immobiliensektor

Aus OECD-Daten ist bekannt, dass insbesondere Pensionsfonds weltweit gesehen zwischen einem und 15% ihrer Anlagegelder in direkte oder indirekte Beteiligungsformen an Immobilien investieren. Außerdem sind Privathaushalte mit hohem Einkommen und großen Vermögen dafür bekannt, dass sie einen größeren Anteil an Immobilienvermögen halten. Die Anlagebereitschaft in Immobilien nach der „Subprime-Krise“ hat mittlerweile auf der Objektebene enorm angezogen und es wird mittel- bis langfristig mit einer Zunahme von Investitionen auch in Immobilien mit Nachhaltigkeitsstatus gerechnet. Gründe sind die vermehrten Hinwendungen vieler Großanleger zu Multi-Vermögensanlage-Strategien, mit denen börsennotierte Werte untergewichtet werden, was u.a. zur wachsenden Substitution durch Immobilien führt.[33] Dieser Prozess dürfte beschleunigt werden, wenn es der Finanzbranche gelingt, das Nachhaltigkeitsthema im Immobilienbereich aufzugreifen und marktfähige Anlageprodukte zu konzipieren.

[32] Vgl. Schäfer et al. (2008), S. 279 ff.

[33] Vgl. Garz/Volk (2010).

Zur Etablierung von nachhaltigen Immobilieninvestments in Deutschland würden sich institutionelle Anleger besonders eignen. Für sie spricht, dass sie aus ihrer Affinität zur Nachhaltigkeit, dokumentiert durch ihren hohen Anteil Nachhaltiger Geldanlagen auf dem deutschen Markt, auch für nachhaltige Immobilieninvestments eine herausragende Rolle spielen dürften.[34] So sind bestimmte institutionelle Investoren wie Kirchen, andere religiöse Organisationen oder Stiftungen auch auf dem deutschen SRI-Markt am stärksten engagiert.[35] Im Folgenden soll vertieft auf das (geschätzte) Interesse und die Motivation institutioneller Investoren sowie deren Marktpotenzial für nachhaltige Immobilieninvestments aus dem Blickwinkel des deutschen Kapitalmarkts eingegangen werden. Aufgrund fehlender sekundärstatistischer Daten wurde innerhalb des vom Bundesamt für Bauwesen und Raumordnung unterstützten und von den Universitäten Stuttgart und Karlsruhe durchgeführten Forschungsprojekts „ImmoInvest – Grundlagen nachhaltiger Immobilieninvestments“ im Herbst 2007 eine empirische Umfrage u.a. zur Bedeutung von nachhaltigen Immobilieninvestments durchgeführt. Einige zentrale Ergebnisse werden nachfolgend ausgeführt.[36]

5.1 Empirische Ergebnisse für Deutschland

Innerhalb der Befragung wurden im September und Oktober 2007 über 116 institutionelle Investoren zu den Themen Organisation und Finanzstruktur, Bedeutung von Immobilienanlagen, Bedeutung von Nachhaltigen Geldanlagen und Bedeutung von nachhaltigen Immobilienfonds befragt. Unter den Befragten befanden sich 23 Kapitalanlagegesellschaften, 59 Vorsorgeeinrichtungen wie beispielsweise Lebensversicherungen und Pensionskassen, und 34 Non-Profit-Organisationen.

Für mehr als die Hälfte der befragten institutionellen Investoren kommen nachhaltig orientierte geschlossene oder offene Immobilienfonds überhaupt nicht in Frage. Diejenigen Institutionen, für die geschlossene oder offene Immobilienfonds relevant sein könnten, wurden des Weiteren zu ihrem Interesse an nachhaltigen Immobilienfonds befragt. Bei ca. der Hälfte dieser Gruppe kann ein durchschnittliches Interesse festgestellt werden. Für Kapitalanlagegesellschaften, für die Immobilienfonds in Frage kommen, zeigt sich noch am ehesten ein Interesse für nachhaltige Immobilienfonds:

[34] Vgl. Forum Nachhaltige Geldanlagen (2013), S. 18-20.

[35] Vgl. Hamm (2006), S. 27.

[36] Vgl. Schäfer et al. (2012).

- Die verschiedenen Institutionsgruppen haben unterschiedliche Präferenzen in Bezug auf die Wahl der nachhaltigkeitsorientierten Immobilienanlage. Insgesamt dominieren hier direkte Immobilienanlagen sowie geschlossene Immobilienfonds. Nicht überraschend sind bei den Kapitalanlagegesellschaften die häufigen Nennungen von Immobilien AGs sowie REITs. Dagegen kommen bei Non-Profit-Organisationen eher offene Publikumsfonds in Frage.
- Die Mehrheit der befragten Investoren geht von vergleichbaren Renditen bei nachhaltigen und konventionellen Immobilienanlagen aus.
- Der Wissensstand über nachhaltige Immobilienanlagen wird im Vergleich zu nachhaltige Geldanlagen, geringer eingestuft, wie in Abbildung 3 dargestellt wird.

Abbildung 3: Wissensstand zum Thema Nachhaltigkeit

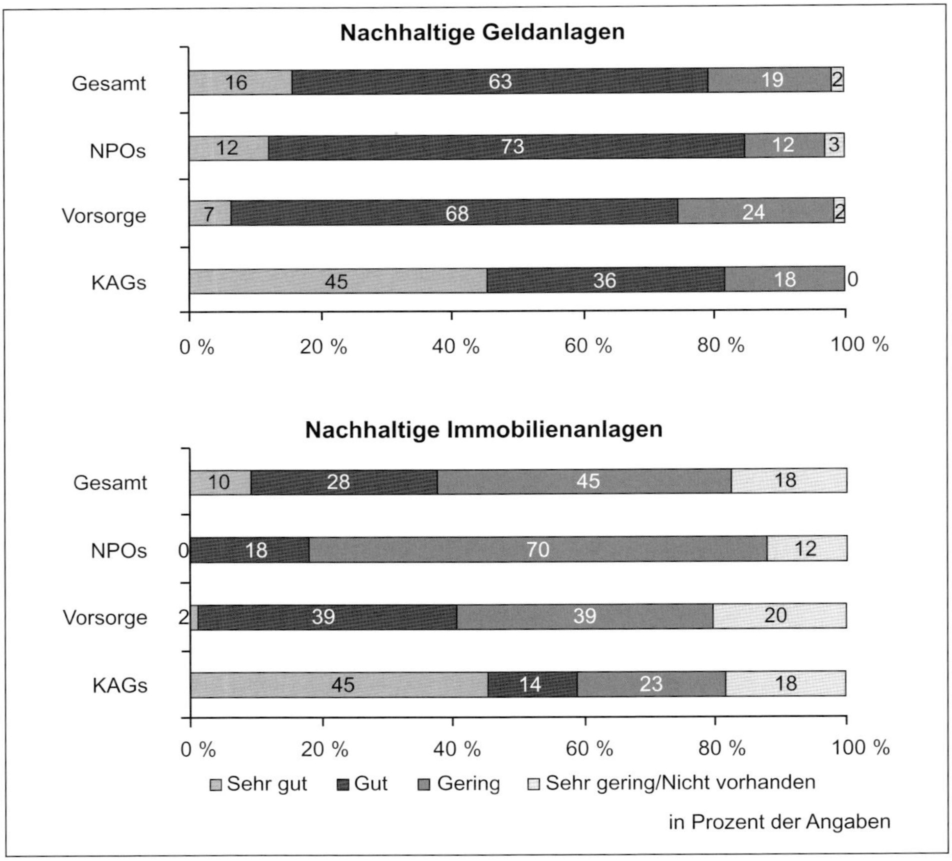

Quelle: Schäfer et al. 2008, S. 104

5.2 Vorläufige Potenzialabschätzung

Für eine Marktpotenzialabschätzung in Deutschland werden die Immobilienbestände der einzelnen institutionellen Investoren zu einem Gesamtimmobilienbestand der institutionellen Investoren zusammengefasst. Wobei die Gruppen der CTAs (Contractual Trust Arrangements), NPOs und Stiftungen aufgrund mangelnder statistischer Daten bzw. Daten aus den Vorjahren nicht in die Bestandsaufnahme aufgenommen werden können. Der Immobilienbestand der institutionellen Investoren setzt sich somit aus den Immobilienvermögen der geschlossenen Fonds, der Immobilienleasinggesellschaften, der ausländischen Investoren, der Erstversicherungsunternehmen, der offenen Immobilienpublikumsfonds sowie der offenen Immobilienspezialfonds zusammen. In Abbildung 4 ist die Zusammensetzung des gesamten Immobilienbestands der institutionellen Investoren veranschaulicht.

Abbildung 4: Immobilienbestand institutioneller Investoren, 2006

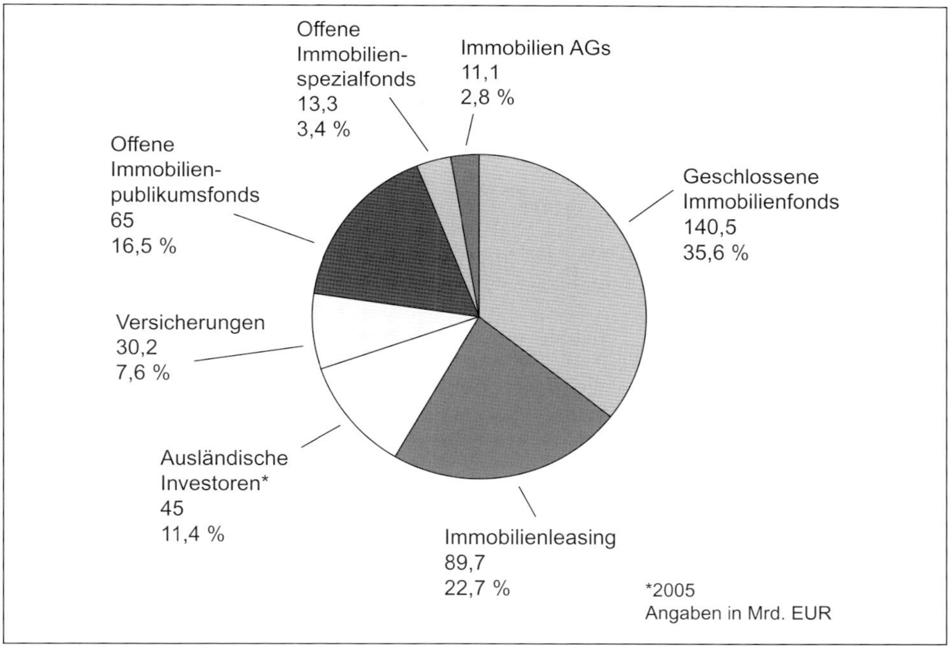

Quelle: Schäfer et al. 2008, S. 127

Um eine erste, vorläufige Einschätzung des möglichen Potenzials eines Marktes für nachhaltige Immobilienanlagen zu erhalten, bietet es sich an, mit dem für deutsche SRI-Anlagen verfügbaren Anteil am gesamten Markt für professionell gemanagte Anlagen (Assets under Management) zu operieren.

Im Jahr 2012 beläuft sich der Anteil der SRI-Anlagen in Deutschland an den gesamten Assets under Management auf etwa 1,2%.[37] Gemäß vorangeganger Ausführungen belief sich das gesamte in Immobilien investierte Volumen institutioneller Anleger für das Jahr 2006 auf 394,8 Mrd. EUR. Somit ergibt sich für eine nachhaltige Immobilienklasse in Deutschland ein Potenzial von 1% des Immobilienbestands der institutionellen Investoren, was ein potenzielles Volumen von ca. 5 Mrd. EUR bedeutet. Dieser Wert ist durch verlässlichere empirische Schätzungen in zukünftigen empirischen Erhebungen zu überprüfen und in seiner Güte zu verbessern.

6 Einfluss der Nachhaltigkeit auf Rendite und Risiko einer Immobilie

Für die Nachfrage von nachhaltigen Immobilien und die Entwicklung nachhaltiger Immobilieninvestments kommt der Auswirkung der Nachhaltigkeit auf Rendite und Risiko eine besondere Bedeutung zu. Hierzu gibt es bislang nur wenige Studien mit unterschiedlichen Ansätzen und verschiedenen Analysebereichen. Dass nachhaltige Immobilien im Vorteil gegenüber konventionell geplanten, erstellten und bewirtschafteten Immobilien sind, impliziert allein die Begrifflichkeit „nachhaltig“. In der genauen Quantifizierbarkeit dieser Vorteile liegt aber noch die Herausforderung kommender immobilienwirtschaftlicher Forschungsvorhaben. Dennoch lassen sich die Bereiche, in denen Vorteile messbar gemacht werden können, eindeutig identifizieren. Der Zusammenhang zwischen Gebäudeeigenschaft und finanziellem Vorteil wird in Abbildung 5 beispielhaft verdeutlicht.

[37] Vgl. Forum Nachhaltige Geldanlagen (2013).

Abbildung 5: Wirtschaftliche Vorteile nachhaltiger Immobilienanlagen

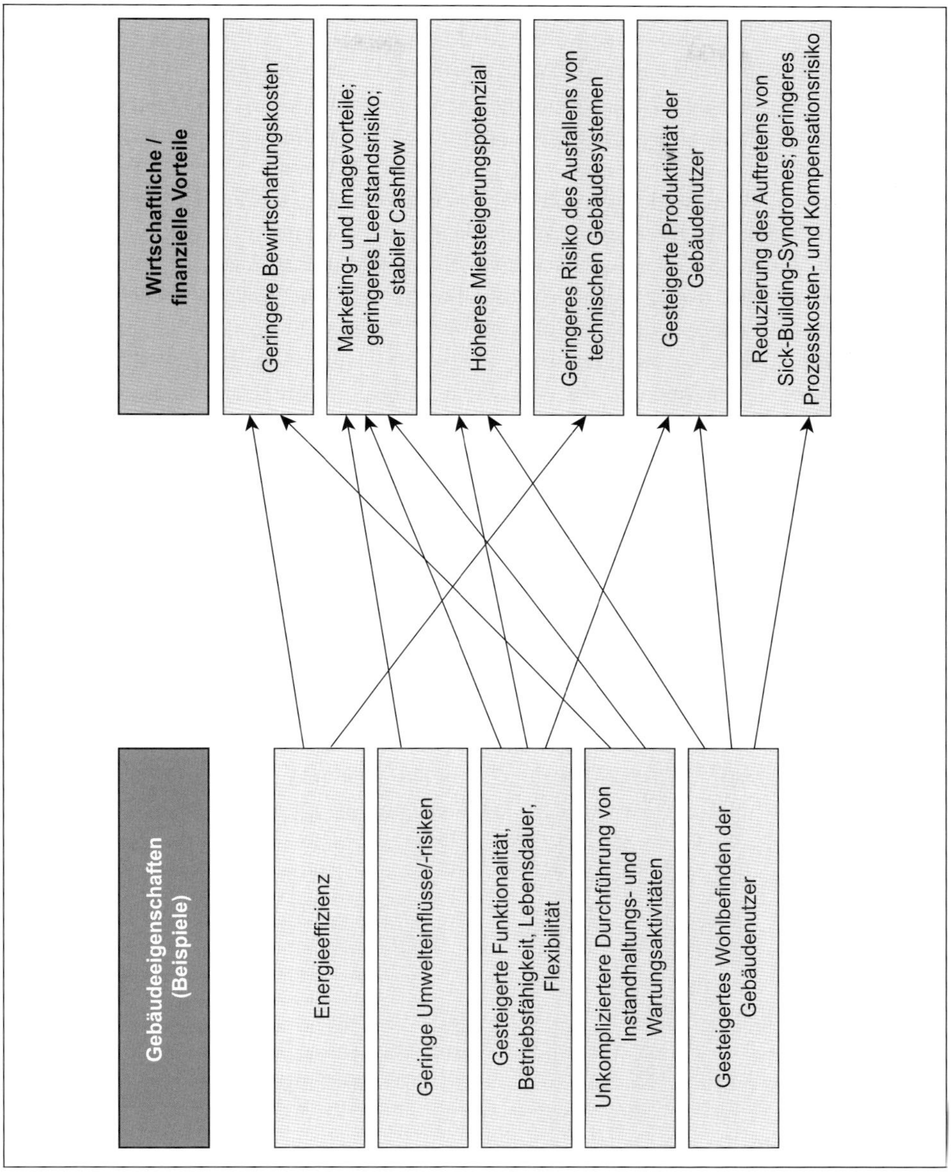

Quelle: Lützkendorf et al. 2006

Studien für die USA z.B. von Kats oder The David and Lucille Packard Foundation zeigen die Kostenreduktionen, die durch eine Verbesserung der energetischen Qualität von Immobilien erreichbar sind, auf.[38] Allerdings kann keine vollständige Übertragung dieser Ergebnisse auf den deutschen Markt vorgenommen werden, da die Bauweise, der Standard der technischen Gebäudeausrüstung und die geografische Lage national sehr unterschiedlich sein können, was einen hohen Einfluss auf die Energiekosten hat.

Bei vermieteten Objekten ergibt sich bei der Beurteilung von Einspareffekten bei der Energie und einer Reduzierung der Energiekosten ein Anreizproblem. In der Regel profitieren von diesen Kostenreduktionen primär die Mieter und weniger die Besitzer.[39] Es gibt zwar Thesen, wie beispielsweise von Bartlett/Howard[40], dass die Nachhaltigkeit auf die Netto-Mieten und den Wert der Immobilie Auswirkungen hat. Damit wäre ein direkter Zusammenhang zwischen Nachhaltigkeit und Immobilie bzw. zwischen Nachhaltigkeitsfaktoren und deren Einfluss auf die Rendite einer Immobilie hergestellt. Innerhalb einer empirischen Untersuchung wurden die Mietpreisunterschiede zwischen herkömmlichen und nachhaltigen Immobilien, zertifiziert nach dem LEED-Standard, bzw. ökologischen Immobilien, die mit dem Energy-Star-Label ausgezeichnet sind, untersucht. Im Ergebnis stellte sich heraus, dass die nachhaltigen bzw. ökologischen Immobilien eine höhere Miete von ungefähr 2% pro Quadratmeter erwirtschaften. Allerdings ist zu berücksichtigen, dass einerseits ein relativ großer Unterschied im Hinblick auf das Alter der Immobilien bestand – so wiesen die nachhaltigen Immobilien ein Durchschnittsalter von 24 Jahren zu 44 Jahren bei den konventionellen Immobilien auf – und dass andererseits nicht alle notwendigen Informationen vorhanden waren, um eine abschließende Aussage über den Zusammenhang zwischen der Zertifizierung und den höheren Mietpreisen herstellen zu können.[41] Abschließend ist zum Thema Renditesteigerung und Risikominderung durch Nachhaltigkeitsfaktoren anzumerken, dass es noch keinen Nachweis für diese These gibt, weshalb noch weitere Untersuchungen auf diesem Gebiet notwendig sind.

7 Fazit

Gerade auf dem deutschen Kapitalmarkt ist das Marktsegment „Nachhaltige Immobilieninvestments“ noch in der Aufbauphase. Damit verbunden ist, wie bei Nachhaltigen Geldanlagen generell, auch ein verlässliches und leistungsfähiges Erkennungs- und Über-

[38] Vgl. zum Überblick Schäfer et al. (2010a).
[39] Vgl. WBCSD (2007), S. 10 ff.
[40] Vgl. Bartlett/Howard (2000), S. 318 ff.
[41] Vgl. Eichholtz et al. (2009).

wachungssystem der sozialen und ökologischen Merkmale einer Immobilie. Wie bei den am Markt vorhandenen nachhaltigen Immobilieninvestmentprodukten hinkt Deutschland hier hinterher. Andere Länder, allen voran die USA, aber auch europäische Länder wie Großbritannien und neuerdings Frankreich, messen aus Sicht der Bauwirtschaft nachhaltigen Immobilien und aus Sicht der Kapitalmärkte den damit korrespondierenden nachhaltigen Immobilieninvestments wachsende Aufmerksamkeit zu. Erste Kapitalanlagegesellschaften sind dabei, sich in Deutschland für ein entsprechendes Anlageangebot zu rüsten. Gemessen an der Anlagepräferenz dürfte vor allem bei deutschen institutionellen Investoren ein Anlageinteresse bestehen, weniger dagegen bei Privatanlegern. Überdies werden besonders solche Großanleger in Frage kommen, die bereits im Bereich Nachhaltiger Geldanlagen und Immobilieninvestments engagiert sind. Mehr noch als bei Nachhaltigen Geldanlagen wird aber das Momentum eines Wachstums in der nachhaltigen Immobilienanlage von einer aktiven Informations- und Kommunikationspolitik der Finanzdienstleister abhängen. Hier gibt es derzeit noch einen großen Nachholbedarf.

Literatur

Alda, Willi/Lassen, Janpeter, (2005): Kapitalanlagegesellschaften, in: Schulte, Karl-Werner/Bone-Winkel, Stephan/Thomas, Matthias (Hrsg.): Handbuch Immobilien-Investitionen, 2., vollständig überarbeitete Aufl., Köln, S. 87-121.

Bartlett, Eric/Howard, Nancy, (2000): Informing the decision makers on the cost and value of Green Building. Building Research & Information 28(5/6), S. 315-324.

Bone-Winkel, Stephan/Müller, Tobias, (2005): Bedeutung der Immobilienwirtschaft. in: Schulte, Karl-Werner (Hrsg.): Immobilienökonomie: Betriebswirtschaftliche Grundlagen, Bd. 1, München, S. 27-45.

Braune, Aanna/Sedlbauer, Klaus/Kittelberger, Siegrun, (2007): Potenziale des Nachhaltigen Bauens in Deutschland: Analyse der internationalen Strukturen, Kurzstudie, Universität Stuttgart (Lehrstuhl für Bauphysik), PE International GmbH, Leinfelden-Echterdingen.

Bundesministerium für Umwelt, Naturschutz und Reaktorsicherheit, (2008a): Wachstum, Beschäftigung und Klimaschutz, Grundsatzpapier für die Investorenkonferenz des Bundesumweltministeriums, URL: http://www.bmu.de/files/pdfs/allgemein/application/pdf/grundsatzpp_investitionskonferenz.pdf, Stand: 08/2013.

Bundesministerium für Umwelt, Naturschutz und Reaktorsicherheit, (2008b): Investitionen für ein klimafreundliches Deutschland. Eine Studie im Auftrag des Bundesministeriums für Umwelt, Naturschutz und Reaktorsicherheit, Zwischenbericht, http://www.bmu.de/fileadmin/bmu-import/files/pdfs/allgemein/application/pdf/studie_klimadeutschland.pdf, Stand: 08/2013.

Eichholtz, Piet/Kok, Nils/Quigley, John M., (2009): Doing Well by Doing Good? – Green Office Buildings. P. o. h. a. u. policy. Berkeley, Institute of Business and Economic Research, Fisher Center for Real Estate and Urban Economics, University of California, URL: http://www.ucei.berkeley.edu/PDF/seminar20090130.pdf, Stand: 08/2013.

Enquete-Kommission, (1998): Schutz des Menschen und der Umwelt – Ziele und Rahmenbedingungen einer nachhaltig zukunftsverträglichen Entwicklung, URL: http://dip.bundestag.de/btd/13/112/1311200.asc, Stand: 08/2013.

Europäische Kommission, (2011): Fahrplan für den Übergang zu einer wettbewerbsfähigen CO_2-armen Wirtschaft bis 2050, URL: http://eur-lex.europa.eu/LexUriServ/LexUriServ.do?uri=COM:2011:0112:FIN:DE:PDF, Stand: 08/2013.

Forum Nachhaltige Geldanlagen (FNG), (2013): Marktbericht Nachhaltige Geldanlagen 2012 – Deutschland, Österreich und die Schweiz, URL: http://www.forumng.org/images/stories/Publikationen/fng_marktbericht_2013_72dpi.pdf, Stand: 08/2013.

Garz, Hendrik/Volk, Claudia, (2010): Responsible Investments 2.0 – Eine Multi-Asset-Perspektive, Düsseldorf, London, WestLB Panmure.

Goeke, Berthold, (2011): Politik zur Förderung der Erneuerbaren Energien in Deutschland, in: Gerhard, Markus/Rüschen, Thomas/Sandhövel Armin (Hrsg.): Finanzierung Erneuerbarer Energien, Frankfurt am Main, S. 45-60.

Grasskamp, James A., (2007): Responsible Property Investing. What the leaders are doing, CEO Briefing, URL: http://www.unepfi.org/fileadmin/documents/ceo_briefing_property_01.pdf, Stand: 08/2013.

Gromer, Christian, (2012): Die Bewertung von nachhaltigen Immobilien – Ein kapitalmarkttheoretischer Ansatz basierend auf dem Realoptionsgedanken, Wiesbaden, (zugl. Diss., Universität Stuttgart, 2012).

Hamm, Brigitte, (2006): Maßnahmen zur Stärkung von Sozial verantwortlichem Investieren (SRI): Vorschläge für die deutsche Entwicklungszusammenarbeit, Deutsches Institut für Entwicklungspolitik, Discussion Paper, Nr. 6/2006, Bonn.

IPCC, (2011): Managing the Risks of Extreme Events and Disasters to Advance Climate Change Adaptation (SREX), New York.

Knoepfel, Ivo/Hagart, Gordon, (2008): Seeking Rewards in Sustainabile Real Estate, URL: http://www.onvalues.ch/images/pagecontent/news/08-01_GlobalPensions_Real-Estate_ jan%2008.pdf, Stand: 08/2013.

Kunath, Angelika, (2005): Fondsinitiatoren, in: Schulte, Karl-Werner/Bone-Winkel, Stephan/Thomas, Matthias/Holzmann, Christoph (Hrsg.): Handbuch Immobilien-Investitionen, Köln, S. 151-171.

Loos, Christoph, (2005): Strategien institutioneller Immobilieninvestoren – Ein kompetenzbasierter Strategieansatz am Beispiel offener Immobilienfonds, in: Pfnür, Andreas (Hrsg.): Immobilienwirtschaftliche Forschungen in Theorie und Praxis, Bd. 2, Frankfurt am Main.

Lützkendorf, Thomas, (2013): Nachhaltiges Bauen und Betreiben selbstgenutzter Immobilien, in: Schäfer, Henry/Krummrich, Klaus (Hrsg.): Handbuch Nachhaltigkeit. Strategie-Forschung-Praxis, Stuttgart, S. 497-507.

Merrill Lynch, (2005): Green Property: Does It Pay? Report for the United Nations Sustainability Project, URL: http://www.unepfi.org/fileadmin/documents/materiality2/property_merrill_lynch_2005.pdf, Stand: 08/2013.

o.V., (2009): „Green Buildings" für Institutionelle – iii-Investments legt ersten Spezialfonds auf – 6 Prozent Rendite erwartet, in: Börsenzeitung, 23.07.2009: S. 2.

Pivo, Gary/McNamara, Paul, (2005): Responsible Property Investing, in: International Real Estate Review, 8 (1), S. 128-143.

Rehkugler, Heinz/Jandura, Olaf/Morawski, Jan, (2005): Immobilien als Bestandteil von Vermögensportfolios, in: Francke, Hans-Hermann/Rehkugler, Heinz (Hrsg.): Immobilienmärkte und Immobilienbewertung, München, Darmstadt u.a., S. 3-53.

Schäfer, Henry, (2011): Immobilien und Nachhaltigkeit – Stand der Diskussion in Deutschland, in: Swiss Real Estate Journal, No. 2, S. 30-36.

Schäfer, Henry, (2009): Corporate Social Responsibility Rating, in: Aras, Güler/Crowther, David (Hrsg.): A Handbook of Corporate Governance and Corporate Social Responsibility, Surrey, S. 449-465.

Schäfer, Henry, (2005a): CSR-Rating: Ökonomisches Bindeglied zwischen Investoren und Unternehmen, in: RATINGaktuell, 4(3), S. 52-57.

Schäfer, Henry, (2005b): Wie nachhaltig ist die Geldanlage in Deutschland?, in: Zeitschrift für das gesamte Kreditwesen, 58(11), D. 558-562.

Schäfer, Henry/Neligan, Ariane/Gromer, Christian, (2012): The demand of sustainable property investments in Germany: An explorative empirical study, in: Journal of Property Investment & Finance, 30 (1), S. 5-17.

Schäfer, Henry/Lützkendorf, Thomas/Gromer, Christian/Rohde, Christoph, (2010a): ImmoWert – Integration von Nachhaltigkeitsaspekten in die Wertermittlung und Risikobeurteilung von Einzelimmobilien und Gebäudebeständen, Forschungsinitiative Zukunft Bau, Band F 2753, Bonn.

Schäfer, Henry/Gromer, Christian/Lucas, Daniel, (2010b): Unausgereiztes Potenzial für nachhaltige REITs – Chancen nutzen durch eine Gesetzesreform, in: Betriebswirtschaftliche Blätter – Fachzeitschrift für Unternehmensführung in der Sparkassen-Finanzgruppe, 59 (1), S. 35-43.

Schäfer, Henry/Lützkendorf, Thomas/Gromer, Christian/Rohde, Christoph, (2008): ImmoInvest – Grundlagen nachhaltiger Immobilieninvestments, Stuttgart.

Statistisches Bundesamt Deutschland, (2013): Volkswirtschaftliche Gesamtrechnung, Vermögensrechnung, Nettoanlagevermögen nach Vermögensarten, URL: https://www.destatis.de/DE/ZahlenFakten/GesamtwirtschaftUmwelt/VGR/Vermoegensrechnung/Tabellen/Nettoanlagevermoegen.html.

UNEP, (2006): Sustainable building & construction initiative – 2006 – information note. URL: http://www.uneptie.org/pc/pc/SBCI/SBCI_2006_InformationNote.pdf, Stand: 12/2007.

UNEP FI, (2008): Building Responsible Property Portfolios, URL: http://www.unepfi.org/fileadmin/documents/building_responsible_property_portfolios.pdf, Stand: 09/2008.

WBCSD, (2007): Energy Efficiency in Buildings, Summary Report, World Business Council for Sustainable Development, Geneva.

Ackerland- und Waldinvestments

Jürgen Raeke

1 Einleitung

Die große Unternehmerpersönlichkeit Henry Ford hat es schon vor vielen Jahren gewusst: „Investieren Sie in Grund und Boden – das Produkt wird nicht mehr hergestellt.“ Boden ist unentbehrlich. Er dient den Grundbedürfnissen Wohnen und Nahrung, der Erholung und dem Wohlbefinden in der Natur und fungiert als Standort für wirtschaftliche Aktivitäten (Betriebe, Industrie, Handel, Dienstleistungssektor, Verkehrswege).

Auch die Produktionsmengen (Ernten) der nachwachsenden Rohstoffe wie Holz (Wald) und landwirtschaftliche Erzeugnisse (Weizen, Reis, Mais etc.) sind grundsätzlich endlich. Kurzfristig können sie zwar durchaus flexibel an die jeweils akuten Bedürfnisse angepasst werden, auch leichte Produktivitätssteigerungen scheinen möglich, aber sie werden generell durch die Ressource Boden und den Zugang zu einer ausreichenden Wasserversorgung begrenzt. Selbst der qualitativ beste Boden steht aufgrund seiner Immobilität in hoher Abhängigkeit von den lokalen klimatischen Bedingungen.

Begrenztes Angebot trifft auf steigende Nachfrage. Die Weltbevölkerung wird nach Schätzungen der UN von heute 7 Mrd. weiter bis auf über 9 Mrd. in 2050 ansteigen. Danach ist mit einer sinkenden Geburtenrate aufgrund des gestiegenen Wohlstands der heutigen Entwicklungsländer zu rechnen. In den Basisszenarien wird dieser Effekt bis um 2100 zu einer Bevölkerungszahl von 10,1 Mrd. Menschen führen, was den Zenit des Bevölkerungswachstums darstellen könnte.[1] Das bedeutet eine um 40% größere Anzahl von Menschen auf Sicht von 100 Jahren.

Das hat starke Implikationen auf die Preise von Grundnahrungsmitteln. Als im Rahmen der Nahrungsmittelpreiskrise 2007-2008 die Preise der vier Hauptnahrungsmittel Mais, Reis, Soja und Weizen im Vergleich zu 2005 teilweise um das Dreifache stiegen, führte dies in einigen Ländern zu Unruhen in der Bevölkerung. Bekanntestes Beispiel war die sogenannte „Tortilla-Krise“ in Mexiko – die Bevölkerung streikte wegen der um 100% gestiegenen Maispreise, die die Basis für die Tortillas bilden. Anfang 2011, in der Sorge vor neuerlichen Protesten, traf die mexikanische Regierung die ungewöhnliche Entscheidung, die Maispreise mit Terminkontrakten abzusichern.[2] Auch in jüngerer Vergangen-

[1] United Nations – Department of Economic and Social Affairs (UN/DESA): World Population Prospects, the 2010 Revision http://esa.un.org/unpd/wpp/Analytical-Figures/htm/fig_1.htm.

[2] http://www.ftd.de/finanzen/maerkte/rohstoffe/:rohstoffrally-mexiko-wappnet-sich-gegen-neue-tortilla-krise/50208528.html.

heit führten hohe Nahrungsmittelpreise zu immer extremeren gesellschaftlichen Reaktionen, so sind diese als einer der Gründe der Proteste in Algerien[3] im Rahmen des arabischen Frühlings Anfang 2011 zu nennen.

Der Sommer 2012 zeigte ein ähnliches Bild. Rohstoffe, wie Soja und Mais, notierten 50-60% höher als im Jahr 2011 und damit sogar über dem Rekordniveau von 2008. Diese deutlichen Preissteigerungen waren die Grundlage intensiver und langanhaltender Diskussionen zum Thema Versorgungssicherheit, Spekulationsgeschäfte und Ethik im Agrarrohstoffmarkt.[4]

Zwischenzeitliche, heftige Preiskorrekturen führen zeitweise zu einer gewissen Entspannung, können aber den grundsätzlichen Aufwärtstrend der Preise nicht entscheidend brechen. Im Gegensatz zu den langfristigen Trends sind die unmittelbaren Ursachen für die massiven Anstiege von Nahrungsmittelpreisen aufgrund der komplexen Zusammenhänge auf dem Nahrungsmittelmarkt nicht eindeutig zu benennen. Allgemein werden in der Öffentlichkeit regelmäßig die Produktion von Biokraftstoff und Spekulationen mit Nahrungsmitteln als Hauptursachen für Verwerfungen des Marktes angeführt. Einige wissenschaftliche Studien kommen hingegen zu dem Schluss, dass die Produktion von Bioethanol alleine einen nur begrenzten Einfluss auf die Preisbildung hat und Spekulationen mit Nahrungsmitteln keinen signifikanten Beitrag zu Nahrungsmittelpreiskrisen leisten bzw. sogar eher die Liquidität liefern, die für die Absicherung dieser Risiken benötigt wird.[5] Vielmehr wurde die Regulation des Nahrungsmittelhandels als eine nicht unerhebliche Ursache für steigende Preise identifiziert. So wird der durch Export- und Importbeschränkungen verursachte Anstieg des Preises auf 9% bei Gerste und 24% bei Weizen geschätzt.[6]

---

3 http://www.fr-online.de/politik/zwei-tote-bei-protesten-in-algerien,1472596,5115062.html.

4 faz.net.wirtschaft (31.08.2012): Die Moral der Agrar-Spekulanten.

5 Institut für Agrarpolitik: Bestimmungsgründe für das Niveau und die Volatilität von Agrarrohstoffpreisen auf internationalen Märkten. Implikationen für Welternährung und Politikgestaltung, Uni Gießen, 2012.

6 Tun-Hsiang „Edward" Yu, Simla Tokgoz, Eric Wailes, Eddie Chavez: A Quantitative Analysis of Trade Policy Responses to High Agricultural Commodity Prices. http://ageconsearch.umn.edu/bitstream/51805/2/IAAE_734.pdf.

Abbildung 1: Entwicklung Weizenpreis

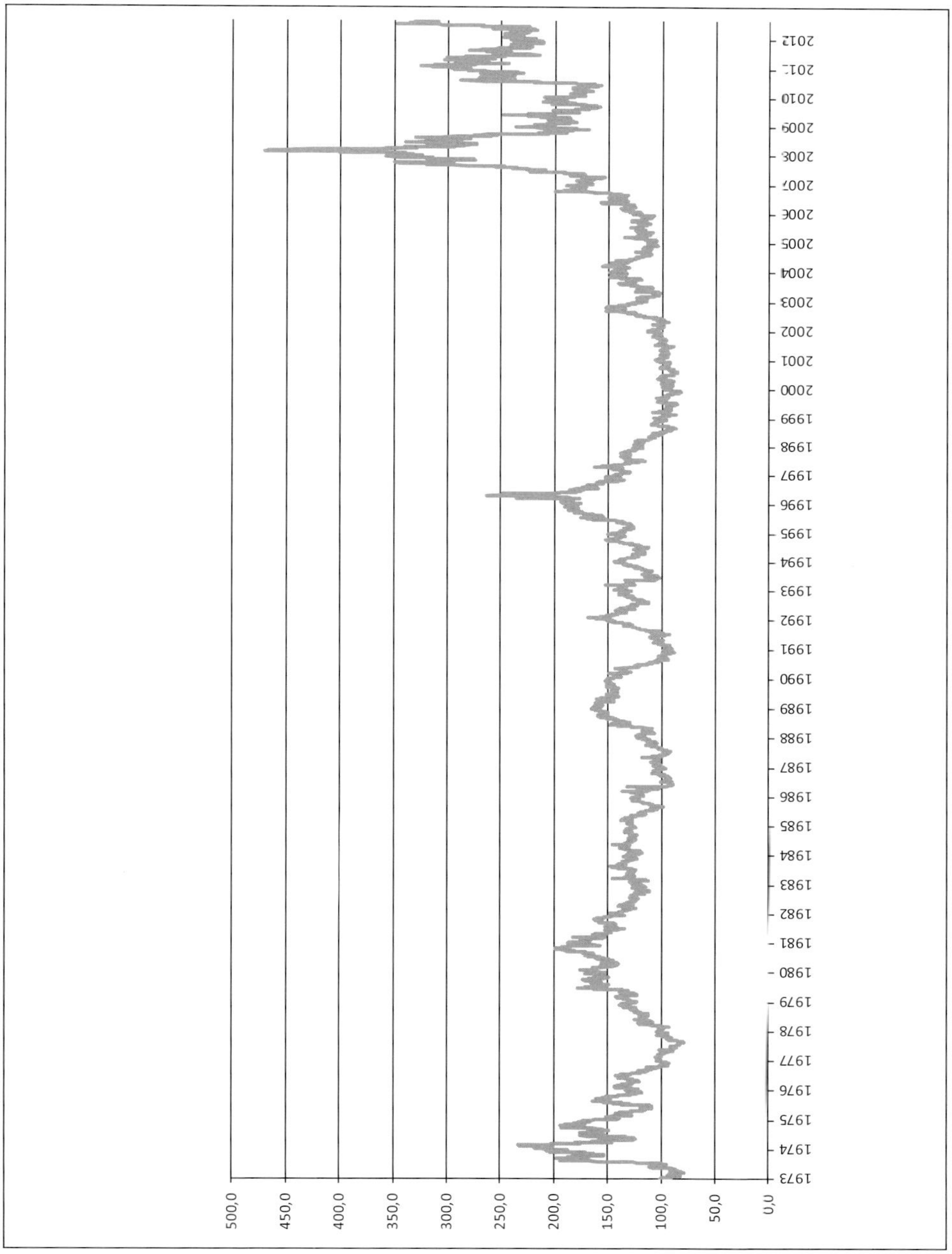

Quelle: Bloomberg

Die Konsequenzen dieser Herausforderungen sind vielschichtig und entfalten ihren Einfluss auf verschiedene Bereiche. In der nachfolgenden Ausarbeitung wird zunächst dargelegt, wie sich diese Veränderungen der Rahmenbedingungen auf Acker- und Waldflächen auswirken. In den Abschnitten 3 und 4 werden Parameter für das Investment in Ackerland und Wald dargestellt und Investitionsmöglichkeiten aufgezeigt.

2 Herausforderungen des 21. Jahrhunderts

2.1 Stark wachsende Weltbevölkerung

Den größten Bevölkerungszuwachs wird es in den Entwicklungsländern geben. Durch dieses globale Bevölkerungswachstum wird ein starker Nachfrageschub nach Rohstoffen, insbesondere nach land- und forstwirtschaftlichen Produkten, ausgelöst. Die OECD schätzt, dass die Nahrungsmittelproduktion bis 2050 um 70% steigen muss, um die Nachfrage aus Bevölkerungswachstum und sich verändernden Konsumgewohnheiten befriedigen zu können.[7]

Urbanisierung

Mehr und mehr Menschen drängen in die großen Städte. Im Jahr 2010 lebte die Hälfte der Weltbevölkerung in Städten, bis 2050 wird sich dieser Anteil nach Prognosen der UN auf 69% erhöhen, in den entwickelten Staaten auf 86,2%.[8] Dieser Trend geht mit einer Reduzierung land- und forstwirtschaftlicher Flächen einher.

Durch die zunehmende Urbanisierung konkurrieren Land- und Forstwirtschaftsflächen mit anderen Nutzungsarten um den knappen Faktor Land:

- Wohngebiete und Einkaufszentren,
- Industrieanlagen und Gewerbegebiete,
- Naturschutz- und Wasserschutzflächen,
- Erholungsgebiete und flächenintensive Sportstätten (Golfplätze).

[7] Wealth Report 2011, S. 34-37.

[8] United Nations – Department of Economic and Social Affairs (UN/DESA): World Urbanization Prospects: The 2009 Revision, World Population Prospects: The 2008 Revision. http://www.bpb.de/nachschlagen/zahlen-und-fakten/globalisierung/52705/verstaedterung.

Dabei ist der ökonomische Vorteil aus der Bewirtschaftung der Flächen mit den alternativen Nutzungsarten oft um ein vielfaches höher als mit Land- oder Forstwirtschaft.

Wohlstandsgefälle

China wird bis 2030 voraussichtlich zur größten Volkswirtschaft der Welt aufsteigen, Indien zur Nummer drei, knapp hinter den USA. Während Asien 2010 noch einen Anteil von 20% am BIP der USA, Japan, der EU und der 15 Emerging Markets (BRIC + Next-11) hat, wird dieser 2050 auf ca. 50% ansteigen.[9]

Der steigende Wohlstand ermöglicht es der Bevölkerung zunehmend, auf qualitativ hochwertigere und proteinreichere Nahrungsmittel umzusteigen. Dies führt zu einer höheren Nachfrage nach Fleisch, Milchprodukten und Eiern, aber auch zur Anpassung des Konsums an westliche Trends (Cola, Bier, Burger). Der Pro-Kopf-Fleischverbrauch in Indien, wo kulturell eine starke Neigung zu vegetarischer Ernährung besteht, stieg seit 1990 bereits um 40%, beträgt aber trotzdem nur 2% des Wertes der USA.[10] Der häufigere Fleischkonsum erhöht zwangsläufig den Futtermittelverbrauch: So werden beispielsweise durchschnittlich 2 kg Getreide für die Erzeugung von 1 kg Geflügel benötigt, für 1 kg Rindfleisch sind es bereits 8,3 kg.[11] Zur Herstellung von 1 L Cola benötigt man etwa 4 L Wasser, für 1 L Bier sogar fast 7 L.[12]

Die Produktion proteinreicher Nahrung erfordert besonders viel Bodenfläche. Ein Hektar Anbaufläche Mais ernährt beispielsweise 70 Menschen. Wird der Mais an Schlachtvieh verfüttert, können vom Endprodukt Fleisch dagegen nur zehn Menschen ernährt werden.

Der Begriff Emerging Markets wird zunehmend auf die sogenannten „Next-Eleven"-Staaten (Ägypten, Bangladesch, Indonesien, Iran, Mexiko, Nigeria, Pakistan, Philippinen, Südkorea, Türkei, Vietnam) ausgeweitet. Diese wurden in einer Studie[13] als diejenigen Staaten identifiziert, die zukünftig einen ähnlichen Boom erleben könnten wie die BRIC-Staaten (Brasilien, Russland, Indien, China).

---

9 Deka Bank: Emerging Markets Insight: Die Welt im Jahr 2050.

10 Deka Makro Research: Emerging Markets Insight.

11 Reuss, Christian: Teure Speisen; in Know-How 12/2007.

12 O.V.: Die Begeisterung für Biokraftstoffe ist ökologischer Wahnsinn; www.wrangler4you.com/klima.htm.

13 Goldman Sachs: Global Economics Paper No: 153. The N-11: More Than an Acronym Agrarius AG; in: Agrar Investments.

Produktion und Vorräte

Da die Flächen für die land- und forstwirtschaftliche Nutzung begrenzt sind, kann das Angebot mit der steigenden Nachfrage nicht mehr Schritt halten. In den letzten zehn Jahren ist die Nahrungsmittelnachfrage im Durchschnitt um gut 20%, bei einigen Produkten, wie Geflügel und pflanzlichen Ölen, um 50-60% gestiegen. Asien ist hierbei für den Verbrauchszuwachs ausschlaggebend.[14]

Anhand der Produktion und der Lagervorräte von Mais kann die Entwicklung seit 2000/2001 belegt werden. Die Produktion hat sich laut FAO (Food and Agriculture Organization of the United Nations) um 43% von 609 Mio. t auf 873 im Jahre 2011/2012 erhöht. Gleichzeitig haben sich die Lagervorräte um 23% von 172 Mio. t auf 132 Mio. Tonnen reduziert.

Abbildung 2: Gesamtverbrauch Mais zu Lagervorräten indexiert 2000/2001 auf 100

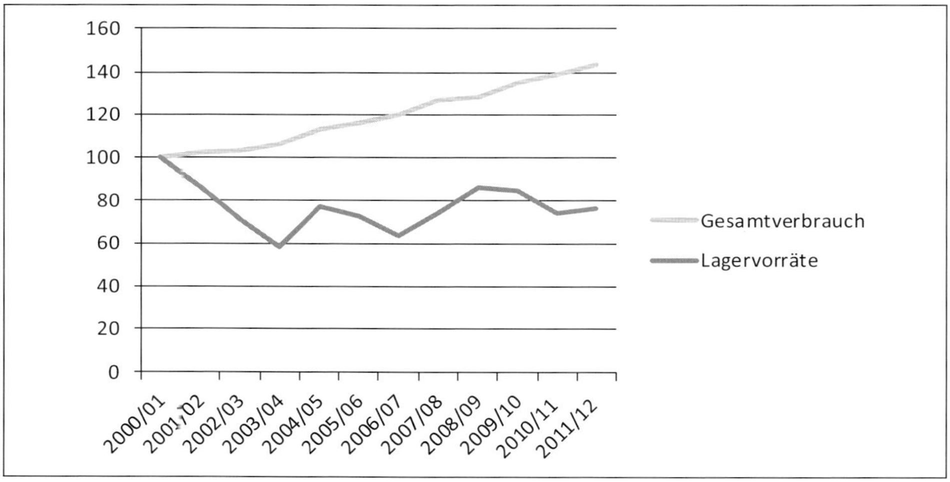

Quelle: FAO

Gemäß FAO hatten die USA 2001/2002 einen Anteil von über 42% an der Weltproduktion, 2011/2012 noch gut 35%. Chinas Anteil erhöhte sich in dieser Zeitspanne von 18 auf 22%. Obwohl Indien und Brasilien die absolute Produktionsmenge nahezu verdoppelten, vergrößerten sich die prozentualen Anteile an der Weltproduktion nicht entscheidend.

[14] Prof. Dr. Jürgen Zeddies: Perspektiven der Anlageklasse „Agrar" in Osteuropa, Altira Group – Argarinvestment Symposium.

Abbildung 3: Maisproduktion in % 2011/2012

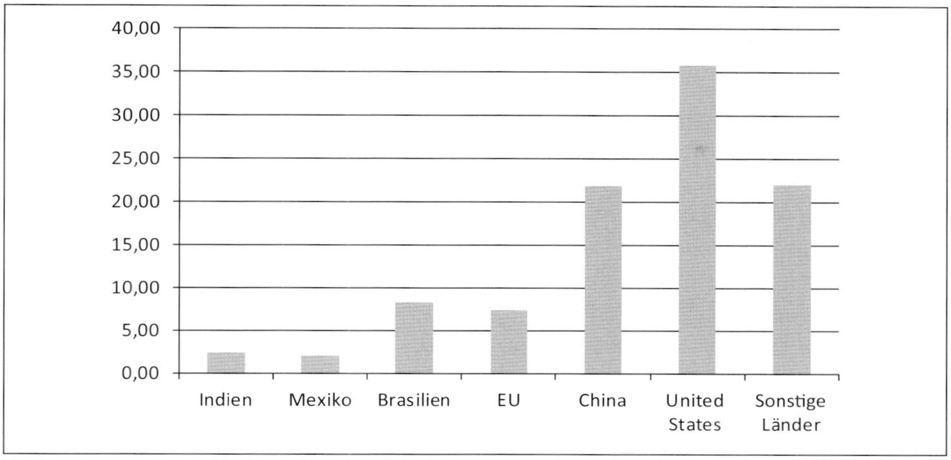

Quelle: FAO

Insgesamt wird für Getreide bis 2017 ein Anstieg der globalen Produktion um 8,7% auf ca. 2 Mrd. t erwartet, bei nahezu parallelem Wachstum der Nachfrage. Allein 846 Mio. (+ 10%) t Getreide dienen als Tierfutter und 343 Mio. t (+ 13,6%) werden für industrielle Zwecke verbraucht. Durch eine insgesamt steigende Nachfrage werden dabei die Lagervorräte von Getreide von 20% auf knapp 18% der Nachfrage sinken. Dabei ist vor allem der Bedarf in China ein starker Treiber: Der Bedarf von Getreide für die Produktion von Ethanol wird mit 135 Mio. t für die nächsten Jahre konstant erwartet.[15]

Abnehmende landwirtschaftliche Flächen

Die Erdfläche beträgt etwa 51 Mrd. ha. Davon sind 71% mit Meeren bedeckt und 13% sind Eis, Wüsten und unfruchtbares Land. Weniger als 9 Mrd. ha sind Landflächen, die biologisch nutzbar sind. Diese teilen sich auf in 3,6 Mrd. ha Wald, 3,5 Mrd. ha Weideland, 1,5 Mrd. ha Ackerland und 0,2 Mrd. ha bebautem Land.[16] Die gesamten landwirtschaftlichen Flächen der Welt haben im Zeitraum 2000-2011 um ca. 0,5% abgenommen. Die größten Abnahmen waren dabei in Europa mit 3,1% und Asien 1,5% zu verzeichnen, einzig in Afrika kommen noch im großen Stil neue Ackerflächen hinzu (+ 4,1%).[17]

15 Bayer Crop Science Deutschland: Am Weltgetreidemarkt wird es voraussichtlich enger, 2012; http://agrar.bayer.de/Am_Weltgetreidemarkt_wird_es_voraussichtlich_enger.cms.

16 O.V.: Ökologischer Fußabdruck Methodik; www.umwelt-bayern.de/html/okologischer_fussabdruck_metho.html.

17 O.V.: www.datenbank-europa.de/erdkunde/welt/wirtschaft.htm.

40% der weltweiten Ackerflächen finden sich in den vier Ländern USA, Indien, China und Russland. Die zehn Länder mit den größten Ackerflächen verfügen bereits über mehr als 60% der weltweiten Ackerfläche.[18]

Abnehmende forstwirtschaftliche Flächen

Der wachsende Bedarf an Nahrungsmitteln und damit wachsenden Ackerflächen führt auch, neben der Abholzung für die Holzwirtschaft, dazu, dass immer mehr Waldfläche landwirtschaftlicher Nutzung weichen muss. Einer umfangreichen Studie der FAO (Food and Agricultural Organization of the United Nations) zufolge, wurden von 1990-2005 jährlich durchschnittlich 14,5 Mio. ha Wald vernichtet. Bei einer jährlichen Aufforstung von 9,6 Millionen ha bleibt ein ersatzloser Verlust von 4,9 Mio. ha jährlich, wobei der durchschnittliche Verlust seit 2002 anzusteigen scheint.[19] Bis zum Jahr 2030 werden die globalen Waldbestände um weitere 120 Mio. ha abnehmen, das entspricht 3,1% der jetzigen Fläche.[20] Auffällig ist jedoch, dass in Asien im Gegensatz zu allen anderen Kontinenten die gesamte Waldfläche im beobachteten Zeitraum zugenommen hat.

Auf der Nachfrageseite unterstützt insbesondere die rasante wirtschaftliche Entwicklung in vielen Schwellenländern die dynamische Entwicklung, speziell in Asien. Die fortschreitende Industrialisierung geht einher mit einem zunehmenden Bedarf an Industrieholz. Insbesondere Chinas Rohstoffhunger ist auf dem globalen Holzmarkt zu spüren. Das Land verbraucht weitaus mehr Holz, als es produzieren kann. Aufgrund der steigenden Rohstoffpreise versuchen daher chinesische Investoren zunehmend, in Forstland außerhalb Chinas, sogar in Deutschland, zu investieren.[21]

Darüber hinaus gewinnt Holz angesichts anhaltender Preissteigerungen fossiler Brennstoffe wie Öl und Gas zunehmend auch Bedeutung als alternativer Energieträger. Hier gilt Gleiches wie für die Landwirtschaft: Der wachsende Wohlstand führt zu steigender Nachfrage in den sich entwickelnden Ländern. Wenn jeder Chinese so viel wie ein Amerikaner verbraucht, so resultiert daraus ein Bedarf von zusätzlich über 2 Mio. m^3, für Indien wären es knapp 1,8 Mio. m^3. Das wären ca. 85% des aktuellen weltweiten Verbrauchs.

---

18 FAOSTAT: Agricultural area. http://faostat.fao.org.

19 O.V.: http://www.zeit.de/wissen/umwelt/2011-11/fao-zahlen-bewaldung.

20 HWWI: Klimawandel; in: Strategie 2030.

21 http://www.sueddeutsche.de/wirtschaft/wegen-steigender-holzpreise-china-schielt-auf-den-deutschen-wald-1.814888.

2.2 Klimawandel

Kein globales Phänomen ist wohl in jüngerer Vergangenheit so intensiv und kontrovers diskutiert worden wie der Klimawandel. Folglich gibt es die unterschiedlichsten Expertenmeinungen und wissenschaftlichen Studien zur globalen Erwärmung. Das umgangssprachlich oft als Weltklimarat bezeichnete Intergovernmental Panel on Climate Change (IPCC) prognostiziert in Multimodell-Mitteln den Temperaturanstieg bis zum Ende des 21. Jahrhunderts zwischen 1,4° C und 4° C.[22] Nach Expertenmeinungen hat eine Erwärmung der Erdatmosphäre um nur 1° C zu einem Ernterückgang von rund 10% zur Folge. Dies würde bedeuten, dass allein aufgrund der Erwärmung Ernteeinbußen von bis zu 40% möglich wären.

Weitere Folgen der Erderwärmung sind zunehmende Wetterextreme wie sintflutartige Regenfälle, Stürme, Fluten und längere Dürren. Diese exogenen Faktoren führen immer wieder zu Angebotsstörungen. Naturphänomene wie El-Niño stellen ein zusätzliches Risiko dar. Dessen Folgen in den 70er Jahren des 20. Jahrhunderts waren extrem: Weizen, Soja und Mais verteuerten sich damals um rund 300%.

Die ersten zehn Jahre des 21. Jahrhunderts waren sowohl in Deutschland als auch weltweit das wärmste Jahrzehnt seit 1901.[23] Der Anstieg des Meeresspiegels kann in absehbarer Zukunft das Niltal, die Ebenen des Ganges und anderer Schwemmgebiete überfluten und versalzen. Der jährliche Verlust an fruchtbarem Kulturland durch Überbauung, Versalzung und Versteppung beträgt weltweit 6-7 Mio. ha.[24]

Obwohl zwei Drittel der Erdoberfläche aus Wasser bestehen, stehen weniger als 1% als lebenswichtiges Frischwasser zur Verfügung. Davon benötigt die Landwirtschaft allein rund 70%.[25] Zur Herstellung von 1 kg Fleisch wird etwa 100mal mehr Wasser benötigt als für die Herstellung von 1 kg Weizen.[26] Damit wird der direkte und kostengünstige Zugang zu Wasser in den kommenden Jahrzehnten zum großen Problem und wird die Bewirtschaftung neuer Flächen begrenzen.

[22] Umwelt Bundesamt: Jahresmitteltemperatur in Deutschland. http://www.umweltbundesamt-daten-zur-umwelt.de/umweltdaten/public/theme.do?nodeIdent=2845.

[23] O.V.: Climate Change 2007; in: IPCC-Report.

[24] Rieder, Peter: Anwander Phan-huy, Sibyl: Soziale und ökonomische Risiken der Gentechnologie im Agrarsektor. Referat am 28.1.1997 an der ETH Zürich, www.zil.ethz.ch/publications/members/ soziooekonomische_Risiken_der_Gentechnologie_1_98.pss.

[25] Bundesamt für Landwirtschaft: Wasser im Dienste der landwirtschaftlichen Entwicklung und Armutsbekämpfung.

[26] O.V.: Die Moral endet beim Tier; www.gruene-jugend.de/themen/oekologie/167504.html.

2.3 Endlichkeit der fossilen Energieressourcen

Ein Ölpreis-Maximum von 147 USD Mitte 2008 wirft nicht nur Fragen nach ökonomischen Alternativen auf. Auch aus ökologischer Sicht hat ein Umdenkprozess eingesetzt. Politisch gewollt ist, dass Treibstoffe aus nachwachsenden, landwirtschaftlich erzeugten Rohstoffen einen bedeutenden Anteil an der Energieversorgung der Zukunft haben sollen, um den CO_2-Ausstoß zu begrenzen.

Dies ist neben seiner begrenzten Verfügbarkeit der weitere Nachteil von Erdöl: Beim Verbrennen entsteht das klimaschädliche Treibhausgas CO_2. Will der Mensch seinen derzeitigen Lebensstandard sichern oder gar verbessern und den Schutz des Klimas vorantreiben, ist er gezwungen, in immer stärkerem Maße Erdöl durch alternative Energieträger zu ersetzen.

Als Substitut für fossile Brennstoffe kommen in erster Linie Biokraftstoffe und andere alternative Energieträger in Frage. Während in Brasilien Zuckerrohr als Basisgrundstoff für Biokraftstoffe dient, ist es in den USA der Mais. Aber auch Palmöl und Zucker werden zur Herstellung alternativer Treibstoffe verwendet. Biokraftstoffe werden aus Energiepflanzen gewonnen und stehen damit in direkter Konkurrenz zu anderen Nutzpflanzen.

Im Ergebnis führt die Nachfrage nach „Food, Feed und Fuel" zu einem hochexplosiven Cocktail:

- Die weltweite Nahrungsmittelnachfrage ist seit vielen Jahren ansteigend, bei etwa gleich bleibenden Anbauflächen. Produktivitätszuwächse werden immer schwieriger und können nur in den Entwicklungsländern erreicht werden.
- Die Futtermittelnachfrage ist weiter rapide angestiegen, getrieben vom Wirtschaftswachstum in den Wachstumsmärkten. Die Ernährungsgewohnheiten in führenden Wachstumsmärkten verschieben sich in Richtung proteinreicher Kost.
- Weitere Dynamik bringt der stark steigende Bedarf an Biokraftstoffen, welche fossile Brennstoffe in zunehmendem Umfang ersetzen sollen. Diese Entwicklung muss zwangsläufig einen Anstieg der Preise für landwirtschaftliche Produkte sowie für Flächen und Betriebe auslösen.

Die Preissteigerungen treffen besonders den Teil der armen Bevölkerung sowie Dritte-Welt-Länder, die keine eigenen Nutzflächen bewirtschaften. Darum werden vermehrt pflanzliche Stoffe von Nicht-Ackerflächen wie Weiden, Pappeln etc. als Rohstoffe in die alternative Energieerzeugung einbezogen.

Neben einem Ersatz fossiler Brennstoffe wird parallel kontinuierlich versucht die Effizienz und Wirtschaftlichkeit dieser zu erhöhen. Eine Möglichkeit hierzu ist das sogenannte „Hydraulic Fracking" um das aktuell eine intensive Diskussion geführt wird. Beim Fracking wird in eine bestehende Tiefenbohrung eine mit Chemikalien angereicherte Flüssigkeit mit hohem Druck in die Gesteinsschicht gepresst, um die Gas- und Flüssigkeitsdurchlässigkeit zu erhöhen, so dass Erdgas, Erdöl oder Wasser leichter zur Bohrung hinfließen können. Aufgrund der hohen Verfügbarkeit hätte eine Intensivierung der Nutzung dieser Gasvorkommen gravierende Auswirkungen auf den Energiemarkt, die hohen Mengen an Gas würden zu einer sinkenden Abhängigkeit von den Ölförderländern führen.

Allerdings ist die Vorgehensweise umstritten, da Umweltschäden durch die giftigen Fracking-Flüssigkeiten sowie eine Verunreinigung des Trinkwassers mit den gelösten Erdgasen nicht ausgeschlossen werden können. In Deutschland regt sich daher in letzter Zeit erheblicher Widerstand gegen eine Ausweitung des Fracking.

3 Investments in Ackerland

Fruchtbares Ackerland war über Jahrtausende die wichtigste Quelle, um zu Reichtum zu gelangen. Mit Beginn der Industrialisierung änderte sich dies. Nun waren vor allem städtischer Boden bzw. Bauland und Gewerbeflächen wertvoll und andere Vermögenswerte wie auch Geldquellen traten in den Vordergrund. Heute hat diese Entwicklung einen vorläufigen Höhepunkt erreicht, der durch die Finanzkrise nur etwas abgeschwächt wurde. Das weltweite Marktvolumen für derivative Finanzinstrumente beträgt rund 700 Bio. USD, dies entspricht ungefähr dem Zehnfachen der weltweiten Wirtschaftsleistung.[27] Würde man die gesamten Ackerflächen der Welt[28] mit 2.000 USD pro ha bewerten, ergäbe sich ein Gesamtwert von 3 Bio. USD. Zum Vergleich: Das gesamte jemals geförderte Gold hat einen Gegenwert von ca. 7 Bio. USD.

Wichtige Grundvoraussetzungen für die Investition in Ackerland sind die rechtlichen und politischen Rahmenbedingungen eines Landes. Eine hohe rechtliche Sicherheit des Eigentums ist gerade aufgrund des langfristigen Anlagehorizonts bei Investitionen in Ackerland für den risikoscheuen Investor unabdingbar. Fruchtbare Böden, die mit möglichst wenig Düngung auskommen, sowie eine ausreichende Wasserversorgung sind weitere Voraussetzungen. Daneben sind eine gut ausgebaute Infrastruktur, ein attraktives Verhältnis zwischen dem Preis für Ackerland und der jährlich erzielbaren Ernte wichtig.

[27] O.V.: http://www.dw.de/mehr-transparenz-im-derivatehandel/a-16452667.

[28] OECD-FAO: Agricultural Outlook 2011-2020, S. 27.

3.1 Globale Landwirtschaft

Die Bedingungen, um Landwirtschaft erfolgreich zu betreiben, sind regional sehr unterschiedlich. Nachfolgend ein kurzer Überblick über die Kontinente.

- **Südamerika**: Hier gibt es hohe Produktionsreserven in Form von Fläche und Intensität der Bewirtschaftung. Das Lohnniveau ist niedrig und das Klima relativ ausgeglichen. Die Umweltanforderungen sind noch niedrig und die Logistik im Binnenland ist insgesamt verbesserungsfähig. Gelegentliche protektionistische Maßnahmen verhindern uneingeschränkte ausländische Investitionen. Brasilien ist der größte Exporteur von Biotreibstoffen. Mittelfristig wird Südamerika neben Fleisch auch zum größten Exporteur für Mais, Ölsaaten und Zucker. Bremsend wirken hohe Importzölle, die die lokalen Preisgefüge beruhigen sollen, allerdings zu Lasten der Farmer gehen.
- **Asien**: Mittelfristig ist Asien der größte Nachfragemarkt für Agrargüter dank stark steigender Kaufkraft in den Metropolen. In Indien und China besteht ein sehr hoher Anteil an Landbewohnern (66% von 2,4 Mrd. Menschen).[29] Die Löhne sind niedrig, Umweltprobleme sind allgegenwärtig. Es gibt kaum Flächenreserven. Der Einsatz moderner Maschinen trägt auch in der Landwirtschaft zur Erhöhung der Produktionspotenziale bei. Da dafür hohe Einstiegsinvestitionen notwendig sind, ist es für Kleinbetriebe oft schwierig, von der zunehmenden Mechanisierung zu profitieren. In China werden 78% des gesamten Ackerlandes von Betrieben mit einer durchschnittlichen Betriebsgröße zwischen 0,2 ha und 0,8 ha bewirtschaftet.[30] Ohnehin steht China der Herausforderung gegenüber, mit ca. 10% der weltweit verfügbaren Landfläche 20% der Weltbevölkerung zu ernähren und sieht sich daher zunehmend außerhalb des eigenen Landes nach Anbauflächen um.[31] Langfristig ist Asien auf Importe von Milchprodukten, Getreide und Ölsaaten angewiesen, bei Fleisch gelingt noch die Selbstversorgung.
- **Osteuropa**: Der Anteil der Landbevölkerung ist mit 30% relativ hoch. In den Schwarzmeerländern ist die Bodenqualität trotz klimatischer Herausforderungen recht hoch (Schwarze Erde). Es herrscht Kapitalmangel. In der Regel gibt es zudem Logistikprobleme für den Transport vom Inland zu den Seehäfen. Noch wird wenig Vieh gehalten, in einigen Ländern ist die Schweine- und Geflügelhaltung im Aufbau. Ausgehend von einem sehr niedrigen Niveau steigen die Lohnkosten stark an. Formale Rechtssicherheit herrscht in den EU-Ländern, in der Ukraine und Russland dagegen geringe Rechtssicherheit. Auch in der Landwirtschaft ist häufig Korruption

[29] Milwa, Markus: Internationale Märkte erschließen – Exportchancen nutzen.

[30] O.V.: Die Rückkehr der Anleger aufs gelobte Land; in: Euro am Sonntag Spezial.

[31] Hoering, Uwe: Landwirtschaft in China. http://www.globe-spotting.de/fileadmin/user_upload/globe-spotting/China/Hoering_ChinasLandwirtschaftGlobal.pdf.

anzutreffen. Dennoch sind die osteuropäischen Länder für den internationalen Markt aufgrund attraktiver Bodenpreise grundsätzlich attraktiv.

- **Mitteleuropa**: Der Kaufpreis für den Boden in einigen besonders nachgefragten landwirtschaftlichen Gebieten in Mittel- und Westeuropa ist für Investoren grenzwertig, da die dortigen hohen Bodenpreise den Return on Investment stark reduzieren.
- **Deutschland**: In Deutschland hatte der Ackerbau lange Jahre den Ruf, ohne Subventionen kaum überlebensfähig zu sein. Dies gilt sicher auch heute noch für Kleinbetriebe mit wenigen ha Land in Zeiten niedriger Agrarrohstoffpreise. Doch die Zeiten haben sich geändert. Landwirtschaft ist profitabel, aber zur Förderung gesunder landwirtschaftlicher Strukturen und zur Sicherung der Selbstversorgung sind Agrarförderungen trotzdem weiter notwendig. Die deutsche Agrarwirtschaft kann weltweit auf den Märkten für Lebensmittel durch hohe Qualität und regionale Vielfalt ihrer Erzeugnisse überzeugen und sich so im Wettbewerb der internationalen Agrarmärkte durchaus behaupten. Insgesamt werden 47% der deutschen Fläche landwirtschaftlich genutzt. Die Anzahl der landwirtschaftlichen Betriebe verringerte sich von 1.341.000 im Jahr 1949[32] auf erstmals unter 300.000 in 2011[33]. Diese werden zu 94% als Einzelunternehmen geführt, in denen in der Regel der Betriebsinhaber sowie Familienangehörige einen großen Teil der Arbeitsleistung erbringen.

  Für erfolgreiche Investments müssen Betriebe zu Flächen von mindestens 500 ha arrondiert werden. Hier fangen die Schwierigkeiten an. Verschärfter Wettbewerb und oftmals die Abneigung gegen institutionelle Käufer sind hohe Hindernisse beim Landerwerb. Optimale Fruchtfolge, Bodenbearbeitung und Düngung sind dafür Voraussetzungen. Wenn die Getreidepreise das Niveau des diesjährigen Sommers halten können, ist selbst nach dem starken Anstieg der Düngemittelpreise und anderer Kosten nahezu eine Verdoppelung der Hektarerträge realistisch.
- **Andere Regionen**: Australien kämpft bereits seit mehr als 100 Jahren gegen die mangelnde Wasserversorgung. Dürreperioden sind nichts Ungewöhnliches, monatelange Trockenheit führt zu Sandstürmen und Buschbränden, die Ernteausfälle hervorrufen. Australien hat den weltweit größten Rinderbestand mit überwiegend, weniger fruchtbarem Weideland. Nur 6% der Landesfläche werden zum Anbau von Nahrungs- und Futterpflanzen genutzt. Weizenanbau hat daran mit 45% den größten Anteil. Weil die meisten Anbaugebiete von Bewässerung abhängig sind, entstehen rund 75% des Wasserverbrauches durch landwirtschaftliche Bewässerung.

[32] O.V.: Landwirtschaft in Deutschland: Information. Medien. Agrar e.V. 2005.

[33] O.V.: Weniger als 300.000 landwirtschaftliche Betriebe in Deutschland. http://www.agrarheute.com/betriebszahlen.

Investments in Afrika sind einerseits aufgrund politischer Unsicherheit bedenklich. Die Farmen sind bisher oft unterkapitalisiert, unrentabel und nicht wettbewerbsfähig, so der Generaldirektor der Food and Agriculture Organization of the United Nations (FAO). Durch Trockenheit und geringe Mechanisierung ist der Arbeitskräfteanteil überproportional hoch. 60% der Bevölkerung ist in der Landwirtschaft tätig. 40% des afrikanischen Ackerlandes werden für den Export genutzt, obwohl viele Afrikaner hungern müssen. Aufgrund des enormen Bedarfs an Nahrungsmitteln kommt es aber in den letzten Jahren vermehrt zu „land-grabbing" von staatlichen chinesischen Investoren. Diese sichern sich landwirtschaftliche Nutzflächen, vor allem in afrikanischen Staaten. So hat ein chinesischer Investor 2010 eine Fläche von über 2 Mio. ha in der DR Kongo gepachtet.[34]

3.2 Investitionsstandort USA

Farmland, das an einen US-Farmer für den Getreideanbau verpachtet wird, bringt eine Ausschüttungsrendite vor Steuern nach Abzug aller allgemeinen Fixkosten und Verwaltung von 3% bis 5% p.a. Spezialkulturen oder Plantagen, wie Weinreben oder Mandeln bringen sogar Jahresrenditen von 6-10%, allerdings verbunden mit höheren Risiken. Zusätzlich hat US-Farmland seit Mitte der 80er Jahre im Durchschnitt jedes Jahr um über 5% an Wert gewonnen.[35] Der Hancock Agricultural Investment Group, als größtem institutionellen Investor in Ackerland in den USA, ist es über 15 Jahre lang gelungen, eine jährliche Rendite von 11,5% zu erwirtschaften.[36]

Die USA erfüllen in weiten Teilen die optimalen Grundbedingungen für ein Investment in Ackerland. Die Infrastruktur hat zwar verstärkten Erneuerungsbedarf, ist aber zumindest in ihrer Substanz vorhanden und nutzbar. Das Straßen- und Schienennetz sowie die Transportwege per Schiff sind sehr gut ausgebaut. An den Küsten sind zahlreiche Seehäfen verfügbar. Das Inland ist zudem sehr gut über die Großen Seen sowie die großen Flüsse Missouri und Mississippi an die Seehäfen angebunden. Damit ist in vielen Regionen zusätzlich eine ausreichende Wasserversorgung gewährleistet, die eine immer wichtigere Rolle für Agrar-Investments spielt. Die landwirtschaftlich genutzte Fläche in den

[34] Baxter, Joan: Wie Gold, nur Besser. http://www.monde-diplomatique.de/pm/2010/01/15.mondeText.artikel,a0040.idx,11.

[35] O.V.: Rentabilität; www.agri-world.com/de/farmland.htm.

[36] Shirley, Andrew: How the land lies; a.a.O.

USA ist mit 170 Mio. ha größer als die der gesamten EU. Diese wurde 2011 von 2,167 Mio. Farmen bewirtschaftet. Die USA sind der weltweit größte Exporteur von Agrarprodukten und nehmen insbesondere bei Produktion und Export von Mais, Sojabohnen und Weizen die führende Position ein. Neben dem Export garantiert ein großer Binnenmarkt den Absatz von Agrarprodukten.

Abbildung 4: Preise pro ha Ackerland in US-Dollar

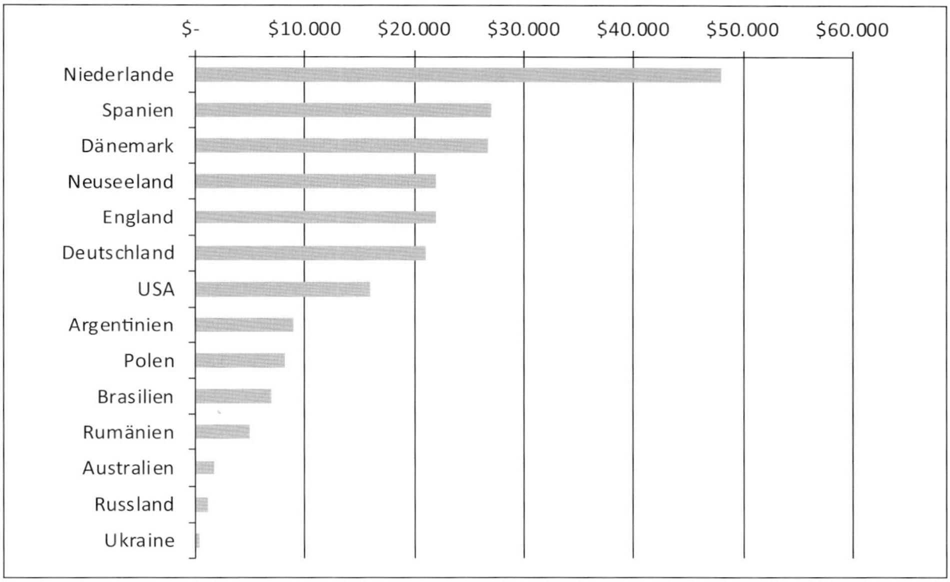

Quelle: Berenberg Private Capital GmbH

Der Weizenertrag pro ha beträgt in den USA aufgrund der Bodenbeschaffenheit und des Klimas durchschnittlich nur ein Drittel des Ertrages in Deutschland. Die Erträge bei Mais sind dagegen in den USA um 15% höher als in Deutschland.[37] Beim Gesamtgetreide-Ertrag sind die Unterschiede zwischen den USA und Deutschland sehr gering, so dass sich der Vorteil des günstigen Bodenpreises in den USA voll entfalten kann. Ferner muss der Ertrag mit den Produktionskosten je Tonne verglichen werden.

Ein weiterer Trumpf ist das etablierte Farm-Managementsystem, das etwa 1900 begann und die Professionalisierung der Landwirtschaft bewirkt hat. Anders als in Europa gibt es zudem in den USA Unternehmen, die sich auf das Farm-Management spezialisiert

[37] Eurostat, USDA, FAO, Weltbank.

haben. Dies liegt unter anderem daran, dass zahlreiche Investoren ohne landwirtschaftliche Erfahrung im großen Stil seit vielen Jahren in Farmland investieren und dieses von professionellen Managern verwalten lassen. Die Farm-Manager werden üblicherweise vom Eigentümer oder Investor bei der Verpachtung der Farmen eingeschaltet, weil diese die örtlichen Gegebenheiten, die potenziellen Pächter und häufig auch die Historie der Farmen gut kennen. Der Farm-Manager verpachtet und/oder verwaltet die Farmen dann im Auftrag der Eigentümer. Typischerweise laufen die Pachtverträge 1-3 Jahre. Dennoch ist der Wechsel von Pächtern eher selten. Im Gegenteil, viele Pächter sind in der zweiten oder dritten Generation tätig und permanent bestrebt, zusätzliches Land in der Nachbarschaft dazu zu pachten.

Zu den Investoren gehören neben großen Pensionsfonds und Unternehmen beispielsweise auch namhafte Universitäten wie etwa Yale und Harvard, die von den professionellen Strukturen der US-Landwirtschaft profitieren und ein inflationsgeschütztes Investment zu schätzen wissen. Seit 1950 liegt die Wertsteigerung des Bodens pro Jahr in den USA durchschnittlich 2,51% über der Inflationsrate.

Nicht alle Landstriche in den USA bieten diese optimalen Einstiegsverhältnisse. Um die großen Städte herum und auch im Corn Belt sind die Bodenpreise in den letzten Jahren noch deutlicher gestiegen. Nicht wenige Farmen unweit größerer Städte wurden von Investmentbankern, Juristen und anderen Gutverdienern aus Prestigegründen zu sehr hohen Preisen gekauft. Für Investoren lohnen sich eher Investments in „unentdeckten" Gebieten im Süden der USA.

Rendite bei Ackerlandinvestments in den USA

Für Farminvestments gilt als Benchmark der NCREIF-Farmland-Index (NFI), der seit Ende 1991 erhoben wird. Vierteljährlich werden Bodenwerte und Erträge von professionell gemanagten Liegenschaften ermittelt. Institutionelle Investoren orientieren sich am NCREIF Farmland Index, der die Renditedaten und Charakteristika des US-Farmland-Marktes widerspiegelt. Die Rendite beinhaltet sowohl den Vermögenszuwachs als auch die betrieblichen Erträge. Der Index setzt sich 2012 aus 520 Betrieben/Fonds mit einem Marktwert von ca. 3,1 Mrd. US-Dollar. Nachfolgend ist ein Vergleich NFI mit dem Weltaktienindex MSCI und dem S&P 500 in USD dargestellt.[38]

[38] NCREIF: First Quarter 2012 NCREIF Indices Review (2012).

Abbildung 5: Vergleich NCREIF Farm mit Aktienindizes

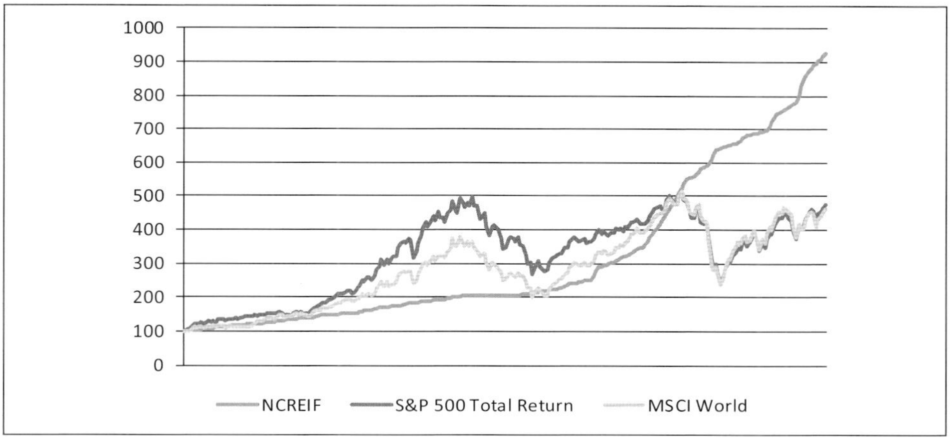

Quelle: NCREIF, Bloomberg, Berenberg Private Capital GmbH

Die Kennzahlen des Farmland Index überzeugen: höhere Rendite bei geringerer Volatilität. Zu beachten ist, dass die Farmlandpreise marktnah nur durch die realen, seltenen Transaktionen bewertet werden können. Finden keine statt, werden die Preise durch Gutachterschätzung ermittelt. Dadurch wird die Volatilität im Vergleich zu liquiden Anlagen wie Aktien unterzeichnet.

3.3 Spezielle Risiken von Ackerlandinvestments

Die Risiken – politische und rechtliche ausgeklammert – aus dem operativen Geschäft sind deutlich geringer als bei vielen anderen illiquiden Investments. Immer vorausgesetzt, dass es sich um ein günstiges klimatisches Umfeld mit guter Bodenqualität handelt, ist selbst bei Schädlingsbefall, Missernten, Trockenheit und Überschwemmungen in der Regel nur eine Jahresernte gefährdet, ohne dass die Substanz angegriffen wird. Dauerhaft sinkende Agrarrohstoffpreise sowie die ausgeprägte Nutzung riesiger Brachflächen könnten dagegen ein ernstzunehmendes Risiko darstellen.

3.4 Geschäftsmodelle

Direktinvestments

Direktinvestments in landwirtschaftliche Flächen werden seit langem von Großinvestoren durchgeführt. In der Regel wird ein Betrieb gekauft und professionell betrieben. Die

Betriebsgröße sollte dazu mindestens etwa 500 ha ausmachen, was bei einem Kaufpreis von 20.000 EUR/ha z.B. in Mecklenburg-Vorpommern ein Investment von 10 Mio. EUR bedeutet. Der Maschinenpark und die Gebäude sind dabei nicht eingerechnet.

Flächen erwerben und diese dann weiter verpachten, ist ab einer Investition von etwa 200.000 EUR ökonomisch sinnvoll, allerdings nur bei schlanker und kostengünstiger Vertragsgestaltung. Zu beachten ist allerdings das Grundstücksverkehrsgesetz, das den Kauf landwirtschaftlicher Grundstücke kontrolliert, um einen Ausverkauf des Bodens zu verhindern und den Fortbestand der land- und forstwirtschaftlichen Betriebe zu sichern. Ohne professionelle Begleitung und Beratung wird ein solcher Erwerb kaum gelingen.

Internationale Private-Equity-ähnliche Investments

Fonds investieren in unterschiedlichen Regionen der Welt und bauen diversifizierte Portfolios auf. Es handelt sich typischerweise um Blind-Pool-Konzepte mit hohen Mindestinvestments ab 5 Mio. USD. Kritisch überprüft werden muss die Fähigkeit des Managements, in verschiedenen Ländern Zugang zu interessanten Flächen zu bekommen und gleichzeitig in der Lage zu sein, ein umfassendes Kontrollsystem aufzubauen. Letztlich ist auch ein solches Investment jeweils von den lokalen Gegebenheiten abhängig.

USA-Investment mit Landerwerb und Verpachtung

Ein anderes Konzept verfolgen die Farminvest-Fonds der Agriworld GmbH.[39] Der Anleger beteiligt sich als Limited Partner direkt an einer US-Fondsgesellschaft, die ein Zielportfolio von 5-10 Farmen erwirbt, welche alle die sehr fruchtbaren Böden im Mississippi-Delta bewirtschaften. Im Nachfolgefonds ist es dem deutschen Anleger zudem möglich, sich über eine deutsche Treuhandgesellschaft zu beteiligen, zudem wird neben dem Mississippi-Delta in Farmen im Standort Central Valley, Kalifornien investiert. Dort können neben Wein und Kiwis auch eine Reihe von Zitrusfrüchten angebaut werden. Das Farm-Management wird durch die erfahrene Farm-Managementgesellschaft Agriworld Inc. übernommen, die seit etwa 20 Jahren US-Farmen für europäische Einzelinvestoren erfolgreich managt. Ein dritter Fonds ist in Planung. Neben den Chancen der Landwirtschaft liegen die wesentlichen Vorteile des Fondskonzeptes darin, dass Produktions- und Betriebskostenrisiken ausgeschlossen sind, da der Maschinenpark vom Pächter gestellt wird. Dieses System gibt es in den USA schon seit 100 Jahren und es funktioniert reibungslos.

[39] www.agri-world.de.

Neuseeland

Das Investment AgrarInvest des deutschen Anbieters Aquila Capital konzentriert sich auf den Erwerb von Milchfarmen in Neuseeland.

Deutschland

In Deutschland gab es Ende 2007 das erste Fondsangebot. AgroEnergy sammelte 34 Mio. EUR von 22 Investoren ein und erwarb zwei Betriebe in Ostdeutschland mit insgesamt 4.200 ha. Das Mindestinvestment betrug 500.000 EUR. Dieses Investment wurde bereits wieder veräußert und brachte den Investoren einen guten Gewinn.[40]

Im Laufe des Jahres 2013 plant Salm Boscor, ein erfahrener Landinvestor, mit dem Angebot „Erste Landwirtschaftsgesellschaft“ das erste Beteiligungsangebot, das in deutsche Agrarbetriebe (und in tschechische) investiert. Es handelt sich um einen Blind-Pool mit Private-Equity-ähnlichem Charakter. Es werden ganze Betriebe gekauft, erweitert oder kleinere arrondiert. Der Vorteil gegenüber typischen Private-Equity-Fonds liegt im hohen Substanzwert des Grund und Bodens und dem geringen Einsatz von Fremdkapital. Teilweise wird das Land gepachtet statt gekauft. Damit wird weniger Kapital gebunden, allerdings entfällt die Partizipation am Wertzuwachs des Bodens.

4 Investments in Wald

Die etwa 4 Mrd. ha Waldflächen sind geografisch sehr ungleich verteilt. Russland, Brasilien, Kanada, USA und China verfügen zusammen über mehr als die Hälfte dieser Fläche. Schätzungen gehen davon aus, dass sich etwa 1 Mrd. ha für Investitionen eignen. In Afrika und Asien und Europa ist der Staat in einigen Ländern zu über 90% Eigentümer.[41] Von allen Waldflächen weltweit sind nur 13% in privatem Eigentum.[42]

Holz ist nach dem Handelsvolumen die drittgrößte Rohstoffklasse der Welt. Der Holzverbrauch hat sich seit 1960 verdreifacht.[43] Bis 2040 erwarten die Vereinten Nationen eine weitere Verdopplung des weltweiten Holzverbrauchs. Obwohl nur knapp 8% der Forst-

[40] Berenberg Private Capital GmbH.

[41] O.V.: Ownership of forest by subregion 2000; www.greenfacts.org/en/forests/figtableboxes/figure-7-7.htm.

[42] O.V.: Progress towards sustainable forest management; in: Global Forest Resources Assessment 2005.

[43] O.V.: http://boerse-am-sonntag.de/artikel/spezial//2593_Augen_auf_beim_Holzkauf.html.

fläche in den USA liegen, befindet sich dort der größte und bestentwickelte Markt für die Holzwirtschaft. Dort investieren fast ausschließlich institutionelle Anleger.

Die traditionelle Anlage in Waldflächen oder Holzplantagen ist ein Direktinvestment, welches in Europa einen relativ hohen Kapitaleinsatz und viel Geduld erfordert, da von der Anpflanzung der Bäume bis zu ihrer Weiterverwendung oft viele Jahre vergehen. Mahagoni benötigt etwa 40 Jahre bis zur Ernte, Eichen sogar 200 Jahre. Hinzu kommt, dass der Besitz groß genug sein muss, um sich rentabel bewirtschaften zu lassen. In einem deutschen Mischwald liegt der durchschnittliche Betriebsgewinn eines privaten Waldbesitzers bei etwa 100 EUR pro ha. Bei Anschaffungskosten zwischen 5.000 und 20.000 EUR pro ha, je nach Lage und Bestand, ergibt sich eine durchschnittliche Jahresrendite zwischen 0,5 und 2%. In Deutschland wird dem Eigentum von Grund und Boden historisch bedingt ein deutlich größerer Wert beigemessen. Oft überwiegen Prestigegedanken und nicht ökonomische Ziele. Eine vergleichbare Qualität von Wäldern in Skandinavien kostet weniger als die Hälfte.

4.1 Renditequellen bei Waldinvestments

Die Erträge eines Waldinvestments sind im Wesentlichen von drei Faktoren abhängig: Dem biologischen Wachstum (60%), den Holzpreisen (35%) und den Landpreisen (5%).[44] Holzpreise sind wie bei anderen Agrarrohstoffen von Angebot und Nachfrage abhängig. Weitere makroökonomische Faktoren sind die Baukonjunktur, insbesondere das private Wohneigentum, langfristige Zinsentwicklung, Bevölkerungswachstum und Familienbildung. Mikroökonomische Faktoren sind Anzahl, Erreichbarkeit und Kapazität von Papiermühlen und Sägewerken im Umkreis, lokales Niederschlagsverhalten und Substitutionsprodukte für Holz. Lokale Faktoren haben einen großen Einfluss auf die Preisbildung. Mögliche weitere Ertragsquellen sind Jagdpachten und der Handel mit CO_2-Zertifikaten.

Zudem gibt es hunderte von wirtschaftlich genutzten Holzarten mit unterschiedlichen Qualitäten, die die Vergleichbarkeit von Preisen erschwert. Ein breites Investment in verschiedene Holzarten bietet aber auch die Möglichkeit einer breiten Diversifikation und kann Preis- und Wertschwankungen verringern.

In einem aktiv verwalteten Holzportfolio kann in Zeiten niedriger Holzpreise die Ernte verschoben werden, sofern keine festen Lieferverträge vorliegen. Die Bäume werden sozusagen auf dem Stumpf gelagert und gewinnen aufgrund des biologischen Wachstums

[44] Caulfield, Jon: Timberland return Drivers and Investing Styles for an Asset That Has Come of Age; in: Real estate Finance Nr. 4/1998.

noch an Wert. Die Landpreise unterliegen historisch betrachtet nur leichten Wertschwankungen und haben daher tendenziell einen geringen Einfluss auf die Rendite. Der Besitz von Grund und Boden sorgt allerdings in Zeiten einer hohen Inflation für Wertbeständigkeit.

Dieses biologische Wachstum der Bäume[45] unterscheidet eine Holzinvestition von anderen Agrarrohstoffen, die zu einem bestimmten Zeitpunkt geerntet werden müssen, um nicht zu verderben und die nächste Ernte zu ermöglichen.

Tabelle 1

Jahr		1	2	3	4	5	6	7	8	9	10
Durchmesser in cm		2,2	4,4	6,6	8,8	11,0	13,2	15,4	17,6	19,8	22,0
Baumhöhe in cm			530	689	841	985	1130	1268	1398	1494	1603
Zuwachs pro Jahr	in cm^2	3,80	11,40	19,01	26,61	34,21	41,81	49,42	57,02	64,62	72,23
	in %	260,00	300,00	125,00	77,78	56,25	44,00	36,11	30,61	26,56	23,46

Tabelle 2

Jahr		11	12	13	14	15	16	17	18	19	20
Durchmesser in cm		24,2	26,4	28,6	30,8	33,0	35,2	37,4	39,6	41,8	44,0
Baumhöhe in cm		1705	1808	1903	1991	2044	2111	2171	2224	2277	2323
Zuwachs pro Jahr	in cm^2	79,83	87,43	95,03	102,64	110,24	117,84	125,44	133,05	140,65	148,25
	in %	21,00	19,01	17,36	15,98	14,8	13,78	12,89	12,11	11,42	10,8

Jeder Baum im obigen gewählten Beispiel produziert einen 1,1 cm dicken Baumring pro Jahr.[46] Der Durchmesser des Baumstamms nimmt also pro Jahr 2,2 cm zu.[47] Das Dickenwachstum des Baumes wird in der Entwicklung der Querschnittsfläche deutlich. Nominal nimmt sie jedes Jahr um eine größer werdende Fläche zu (Zuwachs pro Jahr in cm) und stellt damit die Basis für den naturgegebenen Zinseszins dar. Bei der Betrachtung des Querschnitts nimmt zwar der prozentuale Jahreszuwachs (Zuwachs pro Jahr in Prozent) kontinuierlich ab, weist aber selbst im letzten Jahr noch ein zweistelliges Wachstum aus. Für unterschiedliche Baumarten und Standorte gelten andere Zahlen für das biologische Wachstum.

45 Feiten, M.; Rühl, A.: Investieren in Edelholz. 2007 FinanzBuch Verlag. München.

46 Rühl, Andreas/Feiten, Marco: Investieren in Edelhölzer.

47 Altwegg, Markus/Meier, Peter: Timberland, Holz – die grüne Anlagenklasse.

Die Gesamtrendite berücksichtigt neben dem Baumwachstum die aktuellen Holzpreise. Steigen die Holzpreise, erhöht sich die Gesamtrendite. Fallen die Holzpreise temporär, kann dieser Verlust durch das biologische Wachstum des Baumes (teilweise) abgefedert werden.

Abbildung 6: Vergleich NCREIF Timber mit Aktienindizes

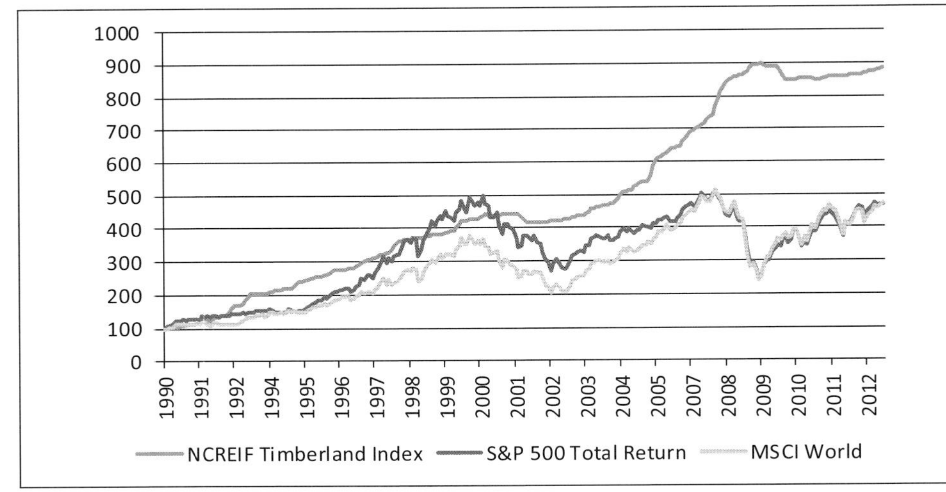

Quelle: Bloomberg, NCREIF, Berenberg Private Capital GmbH

4.2 Renditen bei Waldinvestments

Der NCREIF-Timberland-Index gilt als anerkannte Benchmark für Holzinvestments. Er beinhaltet nur Flächen in den USA, überwiegend in den Südstaaten. Er bildet etwa 30% des Marktes ab. Der Index wird seit 1995 ermittelt und bis 1987 zurückgerechnet.[48]

Die Konstellation ähnelt dem Farmlandindex, eine höhere Rendite geht mit niedrigerer Volatilität einher. Auch hier werden die Preise überwiegend durch Gutachterschätzungen bestimmt und die Volatilität unterzeichnet.

[48] NCREIF.

4.3 Spezielle Risiken von Waldinvestments

Waldinvestments beinhalten neben den ökonomischen Preisrisiken und der Abhängigkeit von der konjunkturellen Lage auch natürliche Risiken wie Sturmschäden, Feuer und Schädlingsbefall. Diese Risiken können durch ein regionales und nach Holzarten diversifiziertes Portfolio minimiert werden. Studien von erfahrenen Managern von Waldinvestments zeigen, dass der wirtschaftliche Verlust durch natürliche Schäden in einer aktiv gemanagten Holzplantage mit ca. 0,1% p.a. des Vermögenswertes sehr gering ist, da in vielen Fällen der beschädigte Baumbestand trotzdem noch veräußert werden kann. Außerdem handelt es sich um bewachte und permanent kontrollierte Bestände.

4.4 Geschäftsmodelle

Direkterwerb

Die Mindestgröße beim Kauf eines bestimmten Waldgebietes, das professionell bewirtschaftet wird, sollte bei ca. 500 ha liegen. Oft sind ausgeprägte Jagd- und Fischrechte zur privaten Nutzung vorhanden. Insofern kann auch der Charakter der Liebhaberei überwiegen. Typischerweise handelt es sich auch um generationenübergreifende Investments, die zur Kapitalbewahrung dienen.

Steht neben der Diversifizierung der Vermögensportfolios und dem Vermögenserhalt die Erzielung einer attraktiven Ausschüttung im Vordergrund, eignen sich deutsche Wälder weniger. Hohe Landpreise, eine oft nur durchschnittliche Holzqualität und lange Wachstumszeiten stehen dem im Wege. Der Diversifizierungsaspekt innerhalb der Anlageklasse Wald wird bei einem einzelnen Direktinvestment vernachlässigt.

Der Investor muss sich eines professionellen und vertrauenswürdigen Managements versichern, das je nach Marktumständen kurz- und/oder langfristige Abnahmeverträge mit solventen Partnern aushandelt.

Anteilserwerb an einem professionell gemanagten Waldportfolio

Hierbei handelt es sich um Private-Equity-ähnliche Investments, wie sie vorwiegend in den USA betrieben werden. Oft sind Investitionen von mindestens 25 Mio. USD notwendig, um ein eigenes Portfolio aufzubauen. Professionelle Manager, sogenannte TIMOs (Timberland Investment Management Organisations), wie das weltgrößte Waldunternehmen Hancock Timber Resource Group, fungieren als Investmentmanager.

Geschlossene Fonds

Der Anteilserwerb an einem professionell gemanagten Waldportfolio wird auch über die Struktur von geschlossenen Fonds umgesetzt, dabei ist eine geringere Beteiligungssumme nötig. Ein professionelles Management ist die Grundvoraussetzung für ein Investment. Ähnlich wie bei Ackerlandinvestments handelt es sich überwiegend um Private-Equity-ähnliche Investments, bei denen typischerweise ganze Betriebe erworben werden.

Auch hier überwiegen Produkte mit regionaler bzw. nationaler Konzentration, vor allem in Waldgebieten Kanadas und den USA. Jamestown ist hier ein reputierlicher Anbieter in Deutschland. Jedoch hält die Globalisierung auch in diesem Bereich Einzug, Südamerika und vor allem Osteuropa rücken zunehmend in den Fokus von Investoren. So hat die deutsche Gesellschaft Nordcapital bereits zwei Waldfonds[49] mit Fokus auf Rumänien platziert, außerdem ist hier ein Fonds der renommierten Havard University über eine Beteiligungsgesellschaft mittlerweile größter Waldbesitzer nach dem Staat.[50]

Eine geschlossene Beteiligung an Waldgebieten in Deutschland wurde 2011 durch die Salm Boscor Erste Waldgesellschaft ermöglicht.

Vorsicht ist bei Direktinvestments ab 5.000 EUR z.B. in Costa Rica, Panama oder südostasiatischen Ländern geboten. Hier ist zu prüfen, ob professionelle Strukturen vorliegen und das Fondsmanagement die praktische Erfahrung bei solchen Investments hat. Dazu sollte die Leistungsbilanz eingehend geprüft werden. Von Sparverträgen mit Monatsbeiträgen von 100 EUR oder darunter ist dringend abzuraten.

Wald-REITs (Real Estate Investment Trusts)

Sie funktionieren wie Immobilien-REITs und sind gleich strukturiert. Von diesen, auf die USA beschränkten Investitionen, gibt es nur wenige, welche ausschließlich auf Wald spezialisiert sind. Die emittierenden Unternehmen zählen oft neben Wald auch andere Assets wie Sägemühlen oder Distributionsgeschäfte zu ihrem Besitz. Die wichtigsten Timber Companies, welche in den letzten Jahren in eine REIT-Struktur umgewandelt wurden, sind Plum Creek (1999), Rayonier (2003), Potlatch (2006) und Weyerhaeuser.

[49] O.V.: http://www.nordcapital.com/main/de/produkte/nordcapital-waldfonds-2.html.

[50] O.V.: http://www.morningnewsbrief.ro/offbeat-particular/biggest-forest-owner-in-romania-%E2%80%93-us-harvard-university/.

REITs müssen aufgrund ihrer Struktur je nach Land bis zu 95% ihrer Gewinne als Dividende ausschütten und bieten daher eine Reihe von Vorteilen:

- Laufende konstante Dividendenzahlungen,
- geringe Steuerbelastung des REITs,
- hohe Effektivrendite,
- Liquidität.

Naturgemäß besteht eine hohe Abhängigkeit zur Börse, so dass der NAV (Net Asset Value) deutlich über- oder unterschritten werden kann. Weitere REITs werden in Kanada, Australien und Neuseeland notiert.

Andere Investitionsmöglichkeiten

Neben REITs und Direktinvestments können Anleger in mit der Holzwirtschaft verbundene Aktiengesellschaften anlegen. Der Pictet-Timber-Fonds investiert in Unternehmen, die über große Waldbestände verfügen. Die Shares S&P Timber & Foresty, das Goldman-Sachs-Zertifikat auf den gleichen Index und das UBS-Global-Timber-Zertifikat bieten dafür interessante Investments.

Bei Fonds und ETFs handelt es sich also, ähnlich wie bei einem Wald-REIT, um keine Direktinvestition, das Unternehmensrisiko ist auch hier vorhanden.

5 Fazit

Die großen Trends mit starken Auswirkungen auf Ackerland und Waldflächen sind bekannt. Das Bevölkerungswachstum ist unaufhaltsam, es werden immer mehr Agrarprodukte benötigt. Mit dem steigenden Wohlstand geht die Urbanisierung einher, die zunehmend Agrarflächen beansprucht. Weniger Flächen bei steigender Nachfrage führt zwangsläufig zu höheren Bodenpreisen. Die Auswirkungen des Klimawandels verschärfen die Lage zusätzlich.

Die Rahmendaten stimmen also. Damit können Ackerland und Wald bei richtiger Gestaltung mit professionellen Partnern hervorragende Investmentchancen mit begrenzten Risiken bieten. Für den Erfolg eines Investments sind allerdings nicht allein die positiven Zukunftsaussichten und ein gutes Konzept ausreichend. Der Zugang zu guten Grundstücken und das Management machen den Unterschied. Nur mit gut geführten Betrieben können dauerhafte und sichere Erträge generiert werden. Der Anlagehorizont sollte immer langfristig sein, bei Waldinvestments noch langfristiger als bei Ackerland.

Institutionelle Anleger, die hohe Mindestinvestments stemmen können, sind klar im Vorteil. Für Privatinvestoren ist es mit überschaubaren Geldbeträgen nicht möglich, diversifiziert zu investieren. Sie müssen sich mit den wenigen verfügbaren lokalen Einzelinvestments mit entsprechenden Risiken zufrieden geben. Als Ausweg bleibt sonst nur ein aktienbasiertes Investment (Fonds, ETF, Einzelaktien).

Mikrofinanz – Aktuelle Entwicklungen und Marktausblick

Fatma Dirkes/Cédric Lützenkirchen

1 Einleitung

Die Mikrofinanz hat sich innerhalb der letzten zehn Jahre zu einer wichtigen Anlageform innerhalb der sozial-verantwortlichen Geldanlagen entwickelt. Mikrofinanz ist der Überbegriff für Finanzdienstleistungen für Menschen, die nicht von herkömmlichen Banken bedient werden. Den Armen Kredite zu geben, insbesondere in Entwicklungs- und Schwellenländern, erscheint den Geschäftsbanken als zu risikoreich und die Gewinnaussichten aufgrund der verhältnismäßig hohen Kosten als zu gering. Auf der anderen Seite können die Armen von Finanzdienstleistungen profitieren, indem sie durch Sparkonten ihre Finanzen besser managen und mit Hilfe von Krediten in ihre Mikrounternehmen investieren und so ihr Einkommen erhöhen. Die sogenannten Mikrofinanzinstitute (MFI) schließen diese Lücke und können so zur Armutsreduzierung beitragen. Darüber hinaus konnten sie innerhalb der letzten 30 Jahre zeigen, dass Mikrofinanz durchaus profitabel sein kann. Wurde die Mikrofinanz in den Anfangsjahren vorwiegend von öffentlichen Geldgebern oder Spendern finanziert, ist sie inzwischen auch für private Investoren interessant geworden, die über Mikrofinanz-Intermediäre (MIVs) in MFIs investieren können.

Der Mikrofinanzmarkt ist zu einer 70 Mrd.-USD-Industrie herangewachsen und hat geschätzt 200 Mio. Menschen Kredite gegeben.[1] Insbesondere um die Jahre 2005, dem UN-Jahr der Mikrofinanz, und dem Jahr 2006, in dem der Begründer der modernen Mikrofinanz, Mohammad Yunus, den Friedensnobelpreis erhielt, sind sowohl der Markt als auch die Investitionen sehr stark gestiegen. Seit etwa 2009 hat sich das Wachstum jedoch merklich abgekühlt; auch sind die Renditen unter Druck geraten. Zusätzlich gab es negative Presse über die Wirkung der Mikrofinanz auf die Armut und die Armen. Dies hat zweifellos der Reputation der Mikrofinanz geschadet, war aber auch Auslöser einer in Folge des starken Wachstums notwendigen Marktkorrektur, die eine Reihe positiver Entwicklungen ausgelöst hat. Dieser Artikel will die Idee und die Entwicklung der Mikrofinanz erläutern sowie auch auf die aktuellen Probleme und neuen Entwicklungen eingehen.

---

[1] Siehe http://www.mixmarket.org und Maes und Reed (2012).

2 Überblick Mikrofinanzierung: Historischer Ansatz

2.1 Gründungsphase: Entwicklung der Methodik

2.1.1 Idee der Mikrofinanzierung

Die Person, die am meisten mit der Begründung der Mikrofinanzbewegung assoziiert wird, ist Prof. Muhammad Yunus, Gründer des ersten Mikrofinanzinstituts, der Grameen Bank in Bangladesh. Die Idee hinter der Grameen Bank war denkbar einfach: Arme Menschen in Entwicklungsländern betreiben in großer Anzahl kleine Unternehmungen, oftmals neben dem Bestellen von kleinen Flächen Ackerland – allerdings mit sehr geringem Kapital. Sie könnten also durch die Aufnahme von Krediten einfache Maschinen kaufen oder ihr Lager aufstocken und würden dadurch potenziell Produktionsgewinne generieren, die es ihnen ermöglichen würden, sich aus ihrer Substanzwirtschaft zu befreien und damit Stück für Stück der Armut zu entkommen.

Yunus machte noch eine andere entscheidende Beobachtung: Tatsächlich nimmt eine Vielzahl dieser Unternehmer bereits regelmäßig Kredite auf, nur nicht von Banken, sondern von lokalen Geldverleihern, und zu sehr hohen Zinsen. Die Unternehmer schätzten den Zugang zu Krediten und die Renditen waren ausreichend, um die Zinsen zu bezahlen, nur blieb ihnen dann kaum noch etwas von den Gewinnen übrig. Um diese Situation zu verbessern, müsste man also die Zinsen senken und gleichzeitig die Rückzahlung der Kredite gewährleisten, um nicht die Fehler der zu dieser Zeit scheiternden staatlichen Entwicklungsbanken zu wiederholen, die hoch subventioniert gigantische Verluste einfuhren.[2]

Das Problem war nur, dass es gute Gründe gab, warum lokale Geldverleiher Kleinstkredite vergeben konnten und kommerzielle Banken diesen Markt trotz der eigentlich sehr guten Gewinnaussichten mieden. Der Unterschied ist, dass lokale Geldverleiher ihre Klienten persönlich kennen, sie und ihr Risiko einschätzen können und, falls nötig, auch den notwendigen Druck aufbauen oder einfache Sicherheiten wie Arbeitsleistung einfordern können. Kommerzielle Banken dagegen müssten sehr viele und oftmals schwer zu beschaffende Informationen über das Kreditrisiko des Kunden einholen, was bei kleinen Transaktionen unverhältnismäßig teuer ist. Des Weiteren können sie keine Sicherheiten

[2] Staatliche Entwicklungsbanken vergaben, z.B. in Indien seit den 1950er Jahren, subventionierte Kredite in ländlichen Regionen, um Entwicklung und Produktion in der Landwirtschaft zu fördern. Durch teilweise negative Realzinsen und geringe Rückzahlungsquoten häuften diese hohe Verluste bei nur geringer Wirkung an. Siehe Adams et al. (1984) zum Scheitern staatlich subventionierter Kreditprogramme.

einfordern, weil es keine gibt oder weil sie diese nicht verwerten können. Die Lösung von Yunus bestand darin, ein semiformelles Institut einzurichten, welches vorhandene Informationen über die Kunden nutzt und dabei einzelne Methoden der Geldverleiher und kommerziellen Banken übernimmt, ähnlich wie dies z.B. die deutschen Sparkassen, Volks- und Raiffeisenbanken im 19. Jahrhundert begonnen haben.

2.1.2 Methodik

Die Grameen Bank und ihr folgende Mikrofinanzinstitute der ersten Stunde lösten die oben genannten Probleme mit Hilfe der sogenannten Gruppenkredite. Bei Gruppenkrediten werden zwischen 3 und 50 Kunden in eine Gruppe zusammengefasst, in der jedes Mitglied, zeitgleich oder aufeinander folgend, einen Kredit erhält, die gesamte Gruppe aber für die Rückzahlung haftet. Diese Form der Kreditvergabe hat dabei gleich mehrere Vorteile. Da jedes Mitglied für alle anderen bürgen muss und sich die Mitglieder selbst zusammenschließen, werden nur Mitglieder aufgenommen, die sich untereinander bereits kennen und die ein ähnliches Risiko aufweisen. Dadurch kann das Mikrofinanzinstitute (MFI) die Notwendigkeit der Informationsgewinnung an die Kreditnehmer auslagern. Zusätzlich überwachen und unterstützen sich die Mitglieder gegenseitig, um den Erfolg der einzelnen Projekte und so die Rückzahlung zu gewährleisten. Durch den sozialen Druck innerhalb der Gruppe kann außerdem die Gefahr von strategischem Kreditausfall minimiert werden. Daneben minimieren Gruppenkredite die Transaktionskosten für das MFI, da viele Kredite gleichzeitig vergeben werden können. Zusammen mit einer hohen Standardisierung und dem geringen Ausfallrisiko ermöglicht dies, Kosten und Zinsen niedrig zu halten.

Neben dem Solidarprinzip gibt es noch andere Formen von Rückzahlungsanreizen, die sich in Gruppenkrediten finden, aber auch stark genug sein können, um individuelle Kredite zu vergeben.[3] Insbesondere zählt dazu die dynamische Kreditvergabe, bei der zunächst nur kleine Summen mit kurzen Laufzeiten vergeben werden, die nach und nach, bei erfolgreicher Rückzahlung, erhöht werden. Dies ermöglicht es, den Kunden zu testen und Informationen über seine Zuverlässigkeit zu gewinnen. Dazu werden auch die typischerweise wöchentlichen oder monatlichen Treffen genutzt, bei der die Annuitätenzahlungen getätigt werden. Durch die regelmäßigen Treffen kann eine persönliche Beziehung zum Kunden aufgebaut werden und der Kreditsachbearbeiter erhält frühzeitig Informationen über mögliche Probleme. Außerdem senkt die kurze Intervallzeit das

[3] Neben den hier genannten Anreizen haben MFIs noch eine Fülle anderer Strategien entwickelt, um den Armen Kredite gewähren zu können. Eine gute Übersicht liefern Arméndariz und Morduch (2010).

Risiko für die MFIs, da es den Armen oftmals schwerfällt über einen längeren Zeitraum größere Summen anzusparen und das MFI so faktisch nicht gegen das Projekt, sondern gegen das relativ gut vorhersehbare Einkommen verleiht.

Dies alles führte dazu, dass die Ausfallraten bei den Gruppenkrediten in Süd-Asien, ebenso wie bei den in Lateinamerika vorherrschenden Individualkrediten, fast bei 0% lagen und die MFIs, durch die relativ geringen Transaktions- und Finanzierungskosten, wesentlich niedrigere Zinsen als die Geldverleiher anbieten konnten. Nicht zuletzt zahlen Mikrofinanzkunden in der Regel ihre Kredite pünktlich zurück, da sie sonst Gefahr laufen würden, ihren Zugang zu günstigen Krediten und zuverlässigen Kreditgebern zu verlieren.

2.1.3 Finanzierung

Die Grameen Bank wurde in ihrer Gründungszeit vor allem von der Zentralbank von Bangladesh finanziert und erhielt kurz darauf erste Entwicklungshilfegelder von Ländern wie Schweden oder den Niederlanden. Durch den Erfolg und das schnelle Wachstum der Grameen Bank wurden bald darauf weltweit neue MFIs gegründet, zunächst in Indien und Lateinamerika, später in Afrika und Osteuropa. Die ersten MFIs wurden größtenteils von Nichtregierungsorganisationen (NGOs) gegründet und dementsprechend vor allem durch Spenden und öffentliche Gelder finanziert. Später sind öffentliche Institutionen dazu übergegangen, selbst MFIs zu gründen und mit Kapital auszustatten. In den 1990er Jahren sind dadurch hunderte neuer MFIs entstanden. Allerdings kam man schnell zu der Überzeugung, dass von Spenden und Regierungsbudgets abhängige MFIs nicht ausreichend schnell wachsen würden, um Armut in dem Maße zu bekämpfen, was man sich inzwischen von der Mikrofinanzierung versprach.

2.2 Wachstumsphase: Kommerzialisierung

2.2.1 Idee der finanziellen Nachhaltigkeit

Ende der 1980er, zusammen mit dem aufkommenden Neo-Liberalismus auch in der Entwicklungspolitik, setzte eine Diskussion über die Ausrichtung der Mikrofinanzierung ein, die schließlich zu einem Paradigmenwechsel führen sollte. Trotz der hohen Rückzahlungsquoten erwirtschafteten die meisten MFIs aufgrund der weiterhin relativ hohen operativen Kosten Verluste und waren abhängig von Subventionen.[4] Um ein höheres Wachstum zu erzielen und um die Fehler der hoch subventionierten staatlichen Entwicklungsbanken zu vermeiden, wurde zunehmend argumentiert, dass MFIs gewinn-

[4] Dies gilt selbst für die Grameen Bank. Siehe Morduch (1999).

maximierend operieren sollten – die Mikrofinanzierung sollte sich von einem Instrument der Entwicklungshilfe hin zu einem Markt entwickeln. Dahinter verbarg sich die These, dass für die Mikrofinanzkunden weniger der Preis als der Zugang zu Krediten wichtig sei, und deshalb die Zinsen angehoben werden könnten, ohne die Nachfrage zu schwächen. Durch die dadurch erzielten Profite könnten MFIs durch Wachstum den Zugang zu Krediten erhöhen, so dass am Ende alle gewinnen.[5]

2.2.2 Wachstum und Profitabilität

Trotz einiger Kritik am Kommerzialisierungsansatz hat sich dieser spätestens um die Jahrtausendwende durchgesetzt und dem Mikrofinanzmarkt im vergangenen Jahrzehnt eine unglaubliche Dynamik verschafft. Zwischen 2002 und 2007 lag die Wachstumsrate in jedem Jahr bei über 30%,[6] so dass sich die Zahl der MFIs auf geschätzt über 10.000 und die Zahl der Kunden von 13 Mio. in 1997 auf über 200 Mio. in 2010 erhöht hat,[7] mit Auswirkungen auf geschätzt 1 Mrd. Menschen in Entwicklungsländern. Die größten Märkte heutzutage sind Süd-Asien, vor allem Indien, Ostasien und der Pazifikraum sowie Lateinamerika, die zusammen ca. 90% der Kreditnehmer und ca. 65% der Anlagen darstellen. Aber auch in Osteuropa und Zentralasien, wo die Kreditsummen in der Regel größer sind, und in einigen Ländern Afrikas, hat sich die Mikrofinanzierung inzwischen fest etabliert.

Während dieser Wachstumsphase hat sich sowohl die Struktur der Mikrofinanzanbieter als auch deren Zielgruppe erweitert, von den Armen (z. B. gemessen an der Armutsgrenze von zwei USD pro Person und Tag) auf die breitere Gruppe aller, die keinen Zugriff auf Bankdienstleistungen haben. Wurde die Mikrofinanzierung zunächst von nichtstaatlichen Organisationen (NGOs) dominiert, stellen heute die Nichtbanken-Finanzinstitute (NBFIs) die größte Gruppe, die tendenziell Kunden im mittleren Einkommenssegment bedienen und zu ca. 50% profitorientiert operieren. Daneben sind auch einige kommerzielle Banken in die Mikrofinanzierung eingetreten, die den Fokus typischerweise auf höhere Einkommenssegmente legen. Durch die Ausweitung der Zielgruppe von den Armen auch auf Personen mit höherem Einkommen konzentriert sich die Mikrofinanzierung inzwischen mit etwas mehr als 50% auf urbane Gebiete und Individualkredite haben die Gruppenkredite als dominierende Vertragsform abgelöst.[8]

5 Siehe Morduch (2000) für eine vollständige Beschreibung des Kommerzialisierungsansatzes.

6 Die folgenden Marktzahlen basieren auf Lützenkirchen und Weistroffer (2012).

7 Die Microcredit Summit Campaign veröffentlicht alle ein bis zwei Jahre Zahlen zur Marktgröße. Siehe Maes und Reed (2012).

8 Gruppenkredite sind in der Regel nur für niedrigere Einkommen praktikabel und finden tendenziell eher in ländlichen Gebieten Anwendung, während Individualkredite größere und flexiblere Kredite zulassen.

Neben ihrem Wachstum ist es den MFIs auch gelungen, effizienter zu werden und ihre Kosten zu reduzieren. Inzwischen können sich die meisten MFIs damit nicht nur selbst tragen, sondern auch eine Anlagenrendite von durchschnittlich ca. 2,5% und eine Eigenkapitalrendite von ca. 8% erwirtschaften. Trotz der erhöhten Profitabilität konnten die Zinsen gesenkt werden, im Median von ca. 25% im Jahr 2002 auf ca. 20% im Jahr 2010, so dass auch die Kunden von der Professionalisierung profitiert haben.[9]

2.2.3 Finanzierung

Ein weiterer Gedanke des Kommerzialisierungsansatzes war neben der Profitabilität, dass MFIs sich in stärkerem Maße über nationale und internationale Investoren finanzieren sollten. Waren Spenden in den Anfangsjahren zu einem Großteil, und im Jahr 2002 noch zu 10%, für die Finanzierung verantwortlich, so hat deren Bedeutung in den 2000er Jahren kontinuierlich abgenommen und ist heute nur noch für einige NGOs ein relevanter Faktor.[10] Stattdessen dominiert die Finanzierung über Kredite mit ca. 40% der MFI-Anlagen. Banken können sich ebenfalls mit ca. 50% über Spareinlagen finanzieren, aufgrund fehlender Banklizenz ist dies für die Mehrzahl der MFIs jedoch nicht möglich. Die Verschuldungsquote der MFIs ist im Verlauf des letzten Jahrzehnts stetig gestiegen, vor allem weil die Kreditaufnahme schneller stieg als das Eigenkapital.

Öffentliche Gelder dagegen wurden in den 1990er Jahren im Bereich der Mikrofinanz als unnötige Subventionen abgetan, die zu Ineffizienzen und Wachstumshemmnissen führen und in anderen Bereichen der Entwicklungspolitik sinnvoller eingesetzt werden können. Durch die mittlerweile erzielten Renditen der MFIs und die guten Gewinnaussichten sollten private und insbesondere kommerzielle Investoren gewonnen werden, da sie gleichermaßen die MFIs zu effizienter Geschäftsführung anhalten und auch die notwendigen Mittel für weiteres Wachstum bereitstellen würden.

Spätestens im Jahr 2006 wurde die Mikrofinanz durch die Verleihung des Friedensnobelpreises an Yunus und die Grameen Bank einem breiteren Publikum bekannt. Dazu kam im Jahr 2007 der erste Börsengang eines MFI, welcher die enormen Wachstumschancen und die Gewinnmöglichkeiten durch die Mikrokreditvergabe an arme Kunden bestätigte. Compartamos, ein mexikanisches MFI, das 1990 als NGO gegründet wurde und sich 2000 in ein NBFI transformierte, konnte zwischen 2000 und 2007 von 60.000 auf 800.000 Kunden wachsen und wurde zum Börsengang, bei dem 30% der eigenen Anteile vor

[9] Dabei zahlen ärmere Kunden im Durchschnitt mit ca. 23% immer noch höhere Zinsen als reichere mit ca. 17%, vor allem da die relativen Kosten für kleinere Kreditsummen nach wie vor höher sind. Siehe Lützenkirchen und Weistroffer (2012).

[10] Daten der Finanzierungsstruktur von MFIs stammen von Luetzenkirchen und Weistroffer (2012).

allem an Hedge Fonds verkauft wurden, mit 1,5 Mrd. USD bewertet.[11] Die internationalen Investoren, die im Jahr 2000 6 Millionen USD an Eigenkapital investiert hatten, konnten damit eine Rendite von ca. 100% pro Jahr generieren und die Manager der Bank erhielten 150 Mio. USD für ihre Anteile.

Compartamos stellte damit den vorläufigen Höhepunkt der Boomphase dar. In den Jahren 2006 (1,8 Mrd. USD) und 2007 (3,5 Mrd. USD) verdoppelten private Investoren ihre Anlagen und stellten erstmals mehr Gelder als öffentliche Institutionen.[12] Mit einem Finanzierungsbedarf von geschätzten 250 Mrd. USD und Prognosen über private Investitionen im Volumen von 25 Mrd. USD bis 2015 sollte dies erst der Auftakt sein.[13] Mit dem Ausbruch der Finanzkrise und den damit verbundenen Liquiditätsproblemen hielten sich private Investoren in der Folge jedoch merklich zurück. Dennoch wuchsen ihre Zusagen 2008 um weitere 18% und 2009 um 20%, im Jahr 2010 allerdings nur noch um 11%.[14] Ein weiterer Grund für die Zurückhaltung privater Investoren, insbesondere von kommerziellen Anlegern, dürfte allerdings auch an der Verschlechterung der MFI-Performance und den dahinterliegenden strukturellen Problemen liegen.

2.3 Bust and bubble: Mikrofinanzspezifische Probleme

2.3.1 Auswirkungen der Finanzkrise

Seit dem Jahr 2008 konnten immer mehr Kunden ihre Kredite nicht mehr zurückzahlen und das vom Ausfall gefährdete Kreditportfolio (PAR30)[15] stieg für das typische MFI von 3% auf 4,5% an.[16] Sowohl die Wachstumsrate als auch die Rendite erodierten auf 15% bzw. 1,8%, blieben aber insgesamt positiv. Betrachtet man die einzelnen Segmente und Märkte der Mikrofinanz genauer, fällt auf, dass MFIs, die Kunden mit mittlerem und höherem Einkommen bedienen, besonders betroffen waren, ebenso wie die Märkte Lateinamerika und Osteuropa. Da wohlhabenderen Kunden in der Regel häufiger von gesamtwirtschaftlichen Schocks betroffen sind als ärmere und einige Länder in Osteuropa schwer von der globalen Rezession getroffen wurden, liegt die Annahme nahe, dass die Finanzkrise der entscheidende Faktor für die sich verschlechternden Zahlen war.

---

[11] Siehe Rosenberg (2007) um mehr über den Börsengang von Compartamos zu erfahren.

[12] Reille et al. (2011).

[13] Siehe Dieckmann (2007).

[14] Reille et al. (2011).

[15] Das Risiko von MFIs wird typischerweise mit dem Anteil der Kredite am Kreditportfolio gemessen, welche mit ihren Zahlungen (Rückzahlungen und Zinszahlungen) mehr als 30 Tage im Rückstand sind.

[16] Siehe Luetzenkirchen und Weistroffer (2012).

Allerdings sollte erwähnt werden, dass die meisten Länder von einer Rezession verschont geblieben sind. Zwischen den Jahren 2007 und 2010 haben von 100 untersuchten Ländern insgesamt 40 Länder einen starken Anstieg ihres Mikrokreditportfoliorisikos erfahren.[17] Von diesen Märkten hatten die meisten robuste makroökonomische Daten, auch wenn die globale Rezession für einige Mikrofinanzmärkte ein durchaus negativ verstärkender Faktor gewesen sein mag. Als Begründung für die Mikrofinanzkrise wird daher seit einiger Zeit nicht mehr nur auf die Finanzkrise, sondern auf Ursachen innerhalb der Mikrofinanzindustrie hingewiesen.

2.3.2 Zu schnelles Wachstum und zunehmende Konkurrenz

Bei den Mikrofinanzmärkten, die eine gravierende Verschlechterung ihrer Performance erlebten, fallen einige Gemeinsamkeiten auf. Insbesondere sind die betroffenen Märkte in den Jahren vor der Krise überdurchschnittlich schnell gewachsen oder erreichten bereits eine Marktkonzentration, die als gesättigt bezeichnet werden kann – für eine handvoll Länder traf sogar beides gleichzeitig zu. Für viele der MFIs in diesen Ländern bedeutete dies, dass sie in immer größerem Maße riskante Kunden in ihr Portfolio nehmen mussten, wollten sie weiter wachsen.[18] Zusätzlich wurde es immer schwieriger, gutes Personal zu finden und auszubilden, so dass die Arbeitsbelastung der Kreditbearbeiter stieg und die Qualität der Evaluierung des Kreditrisikos ebenso wie die Überwachung der laufenden Kredite abnahm. Da gleichzeitig die MFIs insbesondere in städtischen Gebieten und in der Zielgruppe der höheren Einkommen wuchsen und verstärkt Individualkredite vergaben, für die der Personalaufwand tendenziell höher ist als bei einfachen Gruppenkrediten,[19] verstärkte sich dieser Effekt.

Ein weiterer Faktor war die zunehmende Konkurrenz unter den MFIs. Während Wettbewerb in der Regel als positiv gesehen wird, z.B. durch effizientere Prozesse und sinkende Zinsen, kann sie in der Mikrofinanz zu einigen Verwerfungen führen. In den meisten Ländern gibt es keine oder nur schlecht funktionierende Marktinfrastrukturen, um Informationen über Kunden auszutauschen. Für MFIs in monopolähnlicher Stellung ist dies kein Hindernis, da sie, nach anfänglicher Prüfung des Kunden, auf gut funktionierende Anreizbedingungen zurückgreifen können.

Für MFIs im Wettbewerb kann Konkurrenz dagegen Rückzahlungsanreize schwächen.[20] Hat ein Kunde die Auswahl zwischen mehreren MFIs kann er, insbesondere wenn er

[17] Ibid.

[18] Dies passiert tendenziell immer in gesättigten Kreditmärkten. Siehe Hellmann et al. (2000).

[19] Wie z.B. in Marokko. Siehe Reille (2009).

[20] Ein negativer Zusammenhang zwischen Wettbewerb und Portfolioqualität wurde z.B. in Gonzalez (2010) nachgewiesen.

keine Sicherheiten stellt, den ersten Kredit strategisch nicht zurückzahlen und bei einem anderen MFI einen neuen aufnehmen.[21] Ebenso ist es möglich, dass Kunden mehrere Kredite bei mehreren MFIs aufnehmen und sich so überschulden.[22] In dieser Situation ist ein MFI stark auf sein Personal angewiesen um den Verschuldungsgrad des Kunden festzustellen und durch persönliche Beziehung und Kontrolle die Rückzahlung sicherzustellen, was den Personalbedarf zusätzlich erhöht und den oben genannten Effekt wiederum verstärkt.

2.3.3 Überschuldung

Hohe Wachstumsraten und eine sich verstärkende Konkurrenzsituation waren auch hauptverantwortlich für die in der Presse beleuchteten Ereignisse in Andhra Pradesh, Indien. Dort waren allerdings nicht nur MFIs betroffen, sondern es gab auch direkte negative Auswirkungen für die Mikrokreditnehmer. Der Mikrofinanzmarkt von Andhra Pradesh ist mit einer Marktpenetration von 17% zu einem der kompetitivsten weltweit geworden.[23] Zusätzlich zu den oben beschriebenen Problemen sind allerdings weitere durch die Fokussierung auf Wachstum und kurzfristige Profite gekommen. Die Mitarbeiter der MFIs wurden dazu angehalten und auch durch entsprechende Anreize bezahlt, die Kreditportfolios schnell auszuweiten. In dieser Situation war es den Kunden nicht nur möglich, mehrere Kredite aufzunehmen, sondern sie wurden teilweise sogar dazu gedrängt, dies zu tun. Dies führte zu einer extrem hohen Verschuldungsquote der Haushalte.[24] Als im Vorfeld des Börsengangs von SKS die Ausfallraten stiegen, dadurch die Eintreibung der Kredite rigoroser wurde und vermehrt Fälle von Selbstmord unter Mikrokreditnehmern bekannt wurden,[25] schloss die Regierung im Herbst 2010 den kompletten Mikrofinanzmarkt.[26]

Die Vorkommnisse in Andhra Pradesh zeigen, dass Fehlanreize innerhalb von MFIs großen Schaden anrichten können. Der Verlust des sozialen Charakters der Mikrofinanz durch eine zu starke Orientierung an Profiten, kann dazu führen, dass die Interessen der

[21] Hoff und Stiglitz (1998) zeigen dies theoretisch und z.B. Schreiner (2004) beobachtete dies während der Mikrofinanzkrise in Bolivien 1999/2000.

[22] Dies wurde ebenfalls in Bolivien 1999/2000 beobachtet (Rhyne 2001).

[23] Siehe Rozas (2009).

[24] 84% der Haushalte hatten mehr als zwei Kredite von verschiedenen Anbietern; der Median lag bei vier. Siehe Johnson und Meka (2010).

[25] Eine Liste mit Vorkommnissen rigoroser Lohneintreibung inklusive Suizide wurde von der Society of Eliminating Rural Poverty (SERP) veröffentlicht und in der Folge von Journalisten untersucht und bestätigt, z.B. von Kinetz (2012).

[26] Dies ist teilweise auch politisch motiviert gewesen, da die Regierung selbst über ein Subventionsprogramm in der Mikrofinanz aktiv ist (durch Selbsthilfegruppen), gegenüber den privaten Anbietern in den vergangenen Jahren allerdings Marktanteile verloren hat.

Kunden nicht mehr gewährt werden und das Verantwortungsgefühl der Mitarbeiter diesen gegenüber beschädigt wird. Dies kann zur Überschuldung bis hin zu existenziellen Konsequenzen für die Kreditnehmer führen. Andhra Pradesh ist dabei das mit Abstand bekannteste Beispiel. Allerdings ist Überschuldung auch in anderen Regionen ein wichtiger Grund für die abnehmende Performance von MFIs und hat der Reputation der Mikrofinanz schweren Schaden zugefügt.[27] Daneben gab es bereits zuvor wachsende Zweifel daran, ob die Mikrofinanz den Armen tatsächlich hilft, insbesondere im Hinblick auf die sehr hohen Zinsen, die von machen MFIs erhoben werden, darunter auch von dem sehr profitablen Compartamos.[28]

2.3.4 Impact

Während der Wachstums- und Kommerzialisierungsphase war der Beweis, dass Mikrokredite den Menschen helfen können, ihr Einkommen zu steigern, recht einfach zu erbringen: Jedes MFI konnte dutzende Geschichten über erfolgreiche Mikrounternehmer erzählen. Dies hat dazu geführt, dass die wissenschaftliche Evaluierung der Mikrofinanz jahrelang weitgehend ignoriert wurde. Mit dem wachsenden Interesse an der Mikrofinanz und den ersten Fällen von Überschuldung wuchs allerdings die Skepsis, so dass im Jahr 2009 die erste große Studie zur Wirksamkeit der Mikrokredite publiziert wurde.[29] Hauptresultat war, dass die Eröffnung neuer Mikrofinanzfilialen das Konsumniveau der Kreditnehmer nicht erhöhen konnte – und so titelte dann auch die Presse, dass Mikrofinanz nicht wirksam sei.

Ein genauerer Blick in die Studie, ebenso in andere folgende, relativiert diese Aussage jedoch. Zum einen muss angemerkt werden, dass die Studie in Hyderabad im Bundesstaat Andhra Pradesh durchgeführt wurde, und zwar kurz vor dem Höhepunkt der dortigen Krise. Zum anderen wurden dennoch einige positive Zusammenhänge aufgeführt. Insbesondere konnte gezeigt werden, dass die Verfügbarkeit von Mikrokrediten die Wahrscheinlichkeit, ein Unternehmen zu gründen, ebenso wie Investitionen in ein bestehendes

27 Einen Überblick zu Verschuldungsgraden von Kreditnehmern in verschiedenen Ländern findet sich z.B. in Schicks und Rosenberg (2011). Überschuldung wurde, neben anderen Faktoren wie z.B. Wettbewerb, in den Frühwarnindex von Kappel et al. (2010) aufgenommen.

28 Compartamos gibt seine Zinsen mit 80% an, inklusive Gebühren etc. dürften diese allerdings bei effektiv bis zu 195% jährlich liegen (Roodman 2011). Die hohen Zinsen und der einhergehende Vermögenstransfer von den Kunden an die Eigentümer wurde sehr kontrovers diskutiert und unter anderem von Yunus scharf kritisiert.

29 Banerjee et al. (2009). Andere folgende waren z.B. Crépon et al. (2009) oder Karlan und Zinman (2010, 2011). Der Unterschied zu vorherigen Studien bestand darin, dass die neuen randomisierte Kontrollstudien waren und damit methodisch fortschrittlicher.

Unternehmen erhöhen konnte. Mikrofinanz kann damit eines ihrer Hauptversprechen einlösen. Und es ist wahrscheinlich, dass diese Unternehmer langfristig durchaus von ihren Investitionen profitieren und nur zeitweise ihren Konsum reduzieren.

Weitere aktuelle Studien verfolgen einen anderen Ansatz und untersuchen, wie die Armen ihre Finanzen managen und wie sie dabei von der Mikrofinanz profitieren können.[30] Wichtigstes Ergebnis hierbei ist, dass weniger die Höhe als vielmehr die Unregelmäßigkeit und Unsicherheit des Einkommens die größeren Probleme darstellen und die Armen eine ganze Fülle verschiedenster Instrumente nutzen, um zum einen ihr Einkommen zu glätten, und zum anderen größere Summen aufzubringen. Auffällig ist hierbei, dass sie regelmäßig alle Instrumente gleichzeitig nutzen, da sie nur so die richtigen Summen zur richtigen Zeit auftreiben können. Beispielsweise wäre es nicht unüblich, wenn eine Mikrofinanzkundin sich Geld leiht, um davon Gold als Anlage für die Hochzeit der Tochter zu kaufen, während sie gleichzeitig Geld in einem Sparzirkel spart, Schulden beim Lebensmittelhändler hat und dem Nachbarn einen Kredit gibt. Mikrofinanz kann daher, durch Kredite sowie durch Sparkonten, dazu beitragen, die Finanzen besser, sicherer und kostengünstiger zu managen und dadurch womöglich einen breiteren und nachhaltigeren Effekt auf die Lebensumstände der Armen haben als ausschließlich durch Kredite an Unternehmensgründer.

3 Mikrofinanzierung als Asset-Klasse

3.1 Spektrum der Anbieter

3.1.1 Öffentliche Investoren

Obwohl in den letzten Jahren die Bedeutung von lokalen Geldgebern wie nationalen Investoren oder Geschäftsbanken zugenommen hat, sind Investitionen internationaler Geldgeber mit 25 Mrd. USD weiterhin ein entscheidender Bestandteil der Mikrokreditfinanzierung.[31] Rund zwei Drittel davon stammen von öffentlichen Geldgebern, die damit nach wie vor die wichtigste Gruppe internationaler Investoren darstellen und trotz der Erwartungen um das Jahr 2006 nicht von privaten Investoren abgelöst worden stind. Unter den öffentlichen Geldgebern befinden sich multilaterale und bilaterale Organisationen (UN, Weltbank und andere), die ihre Mittel vorwiegend über lokale Regierungen verteilen und z.B. in den Aufbau von Marktinfrastrukturen wie Kreditbüros investieren.

[30] Collins et al. (2009).

[31] Die folgenden Daten in diesem und dem nächsten Abschnitt sind CGAP (2012) entnommen.

Mit Investitionen von 9,6 Mrd. USD sind die Entwicklungsbanken (Development Finance Institutions – DFIs), wie z.B. die KfW, AFD, IFC, EBRD oder EIB die wichtigsten öffentlichen Finanzierer der Kreditportfolios der MFIs.

Da DFIs einzelnen Staaten (z.B. Deutschland mit der KfW) bzw. Gruppen von Staaten (z.B. sind die EU-Staaten Eigentümer der EIB) gehören, sich aber am Markt finanzieren, verfolgen sie gleichermaßen soziale, politische und finanzielle Ziele. In den 1990er Jahren haben sie durch die Gründung von MFIs und Holdings aus politischen Gründen vor allem in Lateinamerika und Osteuropa/Zentralasien entscheidend dazu beigetragen, neue Märkte zu entwickeln. Durch ihren langfristigen Anlagehorizont konnten sie außerdem Einfluss auf die Ausrichtung von MFIs nehmen und so Standards setzen oder technisches Know-how vermitteln, z.B. im Risikomanagement. Im Jahr 2011 investierten DFIs zu 63% direkt in MFIs, den Rest über Intermediäre. Ihre Gelder wurden mit 77% überwiegend dazu eingesetzt, die Kreditportfolios der MFIs zu finanzieren, 15% sind zugesagt, um Kapazitäten innerhalb der MFIs oder die Marktinfrastruktur zu stärken. Auch DFIs vergeben mit einem Anteil von 55% vorwiegend Kredite, allerdings ist der Anteil von Eigenkapitalinvestitionen ebenso wie der von Garantien stetig gewachsen (jetzt 15% bzw. 9%). Seit zwei Jahren sind die Investitionen in den DFIs in Osteuropa zurückgegangen und stagnierten in Lateinamerika. Neue Investitionen wurden in größerem Maße in Afrika südlich der Sahara und im arabischen Raum getätigt, so dass die DFIs wieder eine Vorreiterrolle in der Erschließung neuer Märkte einnehmen.

3.1.2 Private Investoren

Private Investoren stellten im Jahr 2011 mit 8 Mrd. USD ca. ein Drittel der ausländischen Mittel und sind zu einer wichtigen Finanzquelle geworden. Im Gegensatz zu den Vorhersagen während des Mikrofinanzbooms Mitte der 2000er Jahre konnten sie damit aber die öffentlichen Geldgeber nicht als dominierende Finanzierer ablösen, obwohl ihre Zusagen seit 2007 mit 16% zu 10% p.a. schneller gewachsen sind. Dies liegt daran, dass die Mikrofinanz seit 2007 nicht in dem Ausmaße kommerzielle Investoren anlocken konnte wie prognostiziert. Stattdessen sind Privatpersonen und institutionelle Anleger, die bewusst eine im Vergleich zu alternativen Anlagen niedrige finanzielle Rendite akzeptieren, um eine implizite soziale Rendite zu erwirtschaften, die wichtigeren privaten Investoren geblieben. Insbesondere zählen hierzu Kirchen, Stiftungen und vermögende Privatpersonen, aber auch immer mehr Kleinanleger.

Die Mikrofinanz als Anlageprodukt nimmt hierbei eine bedeutende Rolle im wachsenden Markt der verantwortungsbewussten Investments ein.[32] Die kontinuierlichen Mittelzuflüsse auch in den letzten beiden Jahren zeigen,[33] dass das Vertrauen in die Mikrofinanz als soziale und nachhaltige Investition trotz der kürzlich aufgetretenen Probleme nicht nachgelassen hat, sondern private Anleger im Gegenteil ihre Rolle als langfristige und gestaltende Investoren ernst nehmen.

3.1.2.1 MIVs

Microfinance Investment Vehicles (MIV) sind die unabhängigen Investitionsgesellschaften, über die vor allem private Anleger in MFIs investieren. Im Jahr 2011 gab es 99 MIVs mit einem Anlagevermögen von 7,5 Mrd. USD, davon 75% von privaten Investoren und 25% von öffentlichen Geldgebern, vor allem DFIs.[34] Das durchschnittliche MIV hat ein Anlagevermögen von 71 Mio. USD und erreicht 120.000 Mikrofinanzkunden mit einer durchschnittlichen Kredithöhe von 1.800 USD. MIVs investieren überwiegend durch festverzinsliche Kredite (83% des Mikrofinanzportfolios), in Tranchen von durchschnittlich 1,8 Mio. USD zu 23 Monaten. 2011 wurden diese mit 6,6% verzinst, nach 8,0% in 2010. Aber auch auf dem MIV Markt nimmt die Bedeutung von Eigenkapitalinvestitionen zu. So gab es 2011 15 Eigenkapitalfonds sowie 15 MIVs, die sowohl in Kredite als auch in Eigenkapital investieren, die zusammen 20% der MIV-Anlagen verwalten.

Der MIV-Markt ist während der Boomphase mit bis zu 86% sehr schnell gewachsen. Inzwischen hat sich das Wachstum mit 15%-20% stabilisiert. Ebenso sind die Renditen, parallel zur Entwicklung innerhalb der MFIs, von 5,8% im Jahr 2007 auf 3,9% in 2008 und auf 2,4% im Jahr 2011 gesunken (in USD von 6,3% auf 2,5%), wobei dies weniger auf tatsächliche Kreditausfälle als auf verringerte Zinszahlungen zurückzuführen ist. Im Vergleich zu anderen Investitionsmöglichkeiten blieben die Renditen von Mikrofinanzinvestments damit trotz des Rückgangs während der Finanzkrise aber relativ stabil und liegen in der derzeitigen Niedrigzinsphase über den Referenzzinssätzen des Geldmarktes, so dass sich die niedrige Korrelation zwischen Mikrofinanzinvestments und anderen Asset-Klassen bestätigen konnte.[35]

---

[32] Schmidt und Weistroffer (2010).

[33] Die Anlagen in Investitionsgesellschaften (MIVs) sind im Jahr 2011 um 15% gewachsen. Für 2012 wird der Mittelzufluss auf 19% geschätzt (Symbiotics 2012).

[34] Zahlen zum MIV-Markt in diesem Abschnitt stammen von Symbiotics (2012).

[35] Krauss und Walter (2008).

Tabelle 1: Daten ausgewählter MIVs für 2011

		Netto-vermögen (Mio.)	Projekt-portfolio (Mio.)	Rendite (NAV)****		Durchschnittliche Kreditsumme Endkreditnehmer (USD)
				2011	2010	
European Fund for South East Europe (EFSE)	EUR	641	719	3,6%	2,5%	5.474
Oikocredit	EUR	672	521	1,9%	1,8%	1.035
responsAbility Global Microfinance Fund**	USD	586	471	3,3%	2,46%	1.146
Dexia Micro-Credit Fund*	USD	503	392	1,0%	0,8%	2.407
responsAbility Microfinance Leaders	USD	138	129	3,1%	3,2%	3.600
responsAbility Mikrofinanz Fonds	EUR	121	115	1,9%	-0,4%	2.300
Triodos Microfinance Fund	EUR	92	71	6,1%	5,0%	1.288
Dual Return Fund – Vision Microfinance	EUR	84	70	3,23%	3,35%	1.901
Regional MSME Investment Fund for Sub-Saharan Africa (REGMIFA)	USD	46	43	8%	–	783
Invest in Visions Microfinance Fund***	EUR	22	15	2012: 1,5%		1.001

* = Jahresabschluss zum 30.06., ** = 31.03., *** = Daten von 2012, **** = Wachstum des Net Asset Value (NAV) pro Anteil in Hauptwährung und für größte Anteilsklasse wie angegeben oder eigene Berechnung. Falls nicht ermittelbar: Netto Profit vor Steuern/Durchschnittliches Nettovermögen. Oikocredit auf Basis der vorgeschlagenen Dividende.

Quelle: Jahresberichte und Quartalsberichte

3.1.2.2 Mikrofinanzfonds in Deutschland

Obwohl Mikrofinanzfonds seit 2007 im deutschen Investmentgesetz zugelassen sind, wurden aufgrund der strengen Vorgaben bis zur Überarbeitung im Jahr 2011 keine Mikrofinanzfonds in Deutschland aufgelegt. Stattdessen sind die meisten europäischen Fonds in Luxemburg registriert, mit der Folge, dass diese in Deutschland nicht aktiv vertrieben werden dürfen und nur auf Anfrage erhältlich sind. Insbesondere für deutsche Kleinanleger waren Investitionen in den Mikrofinanzmarkt dadurch kaum möglich. Durch die Novellierung im Jahr 2011 haben sich die Bedingungen für den Fondsvertrieb jedoch grundlegend geändert, so dass mit dem Invest in Visions Microfinance Fund der erste in Deutschland zum öffentlichen Vertrieb zugelassene Mikrofinanzfonds registriert wurde, der sich sowohl an institutionelle als auch an Kleinanleger richtet.

Seit einigen Jahren ist es auch in Deutschland für Unternehmensgründer und kleine Unternehmen möglich, einen Mikrokredit aufzunehmen. Neben mehreren lokalen Anbietern, die zumeist über die Landesbanken gefördert werden, wie z.B. der Frankfurter Gründerfonds, bietet seit 2010 der Mikrokreditfonds Deutschland im Auftrag des Bundesministeriums für Arbeit und Soziales bundesweit Mikrokredite an. Der Fonds fördert dabei in Kooperation mit dem Deutschen Mikrofinanz-Institut e.V. den Aufbau von MFIs und sichert die Mikrokredite ab, die auf Empfehlung der MFIs von der GLS Bank vergeben werden. Bis Ende des Jahres 2011 hatten sich bereits 45 MFIs akkreditiert und es wurden 6.630 Mikrokredite vergeben.[36]

3.2 Risiken von Investitionen in die Mikrofinanzierung

3.2.1 Risiken innerhalb der Fonds

Bei einer Investition in einen Mikrofinanzfonds müssen vor allem zwei Risiken bedacht werden. Zum einen sind Mikrofinanzinvestments in der Regel langfristige Investitionen mit einem Anlagehorizont von 3 bis 10 Jahren, mit nur eingeschränkten Möglichkeiten der Rückgabe oder des Weiterverkaufs von Anteilen. Die Liquidität von MIVs hat sich mit einem durchschnittlichen Niveau von 15% der Anlagen dabei allerdings nicht als Problem erwiesen.

Das zweite Risiko stellt die Konzentration von MIV-Investments auf einzelne Regionen und MFIs dar. So waren im Jahr 2011 mit 41% in Osteuropa/Zentralasien und mit 33% in Lateinamerika ein Großteil der MIV-Portfolios in zwei Regionen investiert.[37] Des Weiteren konzentrierten sich die meisten MIVs mit Investitionen von durchschnittlich 57% ihres Portfolios in ihre jeweiligen Top-5-Länder und mit 32% in ihre Top-5-MFIs auf wenige einzelne Investments. Dies liegt daran, dass MIVs in der Regel größere Investitionen tätigen, die nach wie vor für die meisten MFIs nicht zu absorbieren sind, und sie deshalb bevorzugt in die größeren MFIs investieren, die wiederum vorwiegend in den entwickelten Märkten operieren. Die hohe Konzentration auf die entwickelten Märkte dürfte auch ein wesentlicher Grund für die unterdurchschnittliche Performance von MIVs im Vergleich zum gesamten Mikrofinanzmarkt sein, da diese Märkte von der Finanzkrise ebenso wie von der Mikrofinanzkrise stärker betroffen waren. In den letzten Jahren haben MIVs allerdings verstärkt in Afrika und Ostasien investiert und MIVs dürften sich weiter diversifizieren.

[36] Pressemitteilung des BMAS. http://www.mikrokreditfonds.de/fileadmin/USER/_PDF/PE_BMAS_120116.pdf.

[37] Symbiotics (2012).

3.2.2 Institutionelle Risiken der MFIs

Die zweite Gruppe von Risiken stellen die institutionellen Risiken innerhalb von MFIs dar, die sich über Investitionen in die MFIs auf die Performance der MIVs auswirken können. Das finanzielle Risiko ergibt sich dabei vor allem aus der Kreditausfallwahrscheinlichkeit der Mikrokredite, welche sich wie oben beschrieben von nahe Null in den letzten Jahren deutlich erhöht hat. Hängt der Kreditausfall mit einer Überschuldung des Kreditnehmers zusammen, hat dies auch Auswirkungen auf die soziale Rendite.

Um sowohl einem Kreditausfall als auch der Beschädigung ihrer Reputation vorzubeugen, haben MIVs infolge der Ereignisse in Andhra Pradesh, aber auch wegen der Nachfrage ihrer Investoren, ihre Prinzipien und Informationspflichten verschärft. So hatten 2011 96% der MIVs Kundenschutzprinzipien unterzeichnet, 84% wendeten Anti-Korruptionsvorschriften an und 86% veröffentlichten ESG-Indikatoren (Umwelt, Sozial, Governance), um ihren Impact zu verdeutlichen.[38]

Dennoch ist dies erst der Anfang einer umfassenden Umwälzung innerhalb des Mikrofinanzmarktes, der sowohl MFIs als auch MIVs betrifft. Insbesondere zwei Entwicklungen stechen dabei heraus: Zum einen werden immer mehr MFIs professioneller, um durch die Stärkung ihrer Strukturen und Systeme ihre finanzielle Performance zu verbessern und sich vor Fehlentwicklungen zu schützen, die ihnen und ihren Kunden Schaden zufügen können. Zum anderen diversifizieren MFIs ihr Dienstleistungsangebot und weiten den Mikrofinanzbereich damit aus. Da MIVs ihre Investitionsentscheidungen inzwischen verstärkt von guter Unternehmensführung und verantwortungsbewusstem Handeln abhängig machen und Investoren nach einem Nachweis der sozialen Rendite verlangen, können sie einen Beitrag dazu leisten, diese Prinzipien in den MFIs zu verankern und die Mikrofinanzindustrie nachhaltig zu entwickeln.

4 Aktuelle Entwicklungen und Ausblick

4.1 Entwicklung des Mikrofinanzmarktes

4.1.1 Professionalisierung der MFIs

Innerhalb des letzten Jahrzehnts konnten die MFIs ihre Effizienz merklich steigern, dieser Prozess ist aber noch nicht abgeschlossen. Während einige größere MFIs und insbesondere Holdings nach westlichen Bankenstandards arbeiten, sind bei den vielen

[38] Ebd. (2012).

kleinen MFIs, noch deutliche Effizienzgewinne zu erzielen. Beispielsweise können durch die Nutzung von Credit-Scoring-Modellen und IT-Systemen Prozesse vereinfacht und standardisiert werden.

Daneben fehlen oftmals Management Informationssysteme (MIS) bzw. Kernbankensysteme (CBS) oder deren Entwicklung konnte nicht mit dem Wachstum der MFIs mithalten. Diese Systeme sind für das Qualitäts- und in besonderem Maße für das Risikomanagement von Bedeutung, sowohl in finanzieller als auch in sozialer Hinsicht. Zudem bedarf es der Anpassung bisheriger Strukturen im Bereich der Corporate Governance. So konnte die Kompetenz der Aufsichtsratsmitglieder sowie auch ihr Zeiteinsatz nicht mit der komplexer werdenden Umwelt Schritt halten. Dies hat nicht nur zu Fehlern in der strategischen Entwicklung geführt, sondern auch die Qualität des Managements negativ beeinflusst.

Normalerweise stellt sich für MFIs die Frage nach der Einführung komplexer Systeme und der Einrichtung interner Kontrollen erst mit Erreichung einer gewissen Größe, z.B. weil diese von Regulierungsbehörden vorgeschrieben werden oder sie sich dem Kapitalmarkt öffnen wollen. Oft werden MFIs von Kapitalgebern bei der Einrichtung dieser Systeme unterstützt. Da immer mehr MFIs kritische Größen erreichen, sich die Regulierungsvorschriften verschärfen und auch kleinere MFIs durch die letzten Ereignisse die Bedeutung guter Unternehmensführung erkannt haben, beschleunigen sich die Professionalisierung ebenso wie die Stärkung der Kontrollsysteme zusehends.

4.1.2 Kundenschutzrichtlinien und Social Performance

Sowohl die zunehmende Problematik der Überschuldung von Mikrokreditnehmern als auch die Zweifel an der Wirksamkeit der Mikrofinanz haben in den letzten Jahren zu mehreren Initiativen geführt, die ethische und soziale Geschäftsprinzipien innerhalb der MFIs stärken und zukünftige Fehlentwicklungen verhindern sollen. Insbesondere zwei Initiativen, die aufeinander aufbauen, konnten innerhalb der letzten Jahre viele MFIs gewinnen.

The Smart Campaign[39] fördert die Implementierung und Umsetzung von Kundenschutzrichtlinien (Client Protection Principles – CPPs). Dadurch sollen die Kunden und ihre Interessen wieder in das Zentrum der Geschäftstätigkeit von MFIs gerückt und der Überschuldung vorgebeugt werden. Ebenso sollen unethischen Geschäftspraktiken wie intransparente Verträge, unseriöse Zinsen oder Gebühren, rigorose Geldeintreibung oder Diskriminierung verhindert werden. Neben MFIs können auch MIVs teilnehmen,

[39] http://www.smartcampaign.org.

indem sie die Kundenschutzrichtlinien in ihre Investitionsentscheidungen mit einbeziehen oder nur in zertifizierte MFIs investieren. The Smart Campaign bietet MIVs damit eine mikrofinanzspezifische Umsetzung der United Nations Principles for Responsible Investments (UN PRI).

Während die Richtlinien von The Smart Campaign negativen Entwicklungen vorbeugen sollen, will The Social Performance Task Force (SPTF)[40] die positiven Seiten der Mikrofinanz hervorheben und fördern. Die Mitglieder von SPTF, MFIs ebenso wie MIVs, sollen dazu ihre sozialen Ziele definieren, messen und publizieren. Dadurch wird der sozialen Performance eine vergleichbare Bedeutung wie der finanziellen Performance eingeräumt und damit nicht nur verhindert, dass die finanziellen Ziele die sozialen verdrängen, sondern auch dazu anregt, dass beide aktiv gestaltet werden und Kunden ebenso wie Investoren von der doppelten Rendite profitieren.

4.1.3 Nachhaltiges Wachstum

Das größte Hindernis beim Aufbau und bei der Entwicklung der oben genannten Systeme und Strukturen war das rasante Wachstumstempo der Mikrofinanz. In diesem Sinne ist die Verlangsamung, die sich seit 2009 sowohl im Kreditwachstum als auch in der Finanzierung eingestellt hat, zu begrüßen, da sie den nötigen Spielraum schafft, um Prozesse zu optimieren und Kontrollmechanismen einzurichten bzw. zu aktualisieren. Auch können Risiken im Kreditportfolio abgebaut werden, die durch die schnelle Ausweitung des Kreditportfolios unerkannt geblieben sind.

Eine nachhaltige Wachstumsgeschwindigkeit ist insbesondere für die Personalrekrutierung und -ausbildung sinnvoll. Während der Boomphase mussten MFIs z.B. in Bosnien ihr Personal jedes Jahr um durchschnittlich 40% erhöhen, hatten gleichzeitig mit hohen Kündigungsraten Probleme und kaum Kapazitäten, neues Personal ausreichend zu schulen.[41] Dies hat sich nicht nur auf die Arbeitsbelastung, sondern ebenfalls auf die Qualität der Mitarbeiter ausgewirkt. Seit 2009 hat sich die Personalsituation der meisten MFIs merklich entspannt, auch weil sich die Bezahlung verbessert hat; sie bleibt aber aufgrund ihrer zentralen Bedeutung bei der Risikoevaluation von Kunden ein wichtiges Thema.

[40] http://www.sptf.info.

[41] Siehe Chen et al. (2010).

4.1.4 Diversifizierung

4.1.4.1 Ausweitung des Kreditangebots nach Kundenbedürfnissen

Die aktuelle Forschung zeigt, dass die Kreditaufnahme für die Armen einen integralen Bestandteil des Finanzmanagements darstellt. Für viele Menschen ist die klassische Form der Mikrokreditvergabe allerdings nicht geeignet, z. B. weil die Laufzeiten und die Rückzahlungsintervalle nicht ihren Bedürfnissen entsprechen. Daneben haben viele Menschen einen Mikrokredit aufgenommen, der klassischerweise für unternehmerische Zwecke, also Investitionen und Betriebsmittel, bestimmt ist, diesen aber für andere Zwecke verwendet.[42] Während die standardisierten und strikten Gruppenkredite aufgrund der wesentlich niedrigeren Kosten insbesondere für Kleinstkredite weiterhin ihre Daseinsberechtigung haben, sind in Übereinstimmung mit den Bedürfnissen der Kunden und potenzieller Kreditnehmer viele MFIs dazu übergegangen, flexible Kredite auf individueller Basis anzubieten.

Das Produktangebot hat sich inzwischen merklich diversifiziert und es ist davon auszugehen, dass MFIs in Zukunft immer mehr maßgeschneiderte Kreditangebote machen können. Zum Beispiel werden Kredite für Bauern angeboten, deren Kreditzyklus an der Saison ausgerichtet wird, oder es werden wesentlich größere Summen mit längeren Laufzeiten an kleine und mittlere Unternehmen (KMU) vergeben, zwei Sektoren mit bisher nur wenig erschlossenem Potenzial zur Armutsreduzierung und Beschäftigungsgenerierung. Von wachsender Bedeutung sind auch Finanzierungsangebote für saubere und erschwingliche Energieformen, z. B. Photovoltaik, die damit zusätzliche unternehmerische Aktivitäten ermöglichen bzw. Einsparungen erlauben – insbesondere für die Bevölkerung in Gebieten ohne Anschluss an Elektrizitätsnetze. Ebenso wichtig sind Finanzierungslösungen, die es der Bevölkerung ermöglichen, sich an den Klimawandel anzupassen. Neben Versicherungen sind dies auch spezielle Investitionen z. B. in die Entwicklung widerstandsfähiger Pflanzensorten und in nachhaltiges Wassermanagement.

Durch den Zugang zu flexiblen Krediten können die Haushalte ihre Finanzen wesentlich besser managen. Dies können Notfallkredite z. B. zur Finanzierung von Beerdigungen oder zur Bezahlung von Arztrechnungen sein, zwei Ereignisse, die in Verbindung mit entgangenem Einkommen leicht den finanziellen Ruin bedeuten können. Auch können Haushalte von langfristigen privaten Investitionen, wie z. B. durch die Finanzierung eines Kühlschranks oder des eigenen Wohnhauses durch eine Hypothek, profitieren. Zusätzlich können Kredite auch für konsumtive oder planbare Ausgaben sinnvoll sein, z. B. für Schulgebühren der Kinder. Ebenfalls nachgefragt werden flexible Kreditlinien bis hin zur Kreditkarte.

[42] Siehe z. B. Johnston und Morduch (2007) für Evidenz aus Indonesien.

4.1.4.2 Ersparnisse

Sparkonten sind eine zweite Form neuer Produkte, die immer mehr Verbreitung finden. Menschen in Entwicklungsländern nutzen in großer Anzahl Ersparnisse, um sich auf größere Ausgaben vorzubereiten, beispielsweise durch die weitverbreiteten privaten Sparzirkel mit Nachbarn und Freunden, oder um für einen einkommensschwachen Tag vorzusorgen, beispielsweise indem sie bei einem „Geldwächter" eine kleine Summe deponieren. Die meisten Sparmöglichkeiten sind allerdings sehr unsicher und die Ersparnisse oftmals nicht verfügbar, wenn benötigt. Einige Formen kosten sogar etwas, anstatt dass sie Zinsen erbringen. Die Armen können daher stark von dem Angebot eines sicheren und jederzeit verfügbaren Sparkontos profitieren. Ebenfalls gibt es eine Nachfrage nach Sparbüchern zur Akkumulierung größerer Beträge, beispielsweise für Hochzeiten oder sogar nach mehrjährigen Rentensparplänen. Bisher war es den meisten MFIs aufgrund fehlender Banklizenz verboten, Ersparnisse anzunehmen, doch durch Reformen in der Regulierung oder durch die Transformation von MFIs zu Banken wird es vermehrt möglich, formale Sparkonten zu führen. Vorreiter wie die Grameen Bank, welche inzwischen mehr Konten führt als Kredite vergibt, zeigen den Bedarf an sicheren und flexiblen Sparmöglichkeiten.

4.1.4.3 Versicherungen

Versicherungen sind eine weitere Möglichkeit an Finanzdienstleistungen, von denen die Armen profitieren können. Ohne soziale Sicherungssysteme können schon einzelne Ereignisse, z.B. Umweltkatastrophen oder Krankheit, die Einkommensgrundlage einer Familie zerstören, während es vielen möglich wäre, wöchentlich einen kleinen Beitrag zu zahlen, um zumindest einen Teil des Risikos abzudecken. Beispielsweise sind in Südafrika informelle Versicherungen gegen Beerdigungskosten weit verbreitet.[43] Für MFIs sind Mikroversicherungen allerdings nur schwer zu kalkulieren, weshalb z.B. Krankenversicherungen noch nicht aus dem Experimentierstatus herausgetreten sind. Häufiger verfügbar sind dagegen schon Kreditversicherungen, bei denen die Kreditsumme im Todesfall gedeckt und oftmals eine kleine zusätzliche Auszahlung getätigt wird.

4.1.4.4 Mobile Banking

Zusammen mit dem Produktangebot entwickelt sich auch die Infrastruktur der MFIs. Die meisten MFIs operieren nach wie vor über ein Filialnetz in Städten und größeren Dörfern, ergänzt durch Angestellte, die alle ein bis zwei Wochen in abgelegene Dörfer fahren, um Kredite auszuzahlen und Rückzahlungen einzusammeln. Dadurch bleiben

[43] Collins et al. (2009).

aber nicht nur sehr viele kleine Dörfer oder nur schwer erreichbare Gebiete von der Mikrofinanz abgeschnitten, sondern auch Produkte wie Konten sind wegen der geringen Frequentierung nur wenig attraktiv. Um Bankdienstleistungen, insbesondere Zahlungssysteme, flächendeckend anbieten zu können, wurde Ende der 1990er Jahre das Agentenbankensystem in Brasilien eingeführt, bei dem private Geschäftsbesitzer Ein- und Auszahlungen der Kunden durchführen und diese einmal täglich in der nächsten Bankfiliale abrechnen.

Die Weiterentwicklung des Agentenbankensystems ist das Mobile Banking, bei dem Guthaben und Zahlungen direkt mit dem Handy verwaltet werden können, während Ein- und Auszahlungen in bar weiterhin über Agenten erfolgen. Das bisher bekannteste Beispiel für Mobile Banking ist M-Pesa von Safaricom in Kenia, welches innerhalb von fünf Jahren 15 Mio. Kunden gewinnen konnte und inzwischen mehr Zahlungen als Western Union abwickelt.[44] Während M-Pesa die Infrastruktur anbietet und Zahlungen abwickelt, werden in Partnerschaft mit MFIs oder Versicherungen verschiedenste weitere Produkte wie Sparkonten, Kredite oder prepaid-Kreditkarten angeboten.[45] Da das Handynetz in vielen Entwicklungsländern gut ausgebaut ist und kaum Transaktionskosten anfallen, hat Mobile Banking das Potenzial, für alle günstige Bankdienstleistungen verfübbar zu machen.

4.1.5 Stärkung der Infrastruktur

Weitere Entwicklungen der Infrastruktur finden auf Marktebene statt und korrigieren damit einige der Ursachen für die Probleme mit multipler Kreditaufnahme und Überschuldung. So werden in immer mehr Ländern Systeme zum Austausch von Kundeninformationen aufgebaut, entweder dezentral zwischen einzelnen MFIs oder zentral in Form staatlicher oder privater Kreditbüros. Mit der Registrierung von Besitz, z.B. von Land durch ein Grundbuch, kann ferner die Nutzung von Sicherheiten bei der Kreditaufnahme verbessert werden. Außerdem verbessert sich die Regulierung und Aufsicht von MFIs, meist durch die Zentralbanken, wodurch MFIs mehr Produkte anbieten können, gleichzeitig aber auch transparenter und solider werden, beispielsweise weil International Financial Reporting Standards (IFRS) eingeführt werden und Kapitalquoten festgelegt werden. Zusätzlich lassen sich immer mehr MFIs von spezialisierten Ratingagenturen sowohl finanziell als auch sozial bewerten.

[44] Siehe Dittus und Klein (2011) für mehr Informationen zu M-Pesa.

[45] Daraus ergeben sich allerdings fundamentale Schwierigkeiten in Bezug auf die Regulierung von Telekommunikationsanbietern, da diese faktisch als Bank agieren und Einlagen annehmen, aber nicht unter die Bankenregulierung fallen. Siehe Klein und Mayer (2011) für eine weiterführende Diskussion.

4.2 Entwicklung der Mikrofinanzfonds

4.2.1 Spezialisierung Horizontal

Da sich das Angebot innerhalb der Mikrofinanz ausweitet und MFIs zielgerichtete Produkte anbieten, ergibt sich für Investoren die Möglichkeit, sich zu spezialisieren. Anstatt in Kredite für Unternehmensgründer oder in allgemeine Mikrofinanzportfolios zu investieren, gibt es Fonds, die MFIs-Kredite für spezielle Produkte zur Verfügung stellen, z.B. für die Kreditvergabe an kleine und mittlere Unternehmen oder an landwirtschaftliche Betriebe. Ein aktuelles Thema sind auch Energy Funds, die gezielt in regenerative Energien und Energieeffizienz investieren, z.B. in Solaranlagen oder in die Isolierung von Häusern.[46] Mit der fortschreitenden Diversifizierung der MFIs dürften sich auch neue Anlagemöglichkeiten ergeben.

Seit einiger Zeit gibt es die sogenannten Challenge Funds.[47] Challenge Funds sind länder- oder regionenspezifische Fonds, die vor allem in bisher unterentwickelten Mikrofinanzmärkten tätig sind und MFIs über Spenden und Investitionen ebenso wie durch technische Beratungen unterstützen, um diese trotz schwieriger Marktbedingungen zu nachhaltigem Wachstum zu verhelfen und so Märkte zu erschließen. Challenge Funds werden vorwiegend von öffentlichen Geldgebern finanziert und teilweise abgesichert, stehen aber auch privaten Investoren offen, die bei einer tendenziell niedrigeren Rendite bzw. höherem Risiko eine höhere soziale Rendite erreichen möchten.

Darüber hinaus dürfte auch die Bedeutung von Eigenkapitalinvestments zunehmen, zum einen weil neue Vorschriften die Mindesteigenkapitalquote auch für MFIs erhöhen und Kapitalerhöhungen notwendig machen. Zum anderen weil Entwicklungsbanken beginnen könnten, Anteile zu verkaufen.

4.2.2 Spezialisierung Vertikal

Ähnlich wie zwischen einzelnen Anlagen ist auch eine Spezialisierung zwischen den Investorentypen wahrscheinlich. Öffentliche Geldgeber werden auch in Zukunft eine wichtige Rolle bei der Entwicklung von Märkten und MFIs spielen, z.B. durch die Finanzierung von MFI- oder Fonds-Neugründungen, und damit privaten Investoren den Weg bereiten. Ebenfalls könnten öffentliche Geldgeber langfristig in einigen MFIs engagiert blei-

46 Wie beispielsweise der Green for Growth Fund (http://www.ggf.lu/) oder der Global Climate Partnership Fund (http://gcpf.lu/).

47 Wie beispielsweise der „Fonds pour l'inclusion financière" (FPM) in der Demokratischen Republik Kongo.

ben, entweder um als Teilhaber die entwicklungspolitische Ausrichtung weiter zu gestalten, oder um durch Subventionen den Ärmsten Finanzdienstleistungen anzubieten, die aufgrund der hohen Kosten selbst von NGOs bisher nur wenig beachtet wurden.

Langfristig dürften institutionelle Investoren und Kleinanleger zu den größten Geldgebern gehören, die durchaus eine positive finanzielle Rendite erwarten, aber ebenso Wert auf den sozialen Beitrag ihres Investments legen. Diese können der Mikrofinanz nicht nur die notwendigen Mittel zur Verfügung stellen, sondern können ferner eine Kontrollfunktion ausüben, durch die die Balance zwischen finanziellen und sozialen Zielen gewahrt bleibt. Kommerzielle Investoren auf der anderen Seite dürften nicht die Rolle einnehmen, die ihnen früher zugedacht wurde, und auf wenige sehr große Mikrobanken beschränkt bleiben. Allerdings muss noch abgewartet werden, inwiefern die Spezialisierung und Diversifizierung auch ihnen neue Anlagemöglichkeiten eröffnet, evtl. im Bereich der KMU Finanzierung oder indirekt z.B. über Telekommunikationsfirmen.

5 Schluss

Der Mikrofinanzmarkt ist seit seiner Gründung rapide gewachsen und hat seit seinen Anfängen in den 1970er Jahren in Bangladesh einige größere Umwälzungen erlebt. Dazu gehören insbesondere sowohl die Idee und Umsetzung der Kommerzialisierung des Mikrofinanzspektrums in weiten Teilen als auch die erste Mikrofinanzkrise in jüngster Zeit, inklusive fallender Renditen, steigender Kreditausfälle und Zweifel an den positiven Auswirkungen der Mikrofinanz auf ihre Kreditnehmer. Tatsächlich gab es einige zweifelhafte Entwicklungen, die zum einen auf zu starkem Wachstum und fehlender Anpassung interner Strukturen beruhen, zum anderen aber auch auf einer zu starken Orientierung an kurzfristiger Profitabilität. Die Mikrofinanz sollte allerdings nicht als rein gewinnorientierte Kreditvergabe verstanden werden, stattdessen ist eine Balance zwischen kommerziellen und entwicklungspolitischen Zielen notwendig. Zu dieser Balance gehört auch, auf zu starkes Wachstum zu verzichten und Kunden im Zweifel, keinen Kredit zu gewähren, ebenso wie Profite bevorzugt über Effizienzgewinne zu realisieren statt über hohe Zinsen. Nur wenn diese Balance gewahrt bleibt, können MFIs den Armen Finanzdienstleistungen in einer sozial sinnvollen Weise anbieten, dabei finanziell nachhaltig operieren und ihren Investoren eine doppelte Rendite in Aussicht stellen. In diesem Sinne gibt es einige positive Veränderungen, wie z.B. die Implementierung von Kundenschutzrichtlinien, verbesserte Regulierung und der Aufbau von Kreditbüros, das Anbieten von Sparkonten oder in der Schulung von Personal. Diese Veränderungen sind aber längst nicht abgeschlossen bzw. in der Breite eingeführt und alle Beteiligten sollten die Weiterentwicklung der Mikrofinanz vorantreiben.

Für Investoren ergeben sich dadurch neue Anlagemöglichkeiten, vor allem durch die Diversifizierung des Sektors. Sie müssen aber auch mehr Verantwortung übernehmen. Für soziale Investoren bedeutet dies vor allem, bei ihren Investitionsentscheidungen wählerischer zu sein und von den Fondsgesellschaften mehr Transparenz im Hinblick auf ihre Investitionsentscheidungen und ihren sozialen Impact zu fordern. Letztendlich dürfte dies dazu führen, dass sich die Refinanzierungskosten der MFIs und Fonds erhöhen und sich die finanziellen Renditen tendenziell auf niedrigerem Niveau bewegen werden als vor einigen Jahren. Dies dürfte aber im Gegenzug die Volatilität der Renditen reduzieren und die soziale Performance verbessern.

Literatur

Adams, Dale/Douglas, H. Graham/von Pischke, J.D. (Ed.), (1984): Undermining Rural Development With Cheap Credit. Westview Press.

Armendáriz, Beatriz/Morduch, Jonathan, (2010): The Economics of Microfinance. 2. Auflage. MIT Press.

Banerjee, Abhjit/Duflo, Esther/Glennerster, Rachel/Kinnan, Cynthia, (2009): The Miracle of Microfinance? Evidence from am Randomized Evaluation. Abdul Latif Jameel Poverty Action Lab.

Businessweek, (2007): Online Extra: Yunus Blasts Compartamos. BloombergBusinessweek Magazine. Ney Yourk City. http://www.businessweek.com/stories/2007-12-12/online-extra-yunus-blasts-compartamos.

CGAP, (2012): Current Trends in Cross-Border Funding for Microfinance. CGAP Brief.

Chen, Greg/Rasmussen, Stephen/Reille, Xavier, (2010): Growth and Vulnerabilities in Microfinance. CGAP Focus Note 61.

Collins, Daryl/Morduch, Jonathan/Rutherford, Stuart/Ruthven Orlanda, (2009): Portfolio of the Poor: How the World's Poor Live on $2 a Day. Princeton University Press.

Crépon, Bruno/Devoto, Florencia/Duflo, Esther/Parienté, William, (2011): Impact of Microcredit in Rural Areas of Morocco: Evidence from a Randomized Evaluation. Working Paper, École Polytechnique.

Dieckmann, Raimar, (2007): Microfinance: An Emerging Investment Opportunity. Current Issues. Deutsche Bank Research.

Dittus, Peter/Klein, Michael, (2011): On harnessing the potential of financial inclusion. BIS Working papers No. 347. Bank for International Settlements. Basel.

Gonzalez, Adrian, (2010): Is Microfinance Growing Too Fast?. MIX Data Brief No. 5. Washington D.C.

Hellmann, Thomas/Murdock, Kevin/Stiglitz, Joseph, (2000): Liberalization, Moral Hazard in Banking, and Prudential Regulation: Are Capital Requirements Enough? In: The American Economic Review 90(1): S. 147-165.

Hoff, Karla/Stiglitz, Joseph, (1998): Moneylenders and Bankers: Price-Increasing Subsidies in a Monopolistically Competitive Market. In: Journal of Development Economics 52: S. 429-462.

Kappel, Vivien/Krauss, Annette/Lontze, Laura, (2010): Over-Indebtedness and Microfinance – Constructing an Early Warning Index. Center for Microfinance. Universität Zürich.

Karlan, Dean/Jonathan Zinman, (2010): Expanding Credit Access: Using Randomized Supply Decisions to Estimate the Impacts. Review of Financial Studies 23(1): S. 433-64.

Karlan, Dean/Zinman, Jonathan, (2011): Microcredit in Theory and Practice: Using Randomized Credit Scoring for Impact Evaluation. In: Science 332(6035): S. 1278-84.

Kinetz, Erika, (2012): AP IMPACT: Micro-lender's own probe links to 200 suicides. Asscociated Press. The Seattle Times. February 24th.

Klein, Michael/Mayer, Colin, (2011): Mobile Banking and Financial Inclusion – The Regulatory Lessons. Policy Research Working Paper 5664. The World Bank. Washington D.C.

Krauss, Nicolas/Walter, Ingo, (2008): Can Microfinance Reduce Portfolio Volatility? New York University.

Luetzenkirchen, Cedric/Weistroffer, Christian, (2012): Microfinance in evolution – An industry between crisis and advancement. Current Issues. Deutsche Bank Research.

Johnson, Doug/Meka, Sushmita, (2010): Access to Finance in Andhra Pradesh. Institute for Financial Management and Research. Centre for Microfinance.

Johnston, Don Jr./Morduch, Jonathan, (2007): The Unbanked: Evidence from Indonesia. Financial Access Initiative. New York.

Morduch, Jonathan, (1999): The Role of Subsidies in Microfinance: Evidence from the Grameen Bank. Journal of Development Economics 60(1): S. 229-48.

Morduch, Jonathan, (2000): The Microfinance Schism. World Development 28(4): S. 617-29.

Maes, Jan P./Reed, Larry R., (2012): State of the Microcredit Summit Campaign Report. Microcredit Summit Campaign. Washington D.C.

Reille, Xavier, (2009): The Rise, Fall, and Recovery of the Microfinance Sector in Morocco. CGAP Brief. Washington D.C.

Reille, Xavier/Forster, Sarah/Rozas, Daniel, (2011): Foreign Capital Investment in Microfinance: Reassessing Financial and Social Returns. CGAP Focus Notes No. 71. Washington D.C.

Rhyne, Elisabeth, (2001): Commercialization and Crisis in Bolivian Microfinance. Microenterprise Best Practices/USAID.

Roodman, David, (2011): Does Compartamos Charge 195% Interest? Microfinance Open Book Blog. Center for Global Development. http://international.cgdev.org/blog/does-compartamos-charge-195-interest.

Rosenberg, Richard, (2007): CGAP Reflections on the Compartamos Initial Public Offering – A Case Study on Microfinance Interest Rates and Profits. CGAP Focus Notes 42. Washington D.C.

Rozas, Daniel, (2009): Is there a Microfinance Bubble in South India? MicrofinanceFocus November 17th. http://www.danielrozas.com/2009/11/17/is-there-a-microfinance-bubble-in-south-india/.

Schicks, Jessica/Rosenberg, Richard, (2011): Too Much Microcredit? A Survey of the Evidence on Over-Indebtedness. CGAP Occasional Paper No. 19.

Schmidt, Susann/Weistroffer, Christian, (2010): Responsible Investments – Mehr als eine Modeerscheinung. Aktuelle Themen 484. Deutsche Bank Research.

Schreiner, Mark, (2004): Scoring Drop-Out at a Microlender in Bolivia. In: Savings and Development 27(2): S. 101-118.

Symbiotics, (2012): MIV Survey – Market Data & Peer Group Analysis. Geneva.

IV
Nachhaltige Geldanlagen – Bewertung und Auswahl

Performance nachhaltiger und konventioneller Kapitalanlagen im Vergleich

Michael Schröder

1 Einleitung

In den letzten 10 bis 15 Jahren ist der Markt für nachhaltige Kapitalanlagen (Socially Responsible Investments, abgekürzt: SRI) in Europa und den Vereinigten Staaten erheblich gewachsen. Das Interesse seitens der privaten und institutionellen Investoren lässt sich durch die folgenden Angaben zum Marktvolumen eindrücklich verdeutlichen: Anfang 2010 betrug das Anlagevolumen im Bereich nachhaltiger Kapitalanlagen in den Vereinigten Staaten etwa 2,5 Bio. USD, das sind ca. 10 % der professionell verwalteten Anlagevermögen (siehe USSIF (2010)). In Europa war der Wert für das Marktvolumen Ende 2009 etwa 1,2 Bio. EUR und der Anteil am professionell verwalteten Vermögen ebenfalls 10 % (siehe Eurosif (2010)).

Parallel zur Entwicklung des Marktes hat sich auch die wissenschaftliche Forschung zum Thema der nachhaltigen Kapitalanlagen intensiviert. Der Vergleich der Performance von SRI-Fonds mit konventionellen Fonds und Indizes begann schon Anfang der 1970er Jahre mit einer empirischen Studie von Moskowitz (1972). Seitdem wurden insbesondere in den 1990er Jahren sowie noch einmal verstärkt seit etwa 2000 zahlreiche neue Analysen durchgeführt und veröffentlicht, die mit unterschiedlichen ökonometrischen Verfahren und methodischen Konzepten die Performanceunterschiede quantitativ erfassen.

Inzwischen sind auch bereits mehrere Überblicksartikel erschienen, die den Stand der Forschung zum jeweiligen Zeitpunkt zusammenfassen. Von den jüngeren Artikeln ist hier insbesondere Renneboog et al. (2008a) zu erwähnen. In UNEP (2007) werden auch Studien von Bankpraktikern umfassend berücksichtigt.

Das Interesse aus finanzwirtschaftlicher Sicht erschließt sich vor allem aus der portfoliotheoretischen Überlegung, dass Einschränkungen des Anlageuniversums die Performance im Durchschnitt verschlechtern sollten. Der weitaus größte Teil der *empirischen* Studien, die auf statistischen und ökonometrischen Schätzungen beruhen, findet jedoch heraus, dass es keinen signifikanten Unterschied in der risikoadjustierten Rendite zwischen *SRI-Fonds* und *SRI-Indizes* im Vergleich zu konventionellen Fonds und Indizes gibt. Einige Studien wie etwa Derwall et al. (2005) finden sogar überraschend hohe Überrenditen von bestimmten Portfoliokonstruktionen in SRI-Aktien.[1]

---

[1] Siehe hierzu Kapitel 3.

Der vorliegende Literaturüberblick konzentriert sich auf die *neuesten* Ergebnisse der *wissenschaftlichen Forschung* zur Performance von nachhaltigen Kapitalanlagen sowie zu den Zusammenhängen zwischen Corporate Social Responsibility (CSR)[2] und Finanzierungskosten. Er ergänzt damit die bisherigen Überblicksartikel um die wichtigsten der neuen Studien. Außerdem bezieht sich dieser Literaturüberblick nicht nur auf die üblicherweise betrachteten Anlagen in Aktien, sondern nimmt auch Studien zu den Effekten von SRI-Ratings auf Anleihen, Kredite, Ausfallrisiken sowie Immobilieninvestitionen in den Blick. Bei den Analysen, die sich auf Aktien beziehen, werden außerdem Portfolios aus sogenannten „Sin"-Stocks, also den „Gegenspielern" von SRI-Anlagen, berücksichtigt.

2 Performance von SRI-Fonds und SRI-Indizes

Die ersten Studien zur Performance von SRI-Kapitalanlagen werden schon recht früh im Zuge der Anfangsentwicklung dieser Anlagekategorie durchgeführt. Eine der zentralen ersten Studien ist Moskowitz (1972). Das wesentliche Ergebnis der meisten Performancestudien ist, dass nachhaltige Kapitalanlagen keine signifikant verschiedene (risikoadjustierte) Wertentwicklung im Vergleich zu konventionellen Kapitalanlagen aufweisen.

Dies ist ein überraschendes Resultat, da theoretische Überlegungen auf Basis der Portfoliotheorie zu dem Ergebnis kommen, dass eine Einschränkung des Anlageuniversums, wie es die Beschränkung auf nachhaltige Kapitalanlagen darstellt, zu einer Verschlechterung der Performance führen sollte. Da möglicherweise eine verzerrte Schätzung dazu führt, dass das theoretisch zu erwartende Ergebnis nicht zu finden ist, bemühen sich zahlreiche Performancestudien um methodische Verfeinerungen.

In den älteren Studien (siehe z.B. Luther et al. (1992), Hamilton et al. (1993) und White (1995)) wird für die Analyse ein einfaches Marktmodell verwendet, bei dem als einziger erklärender Faktor für die (Excess-) Renditen[3] eines SRI-Fonds lediglich die (Excess-) Renditen eines passenden Marktportfolios verwendet werden. Luther und Matatko (1994) ist die erste Studie, bei der als zusätzlicher Faktor die Renditen eines Indexes für Unternehmen mit geringer Marktkapitalisierung („Small Cap"-Index) verwendet werden. Dies ist eine wichtige Modellerweiterung, da Luther und Matatko herausfinden, dass zahlreiche SRI-Fonds den größeren Teil des Portfolios in Unternehmen mit relativ

[2] CSR wird üblicherweise definiert als „good corporate governance, sound environmental standards, and good management towards stakeholder relations" (siehe Renneboog et al. (2008a)).

[3] Excess-Renditen sind die Veränderungsraten der Kurse zur Vorperiode abzüglich des risikolosen Zinses.

kleiner Marktkapitalisierung investieren. Die Verwendung nur des Marktmodells führt in solchen Fällen zu einer (nach oben) verzerrten Schätzung der Fondsperformance.

Methodisch fortgeschrittenere Untersuchungen verwenden entweder einen Matching-Ansatz oder sogenannte Long-Short-Portfolios (siehe Kapitel 3), häufig kombiniert mit Multifaktormodellen. Diese Verfahren beziehen weitere Einflussfaktoren ein, die die Performanceschätzung für SRI-Fonds verbessern und damit auch die qualitativen Ergebnisse der Performancevergleiche günstig beeinflussen können.

Beim Matching-Ansatz (siehe z.B. Mallin et al. (1995), Gregory et al. (1997), Statman (2000) und Kreander et al. (2002)) werden SRI-Fonds mit solchen konventionellen Fonds verglichen, die ähnliche Charakteristika aufweisen. In der Regel wird das Matching anhand folgender Kriterien durchgeführt: Investmentuniversum sowie Größe und Alter der Fonds. Das Ziel ist es dabei, die Management- und Transaktionskosten der miteinander verglichenen Fonds korrekt zu berücksichtigen. Wie schon in den früheren Studien ist jedoch auch hier das Ergebnis der meisten Analysen, dass sich die Performance zwischen konventionellen und SRI-Fonds nicht signifikant unterscheidet.

Studien, die sich auf Aktienindizes konzentrieren, verfolgen ebenfalls das Ziel, die verzerrenden Einflüsse von Management- und Transaktionskosten zu vermeiden. Die Untersuchungen unter Verwendung von SRI-Aktienindizes liefern insgesamt kaum Ergebnisse, die auf Performanceunterschiede relativ zu konventionellen Aktienindizes hinweisen. Die Studien von Kurtz und DiBartolomeo (1996), Sauer (1997), DiBartolomeo und Kurtz (1999) und Statman (2000) untersuchen den Domini 400 Social-Index, den ältesten SRI-Index für US-Aktien, der seit Mitte 1990 unter Verwendung der KLD Ratings konstruiert wird. Als Benchmark dient der S&P500. Das Resultat zeigt keine signifikant unterschiedliche Performance der beiden Indizes. Garz et al. (2002) widmen sich der Analyse des Dow Jones Sustainability Index Europe und finden eine geringe, aber noch leicht signifikante Outperformance zum DJ STOXX 600-Index.

Eine umfassende Analyse von insgesamt 29 SRI-Aktienindizes wird von Schröder (2007) durchgeführt. Unter Verwendung von Multifaktormodellen werden Einzelgleichungen und Systeme von Gleichungen geschätzt, um die Performance der SRI-Indizes zu quantifizieren. Dabei werden jeweils ausgewählte spezifische Benchmark-Indizes verwendet, die in etwa der Hälfte der Fälle von den SRI-Indexbetreibern als offizielle Benchmark angegeben werden. Das Ergebnis zeigt, dass sich die (risikoadjustierte) Performance der SRI-Indizes nicht signifikant von derjenigen der Benchmarkindizes unterscheidet. Allerdings ergibt sich ein signifikant höheres Risiko der SRI-Indizes.

Die Studie von Bauer et al. (2005) verwendet Multifaktormodelle in Kombination mit einem Matchingansatz zur Überprüfung der Performance von SRI-Fonds aus Großbritannien, Deutschland und den USA. Dabei werden die Faktoren des 4-Faktorenmodells von Carhart (1997) eingesetzt. Diese Faktoren sind: das Marktportfolio; ein Portfolio, das die Renditeunterschiede zwischen Unternehmen mit hoher und geringer Marktkapitalisierung abbildet; ein drittes Portfolio, das die Renditeunterschiede zwischen Unternehmen mit niedriger und hoher Bewertung (Buchwert zu Marktwert) berücksichtigt, sowie ein vierter Faktor, der den sogenannten Momentumeffekt abbildet. Die wichtigsten Ergebnisse dieser Studie sind: 1) SRI-Fonds aus Deutschland und den USA haben eine leicht geringere Performance als die Benchmark und sind ebenfalls etwas schlechter als konventionelle Fonds, das Umgekehrte trifft für britische SRI-Fonds zu. Allerdings sind diese Unterschiede alle nicht signifikant. 2) SRI-Fonds weisen teilweise andere Investmentstile auf als konventionelle Fonds. Insbesondere zeigt sich, dass deutsche und britische SRI-Fonds stärker in Unternehmen mit geringer Marktkapitalisierung investieren, während US-SRI-Fonds hingegen relativ große Unternehmen zu bevorzugen scheinen, jeweils im Vergleich mit ausgewählten konventionellen Fonds.

Eine Untersuchung von Renneboog et al. (2008b) analysiert die Performance von weltweit 440 SRI-Aktienfonds und berücksichtigt dabei 17 Länder aus den Regionen Nordamerika, Europa und Asien. Der Vergleich der Performance der SRI-Fonds mit derjenigen konventionell ausgerichteter Fonds mit Hilfe des Carhart-Vier-Faktorenmodells zeigt kaum signifikante Unterschiede. Für die Fonds aus Frankreich, Irland, Schweden und Japan ergibt sich jedoch eine signifikante negative Abweichung der SRI-Fonds von den Renditen der konventionellen Investmentfonds. Auch die Erweiterung des Vier-Faktorenmodells im Sinne des Modellansatzes von Ferson und Schadt (1996), bei dem die Parameter zeitvariabel sind und von zentralen makroökonomischen Einflussfaktoren des Aktienmarktes abhängen, führt zu ganz ähnlichen Ergebnissen.

Derwall und Koedijk (2009) befasst sich mit der Performance von SRI-Anleihefonds. Die Autoren beziehen in ihre Studie 15 Anleihefonds sowie neun gemischte Fonds ein. Die Anleihefonds konzentrieren sich auf US-Anleihen, die gemischten Fonds investieren darüber hinaus auch in US-Aktien. Zur Durchführung der Performanceanalyse wird mittels eines Matchingverfahrens für jeden SRI-Fonds eine Kontrollgruppe von fünf konventionellen Fonds gebildet. Die dabei verwendeten Matchingkriterien sind Fondsalter, Fondsgröße sowie die Anlagepolitik. Die Performance der SRI-Fonds, der Kontrollgruppen sowie der Differenz der Portfolios wird mit Hilfe von Faktormodellen untersucht. Die SRI-Anleihefonds haben keine von den konventionellen Fonds signifikant abweichende Performance. Allerdings zeigt sich für die gemischten SRI-Fonds eine Outperformance, die mit einer Irrtumswahrscheinlichkeit von 10 % signifikant ist. Derwall und Koedijk interpretieren ihre Ergebnisse dahingehend, dass Nachhaltigkeitskriterien bei Anleihefonds dem Investor zumindest keine Performanceminderung aufbürden. Dies ist auch das Fazit, das für die bisherigen empirischen Analysen zur Wertentwicklung von Fonds und Indizes nachhaltiger Kapitalanlagen gelten kann.

3 Performance von Long-Short-Portfolios

Eine Reihe neuerer Studien untersucht die Performance von sogenannten Long-Short-Portfolios auf der Basis von SRI-Ratings. Diese speziell konstruierten Portfolios bieten den methodischen Vorteil, die Performanceunterschiede zwischen Unternehmen mit gutem und schlechtem SRI-Rating gezielt herauszuarbeiten. Das Long-Portfolio besteht aus Aktien, die ein sehr hohes Nachhaltigkeitsrating aufweisen, das Short-Portfolio aus Aktien mit sehr niedrigem Rating. In das Long-Portfolio wird ein Betrag X investiert, über das Short-Portfolio wird der gleiche Betrag leerverkauft. Damit weist das Long-Short-Portfolio theoretisch keine Kapitalbindung auf. Falls die SRI-Ratings keinen Informationsgehalt über die zukünftige Kursentwicklung der Aktien enthalten, dann sollte die Performance des Long-Short-Portfolios nicht signifikant von null verschieden sein. Die ökonometrischen Schätzungen werden üblicherweise mit Multifaktormodellen durchgeführt.

Auf Basis von Long-Short-Portfolios gibt es derzeit zwei Studien, die breit angelegte SRI-Performanceanalysen für den US-Aktienmarkt durchführen. Derwall et al. (2005) verwenden die SRI-Ratings von Innovest. Das aus diesen Ratings gebildete Long-Short-Portfolio sowie die beiden Einzelportfolios werden mit Hilfe eines Multifaktormodells analog zu Bauer et al. (2005) untersucht. Das Ergebnis zeigt, dass eine hohe und signifikante Outperformance des Differenzportfolios vorliegt: die Outperformance beträgt ca. 5 % pro Jahr. Bezogen auf die zwei Einzelportfolios zeigt sich, dass das Portfolio mit den „gut" gerateten Unternehmen eine signifikant positive Outperformance aufweist, während die Performance des Portfolios mit den „schlechten" Unternehmen zwar negativ aber nicht signifikant ist.

Kempf und Osthoff (2007) verwenden die SRI-Ratings von KLD[4] für US-Unternehmen und führen ansonsten eine sehr ähnliche Untersuchung wie Derwall et al. (2005) durch. Auch sie finden eine signifikante und sehr hohe Outperformance für das Differenzportfolio aus „gut" und „schlecht" gerateten Unternehmen. Die höchste Outperformance mit 8,7% pro Jahr erzielen sie bei Anwendungen eines Best-in-Class Screenings,[5] wobei in den Portfolios nur die 5 Prozent besonders gut bzw. besonders schlecht gerateten Unternehmen verwendet werden. Die Outperformance sinkt deutlich, wenn der Kreis der

[4] KLD Research & Analytics war eine der ältesten unabhängigen SRI-Ratingagenturen und SRI-Indexbetreiber. KLD Research & Analytics gehört heute zu MSCI.

[5] Beim Best-in-Class Ansatz orientiert sich die sektorale Struktur des SRI-Indexes an derjenigen eines konventionellen Benchmark-Indexes. Innerhalb des jeweiligen *Sektors* bestimmt die Höhe des SRI-Ratings das Gewicht der einzelnen Unternehmen. Die genaue Vorgehensweise kann allerdings von Index zu Index verschieden sein. Auch der Ausschluss von Unternehmen oder ganzen Sektoren nach bestimmten Negativkriterien ist möglich.

Unternehmen erweitert wird, z.B. auf die 25% am besten bzw. am schlechtesten gerateten Unternehmen. Dies ist ein besonders wichtiges Ergebnis dieser Analyse: Je höher das (durchschnittliche) SRI-Rating des Long-Portfolios ist, desto höher scheint die Outperformance zu sein.

Schröder (2010) untersucht Long-Short-Portfolios, die unter Verwendung der Ratings der Bank J. Safra Sarasin[6] für die USA und Europa konstruiert wurden.[7] Die Vorgehensweise ist grundsätzlich die gleiche wie in den beiden zuvor beschriebenen Studien. Für die US-Portfolios ergeben sich sehr ähnliche Ergebnisse wie in Derwall et al. (2005) und Kempf und Osthoff (2007): Das Long-Portfolio sowie das Long-Short-Portfolio weisen eine signifikante Outperformance auf, das Short-Portfolio hingegen nicht. Mit ca. 8,9% pro Jahr ist die Outperformance des Long-Short-Portfolios sehr hoch und entspricht den höchsten Ergebnissen von Kempf und Osthoff. Die Ergebnisse für die Long-Short-Portfolios für Europa weisen jedoch eine deutlich geringere Performance auf und sind sehr instabil im Zeitverlauf.

Die Untersuchung von Edmans (2011) bestätigt die Resultate der zuvor beschriebenen vier Studien in Bezug auf den Effekt der Arbeitszufriedenheit auf die Aktienperformance. Arbeitszufriedenheit ist eines der sozialen Kriterien, das im Rahmen von SRI-Ratings verwendet wird. Edmans misst Arbeitszufriedenheit über die Zugehörigkeit eines Unternehmens zur Liste der „100 Best Companies to Work for in America". Die Ergebnisse, die den Zeitraum 1984 bis 2009 umfassen, zeigen, dass der ökonomische Wert von Arbeitszufriedenheit nicht umfassend von den Aktienkursen widergespiegelt wird, sondern sich erst dann im Aktienkurs zeigt, wenn das Unternehmen einen hohen wirtschaftlichen Erfolg nachweisen kann. Die Investition in ein Portfolio, das sich aus den an der Börse gehandelten „100 Best Companies" zusammensetzt, führte in der Beobachtungsperiode zu einer Outperformance von ca. 2 bis 3,5% pro Jahr je nach Konstruktion des Portfolios. Dies ist ein deutlicher Hinweis darauf, dass sich soziale SRI-Kriterien positiv auf die Performance von Aktienportfolios auswirken können. Die von Edmans gefundene systematische Unterschätzung des Einflusses von intangiblen Unternehmenscharakteristika durch den Aktienmarkt könnte eine der Ursachen für die Outperformance von nachhaltigen Kapitalanlagen bei Anwendung der Methode der Long-Short-Portfolios sein.

Die Resultate für die USA zeigen somit eine signifikante und recht hohe Outperformance von Portfolios, die mit Hilfe von SRI-Ratings erstellt wurden. Bermerkenswert an den Ergebnissen von Schröder (2010) ist indes, dass sich für die Europa-Portfolios ein deutlich schlechteres Resultat ergibt. Zwar weist das Long-Portfolio eine signifikante

[6] Die frühere Bank Sarasin firmiert heute unter Bank J. Safra Sarasin und ist Teil der J. Safra Sarasin Group.

[7] Siehe Schröder (2007), Kapitel E.2.1.

Outperformance von ca. 4,8 % pro Jahr auf, hingegen ist die Outperformance des Short-Portfolios sowie des Differenzportfolios nicht von null verschieden. Die besonders hohe Outperformance, die für USA gefunden wurden, bestätigt sich für Europa nur eingeschränkt.

Die zumindest für die USA sehr deutlich positiven Ergebnisse bezüglich der Outperformance von nachhaltigen Kapitalanlagen stehen scheinbar im Widerspruch zu den Performanceschätzungen für Fonds und Indizes, die überwiegend keine Outperformance finden.[8] Der Grund für diese Unterschiede könnte darin liegen, dass – wie Derwall et al. sowie Kempf und Osthoff zeigen – die Performance steigt, wenn man nur die extremen (positiven und negativen) SRI-Ratings für die Portfoliobildung verwendet. Da die meisten SRI-Aktienindizes aber nicht nur wenige sehr gut geratete Unternehmen enthalten, sondern auch eine große Anzahl eher mittelmäßig eingestufter Unternehmen, könnten die Ergebnisse dadurch deutlich verwässert werden. Darauf weisen die Analysen von Kempf und Osthoff unter Verwendung der Top-50% SRI-Ratings hin. In diesem Fall finden die Autoren keine signifikante Outperformance mehr, im Gegensatz zu den hoch signifikanten positiven Werten für die Outperformance, wenn z.B. nur in die Top-5 % investiert wird.

4 Performance von „Sin"-Stocks

Die Analyse der Performance von so genannten „Sin"-Stocks kann weiteren Aufschluss über die Zusammenhänge zwischen Nachhaltigkeit und Aktienperformance geben. „Sin"-Stocks sind diejenigen Aktien, die durch Anwendung von negativen Screening-Verfahren auf ein vorgegebenes Anlageuniversum entstehen. Diejenigen SRI-Fonds, die ein negatives Screening einsetzen, schließen vor allem Unternehmen aus, die einen großen Teil ihres Umsatzes in den Bereichen Glücksspiel, Alkohol, Pornographie, Tabak, Nuklearenergie oder Waffenproduktion erzielen.

Während in den letzten Jahrzehnten das Interesse von Anlegern in SRI deutlich zugenommen hat, wurden die „Sin"-Stocks in den Portfolios von institutionellen Investoren zunehmend untergewichtet (vgl. Hong und Kacperczyk (2009)). Beides, die stärkere Gewichtung von SRI-Aktien und die geringere Gewichtung ihres Gegenstücks könnte sich im Bewertungsniveau der jeweiligen Aktiengruppen und deren Performance niedergeschlagen haben.

[8] Siehe z.B. Schröder (2007).

Hong und Kacperczyk (2009) konzentrieren ihre Untersuchung auf „Sin“-Stocks in den USA, die den Bereichen Alkohol, Tabak und Glücksspiel zuzuordnen sind. Für den Zeitraum von 1926 bis 2004 können die Autoren zeigen, dass ein Long-Short-Portfolio, bei dem in „Sin“-Stocks investiert wird und vergleichbare konventionelle Aktien leerverkauft werden, eine Outperformance von ca. 4,7% pro Jahr aufweist. Diese hohe Zusatzrendite ist nach Hong und Kacperczyk eine Risikoprämie für Gerichtskosten und Strafzahlungen, denen diese Aktien möglicherweise in der Zukunft ausgesetzt sind.[9] El Ghoul et al (2011) können diese höheren Eigenkapitalkosten für die zwei „Sin“-Bereiche Tabak und Nuklearenergie nachweisen.

„Sin“-Stocks sind außerdem in den Portfolios von institutionellen Investoren unterrepräsentiert und erfahren eine geringere Aufmerksamkeit durch Unternehmensanalysten als vergleichbare Aktien. Dadurch ist der Marktpreis dieser Aktien relativ zu ihrem Buchwert unterdurchschnittlich, es liegt ein „underpricing“ vor, der das Ergebnis einer systematisch geringeren Nachfrage seitens der Investoren ist.[10] Aufgrund dieses relativ niedrigen Marktpreises und der damit verbundenen höheren Eigenkapitalkosten weisen die Unternehmen einen geringeren Finanzierungsanteil in Eigenkapital und entsprechend einen höheren in Fremdkapital auf.

Fabozzi et al. (2009) kommen zu einem ganz ähnlichen Ergebnis für „Sin“-Aktien aus 21 Ländern, die sie für den Zeitraum 1970 bis 2007 analysieren. Sie betrachten dabei ein erweitertes „Sin“-Anlageuniversum, das sich auf die Bereiche Alkohol, Pornographie, Glücksspiel, Tabak, Waffenproduktion und Gentechnik bezieht. In 16 der betrachteten Länder erzielen „Sin“-Stocks eine höhere jährliche Wertentwicklung als ein ausgewählter Vergleichsindex, der den jeweiligen nationalen Aktienmarkt abbildet, und für kein einziges Land ist sie negativ.

Fabozzi et al. weisen außerdem darauf hin, dass die meisten „Sin“-Sektoren überdurchschnittlich stark reguliert werden und dass eine recht hohe Markteintrittsbarriere für neue Wettbewerber vorliege. Dadurch könnten die Unternehmen teilweise monopolartige Gewinne entwickeln.

Die Untersuchung von Derwall et al. (2011) ergänzt die beiden zuvor dargestellten Analysen. Die Autoren finden sowohl für ein „Sin“-Portfolio als auch für ein SRI-Portfolio signifikante Überrenditen. Die Schätzungen beziehen sich auf die Periode von 1992

9 Z.B. wegen verdeckter Altlasten, einem sorglosen Umgang mit natürlichen Ressourcen oder der Schädlichkeit von Produkten.

10 Für SRI-Aktien finden Galema et al. (2008) dagegen ein „overpricing“, also ein relativ hohes Kurs-zu-Buchwert-Verhältnis. Dadurch haben sich die Eigenkapitalkosten für Unternehmen mit hohem SRI-Rating relativ reduziert.

bis 2008. Auf Basis der Ratings von KLD werden die beiden Portfolios zusammengestellt. Die „Sin"-Stocks umfassen die Bereiche Alkohol, Glücksspiel, Tabak, Waffenproduktion und Atomenergie, also wieder eine andere Zusammensetzung als sie Hong und Kacperczyk (2009) sowie Fabozzi et al. (2009) gewählt haben. Das SRI-Portfolio wird über die Ratingkategorie „Arbeitszufriedenheit" bestimmt. Ganz ähnliche Ergebnisse finden Statman und Glushkov (2009). Sie verwenden die gesamte Bandbreite der SRI-Kriterien von KLD. Sowohl die nach Positiv-Filtern ausgewählten SRI-Aktien als auch die „Sin"-Stocks weisen eine signifikante Outperformance relativ zu ihren jeweiligen Benchmarks auf.

Für die Portfoliokonstruktion von SRI-Fonds lässt sich aus den Ergebnissen dieses Kapitels der Schluss ziehen, dass negative Screening-Verfahren möglichst vermieden werden sollten, da sich sonst die Performance verschlechtert. Als Methodik zur Konstruktion der SRI-Portfolios empfiehlt sich hingegen der Best-in-Class-Ansatz.

5 SRI-Ratings, Kreditkosten und Ausfallrisiko

Die Analysen der vorangegangenen Kapitel beziehen sich fast ausschließlich auf Aktien und speziell die Zusammenhänge zwischen SRI-Ratings und der Aktienperformance. Einige Studien konnten zeigen, dass die Kosten für eine Finanzierung mit Eigenkapital für Unternehmen mit hohem SRI-Rating geringer sind als diejenigen vergleichbarer konventioneller Unternehmen, während umgekehrt die Eigenkapitalkosten für „Sin"-Stocks höher sind. Für die relativen Kosten der Fremdkapitalfinanzierung lassen sich ähnliche Beziehungen vermuten.

Einige Studien beziehen sich dabei direkt auf die Zusammenhänge zwischen SRI-Ratings und Kreditkosten. Banken konzentrieren sich bei der Bewertung von Kreditanfragen vor allem darauf, die Fähigkeit des Unternehmens zur Rückzahlung des Kredites einzuschätzen. Daher sollten Unterschiede in den relativen Kreditkosten zwischen Unternehmen Rückschlüsse auf die dahinter liegenden unterschiedlichen Ausfallrisiken zulassen. Wenn Unternehmen mit einem höheren SRI-Rating langfristig eine bessere finanzielle Performance und eine geringere Anfälligkeit für Extremrisiken aufweisen, wie die Befürworter eines nachhaltigen Unternehmensmanagements vermuten, dann sollte sich dies in geringeren Kreditkosten niederschlagen. Umgekehrt sollten höhere Kosten und eine geringere Profitabilität, die durch das Nachhaltigkeitsengagement des Unternehmens verursacht werden könnten, die relativen Kosten von Krediten erhöhen.

Goss und Roberts (2011) führen eine Untersuchung zu den Kreditkosten für 650 US-Unternehmen für den Zeitraum 1991 bis 2006 durch. Für die Beurteilung der Nachhaltigkeit der Unternehmen greifen sie auf die Informationen von KLD zurück. Die Ergebnisse zeigen, dass Unternehmen mit einem unterdurchschnittlichen SRI-Rating einen leichten Aufschlag bei den Kreditkosten in Höhe von 5 bis 11 Basispunkten zu zahlen haben. Der Vergleich zwischen den Unternehmen in der schlechtesten und der besten SRI-Ratingklasse ergibt einen Unterschied von 23 Basispunkten. Diese Ergebnisse sind zwar statistisch signifikant, aber ökonomisch von recht geringer Bedeutung.

Die Studie von Oikonomou et al. (2011) analysiert ebenso den Zusammenhang zwischen Corporate Social Responsibility (CSR) und den Kosten von Fremdkapital von US-Unternehmen unter Verwendung der Ratings von KLD. Im Unterschied zu Goss und Roberts werden allerdings nicht die Kreditkosten sondern die Kosten der Fremdkapitalaufnahme über Unternehmensanleihen betrachtet. Die Autoren zeigen, dass ein besseres SRI-Rating den Renditeabstand der Unternehmensanleihen zu risikoärmeren Staatsanleihen reduziert.

Cheng et al. (2011) untersuchen, ob es bei US-Unternehmen Unterschiede im Zugang zu Kapital für verschiedene Ausprägungen von SRI-Ratings gibt. Die SRI-Ratings werden der Asset4-Datenbank von Thomson Reuters entnommen. Die Ergebnisse zeigen, dass Unternehmen mit einem höheren SRI-Rating in geringerem Ausmaß von Kapitalbeschränkungen betroffen sind. Cheng et al. führen dies vor allem darauf zurück, dass ein starkes Engagement in Corporate Social Responsibility mit dem Aufbau von gegenseitigem Vertrauen und einer längerfristig ausgerichteten Unternehmenspolitik einhergeht, was die sogenannten Agency-Costs[11] und damit die geforderte Risikoprämie reduziert. Die Studie von Cheng et al. (2011) ist die einzige mit einer breiten internationalen Ausrichtung. Sie bezieht Daten von 49 Ländern im Zeitraum von 2002 bis 2009 ein.

Einige weitere Studien beziehen sich auf ausgewählte Teilaspekte von Unternehmensnachhaltigkeit auf die Kosten von Fremdkapital. Die Studien von Sharfman und Fernando (2008) sowie Bauer und Hann (2010) konzentrieren sich auf die umweltökonomischen Elemente von SRI-Ratings und deren Einfluss auf die Fremdkapitalkosten von US-Unternehmen.[12] Sharfman und Fernando zeigen, dass Unternehmen, die ein relativ gutes Umwelt-Risikomanagement aufgebaut haben, von insgesamt geringeren Finanzierungskosten profitieren. Außerdem scheinen sie einen besseren Zugang zu Fremdkapital zu haben, was sich in einem vergleichsweise hohen Leverage bemerkbar macht. Bauer und Hann können nachweisen, dass Unternehmen, deren KLD-Umweltrating relativ hoch ist, geringere Kosten bei der Finanzierung mit Unternehmensanleihen und ein höheres Kreditrating aufweisen.

11 Agency Costs umfassen vor allem die Kosten, die zur Überwachung einer Vertragseinhaltung aufgebracht werden müssen.

12 Sharfman und Fernando untersuchen auch den Zusammenhang mit den Eigenkapitalkosten.

Bauer et al. (2009) konzentrieren sich auf die Zusammenhänge zwischen (guten) Arbeitnehmerbeziehungen und den Kosten der Finanzierung über Unternehmensanleihen in den USA. Die Arbeitsnehmerbeziehungen werden wie bei der zuvor beschriebenen Studie von Goss und Roberts aus Daten von KLD konstruiert. Das zentrale Resultat der Studie ist, dass Unternehmen mit besseren Arbeitnehmerbeziehungen geringere Finanzierungskosten, höhere Kreditratings und ein geringeres firmenspezifisches Risiko aufweisen.

Verwijmeren und Derwall (2010) beziehen sich ebenfalls auf die Arbeitnehmerbeziehungen als SRI-Variable und verwenden zur Erstellung dieser Variablen ebenso Daten von KLD. Die Analysen umfassen die Jahre 2001 bis 2005 und beziehen ca. 7500 US-Unternehmen ein. Die Ausgangshypothese ist, dass Unternehmen, die sich um besonders gute Arbeitnehmerbeziehungen bemühen, auch ein *geringeres* Konkursrisiko aufweisen, da sie weniger risikoreiche Strategien verfolgen. Die empirischen Ergebnisse der ökonometrischen Schätzungen zeigen, dass bei Unternehmen mit guten Arbeitnehmerbeziehungen ein geringerer Verschuldungsgrad vorliegt, also ein niedrigeres Verhältnis von Fremd- zu Eigenkapital. Außerdem weisen sie bessere Kreditratings auf. Beides steht in engem Zusammenhang mit einem geringeren Konkursrisiko.

Die Ergebnisse der beschriebenen Studien zeigen eine signifikante Beziehung zwischen einem nachhaltigen Unternehmensmanagement (insbesondere in Bezug auf die Arbeitnehmerbeziehungen), der Höhe der Kreditkosten und dem Ausfallrisiko. Je höher die Unternehmensnachhaltigkeit eingestuft wird, desto geringer ist das Ausfallrisiko (von Krediten und Unternehmensanleihen) und desto geringer sind die Kosten der Fremdkapitalfinanzierung.

6 „Grüne" Immobilienanlagen

Die Energieeffizienz von Gebäuden ist von großer Bedeutung für den Energieverbrauch und die Energieeffizienz einer Volkswirtschaft. Inzwischen gibt es zahlreiche Studien, die sich speziell mit den Zusammenhängen zwischen Energieeffizienz (gemessen z.B. über spezielle Gütesiegel) und der Rendite für Gewerbeimmobilien in den Vereinigten Staaten befassen. Nur für wenige andere Länder wie z.B. Großbritannien und die Niederlande gibt es ebenfalls solche empirischen Analysen.

Eichholtz et al. (2010) untersuchen, ob sich Investitionen in die Energieeffizienz von Gebäuden auch dann wirtschaftlich lohnen, wenn diese Investitionen nicht staatlich gefördert werden. Die Autoren verwenden einen Datensatz mit ca. 10000 Gewerbeimmobilien aus allen Bundesstaaten der USA. Sie möchten herausfinden, ob und in welchem Umfang die Energieeffizienz eines Gebäudes durch höhere Mieteinnahmen und einen höheren Marktpreis honoriert wird. Die Ausgangshypothese eines positiven Einflusses der Energieeffizienz auf Höhe von Mieten und Verkaufspreis begründen Eichholtz et al. unter anderem mit (1) der Einsparung von Ressourcen beim Betrieb des Gebäudes, (2) einer höheren Produktivität der Mitarbeiter, die in den Gebäuden arbeiten, hervorgerufen durch ein besseres Innenklima, (3) einen Imagegewinn für ein Unternehmen, das besonders „grüne" Gebäude anmietet und nutzt, (4) eine möglicherweise erhöhte Lebensdauer und geringere Marktwertschwankungen, die durch die auf Nachhaltigkeit ausgerichtete Bauweise zurück zu führen sind.

In der Studie werden Gebäude mit besonders hoher Energieeffizienz mit solchen mit nur durchschnittlicher Energieeffizienz verglichen, die ansonsten aber ähnlich sind und sich in unmittelbarer Umgebung befinden. Zusätzlich zur tatsächlichen Energieeffizienz werden auch *Gütesiegel* für Energieeffizienz, die für manche der Gebäude vergeben wurden, in die Untersuchung einbezogen.

Die empirische Untersuchung führt zu dem Ergebnis, dass die Miete pro Quadratmeter um ca. 3 % höher ist wenn das Gebäude ein Gütesiegel vorweisen kann. Die so genannten effektiven Mieten[13] sind sogar um etwa 7 % höher und der Verkaufspreis liegt um ca. 16 % über dem vergleichbarer Gewerbeimmobilien ohne Gütesiegel. Darüber hinaus zeigt die Studie, dass eine Verminderung des Energieverbrauchs um 10% zu einer Steigerung des Gebäudewertes von 1 % führt. Zu ähnlichen Ergebnissen für US Gewerbeimmobilien kommt auch die Studie von Fuerst und McAllister (2011a).

Reichardt et al. (2011) bestätigen mit Hilfe einer Panelanalyse für US Gewerbeimmobilien die Ergebnisse der anderen Studien, die auf Querschnittsdaten basieren. Die für die USA gefundenen Resultate in Bezug auf den Einfluss von Energieeffizienz-Gütesiegeln auf die Mieteinnahmen und die Marktpreise von Gewerbeimmobilien scheinen somit recht belastbar zu sein. Reichardt et al. weisen zusätzlich darauf hin, dass die für Energieeffizienz gezahlten Mietprämien eine deutliche Variabilität über die Zeit aufweisen.

Die Studie von Eichholtz et al. (2011) analysiert den Effekt von grünen Gütesiegeln in den USA auf die wirtschaftlichen Kennzahlen von Immobilienportfolios im Zeitraum von 2000 bis 2011. Dabei konzentriert sich die Untersuchung auf Real Estate Investment Trusts (REITs). REITs sind börsennotierte Unternehmen, deren Aufgabe das erfolgreiche Management eines Immobilienportfolios ist. Im ersten Schritt berechnen Eichholtz et al. den Anteil „grüner" Immobilien, die im Bestand der verschiedenen REITs sind. Im zweiten Schritt untersuchen sie den Einfluss des Anteils „grüner" Immobilien auf die wirtschaftlichen Kennzahlen: Ein höherer Anteil von Immobilien mit Energieeffizienz-Gütesiegel erhöht sowohl die *Gesamtkapitalrendite* (Return on Assets) als auch die *Eigenkapitalrendite* (Return on Equity). Allerdings führt ein höherer Portfolioanteil von

[13] Effektive Mieten werden durch Einbezug der tatsächlichen Vermietungsquote berechnet.

Unternehmen mit Energieeffizienz-Gütesiegel nicht zu einer Outperformance, aber er senkt die Reagibilität des Aktienkurses von REITs in Bezug auf Veränderungen des gesamten Aktienmarktes. Dies könnte zurückzuführen sein auf eine geringere Anfälligkeit der REITs auf Veränderungen von Energiepreisen und Umweltgesetzen.

Die Ergebnisse dieser Studien zeigen, dass in den Vereinigten Staaten die Steigerung der Energieeffizienz zur höheren Profitabilität von Gewerbeimmobilien führt, entweder direkt über höhere Mieten und Marktwerte oder indirekt über den Gewinn von REITs. Es ist derzeit noch unklar, ob und inwieweit sich die Resultate auch auf die Situation in anderen Ländern übertragen lassen.

Literatur

Bauer, R./Derwall, J./Hann, D., (2009): Employee Relations and Credit Risk, Working Paper. Available at SSRN: http://ssrn.com/abstract=1483112.

Bauer, R./Hann, D., (2010): Corporate Environmental Management and Credit Risk, Working paper. Available at SSRN: http://ssrn.com/abstract=1660470.

Bauer, R./Koedijk, K./Otten, R., (2005): International Evidence on Ethical Mutual Fund Performance and Investment Style, Journal of Banking and Finance 29, 1751-1767.

Carhart, M., (1997): On Persistence in Mutual Fund Performance, Journal of Finance 52, 57-82.

Cheng, B./Ioannou, I./Serafeim, G., (2011): Corporate Social Responsibility and Access to Finance, Working Paper 11-130, Harvard Business School.

Derwall, J./Günster, N./Bauer, R./Koedijk, K., (2005): The Eco-Efficiency Premium Puzzle, Financial Analysts Journal 61, 51-63.

Derwall, J./Koedijk, K., (2009): Socially Responsible Fixed-Income Funds, Journal of Business Finance and Accounting 36, 210-229.

Derwall, J./Koedijk, K./Horst, J. ter, (2011): A Tale of Values-Driven and Profit-Seeking Social Investors, Journal of Banking and Finance 35, 2137-2147.

DiBartolomeo, D./Kurtz, L., (1999): Managing Risk Exposures of Socially Screened Portfolios, Northfield Information Services, Boston, www.northinfo.com.

Edmans, A., (2011): Does the Stock Market Fully Value Intangibles? Employee Satisfaction and Equity Prices, Journal of Financial Economics 101, 621-640.

Eichholtz, P./Kok, N./Quigley, J., (2010): Doing Well by Doing Good? Green Office Buildings, American Economic Review 100, 2492-2509.

Eichholtz, P./Kok, N./Yonder, E., (2011): Portfolio Greenness and the Financial Performance of REITs, Working Paper, http://nilskok.typepad.com/EKY/EKY_Green_REITs_Oct11.pdf.

El Ghoul, S./Guedhami, O./Kwok, C./Mishra, D., (2011): Does Corporate Social Responsibility affect the Cost of Capital?, Journal of Banking and Finance 35, 2388-2406.

Eurosif, (2010): European SRI Study 2010, http://www.eurosif.org/images/stories/pdf/Research/Eurosif_2010_SRI_Study.pdf.

Fabozzi, F./Ma, K./Oliphant, B., (2009): Sin Stock Retums, Journal of Portfolio Management, Fall 2008, 82-94.

Fama, E./French, K., (1993): Common Risk Factors in the Returns on Stocks and Bonds, Journal of Financial Economics 33, 3-56.

Galema, R./Plantinga, A./Scholtens, B., (2008): The Stocks at Stake: Return and Risk in Socially Responsible Investment, Journal of Banking and Finance 32, 2646-2654.

Garz, H./Volk, C./Gilles, M., (2002): More Gain than Pain – SRI: Sustainability Pays Off, WestLB Panmure, http://www.westlbpanmure.com/sri/pdf/sri_nov2002.pdf.

Goss, A./Roberts, G., (2011): The Impact of Corporate Social Responsibility on the Cost of Bank Loans, Journal of Banking and Finance 35, 1794-1810.

Gregory, A./Matatko, J./Luther, R., (1997): Ethical Unit Trust Financial Performance: Small Company Effects and Fund Size Effects, Journal of Business Finance & Accounting 24, 705-725.

Gregory, A./Whittaker, J., (2007): Performance and Performance Persistence of „Ethical" Unit Trusts in the UK, Journal of Business Finance & Accounting 34, 1327-1344.

Hamilton, S./Jo, H./Statman, M., (1993): Doing Well While Doing Good? The Investment Performance of Socially Responsible Mutual Funds, Financial Analysts Journal, November/December 1993, 62-66.

Hong, H./Kacperczyk, M., (2009): The Price of Sin: The Effects of Social Norms on Markets, Journal of Financial Economics 93, 15-36.

Kempf, A./Osthoff, P., (2007): The Effect of Socially Responsible Investing on Financial Performance, European Financial Management 13, 908-922.

Kreander, N./Gray, D./Power, D./Sinclair, C., (2002): The Financial Performance of European Ethical Funds 1996-1998, Journal of Accounting and Finance 1, 3-22.

Kurtz, L./DiBartolomeo, D., (1996): Socially Screened Portfolios: An Attribution Analysis of Relative Performance, Journal of Investing, Fall 1996, 35-41.

Luther, R./Matatko, J./Corner, D., (1992): The Investment Performance of UK „Ethical" Unit Trusts, Accounting Auditing & Accountability Journal 5, 57-70.

Luther, R./Matatko, J., (1994): The Performance of Ethical Unit Trusts: Choosing an Appropriate Benchmark, British Accounting Review 26, 77-89.

Mallin, C./Saadouni, B./Briston, R., (1995): The Financial Performance of Ethical Investment Trusts, Journal of Business Finance & Accounting 22, 483-496.

Moskowitz, M., (1972): Choosing Socially Responsible Stocks, Business and Society Review, 71-75.

Oikonomou, I./Brooks, C./Pavelin, S., (2011): The Effects of Corporate Social Performance on the Cost of Corporate Debt and Credit Ratings, ICMA Centre Discussion Papers in Finance DP2011-19, Henley Business School, University of Reading.

Reichardt, A./Fuerst, F./Rottke, N./Zietz, J., (2011): The Business Case for Sustainable Building Certification: A Panel Data Approach, Journal of Real Estate Research 34, 99-126.

Renneboog, L./Horst, J. ter/Zhang, C., (2008a): Socially Responsible Investments: Institutional Aspects, Performance, and Investor Behavior, Journal of Banking and Finance 32, 1723-1742.

Renneboog, L./Horst, J. ter/Zhang, C., (2008b): The Price of Ethics and Stakeholder Governance: The Performance of Socially Responsible Mutual Funds, Journal of Corporate Finance 14, 302-322.

Sauer, D., (1997): The Impact of Social-Responsibility Screens on Investment Performance: Evidence from the Domini 400 Social Index and Domini Equity Fund, Review of Financial Economics 6, 23-35.

Schröder, M., (2004): The Performance of Socially Responsible Investments: Investment Funds and Indices, Financial Markets and Portfolio Management 18 (2), 122-142.

Schröder, M., (2007): Is there a Difference? The Performance Characteristics of SRI Equity Indices, Journal of Business Finance and Accounting 34, 331-348.

Schröder, M., (2010): Die Eignung nachhaltiger Kapitalanlagen für die Vermögensanlage von Stiftungen, Stuttgart.

Sharfman, M./Fernando, C., (2008): Environmental Risk Management and the Cost of Capital, Strategic Management Journal 29, 569-592.

Statman, M., (2000): Socially Responsible Mutual Funds, Financial Analysts Journal, May/June 2000, 30-39.

Statman, M./Glushkov, D., (2009): The Wages of Social Responsibility, Financial Analysts Journal 65, 33-46.

UNEP, (2007): Demystifying Responsible Investment Performance, United Nations Environment Programme Finance Initiative, http://www.unepfi.org/fileadmin/documents/Demystifying_Responsible_Investment_Performance_01.pdf.

USSIF, (2010): Report on Socially Responsible Investing Trends in the United States – Executive Report, Social Investment Forum Foundation, http://ussif.org/resources/research/documents/2010TrendsES.pdf.

Verwijmeren, P./Derwall, J., (2010): Employee Well-Being, Firm Leverage, and Bankruptcy Risk, Journal of Banking and Finance 34, 956-964.

White, M., (1995): The Performance of Environmental Mutual Funds in the United States and Germany: Is there Economic Hope for „Green" Investors?, Research in Corporate Social Performance and Policy, Supplement 1, 323-344.

Sustainability Indizes

Guido Giese

1 Einleitung

Kapitalmarktindizes erfüllen viele Funktionen: Sie machen hochkomplexes Marktgeschehen auf einen Blick erfassbar. Sie dienen als Benchmark, um den Anlageerfolg von Fondsmanagern oder Vermögensverwaltern zu beurteilen. Fonds und Zertifikate auf Indizes vereinfachen Investoren das Investment in einen ganzen Markt: Hinter dem Stichwort, Indexing' verbirgt sich eine der erfolgreichsten Produktneueinführungen an den Kapitalmärkten der letzten Jahrzehnte. Dies zeigt sich auch an der rasch wachsenden Anzahl und gleichzeitig wachsendem Anlagevolumen von indexbasierten Anlageprodukten (Exchange Traded Products oder „ETPs") wie in Abbildung 1 dargestellt.

Auch die Nachhaltigkeitsindizes nehmen stark zu, wenn auch nicht ganz so rasant wie die konventionellen Börsenindizes. Inzwischen können nachhaltig anlegende Investoren aus einer Vielzahl an Benchmarks auswählen, die sich unter anderem in der Schwerpunktsetzung nach ökologischen, sozialen und Governance-Kriterien und in der Art der Titelauswahl unterscheiden.[1] Einige Indizes bilden Nachhaltigkeitsthemen wie „saubere Energien" oder „Mikrofinanzierung" ab, andere schließen Unternehmen aus, die ihr Geld mit Alkohol, Glücksspiel, Kernenergie oder Rüstung verdienen. Dass die Indizes immer wichtiger werden, spiegelt sich in deren Verwendung bei den Investoren wider, welche Nachhaltigkeitsindizes länderübergreifend als Investitionsgrundlage und/oder als Performancebenchmark verwenden.[2] In jedem Fall ist die Aufnahme in den Index auch ein Gütesiegel für Unternehmen, mit dem sich diese gerne schmücken. Entsprechend intensiv ist der Wettbewerb um die begehrten Plätze in den angesehensten Benchmarks. Dadurch setzen Nachhaltigkeitsindizes wie der Dow Jones Sustainability Index immer höhere Maßstäbe und leisten einen wichtigen Beitrag zur kontinuierlichen Weiterentwicklung nachhaltiger Unternehmenspraktiken.

Die wachsende Bedeutung der Sustainability Indizes ist Thema des folgenden Artikels. Das erste Kapitel beleuchtet die fortschreitende Entwicklung der Kapitalmarktindizes insgesamt und der darauf aufsetzenden Anlageprodukte. Das zweite Kapitel befasst sich mit dem steigenden Angebot an Nachhaltigkeitsindizes. Kapitel drei erläutert die Konstruktion und Verwendung von Nachhaltigkeitsindizes am Beispiel der Dow Jones Sustainability Indices.

---

[1] Siehe Global Sustainable Investment Alliance (2012) sowie Krosinsky (2012).

[2] S. Ringer (2012) sowie Staub-Bisang (2012).

2 Indizes – ein Überblick

Der weltweit bekannteste Finanzindex ist der Dow Jones Industrial Average. Der 1896 lancierte Index misst die Entwicklung der Aktienkurse 30 führender US-Unternehmen. Damit wird er als Barometer für das Börsengeschehen in den USA verwendet. Die meistbeachteten Indizes in Europa sind der EuroStoxx 50, der deutsche DAX und der britische FTSE 100. In Asien schauen Anleger vor allem auf den Nikkei 225, den Hang Seng, den Shanghai Composite und den KOSPI.

In den vergangenen Jahren hat das Indexangebot enorm an Breite und Tiefe gewonnen. Neben den vielen nationalen und regionalen Indizes gibt es heute Zehntausende von Indizes für verschiedenste Branchen und Strategien – neben mehr als 30.000 Aktienindizes zum Beispiel auch eine Vielzahl von Renten-, Rohstoff- und Immobilienindizes.

Gemessen wird dabei in der Regel die Preisentwicklung der Titel, welche im Index enthalten sind. Für den Großteil der weltweit verfügbaren Aktienindizes ist die Marktkapitalisierung im Streubesitz („Free Float") die maßgebliche Größe für die Titelselektion und -gewichtung. Im Zuge der beständigen Weiterentwicklung der Indexkonzepte gehen diese mittlerweile vielfach über eine reine Marktabbildung und die Gewichtung nach der Marktkapitalisierung hinaus. Strategieindizes zum Beispiel ermöglichen eine Auswahl und Gewichtung nach fundamentalen Kriterien oder auf Basis von Dividendenrenditen, Short- und gehebelte Investments sowie risikogewichtete Indizes, die bei steigender Volatilität in den Geldmarkt umschichten.

Mindestens genauso stark gewachsen wie das Indexangebot selbst ist das Angebot an passiven Anlageprodukten auf Basis dieser Indizes. Tatsächlich hat kein anderes Finanzprodukt der vergangenen Jahre die Anlegerherzen so schnell erobert wie börsengehandelte Indexfonds. Seit Auflegung der ersten Exchange Traded Funds (ETFs) in den USA im Jahr 1993 und der europäischen Markteinführung im Jahr 2000 ist die Popularität dieser Produkte enorm gewachsen. Mitte 2013 hat das weltweite Anlagevolumen in ETFs erstmals die 2-Billionen-Dollar-Marke übersprungen. Ende September 2013 wurden BlackRock zufolge weltweit mehr als 2,2 Bio. US-Dollar in knapp 5.000 ETFs verwaltet.

Abbildung 1: Übersicht der größten ETF-Anbieter und der passiv investierten Gelder

Global ETP Multi-Year Asset Growth and Top 10 Providers

Global ETP Assets & Number of ETPs by Year[1]

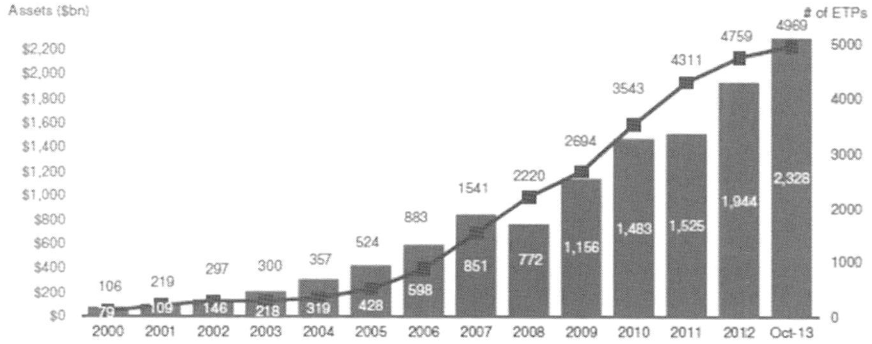

Global ETP Providers Ranked by Assets (US$bn)[1]

Provider*	Oct-2013 Assets	% Market Share	Oct-2013 Net Flows	YTD 2013 Net Flows	# ETPs	2013 YTD Change Assets	2013 YTD Change % Market Share
iShares	900.4	38.7	9.6	52.9	702	140.9	(0.4)
State Street	379.1	16.3	6.7	6.8	190	42.6	(1.0)
Vanguard	327.3	14.1	7.2	52.1	100	80.7	1.4
Invesco PowerShares	95.7	4.1	1.5	11.9	197	22.2	0.3
Deutsche Asset & Wealth Management (db x-trackers)	58.7	2.5	(2.9)	(3.9)	298	7.3	(0.1)
Lyxor / Soc Gen	43.4	1.9	0.4	(1.8)	206	0.8	(0.3)
Nomura Group	34.8	1.5	0.8	4.6	52	10.0	0.2
WisdomTree Investments	32.9	1.4	0.7	12.0	54	14.0	0.5
ProShares	25.7	1.1	0.6	4.9	141	4.6	0.0
Van Eck Global	23.8	1.0	0.2	1.8	61	(3.8)	(0.4)
184 Others	406.5	17.5	8.0	52.1	2,968	64.1	(0.2)
Grand Total	2,328.2	100.0	32.9	194.2	4,969	383.9	0.0

* Providers measured at parent company level.

Quelle: BlackRock ETP Research, Bloomberg

ETFs vereinen die Handelbarkeit einer Aktie mit der Risikostreuung eines Portfolios, da in den ganzen Wertpapierkorb investiert wird, der einem Index zugrunde liegt. Damit erhalten Anleger mit nur einer Transaktion Zugang zu einem ganzen Markt. Das reduziert sowohl die Verwaltungsgebühren als auch die Transaktionskosten im Vergleich zu aktiven Anlagestrategien erheblich. Zugleich bieten ETFs Anlegern ein hohes Maß an Transparenz im Hinblick auf Fondszusammensetzung, Wertentwicklung und Kosten.

Nach inzwischen knapp zwei Jahrzehnten am Markt können Anleger aus einer Vielzahl von Indexprodukten wählen, die länderspezifische und regionale Indizes genauso umfassen wie Indexfonds auf Renten- und Geldmärkte, Strategie-ETFs oder Short-Indizes. Egal, ob ein Sharia-konformes Investment oder ein Fokus auf Cleantech-Aktien gefragt ist – durch das ständig wachsende Produktangebot ergeben sich permanent neue Investmentmöglichkeiten. Als gereifte Anlageklasse kommen ETFs zudem auch erfolgreich in aktiven Investment-Management-Strategien zum Einsatz.

Allen einschlägigen Studien zufolge werden die Index- und ETF-Märkte auch in Zukunft weiter wachsen – und aktiven Vermögensverwaltern weiter Marktanteile abnehmen. Allein in Europa rechnet BlackRock bis Ende 2017 mit einer Verdoppelung des ETF-Marktes auf 900 Mrd. Dollar und beobachtet einen sich weiter verstärkenden Trend zum parallelen Einsatz aktiver und passiver Anlageformen.

3 Benchmarks für Nachhaltige Investments

Ein wachstumsstarkes Marktsegment sind Indizes, welche die Nachhaltigkeit von Unternehmen als wesentliches Kriterium im Fokus haben, da immer mehr Anleger in ihren Portfolios Nachhaltigkeitsaspekte berücksichtigt sehen wollen. Nach Angaben der Global Sustainable Investment Alliance belief sich das weltweit in Nachhaltigkeitsstrategien verwaltete Vermögen 2012 bereits auf 13,57 Bio. US-Dollar. Der bei weitem grösste Anteil der ESG-Investments entfällt dabei immer noch auf Europa und die USA mit 8,76 Bio. US-Dollar bzw. 3,74 Bio. US-Dollar. In Europa liegt der Anteil der ESG-Anlagen am gesamten verwalteten Vermögen inzwischen bei 49%, in den USA bei 11,2%. Asien liegt im Vergleich noch deutlich zurück mit 2,9% in Asien ex Japan und nur 0,2% in Japan.

Ältester und angesehenster Nachhaltigkeitsindex ist der von S&P Dow Jones Indices und RobecoSAM aufgelegte Dow Jones Sustainability Index. Speziell an Anleger, die ihre Performance an der Wertentwicklung eines marktüblichen Vergleichsindex messen, richtet sich der im Jahr 2013 neu aufgelegte Dow Jones Sustainability Diversified Index. Er gibt ihnen die Möglichkeit, nachhaltigen Unternehmen ein größeres Gewicht in ihren Portfolios zu geben, ohne zusätzliche Risiken gegenüber einer globalen Aktienmarkt-Benchmark einzugehen.

Der seit Jahren sichtbare Trend zu passiven Anlageinstrumenten und entsprechend benötigten Benchmarks zeigt sich auch im Bereich der Nachhaltigen Geldanlagen in Form von einer steigenden Anzahl von Nachhaltigkeitsindizes. Mittlerweile verfügen praktisch alle großen Indexanbieter über ein Angebot in diesem Segment.

Die ersten Börsenindizes, die in ihrer Selektion oder Gewichtung Nachhaltigkeitskriterien reflektieren gibt es seit 1990. In diesem Jahr wurde vom US-amerikanischen Unternehmen KLD der Domini 400 Social Index publiziert. Er umfasst 400 US Unternehmen, die auf Basis diverser Negativ- und Positivkriterien selektiert und gemäß ihrer Marktkapitalisierung gewichtet werden. 1999 folgte mit dem Start der Dow Jones Sustainability Indexes (DJSI) die Lancierung des ersten globalen Benchmarks im Nachhaltigkeitssegment. Basierend auf der Zusammenarbeit des Schweizer Unternehmens RobecoSAM und des US-amerikanischen Indexanbieters S&P Dow Jones Indices reflektiert der Dow Jones Sustainability World Index die Kursentwicklung der weltweit führenden Unternehmen in Bezug auf Nachhaltigkeit. Mit der Lancierung der DJSI Familie und ihrem Fokus auf die Branchenleader wurde dabei auch zum ersten Mal der „Best-in-Class-Ansatz“ als Grundlage eines Index verwendet. Unter „Best-in-Class“ versteht man, dass Kapital in Firmen investiert wird, die innerhalb ihrer Branche führend und nachhaltig im Hinblick auf die Umsetzung der sogenannten ESG-Kriterien sind. ESG steht für Environment, Social und Governance, was übersetzt Umwelt, Soziales und Unternehmensführung bedeutet. Das Best- in-Class-Prinzip beinhaltet aber keine Ausschlusskriterien hinsichtlich Branche oder Produkt und soll den Wettbewerb unter den Firmen hinsichtlich Nachhaltigkeit befeuern. Im Jahr 2001 trat das britische Unternehmen FTSE in den Markt für Nachhaltigkeitsindizes ein und lancierte gemeinsam mit der Researchfirma EIRIS eine Indexserie mit dem Namen FTSE4Good. Tabelle 1 zeigt eine Übersicht über eine Auswahl an Nachhaltigkeitsindizes.

Seitdem hat sich das Angebot an Nachhaltigkeitsindizes stetig vergrößert. Zur DJSI Familie zählen heute diverse Benchmarks mit Fokus auf Sustainability Leader in Nordamerika, USA, Europa, der Eurozone oder einzelne Länder, wie beispielsweise Australien oder Korea. Auch die FTSE4Good Serie umfasst Benchmarks für verschiedene Regionen. Zusätzlich bietet MSCI zwei globale Index Familien an: Die auf einem Best-in-Class-Prinzip basierende MSCI SRI Index Familie sowie die breiter diversifizierte MSCI ESG Index Familie.

Das Angebot an Nachhaltigkeitsindizes hat sich dabei nicht nur in Bezug auf die Anzahl der Indexanbieter bzw. der angebotenen Indizes, sondern ebenfalls in Bezug auf die Marktabdeckung verbreitert. Seit 2013 gibt es dedizierte Nachhaltigkeitsindizes für Emerging Markets – sowohl in Form des DJSI Emerging Market Index als auch in Form des MSCI ESG Emerging Markets Index. Dies reflektiert die wachsende Bedeutung der

Emerging Markets im Anlageuniversum von Investoren wider sowie die Notwendigkeit, in den Emerging Markets ähnliche Nachhaltigkeitskriterien anzuwenden wie in den entwickelten Ländern.

Tabelle 1: Ausgewählte Nachhaltigkeitsindizes

Name	Research	Indexanbieter	Start
Domini 400 Social Index	KLD	MSCI	1991
Dow Jones Sustainability Index Family	RobecoSAM	S&P DJ Indices	1999
Dow Jones Sustainability Diversified Index family	RobecoSAM	S&P DJ Indices	2013
FTSE4Good Index Family	EIRIS	FTSE	2001
MSCI ESG Index Family	KLD	MSCI	2007
MSCI SRI Index Family	KLD	MSCI	2007
STOXX Sustainability Index Family	Sarasin	STOXX	2001
STOXX ESG Leaders Indices	Sustainalytics	STOXX	2011

Quelle: RobecoSAM

Die verschiedenen Nachhaltigkeitsindizes unterscheiden sich dabei vor allem in der zugrunde liegenden Researchmethodik sowie der Titelselektion, d.h. der Indexkonstruktionsmethode.

Ein Beispiel für eine Researchmethodik ist die der DJSI Index Familie zugrunde liegende Methodik von RobecoSAM. Seit der Lancierung der DJSI Index Familie im Jahr 1999 werden durch sie jährlich die weltweit führenden Unternehmen im Hinblick auf Nachhaltigkeit identifiziert. Grundlage dafür ist die umfassende Corporate Sustainability Analyse des Finanzdienstleisters RobecoSAM. Das Unternehmen beschäftigt sich seit 13 Jahren mit der wachsenden Bedeutung langfristiger ökonomischer, ökologischer und sozialer Kriterien für nachhaltigen unternehmerischen Erfolg. Das Research von RobecoSAM überprüft die Firmen dabei sowohl auf allgemeine Kriterien, die über alle Branchengrenzen hinweg eine wichtige Rolle spielen, als auch auf industriespezifische Nachhaltigkeitstrends. Dabei werden auch Chancen und Risiken, welche einen bestimmten Sektor betreffen, unter die Lupe genommen. Die Führungsstruktur eines Unternehmens, Risiko- und Krisenmanagement, Umwelt- und Lieferkettenmanagement, Energieverbrauch und soziale Leitlinien am Arbeitsplatz sind dabei Beispiele allgemeiner Kriterien. Der Einbezug ökologischer und sozialer Kriterien bei der Kreditvergabe durch Banken, die Nutzung Erneuerbarer Energien bei Stromversorgern und innovative Modelle zur Bereitstellung von Medikamenten in Entwicklungsländern zählen zu den industriespezifischen Aspekten. Abbildung 2 zeigt einen Überblick über die bekanntesten Researchmethoden im Bereich Nachhaltigkeit.

Auch in Bezug auf die Indexmethode gibt es große Unterschiede zwischen den verschiedenen Indexfamilien: Während manche Indizes darauf abzielen, jedes Unternehmen aufzunehmen, das einen bestimmten Minimumstandard erzielt, umfassen andere Benchmarks im Sinne des Best-in-Class-Ansatzes nur die jeweils besten einer Branche. Weitere Unterschiede ergeben sich dadurch, inwiefern industriespezifische Kriterien mitberücksichtigt werden. Bedeutsam sind darüber hinaus auch Differenzen bei der Indexkonstruktion, die zu Über- und Untergewichten in Bezug auf Sektoren und Länder führen können und somit weitere Faktorrisiken im Portfolio führen:

Abbildung 2: Beurteilung verschiedener Sustainablity Research Methoden

Quelle: SustainAbility (2012) „Rate the Raters 2012 – Polling the Experts", S. 6

4 Indexkonstruktion

Ein Nachhaltigkeitsindex basiert methodisch auf zwei Komponenten: Einer Methode zur Analyse von Unternehmen in Bezug auf Ihr Nachhaltigkeitsprofil sowie der Indexmethode, welche die gewonnenen Nachhaltigkeitsinformationen in den Index integriert. Die Analysemethode von Nachhaltigkeitsindizes umfasst typischerweise Kriterien aus den drei „ESG"-Bereichen (Environment, Social, Governance) und resultiert in einer Nachhaltigkeitsbeurteilung jedes Unternehmens, welche entweder in Form einer Punktzahl oder einer Ratingklasse formuliert wird.

Bei der Konstruktion von Nachhaltigkeitsindizes stellt sich grundsätzlich die Frage, wie Nachhaltigkeitsinformationen in die Indexmethode integriert werden. Grundsätzlich gibt es hierfür zwei Möglichkeiten, unabhängig davon ob es sich um einen Aktien- oder Rentenindex handelt:

1. Berücksichtigung des Nachhaltigkeitsprofils bei der Auswahl der im Index repräsentierten Unternehmen („Komponentenauswahl").
2. Berücksichtigung des Nachhaltigkeitsprofils bei der Bestimmung des Indexgewichts des Unternehmens („Komponentengewichtung").

Dabei besteht durchaus die Möglichkeit, beide Möglichkeiten zu kombinieren.

Die Auswahl der Indexmethode (Komponentenauswahl sowie Komponentengewichtung) kommt dabei eine entscheidende Rolle zu, sowohl bei der Bestimmung des Nachhaltigkeitsprofils des Index als auch bezüglich der Performance und Risikocharakteristik des Index.

Je nachdem für welche Zielgruppe Nachhaltigkeitsindizes in den vergangenen Jahren entwickelt wurden, unterscheiden sich diese dabei sowohl bezüglich der Anzahl der Komponenten als auch in Bezug auf die Gewichtungsmethode. Die Schlüsselfrage bei der Konstruktion eines Nachhaltigkeitsindex ist dabei das vom Zielpublikum gewünschte Ausmaß an Diversifikation im Index. Grundsätzlich ist Diversifikation – neben Transparenz und Kosteneffizienz – eine der Hauptgründe für die wachsende Beliebtheit von Indizes in der Finanzindustrie.

In Bezug auf die Diversifikation besteht jedoch offensichtlich ein Zielkonflikt zwischen dem Prinzip der Diversifikation – welches möglichst viele Aktien im Index voraussetzt – und dem Prinzip der Nachhaltigkeit, welches zwingend eine Fokussierung auf die nachhaltigeren Unternehmen im Universum und somit eine weniger diversifizierte Auswahl mit sich bringt.

Das gewünschte Ausmaß an Diversifikation ist folglich ein maßgebliches Unterscheidungskriterium unterschiedlicher Nachhaltigkeitsindizes und erklärt sich aus der Tatsache, dass unterschiedliche Interessenten eine unterschiedliche Anschauung bezüglich der gewünschten Diversifikation des Index haben.

Nachhaltigkeitsindizes kommen dabei die besondere Rolle zu, dass diese nicht nur – wie andere Aktien- oder Anleiheindizes – breite Verwendung bei Investoren finden, sondern zudem auf der Unternehmensseite als Benchmark für das Nachhaltigkeitsprofil von Unternehmen verwendet werden. Folglich sind bei Unternehmen vor allem Nachhaltigkeitsindizes populär, die eine strenge Komponentenauswahl vollziehen, welche aus einem engen (d.h. wenig diversifizierten), aber gleichzeitig sehr nachhaltigen Indexportfolio resultiert. Je schmaler der Index, desto schwieriger ist es, in den Nachhaltigkeitsindex aufgenommen zu werden und entsprechend aussagekräftiger ist es, wenn ein Unternehmen aufgrund seines Nachhaltigkeitsprofils in den Index aufgenommen wird. Beispiel hierfür ist der Dow Jones Sustainability World Index, in dem nur die besten 10% jeder Unternehmensbranche aufgenommen werden und folglich haben sich viele Unternehmen weltweit zum Ziel gesetzt, in diesem Index präsent zu sein.

Während die Unternehmensseite somit klar zu schmalen, wenig diversifizierten Indizes tendiert, ist die Situation und die entsprechende Motivation zum Einsatz von Nachhaltigkeitsindizes bei den Investoren grundlegend verschieden.

Vereinfachend gesprochen stehen sich auf der Investorenseite zwei unterschiedliche Investmentansätze gegenüber: Der „Alpha-" oder Outperformance-Ansatz, der durch eine beschränkte Auswahl von Titeln den breiten Markt schlagen will, gegenüber dem „Beta-" Ansatz, bei dem ein Indexportfolio sich an der Benchmark orientiert und dem Anleger einfach die Rendite des breiten Marktes in einer kostengünstigen Form geboten werden soll. Der Hauptunterschied zwischen diesen Ansätzen liegt in der Diversifikation: Während der Alpha-Investor sein Investment auf wenige, für ihn aussichtsreiche Titel beschränkt, will der Beta-Investor breit diversifiziert sein, um negative (und daher auch positive) Abweichungen vom breiten Markt zu vermeiden.

Beide Investmentansätze sind in den vergangenen Jahren in unterschiedlichen Nachhaltigkeitsindizes umgesetzt worden und spiegeln gleichzeitig unterschiedliche Motivationen von Investoren wider, nachhaltig zu investieren: Während der Alpha-Investor typischerweise den Hauptgrund für sein Investment in Nachhaltigkeit darin sieht, langfristig bessere Performance und/oder ein besseres Risikoprofil als der breite Markt zu erhalten, sieht der Beta-Investor in einem Nachhaltigkeitsindex die Möglichkeit, das gleiche Risiko- und Ertragsprofil wie sein bestehendes Portfolio zu erhalten mit einer Verbesserung des Nachhaltigkeitsprofils als zusätzlichen Vorteil.

Der Beta-Ansatz wird häufig von Investoren bevorzugt, welche strenge Auflagen bezüglich Ihres Tracking-Errors zur Benchmark haben, wie z.B. Pensionskassen, die ihr Portfolio häufig sehr eng an der Benchmark führen müssen.

Um beiden Investmentansätzen zu entsprechen, haben Indexanbieter unterschiedliche Nachhaltigkeitsindizes entwickelt, welche sich folglich hauptsächlich in Bezug auf die Diversifikation und den Tracking-Error zur Benchmark unterscheiden.

Als Beispiel dient die DJSI bzw. DJSI Diversified Index Familie, welche die Unterschiede zwischen dem Alpha- und dem Beta-Konzept sehr gut exemplarisch aufzeigt:

Die DJSI Index Familie basiert auf einer stringenten Selektion von 10% der nachhaltigsten Unternehmen in jedem Sektor und spiegelt somit den Alpha-Ansatz wider, d.h. die Fokussierung auf einen kleinen Ausschnitt des Investmentuniversums, um ein besseres Risiko- bzw. Ertragsprofil zu erwirtschaften als der Gesamtmarkt.

Die daraus resultierenden Index Familien werden zudem in zwei verschiedenen Gewichtungsvarianten angeboten: Der DJSI World Index ist wie Benchmarkindizes mit der Marktkapitalisierung der jeweiligen Komponenten gewichtet. Im Gegensatz dazu ist der DJSI World 80 Index, der die größten 80 Unternehmen des DJSI World enthält, mit dem Nachhaltigkeitsscore gewichtet und ist somit ein Beispiel für einen Index, bei dem sowohl bei der Komponentenauswahl als auch bei der Gewichtungsmethode das Nachhaltigkeitsprofils in die Indexmethode einfließt. Entsprechend bietet der DJSI World 80 Index als typischer Vertreter des Alpha-Konzepts das größte Potenzial, von der breiten Benchmark abzuweichen und eine Überrendite zu erwirtschaften.

Der DJSI World Diversified hingegen spiegelt in seiner Konstruktionsmethode das Beta-Konzept wider, d.h. den Wunsch, mit nachhaltigen Aktien möglichst nahe an der Benchmark zu bleiben. Die Indexmethode wählt dabei für jedes Land und jeden Sektor die nachhaltigsten Unternehmen aus, bis die Auswahl der Unternehmen für das jeweilige Land bzw. den entsprechenden Sektor 33% der Marktkapitalisierung des Landes bzw. des Sektors in der Benchmark enthält. Kurz gesagt wird im DJSI World Diversified Index jedes Land und jeder Sektor durch die jeweils nachhaltigsten 33% der Marktkapitalisierung vertreten. Somit hat jedes Land und jeder Sektor per Konstruktion das gleiche Gewicht wie in der Benchmark. Zudem wird in der Indexmethode sichergestellt, dass das Verhältnis von Large-Caps zu Mid-Caps im DJSI World Diversified gleich ist wie in der Benchmark.

Der DJSI World Diversified besteht aus rund einem Drittel der Unternehmen in der Benchmark (dem nachhaltigsten Drittel) und vermeidet jegliche Abweichung von der Benchmark in Bezug auf Länderallokation, Sektorallokation und Größenallokation. Entsprechend niedrig ist der sich ergebende Tracking-Error zur Benchmark.

Die folgenden Indexhistorien in Abbildung 3 und Abbildung 4 vergleichen die Performance des DJSI World 80 Index sowie den DJSI World Developped Diversified Index, um die unterschiedlichen Konzepte darzustellen.

Abbildung 3: Performance des DJSI World 80 Index im Vergleich zur MSCI World Benchmark

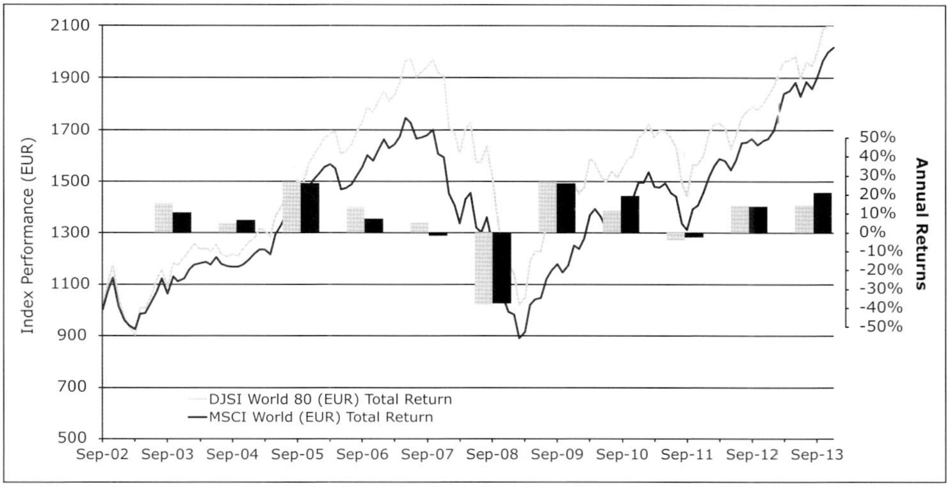

Quelle: RobecoSAM

Wie man den beiden Grafiken entnehmen kann, ist die Performance und Risikocharakteristik der beiden DJSI Indizes grundlegend verschieden – der DJSI Developped Diversified folgt der breiten Marktbenchmark sehr genau, während der DJSI World 80 Index einen hohen Tracking-Error aufweist und über einen Zeitraum von mehr als 10 Jahren eine klare Überrendite erreicht. Diese Erkenntnis deckt sich auch mit akademischen Analysen[3], welche aufgrund langfristiger Studien gezeigt haben, dass nachhaltige Anlagestrategien im Durchschnitt eine Überrendite erwirtschaften.

[3] S. Eccles (2013).

Abbildung 4: Performance des DJSI Developped Diversified Index im Vergleich zur MSCI World Benchmark

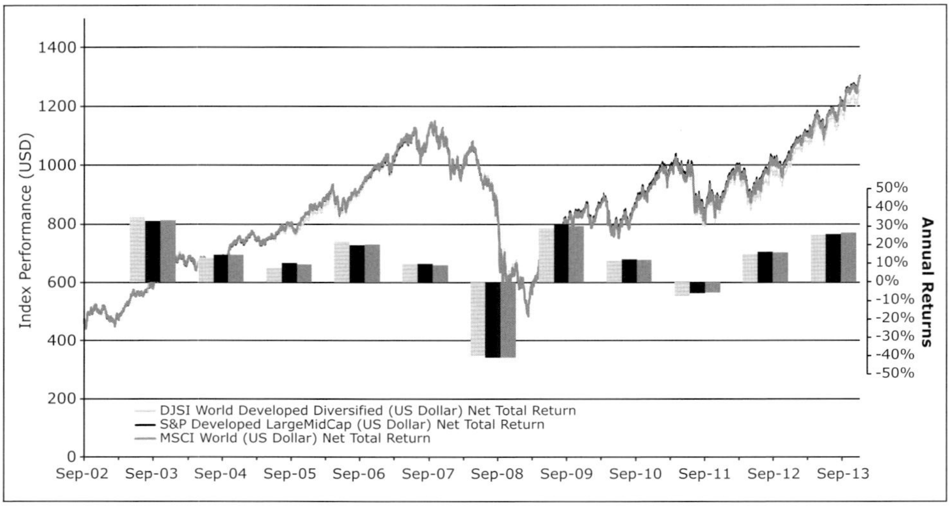

Quelle: RobecoSAM

Der große Unterschied im Tracking-Error zur Benchmark spiegelt sich auch in der Risikoallokation wider, insbesondere der Länderrisikoallokation, wie aus Abbildung 5 hervorgeht.

Abbildung 5: Länderallokation im DJSI World Diversified und dem DJSI World Index

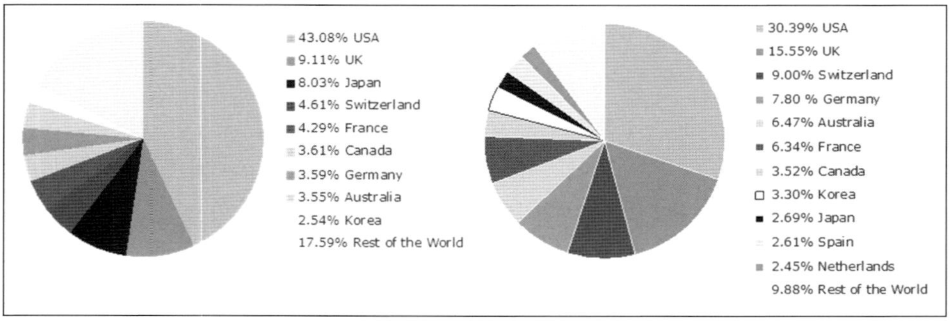

Quelle: RobecoSAM

Während die Länderallokation im DJSI World Diversified Index sich eng an die Länderallokation in der S&P LargeMidCap Benchmark anlehnt, ist die Länderallokation im DJSI World Index grundlegend verschieden von der Benchmark und wird maßgeblich durch die Verteilung nachhaltiger Unternehmen auf der Welt bestimmt. Es fällt insbesondere auf, dass europäische Länder (Großbritannien, die Schweiz und Deutschland) relativ zur Benchmark überrepräsentiert sind, während die USA unterrepräsentiert sind. Dies erklärt sich aus der Tatsache, dass das Nachhaltigkeitsprofil europäischer Unternehmen im Durchschnitt fortgeschrittener ist als in den USA oder Asien.

Das unterschiedliche Ausmaß an Diversifikation zeigt sich spiegelbildlich auch im Nachhaltigkeitsprofil der beiden Indexkonzepte. Der DJSI World Index basiert auf 10% der nachhaltigsten Unternehmen weltweit und umfasst 333 Unternehmen (Stand September 2013), während der DJSI World Developed Diversified Index das nachhaltigste Drittel (667 Unternehmen) umfasst und somit in der Nachhaltigkeitsauswahl etwas weniger streng ist. Dies zeigt sich im Vergleich des Nachhaltigkeitsprofils beider Indizes, wie in Abbildung 6 dargestellt. Man erkennt dabei, dass im Vergleich zum strikten 10%-Best-in-Class-Ansatz der DJSI Diversified Ansatz rund ein Viertel des Nachhaltigkeitsvorteils gegenüber dem breiten Markt einbüßt – dies ist die Folge der klar erhöhten Diversifikation und der Vermeidung von Faktorrisiken in der Indexmethode.

Abbildung 6: Nachhaltigkeitsprofil des DJSI World, DJSI World Diversified sowie der Benchmark im Vergleich

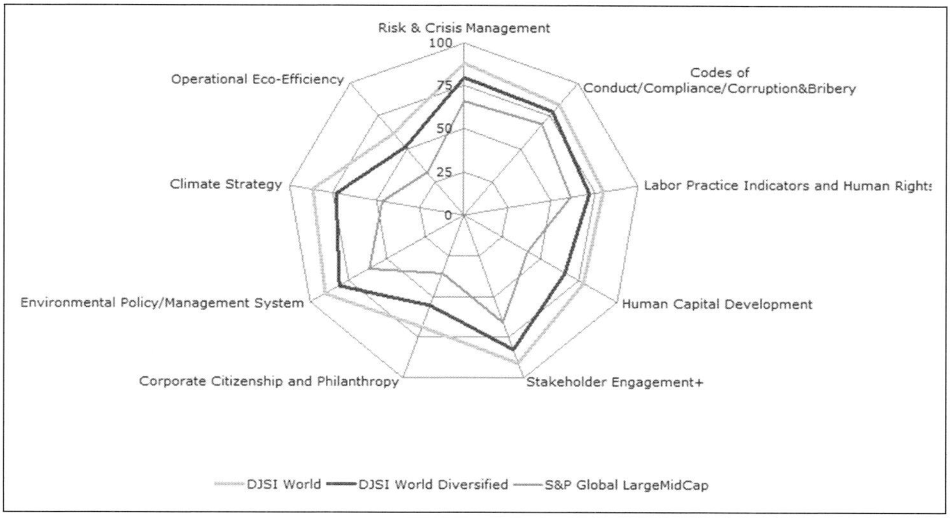

Quelle: RobecoSAM

Die anhand der DJSI Index Familie exemplarisch dargestellte Unterscheidung zwischen dem breit diversifizierten Beta-Ansatz und dem weniger diversifizierten Alpha-Ansatz zeigt sich ebenfalls in den Nachhaltigkeitsfamilien anderer Indexanbieter, wie z.B. der MSCI ESG Indexfamilie und der MSCI SI Indexfamilie sowie der FTSE4Good Indexfamilie.

5 Zusammenfassung

Sustainability Indizes bieten Anlegern drei Funktionen: Sie dienen als Performance Benchmarks für Nachhaltigkeitsportfolios, definieren Universen und Referenzpunkte für eine effiziente und indexbasierte Umsetzung von Sustainability Strategien und stellen darüber hinaus Investoren eine Engagement-Plattform zur Verfügung, um die Dynamik bei Unternehmen in Richtung Nachhaltigkeit zu unterstützen. Dabei ermöglicht das wachsende Angebot in diesem Segment den Anlegern, über eine Vielzahl von Präferenzen in Bezug auf Analysekriterien, Titelselektion, regionalen Fokus und weitere Faktoren über Indizes zu reflektieren. Gepaart mit dem steigenden Interesse an indexbasierten und kosteneffizienten Finanzprodukten im Allgemeinen, führt die breite Auswahl an Sustainability Indizes zu einer Zunahme an indexbasierten Nachhaltigkeitsportfolios. Es ist davon auszugehen, dass sich diese Entwicklung auch in Zukunft mit erhöhtem Tempo fortsetzen wird und sich auch verstärkt auf andere Anlagebereiche ausdehnt, insbesondere auf den Rentenmarkt.

Literatur

Eccles, Robert G./Ioannou, Ioannis/Serafeim, George, (2013): The Impact of Corporate Sustainability on Organizational Processes and Performance, Harvard Business School Working paper, July.

Global Sustainable Investment Alliance, (2012): 2012 Global Sustainable Investment Review.

Krosinsky, Cary, (2012): Evolutions in Sustainability Investing, Wiley Finance.

Ringer, Markus, (2012): Nachhaltig Investieren, Edition Ringer.

Staub-Bisang, Mirjam, (2012): Sustainable Investing for Institutional Investors", Wiley Finance.

Nachhaltigkeitsresearch am Beispiel der oekom research AG

Matthias Bönning/Robert Haßler

1 Einleitung

Die Beurteilung der Bonität von Wertpapieren und entsprechenden Emittenten ist ein wesentlicher Beitrag zur Transparenz und somit Effizienz des Kapitalmarkts. Sowohl die Erstellung von Ratings zur Einschätzung der voraussichtlichen finanziellen Fähigkeit eines Emittenten, verzinsliche Schulden bedienen zu können, als auch die Finanzanalyse von Unternehmen zwecks Prognose von Aktienkursverläufen basiert dabei insbesondere auf der Auswertung unterschiedlicher finanzieller Kennzahlen (makroökonomische, branchenspezifische, unternehmensspezifische). Dies impliziert die Annahme, dass die wesentlichen, für die Beurteilung von Bonität und ökonomischer Entwicklung relevanten Indikatoren aus quantitativen Datenquellen wie etwa dem Jahresabschluss eines Unternehmens hervorgehen und gleichzeitig einen zukunftsorientierten Aussagewert besitzen.

Die Vermutung liegt allerdings nahe, dass neben quantitativen Finanzkennzahlen weitere, eher qualitative Faktoren existieren, die einen wesentlichen Einfluss auf den unternehmerischen Erfolg haben bzw. aus Sicht von Investoren elementar wichtige Charakterisierungen der Investmentobjekte zulassen. Im klassischen Rating gibt es bereits Ansätze, entsprechende Faktoren in der Bewertung zu berücksichtigen. Diese fußen primär auf Managementaspekten, die aus einschlägiger betriebswirtschaftlicher Sicht einen unmittelbaren Effekt auf den ökonomischen Erfolg eines Unternehmens haben, wie etwa die Analyse der Managementqualität, der Unternehmensstrategie und des Risikomanagements. Darüber hinaus existieren aus Sicht einer zunehmenden Anzahl an Investoren allerdings weitere Aspekte, die bei der Unternehmensanalyse Berücksichtigung finden und mit in die Investmententscheidung integriert werden müssen. Dies sind insbesondere Kriterien, die den Umgang der Emittenten mit ökologischen, sozialen und gesellschaftlichen Herausforderungen, mit denen sie konfrontiert sind, analysieren. Entsprechende Faktoren stehen im Zentrum von Nachhaltigkeitsratings, welche in der Regel von spezialisierten Ratingagenturen durchgeführt werden. Insofern versteht sich das Nachhaltigkeitsrating nicht als Ersatz, sondern als Komplementärinstrument zum Finanzrating.

2 Das oekom Corporate Rating

International hat sich in den vergangenen Jahren eine Anzahl an spezialisierten Ratingagenturen entwickelt, die Nachhaltigkeitsanalysen von Unternehmen und anderen Emittenten von Wertpapieren erstellen und diese dem Kapitalmarkt zur Verfügung stellen. Im Folgenden sollen grundlegende Bausteine der Positionierung der oekom research AG als unabhängige Ratingagentur sowie die Methodik des oekom Corporate Ratings skizziert werden. Die oekom research AG ist seit 1993 am Markt tätig und zählt damit zu den Pionieren im Bereich des Nachhaltigkeitsratings. Heute beschäftigt oekom research eines der größten Nachhaltigkeitsanalystenteams weltweit und nimmt über sein Research Einfluss auf zahlreiche Fonds und Eigenanlagen großer institutioneller Investoren mit einem Gesamtvolumen von über 520 Mrd. EUR.

2.1 Kriterien

Das überaus facettenreiche Konzept der nachhaltigen Entwicklung weist eine Vielzahl von Berührungspunkten mit unternehmerischen Tätigkeiten auf, was eine sehr stark ausdifferenzierte Bewertung der relevanten Sachverhalte nötig macht. Die Beurteilung, auf welche Weise ein Unternehmen ökologische und soziale Herausforderungen managt, basiert daher auf vielen wissenschaftlich fundierten Einzelfaktoren, die teilweise branchenübergreifend Gültigkeit besitzen (z.B. Aus- und Weiterbildungsprogramme oder Umweltmanagementsysteme), zu einem großen Teil aber an die spezifischen Problemstellungen der Produkte und Prozesse in einer Branche angepasst werden müssen (z.B. die Motorentechnik in der Automobilbranche oder die Abwasserbehandlung in der Papierindustrie).

Das oekom Corporate Rating basiert auf der weltweit umfassendsten Kriteriensammlung zur ethischen Bewertung von Unternehmen – dem Frankfurt-Hohenheimer Leitfaden – und bewertet die Verantwortung des Unternehmens gegenüber

- den von den Unternehmensaktivitäten betroffenen Menschen (Sozialverträglichkeit),
- der Gesellschaft und den Kulturen (Kulturverträglichkeit),
- der natürlichen Umwelt (Naturverträglichkeit).

Um die vielfältigen ökologischen und sozialen Herausforderungen hinsichtlich der Aktivitäten von Unternehmen umfassend analysieren zu können, hat die oekom research AG einen Pool von derzeit etwa 500 Indikatoren entwickelt. Zur zielgerichteten Bewertung der unternehmensindividuellen Problemstellungen werden aus diesem Pool pro Unternehmen durchschnittlich 100 Indikatoren branchenspezifisch ausgewählt.

Aufgrund der Tatsache, dass ein großer Teil der Kriterien qualitativer Natur ist, kommt deren Operationalisierung und Objektivierung eine besondere Bedeutung zu. Insbesondere muss gewährleistet sein, dass es zu einer vom einzelnen Analysten unabhängigen Bewertung kommt. Um dies sicherzustellen, wird für jedes einzelne Untersuchungskriterium ein separates Bewertungshandbuch entwickelt, welches auf einer vordefinierten Notenskala alle potenziellen Ausprägungen des Indikators dokumentiert und mit einer Note versieht.

Alle Kriterien unterliegen zudem in regelmäßigen Abständen einer Überprüfung und werden, falls notwendig, an aktuelle Entwicklungen oder andere der Objektivität dienenden Umstände angepasst. Darüber hinaus bedient sich oekom research externen Expertengremien, die die Auswahl und Gewichtung der Kriterien regelmäßig auf Plausibilität überprüfen. Dies soll gewährleisten, dass gesellschaftliche Diskussionen, technische Entwicklungen oder auch neue wissenschaftliche Erkenntnisse frühzeitig in die Analyse Einzug halten und das Rating damit als eine Art Frühwarnsystem für zukünftige Herausforderungen und Risiken fungieren kann.

Die grundlegende Struktur des Ratings findet auf alle Industriezweige Anwendung; die zur Untersuchung herangezogenen Kriterien und Indikatoren sowie deren Gewichtung untereinander werden an die jeweiligen Problemstellungen in den Branchen bzw. Unternehmen angepasst.

Das Rating gliedert sich in einen sozialen und einen ökologischen Teil. Das Social Rating setzt sich aus drei Hauptuntersuchungsbereichen zusammen: Mitarbeiter und Zulieferer, Gesellschaft und Produktverantwortung sowie Corporate Governance und Wirtschaftsethik. Der erste Untersuchungsbereich befasst sich insbesondere mit der Qualität der Arbeitsstandards für die Mitarbeiter des bewerteten Emittenten (etwa Sicherheit und Gesundheit, Arbeitszeitmodelle, Gleichberechtigung, Aus- und Weiterbildung, Mitbestimmung) sowie mit der Einhaltung von international anerkannten Mindeststandards in der vorgelagerten Wertschöpfungskette.

Abbildung 1: Grundlegende Struktur des oekom Corporate Ratings

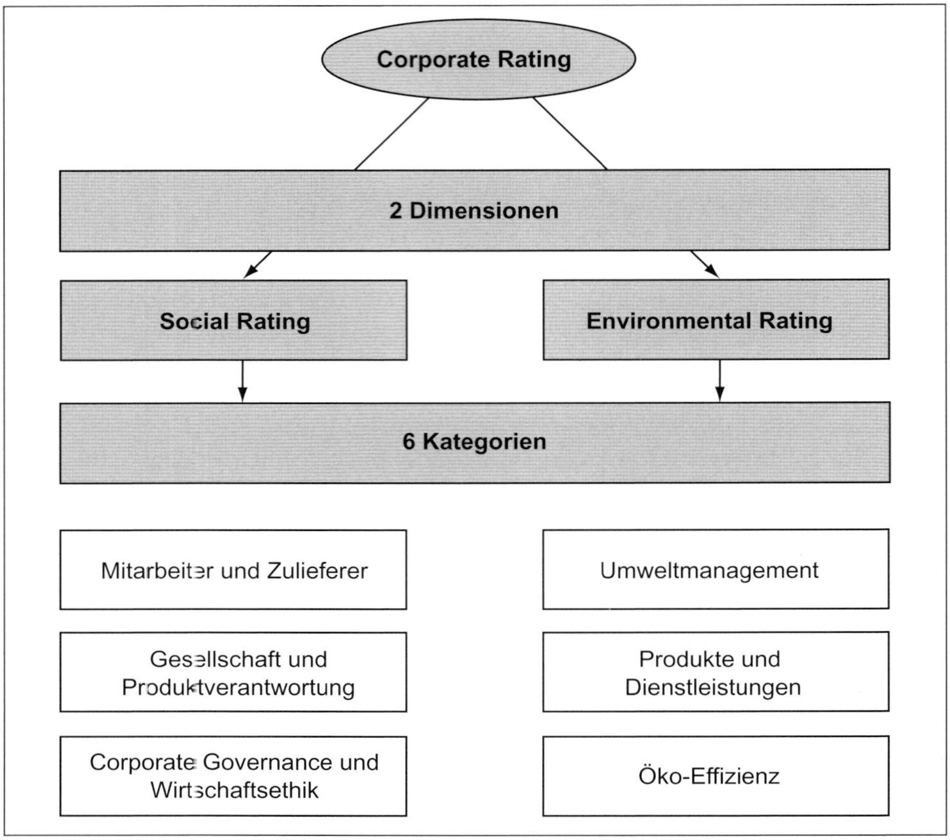

Im Rahmen des Untersuchungsbereichs Gesellschaft und Produktverantwortung werden vor allem das gesellschaftliche Engagement des zu bewertenden Emittenten in den Standortgemeinden, Menschenrechtsaspekte sowie die Transparenz von Subventions- und Steuerzahlungen betrachtet. Hinzu kommt die branchenspezifische Wahrnehmung der Produktverantwortung. In der Nahrungsmittelbranche beinhaltet dies etwa die nährwertbezogene Gestaltung der Produkte, die Transparenz gegenüber den Konsumenten hinsichtlich der verwendeten Inhaltsstoffe oder sonstiger Charakteristika (z.B. potenzielle Gefahren des Produkts) oder auch das Produktsicherheitsmanagement (z.B. Hygieneaspekte, Krisenmanagement bei Rückrufen, die Identifikation von Schadstoffen). Im Untersuchungsbereich Corporate Governance und Wirtschaftsethik werden schließlich Fragen zu Aktionärsrechten und Unternehmensführung sowie Maßnahmen und Managementstrukturen zur Vermeidung illegaler oder zumindest kontroverser Geschäftspraktiken wie Korruption, Bilanzfälschung oder Preisabsprachen behandelt.

In Abgrenzung dazu analysiert das Environmental Rating die Integration von Umweltaspekten in Produkte und Produktionsprozesse. Der Untersuchungsbereich Umweltmanagement bewertet die strukturelle Verankerung des Themas im Unternehmen, beispielsweise über die Implementierung von Umweltmanagementsystemen, die Erhebung von Ressourcenverbräuchen und Emissionen oder die allgemeine Klimastrategie. Der Untersuchungsbereich Produkte und Dienstleistungen identifiziert die spezifischen Umweltherausforderungen, mit denen eine Branche in Bezug auf die Produktgestaltung konfrontiert ist. Im oben bereits dargestellten Beispiel der Nahrungsmittelbranche handelt es sich hier insbesondere um die umweltverträgliche Gestaltung der Landwirtschaft und Fischerei, Maßnahmen zur Reduktion des Wasserverbrauchs, die Anwendung gentechnisch veränderten Saatguts sowie die Gestaltung von Produktverpackungen. Abschließend wird im Untersuchungsbereich Öko-Effizienz die Entwicklung der Ressourceneffizienz im Unternehmen bewertet, also z.B. Energie- und Wasserverbrauch pro Outputgröße.

Zur Veranschaulichung der Untersuchungstiefe ist im Folgenden die Detailkriteriologie für ein konkretes Untersuchungsfeld dargestellt:

Abbildung 2: Beispiel Detailkriteriologie

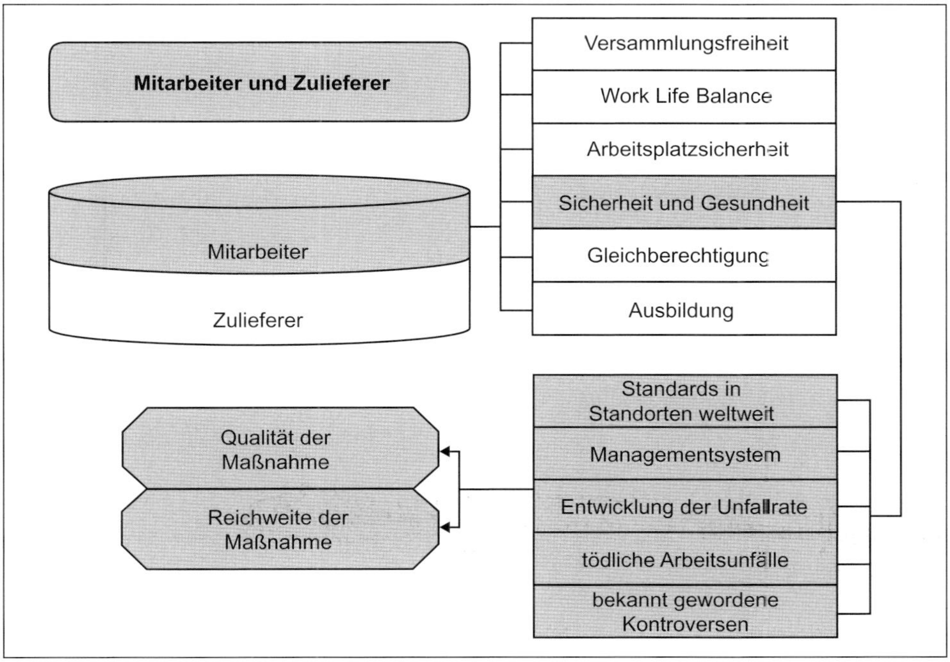

2.2 Ratingprozess

Die Ausgestaltung des Datenerhebungsprozesses im Bereich der oekom Corporate Ratings ist elementar wichtig für die Qualität des gesamten Researchs, da in der Regel keine Pflichtpublikationen zu diesem Themenbereich existieren, und die Ratings im Regelfall nicht von den Emittenten, sondern von den Investoren in Auftrag gegeben werden. Die Ratingagentur ist deswegen weitgehend auf die Verfügbarkeit relevanter Informationen und die Bereitschaft der jeweiligen Emittenten zum Dialog angewiesen.

Im Rahmen der Datenerhebung werden daher die untersuchten Unternehmen aktiv in einen weitreichenden Dialog eingebunden, um eine relevante Datenbasis für die anschließende Bewertung zu erhalten. Um die Angaben der Unternehmen hinsichtlich ihrer Plausibilität zu überprüfen und ihre Leistungen aus der Perspektive ihrer Anspruchsgruppen zu beleuchten, werden intensiv die Informationen von unternehmensexternen Quellen genutzt, wie z. B. Nichtregierungsorganisationen, Medien, Gewerkschaften oder Behörden.

Die Bewertung der Daten erfolgt dagegen ausschließlich durch die Analysten der oekom research AG selbst. Gleichzeitig wird großer Wert darauf gelegt, eine Plausibilitätsprüfung durch externe Experten durchführen zu lassen. Dies geschieht durch das unabhängige Rating Komitee der oekom research AG.

Auf Basis der vorliegenden Informationen werden die Kriterien einzeln bewertet und führen über die entsprechende Gewichtung der verschiedenen Hierarchieebenen zu Bereichsnoten sowie dem abschließenden Gesamtrating. Die Ratingskala wird dabei wie folgt definiert:

A = Das Unternehmen zeigt außergewöhnliche Leistungen.

B = Das Unternehmen verhält sich weitgehend progressiv.

C = Das Unternehmen hat grundlegende Maßnahmen ergriffen.

D = Das Unternehmen zeigt wenig Engagement.

Abbildung 3: Ratingprozess

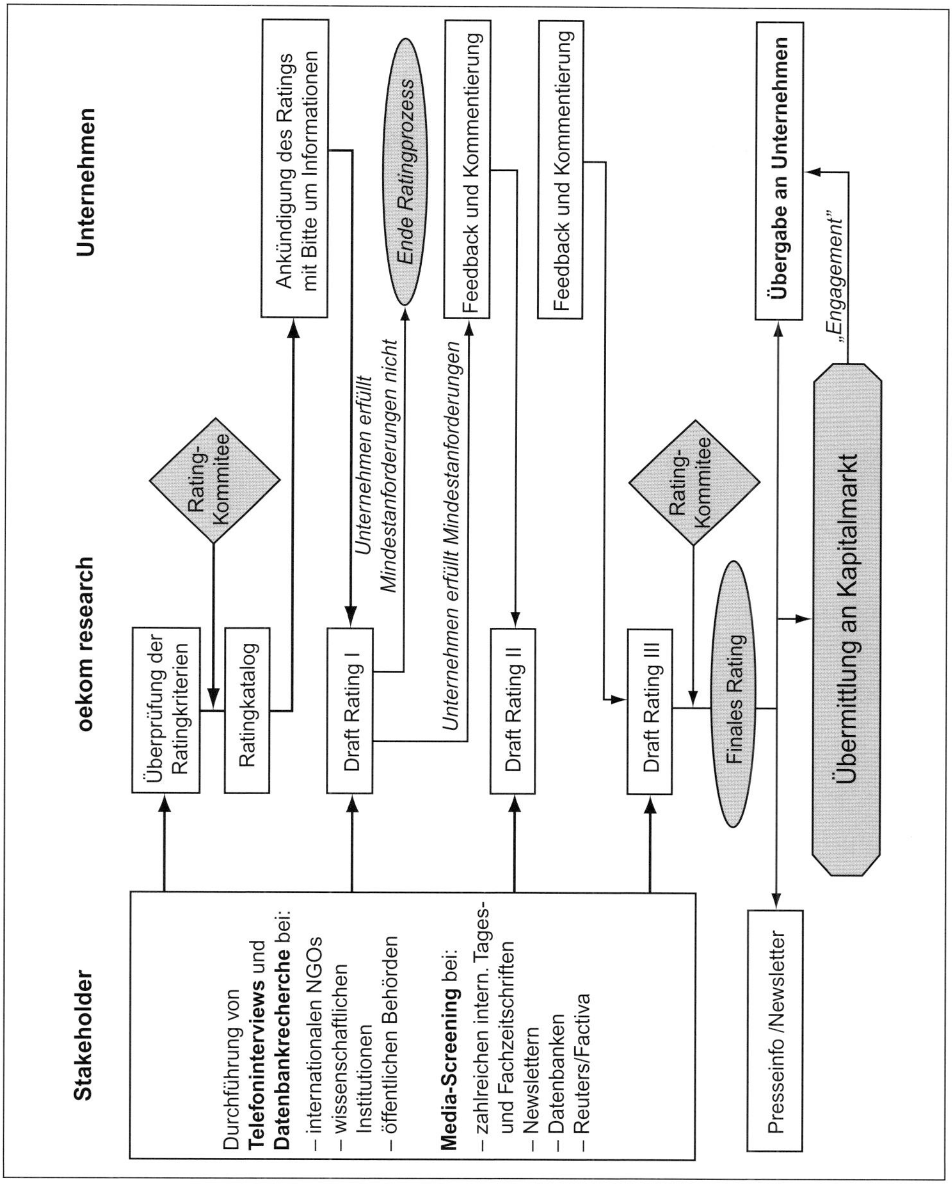

Die Aktualität der Basisinformationen und der Gesamtbewertung wird durch regelmäßige Updates erlangt. Zur größtmöglichen Transparenz des Ratings tragen die Veröffentlichung von Kriterien und Prozessen sowie von wesentlichen Ratingergebnissen bei.

2.3 Nutzung der Ratings durch Kunden

Mit den Analysen von oekom research werden derzeit über 3.000 Unternehmen sowie 52 Staaten abgedeckt. Dieses Researchuniversum bietet den Nutzern der Ratings eine solide Basis, Nachhaltigkeitskriterien auf die unterschiedlichste Art und Weise in den Investmentprozess zu integrieren. Das Spektrum reicht von der Bereitstellung von Informationen in Form von Berichten oder eines Onlinezugangs zur Datenbank ORBIT bis hin zu einer individuellen Beratung der Kunden, um das komplexe Thema Nachhaltigkeit unter Berücksichtigung kundenspezifischer Schwerpunktsetzungen in verschiedene Dienstleistungen zu integrieren:

- Ausführliche Ratingreports zu allen abgedeckten Unternehmen und Ländern,
- Hintergrundberichte zu kontroversen Umwelt- und Sozialthemen sowie Branchen,
- Webbasierter Datenbankzugang zum Download der Berichte sowie zum Export sämtlicher Analysedaten auf Kriterienebene,
- Vergleich von Unternehmen und Staaten auf der Ebene aller Einzelkriterien mit der Möglichkeit, über die ORBIT-Datenbank individuelle Benchmark-Gruppen zusammenzustellen,
- Investment Advisory: Beratung in Bezug auf die kundenspezifische Ausgestaltung und Gewichtung der Kriterien,
- Screening Services: Screening von Portfolios auf der Basis von kundenspezifischen Nachhaltigkeitsprofilen,
- Responsible Investment Universes: Entwicklung von kundenspezifischen Anlage- sowie Themenuniversen,
- Updating & Monitoring: monatliches Reporting in Bezug auf aktuelle Veränderungen im Researchuniversum,
- Rating von Titeln außerhalb des Universums im Auftrag der Kunden.

In allen Fällen beschränkt sich oekom research in seinen Dienstleistungen auf die kundenspezifische Aufbereitung des Nachhaltigkeitsresearchs und greift nicht unmittelbar in den Investmentprozess ein.

Abbildung 4: Zusammenarbeit Investor, Kapitalanlagegesellschaft und oekom research

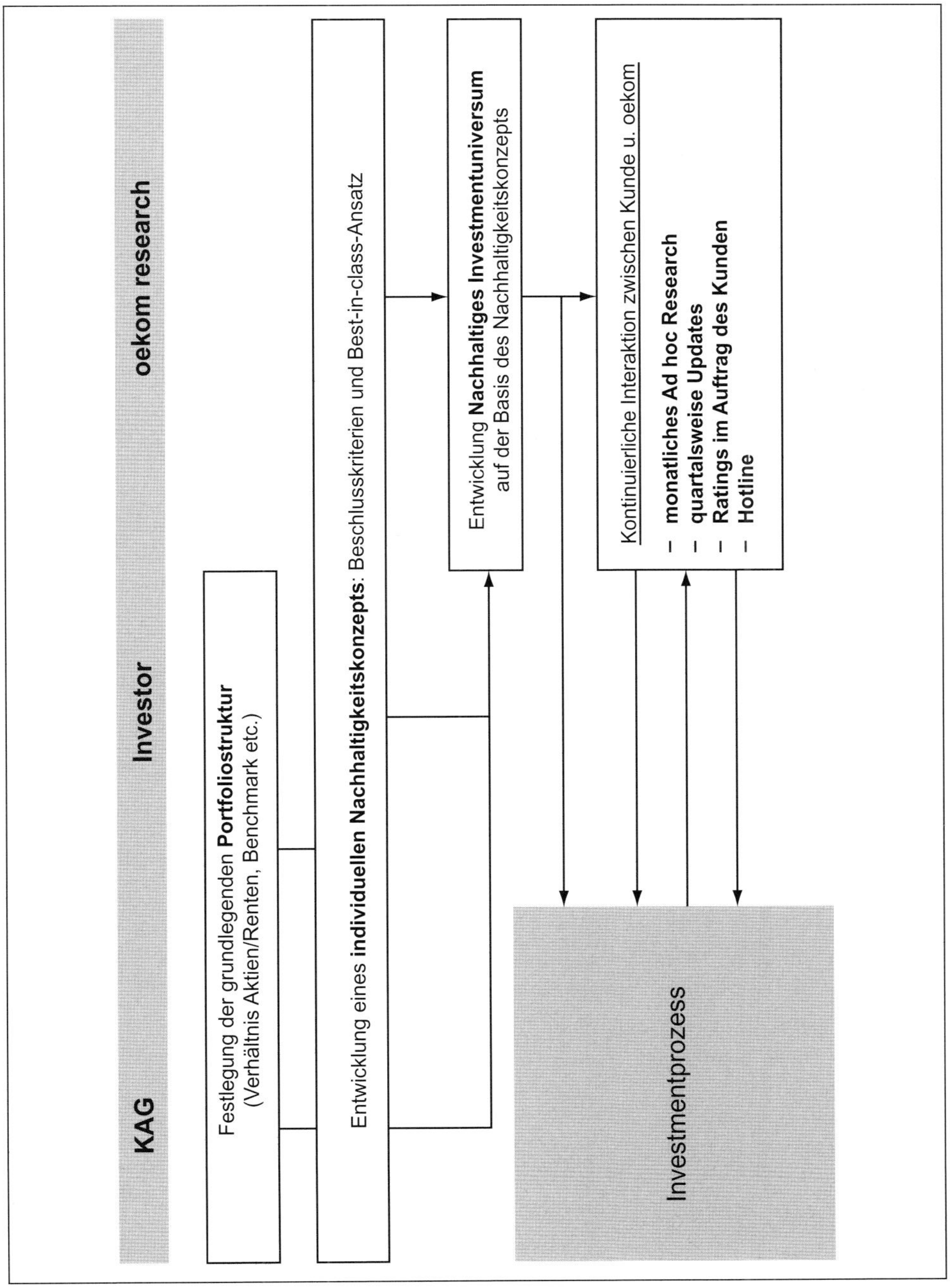

Bei der konkreten Ausgestaltung von nachhaltigen Investmentansätzen haben sich drei grundlegende Ansätze herauskristallisiert, die einzeln oder in Kombination Anwendung finden können:

Negativ-Screening

Bei diesem Ansatz schließt der Investor Emittenten aus, die in besonders kontroversen Geschäftsfeldern tätig sind, z.B. Rüstung und Atomenergie, oder kontroverse Geschäftspraktiken an den Tag legen, z.B. Korruption und Kinderarbeit. Die Basis für diesen Entscheidungsprozess bilden umfangreiche Screenings der Unternehmensaktivitäten.

Positiv-Screening

Bei diesem Ansatz wählt der Investor Emittenten aus, die besonders progressiv mit Nachhaltigkeitsherausforderungen umgehen und damit aus Sicht des Investors spezifische Risiken besonders gut managen bzw. die Einhaltung ethischer Mindestanforderungen demonstrieren. Die Basis für diese Einstufung bildet das Nachhaltigkeitsrating. Da relevante Herausforderungen häufig branchenspezifisch sind, werden die Emittenten in der Regel im Kontext der Branche bewertet und verglichen, d.h., dass innerhalb einer Branche auf Basis der Ratings eine Rangliste der Emittenten erstellt und nur in die Emittenten investiert wird, die in ihrer Branche führend bei der Integration von Nachhaltigkeitsaspekten in den Geschäftsbetrieb sind (daher auch „Best-in-Class-Ansatz“ genannt).

Engagement

Bei diesem Ansatz haben Nachhaltigkeitsinformationen in der Regel zunächst keine Auswirkung auf die Auswahl der Investments. Bei Kenntnis bestimmter Defizite hinsichtlich des Umgangs mit ökologischen oder sozialen Herausforderungen sucht der Investor jedoch den Dialog zum Management des Unternehmens und versucht Einfluss auszuüben, um die Defizite zu beseitigen. Dies kann auch im Rahmen der Ausübung von Stimmrechten auf Hauptversammlungen geschehen. Zum Teil werden allerdings auch gezielt Investments in Unternehmen vorgenommen, die Nachhaltigkeitsaspekte unzureichend managen, um entsprechenden Einfluss auf die Strategie dieser Unternehmen ausüben zu können.

3 Performance

Die Entwicklung des Nachhaltigen Investments in den vergangenen Jahren hat zahlreiche Studien hervorgebracht, die die Auswirkung dieses Investmentstils auf die Performance der Anlagen zum Untersuchungsgegenstand haben. Diese sollten vor allem auch zu einer fundierten und sachlichen Bewertung dieses Segments beitragen, nachdem die subjektive Wahrnehmung des vermeintlich nicht objektiven Charakters der Kriterien und Methoden lange Zeit Skepsis bei professionellen Investoren erzeugt hatte.

Sowohl die Vielzahl der Studien als auch die Erfahrungen der Investoren in den vergangenen Jahren haben gezeigt, dass ein derartiger Investmentansatz geeignet ist, sowohl die anlegerspezifischen ethischen als auch die finanziellen Erwartungen zu befriedigen. Trotz der Einschränkung des Anlageuniversums aufgrund der Beschränkung eines Investments auf Emittenten mit gut gemanagten Nachhaltigkeitsrisiken zeigt sich, dass die Renditen mindestens marktgerecht sind. Aufgrund des eher langfristigen Konzepts der Nachhaltigkeit gehen viele Studien sogar davon aus, dass dieser Investmentstil langfristig Renditevorteile generieren kann.

Auch oekom research leistet zu dieser Diskussion regelmäßige Beiträge, zuletzt im Frühjahr 2012 in Kooperation mit der Deutschen Performancemessungs-Gesellschaft für Wertpapierportfolios (DPG). Hier wurden die Performance und das Risiko eines Portfolios aus von oekom research mit dem Prime Status ausgezeichneten Großunternehmen mit dem MSCI World Total Return Index verglichen. Im Zeitraum vom 31.12.2004 bis 31.12.2011 erreichte das nach Marktkapitalisierung gewichtete oekom Prime Portfolio Large Caps (PPLC) eine um 15,30% bessere Rendite als der konventionelle Vergleichsindex. Bei Gleichgewichtung der Titel im PPLC lag dessen Rendite sogar mehr als doppelt so hoch wie beim MSCI World Total Return Index. Das jährliche Risiko (Volatilität) war dabei beim marktkapitalisierungsgewichteten PPLC mit 18,92% etwas niedriger als bei der Benchmark (19,08%).

Abbildung 5: Performancevergleich oekom Prime-Portfolio vs. MSCI World 2001–2006

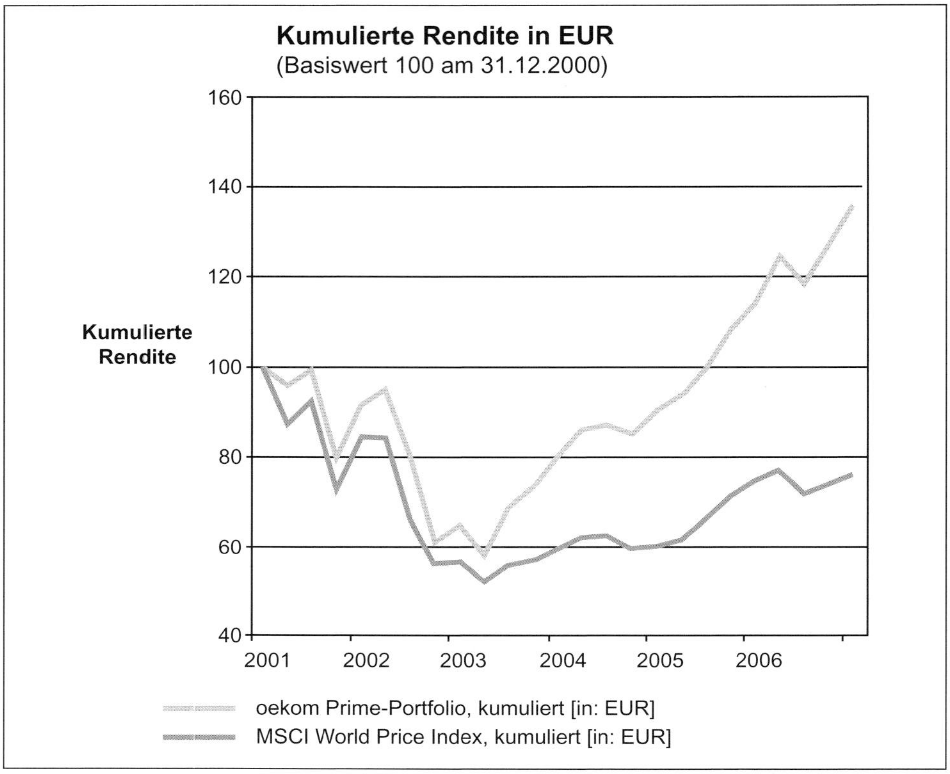

4 Unabhängigkeit von Agentur und Analysten

Die Unabhängigkeit der Ratingagentur als Ganzes, aber auch der einzelnen Analysten gegenüber den Ratingobjekten, den Nutzern des Ratings, den Aktionären und allen sonstigen Anspruchsgruppen ist Grundvoraussetzung für aussagekräftige und glaubwürdige Analyseergebnisse. Aus den Grundsätzen des Nachhaltigkeitsratings (siehe in Abschnitt 4.5, Abbildung 6) ergeben sich unter anderem folgende Grundsätze im Hinblick auf die Unabhängigkeit von oekom research und seinen Mitarbeitern:

Die Ratingagentur darf keine Bindungen eingehen, die ihre Entscheidungsfreiheit beeinträchtigen oder beeinträchtigen könnten. Die Ratingagentur wie auch ihre Organe haben ihre persönliche und wirtschaftliche Unabhängigkeit gegenüber jedermann zu bewahren. Dies gilt insbesondere in Bezug auf die Unabhängigkeit gegenüber den zu bewertenden Unternehmen: Die gleichzeitige Bewertung und Beratung von Unternehmen widerspricht dem Prinzip der Unabhängigkeit. Daher verzichtet oekom research bewusst auf die Annahme von Beratungsmandaten oder sonstigen entgeltlichen Aufträgen, die einer unabhängigen Researcherstellung entgegenstehen. Ferner muss eine institutionelle Trennung zwischen der Erstellung eines Nachhaltigkeitsratings und der Nutzung im Investmentprozess gewährleistet sein.

Die Analysten haben sich insbesondere bei der Durchführung und Auswertung ihrer Erhebungen unparteiisch zu verhalten. Sie haben ihre Tätigkeit zu versagen, wenn die Besorgnis der Befangenheit bei der Durchführung eines Auftrags besteht. Der Analyst darf einen Sachverhalt nur dann erheben und auswerten, wenn er an dessen Zustandekommen selbst nicht maßgeblich mitgewirkt hat. Zudem ist es einem Analysten untersagt, ein Rating von einem Unternehmen durchzuführen, für welches er innerhalb der letzten zwei Jahre gearbeitet hat. Der Analyst ist verpflichtet, gegenüber dem Aufsichtsrat schriftlich offen zu legen, sobald er Wertpapiere oder Derivate von Unternehmen, für die er selbst die Analyseverantwortung trägt, besitzt. Die Annahme von Belohnungen und Geschenken (auch sonstiger Vorteile), die einem Mitarbeiter im Hinblick auf seine Tätigkeit angeboten werden und über das im Rahmen von gewöhnlichen Geschäftsbeziehungen übliche Maß hinausgehen, ist nicht zulässig. Die Festlegung dieses zulässigen Rahmens erfolgt durch den Aufsichtsrat. Dazu gehören auch Einladungen außerhalb der gewöhnlichen geschäftlichen Zusammenarbeit. Die Teilnahme an Veranstaltungen muss grundsätzlich durch den Vorstand genehmigt werden. Kein Mitarbeiter der oekom research AG darf direkt oder indirekt Bestechungs- oder Schmiergelder fordern, annehmen oder vergeben.

Etwaige Situationen, in denen Interessenkonflikte nicht völlig ausgeschlossen werden können, sowie entsprechende Maßnahmen, um die Unabhängigkeit der Ratingagentur und ihrer Organe in diesen Situationen zu gewährleisten, sind im Folgenden aufgeführt.

4.1 Kunden

Die Dienstleistungen der oekom research AG sind primär an den Kapitalmarkt gerichtet, insbesondere an Finanzdienstleistungsunternehmen. Gleichzeitig haben viele Finanzdienstleister eine große Bedeutung als Emittenten von Aktien und festverzinslichen Wertpapieren und stellen damit wichtige Ratingobjekte für die oekom research AG dar.

Um mögliche Interessenkonflikte zu vermeiden, sind die inhaltliche Ausgestaltung sowie die Erstellung des Ratings personell und organisatorisch strikt von der Betreuung und Beratung dieser Unternehmen als Kunden der oekom research AG getrennt. Insbesondere darf die Erstellung und Kontrolle des Ratings nicht durch in die Kundenbetreuung involvierte Personen geschehen. Gleichzeitig darf der Kundenbetreuer keinerlei relevante Auskunft bzgl. der inhaltlichen Bearbeitung des Ratings gegenüber dem Kunden geben. Die Beratung der Kunden bezieht sich in keiner Weise auf das Abschneiden der Kunden im Rating der oekom Research, sondern ausschließlich auf die Integration des Researchs in die Finanzdienstleistungen der Kunden.

Der Ratingprozess wird unterschiedslos auf Nicht-Kunden und Kunden der oekom research AG angewendet. Die Maßnahmen zur objektiven Urteilsfindung sowie das grundsätzlich angewendete Vieraugenprinzip gewährleisten darüber hinaus eine ausschließlich auf Fakten basierende Bewertung der Ratingobjekte. Zur größtmöglichen Transparenz findet sich zudem an prominenter Stelle im Rating Report des jeweiligen Unternehmens der Hinweis auf die bestehende Kundenbeziehung.

4.2 Aktionäre

Die oekom research AG hat in der Vergangenheit der sorgfältigen Auswahl von Aktionären der Gesellschaft eine sehr große Bedeutung beigemessen, um eine größtmögliche Unabhängigkeit zu gewährleisten. So werden beispielsweise Unternehmen, die potenziell als Ratingobjekt infrage kämen, grundsätzlich nicht als Aktionär der oekom research AG in Betracht gezogen. Um die Veräußerung von Aktien an Personen oder Institutionen, die die Unabhängigkeit der oekom research AG potenziell gefährden könnten, auszuschließen, hat die oekom research AG vinkulierte Namensaktien eingeführt.

Um mögliche Interessenkonflikte zu vermeiden, sind zudem die inhaltliche Ausgestaltung sowie die Erstellung des Ratings personell und organisatorisch strikt von der Betreuung der Aktionäre und Kunden der oekom research AG getrennt. Die Maßnahmen zur objektiven Urteilsfindung sowie das grundsätzlich angewendete Vieraugenprinzip gewährleisten darüber hinaus eine ausschließlich auf Fakten basierende Bewertung der Ratingobjekte.

4.3 Gremien

Die oekom research AG hat verschiedene externe Expertengremien ins Leben gerufen, um regelmäßigen Experteninput bezüglich methodischer Fragestellungen einzuholen. Aus Gründen der Unabhängigkeit sind diese Gremien gegenüber der oekom research AG grundsätzlich nicht weisungsbefugt, sondern üben eine beratende Funktion aus.

Eine zentrale Funktion kommt dem externen Rating Komitee zu, welches regelmäßig die branchenspezifische Kriteriologie sowie die Ratingergebnisse auf Plausibilität prüft. Um verschiedene Perspektiven einfließen zu lassen, wird bei der Besetzung des Gremiums bewusst auf eine Balance zwischen Wissenschaft und unternehmerischer Praxis geachtet.

Mögliche Interessenkonflikte auf Seiten der Mitglieder des Komitees können auftreten, wenn unter den Mitgliedern finanzielle Interessen an Unternehmen gekoppelt sind, die von der oekom research AG gleichzeitig einer Bewertung unterzogen werden und damit potenziell Gegenstand der gemeinsamen Erörterungen sind. Dies trifft insbesondere auf laufende Beratungsmandate der Komitee-Mitglieder hinsichtlich der Nachhaltigkeitsstrategie und -kommunikation der betreffenden Unternehmen zu.

Mögliche Interessenkonflikte der Mitglieder des Rating Komitees werden im Vorfeld jeder Sitzung des Komitees von den Mitgliedern gegenüber der oekom research AG offen gelegt. Zur größtmöglichen Transparenz werden die Anzahl der laufenden Beratungsmandate der Mitglieder bei Unternehmen, die gleichzeitig einem Rating unterzogen werden, sowie die betroffenen Branchen im Rahmen des jährlichen Independence Statements durch die oekom research AG veröffentlicht. Zusätzlich werden sonstige potenzielle Interessenkonflikte, die ihrer Natur nach weniger schwerwiegend sind (etwa der Besitz von Aktien von analysierten Unternehmen durch Komitee-Mitglieder) erhoben und intern dokumentiert.

4.4 Beschwerden und Hinweise

Die Mitarbeiter der oekom research AG sind angehalten, den Umgang mit möglichen oder bereits eingetretenen Interessenkonflikten intern zu erörtern. Hierfür steht insbesondere der Vorstand zur Verfügung. Möchte ein Mitarbeiter Konfliktfälle anonym kommunizieren, so steht dafür zudem der Aufsichtsrat der oekom research AG als Ansprechpartner zur Verfügung.

Mitarbeiter, die von Handlungen erfahren, die sich nicht im Einklang mit dem Code of Conduct oder anderen relevanten Richtlinien der oekom research AG befinden oder anderweitig illegal oder unredlich sind, müssen durch die Weitergabe dieser Information keine Nachteile befürchten, sofern die Mitteilung in redlicher Absicht gemacht wurde. Dies gilt selbst dann, wenn sich die Mitteilung als unbegründet herausstellen sollte.

4.5 Transparenz

Die Ratingagentur unternimmt größte Anstrengungen, um mögliche Situationen, die zu Interessenkonflikten der Ratingagentur oder ihrer Organe führen könnten, konsequent zu vermeiden. Sie veröffentlicht jährlich in einem separaten Independence Statement etwaig eingetretene Situationen, in denen Interessenkonflikte nicht völlig ausgeschlossen werden können, sowie entsprechende Maßnahmen, um die Unabhängigkeit der Ratingagentur und ihrer Organe in diesen Situationen zu gewährleisten. Zudem wird eine Übersicht über die Umsatzverteilung der oekom research AG im Rahmen des Lageberichts publiziert, um eventuell im Konflikt mit der Unabhängigkeit stehende Umsatzquellen transparent zu machen. Die Ratingagentur verpflichtet sich zur vollständigen und klaren Darstellung aller relevanten Sachverhalte.

Abbildung 6: Grundsätze des Nachhaltigkeitsrating

Grundsätze des Nachhaltigkeitsratings	
I.	**Allgemeine Pflichten der Ratingagentur**
1.	Unabhängigkeit
2.	Verbot der widerstreitenden Interessen, Neutralität
3.	Qualifikation der Analysten
4.	Ganzheitlicher Ratingansatz
5.	Sicherung der gewissenhaften Analysedurchführung
6.	Sicherung der Vertraulichkeit
7.	Objektivität der Analysemethoden
8.	Sicherung der qualifizierten Urteilsfindung
9.	Verwendung eindeutig definierter Ratingsymbole
10.	Regelmäßige Datenrevision
11.	Berücksichtigung landestypischer Gegebenheiten
12.	Festlegung des Ratingobjekts
13.	Transparenz der Ergebnisse
II.	**Erhebungsgrundsätze**
1.	Entkoppelung von Erhebung und Beurteilung
2.	Verschiedenheit der Erhebungsmethoden und Datenquellen
3.	Standardisierung der Erhebung mit Auswertung
4.	Dokumentation der Erhebung
5.	Begründungszwang bei Abweichung von der Standardisierung
6.	Plausibilitätsprüfung, Vier-Augen-Prinzip
III.	**Beurteilungsgrundsätze**
1.	Einzelbeurteilung der Erfolgsfaktoren
2.	Ausgewogenheit zwischen Vergangenheits- und Zukunftsbezogenheit
3.	Branchen- und Länderorientierung
4.	Nachvollziehbarkeit

Grundsätze des Nachhaltigkeitsratings	
IV.	**Allgemeine Pflichten des Analysten**
1.	Unparteilichkeit
2.	Persönliches Tätigwerden
3.	Gewissenhaftigkeit
4.	Eigenverantwortlichkeit bei der Urteilsbildung
5.	Unvereinbarkeit von Analystentätigkeit und Beratung
6.	Weitere Unvereinbarkeiten
7.	Ausschließung des Analysten analog § 319 Abs. 2 und 3 HGB
8.	Verwendung von Beurteilungen, Bewertungen und Feststellungen Dritter
9.	Nachvollziehbarkeit des Urteils
10.	Pflicht zu einheitlicher Methodik
11.	Verschwiegenheitspflicht
12.	Beachtung von Urheberrechten
13.	Insidervorschriften
14.	Vorteilsannahme

Quelle: oekom research, 2001

5 Zusammenfassung

Kapitalmarktorientierte Unternehmensanalysen basieren in der Regel auf der Auswertung unterschiedlicher finanzieller Kennzahlen, mit Hilfe derer die finanzielle Bonität eines Schuldners bestimmt oder der zukünftige Aktienkursverlauf eines börsennotierten Unternehmens prognostiziert werden sollen. Allerdings beeinflussen auch ökologische und soziale Fragestellungen die wirtschaftliche Entwicklung eines Unternehmens, was in konventionellen Analysen in der Regel nicht oder nur am Rande Beachtung findet. Im Rahmen von Nachhaltigkeitsratings schließen spezialisierte Ratingagenturen diese Informationslücke und tragen damit zu einer umfassenden Unternehmensbewertung bei.

Das Konzept der Nachhaltigkeit im Kontext unternehmerischer Tätigkeiten erfasst dabei die komplexen und facettenreichen Zusammenhänge zwischen wirtschaftlicher Aktivität und deren ökologischen und sozialen Auswirkungen auf Anspruchsgruppen wie z.B. Mitarbeiter, Zulieferer, die Gesellschaft und die natürliche Umwelt. Zentrale Aufgabe von Nachhaltigkeitsratings ist daher die Identifikation, Operationalisierung und objektive Bewertung entsprechender Themenfelder.

Die Unabhängigkeit der Ratingagentur als Ganzes, aber auch der einzelnen Analysten gegenüber den Ratingobjekten, den Nutzern des Ratings, den Aktionären und allen sonstigen Anspruchsgruppen ist Grundvoraussetzung für aussagekräftige und glaubwürdige Analyseergebnisse.

Die derzeit gängigsten Ansätze, auf Basis der unterschiedlichen Motive Nachhaltigkeitsaspekte in Investments zu integrieren, sind der Ausschluss bestimmter Emittenten aufgrund kontroverser Geschäftsfelder oder -praktiken (Negativ-Screening), die bewusste Auswahl von besonders progressiven Emittenten (Positiv-Screening) sowie die Einflussnahme des Investors durch einen Dialog mit dem Management des Emittenten („Engagement").

Nicht zuletzt wegen der guten Performance verzeichnet der Markt für Nachhaltige Investments seit einigen Jahren deutlich überdurchschnittliche Wachstumsraten. Zu dieser Entwicklung beigetragen haben zudem die Professionalisierung und stärkere Differenzierung von Researchanbietern und Investmentprodukten sowie der zu beobachtende Einstieg großer institutioneller Mainstream-Investoren.

Nachhaltigkeitsresearch der Zürcher Kantonalbank

Simone Schärer

1 Einleitung

Auf dieser Welt werden im Jahr 2050 voraussichtlich über neun Milliarden Menschen leben. Das globale Bevölkerungswachstum führt zu einer steigenden Nachfrage nach Gütern und Dienstleistungen und belastet die Umwelt und damit die natürlichen Ressourcen auf unserem Planeten immer mehr. Auch entwickeln sich neue Konsumentenbedürfnisse und Märkte, z.B. im Gesundheitssektor durch die zunehmende Alterung der Gesellschaft. Gleichzeitig werden Fragen zum Klimawandel und zur Energieversorgung immer dringlicher. Dazu kommen die Auswirkungen der Wirtschaftskrise seit 2007, die Nationen, Unternehmen und Investoren vor enorme Herausforderungen stellen. All das birgt Risiken – aber auch Chancen.

Für die Wirtschaft bedeutet nachhaltiges Wachstum in der Umsetzung, dass nur jene Wettbewerber langfristig profitabel und damit zukunftsfähig sind, die folgende Bedingungen erfüllen und in ihre Managementsysteme integrieren:

- Sie nehmen ihre ökologische Verantwortung wahr und vermeiden sowohl Ressourcenausbeutung als auch umweltschädliche Emissionen und optimieren ihre Produkte und Dienstleistungen entsprechend.
- Sie nehmen ihre soziale Verantwortung wahr und engagieren sich für ihre Mitarbeitenden und weitere wichtige Anspruchsgruppen.
- Sie nehmen ihre ökonomische Verantwortung wahr, indem sie wirtschaftlich erfolgreich sind und damit langfristig über angemessene Gewinnaussichten verfügen.

Der Markt der nachhaltigen Anlagen zeigt ein starkes Wachstums- und Erfolgspotenzial. In der Schweiz ist das Marktvolumen der nachhaltigen Anlagen von Dezember 2009 bis Dezember 2012 um 24% gewachsen.[1] Auch wenn sich damit das Wachstum des Marktes verlangsamt hat, deuten die Zahlen dennoch darauf hin, dass das Interesse an Nachhaltigen Investments mehr als nur eine kurzfristige Modeerscheinung ist. Dies gilt angesichts des schwierigen Marktumfelds und der Risikoaversion der Anleger umso mehr.

Die Zürcher Kantonalbank, eine Schweizer Universalbank, verfügt über ein Analystenteam, das börsennotierte Firmen und Schuldner weltweit auf ihr nachhaltiges Verhalten hin überprüft – unter anderem im Zusammenhang mit dem Klimawandel, der verantwortungsvollen Unternehmensführung oder dem respektvollen Umgang mit den Mitarbeitenden. Basierend auf diesem Research verfügt die Zürcher Kantonalbank über ein breit diversifiziertes Aktien- und Obligationenuniversum, das aus Nachhaltigkeitssicht führend ist und für verschiedene Anlageprodukte eingesetzt wird. Mit nachhaltigen Anlagen

---

[1] Vgl. FNG, OnValues (2010, 2011, 2012).

können Kundenzufriedenheit, Wachstum sowie die Verantwortung für Umwelt und Gesellschaft sinnvoll miteinander verbunden werden. Ende 2013 wurde das Asset Management der Zürcher Kantonalbank mit dem Award der FERI EuroRating Services AG (eine der führenden europäischen Ratingagenturen für die Analyse und Bewertung von Anlageprodukten) als beste Vermögensverwalterin im Bereich nachhaltiger Kapitalanlagen in der Schweiz, Deutschland und Österreich ausgezeichnet.

2 Nachhaltigkeit bei der Zürcher Kantonalbank

Als marktführende Universalbank unterscheidet sich die Geschäftstätigkeit der Zürcher Kantonalbank kaum von jener anderer Banken. Dennoch weist sie eine grundlegende Besonderheit auf: Aufgrund eines gesetzlichen Leistungsauftrags hat die Zürcher Kantonalbank zur Erfüllung volkswirtschaftlicher und sozialer Aufgaben im Kanton Zürich beizutragen und eine umweltverträgliche Entwicklung zu unterstützen. Damit bildet nachhaltiges, verantwortungsvolles Handeln einen wesentlichen Bestandteil der Unternehmenskultur.

Der Leistungsauftrag verlangt von der Bank eine auf Kontinuität ausgerichtete Geschäftspolitik. Sie befriedigt Anlage- und Finanzierungsbedürfnisse unter Berücksichtigung der Anliegen von kleinen und mittleren Unternehmen, Arbeitnehmern, Landwirtschaft und Gewerbe. Darüber hinaus fördert die Zürcher Kantonalbank das Wohneigentum sowie den preisgünstigen Wohnungsbau. Aufbauend auf dem Leistungsauftrag fördert die Zürcher Kantonalbank bereits seit vielen Jahren aktiv die soziale und ökologische Nachhaltigkeit im Betrieb durch Produkte und durch Sponsoring. Das Umweltmanagementsystem ist seit Dezember 2002 nach ISO 14001 zertifiziert und wurde seither regelmäßig rezertifiziert. Die Kreditvergabe wird schon seit Jahren einer ökologischen Risikoprüfung unterzogen, und der Investmentbereich stellt nachhaltige Anlageprodukte für private und institutionelle Kunden bereit. Ökologisch innovative und energetisch vorbildliche Bauvorhaben werden durch Umweltdarlehen gefördert. Kleine und mittlere Unternehmen, für welche die Umsetzung von Umweltschutzmaßnahmen in personeller und finanzieller Hinsicht eine große Herausforderung darstellt, werden gezielt unterstützt. Die Sponsoring-Aktivitäten konzentrieren sich auf die Bereiche Kultur, Gesellschaft, Sport und Natur. Die Bonität der Zürcher Kantonalbank wird von Standard & Poor's und Fitch mit einem AAA-Rating und von Moody's mit einem Aaa-Rating honoriert.

Die Zürcher Kantonalbank vernetzt sich im Bereich Nachhaltigkeit mit kompetenten Partnern wie dem WWF Schweiz. Seit 2007 verfolgen die Partner gemeinsam das Ziel, Lösungen für umweltfreundliche und nachhaltige Bankgeschäfte zu entwickeln und die Bevölkerung dafür zu sensibilisieren. Im Zentrum der Partnerschaft steht dabei die Produktlinie Nachhaltigkeit. 2009 hat die Zürcher Kantonalbank als eine der ersten europäischen Universalbanken die PRI (Principles for Responsible Investments) unterzeichnet. Als weiterführende Maßnahme lancierte die Zürcher Kantonalbank 2011 den Nachhaltigkeitsindikator. Der Indikator beurteilt die Nachhaltigkeit von Anlagefonds und bringt damit Transparenz ins Kundenportfolio.

3 Nachhaltigkeitsresearch

Die Zürcher Kantonalbank hat frühzeitig erkannt, dass sich aus Anlegersicht im Bereich von nachhaltigen Anlagen attraktive Chancen eröffnen: Bereits Mitte der 1990er Jahre baute sie eines der ersten und mittlerweile umfassendsten Nachhaltigkeitsresearchs in Europa auf. Seit 1998 bietet sie nachhaltige Anlageprodukte mit externen Partnern an. 2003 lancierte die Zürcher Kantonalbank ihren ersten eigenen nachhaltigen institutionellen Fonds, 2007 ihren ersten eigenen nachhaltigen Publikumsfonds. Heute gehört sie zu den führenden Anbietern nachhaltiger Anlagelösungen für private und institutionelle Kunden in der Schweiz. Diese Anlageprodukte werden durch die Zürcher Kantonalbank anhand umfangreicher Umwelt-, Sozial- und Governance-Kriterien (ESG)[2] sowie Produkt- und Branchenaspekte geprüft: Sieben Spezialisten erstellen Analysen und Bewertungen von Aktien und Obligationen. Das Nachhaltigkeitsresearch erfolgt auf globaler Ebene mit einem systematischen Auswahlverfahren, welches die nachhaltigsten Unternehmen und Schuldner identifiziert. Die Analysten verfügen über interdisziplinäre Hintergründe (Umweltnaturwissenschaften, Forstwissenschaften, Betriebswirtschaft, Volkswirtschaft) und weisen eine breite berufliche Erfahrung auf.

3.1 Wozu die Nachhaltigkeitsanalyse?

Bei den „traditionellen" Anlageprodukten stehen Risiko, Rendite und Liquiditätserwartungen des Investierenden im Vordergrund. Die von SRI[3]-Investierenden geforderte Berücksichtigung sozialer und ökologischer Auswirkungen der Geschäftstätigkeit von Unternehmen erfordert aber die Analyse zusätzlicher Informationen. So trägt das Nachhaltigkeitsresearch einerseits dazu bei, dass Anlageprodukte angeboten werden können, die die ethischen und moralischen Wertvorstellungen der Investierenden erfüllen, andererseits setzen Nachhaltigkeitsresearch, -bewertung und die Publikation einer solchen Bewertung die Unternehmen einem gewissen Druck aus, Prozesse zu entwickeln, um ihre Auswirkungen auf Umwelt und Gesellschaft zu analysieren, zu verbessern und darüber zu berichten.

[2] Environment, Social, Governance.

[3] Socially Responsible Investment (sozialverantwortliche Investitionen).

3.2 Verzicht auf Performance?

Das Vorurteil, dass nachhaltige Anlagen eine schlechtere Performance aufweisen als konventionelle Anlagen, ist mittlerweile wissenschaftlich widerlegt. Seit Anfang der 1990er-Jahre ist eine große Anzahl verschiedenartiger Studien zur Performance nachhaltiger Anlagen verfasst worden. Insgesamt zeigen die Vergleiche, dass Nachhaltige Investments eine ebenso gute Performance aufweisen wie ihre konventionellen Pendants bei gleichzeitig etwas geringerem Risiko.

Die Zürcher Kantonalbank hat in Kooperation mit dem Zentrum für Unternehmensverantwortung und Nachhaltigkeit der Universität Zürich (CCRS) 2008 ein Forschungsprojekt initiiert, in dem der Zusammenhang zwischen unternehmerisch nachhaltigem Handeln und Aktienperformance wissenschaftlich untersucht wurde. Das Modell, welches das CCRS erstmals auch für den europäischen Aktienmarkt erarbeitet hat, erlaubt einen direkten Vergleich zwischen Aktienportfolios, die sich im Wesentlichen nur durch den Faktor Nachhaltigkeit unterscheiden. Da die Erkenntnisse auf dem Vergleich mehrerer Einflussfaktoren beruhen, sind sie wesentlich aussagekräftiger als bisherige Untersuchungen. Die Ergebnisse wurden Ende 2011 präsentiert und bestätigen frühere Studien zu diesem Thema:[4]

- Die Selektion großkapitalisierter Unternehmen nach strengen Nachhaltigkeitskriterien bei Anlageentscheiden eröffnet ein marktkonformes Renditepotenzial.
- Bei klein- und mittelkapitalisierten Unternehmen besteht phasenweise ein statistisch signifikanter, positiver Zusammenhang zwischen Nachhaltigkeit und Rendite.

3.3 Der Analyseprozess bei der Zürcher Kantonalbank

3.3.1 Eine Kombination von Ansätzen

Bei den klassischen Ansätzen, die heute im Nachhaltigkeitsresearch überwiegend verwendet werden, wird entweder explizit auf ein Investment verzichtet, wenn der Emittent in gewissen definierten Bereichen tätig ist („negative Screening", Ausschlusskriterien), oder es werden Unternehmen oder Schuldner nach Kriterien ausgewählt, die sie besonders gut erfüllen („positive Screening"). Zu Letzterem gehört der Best-in-Class-Ansatz, bei dem aus einer bestimmten Grundgesamtheit (Branche, Region) die aus Nachhaltigkeitssicht besten Titel ermittelt werden.

[4] Vgl. ZKB, Fokus Nachhaltigkeit, Dezember 2011.

Das Prinzip der Ausschlusskriterien ist für Investierende bzw. Kunden intuitiv gut erfassbar und transparent. Dennoch wird ein rein negatives Screening heute oft als „zu vereinfachend" kritisiert. Denn im Prinzip müssen investierbare Unternehmen keine weiteren positiven Eigenschaften ausweisen außer in gewissen Bereichen nicht tätig zu sein – ein aktives Engagement ist nicht nötig.

Deshalb basiert die Nachhaltigkeitsanalyse der Zürcher Kantonalbank für Aktien und Obligationen, welche die Basis für unterschiedliche nachhaltige Anlageprodukte bilden, sowohl auf einem Negativ-Screening in Form von Ausschlusskriterien als auch auf dem Best-in-Class- bzw. Branchenleader-Ansatz, mit dem für beide Gruppen die nachhaltigsten Vertreter bestimmt werden (s. Abbildung 1).

Abbildung 1: Ansätze im Nachhaltigkeitsresearch

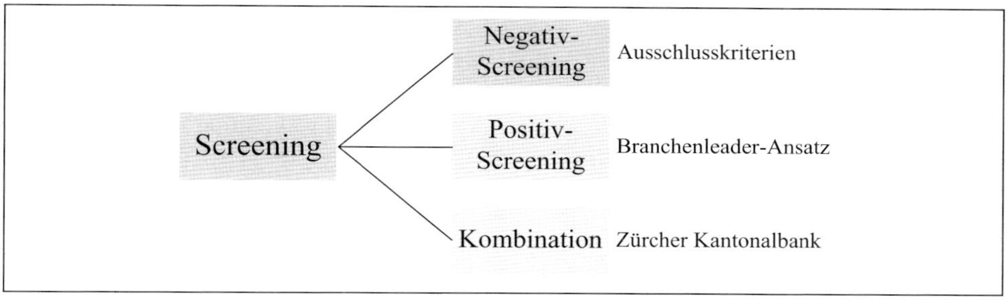

Quelle: Zürcher Kantonalbank

3.3.2 Ausschlusskriterien: Konsequent angewendete Negativkriterien

Zur Identifikation der nachhaltigen Anlagen wenden die Analysten der Zürcher Kantonalbank in einem ersten Schritt eine Auswahl strenger Ausschlusskriterien an („negative Screening"), die auch den hohen Anforderungen des WWF Schweiz bezüglich Umweltverträglichkeit genügen. Die Ausschlusskriterien stellen sicher, dass diejenigen Unternehmen bzw. Schuldner aus der Grundgesamtheit der Anlagemöglichkeiten (dem Anlageuniversum) entfernt werden, die zu den weltweit größten Umweltproblemen und sozialen Risiken beitragen. Ausgeschlossen werden jeweils Tätigkeiten oder Produkte, die am Anfang einer Problemkette stehen (Abbildung 2). Dabei wird ein hundertprozentiger Verzicht auf solche Tätigkeiten gefordert (Nulltoleranz), was auch für Tochterunternehmen gilt. Das heißt, dass der Produktmanager in Aktien bzw. Obligationen dieser Unternehmen nicht investieren darf. Weitere problematische Bereiche wie die Einhaltung des Verbots von Kinder- und Zwangsarbeit oder der ILO-Richtlinien werden im Rahmen der Unternehmensprüfungen untersucht und laufend überwacht.

Tabelle 1: Ausschlusskriterien der Zürcher Kantonalbank

Globale Risiken	Ausschlusskriterien
Klimawandel	• Förderung fossiler Energieträger • Betrieb fossiler Kraftwerke • Herstellung von Autos und Flugzeugen
Abbau Ozonschicht	• Herstellung ozonabbauender Substanzen
Rückgang Artenvielfalt	• Herstellung von langlebigen organischen Schadstoffen (POP) • Nicht nachhaltige Forstwirtschaft (ohne FSC-Label) • Nicht nachhaltige Fischerei (ohne MSC-Label)
Kernenergie	• Kernkraftwerke und atomare Endlager • Hersteller von Kernreaktoren
Gentechnik	• Freisetzung gentechnisch veränderter Organismen
Soziale Probleme	• Herstellung von Waffen • Herstellung von Tabak und Raucherwaren

Quelle: Zürcher Kantonalbank

Ausschlusskriterien wie die Herstellung von Waffen und Rüstungsgütern, Tabak und Raucherwaren finden sich bei fast allen Anbietern, die ein Negativ-Screening verwenden. Bei einer weniger strengen Anwendung der Kriterien wird zugelassen, dass ein Unternehmen bis zu einem bestimmten Anteil seines Umsatzes (typisch sind 5 oder 10%) in die „ausgeschlossenen" Tätigkeiten involviert ist. Konsequente Anbieter verlangen einen vollständigen Verzicht auf die bezeichneten Tätigkeiten. Die Zürcher Kantonalbank hat bewusst diesen strengen Ansatz mit umfangreichen Ausschlusskriterien gewählt und unterstreicht damit die Glaubwürdigkeit der Produkte.

Ausschlusskriterien dürfen und müssen sich ändern: Lange Zeit war z.B. bei den Automobilherstellern kaum eine Strategie erkennbar, wie die Branche der sich laufend verschärfenden Klimaproblematik begegnen will. Das Nachhaltigkeitsresearch der Zürcher Kantonalbank verfolgt aktiv die Entwicklung im Mobilitätsbereich. Wenn sich Hersteller von Autos mit alternativen Antriebskonzepten etablieren (Serienproduktion) und Unternehmen ihre Umweltpolitik vermehrt auf die Lösungen des Mobilitätsproblems ausrichten, muss das Kriterium erneut diskutiert werden.

Alternativen zu den ausgeschlossenen Unternehmen bietet die Kategorie der Innovatoren (s. Kapitel 3.5). Sie schaffen mit ihrem Produktangebot einen erheblichen ökologischen oder sozialen Mehrwert. So kann z.B. anstelle der Ölförderung in Anbieter Erneuerbarer Energien (Wind, Solar, Wasser etc.) investiert werden.

3.4 Branchenleader-Analyse

In einem nächsten Schritt werden die verbleibenden Unternehmen nach Positivkriterien geprüft, d. h. es kommt der Best-in-Class- oder Branchenleader-Ansatz zur Anwendung. Unter „Branchenleader" sind dabei jene großkapitalisierten Unternehmen pro Branche und Weltregion zu verstehen, die eine Signalwirkung haben, indem sie ihre Verantwortung in den Bereichen Umweltschutz, Soziales und Governance unter ihren Mitbewerbern am besten wahrnehmen. Hinter diesem Ansatz steht die Idee, dass es nicht genügt, dass ein Unternehmen oder Schuldner in keine „problematischen" Unternehmenstätigkeiten (Ausschlusskriterien) verwickelt ist, sondern dass die für den Investierenden wichtigen Bereiche aktiv und erfolgreich organisiert werden müssen.

Die Position, die ein Unternehmen im Markt einnimmt, steht unter ständigem Einfluss globaler, lokaler und branchenspezifischer Trends. Ein nachhaltig erfolgreiches Unternehmen berücksichtigt diese Trends in seiner Geschäftstätigkeit und seiner Zukunftsstrategie. Die Kriterien, die bisher von der traditionellen Finanzanalyse verwendet werden, sind aber oft zu wenig langfristig ausgerichtet und erfassen deshalb nicht die Vielschichtigkeit aller Einflüsse, denen ein Unternehmen (und letztendlich dessen wirtschaftlicher Erfolg) ausgesetzt ist.

Über den gesamten Lebenszyklus von Produkten und Dienstleistungen, die von einem Unternehmen angeboten werden (Produktion, Verkauf, Verwendung und Entsorgung), werden verschiedene Interessengruppen direkt oder indirekt beeinflusst: Investierende, Kunden, Angestellte, Lieferanten oder Partner und die lokale Gemeinschaft und Umwelt. Diese können ihrerseits positiven oder negativen Einfluss auf das Unternehmen ausüben. Die Kriterien für die Nachhaltigkeitsanalyse sollen deshalb messen, wie erfolgreich ein Unternehmen mit diesen allgemeinen und branchenspezifischen, ökologischen und gesellschaftlichen Chancen und Risiken umgeht.

Für jede Branche werden deshalb anhand umfassender und strenger Kriterien weltweit diejenigen Unternehmen bestimmt, welche in den Bereichen Umweltschutz, Soziales und Governance einen überdurchschnittlichen Leistungsausweis vorlegen können (im Vergleich zum Rest der Gruppe). Das Nachhaltigkeitsrating der Zürcher Kantonalbank wendet dafür ein mehrstufiges Prüfungsverfahren an.

3.4.1 Quantitative ESG-Analyse

In einem quantitativen Teil werden alle Unternehmen innerhalb einer Branche und Region aufgrund von rund 50 Indikatoren im Umwelt-, Sozial- und Corporate-Governance-Bereich (ESG) verglichen. Diese quantitative Analyse zahlreicher Datenpunkte, die von spezialisierten Anbietern bezogen und im Analyseprozess verarbeitet werden, erlaubt eine erste ganzheitliche Bewertung der Nachhaltigkeitsleistung von über 3.000 großkapitalisierten Unternehmen (Abbildung 2). Diese Bewertung wird relativ zur Branche und zur Region vorgenommen und macht in der Regel 50% des gesamten Nachhaltigkeitsratings aus.

- Asset4 liefert auf Basis von über 250 Indikatoren Informationen zu Wirtschaft, Umwelt, Gesellschaft und Unternehmensführung.
- GMI ist ein Beratungsunternehmen, das sich auf die Beurteilung der Corporate Governance von Unternehmen spezialisiert und weltweit bereits mehr als 4.200 Firmen bewertet hat.
- RepRisk überwacht unabhängige Drittquellen (Printmedien, Nichtregierungsorganisationen, Newsletter, staatliche Stellen, Blogs) und bewertet täglich die Risikoexpositionen eines Unternehmens oder Projekts in Bezug auf Umwelt-, Sozial- und Governance-Kriterien.
- Trucost erfasst und bewertet die Aktivitäten und deren Auswirkungen auf die Umwelt von über 4.000 Unternehmen.

Abbildung 2: Branchenleader-Analyse

Quelle: Zürcher Kantonalbank

3.4.2 Produkt- und Sektoranalyse

In einem weiteren und entscheidenden Schritt wird die Branchenleader-Analyse mit einer Produkt- und Sektoranalyse abgeschlossen, in der Fachwissen und Erfahrung sowie branchenspezifische Kenntnisse der Analysten einfließen.

Jeder Analyst und jede Analystin decken mehrere Sektoren oder Branchen ab und sind damit für die jeweilige spezifische Analyse verantwortlich. Dieser Teil der Analyse beinhaltet die Identifizierung, Gewichtung und Bewertung der wichtigen Themen in der Branche durch quantitative und qualitative Kriterien sowie eine Analyse langfristig relevanter, wirtschaftlicher Daten (Mehrwert, Wachstum, Leverage).

In der Regel identifiziert der Analyst pro Branche drei bis vier zentrale Themen und definiert für jedes Thema mehrere Indikatoren, die pro Unternehmen bewertet werden. Je nach Branche werden ökologische, soziale und Governance-Aspekte in der Produkt- und Branchenanalyse noch weiter vertieft. Die analysierten Aspekte decken z.B. die Produktgestaltung, die Betrachtung des Lebenszyklus der Produkte (Herstellung, Nutzung/Anwendung, Entsorgung und Recycling) und der Wertschöpfungskette ab.

In der Pharmaindustrie z.B. werden klinische Tests und Ethik, Forschung und Entwicklung, Zugang zu Medikamenten und Marketingpraktiken im Detail analysiert. Mit Hilfe von Datenbanken wird das Reputationsrisiko vertiefter untersucht, etwa mit Fokus auf Klagen und Prozesse. Dies ist in der Pharmabranche besonders relevant und kann einen Einfluss auf das langfristige Bestehen eines Unternehmens haben.

Im Grundsatz werden für die Analyse ähnliche Informationsquellen verwendet wie für die konventionelle Finanzanalyse:

- Öffentlich zugängliche Informationen des Emittenten (Jahres-, Nachhaltigkeits-, Spezialberichte, Internetseiten usw.),
- Informationen von anderen Researchanbietern (Sell-Side-Research),
- Medienberichte,
- Informationen oder Berichte von Interessensgemeinschaften/NGOs.

3.4.3 Bewertung (Rating)

Erst nach diesen drei Prüfungsstufen (Ausschlusskriterien, ESG-Analyse, Produkt- und Branchenanalyse), die in regelmäßigem Abstand kontrolliert werden, qualifizieren sich rund 25% der Unternehmen pro Branche und Region als Branchenleader und können in die nachhaltigen Anlageprodukte integriert werden.

Die Resultate werden in einem Nachhaltigkeitsprofil zusammengefasst, das sowohl das Gesamtrating als auch die wichtigsten Aspekte der untersuchten Bereiche enthält. Das Rating drückt die Gesamtleistung in Umwelt-, Sozial- und Governance-Fragen aus und liegt auf einer neunstufigen Skala von C bis AAA. In der Regel gilt eine Bewertung von BB als Mindestrating für eine Aufnahme ins nachhaltige Anlageuniversum, kann aber je nach allgemeinem Niveau der Ergebnisse einer Branche oder Region variieren.

Abbildung 3: Beispiel Nachhaltigkeitsrating

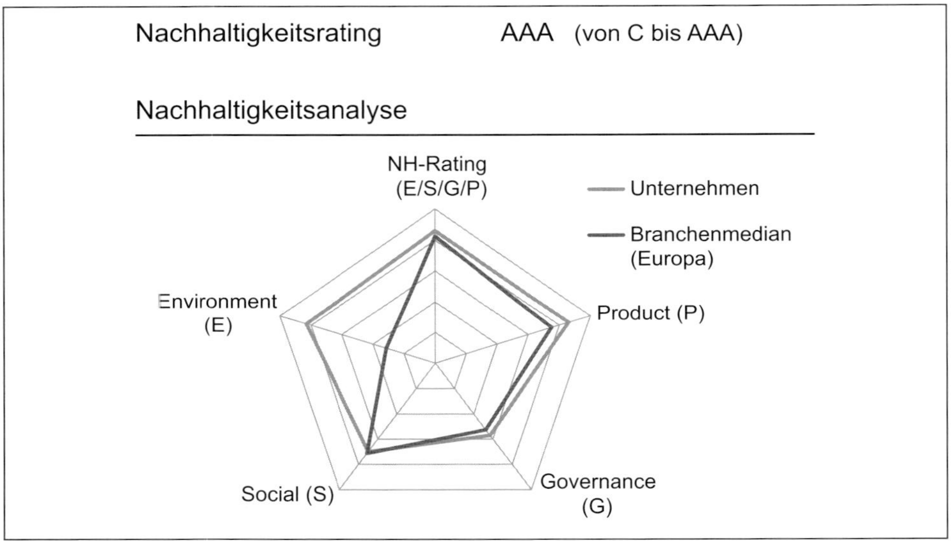

Quelle: Zürcher Kantonalbank

Die aggregierten Ratings erfüllen verschiedene Funktionen:

- Bereitstellen eines Universums für Best-in-Class-Anlageprodukte,
- Einfache Kommunikation der Ratingergebnisse für Investierende und Unternehmen,
- Herstellen einer Konkurrenzsituation zwischen den Unternehmen, um damit Verbesserungen anzuregen.

Der Ansatz, die besten Unternehmen einer definierten Gruppe auszuzeichnen (als Branchenleader) kann zu einem Wettbewerb innerhalb dieser Gruppe führen, sich als nachhaltiges Unternehmen – und damit als attraktives Investment – zu positionieren. Aus dem Blickwinkel des Investierenden heißt das, dass nur denjenigen Unternehmen oder Schuldnern Kapital zur Verfügung gestellt wird, die nachhaltiger wirtschaften als ihre Konkurrenten.

Beispiel: Branchenleader

J Sainsbury (Sainsbury) ist einer der größten Nahrungsmitteleinzelhändler Großbritanniens mit rund 16% Marktanteil. Er betreibt 934 Filialen, davon sind 557 Supermärkte und 377 Convenience-Geschäfte. Das Unternehmen ist in zwei Bereiche gegliedert: die Sainsbury-Supermarktkette und die Sainsbury's Bank.

J Sainsbury (Einzelhandel)...

- ... fördert regionale Produkte und vertreibt über 450 Bioprodukte.
- ... ist mit einem Umsatz von GBP 280 Mio. und einem Marktanteil von 25% in Großbritannien gemäß der Fairtrade Foundation der weltweit größte Retailer für Fairtrade-Produkte.
- ... hat sich zum Ziel gesetzt, den CO_2-Fußabdruck pro Quadratmeter Verkaufsfläche um 25% gegenüber 2005/06 zu senken.
- ... hat den Plan, seit 2010 rund 6.500 neue Arbeitsstellen zu schaffen, mit einem ambitiösen Filialen-Entwicklungsprogramm erfolgreich umgesetzt.

3.5 Innovatoren-Auswahl

Klimawandel und demografische Veränderungen stellen unsere Gesellschaft und Umwelt vor große Herausforderungen. Es entwickeln sich neue Konsumentenbedürfnisse und Märkte, z.B. im Gesundheitssektor durch immer älter werdende Menschen. Gleichzeitig werden Fragen zum Klimawandel und zur Energieversorgung immer dringlicher. Diese Entwicklungen stellen Risiken, aber auch Chancen dar. Vor diesem Hintergrund hat die Zürcher Kantonalbank sechs Themenfelder definiert, die am direktesten zur erfolgreichen Bewältigung der Herausforderungen beitragen und am meisten von den Chancen profitieren.

Abbildung 4: Klimawandel und Demografie als Treiber der Innovatoren-Themen

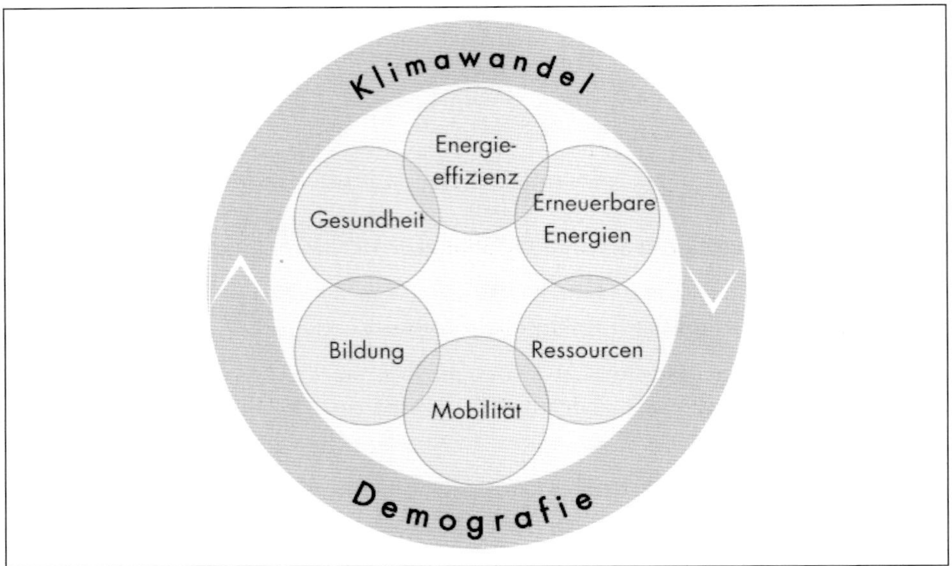

Quelle: Zürcher Kantonalbank

Mit der Kategorie „Innovatoren“ werden klein- bis mittelkapitalisierte Unternehmen mit hohem Wachstumspotenzial identifiziert, deren Produkte oder Dienstleistungen in diesen sechs Themen einen entscheidenden Beitrag leisten können.

Für eine nachhaltige Entwicklung gerade in aufstrebenden Volkswirtschaften ist etwa der Zugang zu bezahlbarer Gesundheitsversorgung oder zu Bildung entscheidende Voraussetzung. Im Bereich Energie sind Erneuerbare Energien und die Steigerung der Energieeffizienz für Versorgungssicherheit, Risikominimierung und die Bekämpfung des Klimawandels essenziell. Gegen die zunehmende Ressourcenknappheit helfen Recycling und Rohstoffeffizienz, etwa mit sparsamen Bewässerungssystemen. Zu einer nachhaltigeren Mobilität führen beispielsweise die Elektrifizierung der Antriebe oder die Förderung des öffentlichen Verkehrs und des Langsamverkehrs.

Diese Themen erschließen für nachhaltige Anlagen interessante Alternativen zu den Branchen, die von den strengen Ausschlusskriterien betroffen sind (z.B. Kernenergie oder fossile Energieträger, vgl. Kapitel 3.3.2). Innovatoren bieten attraktive Anlagemöglichkeiten, wie das Innovatoren-Universum der Zürcher Kantonalbank (rund 300 Unternehmen) über die letzten Jahre aufzeigen konnte. Innovatoren eignen sich als Beimischung für Anleger mit langfristigem Anlagehorizont und hoher Risikobereitschaft.

Beispiel: Innovatoren

Meyer Burger Technology ist ein spezialisierter Maschinen- und Systemanbieter für Wafer, Zellen und Module auf dem Gebiet der Fotovoltaik. Ausgehend von der Trenntechnologie ist das Unternehmen mittlerweile entlang der ganzen Photovoltaik-Wertschöpfungskette ab Wafer tätig. Dazu gehören auch Zell- und Modulproduktionsanlagen. Ein Großteil der Produktion wird nach Asien verkauft (76% des Umsatzes).

Meyer Burger Technology (Investitionsgüter)...

- ... schafft durch die Elektrizitätsgewinnung aus der Photovoltaik einen namhaften Beitrag zur Reduktion der Treibhausgasemissionen.
- ... hat Diamantsägen eingeführt, die eine hohe Effizienz bei der Ingotbearbeitung aufweisen und den Wirkungsgrad der Wafer erhöhen.
- ... will mit dem Verkauf von Diamantdraht zudem eine Erweiterung des Geschäfts erreichen und von den Effizienzgewinnen der Kunden profitieren.
- ... hat sich zum Ziel gesetzt, die Kosten für die Kunden und schließlich die Kosten pro produzierte Kilowattstunde Solarelektrizität für den Endkunden auf Netzparität und darunter zu senken.

Nachhaltigkeitsbeitrag

Erneuerbare Energieformen tragen maßgeblich zur Reduktion der Treibhausgase bei, weisen im Normalfall keine Emissionen auf und belasten die Umwelt nur gering. Die energetische Amortisation von Solaranlagen liegt heute je nach System und Standort bei etwa 19 bis 56 Monaten. Es wird angenommen, dass sich die Amortisationsdauer mit der Entwicklung der Technologie weiter verringern wird.

3.6 Analyse nachhaltiger Schuldner

Institutionen, die Obligationen emittieren, werden von der Zürcher Kantonalbank in vier Kategorien eingeteilt. Für das Anlageuniversum kommen nur die Vertreter jeder Kategorie infrage, die ihre Verantwortung in den Bereichen Umweltschutz und Soziales am besten wahrnehmen.

- Öffentlich-rechtliche und private Unternehmen,
- Staaten, Kantone und Bundesländer,
- Städte,
- Supranationale Gesellschaften.

Für die drei Kategorien Staaten und Gliedstaaten, Städte sowie supranationale Gesellschaften hat die Zürcher Kantonalbank angepasste Analyseverfahren entwickelt, um die aus Umwelt-, Sozial- und Governance-Sicht besten Schuldner aus einer Gruppe zu eruieren. Die öffentlich-rechtlichen und die privaten Unternehmen, die als Schuldner auftreten, werden analog dem Branchenleader-Verfahren für Aktien beurteilt.

3.6.1 Staaten und Gliedstaaten

Was für Unternehmen gilt, lässt sich durchaus auch auf Staaten anwenden. Informationen zur Umweltsituation und soziale Faktoren sind in herkömmlichen Bonitätsratings nur am Rande enthalten. Für ein Land sind aber sowohl natürliche Ressourcen als auch stabile politische und soziale Bedingungen eine wichtige Voraussetzung für eine gesunde Volkswirtschaft. Das Nachhaltigkeitsrating kann bei Staaten deshalb als wichtige Ergänzung zu herkömmlichen Bonitätsratings angesehen werden.

Die Zürcher Kantonalbank beurteilt 52 Staaten mit Hilfe eines umfangreichen quantitativen und qualitativen Analyseverfahrens. Dabei werden in den drei Dimensionen Umwelt, Soziales und Governance insgesamt rund 80 Kriterien erhoben. Umwelt-, Sozial- und Governance-Aspekte haben im Rating ein Gewicht von je einem Drittel.

Bezüglich Umwelt werden z.B. der Energieverbrauch, der Wasserverbrauch oder die Ratifizierung internationaler Umweltabkommen berücksichtigt. Auf der Sozialseite werden Aspekte wie Einkommensverteilung, Gesundheits- und Bildungsausgaben und Verstöße gegen Menschenrechte beurteilt. Die Governance-Dimension beurteilt unter anderem das internationale Engagement und Indikatoren im Zusammenhang mit den Rechten der Bevölkerung. Basierend auf diesen Indikatoren werden die Staaten in eine Rangfolge gebracht und die besten werden ausgewählt. Hat sich ein Staat für das nachhaltige Anlageuniversum qualifiziert, so werden auch die Gliedstaaten dieses Landes berücksichtigt.[5]

Zur Datenbeschaffung werden zahlreiche Publikationen herangezogen, die meisten Daten stammen von der Weltbank, der UNDP („Human Development Report") oder von Organisationen wie Amnesty International oder dem WWF.

3.6.2 Städte

Die Bewertung der Städte basiert auf der Beurteilung ökologischer und sozialer Aspekte, die für Städte relevant sind und auf die sie Einfluss nehmen können. Untersucht werden

[5] Detaillierte Ergebnisse können der Studie „Nachhaltigkeitsrating für Staaten" der Zürcher Kantonalbank entnommen werden.

im Umweltbereich Themen wie Energie, Verkehr oder Wasser und im Sozialbereich Aspekte wie Bildung, Gesundheit oder Armut. Die Bewertung umfasst konsequenterweise auch die Verwaltungen und Betriebe der Städte (z.B. Energieversorgung, Verkehrsbetriebe oder Sozialwesen). Dabei spielen etwa die Effizienz der Energieversorgung, die Erschließung durch und die Angebote des öffentlichen Verkehrs oder der Umgang mit benachteiligten Bevölkerungsgruppen eine zentrale Rolle. Berücksichtigt werden auch die Bestrebungen der Städte, Nachhaltigkeitsindikatoren standardisiert zu erfassen, wodurch zunehmend ein quantitativer Vergleich möglich wird.

3.6.3 Supranationale Gesellschaften (Finanzierungsgesellschaften)

Bei dieser Kategorie von Schuldnern handelt es sich vorwiegend um große „überstaatliche" Finanzierungsorganisationen. Bei der Analyse dieser Schuldner konzentriert sich das Nachhaltigkeitsresearch der Zürcher Kantonalbank einerseits auf den eigentlichen Finanzierungszweck, andererseits auf die Sozial- und Umweltrichtlinien, die angewendet werden. Kommt der Schuldner grundsätzlich in Frage, werden zusätzlich einzelne Finanzierungsprojekte unter die Lupe genommen.

Beispiel: Schuldner

Stockholm ist der wichtigste Wirtschaftsstandort in Skandinavien und Schwedens Zentrum für Finanzen, Wirtschaft und Industrie. Diverse große schwedische Unternehmen haben hier ihren Hauptsitz. Schweden selbst ist im Umwelt- und Sozialbereich sehr fortschrittlich und belegt im Nachhaltigkeitsrating für Staaten der Zürcher Kantonalbank einen Spitzenplatz.

Stockholm...

- ... hat seit Mitte der 1970er-Jahre ein Umweltprogramm. Im aktuellen Programm sind sechs Ziele festgelegt: Transporteffizienz, Produktsicherheit, nachhaltige Energieversorgung, ökologische Bewirtschaftung des Bodens, effizientes Abfallmanagement und gesunde Wohnräume.
- ... hat bis 2050 die Unabhängigkeit von fossilen Brennstoffen geplant.
- ... hat zur Förderung des Zusammenlebens bereits 1997 ein Integrationsprogramm ins Leben gerufen.
- ... gilt auch im Bereich Bildung und Weiterbildung im europäischen Vergleich als äußerst fortschrittlich.

3.7 Medienrecherche

Auch ein aufwändiges Prüfverfahren kann nicht verhindern, dass Unternehmen oder Schuldner in problematische Vorfälle verwickelt werden können, die sich mit den Anlageprinzipien eines nachhaltigen Fonds nicht vertragen. Deshalb führt die Zürcher Kantonalbank vor jeder Aufnahme in das nachhaltige Anlageuniversum sowie bei den regelmäßigen Updates eine ausführliche Medienrecherche durch. Mittels systematischer Stichwortsuche wird überprüft, ob ein Unternehmen von negativen Schlagzeilen betroffen ist. Der Medienpool umfasst über 30.000 Quellen aus 200 Ländern in 26 Sprachen, darunter Zeitungen, Zeitschriften, Bilder und mehr als 700 Nachrichtenagenturen.

Bei der Recherche stehen unter anderem folgende Themen im Vordergrund:

- Umweltbereich:
  - Störfälle und Unfälle,
  - Verstöße gegen Umweltgesetze,
  - Lobbying gegen Umweltgesetze.
- Sozialbereich:
  - Kontroversen bezüglich Sozialstandards,
  - Menschenrechtsverletzungen,
  - Kinderzwangsarbeit,
  - Massenentlassungen ohne ausreichende Sozialmaßnahmen,
  - Missachtung der Rechte der indigenen Bevölkerung.
- Governance-Bereich:
  - Kontroversen bezüglich Corporate-Governance-Standards,
  - Verhaltensweise bei Akquisitionen,
  - Korruption.

Mit diesem Schritt können die im Rahmen der Nachhaltigkeitsanalyse bereits gesammelten Informationen anhand unabhängiger Quellen verifiziert werden. Gleichzeitig wird sichergestellt, dass keines der Unternehmen, die neu ins Universum aufgenommen werden, in einen problematischen Vorfall verstrickt ist.

Auch die Medienberichterstattung zu Unternehmen oder Schuldnern, die bereits Teil des nachhaltigen Anlageuniversums sind, wird laufend verfolgt. Wenn eine Krisensituation auftritt, muss der zuständige Nachhaltigkeitsanalyst mit Hilfe von Informationen des Unternehmens und von Dritten (Medien, NGOs, Interessengruppen ...) beurteilen, wie das betroffene Unternehmen mit den Problemen umgeht und ob es sich gemäß seinen eigenen, erarbeiteten Grundsätzen und Richtlinien verhält.

Alle Meldungen werden auf ihre Relevanz geprüft und führen – bei schwerwiegenden Vorfällen – zu einer Anpassung des Ratings und evtl. zu einem Verzicht auf Aufnahme ins nachhaltige Anlageuniversum, respektive zu einem Ausschluss aus letzterem.

Die Untersuchung von Kennzahlen zu Reputationsrisiken schließt den Analyseprozess ab. Um die Exposition eines Unternehmens gegenüber Sozial- und Umweltthemen zu quantifizieren, wenden die Analysten den RepRisk®-Index (RRI) an. Dabei handelt es sich um ein Risikobarometer, das regelmäßig Kritiken zu einem Unternehmen oder einem Projekt erfasst.

Watchlist

Für die erwähnten Vorfälle steht der Zürcher Kantonalbank das Instrument der Watchlist zur Verfügung. Die Watchlist enthält Unternehmen aus dem nachhaltigen Anlageuniversum, bei denen kritische Vorgänge stattfinden, die aus Sicht der Nachhaltigkeit eine große Relevanz haben können (z.B. Menschenrechtsverletzungen oder Unfälle) und eventuell eine Neubewertung des Unternehmens notwendig machen.

Eine detaillierte Untersuchung des Sachverhalts wird durch das Nachhaltigkeitsresearch der Zürcher Kantonalbank vorgenommen. Unter anderem werden die betroffenen Unternehmen zu den kritischen Vorgängen befragt. Das Portfoliomanagement darf das Gewicht eines Unternehmens, das auf der Watchlist aufgeführt ist, im Portfolio nicht erhöhen.

Nach Beendigung der Abklärungen und unter Einbeziehung einer Stellungnahme des betroffenen Unternehmens wird entschieden, ob und wenn ja wie das Nachhaltigkeitsrating des Unternehmens angepasst werden muss, bevor es von der Watchlist entfernt wird. Sollte das neue Rating das Unternehmen nicht mehr als Nachhaltigkeitsleader qualifizieren, wird das Unternehmen aus dem nachhaltigen Anlageuniversum und damit auch aus dem Portfolio entfernt.

3.8 Externe Unterstützung

Um die Qualität und Glaubwürdigkeit der Prozesse zu garantieren, arbeitet das Nachhaltigkeitsresearch der Zürcher Kantonalbank mit externen Fachpersonen zusammen. Vertreter des WWF Schweiz nehmen die Funktion eines unabhängigen Kontrollorgans wahr. Dabei finden Treffen mit dem Researchteam statt, bei dem das verwendete Prüfverfahren, die Ausschluss- und Nachhaltigkeitskriterien und deren Einhaltung thematisiert werden. Es werden auch Vorschläge für die Auswahl von Kriterien unterbreitet oder auf Unternehmen hingewiesen, die sich durch besondere Maßnahmen im Umweltbereich auszeichnen.

3.9 Investieren mit Weitsicht

Die ausgewählten Unternehmen und Schuldner haben bewiesen, dass Nachhaltigkeit für sie nicht nur ein Schlagwort ist, sondern erfolgreich in die Strategie integriert wurde. Andererseits weisen selbst diese Unternehmen, obwohl sie zu den Besten ihrer Branche gehören, in einigen Bereichen nach wie vor deutliches Entwicklungspotenzial auf.

Alle Unternehmen des Anlageuniversums werden regelmäßig überprüft, und das Rating wird entsprechend angepasst. Erfüllt ein Unternehmen die Anforderung einer umfassenden Nachhaltigkeitsstrategie nicht mehr und wird seiner Position im Branchenvergleich nicht mehr gerecht, wird es vom Anlageuniversum ausgeschlossen (ca. fünf Unternehmen pro Jahr). So kann sichergestellt werden, dass die nachhaltigen Anlageprodukte den hohen Qualitätsanforderungen permanent gerecht werden.

Das aus der Analyse resultierende nachhaltige Anlageuniversum wird einer systematischen Finanzanalyse und Titelselektion durch das erfahrene und auf Nachhaltigkeit spezialisierte Portfoliomanagement unterzogen, wobei schließlich die Portfolios der nachhaltigen Anlageprodukte bestimmt werden.

4 Fazit

Nachhaltigkeitsthemen, wie die sich abzeichnende Klimaerwärmung und demografische Veränderungen, beeinflussen auch das Investitionsverhalten der Anleger. Entsprechend legen immer mehr Investoren Wert darauf, dass bei der Anlage ihres Geldes neben finanziellen Kriterien auch Umwelt-, Sozial- und Governance-Kriterien berücksichtigt werden.

Die durch das Nachhaltigkeitsresearch der Zürcher Kantonalbank abgedeckten Anlageprodukte weisen alle einen ähnlich strukturierten Auswahlprozess auf: Der erste Analyseschritt geht der Frage nach, ob eines der definierten Ausschlusskriterien zutrifft. Diese orientieren sich an den weltweit größten Umweltproblemen und sozialen Risiken. Im nächsten Schritt werden die Positivkriterien geprüft, d.h. es kommen der Best-in-Class- oder Branchenleader-Ansatz sowie die Innovatoren-Analyse zur Anwendung.

Durch ein Team erfahrener Analysten wird die Qualität und Glaubwürdigkeit der Nachhaltigkeitsanalyse der Zürcher Kantonalbank sichergestellt.

Literatur

Hesse, A., (2004): Das Klima wandelt sich, Bonn.

Knoepfel, Ivo/Imbert, David, Forum Nachhaltige Geldanlagen (FNG), (2011): Sustainable Investments in Switzerland.

Knoepfel, Ivo/Imbert, David, Forum Nachhaltige Geldanlagen (FNG), (2010): Sustainable Investments in Switzerland.

Schröder, M., (2007): Is there a Difference?, in: Journal of Business Finance & Accounting, Oxford.

ZKB, (2011): Fokus Nachhaltigkeit, Nachhaltigkeitsanalyse als Alpha-Quelle?, Dezember 2011.

Nachhaltigkeitsanalyse bei Staaten

Ennio Perna

1 Einleitung

Die Aktienmärkte haben allein in den letzten 15 Jahren aufgrund verschiedener Krisen große Ausschläge verzeichnet. Im Verlauf der Finanzkrise glich die Kursentwicklung zeitweise einer Achterbahnfahrt und hielt die Anleger weltweit in Atem. Doch so prominent die Aktienmärkte und deren Bewegungen in der öffentlichen Wahrnehmung sind, volkswirtschaftlich bedeutender sind die Anleihenmärkte.

Dies hat mehrere Gründe: Erstens ist der Markt für Schuldverschreibungen wesentlich größer als der Aktienmarkt. Zweitens sind Anleihen wichtige Bausteine eines jeden Anlegerportfolios. Insbesondere institutionelle Investoren wie Pensionskassen und Versicherungen sind vielfach aufgrund gesetzlicher Vorschriften verpflichtet, einen großen Teil der Vermögen in als sicher geltende Obligationen anzulegen. Und schließlich sind drittens Anleihen die Hauptquelle für Finanzierungen von Gebietskörperschaften wie Staaten und Gemeinden, welche ihrerseits auch die wichtigste Emittentenkategorie am Anleihenmarkt darstellen.

Das Dilemma, einerseits in Staatsanleihen anlegen, aber andererseits vergleichsweise hohe Verzinsungen generieren zu müssen, hatte in der Vergangenheit dazu geführt, dass die Wertsicherungsfunktion von Obligationen in einem Portfoliokontext schrittweise in den Hintergrund gedrängt wurde. In den Vordergrund rückte im Gegenzug immer mehr die Renditejagd – mit den bekannten Folgen. Hier hat sich die Nachhaltigkeitsanalyse als nützlicher Indikator für fundamental nicht begründete Preisentwicklungen und damit verbundene Risiken erwiesen. Warren Buffet sagte einmal: „Erst wenn die Ebbe kommt, sieht man, wer nackt geschwommen ist.“ Gezeiten lassen sich leicht vorhersagen, die Bewegungen an den Finanzmärkten jedoch nicht. Die von vielen Anleiheemittenten über lange Zeit eingegangenen (teilweise zu) hohen Risiken waren von den meisten Marktteilnehmern, darunter auch den Ratingagenturen, unterschätzt worden, weil die klassische Kreditanalyse sich üblicherweise auf unmittelbare ökonomische Risiken beschränkt. Eine Nachhaltigkeitsanalyse, d.h. die Berücksichtigung ökologischer und sozialer Faktoren, hingegen ergänzt diese traditionelle Perspektive um wesentliche Aspekte. Als Stichworte seien genannt: demografischer Wandel, Klimawandel, die Verknappung lebenswichtiger Ressourcen wie Wasser, Nahrung und Energie, aber auch Anforderungen an eine gute und transparente Geschäfts- bzw. Regierungsführung (Corporate Governance bzw. Governance). Um solche Risiken systematisch zu erfassen, haben sich in der Praxis verschiedene Ratingansätze herausgebildet. Im Folgenden wird hier exemplarisch derjenige der Bank J. Safra Sarasin vorgestellt.

2 Nachhaltigkeitsanalyse von Staaten

Die wirtschaftlichen Aktivitäten der Menschen haben generell zum Ziel, die eigene Lebensqualität zu steigern. Doch gerade die stetige Steigerung des materiellen Wohlstandes führt mittlerweile zu einer markanten Verknappung der Ressourcen. Mit anderen Worten: Es besteht die Gefahr, dass im Bestreben, immer mehr Wohlstand zu schaffen, genau jenes Fundament ausgehöhlt wird, auf dem der Wohlstand ruht. So vertritt beispielsweise das Wuppertal Institut für Klima, Umwelt und Energie die These, dass die Verknappung der Natur die bestehenden wirtschaftlichen Systeme herausfordern und einen „historisch beispiellosen ökonomischen Megatrend auslösen wird".[1] Es kann also davon ausgegangen werden, dass die Ressourcen-Verfügbarkeit nicht nur die künftigen Konsum- und Produktionsmöglichkeiten eines Landes maßgeblich beeinflusst, sondern auch dessen langfristige ökonomische und finanzielle Solidität. Aus diesem Grund besteht ein zentrales Element der Nachhaltigkeitsanalyse von Staaten darin, eine Bestandsaufnahme der verfügbaren natürlichen Ressourcen sowie der Human- und Sachressourcen der jeweiligen Länder zu erarbeiten.

2.1 Die Verfügbarkeit von Ressourcen

Wie oben bereits angedeutet, führen die wachsende Weltbevölkerung und der steigende Wohlstand zu einer immer intensiveren Nutzung natürlicher Ressourcen. Ein Teil dieser Ressourcen ist nicht erneuerbar und somit nur begrenzt verfügbar. Dazu gehören insbesondere die fossilen Energieträger. Auch regenerative Ressourcen kommen an ihre Grenzen, falls ihr Verbrauch die Erneuerungsrate übersteigt. Wichtige Beispiele hierfür sind Wasser, Boden und Biomasse.

Ausgehend von den natürlichen Ressourcen sind für die Wirtschaft auch Sach-, Finanz- und Humanressourcen von großer Bedeutung. Sach- und Humanressourcen bieten einen gewissen Handlungsspielraum, um die Nutzung knapper natürlicher Ressourcen abzufedern. Vollständig ersetzen kann man diese jedoch nie.

2.1.1 Natürliche Ressourcen

Für die Ermittlung der Verfügbarkeit natürlicher Ressourcen einzelner Staaten orientiert sich die Bank J. Safra Sarasin vorwiegend am Konzept des Ökologischen Fußabdrucks, das eine Abschätzung der menschlichen Inanspruchnahme der globalen Ökosysteme erlaubt.

[1] Zit. nach Hennicke, Peter (2010): Ressourcen-und Klimaschutz: Ökologischer Imperativ und ökonomischer Megatrend? No. 183. Wuppertal papers, S. 5.

Die vom Global Footprint Network[2] berechneten Kennzahlen messen die Land- und Wasserfläche, die benötigt wird, um die aktuelle Produktion bzw. den aktuellen Konsum einer bestimmten Bevölkerung zu ermöglichen. Der Ökologische Fußabdruck setzt sich aus sechs Komponenten zusammen:

- Ackerland,
- Weideland,
- Fischgründe,
- Wald,
- bebautes Land,
- CO_2-Fußabdruck.

Demgegenüber steht die Biokapazität, also die Fähigkeit der Natur, Ressourcen zu erneuern und Abfälle abzubauen. Die verschiedenen Komponenten werden unter Berücksichtigung ihrer biologischen Produktivität in die allgemeine Maßeinheit „Globaler Hektar" umgerechnet. Dies ermöglicht sowohl das Aufsummieren der verschiedenen Flächen als auch das Gegenüberstellen von Ökologischem Fußabdruck und Biokapazität.

Heute ist es bereits so, dass der weltweite Ökologische Fußabdruck die gesamte Biokapazität des Planeten übersteigt. Dies bedeutet, dass die Menschheit die zur Verfügung stehenden natürlichen Ressourcen über deren Erneuerungsrate hinaus nutzt. Gemäß den Berechnungen des Global Footprint Network aus dem Jahre 2011 liegt der weltweite Ökologische Fußabdruck bereits mehr als 50% über der Biokapazität der Erde. Somit braucht die Menschheit heute rechnerisch über 1,5 Erden, um ihren Lebensstil langfristig weiterführen zu können.[3]

Für den Vergleich der einzelnen Länder werden der Ökologische Fußabdruck und die Biokapazität pro Person verwendet. Ersterer hängt hauptsächlich von der Produktionsstruktur und dem Konsumniveau ab. Letztere ist einerseits abhängig von der durchschnittlichen Produktivität der Land- und Wasserflächen und andererseits von der Bevölkerungsdichte. Ein Land, dessen Biokapazität den Ökologischen Fußabdruck übersteigt, verfügt über eine ökologische Reserve. Umgekehrt hat ein Land mit einer Biokapazität unterhalb des Ökologischen Fußabdrucks ein ökologisches Defizit.

[2] Vgl., http://www.footprintnetwork.org.

[3] Vgl., http://www.footprintnetwork.org/images/article_uploads/2011_Annual_Report.pdf, S. 44-49. (Zugriff am 06.09.2013).

Ergänzend zur Verfügbarkeit natürlicher Ressourcen berücksichtigt die Nachhaltigkeitsanalyse noch weitere Indikatoren. So fließt beispielsweise die Stromerzeugung aus Kernkraftwerken, die im Ökologischen Fußabdruck nicht erfasst ist, ebenfalls in die Analyse ein, da sowohl der Betrieb von Kernkraftwerken als auch die Lagerung radioaktiver Abfälle nicht zu unterschätzende Risiken für den Naturraum darstellen. Zudem ist Uran als Rohstoff nicht erneuerbar und damit nur begrenzt verfügbar. Nur indirekt im Ökologischen Fußabdruck abgedeckt sind Wasserverbrauch und -knappheit, die ebenfalls im Rahmen einer separaten Analyse ergänzt werden. Ähnlich verhält es sich mit den Indikatoren „Biodiversität" sowie „Auswirkungen des Klimawandels" (beispielsweise auf den Meeresspiegel oder die Landwirtschaft), die insbesondere die zukünftige Ressourcenverfügbarkeit eines Landes beeinflussen.

2.1.2 Human-, Finanz- und Sachressourcen

Neben den ökologischen Ressourcen spielt auch die produktive und regenerative Kraft der Gesellschaft eine wichtige Rolle für die Erzeugung von Wohlstand. Dieser Faktor hängt naturgemäß entscheidend mit der Demografie und Altersstruktur einer Gesellschaft zusammen. Daher fließt bei der Ermittlung der Humanressourcen eine Analyse der Altersverteilung der jeweiligen Staaten ein.

Finanzmittel sind im Grunde genommen keine produktiven Kräfte und deshalb an sich auch keine Ressourcen. Ihr eigentlicher Wert liegt darin begründet, dass sie einen Anspruch auf reale Sachressourcen wie Güter, Gebäude, Maschinen aber auch Dienstleistungen darstellen. Doch wo ein Anspruch ist, ist auch eine Schuld. In der Bewertung werden deshalb das relative Ausmaß der Staatsverschuldung und der Netto-Auslandsverschuldung als Anhaltspunkte für den ökonomischen Handlungsspielraum eines Landes, mitberücksichtigt.

2.2 Die Ressourceneffizienz

Das reine Vorhandensein von Ressourcen ist noch kein Indikator für ökonomischen Erfolg, der letztlich die Bonität untermauert. Denn eine hohe Lebensqualität für die gesamte Weltbevölkerung ist langfristig nur durch die möglichst sparsame Verwendung knapper Ressourcen sowie effiziente Rahmenbedingungen in den Bereichen Wirtschaftsstruktur, Regierung und soziales Umfeld realisierbar. Daher wird zusätzlich zur Ressourcenausstattung auch der Frage, wie effizient Staaten mit den ihnen zur Verfügung stehenden Ressourcen umgehen, in der Nachhaltigkeitsbewertung ein großes Gewicht beigemessen.

2.2.1 Transformationseffizienz

Um zu prüfen, wie effizient ein Staat mit den ihm zur Verfügung stehenden Ressourcen umgeht, wird zunächst dessen wirtschaftliche Aktivität anhand einer Korrelations-Analyse zwischen Ressourcenverfügbarkeit als Input und der daraus entstehenden Lebensqualität als Output erfasst (Abbildung 1). Dabei stehen auf der Input-Seite die natürlichen Ressourcen, weil diese die absolute Grundlage der gesamtwirtschaftlichen Aktivität ausmachen.

Abbildung 1: Das Modell der wirtschaftlichen Aktivität

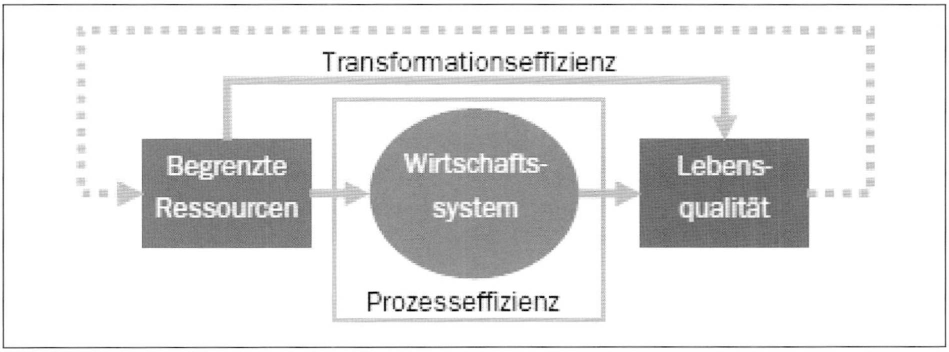

Quelle: Bank J. Safra Sarasin

Das Maß an „Lebensqualität" wird anhand der Auswertung zahlreicher Indikatoren bestimmt. Darunter fallen:

- Bruttoinlandsprodukt (BIP) nach Kaufkraftparität,
- Schuleinschreibungsrate,
- Alphabetisierungsquote,
- Gewährte Patente,
- Kindersterblichkeit,
- Lebenserwartung,
- Lebenszufriedenheit,
- Selbstmordrate.

Durch die Gegenüberstellung des Ressourcen-Inputs und des „Lebensqualitäts"-Outputs lässt sich die sogenannte Transformationseffizienz eines Landes ermitteln. Ein Staat gilt dann als effizient, wenn er eine gegebene Lebensqualität mit dem niedrigsten Ressourcenverbrauch erzeugt bzw. wenn er mit einem gegebenen Ressourcenverbrauch die höchste Lebensqualität bietet. Zur Bestimmung der durchschnittlichen Transformation von Ressourcen in Lebensqualität, welche heute auf der Welt möglich ist, werden alle untersuchten Länder in einem Regressionsmodell berücksichtigt. Der von der Regressionslinie gemessene Abstand (vertikale Linie in Abbildung 2) bestimmt anschließend die relative Effizienz der einzelnen Länder. Dieses Vorgehen akzeptiert den offensichtlichen (positiven) Zusammenhang von Ressourcenverbrauch und Lebensqualität, hinterfragt und bewertet aber eben genau die Abweichungen davon.

Abbildung 2: Transformationseffizienz

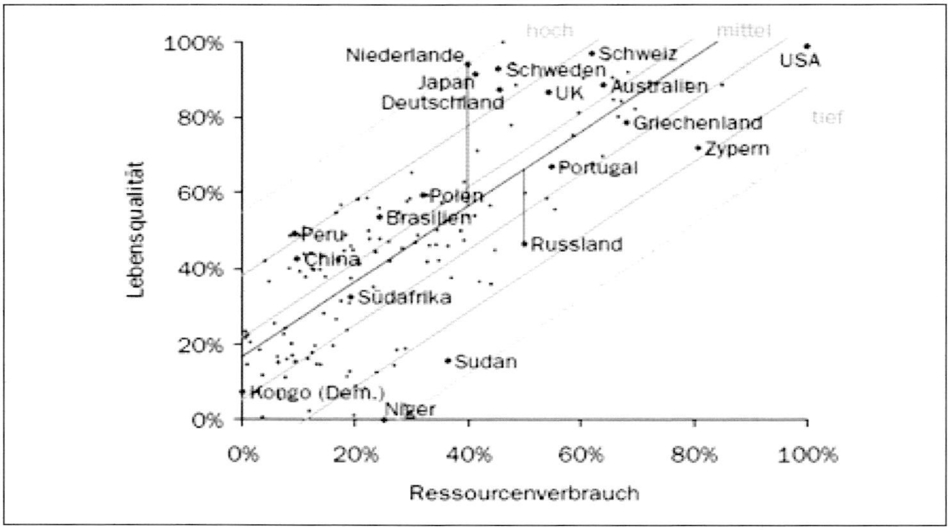

Quelle: Bank J. Safra Sarasin

2.2.2 Prozesseffizienz

Neben der Transformationseffizienz ist aber auch die Frage wichtig, ob die Rahmenbedingungen für eine möglichst reibungslose Erzeugung der Lebensqualität gegeben sind. Daher fließt auch die sogenannte Prozesseffizienz, also die Qualität der Prozesse in den Bereichen Wirtschaft, Regierung und Soziales, in das Nachhaltigkeitsrating eines Staates ein. Das Sustainability Research der Bank J. Safra Sarasin ermittelt die Prozesseffizienz mit Hilfe folgender ausgewählter Indikatoren:

Tabelle 1: Prozesseffizienz

Regierung	Wirtschaft	Soziales
• Mitsprache und Verantwortlichkeit • Politische Stabilität und Gewaltlosigkeit • Rechtsstaatlichkeit • Korruptionsbekämpfung	• Bruttoinlandsprodukt • Wettbewerbsfähigkeit • Sparquote (adjustiert) • Inflationsrate	• Arbeitslosigkeit • Einkommensverteilung • Geschlechtliche Gleichberechtigung • Frieden und Sicherheit

Quelle: Bank J. Safra Sarasin

Ein Land, das beispielsweise bei der Korruptionsbekämpfung, der Rechtsstaatlichkeit und/oder der inneren Sicherheit Mängel aufweist, fällt nicht nur in der Nachhaltigkeitsbewertung durch, sondern genießt i.d.R. auch weniger oder gar kein Vertrauen an den Finanzmärkten. Ein Staat, der keine Beständigkeit, Ruhe und Gerechtigkeit garantieren kann, sondern von inneren Ungleichgewichten, Gewalt und angespannten diplomatischen Beziehungen geprägt ist, kann langfristig ebenfalls nicht die Gunst der Anleger gewinnen. Im Gegenteil: Letztlich sind die Verlässlichkeit und Stabilität eines Emittenten von entscheidender Bedeutung für das Engagement von Investoren.

2.3 Bewertung anhand der Sarasin Sustainability-Matrix

Im Anschluss an die Analyse der Ressourcenverfügbarkeit und -effizienz werden die Ergebnisse der jeweiligen Länder in die eigens für diesen Zweck entwickelte zweidimensionale Sarasin Sustainability-Matrix eingefügt (Abbildung 3). Die horizontale Achse bildet die jeweilige Ressourcenverfügbarkeit eines Staates ab (gegenwärtige Verfügbarkeit inklusive künftiger Risikofaktoren wie Demografie, Klimawandel usw.). Auf der vertikalen Achse werden die Ergebnisse zur Effizienz der Ressourcen-Transformation in Lebensqualität und die Effizienz der ökonomischen, politischen und sozialen Prozesse abgetragen.

Abbildung 3: Sarasin Sustainability-Matrix von Ländern

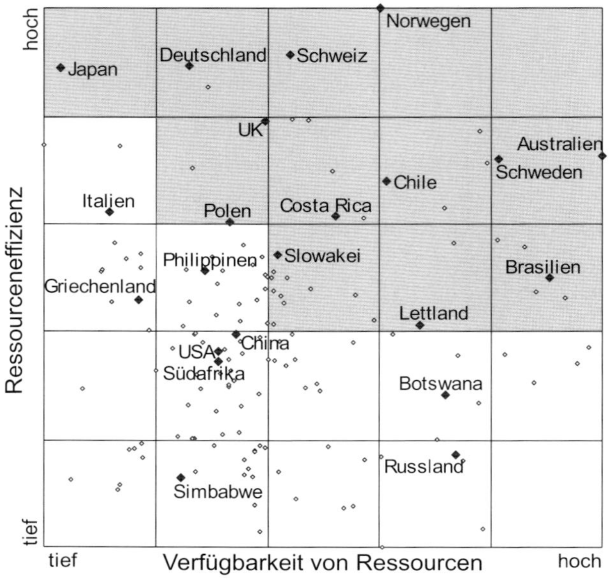

Quelle: Bank J. Safra Sarasin

Der schattierte Bereich zeigt an, welche Staaten respektive wessen Staatsanleihen für die Aufnahme in die J. Safra Sarasin-Nachhaltigkeitsfonds in Frage kommen. Voraussetzung ist mindestens eine mittlere Ressourceneffizienz, wobei im Falle geringerer Ressourcenverfügbarkeit eine höhere Effizienz verlangt wird (linke Seite der Matrix). Damit wird dem Umstand Rechnung getragen, dass knappen Ressourcen in der langen Frist nur durch eine deutlich höhere Effizienz beizukommen ist. Länder mit einer hohen Ressourcenverfügbarkeit sind beispielsweise Schweden, Australien und Brasilien. Ressourcenarm aber hoch effizient sind z.B. Japan, die Niederlande und Deutschland. Zu den ineffizienten Ländern zählen unter anderem Griechenland, die Vereinigten Staaten und Russland.

Neben der Ressourcenverfügbarkeit und der Ressourceneffizienz werden auch Kriterien wie z.B. der Besitz von ABC-Waffen und/oder die Ausübung der Todesstrafe in der Analyse berücksichtigt. Solche ethisch kritischen Aspekte haben einen signifikant negativen Einfluss auf die Bewertung eines Staates. Aufgrund der Vielzahl an Indikatoren, die es bei den Länderanalysen zu berücksichtigen gilt, wird im Rahmen der beschriebenen Methodologie jedoch darauf verzichtet, einzelne Negativkriterien zu definieren, die automatisch den Ausschluss eines Staates aus dem investierbaren Bereich zur Folge hätten.

3 Nachhaltigkeit und Staatsanleihen

3.1 Der finanzielle Zusammenhang

Inwiefern sind nun die Ermittlung der Ressourcenausstattung von Staaten sowie deren effiziente Nutzung aus Sicht der Investoren von Belang? Bietet eine Nachhaltigkeitsanalyse von Staaten tatsächlich einen Mehrwert gegenüber der klassischen, rein finanziell orientierten Bonitätsanalyse? Die auf diese Frage zielenden Analysen der Bank J. Safra Sarasin sowie der Zürcher Kantonalbank (2010) ergeben, dass sich sehr wohl schon heute bei genauer Betrachtung ein finanzieller Zusammenhang zwischen der Zahlungsfähigkeit eines Landes und dessen Nachhaltigkeitsniveau erkennen lässt.

Ein Blick auf die grundsätzlichen Zusammenhänge beim Begeben von Staatsanleihen hilft dies zu verstehen: Indem die öffentliche Hand Staatsanleihen anbietet, verspricht sie, im Austausch für einen heutigen Einmalbetrag in der Zukunft die Zahlung von Zinsen sowie die Tilgung der Anleihe zum Ende der Laufzeit zu leisten. Die Erfüllung der versprochenen Zahlungen hängt nun in großem Maße von der Realisierbarkeit zukünftiger Steuereinnahmen ab. Ein dauerhaftes Steuersubstrat beruht einerseits auf der Bereitstellung künftiger Güter und Dienstleistungen und andererseits auf einer produktiven Zivilgesellschaft, die aufgrund ihrer Lebensqualität bereit ist, Steuern zu entrichten. Eben dies ist abhängig einerseits von der Ressourcenverfügbarkeit in einem Land und andererseits von der Effizienz der Ressourcenumwandlung in Güter und Dienstleistungen. Die künftige Zahlungsfähigkeit und damit die Bonität eines Landes sind daher eng mit dessen nachhaltiger Leistungsfähigkeit verbunden. Dieser Zusammenhang wurde von den Märkten jedoch lange Zeit kaum beachtet. Ein gutes Beispiel hierfür war die Euro-Schuldenkrise. Gewisse Staatsanleihen galten seit der Einführung des Euro als sicher, da die Finanzmärkte allgemein von einer Konvergenz der Volkswirtschaften ausgingen. Doch die Modernisierung der wirtschaftlichen Strukturen, die Ankurbelung des Wirtschaftswachstums bei gleichzeitiger Ressourcenschonung sowie die Schaffung von Arbeitsplätzen fanden nicht überall im erwarteten Ausmaß statt. Im Gegenteil: Viele Unterschiede wie eben die Ressourcenausstattung, das Bildungswesen oder die institutionellen Rahmenbedingungen blieben unverändert und wirkten entsprechend lange nach. So stellten sich gewisse Staatsanleihen „plötzlich“ als viel riskanter heraus als allgemein vermutet. Um dies zu illustrieren, zeigt Abbildung 4 die Wertentwicklung des Citigroup „World Government Bond Index“ (WGBI), bestehend aus Anleihen von rund 23 Industriestaaten, zusammen mit dem aus Nachhaltigkeitssicht stärksten bzw. schwächsten Land im Index.[4]

[4] Aufgrund der laufenden Bonität-Herabstufung ist Griechenland seit 2010 nicht mehr im „WGBI“ enthalten.

Auffallend ist die deutliche Performance-Schere zwischen Australien und Griechenland, welche sich nach jahrelanger, mehr oder weniger gleichmäßiger Entwicklung deutlich öffnete.

Abbildung 4: Wertentwicklung von Staatsanleihen

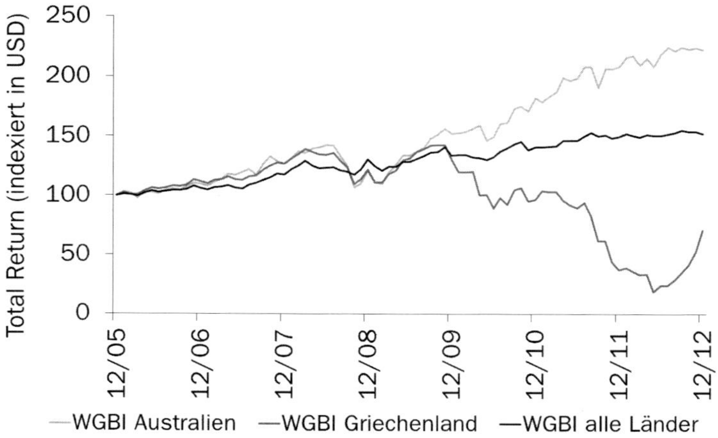

Quelle: Bank J. Safra Sarasin

Bereits hier deutet sich an, dass zumindest in der Vergangenheit anhand des Nachhaltigkeitsratings verlässliche Aussagen über die künftige Bonität eines Staates möglich waren. Die jüngste Erholung der griechischen Staatsanleihen hat nicht mit Fortschritten im Bereich der Nachhaltigkeit zu tun, sondern vielmehr mit den Rettungsbemühungen von Seiten der Politik. Solche Marktinterventionen können selbstredend auch mit einer Nachhaltigkeitsanalyse nicht antizipiert werden. (Allerdings kann auch noch nicht mit absoluter Gewissheit gesagt werden, ob die Rettungsaktionen langfristig von Erfolg gekrönt sein werden.) Bei einem Vergleich der traditionellen Kreditratings mit den Nachhaltigkeitsratings weisen Letztere jedoch trotz dieses Vorbehalts bemerkenswerte Vorteile auf.

3.2 Nachhaltigkeitsrating deutet auf Bonitätsänderungen hin

Bisher vertrauten die Finanzmärkte zur Abschätzung der gegenwärtigen und zukünftigen Zahlungsfähigkeit eines Staates auf die „traditionellen" Kreditratings der großen Ratingagenturen wie Moody's, Standard & Poor's und Fitch. Es läßt sich dabei tatsächlich feststellen, dass beispielsweise das Kreditrating von Griechenland bereits vor der Krise schwächer war als dasjenige von Australien. Der Ratingunterschied war jedoch keinesfalls so ausgeprägt, dass dieser den später beobachteten Performanceunterschied hätte erwarten lassen. Auch wurden die Kreditratings beinahe parallel zum Wertverfall laufend nach unten angepasst (Abbildung 5). Somit waren sie weniger eine Indikation für die Zukunft, sondern vielmehr ein mit der Gegenwart einhergehender Indikator.

Abbildung 5: Traditionelle Kreditratings – Indikation oder Begleiterscheinung?

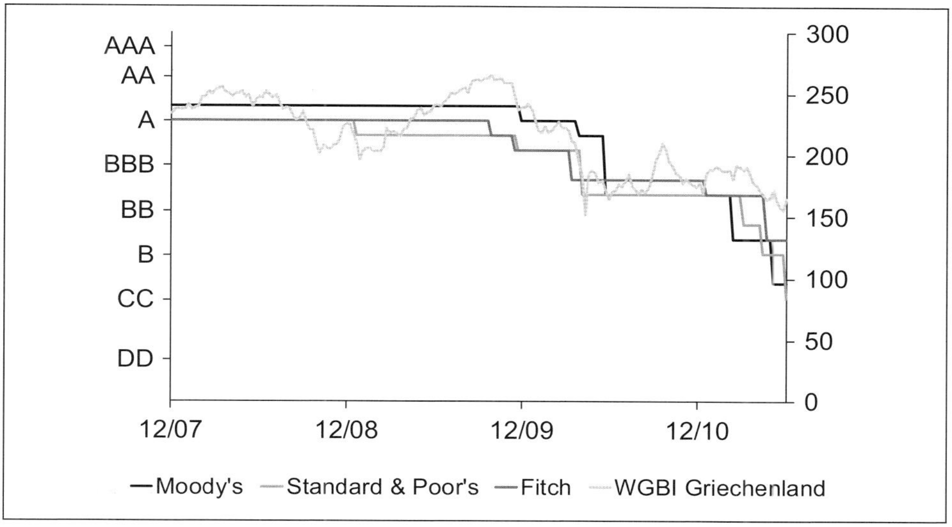

Quelle: Datastream, Moody's, Standard & Poor's, Fitch, Bank J. Safra Sarasin

In gewisser Weise hatte eine Änderung der Krediteinstufung in der Vergangenheit den Charakter einer Bestätigung – und teilweise einer Verstärkung – der bereits stattfindenden Entwicklung. Für Anleger jedoch wesentlich interessanter ist es, Frühindikatoren für künftige Ratingänderungen und somit auch für mögliche – negative oder auch positive – Überraschungen zu haben. Genau an diesem Punkt offenbart die Nachhaltigkeitsanalyse ihre Vorzüge, indem sie Chancen und Risiken identifiziert, die in den aktuellen Kursen noch nicht enthalten sind, sich aber mittel- bis langfristig monetarisieren könnten.

Wegen des unter Kapitel 3.1 beschriebenen Zusammenhangs zwischen Nachhaltigkeit und Wertentwicklung von Staatsanleihen drängt sich die Erwartung auf, dass die Kreditratings von nachhaltigeren Emittenten herauf- bzw. diejenigen von weniger nachhaltigen Emittenten herabgestuft werden sollten, sobald sich soziale und ökologische Risiken materialisieren. Um zu prüfen, ob sich dieser Zusammenhang empirisch bestätigt, hat die Bank J. Safra Sarasin in der Periode von 31.12.2009 bis 31.12.2012 die Entwicklung der Kreditratings von 118 Ländern beobachtet und mit den jeweiligen Nachhaltigkeitsratings verglichen. Während sich das durchschnittliche Kreditrating der nachhaltigen Länder nur um 0,1 Stufen verschlechterte, verloren nicht nachhaltige Länder durchschnittlich 0,8

Ratingstufen. Das mag auf den ersten Blick zwar nach wenig aussehen, bedeutet aber anders ausgedrückt, dass im Durchschnitt bei den nachhaltigen Ländern nur eines von zehn um eine Stufe heruntergestuft wurde, wohingegen bei den nicht nachhaltigen acht von zehn Ländern heruntergestuft wurden. Die größten Verlierer waren dabei ressourcenarme und ineffiziente Länder (z.B. Griechenland und Portugal), gewonnen haben vor allem Staaten mit einer hohen Ressourcenverfügbarkeit (z.B. Chile). Darüber hinaus kann das Verteidigen des AAA-Ratings für viele Länder mit hoher Ressourceneffizienz bereits als Erfolg verbucht werden, da diese bezüglich der Bonitätsbewertung gar kein Verbesserungspotenzial mehr haben.

Für die Zukunft sollte sich eine graduelle Fortsetzung dieses Trends beobachten lassen. Grundsätzlich gilt zwar auch hier die Aussage, dass eine vergangene Entwicklung keine Garantie für zukünftige Entwicklungen darstellt. Dennoch muss vor Augen geführt werden, dass sich die Problematik der Ressourcenknappheit trotz technologischer Fortschritte aufgrund des demografischen und wirtschaftlichen Wachstums in der Zukunft eher verschärfen als entspannen wird. Somit wird zwangsläufig auch der effizienten Nutzung der immer knapper werdenden Ressourcen mehr Bedeutung zukommen. Folglich genießen Länder mit hoher Ressourcenverfügbarkeit und/oder -effizienz im globalen Wettbewerb einen Vorteil. Eine häufige Begleiterscheinung bei solchen Ländern ist zudem die langfristige Tendenz zu stärkeren Währungen. Ein Aspekt, der Anleiheinvestoren i.d.R. ebenfalls interessiert.

3.3 Nachhaltigkeitsanalyse deckt Ertragspotenziale und Risiken auf

Gerade bei Staaten, die in den Sog der europäischen Schuldenkrise gerieten, wird offensichtlich, dass das Konzept der Nachhaltigkeit in der Vergangenheit geholfen hat, das finanzielle Risiko von Staatsanleihen differenzierter zu beurteilen, als es die klassischen Ratingagenturen getan haben. Konsequent umgesetzt konnten nachhaltig orientierte Investoren Wertverluste vermeiden. Eine detailliertere Analyse zeigt das Ausmaß der Unterschiede in der Wertentwicklung. Teilt man die Länder in die zwei Gruppen „nachhaltig“ und „nicht nachhaltig“ und ermittelt für beide die durchschnittliche Performance bei Marktwertgewichtung, so zeigen sich ausgeprägte Performance-Unterschiede: Bei den Industriestaaten beträgt die Differenz seit Ende 2005 insgesamt 12,4 Prozentpunkte, bei Schwellenländern sogar 77 Prozentpunkte (Abbildung 6 und 7; jeweils auf USD-Basis per 31.12.2012).

Abbildung 6: Marktgewichtete Wertentwicklung von Staatsanleihen von als nachhaltig und nicht nachhaltig eingestuften Industriestaaten.

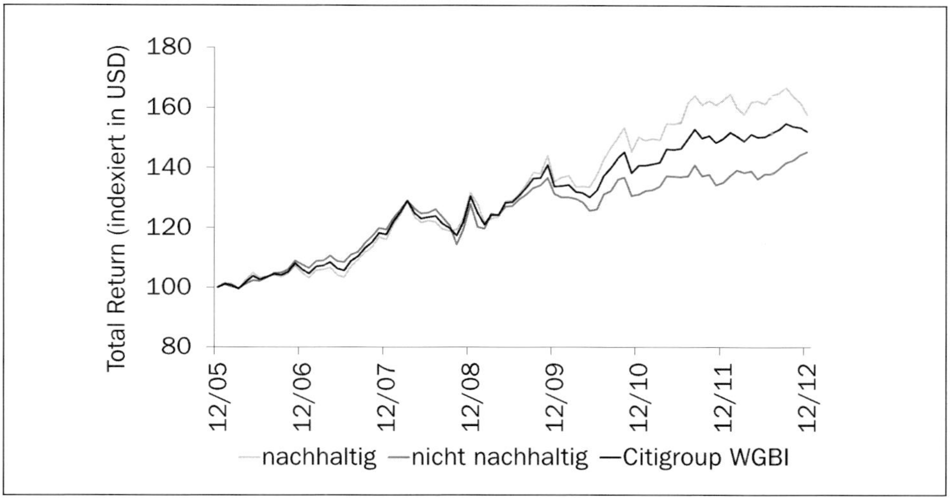

Quelle: Datastream, Bank J. Safra Sarasin

Abbildung 7: Marktgewichtete Wertentwicklung von Staatsanleihen von als nachhaltig und nicht nachhaltig eingestuften Schwellenländern

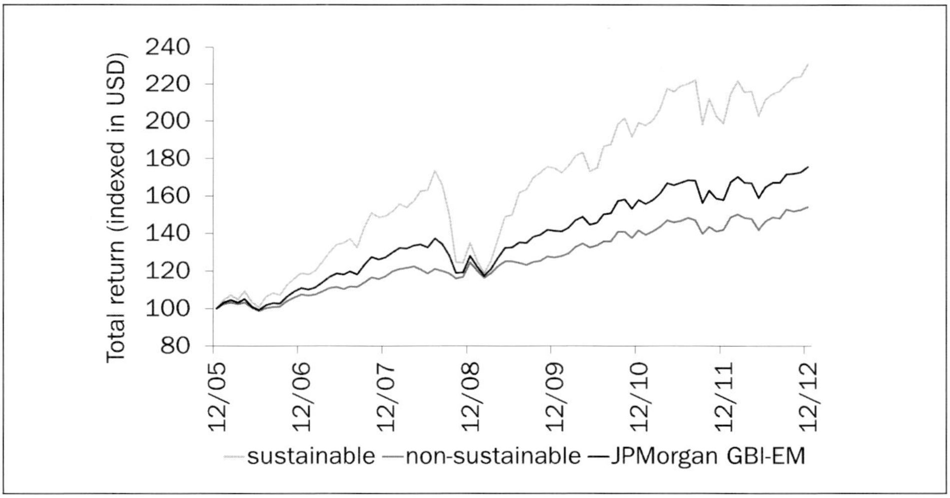

Quelle:Datastream, Bank J. Safra Sarasin

Bei der Erfolgsmessung einer Investition spielt jedoch nicht nur die reine Wertentwicklung sondern eben auch das Risiko eine Rolle. Vor diesem Hintergrund ist eine Investition dann erfolgreich, wenn die „verdienten" Renditen für die eingegangenen Risiken eine mindestens proportionale Entschädigung bieten. Um dies zu beurteilen, wurden die Sharpe-Ratios für die einzelnen Ländergruppen berechnet (siehe folgende Tabelle). Als risikofreien Zinssatz wurden 3% angenommen, was bei der gewählten Betrachtungsperiode in etwa der Rendite deutscher Staatsanleihen entspricht. In beiden Fällen bieten die jeweils nachhaltigen Länder im Schnitt eine bessere Sharpe-Ratio.

Tabelle 2: Sharpe-Ratios für einzelne Ländergruppen

31.12.2005 – 31.12.2012	Performance p.a.	Volatilität p.a.	Sharpe-Ratio
Industrieländer:			
nachhaltig	6.7%	8.2%	0.46
nicht nachhaltig	5.5%	7.1%	0.35
Schwellenländer:			
nachhaltig	12.7%	15.5%	0.63
nicht nachhaltig	6.4%	6.6%	0.51

Quelle: Datastream, Bank J. Safra Sarasin

4 Fazit

Zusammenfassend lässt sich festhalten, dass es sehr wohl möglich war, die Risiken von Staatsanleihen bereits vor der Krise besser einzuschätzen – vorausgesetzt der Anleger hatte auch den Mut, teilweise gegen die klassischen Ratingagenturen und den Mainstream zu schwimmen. Die Erweiterung der Analyse um ökologische und soziale Kriterien mag das Anlageuniversum zwar quantitativ etwas einschränken, doch hilft es aktiven Asset Managern, den Blick für Qualität zu schärfen. Langfristig werden im globalen Wettbewerb nur Länder mit hoher Ressourcenverfügbarkeit und/oder -effizienz erfolgreich und leistungsfähig bleiben. Deshalb ist eine Methode wie die Nachhaltigkeitsanalyse, welche solche Länder zu identifizieren vermag, für Anlageentscheide von großer Bedeutung. Denn nur erfolgreiche und leistungsfähige Länder sind auf Dauer in der Lage, ihre staatlichen Verpflichtungen – wozu auch die planmäßigen Zins- und Tilgungszahlungen auf Staatsanleihen gehören – langfristig zu erfüllen. Eine Nachhaltigkeitsanalyse kann aufgrund ihres Analysehorizonts zwar nicht vorhersagen, wann genau ein Problem oder gar Ausfall eintritt, sie kann jedoch helfen zu bestimmen, wer – in Anlehnung an Warren Buffets Zitat – bereits heute zu leicht bekleidet im Wasser schwimmt.

Anhang

Indikatorenliste

Ressourcenverfügbarkeit (Horizontale Achse)	Ressourceneffizienz (Vertikale Achse)
Umwelt	**Transformationseffizienz**
Ökologischer Fußabdruck und Biokapazität Stromerzeugung in Kernkraftwerken	Lebensqualität – Materielles: • Bruttoinlandsprodukt (BIP) nach Kaufkraftparität
Wasserfußabdruck und -knappheit Biodiversität	Lebensqualität – Bildung: • Schuleinschreibungsrate • Alphabetisierungsquote • Gewährte Patente
Auswirkungen des Klimawandels auf: • Landwirtschaft • Extremwetterereignisse • Meeresspiegel	Lebensqualität – Gesundheit: • Kindersterblichkeit • Lebenserwartung • Lebenszufriedenheit • Selbstmordrate
	Ressourcenverbrauch: • Ökologischer Fußabdruck • Stromerzeugung in Kernkraftwerken • Wasserfußabdruck
Wirtschaft und Gesellschaft	**Prozesseffizienz**
Demografie und Altersstruktur Materielles und immaterielles Kapital Staatsverschuldung Auslandsverschuldung	Wirtschaft: • Größe und Volatilität des Bruttoinlandsprodukts • Exportkonzentration nach Produkten • Wettbewerbsfähigkeit • Adjustierte Sparquote • Inflationsrate
	Regierung: • Mitsprache und Verantwortlichkeit • Politische Stabilität und Gewaltlosigkeit • Effektivität der Regierung • Regulatorische Qualität • Rechtsstaatlichkeit • Korruptionsbekämpfung
	Soziales: • Arbeitslosigkeit • Einkommensverteilung • Geschlechtliche Gleichberechtigung • Menschenrechte • Frieden und Sicherheit

Literatur

Balazs, Magyar, (2013): Nachhaltige Staaten meistern die Schuldenkrise besser, Bank J. Safra Sarasin, Basel.

Balazs, Magyar, (2011): Nachhaltige Erfüllung staatlicher Verpflichtungen – Nachhaltigkeit und Performance von Staatsanleihen, Bank J. Safra Sarasin, Basel.

Balazs, Magyar, (2010): Die Welt in der Zwickmühle zwischen Wohlstand und Ressourcenschutz – Nachhaltigkeitsbewertung von Staatsanleihen, Bank J. Safra Sarasin, Basel.

Global Footprint Network, (2012): 2011 Annual Report, Oakland.

Hennike, Peter, (2010): Ressourcen- und Klimaschutz: Ökologischer Imperativ und ökonomischer Megatrend?, Wuppertal Papers, Wuppertal.

Zürcher Kantonalbank, (2010): Nachhaltiger Krisenschutz. Wertvolle Risikoinformation sozialer und ökologischer Auswahlkriterien, Zürich.

V
Strategische Bedeutung Nachhaltiger Geldanlagen und Integration in die Produktpalette

Marktpotenzial Nachhaltiger Geldanlagen

Ulrich Hoyer/Christof Jauernig

1 Marktpotenzial Nachhaltiger Geldanlagen

1.1 Potenzialbemessungsgrundlage „sozial-ökologischer Banken"

Nachhaltige Geldanlagen bilden den Kern des Geschäftsmodells sozial-ökologischer Banken. Die wenigen in Deutschland im „Social Banking" tätigen Kreditinstitute decken in unterschiedlichem Umfang den im Retail- und Gewerbekundengeschäft üblichen Finanzdienstleistungsbedarf ab. Da sie deswegen das Potenzial in sich tragen, aus Sicht des einzelnen Kunden „konventionelle" Bankangebote auf breiter Ebene durch nachhaltige Alternativen zu ersetzen, erscheint eine Untersuchung von Akzeptanz und Marktpotenzial Nachhaltiger Geldanlagen am Beispiel der sozial-ökologischen Banken als besonders naheliegend.

Aus Verbraucherperspektive zeichnen sich sozial-ökologische Banken im Wesentlichen und in der Regel durch drei strategisch-operative Charakteristika aus. Diese sind:

Sozial-ökologisch nachhaltige Geldverwendung

Kreditvergaben und Kapitalanlagen werden ausschließlich unter Berücksichtigung sozialer, ökologischer und/oder ethischer Investitionskriterien vorgenommen (Positiv-/Negativkriterien). Die derartige Geldverwendung verschafft den Kunden eine „soziale Rendite", gewissermaßen als viertes Investitionskriterium neben monetärer Rendite, Risiko und Liquidität.

Realwirtschaftlich unterlegtes, ökonomisch nachhaltiges Geschäft

Weder für Kunden noch im eigenen Auftrag werden spekulative Geschäfte getätigt. Die Banken versprechen sich hierdurch Risikoreduktion und die Vermeidung spekulationsbedingter (sozialer/ökologischer/ökonomischer/ethischer) Kosten. Das Gewinnmaximierungsprinzip wird abgelehnt.

Transparente Kreditvergabe und Kapitalanlage

Sozial-ökologische Banken bieten ihren Kunden in der Regel weitreichende institutionelle Transparenz, insbesondere oftmals detaillierte Veröffentlichung der Kapitalanlagen und vergebenen Kredite, letztere samt Empfängern, Kreditbeträgen und Verwendungszwecken. Dies ermöglicht Anlegern die Überprüfung der Einhaltung von Positiv- bzw. Negativkriterien und somit die Verifizierung der versprochenen sozialen Rendite.

Korrespondierend mit diesem Profil werden dem sozial-ökologischen Banksegment in Deutschland derzeit vier Kreditinstitute zugeordnet. Als älteste sozial-ökologische Bank Europas ist die Bochumer GLS Bank seit 1974 und mittlerweile mit sieben Standorten am deutschen Markt präsent. Bei der 1997 gegründeten UmweltBank aus Nürnberg stehen ökologische Investments im Mittelpunkt. Die EthikBank wurde als Zweigniederlassung der Volksbank Eisenberg im Jahr 2002 unter eigener Marke gegründet. Jüngstes Mitglied des Segmentes ist die in Frankfurt ansässige Triodos Bank Deutschland, die als Niederlassung der niederländischen Konzernmutter seit Ende 2009 über eine deutsche Banklizenz verfügt.

1.2 Wachstum und Marktanteil sozial-ökologischer Banken

Trotz teils langjähriger Marktpräsenz werden sozial-ökologische Banken indes erst seit Ausbruch der Finanzkrise zunehmend von einer breiteren Öffentlichkeit wahrgenommen. Befördert durch den Vertrauensverlust der Bankbranche verzeichneten sie zuletzt deutlichen Kundenzuwachs. Auch laut Markt- und Zukunftsforschung wichtiger werdende gesellschaftliche Werte, darunter ökologisch und sozial verantwortliches Handeln, Sicherheit, Transparenz und Glaubwürdigkeit, können als Erklärung für die steigende Nachfrage nach sozial-ökologischen Bankangeboten herangezogen werden. Zwischen 2007 und 2012 sind die Kundenvolumina, also die Summe aus Einlagen von und Krediten an Kunden, der vier in Deutschland tätigen Banken zusammengenommen um durchschnittlich 23 % pro Jahr angestiegen.[1] Derartige Wachstumsraten wurden im Vergleichszeitraum in Deutschland von keinem anderen Bankensegment erreicht. Die hohe Wachstumsdynamik darf dabei nicht darüber hinwegtäuschen, dass der kumulierte Marktanteil der sozial-ökologischen Banken noch marginal ist. Gemessen am Kundenvolumen betrug er Ende 2012 lediglich 0,3 %.[2] Die aggregierte Kundenzahl der vier Banken belief sich zu diesem Zeitpunkt auf rund 280.000[1]. Diese augenscheinliche Diskrepanz zwischen hohen relativen Wachstumsraten und dennoch sehr geringem Marktanteil war maßgeblicher Treiber für die Durchführung der bislang umfangreichsten Studie zum sozial-ökologischen Bankenmarkt in Deutschland, die von der Managementberatung zeb/, der

[1] Vgl. EthikBank, GLS Bank, Triodos Bank Deutschland, UmweltBank (2007 bis 2012).
[2] Vgl. Deutsche Bundesbank (2007 bis 2012).

Alanus Hochschule (Alfter bei Bonn) und der puls Marktforschung durchgeführt wurde.[3] Ziel der Studie war unter anderem, empirisch fundierte Marktpotenziale und die dahinterstehenden Zielgruppenprofile zu identifizieren.

1.3 Potenzialbemessung und -ausprägung

Anstatt das Potenzial für sozial-ökologische Bankangebote unter Einbindung von Hilfsgrößen abzuleiten, z.B. über den Ansatz ausgewählter Sinus-Milieus, das Milieu der „LOHAS"[4] oder über Verbraucheraffinitäten für Bio-Lebensmittel, verfolgte die hier betrachtete Untersuchung über Primärdatenerhebungen einen unmittelbar am Bankgeschäft anknüpfenden Ansatz. Über ausführliche Befragungen von 3.200 Kunden der sozial-ökologisch ausgerichteten EthikBank, GLS Bank und Triodos Bank Deutschland wurden zunächst die wesentlichen Charakteristika bereits „nachhaltig" anlegender Verbraucher ermittelt. Diese anhand von über 80 Variablen beschriebenen sozio-demografischen Attribute, Wertemuster und Finanzdienstleistungspräferenzen der analysierten Social-Banking-Kunden wurden in einem nächsten Schritt mit einer bevölkerungsrepräsentativen Stichprobe befragter Kunden konventioneller Banken in Beziehung gesetzt. Unter Ansatz einer Diskriminanzanalyse konnte hierbei der Anteil derjenigen konventionellen Bankkunden ermittelt werden, die außer einer prinzipiellen Bereitschaft für einen Wechsel zu einer sozial-ökologischen Bank auch deutliche Ähnlichkeiten mit den Profilen der von diesen bereits erschlossenen Kunden auf sich vereinigten.

Die Übertragung der so ermittelten Anzahl an Befragten auf die Gesamtbevölkerung ermöglichte schließlich die Ableitung eines gesamthaften Marktpotenzials für Social Banking in Deutschland in Höhe von 16,2 Mio. Menschen ab 16 Jahren. In einer abgestuften Betrachtungsweise konnte darüber hinaus innerhalb dieses Personenkreises ein Kernpotenzial von 7,3 Mio. Menschen identifiziert werden, die über ihre Affinität für sozial-ökologisches Banking hinaus besonders schwach an ihre jetzigen Hausbanken gebunden sind. Dies zeigt sich dadurch, dass sie einen generellen Bankwechsel innerhalb der nächsten zwölf Monate für sich in Betracht ziehen.

[3] Social-Banking-Study 2012, zeb/rolfes.schierenbeck.associates, Alanus Hochschule, puls Marktforschung; Zahl der Befragten: 4.209; Befragungszeitraum: Oktober 2011. Da vorliegender Beitrag weitgehend auf (teilweise noch ergänzten und weitergehend kommentierten) Erkenntnissen der Social-Banking-Study 2012 (im folgenden „Studie" genannt) beruht, sind inhaltliche Bezugspunkte nicht gesondert über Fußnoten ausgewiesen.

[4] LOHAS = Lifestyles of Health and Sustainability (gesunder und nachhaltiger Lebensstil).

2 Beschaffenheit der Zielgruppe

Die Analyse der Bestandskundschaft der drei teilnehmenden sozial-ökologischen Banken bestätigte, dass das Ausmaß an Stringenz, mit der nachhaltiges Anlageverhalten verfolgt wird, die Unterscheidung in unterschiedliche Kundentypen zulässt. Im Rahmen der Studie wurde hierbei zwischen zwei grundlegenden Gruppen unterschieden: „Sozial-Ökologische" zeichnen sich durch einen großen Anteil nachhaltig angelegten Vermögens von bis zu 100% in Verbindung mit bestehender Hauptbankverbindung zu einer sozial-ökologischen Bank aus. Demgegenüber kommt in Reihen der befragten Social-Banking-Kunden der moderatere Stellenwert sozial-ökologischer Aspekte beim Typus des „Nachhaltigkeitsorientierten" durch einen deutlich geringeren Anteil nachhaltig angelegten Vermögens zum Ausdruck, bei gleichzeitig bestehendem Kundenverhältnis zu einer sozial-ökologischen Bank lediglich in sekundärer Bankverbindung.

Beide innerhalb der Bestandskunden sozial-ökologischer Banken erkannten Teilzielgruppen finden sich, identifiziert wie beschrieben via sozio-demografischem Profil und Wertemustern, auch unter den stellvertretend für die Gesamtbevölkerung befragten Nichtkunden wieder. Gemeinsam bilden sie das gesamte Marktpotenzial in Höhe von 16,2 Mio. Menschen, das sich demnach wie folgt zusammensetzt (siehe auch Abb. 1).

Die Mitglieder der Teilzielgruppe der Sozial-Ökologischen (3,0 Mio. bzw. 4,3% der Menschen ab 16 Jahren) stellen die größten Anforderungen an Nachhaltigkeit, Fairness und Transparenz. Der Stellenwert von Bio-Lebensmitteln, Fairtrade-Konsum und ethischer Geldanlage ist im Vergleich am höchsten. Der Anteil von Frauen ist mit 61% überproportional, das Einkommen eher unterdurchschnittlich. Jede(r) dritte Sozial-Ökologische lebt in einer Großstadt.

Abbildung 1: Teilzielgruppen für sozial-ökologische Bankangebote

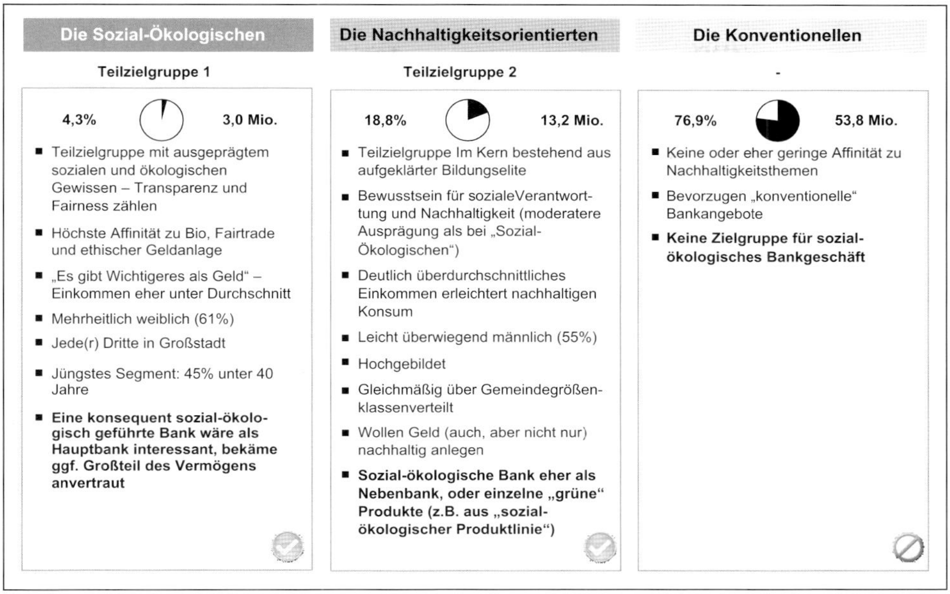

Quelle: zeb/research, Alanus Hochschule, puls Marktforschung; Erhebungsbasis: n = 874 (bezogen auf Gesamtbevölkerung ab 16 Jahren)

Nachhaltigkeitsorientierte (13,2 Mio. bzw. 18,8% der Menschen ab 16 Jahren) bestehen im Kern aus der aufgeklärten Bildungselite. Ihr Bewusstsein für soziale Verantwortung und Nachhaltigkeit ist ebenfalls deutlich ausgeprägt, jedoch moderater als das der Sozial-Ökologischen. Das Einkommen ist deutlich überdurchschnittlich und erleichtert dieser Teilzielgruppe den nachhaltigen Konsum. Sie ist leicht überwiegend männlich (55%) und relativ gleichmäßig über die Gemeindegrößenklassen verteilt.

Der verbleibende Rest der Bevölkerung (53,8 Mio. bzw. 76,9% der Menschen ab 16 Jahren), hier als die „Konventionellen“ bezeichnet, offenbart keine oder eher geringe Affinität zu Nachhaltigkeitsthemen. Konventionelle Bankangebote werden bevorzugt. Die Konventionellen werden demnach nicht der Zielgruppe zugerechnet.

3 Leistungsanforderungen der Zielgruppe

3.1 Konventionelle Leistungsmerkmale

Das außergewöhnliche Profil der identifizierten Social-Banking-Zielgruppe zeigt sich auch im Bereich der Leistungsanforderungen, die ihre Mitglieder an Banken stellen. Mitnichten beschränkt sich dabei der hohe zum Ausdruck kommende Anspruch an die Qualität von Bankdienstleistungen auf klassisch „grüne" Leistungsmerkmale. So sind den Zielgruppenmitgliedern beispielsweise ein großes Netz kostenloser Geldautomaten, Service- und Kundenorientierung, kompetente und faire Beratung oder ein umfassendes Online- und Mobile-Banking-Angebot wichtiger als für den Rest der Bevölkerung. In ähnlicher Weise heben sich innerhalb der Zielgruppe die Sozial-Ökologischen in fast allen Belangen von den Nachhaltigkeitsorientierten durch eine höhere Wichtigkeit der jeweiligen konventionellen Leistungsmerkmale ab (siehe zu diesem und den folgenden Abschnitten Abb. 2).

3.2 Sozial-ökologische Leistungsmerkmale

Vor allem jedoch im Bereich der Leistungen, in denen sich sozial-ökologische Banken von konventionellen unterscheiden, sind die Anforderungen der Zielgruppe erwartungsgemäß höher ausgeprägt als die des Rests der Bevölkerung.[5] Dies betrifft z.B. Leistungsmerkmale wie die Berücksichtigung sozialer, ökologischer und/oder ethischer Kriterien bei der Kreditvergabe, das Angebot sozial-ökologischer Produkte (z.B. grüner Konten), einen Spekulationsverzicht der Bank, oder betont transparentes Kommunikationsverhalten gegenüber Kunden und Öffentlichkeit. Hier zeigt sich noch deutlicher die ausgeprägte Anspruchshaltung der Sozial-Ökologischen: Auf einer nach Schulnotensystem abgefragten Skala der Wichtigkeit sozial-ökologischer Leistungsmerkmale einer Bank (1 = „sehr wichtig", 6 = „sehr unwichtig") erzielen sie einen durchschnittlichen Wert von 1,77. Die Wichtigkeit dieser Merkmale ist bei den Nachhaltigkeitsorientierten bereits geringer (2,43) und liegt unterhalb des durchschnittlichen Stellenwerts, den sie konventionellen Leistungsmerkmalen zuweisen (2,08). Mit einem Durchschnittswert von 3,12 wird den sozial-ökologischen Leistungsmerkmalen die geringste Wichtigkeit erwartungsgemäß seitens der Konventionellen zugewiesen.

---

[5] Um das Antwortverhalten der Befragten nicht zu beeinflussen, wurden „sozial-ökologische" Leistungsmerkmale bei der Bewertung nicht gesondert als solche ausgewiesen, sondern mit „konventionellen" Leistungsmerkmalen vermengt abgefragt. Zudem erfolgte die Abfrage vor detaillierter Erläuterung von Funktions- und Wirkungsweise des Geschäftsmodells sozial-ökologischer Banken.

Abbildung 2: Leistungsanforderungen der Zielgruppen an eine Bank

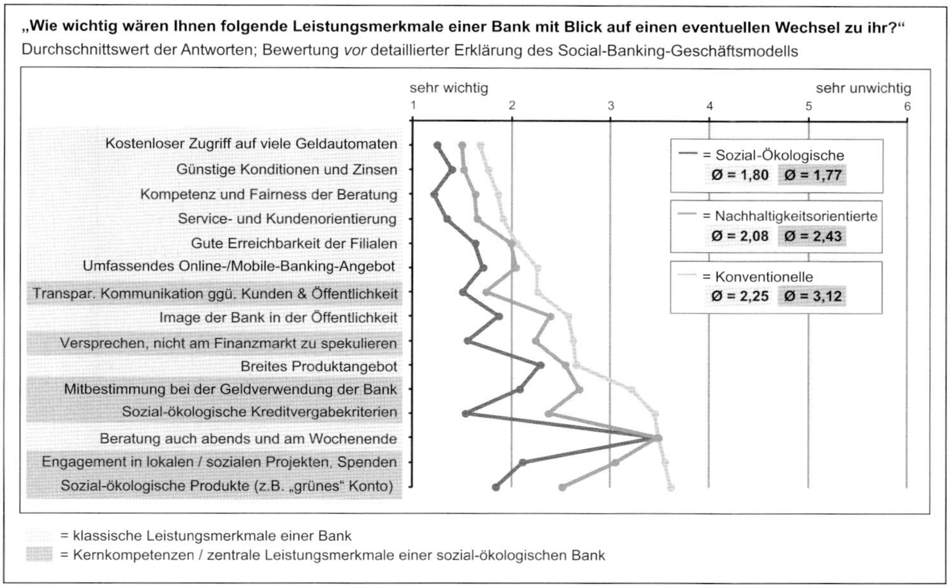

Quelle: zeb/research, Alanus Hochschule, puls Marktforschung; Erhebungsbasis: n = 874 (bezogen auf Gesamtbevölkerung ab 16 Jahren)

Ein Blick auf die Bewertung der einzelnen sozial-ökologischen Leistungsanforderungen durch die Befragten hebt den besonderen Stellenwert transparenter Kommunikation gegenüber Kunden und Öffentlichkeit sowie eines Spekulationsverzichtes hervor. Beide Merkmale werden auch seitens Konventioneller als wichtigste Social-Banking-Attribute angesehen. Weiterhin zeigt sich der Anspruch der Zielgruppe an Banken, Nachhaltigkeitsaspekte durch sozial-ökologische Kreditvergabekriterien im Kerngeschäft zu verankern. Schließlich macht der vergleichbar geringe Stellenwert, den die Zielgruppe einem „Engagement in lokalen/sozialen Projekten, Sponsoring, Spenden" zubilligt, deutlich, dass Aktivitäten von Banken in den Bereichen der Corporate Social Responsibility in den Augen der Social-Banking-Zielgruppe zwar wichtig aber nicht ausreichend sind.

4 Nutzenempfinden der Zielgruppe

Es zeigt sich also, dass mit Blick auf eine Erschließung bzw. Bindung der Zielgruppenmitglieder sowohl hinsichtlich klassischer Bankkompetenzen als auch bei Social-Banking-Leistungen höchstes Niveau erreicht werden muss, um sie zufrieden zu stellen. Werden die Social-Banking-Leistungsversprechen in diesem Sinne konsequent und glaubhaft erfüllt, können Banken ihren Kunden das gute Gefühl vermitteln, mit den anvertrauten

Geldern zur Gestaltung einer nachhaltigeren Gesellschaft beizutragen. Je nach persönlich empfundenem Stellenwert dieser Nachhaltigkeitswirkung entsteht den Bankkunden hierdurch eine als mehr oder minder hoch wahrgenommene soziale Rendite.

In Reihen der Zielgruppenmitglieder wird dieser Zusatznutzen derart ausgeprägt empfunden, dass er fast eine mit Zinszahlungen vergleichbare Wirkung erzielt, so ein mittels Conjoint-Analyse erzieltes Ergebnis der Studie. Hierfür wurde in einer Simulation ein Bankkunde unterstellt, der hinsichtlich seiner Charakteristika den Durchschnitt der gesamten Zielgruppe repräsentiert und bislang über ein mit 1,6% p.a. verzinstes konventionelles Sparprodukt verfügt. Stößt dieser Kunde nun auf ein konkurrierendes Angebot einer sozial-ökologischen Bank, bei dem die angelegten Gelder in gleicher Höhe verzinst, zusätzlich jedoch nachweislich nur für die Finanzierung sozial-ökologisch nachhaltiger Projekte verwendet werden, so entsteht ihm, gemessen in monetärem Zins, eine soziale Rendite in Höhe von 1,4% p.a. Durch Kombination von monetärer und sozialer Rendite erhöht sich somit die von ihm empfundene Gesamtrendite deutlich. Anders ausgedrückt: Das Sparprodukt der sozial-ökologischen Bank entwickelt auf das Zielgruppenmitglied eine Anziehungskraft, wie sie vom konventionellen Produkt nur durch einen Zinssatz von 3,0% p.a. erreicht werden könnte (siehe Abb. 3).

Abbildung 3: Kundenrendite bei unterschiedlicher Geldverwendung durch eine Bank

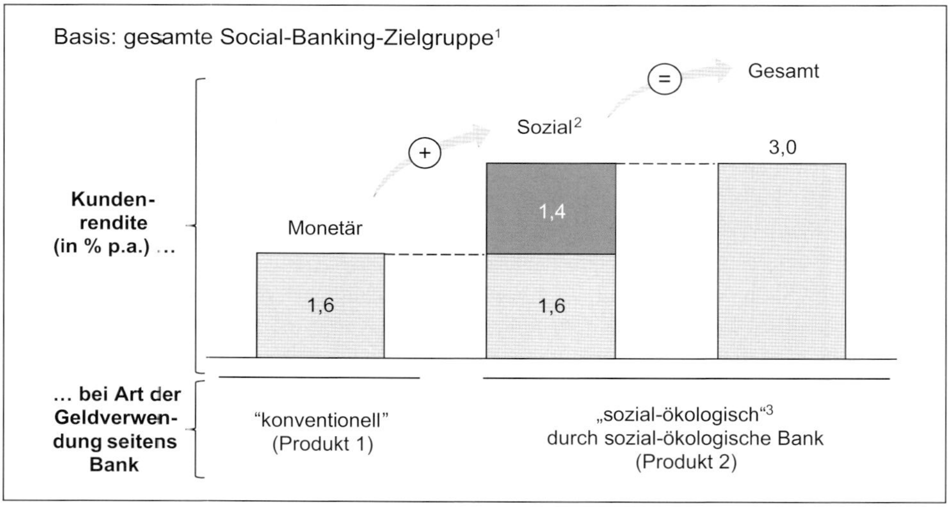

Quelle: zeb/research, Alanus Hochschule, puls Marktforschung; 1) „Sozial-Ökologische" und „Nachhaltigkeitsorientierte" (16,2 Mio. Menschen ab 16 Jahren; n = 202); 2) Der Wert „soziale Rendite" entspricht dem durchschnittlichen monetären Gegenwert des conjoint-analytisch festgestellten Nutzens, den der Kunde durch die sozial-ökologische Geldverwendung empfindet; 3) Einlagen werden nachweislich nur für die Finanzierung sozial-ökologisch nachhaltiger Projekte oder Unternehmen verwendet

5 Mobilisierung der Zielgruppe

5.1 Bankwechselbereitschaft und -hürden

Angesichts des hohen Stellenwerts der beschriebenen sozialen Rendite ist es nachvollziehbar, dass sich gemäß Befragung die rund 16 Mio. Mitglieder der Social-Banking-Zielgruppe den Wechsel zu einer sozial-ökologischen Bank grundsätzlich vorstellen können – sobald ihnen die Funktions- und Wirkungsweise des Social-Banking-Prinzips erklärt wird. Für konventionelle Banken bringt diese Erkenntnis eine erhebliche Abwanderungsgefahr besonders einkommensstarker, ertragsreicher Kundenkreise mit sich. Nur mittelfristig steht einem solchen Wechsel in vielen Fällen die noch geringe Bekanntheit sozial-ökologischer Banken im Wege. Die Studienergebnisse zeigen, dass diese eine gewichtige Ursache für den noch marginalen Marktanteil des Segments darstellt. Der Befragung zufolge haben 77% der gesamten Bevölkerung noch nie von sozial-ökologischen Banken gehört. Dieser Wert fällt in Reihen der befragten Zielgruppenmitglieder mit 72% nur wenig niedriger aus. Hinzu kommt hier ein Anteil von 12%, die solche Banken zwar kennen, nach eigenen Angaben aber nicht genug über ihre möglichen Vorteile wissen. Zusammen genommen haben also 84% der hochaffinen Zielgruppenmitglieder aufgrund von Informationsdefiziten noch keinen Zugang zu sozial-ökologischen Banken gefunden (siehe Abb. 4).

Informationsdefizite über das sozial-ökologische Bankwesen, deren wenige Repräsentanten aufgrund begrenzter Größe und Budgets nur eingeschränkte Marketing- und Werbemöglichkeiten haben, sind demnach die entscheidende Hürde, die bislang eine stärker wirksam werdende Nachfrage nach sozial-ökologischen Bankangeboten verhindert.

Abbildung 4: Wechselhürden im Social Banking

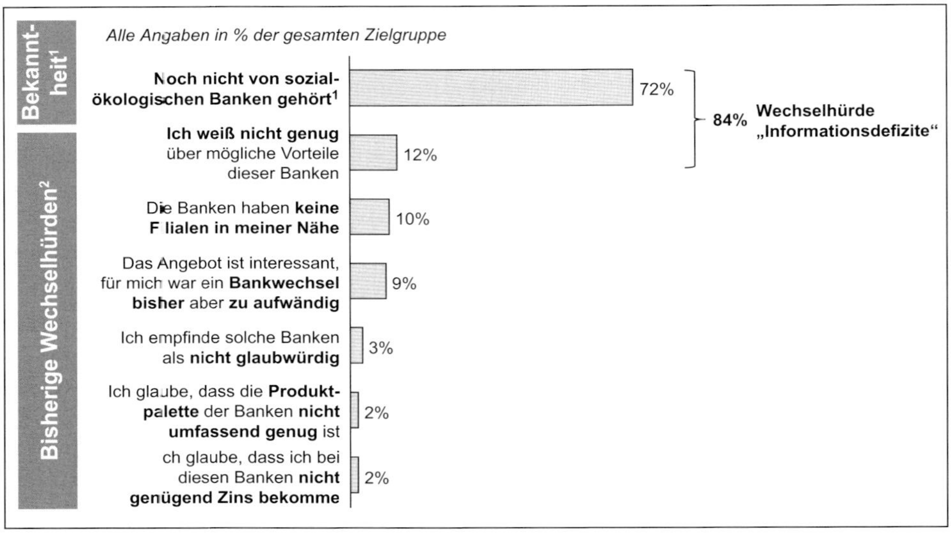

Quelle: zeb/research, Alanus Hochschule, puls Marktforschung; 1) Fragestellung: „Haben Sie bereits von sozial-ökologischen Banken gehört?"; 2) Fragestellung: „Was hielt Sie bislang von einem Wechsel zu einer sozial-ökologischen Bank ab?" (Mehrfachnennungen möglich); Erhebungsbasis: „Sozial-Ökologische" und „Nachhaltigkeitsorientierte" (n = 202)

5.2 Exkurs: Aufstieg und Fall der „Noa Bank"

In welchem Ausmaß ein gutes Konzept zur Vermarktung eines Social-Banking-Geschäftsmodells hingegen in der Lage sein kann, in kürzester Zeit zur Erschließung beträchtlicher Anzahlen affiner Verbraucher beizutragen, illustrierte der im Herbst 2009 erfolgte zügige Markteintritt der „Noa Bank". Aufgrund erheblicher Schwächen insbesondere der zugrunde liegenden strategischen Konzeption mündete diese Unternehmung nach kurzem beachtlichen Kundenerfolg allerdings schon innerhalb eines Jahres in der Insolvenz. Dieser Fall ist insofern gut dafür geeignet, an dieser Stelle sowohl die Potenziale der Kundengewinnung durch Social Banking als auch das dem Prinzip immanente besondere Spannungsfeld zwischen Marketingversprechen und dessen gut vorbereiteter, stringenter Erfüllung aufzuzeigen.[6]

[6] Die in dieser Fallbetrachtung enthaltenen Unternehmensdaten und -informationen der Noa Bank waren in den Jahren 2009 und 2010 im Internet verfügbar und sind in einer internen Analyse von zeb/research dokumentiert (zeb/research [2010]).

Die Gestaltung des Marktauftritts der Noa Bank, die Privatkunden sowie kleine und mittlere Unternehmen adressierte, erfolgte unter Einbeziehung typischer Social-Banking-Charakteristika. Unter dem Motto „Geben Sie Ihrem Geld den Sinn, den Sie wünschen!“ wurde den Kunden über die vier Themenkonten „Planet“, „Leben“, „Kultur“ und „Region“ eine zweckgebundene Kreditvergabe dort angelegter Gelder seitens der Bank versprochen. Spekulative Geschäfte schloss die Bank aus. Ebenso nach dem Vorbild sozial-ökologischer Banken strebte die Noa Bank zudem ein hohes Maß an Transparenz an. Hierzu gehörten die Bekanntgabe vergebener Kredite samt Empfänger, Kreditbetrag und Verwendungszweck auf der Internetseite der Bank sowie eine Gegenüberstellung des Gesamtbestandes der in den vier Themenkonten aufgelaufenen Einlagen und der daraus getätigten Investitionen. Schließlich zeichnete sich die Bank zunächst durch proaktive, zeitnahe und persönliche Kommunikation des Bankgründers über Soziale Medien wie den Unternehmensblog, Twitter und Facebook aus.

Einen entscheidenden Beitrag zur Fehlkonstruktion ihres Geschäftsmodells, die sie später in die Insolvenz führte, leistete die Bank hingegen durch eine von Beginn an drastisch überdosierte Zinsgestaltung ihrer Konten. Während die durchschnittliche Verzinsung für Tagesgeld der drei führenden Direktbanken[7] zunächst bei 1,8% p.a. und später bei 1,5% p.a. und der gesamte deutsche Marktdurchschnitt der Verzinsung täglich fälliger Einlagen privater Haushalte bei lediglich 0,8% p.a.[8] lag, bezahlte die Noa Bank von Beginn an einen Tagesgeldzins von 2,2% p.a. Aufgrund des Social-Banking-Marketingversprechens kann gemäß der Erläuterungen des vierten Kapitels zum „Nutzenempfinden der Zielgruppe“ davon ausgegangen werden, dass die Noa Bank durch die Verbindung aus aggressivem Zins und sozialer Rendite bei affinen Verbrauchern mit ihrem Tagesgeldkonto eine „gefühlte“ Gesamtrendite in Aussicht stellte, die, gemessen in Zins, deutlich oberhalb der Schwelle von 3% p.a. verortet werden kann. So überrascht es nicht, dass die Bank innerhalb von rund acht Monaten 15.000 Kunden und Einlagen in Höhe von etwa 290 Mio. EUR akquirierte.

Dieser rapide Einlagenzufluss kollidierte jedoch schnell mit den Kreditvergabemöglichkeiten der Bank: regulatorisch aufgrund dünner Eigenkapitaldecke (5,6 Mio. EUR), strategisch durch nicht ausreichende Volumina „nachhaltiger“ Kreditvergaben aus themengebundenen Einlagen. Von den genannten 290 Mio. EUR an Kundeneinlagen waren zeitgleich lediglich 21% in Finanzierungen ausgereicht, während die überschüssige Liquidität größtenteils bei konventionellen Banken angelegt wurde. Nur 3,6% der gesammelten Einlagen waren als klassische Kredite an kleine und mittlere Unternehmen vergeben, während mehr als die Hälfte der Gelder über die bereits vor Bankgründung bestehende und später in die Noa-Bank-Gruppe eingegliederte Factoringgesellschaft ausgereicht wurde. Dies wiederum nährte bei Beobachtern den Verdacht, dass die Noa

[7] ING DiBa, Deutsche Kreditbank, Comdirect (Quelle: Unternehmensinformationen).

[8] Vgl. Deutsche Bundesbank (2009).

Bank möglicherweise maßgeblich als Refinanzierungsquelle des Factoringgeschäfts gegründet worden war. Die versprochene soziale Rendite generierte das Kreditinstitut nur marginal, da der Einlagenbestand, vermutlich auch aufgrund fehlender Kreditnehmernetzwerke der neu gegründeten Bank, letztlich überhaupt nicht (Themenbereich Kultur) bzw. nur in geringem Ausmaß (Themenbereich Planet zu 3,5%, Themenbereich Leben zu 18,5%) gemäß der von den Kunden gewünschten nachhaltigen Verwendungszwecke vergeben worden war. Zusätzlich führte die ersatzweise gewählte Investition von Geldern in Unternehmensanleihen, unter anderem in Pharmakonzerne, implizit zur Verletzung selbst formulierter Ausschlusskriterien (z.B. „Durchführung von Tierversuchen").

Trotz dieser alternativen Refinanzierungsquellen war die Noa Bank nicht in der Lage, die hohen Zinsverpflichtungen den Sparkunden gegenüber dauerhaft zu erfüllen, wodurch es zu einer Aufzehrung von Eigenkapital kam. Auf Geheiß der BaFin wurde fünf Monate nach Markteintritt die Vergabe neuer Themenkonten eingestellt, später wurden auch ein Einzahlungsstopp auf Bestandskonten und das Verbot weiterer Kreditvergaben verfügt. Zinssenkungen auf letztlich 0,75% p.a. konnten den Einlagenbestand auf zuletzt 172 Mio. EUR abschmelzen. Dennoch musste über die überschuldete Bank, der auch eine angeordnete Eigenkapitalerhöhung nicht mehr gelungen war, am 18. August 2010 ein Moratorium verhängt werden. Das Insolvenzverfahren begann im Oktober 2010, elf Monate nach Markteintritt.

Der Fall der Noa Bank illustriert das für eine nachhaltige Erschließung von Kunden für Social-Banking-Ansätze unerlässliche Erfordernis einer sorgsamen strategischen Konzeption. Neben ausreichender Risikotragfähigkeit als Maxime jedes Geschäftsmodells gehört dazu der Aufbau von Kapazitäten zur nachhaltigen Kreditvergabe. Kundengelder sollten erst dann eingeworben werden, wenn bestimmungsgemäße Kreditvergabeperspektiven und -kapazitäten bestehen. Hierfür ist eine überlegte Auswahl der Nachhaltigkeitsbranchen und ggf. die Einstellung bzw. Ausbildung branchenspezialisierter Kreditbetreuer notwendig. Angesichts der höchst anspruchsvollen Zielgruppe müssen eigene Ausschlusskriterien der Kreditvergabe konsequent eingehalten werden. Der Glaubwürdigkeit dienen hier Nachhaltigkeitsresearch, Anlageausschüsse und Nachhaltigkeitschecks bei der Kreditprüfung. Bei einem wie im Fall der Noa Bank hervorragend vermarkteten Social-Banking-Konzept ist angesichts der sozialen Rendite ein „marktüblicher" Passivzinssatz ausreichend. Zu schnelles Wachstum durch überhöhte Zinsen kann hingegen in die Entscheidung zwischen ökonomischer und sozial-ökologischer Nachhaltigkeit zwingen und das Geschäftsmodell so in die Sackgasse führen. Hinsichtlich des Transparenzanspruchs hat die Noa Bank zunächst mit zeitnaher und offener Kommunikation über Soziale Medien eindrucksvolles Potenzial aufgezeigt, durch Offenheit Kunden für sich zu gewinnen, bezüglich organisatorischer Schwächen geduldig zu stimmen und durch proaktive Kommunikation Medienkritik die Spitze zu nehmen. Die sich verschärfende wirtschaftliche Schieflage indes setzte der kommunikativen Transparenz ein jähes Ende, was öffentliche- und Medienmeinung umso schneller umschlagen ließ.

6 Ausblick

Im fünften Kapitel wurde aufgezeigt, dass laut der durchgeführten Studie insbesondere Informationsdefizite der Verbraucher bisher einer breiten Nachfrage nach sozial-ökologischen Bankangeboten entgegenstehen. Aufgrund der zunehmenden medialen Berichterstattung über sozial-ökologische Banken und ihr besonderes Geschäftsmodell ist jedoch von einem wachsenden Kenntnisstand der Bevölkerung im Allgemeinen und der Zielgruppe im Besonderen und dadurch von einer Ausweitung der Nachfrage auszugehen. Hierdurch sind mittelfristig auch wachsende Angebotsstrukturen zu erwarten. In diesem Szenario verfügen vor allem die im Markt tätigen originären sozial-ökologischen Banken als Spezialanbieter weiterhin über ein hohes Maß an Glaubwürdigkeit und exzellente Wettbewerbspositionen. Da sie jedoch strukturell bedingten Wachstumsgrenzen unterliegen und weil das überwiegend von ihnen eingesetzte Direktbankmodell nicht allen potenziellen Kunden genügt, ist im Bereich sozial-ökologischer Bankangebote auch mit verstärktem Engagement konventioneller Kreditinstitute zu rechnen.

Dabei ist anzunehmen, dass auch die künftig steigende Erwartung von Verbrauchern an konventionelle Banken, sich hinsichtlich der Verwendung ihrer Spareinlagen zu rechtfertigen, zu einer Ausweitung des Angebots an nachhaltigen, transparenten Produkten beitragen wird. Dass dieser Rechtfertigungsdruck in Zukunft zunehmen wird, davon ist die große Mehrheit der Bevölkerung überzeugt. Im Rahmen der Studie wurde der Aussage *„Ich glaube, dass Verbraucher künftig in wachsendem Ausmaß von Banken Rechenschaft darüber einfordern, wie letztere mit ihren Spareinlagen umgehen bzw. welche Branchen und Unternehmen sie mit ihnen finanzieren“* von 79% aller Befragten zugestimmt. In Reihen der Zielgruppe lag die Zustimmung sogar im Bereich von 92 bis 93% (siehe Abb. 5).

Mit Blick auf diesen wachsenden Handlungsbedarf stehen auch konventionellen Banken Ansätze zur Verfügung, Nachhaltigkeitsaspekte mehr oder minder tief in ihrem Kerngeschäft zu verankern (siehe Abb. 6). Neben bereits üblichen Angeboten, wie z.B. Klima-Sparbriefen zur Finanzierung kommunaler, regionaler oder auch privater Projekte im Bereich der regenerativen Energien, könnte hier vermehrt die Begründung sozial-ökologischer Produktlinien[9] erfolgen, die sowohl hinsichtlich Geldverwendung als auch mit Blick auf die Vermarktung scharf vom konventionellen Kerngeschäft getrennt wären. Diese Produktlinien könnten als Ankerprodukte beispielsweise grüne Giro-, Tagesgeld- oder Festgeldkonten umfassen, deren Einlagen nachvollziehbar nur in Kredite oder Wertpapiere investiert würden, die definierte Nachhaltigkeitskriterien erfüllen bzw. nicht verletzen. Es ist anzunehmen, dass sich die Kundschaft für derartige Ansätze primär in der

[9] Vgl. hierzu und im Folgenden Hoyer, U./Jauernig, C. (2012), S. 582.

großen Teilzielgruppe der Nachhaltigkeitsorientierten finden würde. Dies deshalb, da die dort moderater ausgeprägte sozial-ökologische Affinität eher zur Akzeptanz derartiger partieller Ansätze von Kreditinstituten führen würde.

Abbildung 5: Wachsender Rechtfertigungsdruck auf Banken

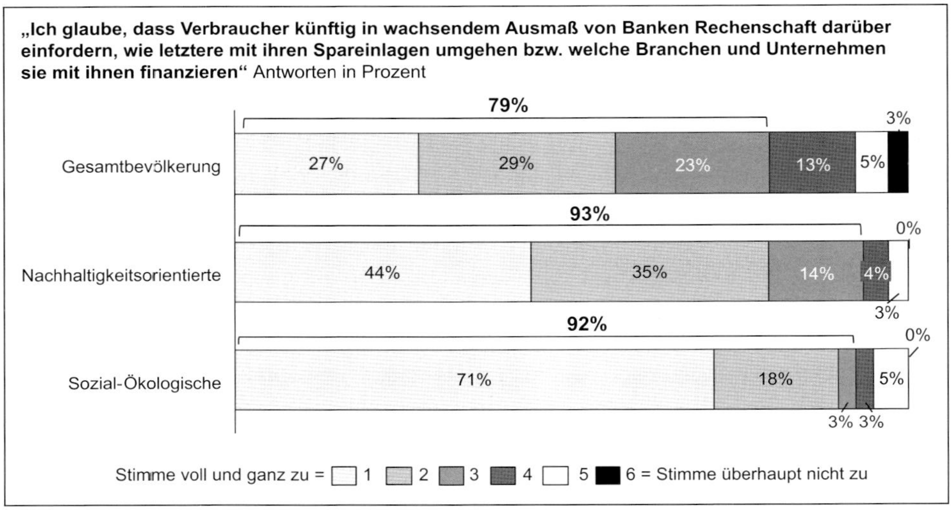

Quelle: zeb/research, Alanus Hochschule, puls Marktforschung; Erhebungsbasis: n = 973

Abbildung 6: Nachhaltigkeit im Bankwesen: Spektrum möglicher Ansätze

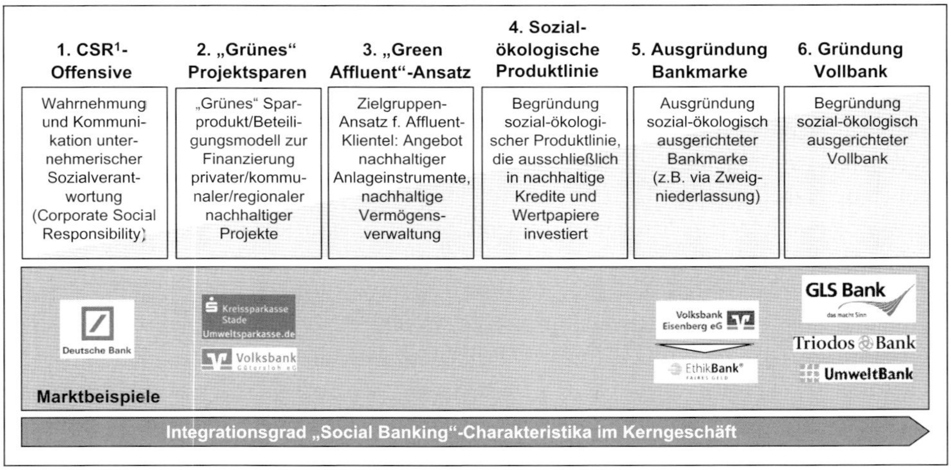

Quelle: zeb/research; 1) Corporate Social Responsibility

Tatsächlich zeigte die in der Studie durchgeführte Simulation hier, dass Nachhaltigkeitsorientierte durch den Wechsel vom konventionellen Sparprodukt hin zum Äquivalent aus der sozial-ökologischen Produktlinie einer konventionellen Bank eine zusätzliche soziale Rendite empfinden würden, die die „gefühlte" Gesamtrendite um immerhin noch etwa die Hälfte des gezahlten Zinses erhöhte. Demgegenüber sind Sozial-Ökologische aufgrund ihres hohen Anspruchs an Nachhaltigkeit und Transparenz auch weiterhin als Kernzielgruppe lediglich vollständig sozial-ökologisch ausgerichteter Banken anzusehen.

Es ist zu erwarten, dass das sozial-ökologische Bankgeschäft, gewissermaßen in Analogie zum Markt der Bio-Lebensmittel, vor allem durch Konzepte im Stil sozial-ökologischer Produktlinien perspektivisch über die Sphäre von Spezialanbietern hinauswachsen wird.

7 Zusammenfassung

Für eine Bemessung des Marktpotenzials Nachhaltiger Geldanlagen hat das Segment der sozial-ökologischen Banken eine besondere Eignung, da diese aufgrund teils umfassender Produktpaletten das Potenzial in sich tragen, konventionelle Bankangebote aus Sicht des einzelnen Kunden auf breiter Ebene zu ersetzen. Die Banken zeichnen sich aus der Perspektive des Verbrauchers in der Regel durch eine Kombination aus sozial-ökologisch nachhaltiger Geldverwendung, realwirtschaftlich unterlegtem, ökonomisch nachhaltigen Geschäft und einer transparenten Kreditvergabe und Kapitalanlage aus. In Deutschland wird das so definierte Social-Banking-Segment durch EthikBank, GLS Bank, Triodos Bank Deutschland und UmweltBank gebildet. Vor allem seit der Finanzkrise konnten diese Institute erhebliches relatives Wachstum ihres Kundenvolumens verbuchen. Dennoch repräsentieren sie in Deutschland insgesamt gesehen erst einen marginalen Marktanteil von 0,3%.

Anlässlich dieser Diskrepanz wurde im Rahmen der diesem Beitrag zugrunde liegenden „Social-Banking-Study 2012" über Befragungen von 3.200 Kunden dreier sozial-ökologischer Banken sowie über eine bevölkerungsrepräsentative Befragung von über 1.000 Kunden konventioneller Kreditinstitute unter anderem das gesamthafte Marktpotenzial für Social Banking in Deutschland ermittelt. Dieses beträgt 16,2 Mio. Menschen ab 16 Jahren, von denen 7,3 Mio. durch eine besonders schwache Bindung an ihre jetzige Hausbank als Kernpotenzial anzusehen sind. Das Gesamtpotenzial wird durch zwei Teilzielgruppen konstituiert. Dies sind zum einen 3,0 Mio. Sozial-Ökologische, charakterisiert durch höchste Anforderungen an Nachhaltigkeit, Fairness und Transparenz und einem Einkommen unterhalb des Bundesdurchschnitts. Zum anderen lassen sich 13,2 Mio. Nachhaltigkeitsorientierte abgrenzen, die ein etwas moderater ausgeprägtes Bewusstsein für soziale Verantwortung und Nachhaltigkeit sowie ein deutlich überdurchschnittliches Einkommens- und Bildungsniveau auszeichnet.

Die Mitglieder der identifizierten Zielgruppe stellen ausgesprochen hohe Anforderungen an ihre Banken, die sowohl in konventionellen als auch und vor allem in sozial-ökologischen Leistungsfeldern den Anspruch der restlichen Bevölkerung an Banken deutlich übertreffen. Vor allem Sozial-Ökologische, aber auch die Nachhaltigkeitsorientierten verlangen Nachhaltigkeit im Kerngeschäft der Kreditinstitute, z.B. über sozial-ökologische Kreditvergabekriterien. Die konsequent und überprüfbar nachhaltige Geldverwendung einer sozial-ökologischen Bank kann in diesem Zusammenhang den Mitgliedern der Social-Banking-Zielgruppe das Gefühl einer sozialen Rendite verschaffen, die in ihrer Wertigkeit dem durch Zinszahlungen empfundenen Nutzen nahekommt. Aufgrund der hohen Affinität für Nachhaltigkeit können sich die Mitglieder der Social-Banking-Zielgruppe den Wechsel zu einer sozial-ökologischen Bank grundsätzlich vorstellen. Vor allem wegen Informationsdefiziten über das sozial-ökologische Bankwesen hat ein solcher Wechsel bislang jedoch erst in den seltensten Fällen stattgefunden. Der zunächst furiose Markteintritt der Noa Bank im Jahre 2009 zeigt indes, wie gut ein intelligentes Marketingkonzept und ein proaktiver Einsatz sozialer Medien in kurzer Zeit zur Mobilisierung affiner Kunden beitragen können. Gleichzeitig führte die Überdosierung des Sparzinses bei Nichtbeachtung des Effekts der sozialen Rendite zu einer schnellen Insolvenz der Bank, woran die Notwendigkeit einer sorgsamen strategischen Konzeption auch und gerade von Social-Banking-Geschäftsmodellen deutlich wird.

Aufgrund der zunehmenden medialen Berichterstattung über sozial-ökologische Banken und ihr Geschäftsmodell ist zukünftig hingegen von einem wachsenden Kenntnisstand in Bevölkerung und Zielgruppe und dadurch von einer Ausweitung der Nachfrage sowie der Angebotsstrukturen auszugehen. Da originäre sozial-ökologische Banken strukturell bedingten Wachstumsgrenzen unterliegen und ihr überwiegend eingesetztes Direktbankmodell nicht allen potenziellen Kunden genügt, ist in diesem Bereich auch mit verstärktem Engagement konventioneller Banken zu rechnen. Neben bereits üblichen Angeboten, wie z.B. Klima-Sparbriefen, könnte dies auch in der Begründung sozial-ökologischer Produktlinien zum Ausdruck kommen, die ergänzend zum und scharf abgegrenzt vom konventionellen Geschäft aufgestellt würden. Dies könnte, in Analogie zum Markt der Bio-Lebensmittel, einen gewichtigen Teil zum erwarteten Wachstum des sozial-ökologischen Bankgeschäfts über die Sphäre von Spezialanbietern hinaus beitragen.

Literatur

Battenfeld, Dirk/Haupt, Niklas/Hoyer, Ulrich/Jauernig, Christof/Remer, Sven/Rosenthal, Oliver, (2012): Social-Banking-Study 2012, zeb/rolfes.schierenbeck.associates, Alanus Hochschule, puls Marktforschung, Münster. http://www.zeb.de/customer/templates/media_get.php?mediaid=1299&fileid=3259&sprachid=1.

Deutsche Bundesbank: Bankenstatistik, Frankfurt, 2007 bis 2012.

EthikBank, GLS Bank, Triodos Bank Deutschland, Umweltbank: Unternehmensinformationen und Geschäftsberichte, 2007 bis 2012.

Hoyer, Ulrich/Jauernig, Christof, (2012): Social Banking in Deutschland – Strategische Potenziale sozial-ökologischer Bankangebote, in: Betriebswirtschaftliche Blätter, Ausgabe 10/2012, Berlin, S. 580-582.

zeb/research, (2010): Analyse zu Markteintritt, Geschäftsmodell und Krise der Noa Bank, interne Unterlage, Frankfurt.

Wer interessiert sich (nicht) für nachhaltige Anlageprodukte? Eine Kundenklassifizierung

Christian Klein/Anett Wins/Bernhard Zwergel

1 Einleitung

Inzwischen gibt es für den interessierten Investor eine reiche Auswahl an Investitionsmöglichkeiten mit ökologischen, ethischen und/oder sozialen Aspekten. Und immer mehr Geld wird in diese Anlagen investiert: So errechnete das Forum Nachhaltige Geldanlagen (FNG) für 2012 ein Wachstum von 16%, absolut betrug das Volumen in Deutschland 73,3 Mrd. EUR.

Während die Angebotsseite für Nachhaltige Geldanlagen sichtbar und die Produkte bekannt sind ist die Nachfrageseite auch für die Anbieter nachhaltiger Anlageprodukte relativ unbekannt. Im Folgenden werden die Ergebnisse einer Umfrage unter privaten Anlegern zusammengefasst, die von der Universität Kassel und der Universität Augsburg ausgewertet wurde. Dabei liegt der Fokus auf drei Fragestellungen:

1. Welche Kundengruppen lassen sich identifizieren?
2. Durch welche Merkmale bzw. Charaktereigenschaften unterscheiden sich diese Kundengruppen?
3. Welche weiteren Erkenntnisse für die Kundenakquise lassen sich ableiten?

Im internationalen Kontext existieren bereits mehrere Umfragen über die Motivation und Charaktereigenschaften von Anlegern, die nachhaltige Anlageprodukte nachfragen. Für die Anbieter von „Socially Responsible Investments“ sind die Ergebnisse dieser Untersuchungen extrem spannend, da sie dazu beitragen den zukünftigen Kunden (im Folgenden „SRI-Anleger/Investor“) besser kennenzulernen. So existiert z.B. eine Studie für den US-Markt, die zu dem Ergebnis kommt, dass SRI-Anleger jünger, besser ausgebildet aber weniger wohlhabend als der durchschnittliche Anleger sind.[1] Eine Übersicht über die Ergebnisse internationaler Studien findet sich bei Wins und Zwergel.[2]

Für den deutschen Markt sind nach derzeitigem Stand die vorgestellte Umfrage und die von Dorfleitner und Utz[3] die einzigen dieser Art. Hier wurde eine Lücke geschlossen, da nicht davon ausgegangen werden kann, dass der deutsche SRI-Anleger die gleichen Motivations- und Charaktereigenschaften hat wie sein amerikanischer Gegenpart.

[1] Siehe Rosen et al. (1991).

[2] Siehe Wins und Zwergel (2013a).

[3] Vgl. Dorfleitner und Utz (2013).

2 Die drei Kundengruppen

Basis für die Segmentierung sind die Ergebnisse einer Onlineumfrage, welche in dem Zeitraum von Januar bis Juli 2012 stattfand und von insgesamt 421 Investoren beantwortet wurde. Dabei wurden die Investoren nicht explizit darauf hingewiesen, dass der Schwerpunkt der Umfrage bei nachhaltigen Aktienfonds liegt, um eine mögliche Verzerrung beim Antwortverhalten zu vermeiden.

Im Folgenden wird zwischen drei Investorengruppen unterschieden: Diejenigen Kunden, die bereits in nachhaltige Aktienfonds investiert haben (oder in der Vergangenheit investiert haben) sollen als „SRI-Anleger/Investoren" (abgekürzt SRI) bezeichnet werden. Kunden, die zwar nicht investiert haben, sich aber für nachhaltige Produkte interessieren, werden als „Interessierte" (INT) bezeichnet. Die letzte Gruppe besteht aus denjenigen Investoren, die sich nicht für nachhaltige Anlageprodukte interessieren („Desinteressierte", DES). Diese Differenzierung erfolgt anhand der gegebenen Antworten, beispielsweise auf die Frage „Wie groß ist derzeit der prozentuale Anteil von nachhaltigen Fonds an der Summe des Geldes, das Sie in Fonds angelegt haben?" Insgesamt wurden 72 SRI-Investoren identifiziert, 155 interessierte Investoren und 194 Desinteressierte.

Abbildung 1 zeigt die Aufteilung der Investoren sowie deren in Fonds investierte Beträge. Aus der Abbildung ist beispielsweise ersichtlich, dass der Großteil der Befragten den Kleinanlegern mit investierten Beträgen von unter 20.000 EUR zuzurechnen ist: Etwa 51% der 72 SRI-Investoren fallen in diese Kategorie. Doch auch die Gruppe der größeren Investoren ist gut besetzt: So haben beispielsweise fast 20% der an nachhaltigen Anlageprodukten desinteressierten Investoren mehr als 100.000 EUR in Fonds angelegt.

Abbildung 1: Aufteilung der drei Kundengruppen und deren investierte Beträge (insgesamt wurden 421 Personen befragt)

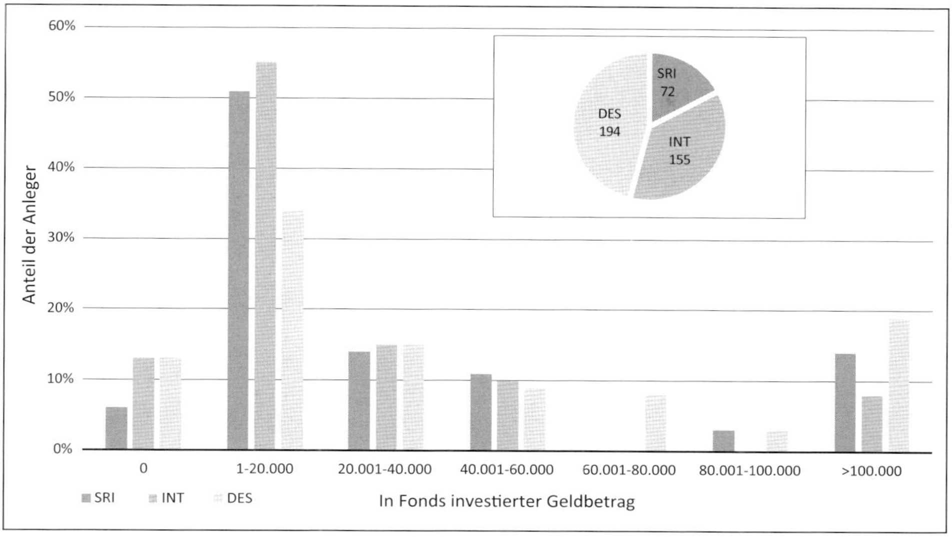

Quelle: Eigene Darstellung

Betrachtet man die soziodemografischen Merkmale der Umfrageteilnehmer, so stellt man fest, dass gut 80% männlich sind, dass sie im Mittel knapp 40 Jahre alt sind, fast 70% einen Hochschulabschluss besitzen und rund 60% Kinder haben. Bezüglich dieser Merkmale besteht zwischen den drei Anlegergruppen kein gravierender Unterschied. Lediglich der Prozentsatz derer, die sich ehrenamtlich engagieren, ist bei den SRI-Anlegern mit knapp 60% deutlich höher als bei den Gruppen der Interessierten und der Desinteressierten, von denen jeweils nur rund 36% ehrenamtlich tätig sind.

3 Was unterscheidet einen „nachhaltigen" Investor von einem „normalen" Investor?

Im Folgenden werden einige Charakteristika der verschiedenen Investorengruppen aufgezeigt. Offensichtlich ist, dass sich die drei Gruppen nach klassischen Kriterien unterscheiden. So wurde beispielsweise den Teilnehmern der Umfrage die „Sonntagsfrage" gestellt, also welche Partei sie wählen würden, wenn nächsten Sonntag Wahlen wären. Die folgende Grafik präsentiert die Ergebnisse. Es ergibt sich ein Bild, das intuitiv zu erwarten war: Bei den SRI-Anlegern und den Interessierten liegen „Die Grünen" vorne,

Desinteressierte wählen eher CDU/CSU. Überraschend ist das starke Abschneiden der Piraten. Vermutlich liegt die Ursache im verwendeten Umfragemedium: Offensichtlich beantworten überdurchschnittlich viele Personen, die sich politisch der Piratenpartei zugehörig fühlen, Fragebögen im Internet. Außerdem muss der Zeitpunkt der Umfrage bei der Interpretation berücksichtigt werden: Anfang 2012 schnitt die Piratenpartei auch in repräsentativen Umfragen noch sehr gut ab.

Abbildung 2: Die „Sonntagsfrage" – beantwortet von den drei Investorengruppen SRI-Anleger, SRI-Interessierte und Desinteressierte

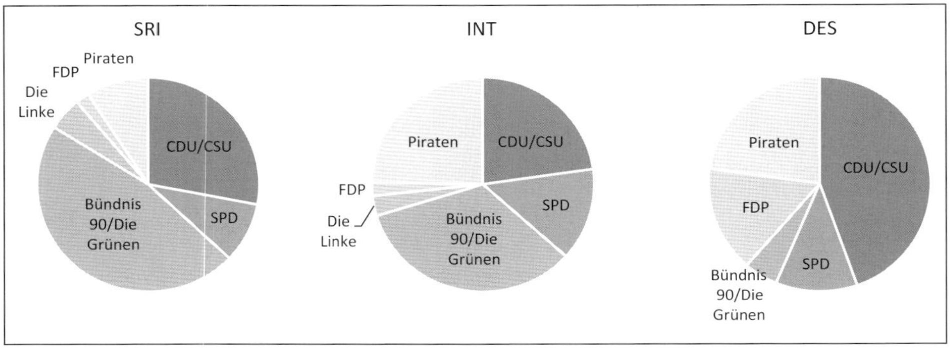

Quelle: Eigene Darstellung

Auch die Frage nach den Vorkenntnissen nachhaltiger Anlageformen erbrachte die erwarteten Ergebnisse. Die Teilnehmer sollten zu einer Reihe von Schlagwörtern angeben, welche Begriffe sie schon einmal gehört oder ob sie sich sogar schon damit beschäftigt haben. Abgefragt wurden dabei Ausdrücke aus dem Nachhaltigkeitsbereich, wie beispielsweise „Nachhaltige Geldanlagen", „Corporate Social Responsibility" oder „Impact Investing". Dabei zeigte sich, dass SRI-Investoren bessere Vorkenntnisse besitzen als die Interessierten und die Desinteressierten. Auffällig an den Ergebnissen ist, dass der Begriff „Mikrofinanzierung" auch den meisten Desinteressierten ein Begriff ist. Vermutlich hängt dies mit der Verleihung des Nobelpreises an Muhammad Yunus zusammen: Der Friedensnobelpreis des Jahres 2006 ging an den Wirtschaftsprofessor aus Bangladesch, welcher als einer der Begründer des Mikrofinanz-Gedankens gilt.

Betrachtet man die Antwort auf die Frage: „Welcher Gesichtspunkt kommt Ihnen als erstes in den Sinn, wenn Sie den Begriff Nachhaltigkeit hören?", wird offensichtlich, dass sich die drei Anlegergruppen deutlich unterscheiden. Die SRI-Anleger haben die ganzheitlichste Sichtweise: Für 84% von ihnen umfasst Nachhaltigkeit ökologische, soziale, ethische und ökonomische Gesichtspunkte. Diese Ansicht wird lediglich von 66% der

Interessierten und nur von 42% der Desinteressierten geteilt. Viele Umfrageteilnehmer der beiden letztgenannten Gruppen definieren Nachhaltigkeit also deutlich enger als die SRI-Anleger. So sind z.B. 16% der Interessierten und 18% der Desinteressierten der Meinung, dass Nachhaltigkeit vor allem ein Umweltschutzthema ist. Auch der Anteil derer, für die Nachhaltigkeit vor allem ein wirtschaftliches Thema ist, liegt bei den Desinteressierten deutlich höher als bei den Interessierten, gefolgt von den SRI-Anlegern.

Abbildung 3: Welche Schlagworte verbinden die Befragten mit dem Begriff „Nachhaltigkeit"

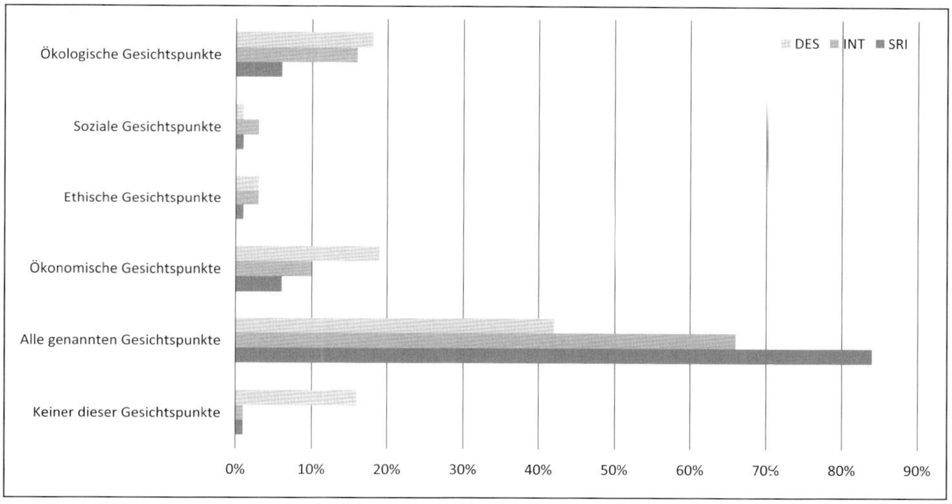

Quelle: Eigene Darstellung

Ähnliche Ansichten bei den drei Gruppen zeigten sich bei der Frage nach der Meinung der Probanden, wie sich ökologisches, soziales, ethisches oder nachhaltiges Handeln von Aktiengesellschaften langfristig auf deren Börsenwert auswirkt. Alle drei Investorengruppen gaben „Nachhaltiges Handeln" als wichtigste positive Einflussgröße an. Jedoch wurde die Stärke des Einflusses von den SRI-Investoren deutlich höher eingeschätzt als von den Interessierten, gefolgt von den Desinteressierten.

Abbildung 4: Antworten auf die Frage „Wie denken Sie, wirkt sich ökologisches, soziales, ethisches oder nachhaltiges Handeln von AGs langfristig auf ihren Börsenwert aus?" (Die Antworten basieren auf einer Skala von 1 (negativ) bis 5 (positiv))

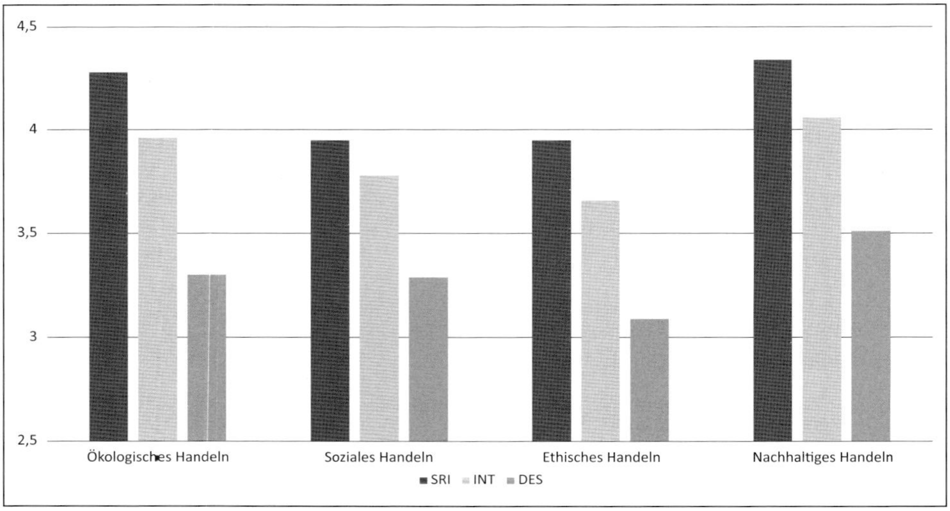

Quelle: Eigene Darstellung

Erstaunliche Antworten kamen auf die Frage „Wer kann Ihrer Meinung nach aktiv zu mehr ökologischer, sozialer oder ethischer Nachhaltigkeit beitragen?". Alle Investorengruppen gaben an, dass „jeder einzelne Bürger" einen Beitrag leisten kann, wohingegen politischen Parteien oder internationalen Organisationen eher eine untergeordnete Rolle zugeordnet wurde. Divergenz herrschte hingegen bei dem potenziellen Einfluss von Banken, Fondsgesellschaften und Versicherungen. Diesen trauten die SRI-Investoren und die Interessierten einen deutlich höheren Einfluss zu als die Desinteressierten. Wahrscheinlich spiegelt dies die Hoffnung der nachhaltigen Anleger wider, über ihr Investment etwas Positives bewirken zu können. Desinteressierte hingegen gehen offensichtlich davon aus, dass ihre Geldanlage (und somit beispielsweise die Fondsgesellschaften) weder einen negativen noch einen positiven Einfluss auf die „allgemeine Nachhaltigkeit" haben.

Betrachtet man die Rendite-/Risikoeinstellung der drei Anlegergruppen, so zeigt sich, dass Desinteressierte tendenziell renditeorientierter sind als SRI-Anleger: Bei der Frage, welche Faktoren bei der Auswahl des richtigen Fonds eine wichtige Rolle spielen, achtet die Gruppe der Desinteressierten auf eine hohe Rendite, ein niedriges Risiko ist weniger wichtig. Bei den SRI-Anlegern ist eine hohe Rendite weniger ausschlaggebend. Ein weiterer Aspekt in diesem Zusammenhang besteht darin, dass SRI-Anleger weniger sensitiv als interessierte Anleger darauf reagieren, wenn ihr nachhaltiger Aktienfonds deutlich schlechter rentiert als ein vergleichbarer konventioneller Fonds. So würden z.B. 65% der Interessierten, aber nur 43% der SRI-Anleger ihren Anteil an nachhaltigen Fonds in ihren Investments reduzieren, wenn vergleichbare nachhaltige Aktienfonds 5% und konventionelle Aktienfonds derweil 10% Rendite erwirtschaften würden.

Bei der Frage „Würden Sie in Unternehmen investieren, die etwas mit den folgenden Themen zu tun haben?" herrschte zwischen allen drei Anlegergruppen eine überraschend große Einigkeit: So sind alle Anleger der Meinung, dass es ihnen am wichtigsten ist, in Firmen zu investieren, die nichts mit Kinderarbeit zu tun haben, die keine Menschen ausbeuten und die nicht mit Rassismus/Sexismus in Verbindung gebracht werden. Auffällig dabei ist, dass alle drei Ausschlusskriterien soziale Themen betreffen. Ethische und ökologische Themen scheinen allen drei Anlegergruppen nicht so wichtig zu sein.

Abbildung 5: Antworten auf die Frage „Würden Sie in Unternehmen investieren, die etwas mit den folgenden Themen zu tun haben?" Die Antworten basieren auf einer Skala von 1 (würde investieren) bis 4 (würde nicht investieren)

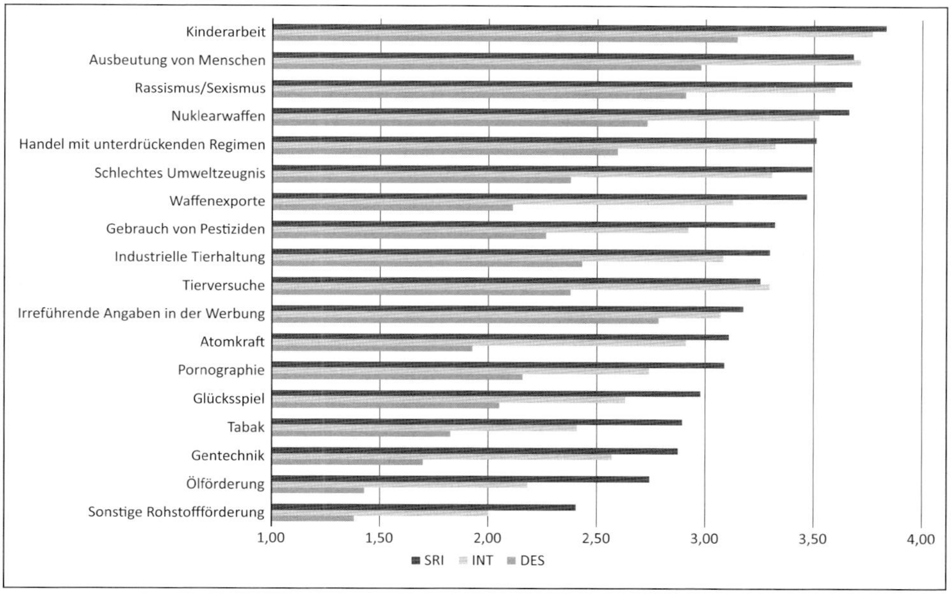

Quelle: Eigene Darstellung

4 Warum kaufen sie nicht?

Aus der Sicht eines Anbieters nachhaltiger Anlageprodukte ist eine der Investorengruppen von besonderem Interesse: die Interessierten. Hier stellt sich die Frage, warum sich diese Klientel für nachhaltige Investmentmöglichkeiten interessiert, diese aber nicht kauft.

Auf die Frage, wie wichtig das Thema Nachhaltigkeit für die befragte Person ist, antworten sowohl SRI-Investoren als auch Interessierte, dass sie Nachhaltigkeit als „wichtig“ erachten. Warum sich die Interessierten bei der Investitionsentscheidung dann aber nicht auf nachhaltige Anlageprodukte festlegen, zeigt sich bei den Antworten auf diejenigen Fragen, die sich mit dem Themengebiet „Nachhaltigkeit, Rendite, Risiko“ auseinandersetzen. So glauben 51% der SRI-Investoren, dass nachhaltige Fonds im Vergleich zu konventionellen Fonds „eine viel niedrigere Rendite“ oder „eine etwas niedrigere Rendite“ aufweisen. Bei den Interessierten sind es wesentlich mehr, nämlich 66%. 11% der SRI-Investoren erwarten „eine etwas höhere Rendite“, bei den Interessierten sind dies nur 5%. Offensichtlich zögern die an nachhaltigen Investmentmöglichkeiten interessierten Anleger mit dem Kauf, da sie eine Renditeeinbuße erwarten.

Abbildung 6: Antwort auf die Frage: „Wenn Sie einmal nachhaltige Fonds mit konventionellen Fonds vergleichen, welche Rendite haben Ihrer Meinung nach nachhaltige Fonds auf lange Sicht im Vergleich zu konventionellen Fonds?“

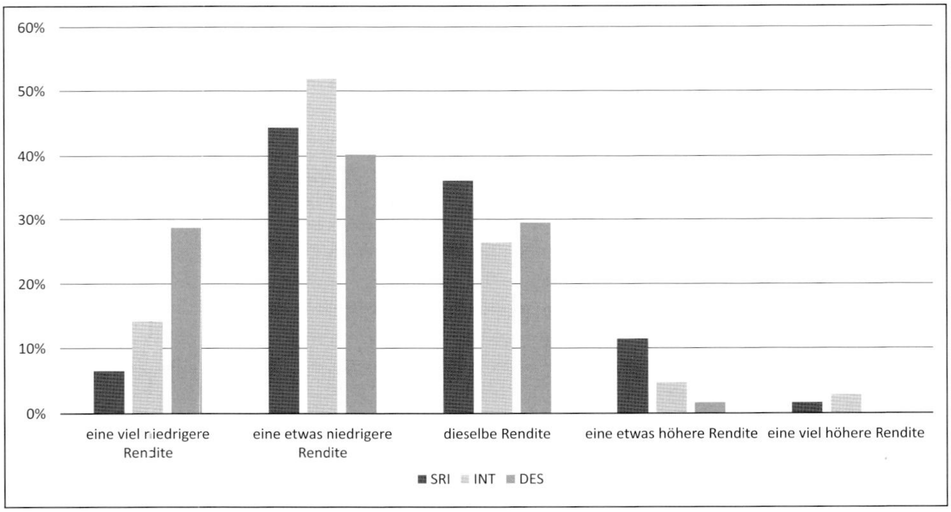

Quelle: Eigene Darstellung

Auch die Frage nach dem Risiko einer nachhaltigen Anlage offenbart eine eher pessimistische Einstellung aller drei Investorengruppen: 27% der SRI-Anleger und 34% der Interessierten glauben, dass eine Investition in einen nachhaltigen Fonds ein „viel höheres Risiko" oder ein „etwas höheres Risiko" mit sich bringt, bei den Desinteressierten sind es 35%. Nur 28% der SRI-Investoren, 23% der Interessierten und 12% der Desinteressierten glauben an ein „etwas" oder „viel niedrigeres" Risiko.

Abbildung 7: Antwort auf die Frage: „Wenn Sie einmal nachhaltige Fonds mit konventionellen Fonds vergleichen, sind Ihrer Meinung nach nachhaltige Fonds risikoreicher als konventionelle Fonds?"

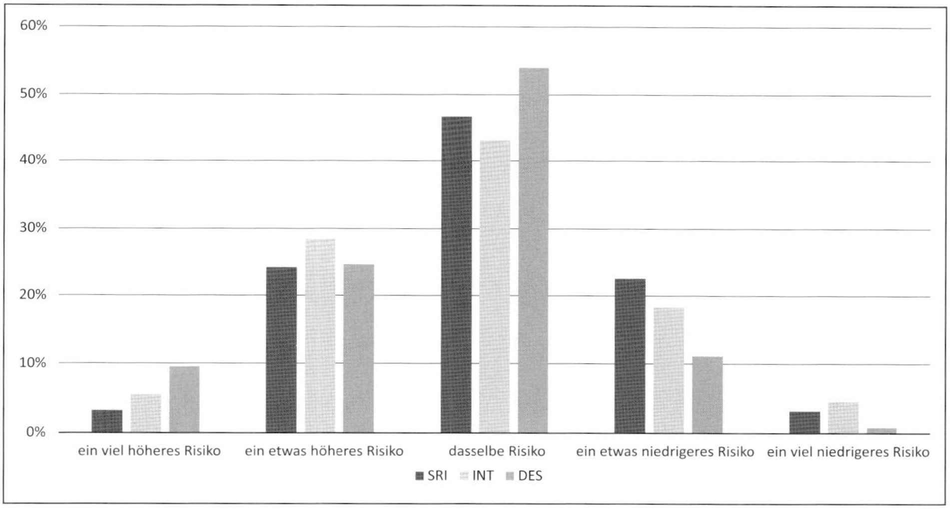

Quelle: Eigene Darstellung

Diese Ergebnisse sind erstaunlich, da sie sich empirisch nicht belegen lassen: Hofmann und Klein[4] zeigen in einem Übersichtsartikel, dass von 35 empirischen Studien über die risikobereinigte Performance von SR-Investments 14 den nachhaltigen Investments sogar eine bessere Performance als deren konventionelle Benchmark nachweisen, 6 Studien erkennen eine schlechtere Performance und 15 können keine Performanceunterschiede feststellen. Es ist also definitiv nicht so, dass ethisches Investieren mit einem schlechteren Rendite/Risikoverhältnis einhergeht.

[4] S. Hofmann/Klein (2013).

Interessant ist auch, dass die befragten SRI-Anleger offensichtlich bereit sind, auf Rendite zu verzichten, um nachhaltig investiert zu sein. Absurd dabei ist, dass sie das gar nicht müssen.

Warum selbst die interessierten Anleger, die ja prinzipiell nachhaltigen Investitionsmöglichkeiten positiv gegenüberstehen, die Performance von nachhaltigen Aktienfonds unterschätzen ist eine Fragestellung, die gerade aus der Sicht der Anbieter solcher Produkte extrem relevant ist. Hier existiert offensichtlich ein hoher Aufklärungsbedarf beim potenziellen Kunden. Dies wird besonders bei der nachfolgenden Fragestellung deutlich: „Wie denken Sie, wirkt sich ökologisches, soziales, ethisches oder nachhaltiges Handeln von Aktiengesellschaften langfristig auf ihren eigenen Börsenwert aus?“ Die Teilnehmer konnten die Frage auf einer Skala von 1 (negativ) bis 5 (positiv) beurteilen. Dabei vergeben alle drei Anlegergruppen im Schnitt mehr als drei Punkte und sind somit der Meinung, dass sich nachhaltiges Handeln von Unternehmen positiv auf deren Aktienkurs auswirkt. Wenn man bedenkt, dass ein nachhaltiger Aktienfonds nichts anderes als ein Portfolio von nachhaltig agierenden Firmen ist, verwundert es umso mehr, dass nachhaltige Aktienfonds schlechter rentieren sollen als konventionelle, da alle drei Anlegergruppen übereinstimmend der Meinung sind, dass nachhaltiges Wirtschaften langfristig zu einem höheren Börsenwert und somit auch zu einem höheren Portfoliowert führen sollte.

Um hier zu weiteren Erkenntnissen zu gelangen, wurde den an SRI-Produkten interessierten Anlegern die Frage gestellt: „Aus welchem Grund investieren Sie nicht in nachhaltige Fonds?“. Den Desinteressierten wurde die Frage gestellt: „Aus welchem Grund interessieren Sie sich nicht für nachhaltige Fonds?“ Die Teilnehmer konnten auf einer Skala von 1 (trifft nicht zu) bis 5 (trifft zu) ihre Zustimmung/Ablehnung zu möglichen Argumenten wie „Nachhaltige Fonds waren mir bisher nicht rentabel genug“, oder „Nachhaltige Fonds sind mir zu undurchsichtig“, äußern. Abbildung 8 zeigt die Auswertung der Antworten zu dieser Fragestellung.

Abbildung 8: Antworten auf die Frage „Aus welchem Grund investieren Sie nicht in/interessieren Sie sich nicht für nachhaltige Fonds?". Die Antworten basieren auf einer Skala von 1 (trifft nicht zu) bis 5 (trifft zu)

Quelle: Eigene Darstellung

Das Ergebnis ist deutlich: An Nachhaltigen Geldanlagen interessierte Personen investieren nicht in diese, weil sie sich schlecht informiert fühlen und weil ihnen von ihrer Bank keine passenden Produkte angeboten wurden. Dies ist ein klarer Hinweis darauf, dass das Problem an der Schnittstelle zwischen Produkt und Investor liegt, in den meisten Fällen dürfte das der Bankberater sein.

Die Gruppe der Desinteressierten verwendet hier andere Argumente: Sie glauben nicht, dass „nachhaltige Fonds zur Lösung ökologischer, sozialer oder ethischer Probleme beitragen", halten SR-Investments für nicht rentabel genug und können „den ökologischen, sozialen oder ethischen Bezug von nachhaltigen Fonds nicht nachvollziehen". Die letzten beiden Punkte weisen einerseits wieder auf eine unzureichende Beratungspraxis hin: Hier ist das Rendite-Argument falsch. Andererseits zeigt gerade das letzte Argument, dass auch die Fondsanbieter einiges an Aufklärungsarbeit leisten müssen, um zu zeigen, dass nachhaltige Fonds tatsächlich zur Lösung ökologischer, sozialer und ethischer Probleme beitragen.

5 Fazit

Zusammenfassend bleibt festzuhalten, dass es offensichtlich eine Gruppe von Investoren gibt, die sich für Nachhaltige Geldanlagen interessiert und prinzipiell gerne investieren würden. Sie unterlassen dies aber, weil sie sich ungenügend beraten fühlen oder schlichtweg keine passenden Angebote unterbreitet bekommen. Dies kann nicht daran liegen, dass es nicht genug entsprechende Investitionsmöglichkeiten gibt – vielmehr scheint es, dass das Problem im Vertrieb der Produkte liegt. Vermutlich gibt es hier noch enorme Defizite in der Kundenberatung der Banken. Fast scheint es, als wollten die Bankberater die Produkte nicht verkaufen – vielleicht weil sie selbst einen nicht ausreichenden Kenntnisstand über nachhaltige Investments haben. Offensichtlich fehlen hier spezielle Schulungen der Berater über nachhaltige Anlageprodukte. Gerade auch für die Kundenberater im Privatkundengeschäft sollten spezielle Schulungen für die Fach- und Beratungskompetenz zu nachhaltigen Anlageprodukten und insbesondere zu nachhaltigen Fonds angeboten werden.

Aber auch die Angaben der Kunden, die sich heute nicht für Nachhaltige Geldanlagen interessieren, lassen aufhorchen: Ihre Begründungen weisen ebenfalls in vielen Fällen auf eine unzureichende Aufklärung über die Chancen und Risiken von SRI-Produkten hin. Tendenziell werden hier die Chancen unter- und die Risiken überschätzt. Auch hier ist der Bankberater gefordert, aber auch die Anbieter nachhaltiger Anlageprodukte sollten aufpassen: Hier könnten mit einer besseren und transparenteren Informationspolitik und der richtigen Gestaltung des Fonds sicherlich mehr Kunden gewonnen werden. So zeigen Wins und Zwergel[5] unter anderem, dass sich SRI-Anleger und Interessierte wünschen, dass die Nachhaltigkeitsbewertung von Aktien nicht durch das Fondsmanagement, sondern durch einen unabhängigen Anlageausschuss oder durch externe Agenturen stattfindet. Außerdem sprechen sich über 80% der SRI- und interessierten Anleger dafür aus, dass nachhaltige Fonds versuchen sollten, die Welt zu verbessern, indem sie zum Beispiel Unternehmen dahingehend beeinflussen, dass diese eine stärkere soziale Verantwortung übernehmen. Gut die Hälfte dieser 80% sind sogar bereit, niedrigere Renditen für das Engagement durch den Fonds in Kauf zu nehmen.

Ein SRI-Anleger will folglich durch sein Investment etwas Positives bewirken. Dabei spielt die Höhe des finanziellen Erfolgs eine eher untergeordnete Rolle. Für die Anbieter nachhaltiger Investitionsprodukte und die Manager nachhaltiger Fonds ist dies eine gute Nachricht: SRI-Anleger sind sehr angenehme Kunden. Sie reagieren weniger empfindlich, wenn ihr nachhaltiger Aktienfonds schlechter abschneidet als ein vergleichbarer konventioneller Fonds.

[5] Wins und Zwergel (2013b).

Literatur

Dorfleitner, G./Utz, S., (2013): Profiling German-speaking socially responsible investors, Qualitative Research in Financial Markets, in Vorbereitung.

Forum Nachhaltige Geldanlagen (Hrsg.), (2013): Marktbericht nachhaltige Geldanlagen 2013, Deutschland, Österreich und die Schweiz.

Hofmann, M./Klein, C., (2013): Ethical Requirements and Financial Interest: A Review of the Socially Responsible Investment Literature. BuR – Business Research, in Vorbereitung.

Rosen, B. N./Sandler, D. M./Shani, D., (1991): Social Issues and Socially Responsible Investment Behavior: A Preliminary Empirical Investigation, in: Journal of Consumer Affairs, 25(2), S. 221-234.

Wins, A./Zwergel, B., (2013a): Ethical Fund Investors across Countries and Time: A Survey-based Review, Arbeitspapier.

Wins, A./Zwergel, B., (2013b): Comparing those who do, might and will not invest in sustainable funds – A survey among German retail fund investors, Arbeitspapier.

Implementierung Nachhaltiger Geldanlagen im Privatkundengeschäft

Chris-Oliver Schickentanz

1 Einleitung

Bei institutionellen Anlegern wie z.B. Stiftungen, Pensionsfonds oder Bistümern ist die Nachfrage nach nachhaltigen Investmentlösungen in den vergangenen Jahren stark angestiegen. Vielfach wurde das Grundprinzip der Nachhaltigkeit hier in die Anlagerichtlinien aufgenommen und ist damit integraler Bestandteil des Investmentprozesses. In einigen Ländern haben auch gesetzliche Anreize die Verbreitung entsprechender Investmentlösungen forciert. Das in nachhaltigen Investmentkonzepten investierte Anlagevolumen ist so binnen weniger Jahre sprunghaft angestiegen und liegt allein per Ende 2011 nach Erhebung von Eurosif bei über 48 Mrd. EUR.

Tabelle 1: Volumen-Entwicklung nachhaltiger Investments bei institutionellen Anlegern in Europa (Angaben in Mrd EUR)

Jahr	Volumen
2005	6.914
2007	26.468
2009	25.361
2011	48.090

Quelle: Eurosif

Viele Banken und Finanzdienstleister haben auf diesen Erfolg nachhaltiger Investments reagiert und bieten ihren professionellen Kunden eine mehr oder minder umfangreiche Produktpalette nachhaltiger Investmentkonzepte an.

Anders sieht die Situation im Privatkundengeschäft aus. Hier fallen zum einen die in nachhaltige Investmentlösungen angelegten Volumina deutlich bescheidener aus. Zum anderen halten viele Banken auch nur ein minimalistisches Produktangebot vor. Dieser Teufelskreis – wenig investiertes Volumen führt zu einem geringen Engagement von Finanzdienstleistern – lässt die Nachhaltige Geldanlage im Privatkundengeschäft zu einer kleinen Nische verkommen. Außer bei einigen, ausschließlich auf nachhaltiges Wirtschaften zugeschnittenen Banken (z.B. bei der GLS-Bank) spielt die Nachhaltige Geldanlage privater Kunden keine entscheidende Rolle für die Ertrags- und Gewinnsituation deutscher Banken.

Dies ist insoweit verwunderlich, als dass repräsentative Umfragen ein starkes Interesse privater Kunden an nachhaltigen Geldanlagen suggerieren. So zeigen sich beispielsweise bei der jüngsten Kundenumfrage der comdirect mehr als 80% der Kunden offen für nachhaltige Investmentkonzepte. Dieser hohe Prozentwert ist allerdings trügerisch. Zum einen ist der Begriff „Nachhaltige Geldanlage" für viele Privatanleger nicht trennscharf definiert. Eine Zustimmung signalisiert daher nicht zwingend Sympathien für die in die einschlägigen Statistiken einfließenden Produktausgestaltungen. Zum anderen erklären sich die hohen Zustimmungswerte auch oftmals allein durch die Ausgestaltung der Frage. Denn kaum ein Anleger möchte ein nicht nachhaltiges Investment sein Eigen nennen.

Trotz der ökonomisch geringen Bedeutung nachhaltiger Investments haben sich in den vergangenen Monaten zahlreiche größere Institute des Themas angenommen. Dazu gehören der Branchenprimus Deutsche Bank, das Zentralinstitut der genossenschaftlichen Banken, die DZ Bank oder die Commerzbank.

Als Chief Investment Officer hat der Verfasser dieses Beitrags die Modifikation des Investmentprozesses um Nachhaltigkeitsaspekte bei letzterem Institut initiiert, begleitet und federführend ausgerollt. In Abschnitt 2 wird intensiver auf die inhaltliche Ausgestaltung und das konkrete Produkt- und Dienstleistungsangebot für die Privatkunden eingegangen, in Abschnitt 3 werden die besonderen Herausforderungen während des Roll-Out-Prozesses analysiert.

2 Einführung eines nachhaltigen Investmentprozesses für Privatkunden am Beispiel der Commerzbank

2.1 Die Grundsatzentscheidung für Nachhaltigkeit

Innerhalb der Commerzbank wurde die Entwicklung Nachhaltiger Geldanlagen sowohl performance- als auch ertragsseitig über Jahre hinweg sehr eng beobachtet. Dabei stand der Siegeszug entsprechender Anlageformen im institutionellen Investorenbereich in klarem Widerspruch zu den eigenen Erfahrungen im Privatkundenbereich. Hier gab es weder vermehrt Nachfragen nach entsprechenden Investmentlösungen, noch konnten die generell für den aktiven Vertrieb freigegebenen Fondskonzepte absatzseitig überzeugen. Dem gegenüber standen erhebliche Investitionen, die eine Modifikation des Investmentprozesses nach sich ziehen würden. Zudem war in der gesamten Diskussion klar, dass eine einmal getroffene Entscheidung „Pro Nachhaltigkeit“ nicht durch unter den Erwartungen liegende Geschäftsergebnisse revidiert werden kann.

Die finale Entscheidung, den Investmentprozess für Privatkunden um Nachhaltigkeitsaspekte anzureichern, war die Reaktion auf ein konkretes Ereignis, nämlich auf die verheerende Dreifachkatastrophe aus Erdbeben, Tsunami und Nuklearunfall in Japan. Dadurch wurden die Entscheidungsprozesse wesentlich beschleunigt und die seit Jahren positive Grundstimmung zum Thema Nachhaltigkeit in konkrete Maßnahmen übersetzt.

Dies zeigt: Öffentliche Ereignisse – und seien sie noch so negativ – können wirkungsvolle Katalysatoren für den internen Entscheidungsprozess sein.

2.2 Der neudefinierte Investmentprozess

Der „alte“ Investmentprozess der Commerzbank verfolgte das Ziel, Anlagen zu identifizieren, die unter Chance-/Risiko-Gesichtspunkten attraktiv waren. Damit konzentrierte er sich ausschließlich auf den Performanceaspekt. Die Diskussionen mit ausgewählten Privatkunden und Spezialisten für Nachhaltige Geldanlagen im institutionellen Bereich zeigten sehr schnell, dass die Performance der resultierenden Anlageempfehlungen auch im neuen, um Nachhaltigkeitsaspekte angereicherten Prozess eine zentrale Rolle spielen würde. Denn die Grundüberzeugung war klar: Je besser die Performance Nachhaltiger Investmentkonzepte ist, desto eher wird sich der Privatkunde davon überzeugen lassen. Daher wurde der Investmentprozess auch nicht grundlegend neu definiert, sondern um vor- und nachgelagerte Auswahlprozesse ergänzt. So resultiert in Summe ein dreistufiger Ablauf.

Abbildung 1: Der dreistufige Investmentprozess der Commerzbank im Überblick

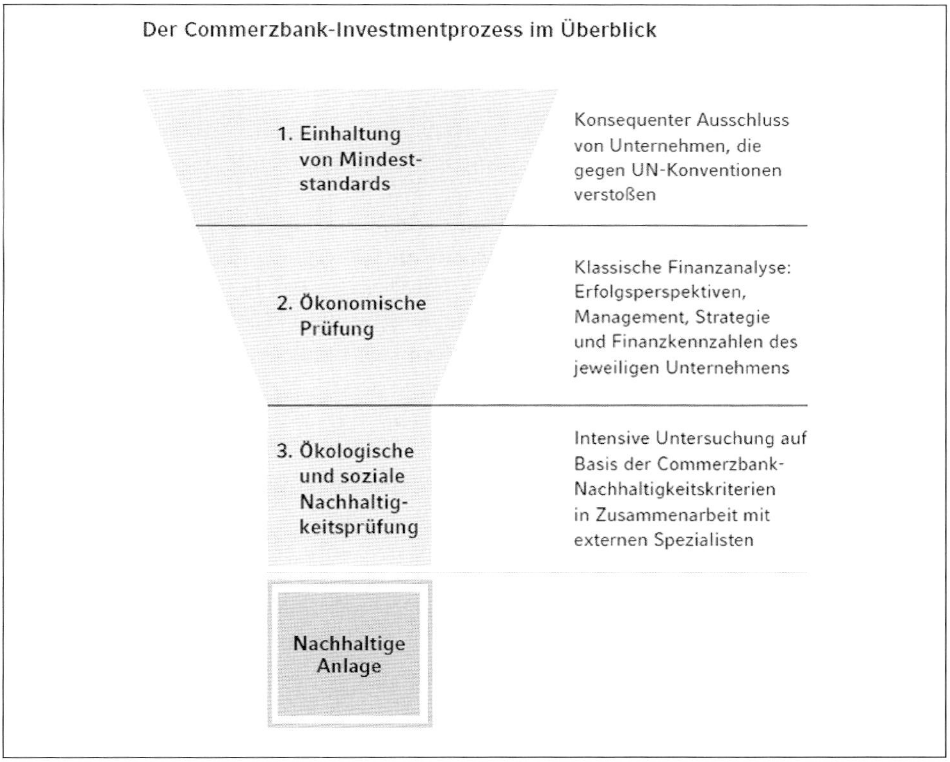

Quelle: Commerzbank

2.2.1 Schritt 1: Definition einer Negativliste

Das erste Kernanliegen war es, Unternehmen zu identifizieren, die gegen allgemein anerkannte gesellschaftliche Normen verstoßen und daher auf keinen Fall auf einer Empfehlungsliste oder in einem aktiv vertriebenen Produkt auftauchen sollen. Dabei wurde zunächst die UN-Menschenrechtskonventionen als Basis für „anerkannte gesellschaftliche Normen" verwendet.

Hier zeigten sich allerdings zwei Kernherausforderungen. Zum einen war es schwierig, den politisch motivierten Text der Menschenrechtskonvention in einfach messbare Ausschlusskriterien zu übersetzen. So lassen sich die von der UN geforderten Aspekte nur schwerlich in präzise Faktoren transferieren. Zum anderen sollte die Negativliste ja nicht nur für Commerzbank-Empfehlungen, sondern auch für alle vertriebenen Produkte externer Produktgeber Gültigkeit besitzen. Entsprechend war man hier also auf die Kooperation der Produktpartner angewiesen. Auch dies gestaltete sich auf Basis der unklar formulierten Menschenrechtskonventionen schwierig. Denn je nach kultureller Prägung versteht ein angelsächsischer Asset Manager unter denselben Begrifflichkeiten etwas ganz anderes als ein nordeuropäisch geprägtes Investmenthaus.

Daher wurde nach intensiven Diskussionen entschieden, die Negativliste auf einige wenige, dafür aber klar definierte Themenbereiche zu konzentrieren. Aus dem Anlageuniversum ausgeschlossen werden demnach Unternehmen, die geächtete Waffensysteme produzieren (u.a. Streubomben, Anti-Personen-Minen) oder wiederholt gegen UN-Embargos verstoßen haben. Erfahrungsgemäß fallen damit rund ein Dutzend börsennotierter Unternehmen aus dem Anlageuniversum heraus, für 15 bis 20 weitere, nicht börsennotierte Gesellschaften sind Anleihen und andere Finanzinstrumente auf der Negativliste vermerkt. Konzernintern wird die Negativliste permanent überwacht und ggf. adjustiert. Aufgrund des großen Abstimmungsbedarfs wird mit den externen Produktpartnern die Liste einmal jährlich durchgesprochen und für verbindlich erklärt.

Ob die Negativliste bei Anlageentscheidungen Berücksichtigung findet, wird innerhalb des Commerzbank-Konzerns durch jährliche Prüfprozesse überwacht und sichergestellt. Die externen Produktpartner geben einmal im Jahr eine verbindliche schriftliche Erklärung ab und garantieren so die Einhaltung dieser Anlagerichtlinien. Eine dezidierte Einzelfall-Prüfung durch die Commerzbank erfolgt hier aufgrund rechtlicher Restriktionen aber nicht.

2.2.2 Schritt 2: Die klassische Finanzanalyse

Die klassische Finanzanalyse bildet auch im hiesigen modifizierten Investmentprozess das Herzstück. Damit soll zwei Aspekten Rechnung getragen werden: Zum einen dem verständlichen Wunsch von Kunden, mit ihrer Vermögensanlage eine auskömmliche risikoadjustierte Rendite zu erzielen. Zum zweiten muss man aber auch den Kunden gerecht werden, für die Nachhaltigkeitsaspekte in der Geldanlage keine Rolle spielen.

Entsprechend fokussiert sich Schritt 2 darauf, durch die Kombination aus fundamentalanalytischen Überlegungen, einer strikten Bonitätsprüfung und der Einbeziehung technischer Analysemethoden, die Finanzinstrumente zu identifizieren, die risikogewichtet das größte Aufwärtspotenzial besitzen.

Kernergebnis dieses zweiten Analyseschritts ist eine sogenannte „Approved List", die alle Finanzinstrumente mit positivem Performancepotenzial umfasst. Damit konkretisiert diese Liste alle Einzeltitel und Produkte, die ein Commerzbank-Berater seinen Kunden – bei passendem Risikoprofil und Anlagehorizont – aktiv empfehlen darf.

2.2.3 Schritt 3: Die Nachhaltigkeitsprüfung der Approved List

In einem dritten Schritt wird diese Approved List einer Nachhaltigkeitsanalyse unterzogen. Ziel des Investmentprozesses ist es also, die nachhaltigsten Instrumente unter den renditeträchtigen Wertpapieren zu identifizieren. Dies ist ein wesentlicher Unterschied zu Ansätzen, die erst eine Nachhaltigkeitsanalyse durchführen und anschließend das Performancepotenzial dieser nachhaltigen Instrumente eruieren. Es hat also das Performancepotenzial Priorität, was zur Aussortierung einzelner besonders nachhaltiger Unternehmen führen kann, sofern diese analytisch deutlich geringeres Renditepotenzial bieten.

Die Nachhaltigkeitsanalyse basiert dabei aktuell auf einer Negativprüfung, die zusammen mit dem Partner RepRisk vorgenommen wurde. RepRisk ist ein international renommierter Dienstleister, der potenzielle Reputationsrisiken für Unternehmen weltweit beobachtet und analysiert. Dazu wertet RepRisk die Nachrichtenlage zu über 18.000 Unternehmen weltweit aus und greift dabei auf eine sehr umfangreiche Datenbasis zurück. Denn es werden nicht nur einschlägige Nachrichtendienste wie Reuters oder Bloomberg genutzt, sondern auch die Kommunikation von über 600 Nicht-Regierungsorganisationen, unzählige lokale Zeitungen und Presseangebote überall auf dem Globus und schließlich auch die wichtigsten Internet-Foren analysiert. Dabei werden auffällige Nachrichten von Analysten auf ihre Richtigkeit hin überprüft und zudem hinsichtlich ihrer Bedeutung eingewertet. In Summe ergibt sich ein Risikowert für die Reputation eines Unternehmens. Je niedriger dieser ist, desto besser schneidet eine Gesellschaft ab.

In der Praxis wird eine Kombination aus einem langfristigen Risikowert – genauer gesagt, dem Höchstwert der letzten 36 Monate – und dem tagesaktuellen Score verwendet. Dadurch werden in ausreichendem Maße tiefgreifende Probleme aus der (jüngeren) Vergangenheit eines Unternehmens berücksichtigt, die erhebliche Zweifel an den internen

Prozessen und Regelungen aufkommen lassen. Zudem reagiert aber gerade der aktuelle Score auch sehr schnell auf eine Verschlechterung der Ausgangslage und schützt so davor, in kommende „Problemfälle" zu investieren.

Die RepRisk-Methodik eröffnet erhebliche Vorteile:

a) Der Risikowert reagiert sehr schnell auf Nachrichten, die die Nachhaltigkeit eines Unternehmens in Frage stellen. So stieg beispielsweise der Risikowert von British Petroleum nach der Ölkatastrophe im Golf von Mexiko noch vor der breiten Berichterstattung stark an und signalisierte damit Handlungsbedarf.

b) Die RepRisk-Methodik ermöglicht es, ohne immense interne Ressourcen ein sehr umfangreiches Anlageuniversum schnell und unkompliziert zu überprüfen. Damit liefert RepRisk einen effizienten und praxistauglichen Ansatz, der den globalen Anforderungen einer Großbank Rechnung trägt.

c) Durch die Kombination aus rechnergestützten Auswertungen und analytischen Einschätzungen können Fehlsignale weitestgehend vermieden werden. Dadurch reduziert sich das Risiko von falschen Allokationsentscheidungen deutlich.

d) Die von RepRisk erstellte Datenbank ermöglicht es, Verschlechterungen im Risikowert näher zu analysieren. Dadurch können die Kunden kostengünstig über die Ursachen veränderter Nachhaltigkeitseinschätzungen informiert werden.

Natürlich hat der RepRisk-Ansatz auch seine Schwächen. So handelt es sich um einen Negativansatz. Er zielt also eigentlich darauf ab, Unternehmen herauszufiltern, die nicht nachhaltig handeln. Der implizit vorgenommene Umkehrschluss, dass alle anderen Unternehmen dann entsprechend nachhaltig sind, ist zumindest logisch nicht zwingend. Die Überprüfung zeigt aber, dass auch Positivansätze zu ganz ähnlichen Auswahlergebnissen kommen wie RepRisk.

Problematischer ist, dass in den Risikowert ausschließlich unternehmensspezifische Faktoren einfließen. Manchmal ist die Nachhaltigkeitseinschätzung von Investoren ja auch durch übergreifende Themen beeinflusst. So mag die hohe Schuldenlast einzelner europäischer Staaten beispielsweise zu einem Malus für die entsprechenden Heimatunternehmen führen. Dieser kann über RepRisk nicht sauber modelliert werden und muss daher in Stufe 2, der klassischen Finanzanalyse, berücksichtigt werden.

Das Ergebnis dieser Nachhaltigkeitseinschätzung ist das „Commerzbank Nachhaltigkeits-Depot". Es setzt sich aus den positiv votierten Aktien und Anleihen zusammen, die alle drei Auswahlprozesse „überstanden" haben. Die entsprechenden Titel werden mit einem speziellen Logo versehen und in einer eigens dafür kreierten Intranet-Seite vorgestellt.

2.2.4 Agrarrohstoffe

Ein Thema, das im Rahmen der Nachhaltigen Geldanlage besonders kontrovers diskutiert wird, ist die Behandlung von Agrarrohstoffen. Investmentstrategisch macht die Allokation dieser Rohstoffkategorie durchaus Sinn. Denn Agrarrohstoffe verhalten sich charakteristisch anders als Energie, Industrie- und Edelmetalle. Darüber hinaus weisen sie auch nur geringe Korrelationen zu anderen traditionellen Anlageklassen wie Aktien oder Anleihen auf.

Allerdings ist ihre Nutzung als Anlageklasse ins Gerede gekommen, nachdem viele Nicht-Regierungsorganisationen auf einen Zusammenhang zwischen Investmentspekulation auf der einen Seite und steigenden Lebensmittelpreisen auf der anderen Seite hingewiesen haben.

Entsprechend wurde als Commerzbank auch entschieden, Agrarrohstoffe nicht mehr als Bestandteil des eigenen Anlageuniversums zu sehen. Dies bedeutet konkret, dass einzelne Agrarrohstoffe oder Produkte mit Investments in Agrarrohstoffen im Privatkundengeschäft nicht mehr empfohlen und aktiv vertrieben werden. Transaktionen erfolgen nur noch auf ausdrücklichen Kundenwunsch. Dieses Thema ist zwar etwas losgelöst vom eigentlichen Nachhaltigkeitsansatz, rundet das Gesamtpaket aber sinnvoll ab.

2.3 Der Rollout-Prozess

Nachdem der Investmentprozess entsprechend modifiziert und die Produktpalette um nachhaltige Investmentlösungen erweitert wurden, startete im Herbst 2011 ein breit angelegter Rollout-Prozess. Dieser konzentrierte sich vor allem auf vermögende Kunden ab einem frei verfügbaren Vermögen von 100.000 EUR. Diese Einschränkung erfolgte, weil nur wenige strukturierte Vermögenslösungen als wirklich nachhaltig identifiziert wurden und daher ein Großteil des Angebots aus Einzeltiteln im Aktien- und Anleihebereich bestand. Um hieraus aber auch unter Kostengesichtspunkten ein effizientes Portfolio zu bilden, war die Konzentration auf vermögendere Kunden unumgänglich.

2.3.1 Beraterschulung

Die Qualifizierung der Berater wurde in den zwölf größten Niederlassungen der Bank in einer Halbtagesveranstaltung vorgenommen. Dabei wurden die Berater zunächst gebeten, in Kleingruppen eine eigene Definition von Nachhaltigkeit zu entwickeln. Anschließend wurde der modifizierte Investmentansatz der Commerzbank vorgestellt und die RepRisk-Methodik in einer „Live-Anfrage“ demonstriert. Zum Abschluss übten die Berater noch die Einwandbehandlung in kurzen praxisorientierten Fallstudien.

Natürlich konnten nicht alle Berater geschult werden. Dies hätte eine deutlich größere Anzahl an Veranstaltungen erfordert und damit natürlich noch einmal mehr Vertriebszeiten gebunden. Daher wurden die geschulten Berater gebeten, ihre Informationen als Multiplikatoren an ihre Kollegen weiterzugeben.

2.3.2 Kundeninformation „Nachhaltige Geldanlage"

Unmittelbar nach den Beraterschulungen wurde allen vermögenden Kunden eine rund 20 Seiten starke Information zum Thema „Nachhaltigkeit in der Geldanlage" zugesandt. Darin wurde der damals aktuelle Spannungsbogen nach dem japanischen Erdbeben und der für Deutschland gerade beschlossenen Energiewende gezogen, der neue Nachhaltigkeitsansatz der Commerzbank ausführlich vorgestellt und exemplarisch einige nachhaltige Vermögenslösungen erläutert. Mit einer Druckauflage von 50.000 Exemplaren wurde damit ein starkes Kommunikationssignal gesetzt.

2.3.3 Kundenveranstaltungen

Flankierend wurden auch acht zentrale Veranstaltungen mit Kunden vor allem aus dem Wealth Management der Commerzbank durchgeführt. Dabei wurde in Form einer Podiumsdiskussion über mögliche Definitionen von Nachhaltigkeit gesprochen, der Investmentansatz der Commerzbank vorgestellt und kritisch diskutiert sowie auch eher ethisch-philosopische Aspekte angesprochen. Zu Letzteren gehörte beispielsweise die Frage, ob der Einzelne durch Nachhaltige Geldanlagen tatsächlich Einfluss auf gesellschafltiche Entwicklungen nehmen könne. Lokale Unternehmen, die ihre Strategie bei der Umsetzung von Nachhaltigkeitsaspekten vorstellten, ergänzten die Podiumsrunden.

Die Veranstaltungen fanden bei den anwesenden Kunden eine sehr positive Resonanz und haben wesentlich zu einer kritischen Diskussion von Nachhaltigkeitsaspekten beigetragen. Allerdings war die Gesamtakzeptanz im Vergleich zu „klassischen" Kapitalmarktveranstaltungen sehr gering, so dass mit den acht Veranstaltungen deutlich weniger als die im Vorfeld avisierten 600 Kunden erreicht wurden. Entsprechend wurde die Veranstaltungsreihe dann auch in einer Kosten-Nutzen-Analyse „on hold" gestellt.

2.4 Die ökonomischen Ergebnisse

Seit der Modifikation des Investmentprozesses sind nun annähernd zwei Jahre vergangen. In dieser Zeit wurden in diversen Telefonkonferenzen immer wieder inhaltliche Verstärker an die Berater transportiert. Dies führte denn auch – zusammen mit den vorgestellten Rollout-Maßnahmen – zu einem deutlich höheren prozentualen Anteil nachhaltiger Wertpapier-Lösungen am Gesamtabsatz. So hat sich der Umsatzanteil nachhaltiger Investmentlösungen von niedriger Basis mehr als vervierfacht.

Die ursprünglich avisierten Absatz- und Ertragsziele wurden aber dennoch massiv verfehlt. So liegt der Umsatzanteil der Nachhaltigkeitslösungen heute noch immer spürbar unter 10% des Gesamtabsatzes von Wertpapieren. Zudem hat es bisher keine Nachhaltigkeitslösung unter die Top-20-Wertpapierbestände der Bank geschafft. Dabei ist natürlich zu berücksichtigen, dass nicht alle anderen Lösungen als „nicht nachhaltig" einzustufen sind. Sie schneiden mitunter nur wenig schlechter ab als die explizit herausgestellten Lösungen.

Dies führt zu einer entsprechend positiven Gesamtbeurteilung. Denn der Nachhaltigkeitsansatz ist in vielen Fällen ein „Türöffner". Gerade bei Stiftungen und kirchlichen Einrichtungen ist die Nachfrage nach entsprechenden Lösungen deutlich gestiegen. Jetzt sitzt man bei den entsprechenden Auswahlprozessen „mit am Tisch" und kann dabei oftmals punkten. Ironischerweise steht am Ende eines solchen Pitches häufig ein klassisches Wertpapierprodukt (und nicht eine explizite Nachhaltigkeitslösung). Denn meist erkennen die Entscheider, dass es den idealen Nachhaltigkeitsprozess nicht gibt. Dies führt oft dazu, dass dann zumindest in Teilen auf klassische Lösungen ausgewichen wird.

Durch die Einbeziehung von Nachhaltigkeitsaspekten in die internen Entscheidungsprozesse hat sich das Beschwerdeaufkommen drastisch reduziert. Denn den Kunden werden nun transparente Informationen über das Geschäftsgebaren von Unternehmen geliefert, die diese so früher nicht erhalten haben.

3 Optimierungsansätze für den Rollout

Im Nachhinein würde heute der Rollout-Prozess modifiziert und sich noch stärker auf die Qualifizierung der Berater konzentriert werden. Die Erfahrungen aus Filialbesuchen zeigen, dass die Akzeptanz Nachhaltiger Anlagelösungen beim Kunden ausgesprochen hoch ist – sofern er aktiv und überzeugend auf das Thema angesprochen wird. Selten ist ein Kunde von sich aus auf der Suche nach entsprechenden Konzepten.

Damit kommt dem Berater eine zentrale Rolle zu. In kleineren Berater-Workshops wurde daher versucht, die größten Hindernisse auf Beraterseite für eine aktive Kundenansprache zu identifizieren.

3.1 Mangelndes Wissen

Einige Berater sind selbst bei aktiver Ansprache nicht in der Lage, Details zum Investmentprozess oder den daraus resultierenden Produktlösungen zu nennen. Dadurch, dass in der Vergangenheit kaum Produkte mit Nachhaltigen Lösungen abgesetzt wurden, konnte das Beratungsgespräch nicht ausreichend eingeübt und verfestigt werden. Dies hatte wiederum zur Folge, dass einige Berater sich damit überfordert sahen, das Thema aktiv beim Kunden zu platzieren. Entsprechend wird eine „zweite Welle“ an Beraterschulungen vorgenommen werden, um Wissensdefizite zu beseitigen und das Thema Nachhaltigkeit in den Vordergrund zu rücken.

3.2 Keine aktive Vertriebssteuerung

Aufgrund der überschaubaren Umsätze spielen Nachhaltige Ansätze in den fokussierten Vertriebsinitiativen keine prominente Rolle. Dadurch sind sie u.a. auch nicht in die Controlling-Reports der Führungskräfte eingebunden, so dass sie für die Zieleerreichung der Berater irrelevant sind und daher in Vertriebsrunden selten thematisiert werden.

3.3 Ungewohntes Terrain

Ein ungleich schwerwiegenderer Hinderungsgrund für viele Berater ist allerdings eher persönlicher Natur. Viele Berater fühlen sich dabei unwohl, wenn sie mit ihren Kunden ethisch-moralische Fragen erörtern sollen, da sie dabei i.d.R. auch persönliche Ansichten preisgeben müssen, um überzeugend zu sein.

Zudem sind in Gesprächen, bei denen es z.B. um eine individuelle Definition von Nachhaltigkeit oder das Herausarbeiten besonderer Kundenwünsche geht, andere Fertigkeiten gefordert als in „normalen“ Beratungsgesprächen. Bei Letzteren reicht es meist aus, ausgehend vom aktuellen Marktgeschehen einige passende Produkte zu empfehlen und diese dem Kunden plausibel erklären zu können. Bei Gesprächen rund um die Nachhaltige Geldanlage dagegen sind deutlich mehr Facetten und Hintergrundinformationen zu berücksichtigen. Auch dies ist mit ein Grund dafür, dass sich viele Berater in entsprechenden Gesprächssituationen unwohl fühlen und daher auf eine aktive Kundenansprache verzichten.

Hier wird versucht gegenzusteuern, indem ein Mentoring-Programm mit erfahrenen Vertriebs- und Gesprächstrainern aufgelegt wird. Ziel soll sein, Ängste bei Beratern abzubauen und zu verdeutlichen, dass auch Beratungsgespräche zu Nachhaltigen Produktlösungen „geübt“ werden können.

3.4 Zweifel an der Performance

Nachgelagert werden häufig von Beraterseite auch Zweifel an der Performance Nachhaltiger Geldanlagen geäußert. Dabei sorgen insbesondere Presseberichte über sogenannte „Höllenfonds" für Verunsicherung, in denen gerade nicht nachhaltige Anlagen in Rüstungsfirmen, Spielkasinos und Erwachsenenunterhaltung als performanceseitig deutlich überlegen dargestellt werden.

Verstärkt werden diese Zweifel durch praktische Erfahrungen. Zum einen haben viele Nachhaltige Geldanlagen seit 2010 tatsächlich underperformt. Dies liegt allerdings nicht an einer grundsätzlich schlechteren Rendite entsprechender Anlagen. Vielmehr haben viele nachhaltige Anlagelösungen die Finanz- und Wirtschaftskrise deutlich besser überstanden und haben dementsprechend nun einfach weniger Aufwärtspotenzial als zuvor stark abgestrafte Finanzinstrumente.

Zum anderen waren in einigen Nachhaltigkeitsfonds auch Werte aus der Solarbranche allokiert. Durch die strukturellen Probleme des Sektors und der damit einhergehend deutlich gestiegenen Insolvenzzahl hat dies die Performance negativ belastet.

Diesen meist auf fehlerhaften und unvollständigen Informationen beruhenden Einschätzungen wird durch die kompakte Zusammenstellung wissenschaftlicher Untersuchungen versucht entgegenzutreten, die zeigen, dass über verschiedene Marktphasen hinweg kein systematischer Performancenachteil Nachhaltiger Investmentlösungen zu erkennen ist. Oder anders formuliert: Nachhaltigkeit kostet keine Rendite.

3.5 Zweifel an der Glaubwürdigkeit

Zahlreiche Berater äußern zudem Zweifel, ob nachhaltige Lösungen tatsächlich die in sie gesetzten Erwartungen erfüllen können. Dabei geht es vor allem um die Frage, ob man Nachhaltigkeit als Analyst tatsächlich beurteilen kann oder ob das Risiko von Fehleinschätzungen nicht hoch ist. Als prominentes Beispiel wird dabei immer wieder auf die Aktie von British Petroleum verwiesen, die zu Zeiten der Ölkatastrophe im Golf von Mexiko zu den Schwergewichten in Nachhaltigkeits- und SRI-Produkten gehörte.

Viele Berater scheuen dabei verständlicherweise negative Kundenreaktionen. Es wird hier durch praktische Beispiele gezeigt, dass die Kooperation mit RepRisk zwar nicht vor Fehleinschätzungen gefeit ist, der entsprechende Risikowert dort aber so schnell auf neue Ereignisse reagiert, dass eine kurzfristige Korrektur noch vor einer breitenwirksamen Diskussion möglich ist.

3.6 Fazit

Die Erfahrungen haben gezeigt, dass der Berater eine äußerst wichtige Rolle bei der aktiven Umsetzung Nachhaltiger Investmentlösungen spielt. Entsprechend würden bei einer Neukonzeption des Rollout-Prozesses deutlich mehr Ressourcen in die Qualifizierung der Berater investiert. So würden praktische Gesprächsübungen ebenso mehr Raum einnehmen wie die Einwandbehandlung und das Zusammenstellen kreativer Ansprachekonzepte. Darüber hinaus wird das Nachhaltigkeitsthema künftig regelmäßig in die Breitenkommunikation eingebunden. Dazu gehören Printpublikationen, Videos für Berater und Kunden sowie Telefonkonferenzen.

4 Nächste Schritte

In den kommenden Monaten und Jahren sind weitere Schritte geplant, um nachhaltige Investmentlösungen stärker bei den Kunden verankern zu können. Dabei gilt es, sowohl einzelne Schwachstellen im bestehenden Investmentprozess zu beseitigen als auch die verfügbare Produktpalette zu erweitern.

4.1 Ergänzender Positivansatz

Um Zweifel an der Wirksamkeit des RepRisk-Ansatzes künftig noch wirkungsvoller entkräften zu können, wird über eine Ausweitung der Nachhaltigkeitsprüfung nachgedacht. So würde die Risikoanalyse mit einem positiven Nachhaltigkeitsansatz kombiniert werden.

Da hausintern nicht die passenden Ressourcen verfügbar sind, soll dieser Positivansatz gemeinsam mit einem Kooperationspartner umgesetzt werden. Dabei findet aktuell die Selektionsphase statt, wobei auf folgende Kriterien geachtet wird:

- *Konsistenz in der Nachhaltigkeitsdefinition*: Die Definition von Nachhaltigkeit muss zwischen den Kooperationspartnern weitestgehend deckungsgleich sein. Bei einer Positivprüfung ist dabei ein verbindlich definierter Kriterienkatalog besonders wichtig.
- *Passendes Anlageuniversum*: Da die Umsetzung eines Positivansatzes mit hohen Ressourcenanforderungen verbunden ist, konzentrieren sich viele Gesellschaften auf ein sehr fokussiertes Anlageuniversum. Daher ist ein Abgleich der zu analysierenden Unternehmen wichtig, da möglichst das komplett verfügbare Universum dem Positivansatz zu unterziehen ist.
- *Erfahrung*: Der Kooperationspartner sollte über mehrjährige Erfahrung in der Nachhaltigkeitsanalyse verfügen und damit einen glaubwürdigen Track Record aufgebaut haben.

- *Schneller Informationsaustausch*: Änderungen in der Positivselektion sollten schnell und umfassend ausgetauscht werden, damit die Entscheidungsprozesse entsprechend schlank gestaltet werden können.

Auf Basis einer umfangreichen Marktbeobachtung finden derzeit vertiefende Gespräche mit einem externen Nachhaltigkeitsexperten und einer im Thema Nachhaltigkeit versierten Kapitalanlagegesellschaft statt.

4.2 Ausweitung des Investmentansatzes

Bisher ist der Investmentprozess auf die Identifizierung Nachhaltiger Anlagen im Aktien- und Anleihebereich (bzw. den zugehörigen Investmentfonds) ausgerichtet. Kunden, die die strategische Empfehlung ernst nehmen und das erstellte Musterdepot abbilden wollen, können somit bei Rohstoffen und Immobilien bisher nicht auf geprüfte Nachhaltigkeitslösungen setzen. Dies soll sich perspektivisch ändern.

Bei Immobilien wurde bereits aus den Prüfprozessen für geschlossene Fondskonzepte ein umfangreicher Kriterienkatalog entwickelt, wann ein Gebäude als nachhaltig gelten kann. Diese Kriterien müssen für den weiteren Prozess so operationalisiert werden, dass sie sich auf börsennotierte Immobiliengesellschaften (REITs) und offene Immobilienfonds anwenden lassen. Darüber hinaus müssen verbindliche Richtlinien definiert werden, ab wann ein Immobilienportfolio als nachhaltig gelten kann. Denn es ist sehr unrealistisch, dass ein entsprechendes Portfolio ausschließlich aus Nachhaltigen Objekten besteht. Ferner muss berücksichtigt werden, ob sich eine Immobiliengesellschaft eine kontinuierliche Verbesserung und Effizienzsteigerung des Immobilienbestandes als Ziel gesetzt hat.

Bei Rohstoffen ist eine Nachhaltigkeitsanalyse deutlich schwieriger zu bewerkstelligen. Denn ein Nachhaltigkeitssiegel setzt hier voraus, dass Details über den Produktions- und Förderungsprozess bekannt sind. Schließlich soll beispielsweise „Nachhaltiges Gold" zu fairen Arbeitsbedingungen gefördert, umweltverträglich aufbereitet und transportiert werden. Es fehlen für eine Umsetzung sowohl die notwendigen Informationen über den Produktionsprozess als auch passende Produkte. Daher wird eine Erweiterung des Nachhaltigkeitsansatzes um Rohstoffe noch einige Zeit in Anspruch nehmen.

4.3 Zertifizierung des Prozesses (und der Produkte)

Ebenfalls in der Diskussion steht aktuell eine externe Zertifizierung des Investmentprozesses und der aus dem Prozess resultierenden Produkte. Denn viele Kunden sind entsprechende Zertifikate aus anderen Lebensbereichen gewohnt. So gibt es spezielle Gütesiegel für Bio-Gemüse, Fleisch aus nachhaltiger Landwirtschaft oder stromsparende Elektro-Großgeräte.

Bisher gibt es allerdings noch keinen Zertifizierungspartner, dessen Siegel sich am Markt durchgesetzt hätte. Daher wird abgewartet, ob und wann sich ein einheitlicher Standard etabliert.

4.4 Nachhaltigkeits-ETFs

Es ist geplant, die Produktpalette um kostengünstige, passive Nachhaltigkeitsinstrumente zu ergänzen. Dabei handelt es sich um sogenannte Exchange Traded Funds, kurz ETFs, auf Nachhaltigkeitsindizes. Diese können von den Kunden zwar auch schon heute auf eigenen Wunsch erworben werden. Ein aktiver Vertrieb war bisher aber nicht angedacht. Möglicherweise schafft dies aber eine Alternative für Kunden, die bei den aktiv gemanagten Lösungen die hohen Kosten scheuen.

4.5 Nachhaltigkeits-Musterdepots

Auch wenn die Ergebnisse der Nachhaltigkeitsprüfung in einem „Nachhaltigkeits-Depot" veröffentlicht werden, handelt es sich dabei nicht um ein wirkliches Depot. Zum einen wird auf konkrete Gewichtungsvorgaben verzichtet, so dass eine unmittelbare Nachbildung ausgeschlossen ist. Zum anderen handelt es sich nicht um ein optimiertes Portfolio, d.h. es existiert kein übergreifendes Risikomanagement.

Um die Akzeptanz nachhaltiger Lösungen zu forcieren, wird über die Einführung eines „echten" Nachhaltigkeitsdepots nachgedacht. Ziel ist es, ein reales und unter Risikogesichtspunkten optimiertes Depot zu konstruieren, dieses regelmäßig umzuschichten und kommunikativ zu begleiten. Dadurch erhofft man sich eine stringentere Umsetzung der Nachhaltigkeitsempfehlungen und gleichzeitig durch die ständige kommunikative Begleitung einen positiven Effekt auf die „Awareness" der Berater.

5 Schlussbemerkungen

Die geschilderten Erkenntnisse zeigen eines klar auf: Die Implementierung Nachhaltiger Geldanlagen im Privatkundengeschäft ist kein Selbstläufer. Auch wenn die generelle Akzeptanz beim Kunden positiv ausfällt, ist die Modifikation von Investmentprozess, Produkteinkauf und Vertrieb ein langwieriger Prozess. Insbesondere die aktive Einbindung und Überzeugung der Bankberater sollte dabei eine zentrale Rolle spielen. Auch wenn die direkten ökonomischen Ergebnisse in den ersten Jahren zu wünschen übrig lassen, sollten indirekte Effekte auf Neukundengewinnung und Kundenzufriedenheit nicht übersehen werden.

Nachhaltige Geldanlagen im Portfoliomanagement

Marianne Ullrich

1 Einleitung

Was unterscheidet den Portfoliomanager eines nachhaltigen Fonds von einem, der klassische Fonds verwaltet? Auf den ersten Blick vielleicht nicht viel, aber durch das Management nachhaltiger Produkte ergeben sich viele zusätzliche Herausforderungen – selbst wenn man das Nachhaltigkeits-Research auslagert und vom Portfoliomanagement trennt.

Zunächst stellt die Einhaltung von Nachhaltigkeitskriterien eine Einschränkung innerhalb eines gewählten Anlageuniversums dar. Das erfordert den sorgfältigen Umgang mit den Auswahlkriterien bzw. der Auswahl der Asset-Klassen, in die nachhaltig investiert werden soll.

Denn sieht die Beachtung von Nachhaltigkeitskriterien bei der Aktienanlage vor, viele Branchen auszuschließen oder werden bei Staatsanleihen große liquide Märkte nicht mehr investierbar, ist das eine Hürde für den Asset Manager. Aber auch der Einsatz von Derivaten kann sich bei nachhaltigen Investmentfonds deutlich von dem bei klassischen Fonds unterscheiden.

Hinweis dafür ist die Spreizung bei den Anlageergebnissen nachhaltiger Fonds: Die Performance nachhaltiger – in Deutschland zugelassener – Aktienfonds: Sie lag in 2012 zwischen plus 29% und minus 13%. Auch bei Rentenfonds gab es eine nicht unerhebliche Spanne zwischen plus 31% und minus 9%.[1]

Es ist also nicht nur entscheidend, welcher Nachhaltigkeitsansatz verwendet wird oder welche Asset-Klassen oder Regionen gewählt werden, sondern auch wie eine Nachhaltige Geldanlage verwaltet wird.

2 Research

In der Regel nutzen Asset Manager, die nicht über ein eigenes Nachhaltigkeits-Research verfügen, spezialisierte Dienstleister. Diese stellen ihre Analysen von Unternehmen oder Märkten in Form von Datenbanken zur Verfügung, die laufend aktualisiert werden.

---

[1] Dr. Paschen v. Flotow, Sustainable Business Institute (SBI) März 2013 auf www.Nachhaltiges-investment.org/News/Marktberichte.

Dies ist bei vielen Asset Managern allerdings nur ein erster Schritt im Research, die Ergebnisse der Dienstleister werden in der Regel durch eigene Analysen ergänzt.

Dies bedeutet für das Management der Fonds, dass die Gesamtheit der vom jeweiligen Dienstleister abgedeckten Unternehmen bzw. Länder das maximale Investmentuniversum darstellt. Die Datenbanken müssen daher eine möglichst große Auswahl investierbarer Titel enthalten, um eine ausreichende Diversifikation und die gezielte Auswahl attraktiver Anlagen zu ermöglichen.

Die Nutzung von Datenbanken erlaubt es dem Fondsmanager zudem, auch Simulationen zu generieren, wie sich bestimmte Nachhaltigkeitsvorgaben auf das Investmentuniversum auswirken und wie viele Wertpapiere grundsätzlich investierbar wären. Dies setzt eine zuverlässige technische Lösung voraus, die eine reibungslose Abwicklung ermöglicht.

Am Beispiel der Deka Investment erfolgt die Auswahl der Unternehmen, in die der jeweilige Fonds investiert, durch eigene Research-Spezialisten, die sich mit mehr als 2.000 Unternehmenskontakten im Jahr ein eigenes Bild über das jeweilige Unternehmen machen können. Aspekte wie angemessene Dividendenzahlungen, die Qualität des Managements oder die mit einem Geschäftsmodell verbundenen Risiken sind nur einige Kriterien, die betrachtet werden. Bei vergleichbaren Rendite-Risiko-Erwartungen wird das „nachhaltigere Unternehmen“ ausgewählt.

Auch bei klassischen Investmentfonds finden nachhaltige Aspekte in der Analyse zunehmend Anwendung: Beispiele sind langfristig erfolgreiche Geschäftsmodelle, die mit einem schonenden Umgang mit Ressourcen, aber auch den verantwortlichen Umgang mit Mitarbeitern, Kunden und Lieferanten einhergehen. Darüber hinaus werden sehr problematische Branchen oder Tätigkeitsfelder grundsätzlich ausgeschlossen: Kein Fonds der Deka investiert in Hersteller von Streubomben und Anti-Personen-Minen.

Abbildung 1: Auswahl nachhaltiger Aktien

Analyseprozess und Einzeltitelselektion

Kriterien für die Selektion der Einzeltitel	
Marktstellung	Qualitative Analyse: Wettbewerbsumfeld, Industrietrends, Markteintrittsbarrieren
Ertragskraft	Kennzahlenanalyse wie bspw. Return on Equity, Return on Assets, Return on Invested Capital, operative Margen
Qualität	Bilanzstruktur, Managementqualität, Ratings
Bewertung	Unternehmensbewertung: Discounted Cash Flow Verfahren, Gewinndiskontierungsmodelle, Kennzahlenanalyse
Timing	Anstehende Unternehmensnachrichten, Einflüsse vom Makroökonomischen Umfeld, Kapitalströme, Aktienkursentwicklung
An der Analyse des Einzelwerts orientierter Investmentansatz	

Quelle: Deka Investment GmbH

3 Ausschlusskriterien

3.1 Aktienfonds

Nach einer Studie des Forums Nachhaltige Geldanlagen sind die zwei am häufigsten bei deutschen Nachhaltigen Geldanlagen verwendeten Ausschlusskriterien Rüstung und Tabak.[2] Geht man z.B. von einem globalen Aktienportfolio auf Basis des MSCI World aus, verringert der Ausschluss dieser beiden Branchen die Marktkapitalisierung des Index um 2,5%-Punkte.

Wendet man die Ausschlusskriterien der Deka für ihre Nachhaltigkeitsfonds an, fällt etwa die Hälfte der Unternehmen weg und ca. 60% der ursprünglichen Marktkapitalisierung des MSCI World bleibt investierbar.[3]

---

[2] Forum Nachhaltige Geldanlagen, Marktbericht Nachhaltige Geldanlagen 2013, Tabelle 3.2. Die Top Ten der Ausschlusskriterien in Deutschland.

[3] Deka Investment, Stand: 30.06.2013 Ausschluss* von Abtreibungsmitteln, Alkohol, Atomenergie, Tabak, Gefährliche Chemikalien, Glücksspiel, Grüne Gentechnik, Pornografie, Rüstungsgüter; Kontroverse Wirtschaftspraktiken: Verstoß gegen Menschen- und Arbeitsrechte, Kinderarbeit. * Teilweise mit Umsatzgrenze 5%.

3.2 Rentenfonds

Bei Staatsanleihen werden Ausschlusskriterien wie z.B. Anwendung der Todesstrafe in einem Land oder der Besitz von Nuklearwaffen angewendet. Je nach Ausprägung der Kriterien und eventuell angewendeter Grenzwerte oder der Vorgabe internationaler Arbeitsstandards kann dies das Investmentuniversum über ein „normbasiertes Screening" deutlich verringern.

Abbildung 2: Investmentuniversum eines nachhaltigen Staatsanleihen-Fonds

Quelle: Deka Investment GmbH auf Basis EIRIS Country Sustainability Ratings

4 Best-in-Class-Konzepte

Auch die Kriterien, nach denen ein Unternehmen als „Best-in-Class" gilt, können sich je nach Analyse und Definition, welche Mindeststandards in den Bereichen Umweltmanagement, soziale Verantwortung und Unternehmensführung erreicht werden müssen, von Asset Manager zu Asset Manager deutlich unterscheiden und zu völlig unterschiedlichen Investmentuniversen führen. Durch das Ermitteln einer Kennzahl pro Unternehmen (Score) ist es möglich, Unternehmen zu vergleichen, sowohl innerhalb ihrer Branche als auch zwischen einzelnen Branchen.

Im nächsten Schritt erfolgt die Betrachtung des Unternehmens nach klassischen fundamentalen oder quantitativen Analysemodellen. Erst wenn zwei Aktien hier vergleichbare Bewertungen erreichen, kann die attraktivere Einstufung im Scoring eine Entscheidung beeinflussen.

Abbildung 3: Deka-Nachhaltigkeit Aktien

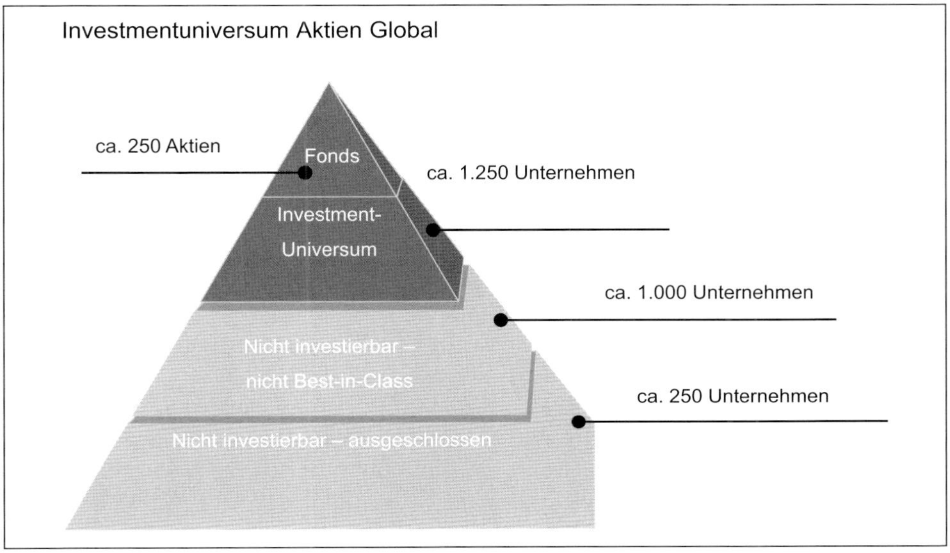

Quelle: Deka Investment GmbH auf Basis EPM-Datenbank (imug/EIRIS)

Rentenfondsmanager sehen sich mit unterschiedlichen Herausforderungen konfrontiert: Bei Fonds, die in Unternehmensanleihen investieren, ergibt sich das Anlageuniversum analog dem Vorgehen bei Aktien und schränkt die erlaubten Emittenten ein. Aber nur etwa 70% der nachhaltigen Unternehmen emittieren Anleihen. Beschränkt man sich auf Euro-Anleihen, sind dies nur noch etwa 50% des Anlageuniversums. Erlauben die Anlagebedingungen des Fonds nur Emittenten mit Investment Grade, reduzieren sich die Anlagemöglichkeiten auf etwa 60% der Emittenten. Auch bei Staatsanleihen muss möglicherweise eine Beschränkung auf Investment Grade beachtet werden. Und im nächsten Schritt müssen noch attraktive Wertpapiere gefunden und – im Idealfall zu attraktiven Konditionen erworben werden, was bei Nachhaltigkeitsfonds, die in der Regel im Vergleich zu klassischen Rentenfonds, relativ klein sind, nicht immer einfach ist.

5 Überwachung der Investitionskriterien

Gerade bei Nachhaltigkeitsfonds können sich die erlaubten Anlagemöglichkeiten rasch verändern. Daher muss geregelt werden, in welchem Turnus eine regelmäßige Überprüfung des Investmentuniversums erfolgen muss. Ab wann ein Titel oder Anleihen eines Staates als nicht investierbar gilt, muss ebenfalls definiert werden, z.B. bereits bei Eröffnung eines Gerichtsverfahrens oder erst mit der rechtskräftigen Verurteilung bei Verstößen.

Die Überwachung der Einhaltung der erlaubten Investitionen erfolgt in der Regel mit einer Erweiterung der klassischen Risiko-Systeme, die auf die Einhaltung der gesetzlichen Vorgaben ausgelegt sind.

6 Passive Verletzungen der erlaubten Investitionen

Gibt es bei einem Unternehmen Entwicklungen, die zu einer geänderten Einschätzung durch den Rating-Anbieter oder durch die eigenen Analysten führen, macht dies eine Anpassung im Portfolio notwendig: Hier gibt es verschiedene Möglichkeiten, wie Umsetzungen im Portfolio möglich sind, denn im Gegensatz zu aktiven oder passiven Verletzungen der gesetzlichen Vorgaben[4], gibt es bei Verstößen gegen Nachhaltigkeitskriterien keine vorgegebenen Fristen zur Rückführung.

Es gibt vielfältige Gründe, warum eine veränderte Beurteilung des Geschäftsmodells eines Unternehmens oder die Tatsache, dass ein Unternehmen nicht oder nicht mehr über ein Nachhaltigkeitsrating verfügt, zu einer Verletzung der Anlagekriterien führen kann:

- Fällt die Marktkapitalisierung eines Unternehmens unter einen bestimmten Schwellenwert und damit aus dem jeweiligen Index, kann dies ein Grund sein, dass dieser Titel nicht mehr abgedeckt wird und damit kein externes Rating zu Verfügung steht. Dies führt bei einem Nachhaltigkeitsfonds automatisch zu einem Erwerbsverbot. Für die Wertpapiere, die im Bestand sind, muss eine Regelung getroffen werden, die sowohl im Sinne der glaubwürdigen Nachhaltigkeit als auch im Interesse der Anleger ist. Hier lässt man dem Fondsmanager Zeit, die Papiere marktschonend zu veräußern.
- Tritt eine plötzliche erhebliche Umweltbelastung auf, kann es auch im Interesse der Anleger sein, sich möglichst schnell von solchen Positionen zu trennen. Traurige Beispiele von Unternehmen, die bis zum Störfall in vielen nachhaltigen Indizes und Fonds enthalten waren, sind BP mit dem Deep Water Horizon-Unfall im Golf von Mexiko im Jahre 2010 oder die Nuklearkatastrophe von Fukushima mit der Betreiberfirma Tepco.[5] Aber auch das Bekanntwerden von Arbeitsnormverletzungen kann zu einem sofortigen Ausschluss eines Unternehmens führen.

---

[4] Vgl. z.B. InvG, Richtlinienkonforme Sondervermögen, § 60 Ausstellergrenzen und § 64 Emittentenbezogene Anlagegrenzen.

[5] Jochen Bettzieche, Von ethischen Maschinenpistolen und ökologischem Uranabbau – Kurzstudie über den Inhalt von Nachhaltigkeitsfonds im Auftrag der Bundestagsfraktion von Bündnis 90/Die Grünen.

- Liegen noch keine Ratings vor – Beispiele können hier IPOs oder Spin-offs sein – bedeutet dies bei der Deka Investment ein Erwerbsverbot, solange bis eine positive Nachhaltigkeitsbeurteilung vorliegt.

7 Einsatz von Derivaten

Der Einsatz von Derivaten zur Absicherung von Risiken ist bei Nachhaltigkeitsfonds in der Regel erlaubt, aber für Fonds mit spezifischen Nachhaltigkeitskriterien ist eine Absicherung von Marktrisiken nicht immer einfach. Schwierig ist z.B. eine Absicherung des US-Aktienmarktes mit einem S&P500-Derivat. Dieser Index beinhaltet auch Hersteller von Streumunition, die als einzelne Titel wohl in kaum einem nachhaltigen Investmentfonds zu finden sind.

8 Engagement

Bei nachhaltigen Fonds, die Branchen oder Geschäftspraktiken ausgeschlossen haben, kann bei Aktiengesellschaften, in die man nicht investiert ist, über die Ausübung von Stimmrechten kein Druck auf Unternehmen zu Verhaltensänderungen ausgeübt werden. Dies ist bei klassischen Asset Managern einfacher, die auch ‚nicht nachhaltige' Fonds und Mandate verwalten und mit diesen Unternehmen im regelmäßigen Kontakt stehen. Unternehmen, die als nicht nachhaltig eingestuft waren, können – wenn sie ihre Geschäftspraktiken entsprechend verbessert haben – auch wieder für nachhaltige Fonds investierbar werden. Beispiele hierfür können in der Industrie oder im Handel die Überwachung der kompletten Lieferkette auf Verstöße gegen Arbeitsnormen oder generell bei Unternehmen die Aufgabe kontroverser Geschäftsfelder sein. Immer mehr Kapitalanlagegesellschaften haben inzwischen die UN-Grundsätze für verantwortungsbewusste Investments (UN-PRI) unterzeichnet. Die Unterzeichner, zu denen auch die Deka Investment gehört, verpflichten sich unter anderem, ESG-Themen in die Analyse- und Entscheidungsprozesse im Investmentbereich einzubeziehen. Der zweite Grundsatz lautet: „Wir werden aktive Aktionäre sein und ESG-Themen in unsere Aktionärspolitik und -praxis einbeziehen."[6] Dazu gehört neben dem Ausüben von Stimmrechten auch der Dialog mit den Unternehmen zu ESG-Themen. Der Schwerpunkt liegt hier oft auf Governance-Themen, die besonders im Zusammenhang mit der Diskussion über die angemessene Höhe von Vorstandsvergütungen verstärkt ins Blickfeld der Investoren gelangt sind. Aber auch von Branche zu Branche bzw. von Unternehmen zu Unternehmen werden unterschiedliche Themenkomplexe unter ESG-Gesichtspunkten bei den regelmäßigen Unterneh-

[6] www.unpri.org/principles/german.php, 31.10.2013.

menskontakten thematisiert. Diese liegen z.B. bei einem Automobilhersteller eher im Bereich Effizienz der Fahrzeuge, bei Minenunternehmen oft im Bereich Menschenrechte. Dies bedeutet in letzter Konsequenz, sich von Investments in einem Unternehmen zu trennen, wenn ein Engagement nicht den gewünschten Erfolgt zeigt.

9 Messbarkeit der Leistung des Fondsmanagers

Das Ergebnis der Leistung eines Fondsmanagers ergibt sich aus der absoluten und der relativen Performance. Die absolute Performance ist oft das Maß aller Dinge für Kunden, die Fonds nach der Wertentwicklung der Vergangenheit kaufen und nach Ratings oder Rankings beurteilen. Die Vergleichbarkeit der Fonds ist hier aufgrund der Vielfalt der Konzepte noch schwieriger als bei klassischen Anlageprodukten. Aber auch institutionelle Kunden bewerten Fondsmanager in ihrem Auswahlprozess nach einem Blick in den Rückspiegel. Die Schwierigkeit der Beurteilung der eigentlichen Leistung des Fondsmanagers – besser als sein Vergleichsindex zu sein – ist ebenfalls erschwert, da sich das Investmentuniversum hier schneller verändert als es bei klassischen Investmentfonds der Fall ist und es schwierig ist, einen für das Fondsmanagement fairen Vergleich zu finden.

Da in der Regel der Anspruch an ein nachhaltiges Portfolio ist, bessere oder zumindest gleich gute Ergebnisse wie ein ‚nicht nachhaltiges' Portfolio zu liefern, werden bei vielen Asset Managern breite Indizes zum Vergleich herangezogen.

Es gibt aber inzwischen eine Vielzahl von SRI-Indizes, die nicht nur als Benchmark für aktiv gemanagte Fonds genutzt werden, sondern auch als Basis für passive Fondskonzepte und ETFs dienen. Viele namhafte Anbieter sind mit Indizes unterschiedlicher Nachhaltigkeitsausrichtung und verschiedener Asset-Klassen vertreten. Auf der Internetseite „Nachhaltiges Investment" werden aktuell 26 verschiedene Index-Provider mit Nachhaltigkeits-Indizes gelistet.[7]

Als Beispiel für den Aufbau eines Nachhaltigkeitsindex soll hier der FTSE4Good als einer der weltweit führenden Indizes dienen: Ausgeschlossen sind Unternehmen, die Tabakwaren herstellen, Dienstleistungen oder Teile für den Bau von Atomwaffensystemen anbieten, Hersteller von Waffen-Systemen sowie Eigentümer oder Betreiber von Atomkraftwerken sowie von Uran-Minen oder Uran-Verarbeitungsanlagen. Positivkriterien für den Index sind die Einhaltung weltweit anerkannter Verhaltensnormen wie UN Global Compact oder die UN-Menschenrechtskonvention.[8]

[7] www.nachhaltiges-investment.org/Indizes/Indexprovider, 01. November 2013.

[8] http://www.ftse.com/Indices/FTSE4Good_Index_Series/index.jsp.

Für aktive Fondsmanager besteht hier wie bei jedem Vergleichsindex die Schwierigkeit, das zum jeweiligen Fonds passende Index-Konzept zu finden, um eine Messbarkeit der Leistung eines Fondsmanagers gewährleisten zu können.

10 Kosten nachhaltiger Fonds

Grundsätzlich unterscheiden sich die Verwaltungsvergütungen nach Asset-Klassen, so ist ein Aktienfonds in der Regel mit einer höheren Gebühr versehen als ein Mischfonds bzw. ein Rentenfonds. Der Aufwand für das Nachhaltigkeitsresearch – und hier nicht nur Kosten für externe Research-Partner – und das Fondsmanagement eines nachhaltigen Investmentfonds sind zum Teil deutlich höher als bei ‚nicht nachhaltigen' Fondsangeboten. Daher ist für Anleger auch ein Blick auf die Kosten, die mit einer Fondsanlage verbunden sind, lohnend, um nachhaltig gute Anlageergebnisse erzielen zu können. Institutionelle Investoren haben oft sehr individuelle Anforderungen an den Manager eines nachhaltigen Mandats. Da diese Kriterien in allen Anlageentscheidungen berücksichtigt werden und auch in allen Überwachungssystemen und -prozessen angemessen abgebildet werden müssen, wird hier üblicherweise dem Kunden ein angemessener Mehraufwand in Rechnung gestellt.

11 Zusammenfassung

Das Portfoliomanagement nachhaltiger Investmentfonds verlangt aktive Fondsmanager, die attraktive Anlagemöglichkeiten nutzen und eine Performance erzielen mit dem für das jeweilige nachhaltige Anlagekonzept adäquaten Rendite-/Risiko-Profil. Gefordert sind Spezialisten aus unterschiedlichen Asset-Klassen oder Investmentansätzen, die den Herausforderungen der Investmentanlage nach unterschiedlichsten Nachhaltigkeitskonzepten positiv gegenüberstehen und langfristig positive Ergebnisse erzielen.

Versteht man Nachhaltigkeit zudem als einen wichtigen Aspekt, Anlagerisiken besser zu beherrschen, hat die Finanzmarktkrise Anleger und Asset Manager zusätzlich für nachhaltige Themen sensibilisiert.

Der Umgang mit zunehmend knappen Ressourcen erfordert die Auseinandersetzung mit der Frage, wie Investmentprodukte – ob als nachhaltig klassifiziert oder nicht – ökonomischen, ökologischen und gesellschaftlichen Anforderungen genügen können. Daher ist Nachhaltigkeit neben Rendite, Risiko und Liquidität eine zentrale Orientierungsgröße.

Implementierung Nachhaltiger Geldanlagen in der Vermögensverwaltung

Dieter Grosenick

1 Einleitung

Was ist eigentlich die Nachhaltige Anlage von Geld? In unseren laufenden Kundengesprächen wird diese Frage regelmäßig in dieser oder ähnlicher Form gestellt, weil viele Anleger zwar den Wunsch haben, mit ihrem Kapital nicht nur pekuniäre Rendite zu erzielen, sondern auch eine Vielzahl anderer, nicht oder nur schwer messbare Ziele zu erreichen. Die Problematik bei der Nachhaltigen Geldanlage ist allerdings, dass diese Ziele nur schwer zu messen sind. Sie müssen zunächst definiert werden, bevor man den Maßstab festlegen kann. Aufgrund der vielfältigen Wechselwirkungen ist es so gut wie ausgeschlossen, alle möglichen Ziele zu erreichen, so dass sie gewichtet und bewertet werden müssen, um die Entscheidung darüber treffen zu können, welches Ziel auf welche Art möglichst weitgehend erreicht werden soll.

So sind die Anforderungen von Organisationen, die im kirchlichen oder sozialen Bereich tätig sind, regelmäßig andere als beispielsweise die Anforderungen von Umweltschutzorganisationen oder Stiftungen. Zwar ergeben sich die speziellen Anforderungen z.B. der Römisch-Katholischen Kirche aus der Bibel und den ergänzenden Schriften. Trotzdem ist es selbst für katholische Organisationen schwierig, diese Anforderungen ohne weiteres in Anlagerichtlinien umzusetzen, weil mit jeder Beschränkung zum Erreichen eines Zieles auch Auswirkungen verbunden sein können, die sich negativ auf andere Ziele auswirken.

In seiner Enzyklika „Caritas in Veritate“ aus dem Jahre 2009 geht Papst Benedikt XVI. direkt auf das Finanzwesen ein. Es sei nicht ausreichend, dass nur spezielle ethische Anlagen geschaffen würden; das gesamte Finanzwesen müsse reformiert werden. Die Deutsche Bischofskonferenz betont in ihrem Expertenpapier „Mit Geldanlagen die Welt verändern“ die Bedeutung nachhaltiger Geldanlage für die christliche Nachfolge ebenso wie das Zentralkomitee der deutschen Katholiken in seiner Handreichung „Ethisches Investment“.[1]

Im Jahr 2011 hat die Evangelische Kirche in Deutschland ihren Leitfaden für die ethisch-nachhaltige Geldanlage veröffentlicht.[2]

Im Umweltschutz tätige Organisationen unterliegen ebenso Zielkonflikten wie jeder Unternehmer bei der Planung seiner Investitionsentscheidungen. Auch wenn es per se nützlich sein kann, Geräte mit einem niedrigen Energiebedarf anzuschaffen, wird in der Regel nicht beachtet, welches Material und wie viel Energie für die Produktion der neuen

---

1 Vgl. Bank für Kirche und Caritas – Internetauftritt.

2 Vgl. EKD, Text 113, 2011.

Geräte und die Entsorgung der Altgeräte erforderlich ist. Beihilfen zum Austausch von Technik können dazu führen, dass wirtschaftlich unausgewogene Entscheidungen gefördert werden, z.B. die Altstoffe nicht entsorgt werden können, wie sie es müssten, oder die Preise für die Neugeräte aufgrund der großen Nachfrage anziehen. Im schlimmsten Fall könnte es sogar dazu kommen, dass neue, umweltfreundlichere Lösungen nicht verfolgt werden, weil es keine Fördergelder für sie gibt.

Ein Vermögensverwalter soll den Bedürfnissen einer Vielzahl von Anlegern entsprechen können, sich auf die speziellen Wünsche von Kirchen, staatlichen Stellen, Privatpersonen und/oder Stiftungen einstellen. Darüber hinaus müsste er die Techniken beurteilen können, Chancen und Risiken kennen, die wirtschaftlichen Auswirkungen von der Umwelt geschuldeten Veränderungen überblicken, und – vereinfacht gesagt – mit seinen Anlageentscheidungen die Welt ein wenig besser machen.

Zusätzliche Konflikte können entstehen, wenn durch die Beschränkungen in der Anlagepolitik erhöhte Risiken eingegangen werden, oder die Renditeerwartungen geschmälert werden. Denn das Erreichen der wirtschaftlichen Ziele ist gerade in Zeiten niedriger Zinsen ein wichtiges Grundbedürfnis aller Anleger. Gerade Stiftungen und gemeinnützige Organisationen sind auf laufende Ausschüttungen zur Erfüllung ihrer Aufgaben angewiesen. Schwankungen oder Ausfälle können die Erreichung dieser Ziele gefährden.

2 Warum Nachhaltige Anlagen in der Vermögensverwaltung?

2.1 Grundsätzliche Verantwortung

Jeder Mensch versucht, mit seinem Handeln seine Ziele zu erreichen und ist auch dafür verantwortlich, dass er diese nicht zulasten einzelner oder größerer Gruppen von Menschen erreicht. Hierzu gehört neben der Rücksicht auf die Belange der Mitmenschen im Gemeinwesen auch die Berücksichtigung der langfristigen Belange, im besten Fall über Generationen hinweg.

Im Vordergrund des wirtschaftlichen Handelns steht häufig das Erreichen kurzfristiger Ziele. Das kann der Erwerb eines neuen Gegenstandes sein, der dem Konsumenten Freude bereitet, tatsächlich aber nicht benötigt wird. Dazu zählen auch Entscheidungen zugunsten besonders preiswerter Waren, deren Preis nur erreicht werden kann, wenn bei der Produktion entweder an der Produktqualität oder an der Qualität des Arbeitsprozesses gespart wird.

Dieser Aufsatz ist nicht der Ort für Kritik an unserem Wirtschaftssystem, zumal dieses nicht besser sein kann als die in ihm handelnden Personen. Allerdings beginnt nicht nur die nachhaltige Geldanlage, sondern jedes nachhaltige Handeln mit der Abwägung der Folgen für die Umwelt. Dabei schließt der Begriff „Umwelt" nicht nur die Natur ein, sondern auch die Gesellschaft, das Staatswesen und letztlich jeden direkt oder indirekt von den Folgen des Handelns betroffenen Menschen.

Mit der Entscheidung zur Nachhaltigen Geldanlage sollte im Idealfall nicht der Wunsch verbunden sein, eigene Defizite im täglichen Handeln auszugleichen. Stattdessen sollten tägliches Wirtschaften und die Sorgfalt bei der Auswahl der Geldanlagen denselben Zielen verpflichtet sein.

Mit diesem Anspruch muss der Verfasser dieses Beitrags auch eingestehen, dass die verschiedenen Ziele so breit gestreut sind, dass man sich immer zwischen mehreren Handlungsmodellen entscheiden muss. Um es mit einem anschaulichen Beispiel zu erläutern: Die Bewertung von Kinderarbeit als etwas grundsätzlich Schlechtem ist weithin akzeptiert. Für Akkordarbeit von Kindern in Industrie oder Bergbau gilt dies uneingeschränkt. Allerdings darf man nicht vergessen, dass die wirtschaftliche Situation in vielen Ländern sich deutlich von dem erreichten Niveau in Westeuropa unterscheidet. In Afrika oder Asien, aber auch in Osteuropa und Lateinamerika gibt es noch immer eine Reihe von Staaten, in denen die Kinder nicht zwischen Arbeit und Ausbildung oder Freizeitgestaltung wählen können, vielfach bleibt ihnen nur die Wahl zwischen Arbeit und Hunger. Um daran etwas zu verändern, müssten die Verbraucher in Nordamerika und Westeuropa sich entschließen, für die Konsumgüter aus Schwellen- oder noch nicht entwickelten Ländern höhere Preise zu entrichten, die eine bessere Bezahlung der Arbeiter vor Ort sicherstellen.

Dieser Wechsel von der persönlichen Gewinnoptimierung des Einzelnen hin zur ganzheitlichen Betrachtung der Folgen allen wirtschaftlichen Handelns für die Umwelt kann nur schrittweise erreicht werden. Mit der Definition der Kriterien für die eigene nachhaltige Anlage kann jeder Anleger einen Schritt in diese Richtung gehen. Je mehr Anleger sich hierzu entschließen, desto eher wird es auch Veränderungen bei Unternehmern und Verbrauchern geben.

2.2 Nachfrage

In den letzten Jahren hat ein noch kleiner, aber stetig wachsender Bewusstseinswandel stattgefunden, der in zunehmender Reflektion über das eigene Handeln mündet. So ist die Nachfrage nach ökologisch produzierten Lebensmitteln und Textilien angestiegen, der Energieverbrauch ist ein wichtiges Kriterium für die Kaufentscheidungen und auch bei der Geldanlage wird auf die nachhaltigen Folgen geachtet. Mit der steigenden Beschäftigung stiegen aber auch die Anforderungen an die Auswahlprozesse, wie das Beispiel der Kinderarbeit deutlich macht.

Vermögensverwalter haben bereits vor einigen Jahren Mindestkriterien formuliert, die relativ einfach einzuhalten und zu überwachen sind. Dies gilt zumindest für Unternehmen, deren Geschäftszweck ausschließlich oder überwiegend in einer Branche zu suchen ist. Nicht in Waffenproduktion investieren zu wollen schließt einzelne Unternehmen zwangsläufig aus. Andererseits werden Kriegsmaterialien auch von Firmen produziert, von denen man es auf den ersten Blick nicht erwartet. Dass LKW auch für den Transport von Waffen genutzt werden können, ist noch ein nahe liegendes Beispiel, ebenso können auch PKW für den Transport von Soldaten eingesetzt werden. Diese militärische Verwendbarkeit gilt jedoch für nahezu jedes Produkt, da Soldaten sich ernähren, kleiden und bilden müssen.

Die Liste der Beispiele ließe sich beliebig erweitern, führte aber immer wieder zu dem Ergebnis, dass Kriterien für die Auswahl der investierbaren Unternehmen (Aktien wie Anleihen) erstellt werden müssen, die vom Anleger als ausreichend empfunden werden, seine persönlichen Nachhaltigkeitsziele zu erreichen. Mit diesem Themenkreis wird sich das folgende Kapitel beschäftigen.

3 Definition der Nachhaltigkeitskriterien

3.1 Kurze Darstellung der infrage kommenden Bereiche

Neben den bereits genannten Themenkreisen der Umweltfreundlichkeit, der durch Religion definierten Vorschriften, der Kriegs- und Waffentechnik sowie gewisser Grundregeln für die Behandlung von Arbeitskräften werden unter dem Oberbegriff der Nachhaltigen Anlage regelmäßig auch Produkte wie Genussgifte (Tabak, Alkohol, Drogen) oder die Qualität von Lebensmitteln geprüft. Aber auch die Gesetzgebung eines Staates, das politische System, die Meinungsfreiheit und andere im Westen weitgehend vorhandene Grundrechte spielen eine Rolle bei der Auswahl von Anlagen. So können beispielsweise Anleihen von Staaten ausgeschlossen werden, in denen die Todesstrafe existiert oder Arbeitnehmerrechte eingeschränkt sind.

3.2 Einfluss technischer Veränderungen

Viele Produkte durchlaufen Zyklen. Sie werden bei ihrer Einführung meist als positiv wahrgenommen und es stellt sich wirtschaftlicher Erfolg ein. Erst im Laufe der Zeit werden Nachteile offensichtlich, die das Urteil über die Produkte verändern und zu einer Neubewertung führen. So ist aus dem ursprünglichen Vorteil der Flugreise als schnellem und bequemem Transport über weite Distanzen eine Industrie entstanden, die das Produkt Flugreise immer breiteren Bevölkerungsschichten öffnete, und so überproportional wachsen konnte. Tatsächlich kann aber weder die Infrastruktur am Boden dauerhaft wachsen, noch können die Folgen des steigenden Verkehrs für die Umwelt geleugnet werden. Die Hersteller von Flugzeugen optimieren die Verbrauchs- und Emissionswerte ihrer Produkte laufend weiter. Diese positive Entwicklung wird aber durch das auch für die nächsten Jahre erwartete exponentielle Wachstum mehr als aufgewogen. So ist heute bereits vorstellbar, dass die Diskussion über den Sinn von Flugreisen sich verschärfen könnte. Fernreisen könnten dann nicht mehr allein das positive Image von Freiheit und Abenteuer haben, stattdessen könnten sie mit dem Malus der Umweltverschmutzung verbunden sein. Erste Anleger schließen daher bereits Unternehmen aus dieser Industrie von ihrer Anlagepolitik aus. Hier könnte – analog zur Tabakindustrie und zur Kernenergie – ein prominentes Beispiel für Stimmungsumschwünge innerhalb weniger Jahre auf uns zukommen. Vermutlich ist auch die Diskussion um Automobile mit Verbrennungsmotoren noch nicht an ihrem Endpunkt angekommen. So ist der Fortschritt einerseits als Ursache, andererseits aber auch als mögliche Lösung für eine Reihe von Fragen im Zusammenhang mit nachhaltiger Wirtschaft – und damit verbunden auch der nachhaltigen Geldanlage – zu sehen.

Es gibt eine Reihe von Beispielen dafür, dass technische Verbesserungen nicht zu dem erhofften Ergebnis führen, oder aber mit Nachteilen verbunden sind, die zunächst nicht erkennbar sind. Wenn dann durch Regierungen und/oder Organisationen versucht wird, einzelne Produkte oder Lösungsansätze gezielt zu fördern, kann das zu Verzerrungen führen, die sich im Nachhinein als negativ herausstellen. Als Beispiel sei die Förderung der Solarenergie genannt, die die Bildung wirtschaftlich tragfähiger Strukturen zumindest verzögert, wenn nicht verhindert hat. Es wurden Überkapazitäten geschaffen, da durch die staatlichen Einnahmegarantien auch Investitionen rentabel wurden, die sich aus dem Ergebnis des Energieverkaufs nicht tragen würden.

3.3 Beurteilung von Nachhaltigkeitskriterien

Da es keine allgemein gültige Definition gibt, was genau unter Nachhaltiger Anlage zu verstehen ist, ist es erforderlich, die Kriterien für die Auswahl der Finanzinstrumente anhand von Katalogen zu erstellen, und jedes einzelne Instrument daraufhin zu überprüfen, ob die Kriterien eingehalten sind.

3.3.1 Beurteilung durch den Vermögensverwalter

Der Vermögensverwalter sollte ein Set von Kriterien definieren, mit dem seine eigenen Mindestanforderungen an die Nachhaltigkeit umrissen werden. Dies könnte der Ausgangspunkt für die Gespräche mit den Anlegern sein.

Als erste Entscheidung sollte am besten vor der Erstellung des Kriterienkataloges festgelegt werden, ob grundsätzlich eine nachhaltige und eine nicht nachhaltige Strategie angeboten werden sollen. Der Vermögensverwalter sollte sich überlegen, welche Anforderungen er auch ohne gezielten Kundenauftrag erfüllt sehen möchte. Unstrittig sind in der Regel Beschränkungen auf dem Gebiet der geächteten Waffen, der Einhaltung von Mindeststandards im Umgang mit Arbeitnehmern sowie verbotene Drogen, Pornographie und Kinderarbeit. Allerdings sind die letzten Themen nicht ohne umfangreiches Research zu überblicken, da die Unternehmen über verbotene Aktivitäten aus gutem Grund nicht berichten. Auch Tabak und/oder Alkohol könnten zu den allgemein gültigen Ausschluss-Kriterien gezählt werden.

Für Staatsanleihen könnten Faktoren wie Staatsform oder Rechtssystem angewandt werden, und z.B. Anleihen von Staaten, die die Todesstrafe anwenden, ausgeschlossen werden.

3.3.2 Beurteilung durch den Anleger

Für alle anderen Themenkreise erscheint uns eine Abstimmung mit dem Anleger erforderlich. Über die genannten Mindestbeschränkungen hinaus gibt es eine Reihe von Anforderungen, die in Abstimmung mit dem Anleger festgelegt werden sollten. Stichworte hierzu sind die Einhaltung religiöser oder weltanschaulicher Vorschriften, z.B. Verhütungsmittel für katholische oder die Verarbeitung von Schweinefleisch für jüdische oder muslimische Anleger. Manche Anleger sind Verfechter der Kernenergie, weil sie keine CO_2-Emissionen verursachen; die meisten deutschen Anleger werden jedoch Kernenergie wegen der ungeklärten Frage der Endlagerung von radioaktiven Abfällen und den daraus resultierenden technischen Risiken ausschließen.

3.4 Research

Die Liste kann beliebig erweitert werden, aber bereits anhand der genannten Kriterien wird deutlich, dass ein Vermögensverwalter mit der Prüfung dieser Faktoren ohne Unterstützung durch Spezialisten überfordert sein wird.

Im deutschsprachigen Raum gibt es drei spezialisierte Anbieter für das Research von Nachhaltigkeit. Alle drei verfolgen ähnliche Ansätze, die sich in Umfang und/oder Art des Angebots unterscheiden. Als Vermögensverwalter sollte man prüfen, welches der

Häuser das passende Angebot vorhält. Im Rahmen dieses Beitrags kann keine Empfehlung für oder gegen einen der Anbieter gegeben werden, da alle drei qualitativ hochwertige Arbeit leisten und tragfähige Ergebnisse liefern. Die Entscheidung sollte jeder Vermögensverwalter abhängig von seinem eigenen Bedarf treffen.

Sinnvollerweise beginnt die Auswahl des Research-Hauses nach der Definition der Mindestkriterien, der Zielkundschaft und den von ihnen zu erwartenden Anforderungen sowie des Anlageuniversums, da die Anbieter sich v.a. im Umfang der überwachten Titel unterscheiden.

Neben der Auswertung allgemein zugänglicher Informationen über die Unternehmen und Staaten gehört auch die aktuelle Recherche zu den Aufgaben der Berater. Da die Unternehmen wie beschrieben nicht über Aktivitäten berichten, die nicht gesetzeskonform sind, ist es erforderlich, ein System zur Kontrolle von Nachrichten bzw. Gerüchten zu pflegen, um beispielsweise Berichterstattungen über Kinderarbeit nachgehen zu können. Der Wunsch, nachhaltig anzulegen, darf nicht dazu führen, dass Unternehmen aufgrund nicht überprüfter Gerüchte oder Anschuldigungen aus dem Anlageuniversum entfernt werden, da sonst der Denunziation durch Wettbewerber Tür und Tor geöffnet würden.

Sorgfalt bedeutet beispielsweise, im Falle von Berichten über Kinderarbeit bei Zulieferbetrieben in der Textilbranche das betroffene Unternehmen anzuschreiben und um Aufklärung zu bitten. Gut geführte Unternehmen werden ihr Auditing offenlegen, und einen Kontrolleur zu den Zulieferern senden, um die Verhältnisse vor Ort in Augenschein zu nehmen. Sollten sich die Vorwürfe bestätigen, kann die Umstellung verlangt werden, und spätestens wenn diese nicht eintritt, auch das Lieferverhältnis beendet werden.

4 Implementierung in der Vermögensverwaltung

Wenn man gemeinsam mit dem Anleger die Kriterien festgelegt hat, die bei der Auswahl der Anlageinstrumente zu beachten sind, sollte unterschieden werden, welche Punkte auszuschließen (Negativkriterien) und welche Punkte gefordert sind (Positivkriterien).

4.1 Negativkriterien

Hierunter fallen alle Themen, in die nicht investiert werden soll. In der Praxis sind diese Faktoren am einfachsten zu überwachen. Im Research wird überprüft, ob das Unternehmen, in dessen Aktien und/oder Anleihen investiert werden soll, in dem ungewollten Geschäftsfeld tätig ist. Dabei ist es zweckmäßig, mit einer Toleranz zu arbeiten, innerhalb derer die Anlage noch erlaubt ist. So wäre z.B. beim Thema Kernenergie der komplette

Ausschluss mit der Folge verbunden, dass nur in ein Unternehmen aus dem DAX investiert werden könnte, da alle anderen Unternehmen im weiteren Sinne Zulieferer oder Dienstleister für die Branche sind. Bei einer Begrenzung auf mindestens 5% Umsatzanteil entfallen erwartungsgemäß die großen Versorger.

Für alle anderen Themenkreise gilt sinngemäß dasselbe, wobei zumindest die bereits genannten Mindestkriterien für Kinderarbeit und geächtete Waffen keine Relativierung erfahren sollten. Dasselbe kann auch für weltanschauliche oder religiöse Themenkreise wie Verhütung oder Gentechnologie gelten.

4.2 Positivkriterien

Bei den geforderten Kriterien wird die Definition schwieriger, denn hier muss genau festgelegt werden, was ein Unternehmen jenseits des eigentlichen Unternehmenszwecks aktiv tun soll, um besonders gut als Nachhaltige Anlage geeignet zu sein. Von Seiten des Anlegers muss akzeptiert werden, dass mit der Erfüllung dieser Kriterien Nachteile bei der Rentabilität verbunden sein können. Die Renditeerwartung muss entsprechend angepasst werden.

Als Beispiel sei die Verarbeitung von Produkten aus dem sogenannten fairen Handel genannt. Unternehmen, die für ihre Rohstoffe über dem Weltmarktpreis liegende Vergütungen an ihre Lieferanten zahlen, können diese höheren Kosten nicht in jedem Fall an die eigenen Kunden weiterreichen. Somit besteht die Gefahr einer tieferen Rentabilität. Diesen Nachteil muss nicht nur das Unternehmen, sondern auch der Investor akzeptieren.

Als ein Positivkriterium kann auch die planmäßige, über einen längeren Zeitraum (schrittweise) Umstellung von Produkten oder Produktionsmethoden gelten. In der Großindustrie sind umfangreiche Wechsel auf umweltfreundlichere Verfahren schon wegen der Kapitalbindung und der technisch erforderlichen Dauer einer Umstellung nicht kurzfristig möglich. Gerade wenn das Ansehen einer Technik sich verändert, kann ein planvoller Wechsel sinnvoll sein. Bestes aktuelles Beispiel hierfür ist die Energiewende. Die Umstellung von Kernenergie und fossiler Energie auf umweltfreundliche Techniken ist nicht in kurzer Frist möglich. Außerdem ist sie mit hohen Kosten und technischen wie politischen Risiken versehen. Anleger, die hier mit ihren Investitionen gezielt steuern möchten, benötigen hohen Sachverstand und müssen bereit sein, auf einen Teil der möglichen Renditen zu verzichten. Durch staatliche Hilfen in Form von Subventionen oder Steuervergünstigungen, aber auch durch die Einspeisevergütungen soll die Rentabilität der neuen Technologien verbessert werden. Hierzu ist kritisch anzumerken, dass sich eine Investition langfristig ohne jeden Zuschuss tragen sollte, um Ineffizienzen auf gesamtwirtschaftlicher Ebene zu vermeiden.

4.3 Engagement

Zusätzlich zu den für das laufende Geschäft der Unternehmen definierten Kriterien, erwarten einige Anleger, dass die Unternehmen sich aktiv am Prozess der gesellschaftlichen Veränderung beteiligen. Je nach Definition der Anforderungen wird das gesellschaftliche Engagement zur weiteren Bedingung für die Investition gemacht. Damit verbindet der Anleger den Wunsch, Einfluss auf das Unternehmen zu nehmen, um die von ihm selbst für besonders wichtig empfundenen Ziele zu fördern.

Natürlich kann ein durchschnittlicher privater Anleger bei einem großen Unternehmen allein keine Veränderung der Geschäftspolitik erreichen. Es gibt aber eine Reihe von Beispielen, in denen durch eigenen Einsatz Themen in den Vordergrund gebracht wurden, für die sich eine größere Anzahl von Anlegern oder bereits Beteiligten interessiert. So kann der auslösende Investor doch eine Veränderung beim Unternehmen erreichen, weil beispielsweise die Finanzierung ohne Berücksichtigung der Anlegerwünsche schwieriger zu erhalten bzw. nur zu höheren Preisen realisierbar ist.

Die meisten Beispiele für erfolgreiche Einflussnahme auf Unternehmen finden sich in den Vereinigten Staaten, wo die großen Pensionsfonds bereits frühzeitig Forderungen nach der Umsetzung nicht allein wirtschaftlicher Kriterien gestellt haben. Üblicherweise wird hier versucht, gesellschaftlich als sinnvoll erkannte Dinge voran zu treiben, die wirtschaftlich nur langsam zu Vorteilen führen, aktuell aber die Kosten für das Unternehmen erhöhen.

Als ein wichtiges Thema in diesem Kontext braucht man sich nur mit der Frage der Frauenquote in Vorständen und Aufsichtsräten zu beschäftigen. Änderungen in der Zusammensetzung der Gremien führen mittel- bis langfristig zu einer Veränderung der Struktur des gesamten Staatswesens. Für die unterschiedliche Behandlung von Männern und Frauen auf dem Arbeitsmarkt gibt es in den meisten Branchen keine nachvollziehbaren Gründe. Die Ausnahmen der schweren körperlichen Arbeit auf dem Bau oder in der Industrie verloren in den letzten Jahrzehnten an Bedeutung. Die neue Arbeitswelt benötigt keine außergewöhnliche körperliche Stärke, dafür aber die kognitiven und sozialen Eigenschaften aller Beteiligten. In Staaten mit einem höheren Anteil von Frauen auch in leitender Funktion ist der Lebensstandard, das Sozialsystem, die Bildung, die Zufriedenheit der Bevölkerung und auch die Lebenserwartung in der Regel höher als in Ländern, in denen Frauen aus tradierten oder religiösen Gründen von Karrieren in der Wirtschaft ausgeschlossen sind. Die guten Bewertungen der skandinavischen Länder in internationalen Rankings dürften nicht zuletzt auf die weitgehend erreichte Chancengleichheit für Männer und Frauen zurückzuführen sein.[3]

[3] Legatum Prosperity Index (2013).

So ist die aktive Berücksichtigung solcher gesellschaftlicher Themen bei der Kapitalanlage ein möglicher Verstärker eines ohnehin vorhandenen Veränderungsprozesses. Allein durch Kapitalanleger werden solche wichtigen Entwicklungen vermutlich keine Fortschritte machen; in Kombination jedoch mit Öffentlichkeitsarbeit, politischer oder wissenschaftlicher Unterstützung kann die Veränderung beschleunigt werden.

Nicht ohne Grund finden sich in den Geschäftsberichten fast aller großen Unternehmen heute auch Nachhaltigkeitsberichte und Auflistungen des gesellschaftlichen Engagements des Unternehmens. Ein Beispiel für Engagement kann es bereits sein, wenn eine Fluggesellschaft für den unvermeidlichen CO_2-Ausstoß der Flotte ein Angebot zur Wiederaufforstung unterstützt oder klimaneutrale Flugtickets anbietet. Diese sind teurer als die normalen Tickets und die Differenz des Preises wird z.B. in Aufforstungsprojekten eingesetzt, um eine Kompensation für die CO_2-Belastung zu erreichen. Die Unternehmen haben also erkannt, dass gesellschaftliches Engagement nicht allein ein Kostenfaktor ist. Unternehmertum ist auch eine Verpflichtung gegenüber der Gesellschaft, ohne deren Rahmen ein Unternehmer nicht erfolgreich tätig sein kann.

4.4 Nachhaltigkeitsbeirat

Nachhaltige Anlagen kann ein Vermögensverwalter nur glaubwürdig anbieten, wenn er nicht nur das zusätzliche Geschäftsvolumen für sich akquirieren möchte. Ein erkennbarer deutlicher Widerspruch zwischen dem Tun im normalen Geschäftsbetrieb und der nachhaltigen Vermögensverwaltung würde die Glaubwürdigkeit des Angebots gefährden.

Das Thema der Nachhaltigkeit in der Vermögensanlage unterliegt einem stetigen Wandel und ist hochkomplex. Außerdem muss die Transparenz der Entscheidungen zum Thema Nachhaltigkeit überdurchschnittlich groß sein, um die notwendige Glaubwürdigkeit gerade bei den kritischen Anlegern zu erreichen, die sich mit dem Thema Nachhaltigkeit intensiv beschäftigen.

Aus diesem Grund scheint die Installation eines Fachbeirats sinnvoll, der einerseits den Vermögensverwalter bei der Definition von Rahmenbedingungen für die Nachhaltigkeit berät, und andererseits die Ausführung überwacht und begleitet. Ein Vermögensverwalter, der ein Angebot unter Berücksichtigung des Themas Nachhaltigkeit anbieten möchte, sollte die Zielgruppe definieren, für die er tätig werden möchte. Je nachdem, ob der Schwerpunkt auf Umweltschutz, sozialen Themen oder religiösen Beschränkungen liegt, wird sich der Blickwinkel leicht verschieben.

Nach den Erfahrungen des Autors sind die Anforderungen der verschiedenen Anlegergruppen in wesentlichen Punkten vergleichbar, obwohl die Bewertung von subjektiv empfundenen Kriterien abhängt. Ein Anleger, der sich mit dem Thema Nachhaltigkeit auseinandersetzt, dürfte regelmäßig für moralische oder soziale Themen aufgeschlossen sein. Bei der Bewertung einzelner Technologien sind abweichende Bewertungen möglich, wie das Beispiel der Kernenergie zeigt.

Größere Unterschiede sind zwangsläufig in weltanschaulichen und religiösen Vorschriften zu erwarten. Die meisten Weltreligionen teilen ein moralisches Grundgerüst, der Respekt vor dem Leben und der Schöpfung ist in allen Religionen ebenso verankert wie Regeln zu Treue oder Ehrlichkeit. Die alttestamentarischen Religionen, das Christentum, der Islam und viele andere Religionen enthalten auch Regeln zum Miteinander in der Gemeinschaft und zur Mildtätigkeit, ob das christliche Almosen (z.B. Lukas 12,33) oder das Almosen (Zakat) als dritte Säule des gottgefälligen Lebens im Islam (Sure 9, Vers 60).

Besondere Vorschriften ergeben sich aus den Verboten der Empfängnisverhütung oder Abtreibung im Christentum, dem Verbot von Alkohol im Islam und dem Verbot von Schweinefleisch in Islam und Judentum. Diese führen zu Beschränkungen für religiös orientierte Anleger, die zumindest von den großen Kirchen in fest umrissenen Regelwerken formuliert wurden. Diese sind den Research-Häusern für Nachhaltige Anlagen bekannt und können bei der Auswahl der Anlageinstrumente entsprechend berücksichtigt werden.

Ein Beirat für Nachhaltige Anlagen sollte sich aus wenigen Mitgliedern mit unterschiedlichem Hintergrund zusammensetzen. So könnte eine Kombination z.B. aus einem wissenschaftlichen Berater, einem Mitglied mit religiösem Schwerpunkt, einem Naturwissenschaftler und/oder einem Arbeitsrechtler den größten Teil der Themen abdecken, um die es bei der Auswahl Nachhaltiger Anlagen geht.

Das fachliche Know-how über das Portfoliomanagement muss der Vermögensverwalter selbst einbringen. Die Anlageentscheidung wird nicht durch den Beirat getroffen; von diesem wird nur das Anlageuniversum definiert, innerhalb dessen der Portfoliomanager investieren darf. In Zweifelsfragen steht der Beirat dann auch zur Verfügung, um die Eignung einzelner Anlagen im Rahmen der Allokation zu prüfen, und so die Einhaltung der Kriterien für das gesamte Portfolio sicherzustellen.

5 Vergleich Nachhaltige Geldanlage zu konventioneller Geldanlage

Während bei der konventionellen Geldanlage die Erzielung einer pekuniären Rendite das wesentliche Ziel ist, will der nachhaltig orientierte Anleger auch darüber hinaus gehende Ziele erreichen. Die Auswirkungen dieser Ziele auf die Rendite und das Risiko der Anlage sowie mögliche Zielkonflikte sollen in diesem Kapitel behandelt werden.

5.1 Renditedefinition und -anspruch

Die Rendite der nachhaltigen Kapitalanlage besteht nicht allein aus dem reinen Zuwachs des Vermögens für den Anleger. Vielmehr kommt es ihm auf den sorgfältigen Umgang mit den Ressourcen (Rohstoffe, Energie), auf den Umgang mit Arbeitnehmern und auf Entsorgung eventueller Rückstände der Produktion an. Dieser Teil der Rendite fließt regelmäßig nicht dem Anleger allein zu, sondern kommt der Gesellschaft insgesamt zugute. Der Anleger hat insoweit neben dem direkten Erfolg nur indirekte Vorteile aus der Beschränkung seines Anlageuniversums. Als aktiver Anleger kann er darüber hinaus versuchen, andere Anleger von seiner Vorgehensweise zu überzeugen, damit der Nutzen für die Gesellschaft insgesamt wächst.

Ein Zielkonflikt könnte entstehen, wenn ein Anleger eine Koppelung aus pekuniärer Rendite und gesellschaftlichem Nutzen erwartet. Zwar gibt es eine Reihe von Untersuchungen, die zu dem Ergebnis kommen, dass Unternehmen mit nachhaltiger Wirtschaftsweise langfristig auch finanzielle Vorteile erreichen. An den Börsenkursen von nachhaltig wirtschaftenden Unternehmen ist das aber nicht immer abzulesen.

Da die Intentionen der Mehrzahl der Anleger noch nicht auf Nachhaltigkeit ausgerichtet sind, kann nicht sicher ermittelt werden, ob und welche Mehrerträge allein aufgrund der Nachhaltigkeitskriterien erreicht werden. Während die Kapitalisierung der Aktienmärkte Ende 2012 weltweit etwa 55.000 Mrd. USD betrug[4], wovon auf Europa etwa 14.400 Mrd. USD entfielen, waren in nachhaltig anlegenden Investmentfonds im September 2012 etwa 34 Mrd. EUR investiert.[5] Wegen der negativen Kursentwicklung von Anbietern alternativer Energiekonzepte aus dem Solar- und Windenergiebereich dürften viele Fonds in den letzten Jahren eine deutlich hinter dem Marktdurchschnitt liegende Rendite erreicht haben.

[4] Vgl. World Federation of Exchanges Market Highlights 2012.

[5] Vgl. Oekom Research Kundenportal.

In einigen Fällen sind negative Entwicklungen auf Eingriffe der Politik in den Markt zurückzuführen. Sowohl häufige Änderungen der Rahmenbedingungen für neue Technologien als auch die Bildung von Angebotsüberhängen durch Subventionierung einzelner Verfahren hat zu Verfälschungen der Märkte geführt. Gewünschte Ziele wurden, wenn überhaupt, nur mit unverhältnismäßig hohem Aufwand erreicht. Nach Auffassung des Autors sollte ein Vermögensverwalter auch versuchen, solche Marktanomalien frühzeitig zu erkennen, und diese Teilmärkte trotz des erhofften positiven Effektes zu meiden. Die Kosten/Nutzen-Analyse sollte auch einen Vergleich unterschiedlicher Verfahren beinhalten. Teilweise scheint in Vergessenheit geraten zu sein, dass nachhaltiges Wirtschaften erst erreicht ist, wenn der wirtschaftliche Erfolg aus der wirtschaftlichen Tätigkeit rührt, und nicht nur durch dauerhafte Subventionen ermöglicht wird. Verfahren, die sich über eine überschaubare Phase der Anschubhilfe hinaus nicht allein tragen, erfüllen diese Anforderung nicht.

Die tatsächlichen wirtschaftlichen Ergebnisse der nachhaltigen Wirtschaftszweige werden abschließend erst zu beurteilen sein, wenn die ersten Produktzyklen abgeschlossen sind. So steht noch nicht einmal fest, ob nicht auch die Entsorgung von alten Solarpaneelen oder der Rückbau von Windkraftwerken zu einem Problem werden könnten, da bei beidem Energie und Entsorgungskapazitäten benötigt werden, die zum Materialeinsatz für die Produktion addiert werden müssen. Zumindest für die Windkraftwerke können die Erkenntnisse im Rahmen der aktuell stattfindenden Repowering-Maßnahmen gezogen werden.

5.2 Spezifische Risiken

Mit den Beschränkungen der Nachhaltigen Anlage verkleinert der Anleger sein Anlageuniversum. Damit verzichtet er einerseits auf die Anlagechancen der ausgeschlossenen Finanzinstrumente, andererseits verschiebt er die Risikostruktur seines Portfolios einseitig, und erhöht v.a. bei Übergewichtung von Positivkriterien die Risiken durch die Kumulation von Werten aus einzelnen, nah verwandten Branchen. Diese portfoliotechnischen Risiken sind zu akzeptieren, wenn die nachhaltigen Ziele der Anlage im Vordergrund stehen sollen.

Aus der Nachhaltigen Anlage selbst entstehen neue Risiken, die v.a. in der Erfüllung der Kriterien liegen. Bei aller Sorgfalt kann nicht ausgeschlossen werden, dass eine Information nicht korrekt ist, oder dass ein Unternehmen sich durch Zukauf eines anderen Unternehmens, durch technischen Fortschritt oder Aufbau eines neuen Geschäftsfeldes in eine vom nachhaltigen Anleger nicht gewünschte Richtung entwickelt. Selbst wenn aus solchen Fehlentscheidungen kein messbarer wirtschaftlicher Schaden entstehen muss, kann zumindest die Reputation des Anlegers beschädigt werden.

Der Vermögensverwalter trägt das Risiko der falschen Auswahl oder unzureichenden laufenden Überwachung der Anlagen zumindest bei grober Fahrlässigkeit oder Vorsatz. Insofern ist die Einrichtung eines Nachhaltigkeitsbeirates auch ein Instrument, dieses Risiko zu verringern.

5.3 Chancen

Bei sorgfältiger Auswahl der Nachhaltigkeitskriterien im Bereich Umweltschutz entfällt für den Anleger eine Reihe von spezifischen Risiken. So besteht bei den meisten nachhaltig wirtschaftenden Unternehmen ein geringeres Unfall-Risiko als beim Durchschnitt aller Unternehmen, was die Gefahr größerer Verluste reduziert. Auch aufgrund der Beachtung ethischer Kriterien durch ein Unternehmen dürften Schadensersatzleistungen weniger wahrscheinlich sein, weil unredliche Praktiken mit großer Wahrscheinlichkeit nicht angewandt werden.

Theoretisch sollten Unternehmen, die sorgfältig mit den Ressourcen umgehen, einen tieferen Materialeinsatz haben, was die Kosten reduziert. Dem können aber die erhöhten Aufwendungen für umweltgerechteres Material oder die höhere Vergütung von Personal gegenüber stehen. Insofern gibt es hier keine pauschale Aussage zugunsten der Nachhaltigen Anlage. Wenn nachhaltiges Wirtschaften automatisch effizienter und kostengünstiger wäre, gäbe es nur noch nachhaltig arbeitende Unternehmen. Daher muss angenommen werden, dass auch für nicht nachhaltige Arbeitsweisen wirtschaftliche Vorteile bestehen.

Vergleiche von Performance nachhaltig arbeitender Aktiengesellschaften mit dem Durchschnitt der Unternehmen kommen zum Teil zu dem Ergebnis, dass allein aus der Nachhaltigkeit auf Outperformance zu schließen sei. Leider gibt es ähnliche Aussagen aus Vergleichen besonders unsauber arbeitender Unternehmen, die für ihre Anlageklasse zu ähnlichen Ergebnissen kommen.

Die wesentliche Chance der Nachhaltigen Anlage liegt wohl nicht im messbaren wirtschaftlichen Ergebnis der Anlage. Viel wichtiger erscheinen die positiven Auswirkungen auf die Umwelt und die Gesellschaft, die durch nachhaltig arbeitende Unternehmen entstehen. Davon ausgehend, dass die uns zur Verfügung stehenden Ressourcen nicht unendlich sind, kann der sorgfältige Umgang mit ihnen nur von Vorteil sein. Die Nachhaltige Anlage darf allerdings nicht als Alibi für Anleger dienen, die sich in ihren täglichen Entscheidungen allein von wirtschaftlichen Erwägungen leiten lassen und Konsumgüter ausschließlich nach dem Kriterium des Preises auswählen.

5.4 Zusammenfassung

Die Einführung von nachhaltigen Anlagestrategien durch Vermögensverwalter ist vor allem eine logistische Aufgabe. Zunächst einmal müssen die vielfältigen unterschiedlichen Ziele der einzelnen Anleger definiert und bewertet werden. Für einige Fragestellungen wird man das Know-how von Fachleuten einkaufen müssen, da Portfoliomanager für die Beantwortung technischer oder theologischer Fragen nicht ausreichend ausgebildet sind. Für die Prüfung der Anlageinstrumente auf Übereinstimmung mit den vereinbarten Kriterien müssen Mittel und Wege gefunden werden; in der Regel wird die Einschaltung einer spezialisierten Research-Agentur erforderlich sein.

Für die Anlageerfolge gibt es wie bei jeder Anlagestrategie keinen Garantieschein. Aufgrund der Besonderheiten bei den Strategien kann es durchaus auch zu einer kontinuierlichen Unterperformance gegenüber dem Markt im Durchschnitt kommen. Wenn dafür übergeordnete Ziele des Anlegers erreicht werden, muss dieser Minderertrag akzeptiert werden.

Nicht zuletzt wird der Vermögensverwalter dem Anleger die höheren Kosten der um mindestens eine Stufe erweiterten Beratungs- und Anlageprozesse in Rechnung stellen müssen. Man geht davon aus, dass dieser Mehraufwand je nach Formulierung der Ausschlusskriterien und Asset-Klassen zwischen 0,10 und 0,25% des Vermögens im Jahr liegen kann, wobei der Schwerpunkt leicht über 0,15% p.a. liegen dürfte.

5.5 Ausblick

Die modernen Gesellschaften befinden sich in dauerndem Wandel. Angeblich entwickelt der sich moderne Mensch zum viel beschworenen Homo Oeconomicus, der sich bei seinem Handeln ausschließlich vom wirtschaftlichen Erfolg leiten lässt. Andererseits hat es in den letzten Jahrzehnten eine Vielzahl von nicht ökonomisch orientierten Veränderungen gegeben, die durch moralische oder weltanschauliche Überzeugungen getrieben waren.

Diese Entwicklung hat mit der Nachhaltigen Anlage nun auch die Kapitalmärkte erreicht, um hier, sozusagen im Zentrum des Wirtschaftslebens, die Bedeutung langfristiger Ziele zu Lasten der kurzfristigen Gewinnoptimierung zu stärken. Mit der Verbreitung dieses Gedankens könnte eine Verbesserung am wesentlichen Schwachpunkt der Marktwirtschaft erreicht werden. Letztlich ist Wirtschaften vor allem die Verteilung der vorhandenen Ressourcen. Durch die kurzfristige Gewinnoptimierung Einzelner entstehen Ungleichgewichte, die immer wieder zu Konflikten führen. Letztendlich sind neben religiösen gerade auch wirtschaftliche Gründe für Kriege und Revolutionen verantwortlich.

Ziel der Nachhaltigen Anlage ist die Vermeidung solcher Konflikte weit im Vorfeld. Durch die Berücksichtigung allgemein gültiger ethischer Anforderungen sollen die Ressourcen geschont, die Benachteiligungen einzelner Personen oder Bevölkerungsgruppen möglichst vermieden, und die Verteilung der Güter nach sozialen Kriterien optimiert werden.

Zusammen mit den Veränderungen auf anderer Ebene (Gleichstellung von Frauen, keine Diskriminierung aufgrund von Rasse, Religion, Krankheiten, sexueller Orientierung, Berücksichtigung sozialer Belange in der Wirtschaft und Gesetzgebung, Ächtung biologischer und chemischer Waffen usw.) dürfte die Nachhaltige Geldanlage in den nächsten Jahren von einer wachsenden Anzahl von Anlegern nachgefragt werden und das so angelegte Vermögen überproportional wachsen.

Mit der notwendigen Vorbereitung und Begleitung ist diese Entwicklung wünschenswert, denn letztlich bringt die Nachhaltige Geldanlage den Kategorischen Imperativ Immanuel Kants an die Kapitalmärkte:

> *„Handle so, dass die Maxime deines Willens jederzeit zugleich als Prinzip einer allgemeinen Gesetzgebung gelten könnte.“*

Literatur

Forum Nachhaltige Geldanlagen, (2013): Marktbericht 2013, Berlin.

Legatum Prosperity Index, (2013).

Leitfaden für ethisch-nachhaltige Geldanlage in der Evangelischen Kirche, (2013): Hannover, September 2011, 2. Auflage Mai.

Wissenschaftliche Arbeitsgruppe für weltkirchliche Aufgaben der Deutschen Bischofskonferenz, (2010): Mit Geldanlagen die Welt verändern. Eine Orientierungshilfe zu ethikbezogenem Investment. Bonn.

Zentralkomitee der Katholiken, (2007): Ethisches Investment, Oktober 2007, Bonn.

Autorenverzeichnis

Univ.-Prof. Dr. Alexander Bassen ist seit 2003 Inhaber der Professur für Betriebswirtschaftslehre, insbesondere Kapitalmärkte und Unternehmensführung (W3) an der Universität Hamburg. Nach einer kaufmännischen Ausbildung studierte er Betriebswirtschaftslehre in Gießen und Tübingen (Diplom 1994). Nach der Promotion (1997) und der Habilitation (2001) an der European Business School International University Schloss Reichartshausen war er als Privatdozent an der Technischen Universität München tätig. Prof. Bassen ist u.a. Mitglied im Rat für Nachhaltige Entwicklung der Bundesregierung, leitender Wissenschaftler (PI) beim Exzellenzcluster „Integrated Climate System Analysis and Prediction" (CliSAP)" im Rahmen der Exzellenzinitiative des Bundes und der Länder sowie Leiter des Kompetenzzentrums nachhaltige Universität (KNU).

Matthias Bönning, Jahrgang 1972, nach Berufsausbildung zum Bankkaufmann bei Sal. Oppenheim jr. & Cie. Diplom in Betriebswirtschaftslehre an der Universität zu Köln. Zwischenzeitlich Auslandsstudium am Western State College of Colorado, USA, Stipendiat der Studienstiftung des deutschen Volkes. Seit 1998 als Analyst bei der oekom research AG mit Schwerpunkt Finanzdienstleister, seit 2001 Head of Research, seit 2003 Mitglied des Vorstands. Seit 2004 ist Matthias Bönning Lehrbeauftragter an verschiedenen Universitäten und sonstigen Bildungsinstitutionen.

Michael Busack, Dipl.-Kfm., ist Gründer, Geschäftsführer sowie alleiniger Gesellschafter der Firma Absolut Research GmbH in Hamburg. Seit 2001 ist er Herausgeber des Absolut|report, einer der führenden unabhängigen Fachpublikationen für institutionelle Investoren in Deutschland, Österreich und der Schweiz. Die Absolut Research GmbH gehörte im November 2013 in Deutschland zu den ersten Unterzeichnern der Principles of Responsible Investments (PRI) und sie ist Mitglied im Forum für Nachhaltige Geldanlagen e.V. Seit 1990 beschäftigt sich Michael Busack verstärkt mit dem Bereich alternativer Investments sowie mit Absolute-Return-Produkten. Nach seiner vermögensverwaltenden Tätigkeit für unterschiedliche Family Offices in den 1990er-Jahren, konzentriert er sich seit 1999, neben seiner Tätigkeit als Herausgeber des Absolut|report, auf Research-Aktivitäten in den Segmenten Multi-Asset-Portfolios und Absolute-Return-Strategien für institutionelle Investoren. Michael Busack tritt regelmäßig als Fachreferent zu Themen institutioneller Kapitalanlagen in Erscheinung sowie als Autor diverser Buchprojekte und Zeitungsartikel. Er ist Mitherausgeber des Titels „Handbuch Alternative Investments – Teil 1 und 2" (Gabler-Verlag).

Fatma Dirkes, geb. 1969 in der Türkei, hat ihr Studium an der Johann Wolfgang von Goethe-Universität in Frankfurt a.M. als Diplomkauffrau im Jahr 1999 abgeschlossen. Als Leiterin des „International Advisory Services", der Beratungsabteilung der Frankfurt School of Finance & Management trägt sie Personalverantwortung für 80 feste Mitarbeiter in Frankfurt und etwa 150 Projektmitarbeiter in Entwicklungs- und Schwellenländern.

Seit 2005 ist sie bei der Frankfurt School in leitender Funktion tätig. Zuvor arbeitete sie als Beraterin und Auditorin für PricewaterhouseCoopers, Banco de Brasil und KPMG. Nach dem Wechsel zur Frankfurt School baute Dirkes die Competence Center „Finanzierung von Kleinst- und Mittelständigen Unternehmen“, „Nachhaltige Landwirtschaftsfinanzierung“, „Nachhaltige Energie- und Klimafinanzierung“ sowie „Immobilienfinanzierung“ mit auf, die sich auf Entwicklungsfinanzierung spezialisiert haben. Sie übernahm zudem eine Reihe von Großprojekten, zu ihren Kunden zählten u.a. ADB, EBRD, EIB, KfW, IFC und GIZ. Fatma Dirkes verfügt über fundierte Kenntnisse in der Entwicklung und Durchführung von Trainingsmaßnahmen. So hat sie an der Konzeption der Zertifikatskurse „Certified Microfinance Expert“, „Certified Expert in SME Finance“ sowie am Aufbau des E-Learning-Centers zu den Themen „Microfinance“, „SME Finance“ und „Risk Management“ mitgewirkt. Ein weiterer Tätigkeitsschwerpunkt liegt im Backstopping und Projektmanagement sowie in der Entwicklung und Implementierung von Kredittechnologien in den o.g. Themengebieten. Als erfahrene Projektdirektorin hat F. Dirkes Wirtschaftlichkeitskonzepte erstellt, Firmenanalysen und Prüfstudien durchgeführt sowie Veranstaltungen geleitet.

Alexander Ebert ist Referent des Vorstands der Stiftung 2 Grad – Deutsche Unternehmer für Klimaschutz. Nach Beendigung seines interdisziplinären Studiums der Dipl.-Regionalwissenschaften in Köln und Madrid folgten 10 Jahre berufliche Tätigkeit in der internationalen Wirtschaftsförderung als MERCOSUR-Beauftragter der deutschen Wirtschaft und stellvertretender Geschäftsführer der AHK Uruguay in Montevideo sowie für die Botschaft der Republik Chile in Berlin. Nach seinem Master-Studium in Carbon Management (M.Sc.) an der University of Edinburgh Business School arbeitete Alexander Ebert seit 2011 im Bereich Klimapolitik und Klimastrategien u.a. für Germanwatch e.V., bevor er bei der Stiftung 2 Grad die Funktion des Vorstandsreferenten übernahm. In dieser Rolle arbeitet er für die Umsetzung effizienter marktwirtschaftlicher Rahmenbedingungen im Klimaschutz, in der Kommunikation innovativer Ansätze zur Treibhausgas-Minderung und zur strategischen Integration von Klimaschutz in Unternehmen.

Prof. Dr. Martin Faust ist Professor für Bankbetriebslehre an der Frankfurt School of Finance & Management. Sein Forschungs- und Lehrschwerpunkt liegt im Private Banking und Wealth Management, den Nachhaltigen Geldanlagen sowie der Finanzdienstleistungsaufsicht. Nach der Ausbildung zum Bankkaufmann absolvierte er das Studium der Wirtschaftswissenschaft an der Ruhr-Universität Bochum. Danach war er wissenschaftlicher Mitarbeiter an der Universität Bochum am Lehrstuhl für Finanzierung und Kreditwirtschaft. Die Promotion zum Dr. rer. oec. erfolgte 2001. Seit dem 1. Juli 2002 ist Martin Faust Professor für Bankbetriebslehre an der Frankfurt School of Finance & Management, Frankfurt. Bereits seit 1996 ist er als Dozent und Autor bei der Frankfurt School und ihre Vorgängerinstitutionen (Bankakademie sowie HfB – Business School of Finance & Management) tätig. Neben seinem Engagement in den Studiengängen der

Frankfurt School ist er u.a. auch in den Weiterbildungs-Programmen Certified Sustainability Investments Advisor (CSIA), Certified Sustainability Investments Manager (CSIM), Financial Planner und Financial Consultant tätig. Er führt Seminare und Workshops durch u.a. in den Bereichen Nachhaltige Geldanlagen, Bankbetriebslehre sowie Geld- und Vermögensanlage. Darüber hinaus erstellt und verantwortet er Studienbriefe für verschiedene Bildungsmaßnahmen. Martin Faust ist dem Thema Nachhaltige Geldanlagen seit vielen Jahren auf vielfältige Weise als Autor, Referent und Dozent verbunden. Seit dem Start 2008 ist er auch wissenschaftlicher Leiter der jährlich stattfindenden Fachkonferenz des Frankfurt School Verlages. Er hat zahlreiche Vorträge zu dem Thema gehalten und ist Mitherausgeber des vorliegenden Buches „Nachhaltige Geldanlagen“.

Dr. Klaus Gabriel war zehn Jahre lang als Anlageberater und Vermögensverwalter für eine Bank tätig und arbeitete nach seinem Studium der Theologie von 2002 bis 2011 als Universitätsassistent am Institut für Sozialethik der Katholisch-Theologischen Fakultät der Universität Wien mit Lehr- und Forschungsschwerpunkt Wirtschaftsethik und Nachhaltigkeit am Finanzmarkt. Von 2007 bis 2010 war er Vorstandsvorsitzender und seit 2010 ist er Geschäftsführer des Corporate Responsibility Interface Center (CRIC) e.V., der größten Plattform ethisch orientierter Investoren im deutschen Sprachraum. Klaus Gabriel ist darüber hinaus als Dozent und Referent an Hochschul- und Bildungseinrichtungen sowie in mehreren Gremien und Ausschüssen tätig.

Dr. Hendrik Garz ist Managing Director bei Sustainalytics, einem globalen Anbieter von Nachhaltigkeitsresearch-, Beratungs- und Ratingdienstleistungen. Zuvor war er Executive Director im Cash-Equity-Geschäft der WestLB, wo er für die Bereiche deutsche Aktienstrategie und Nachhaltige Investments verantwortlich war. Dr. Garz ist in zahlreichen Gremien und Initiativen vertreten wie z.B. den Kommissionen für Nachhaltige Investments bei der DVFA und dem europäischen Dachverband EFFAS sowie in der Arbeitsgruppe für ESG-Integration bei der PRI. Ferner hat er bei der Entwicklung des Deutschen Nachhaltigkeitskodex mitgewirkt und unterstützt als Teil einer Gruppe von Kapitalmarktvertretern die internationale Initiative zur Etablierung einer integrierten Berichterstattung von Unternehmen (IIRC). Hendrik Garz ist Bankkaufmann und hat einen M.A. in Banking & Finance von der University of Georgia (Athens, USA). Promoviert hat er an der Universität Erlangen-Nürnberg im Bereich empirische Kapitalmarktforschung.

Guido Giese PhD, Head of Indices, RobecoSAM. In seiner Funktion als Head of Indices ist Dr. Guido Giese verantwortlich für das Index-Geschäft und die Weiterentwicklung der Dow Jones Sustainability Index Produkte. Zusätzlich gehören der internationale Verkauf, die Lizenzierung sowie die Partnerschaften mit dem Kundenservice zu seinen Aufgabenbereichen. Bevor er zu RobecoSAM stieß, war Guido Giese Head of Research and Development bei STOXX, wo er für die Weiterentwicklung der Index Produkte verantwortlich war. Er verfügt über mehr als zwölf Jahre Erfahrung im Risk Management und dem Asset Management, unter anderem bei großen internationalen Banken und bei KPMG. Guido Giese wurde in angewandter Mathematik an der Eidgenössischen Technischen Hochschule ETH Zürich promoviert.

Dr. Christian Gromer ist im CSR-Management eines europäischen Baukonzerns tätig. Im Rahmen seiner Dissertation am Lehrstuhl Finanzwirtschaft der Universität Stuttgart beschäftigte er sich mit den Themen Nachhaltige Immobilien, Immobilienbewertung und Realoptionen. Während der Tätigkeit als wissenschaftlicher Mitarbeiter war er bei den, vom Bundesamt und Bauwesen und Raumordnung geförderten, Forschungsprojekten „ImmoInvest – Grundlagen nachhaltiger Immobilienanlagen" und „ImmoWert – Integration von Nachhaltigkeitsaspekten in die Wertermittlung und Risikobeurteilung von Einzelimmobilien und Gebäudebeständen" beteiligt. Herr Gromer studierte Bauingenieurwesen an der Universität Stuttgart und war nach dem Studium bei einem mittelständischen Bauunternehmen als Projektmanager angestellt. Vor seiner Tätigkeit als wissenschaftlicher Mitarbeiter absolvierte er am Stuttgart Institute of Management and Technology (SIMT) ein MBA-Studium mit der Vertiefung Finanzwirtschaft.

Dieter Grosenick begann seine Banklaufbahn bei der Commerzbank in Hamburg. Nach der Traineeausbildung führte er von 1986 bis 1989 das Wertpapiergeschäft einer größeren Filiale. 1989 bis 2004 war er in verschiedenen Positionen des Private Banking und Portfoliomanagement der Vereinsbank-Gruppe (heute Unicredit) tätig. Von 2005 bis 2013 verantwortete Dieter Grosenick die Vermögensverwaltung für Privatkunden und Stiftungen bei der M.M.Warburg-Bank. Seit Kurzem hat er die Betreuung von Family Offices übernommen. Grosenick ist Mitglied im Nachhaltigkeitsbeirat des Warburg-Zukunftsstrategie-Fonds.

Robert Haßler, Jahrgang 1965, arbeitet seit 1993 im Bereich Nachhaltigkeitsrating. Er ist Vorstandsvorsitzender und Mitgründer der Nachhaltigkeits-Ratingagentur oekom research AG. Robert Haßler absolvierte nach seiner Berufsausbildung zum Steuerfachgehilfen ein Studium der Betriebswirtschaftslehre an der Ludwig-Maximilians-Universität in München. Nach halbjähriger Forschungstätigkeit in der Abteilung Umweltökonomie des ifo-Instituts für Wirtschaftsforschung stieg er im Herbst 1992 als Leiter des Unternehmensbereichs Umwelt-Research in die neu gegründete ökom GmbH ein. Ein Jahr später startete er oekom's Ratingaktivitäten nach dem Gewinn einer internationalen Ausschreibung. Er war von 1997 bis 1999 Geschäftsführer der ökom GmbH. 1999 wurde die Rating-Agentur aus der ökom GmbH in die neu gegründete oekom research AG ausgegliedert. Robert Haßler ist Mitgründer mehrerer Vereine, z. B. des Corporate Responsibility Interface Center (CRIC e.V.) und des Forum Nachhaltige Geldanlagen e.V., des Dachverbandes für nachhaltige Kapitalanlagen im deutschsprachigen Raum, dessen Vorstandsmitglied er seit 2001 ist.

Dieter W. Horst studierte Betriebswirtschaft an der University of Applied Sciences Frankfurt a. M. Nachdem er 1991 seine Karriere als Umweltberater begonnen hatte, ist er seit 1994 bei PwC tätig und blickt somit auf eine mehr als 20-jährige Berufstätigkeit im Bereich Nachhaltigkeit zurück. U.a. hat er als einer der ersten in Deutschland die Prüfung von Nachhaltigkeitsberichten vorgenommen. 2010 war er auf einem Secondment beim World Business Council for Sustainable Development in Genf. Seit Februar 2011 betreut er das Thema Sustainable Finance bei PwC. Seitdem hat Dieter Horst bei einer Reihe von Unternehmen der Finanzbranche in Sachen Nachhaltigkeit zur Strategieentwicklung, zum Aufbau von Managementsystemen und zur Ausgestaltung von Reportingprozessen wesentlich beitragen dürfen. 2013 erstellte er für das Bundesumweltministerium den Leitfaden „Nachhaltig und verantwortlich investieren" und organisierte die PwC-Konferenz „Nachhaltig investieren, Nachhaltigkeit finanzieren" in Kooperation mit PRI. Dieter Horst ist Gründungsmitglied der „Commission on Non-Financials: KPI for ESG" der Deutsche Vereinigung für Finanzanalyse und Asset Management und Miterssteller der DVFA/EFFAS-Standards zu Non-Financial KPI.

Ulrich Hoyer war zunächst auf Basis eines wirtschaftswissenschaftlichen Studiums an der Universität Erlangen-Nürnberg bzw. an der Indiana University (USA) im Privatkundenvertrieb als Geschäftsstellenleiter einer Sparkasse sowie als Berater bei der MLP AG tätig. Seit 1999 arbeitet er als Unternehmensberater im Bereich Financial Services, zunächst bei Mercer Management Consulting bzw. Oliver Wyman und seit 2007 bei zeb/. Als Partner bei zeb/ ist er für die Competence Unit Strategy & Sales und insbesondere für Fragestellungen im Privatkundengeschäft in Europa zuständig. Neben großen Projekten und Kundenbeziehungen verantwortet er hierzu deutsche und internationale zeb/-Studien und publiziert regelmäßig zu den entsprechenden Studienergebnissen und aktuellen Entwicklungslinien im Privatkundengeschäft.

Christof Jauernig ist Manager Analysis & Studies im Research der Managementberatung zeb/. Zu seinen fachlichen Schwerpunkten gehören innovative und alternative Vertriebs- und Geschäftsmodelle im Banken- und Non-Profit-Sektor, insbesondere sozial-ökologisches Bankwesen. Nach einem Studium der internationalen Betriebswirtschaft in Frankfurt und Singapur und Stationen bei der Deutschen Bank AG und der GLS Bank stieg er im Jahr 2007 bei zeb/ ein. Dort fungierte er u.a. als Studienkoordinator der ersten umfassenden deutschen Marktstudie zum sozial-ökologischen Bankwesen („Social Banking Study 2012"). Christof Jauernig hat zu diesem und anderen Themen diverse Fachartikel, Studien, Bücher und Reports publiziert bzw. daran mitgewirkt, unter anderem für die Vereinten Nationen.

Thomas Jorberg hat nach seiner Ausbildung zum Bankkaufmann bei der GLS Bank Wirtschaftswissenschaften an der Ruhr-Universität Bochum studiert. 1993 wurde er Vorstandsmitglied der GLS Bank und 2003 Vorstandssprecher. Darüber hinaus ist er auch zuständig für wesentliche Beteiligungen der GLS Bank im Konzern und somit seit 1995 ebenfalls Vorstand der GLS Beteiligungs AG und seit 2003 der GLS Energie AG. Sein Zuständigkeitsbereich umfasst u.a. Strategieentwicklung, Eigenanlagemanagement, Marketing/Öffentlichkeitsarbeit, Kreditkundenbetreuung, Vermögensmanagement und Filialgeschäft.

Dr. Florian Kammerer ist derzeit Ministerialbeamter in der Grundsatzabteilung des Bundesministeriums für Umwelt, Naturschutz und Reaktorsicherheit. Verschiedene Lehraufträge an der Universität Heidelberg sowie publizistische Tätigkeit. Zuvor politikberatende Tätigkeit für eine politische Stiftung. Studium in Politikwissenschaft und Volkswirtschaftslehre an den Universität Heidelberg, der Cambridge University und der Harvard University. Stipendiat der Studienstiftung des deutschen Volkes. Promotion zum Dr. rer. pol. an der Fakultät für Wirtschafts- und Sozialwissenschaften der Ruperto Carola, Heidelberg.

Prof. Dr. Christian Klein ist Inhaber des Lehrstuhles „Unternehmensfinanzierung“ an der Universität Kassel. Vor seiner Rufannahme im April 2013 war Prof. Dr. Christian Klein sechs Jahre als akademischer Rat an der Universität Hohenheim in Stuttgart am Institut für Financial Management tätig. Während dieser Zeit erhielt er unter anderem den Erich-Gutenberg-Preis für Nachwuchswissenschaftler und den Hohenheimer Lehrpreis. 2012 habilitierte er. Seine Promotion erstellte er während seiner Zeit als wissenschaftlicher Mitarbeiter an der Universität Augsburg. Inhaltliche Schwerpunktsetzung seiner Forschung sind die Themen Sustainable Finance sowie Fragestellungen im Bereich der Corporate Finance und der Kapitalmarkteffizienz. Dabei wird mehrheitlich ein empirischer Zugang gewählt.

Christoph Klein, CFA, CEFA, Managing Director bei der Deutsche Asset & Wealth Management. Christof Klein absolvierte 1993 eine Berufsausbildung zum Bankkaufmann bei der Deutsche Bank AG Filiale Bremen und erlangte den Abschluss Diplom-Kaufmann an der Universität Trier. In 2000 Visiting Scholar an der NYU Stern School of Business Salomon Banking Center. 1998 Berufseinstieg bei der Deutsche Bank AG Anlagestrategie Privatkunden als Analyst für Unternehmens- und Wandelanleihen. Zusätzlich Erstellung quantitativer Ratingmodelle für verschiedene Sektoren und diverse Publikationen. 2000 wechselte er zur Deutsche Asset Management als Portfoliomanager für Unternehmens- und Wandelanleihen. In 2004 wurde Christoph Klein eingeladen, bei Credaris in London einen Credit Hedge Fonds aufzubauen und zu managen. In 2006 Wechsel als Partner und Head of Credit zum Hedgefonds TriPoint. 2007 Rückkehr zur Deutsche Asset Management. Seit 2012 Portfolio Strategist mit Schwerpunkt Credit Investments. Zusätzlich ist er Referent bei der DVFA und publiziert regelmäßig im Bereich Portfoliomanagement.

Arne Philipp Klug ist seit 2008 als Nachhaltigkeitsanalyst für die Sustainalytics GmbH tätig und verantwortet als Industry Lead die Nachhaltigkeitsbewertung von Unternehmen aus der Transport-Branche. In seiner Rolle hat er Studien und Berichte zu Themen wie Nachhaltige Mobilität oder Nachhaltigkeit der DAX 30-Unternehmen verfasst sowie Investoren bei der Umsetzung nachhaltiger Anlagestrategien beraten. Zuvor hat Arne Philipp Klug im Journalismus, Reputationsmanagement und in der CSR-Kommunikation gearbeitet (u.a. für die Mediengruppe Macondo und Commerzbank AG). Sein Studium der Kommunikationswissenschaft, Wirtschaftspolitik (mit Schwerpunkt Umweltökonomie) und Romanischen Philologie hat er an der Westfälischen Wilhelms-Universität in Münster im Jahr 2008 als Magister Artium (M.A.) abgeschlossen.

Doris Könen ist PR-Fachwirtin und zu Fragen der Finanzmarktkommunikation für die Portigon AG tätig.

Thomas Liesch ist seit 2012 Projektmanager bei Allianz Climate Solutions GmbH, dem Kompetenzzentrum der Allianz Gruppe für den Klimaschutz. Er berät Allianz-Einheiten zu Risiken und Chancen, die mit dem Klimawandel und Erneuerbaren Energien verbunden sind, insbesondere zu Investitionen und Versicherungslösungen für Erneuerbare Energien und Umwelttechnologien. Zuvor war er drei Jahre als Risikomanager bei der Vantargis AG in München tätig und unter anderem zuständig für die Risikoanalyse von Portfolio und Märkten. Thomas Liesch studierte Kommunikationswissenschaft an der Ludwig-Maximilians-Universität München und hält ein Diplom in Politikwissenschaft der Hochschule für Politik München. Er ist gebürtig aus São Paulo in Brasilien.

Karsten Löffler ist CFO der Allianz Climate Solutions GmbH (ACS), welche das Kompetenzzentrum der Allianz Gruppe für Fragen des Klimaschutzes ist. Bevor er Anfang 2008 diese Position übernahm, war er Head of Product Management bei Allianz Global Investors in Frankfurt und unter anderem zuständig für das Qualitätsmanagement. Er ist seit 1989 bei der Allianz Gruppe/Dresdner Bank aktiv. Von 2009 bis 2011 koordinierte K. Löffler die WWF Klimapartnerschaft mit der Allianz Gruppe, woraus mehrere klimabezogene Projekte und Studien wie auch eine Definition der CO_2-Einsparziele für die Allianz Gruppe hervorgingen. Zudem vertritt er die Allianz Gruppe als Mitglied des Managing Committee bei ClimateWise und als Mitglied der Investment Commission und der Thematic Advisory Group Climate Change bei der UNEP Finance Initiative. Karsten Löffler hat an der Universität Göttingen Betriebswirtschaftslehre (Diplom) studiert und ist Certified International Investment Analyst (CIIA).

Cédric Lützenkirchen ist seit 2013 bei der Frankfurt School of Finance & Management im Geschäftsfeld „International Advisory Services" beschäftigt. Als Projektkoordinator nimmt er Aufgaben im Projektmanagement wahr und berät Banken und andere Institutionen des Finanzsektors in Entwicklungs- und Schwellenländern. Ein Schwerpunkt seiner Tätigkeit ist die Forschung im Auftrag internationaler Entwicklungsbanken im Bereich Mikrofinanz, Finanzierung von kleinen und mittleren Unternehmen sowie Immobilienfinanzierung. Cédric Lützenkirchen studierte an der Universität Mannheim und der Albert-Ludwigs-Universität Freiburg Volkswirtschaftslehre (Diplom) mit Schwerpunkt Sozialpolitik und Entwicklungsökonomie.

Ennio Perna, Assistant Vice President, ist seit 2012 bei der Bank J. Safra Sarasin tätig. Zunächst arbeitete er im Team Asset Management Client Services als Produktspezialist für Nachhaltige Geldanlagen. Seit Ende 2013 widmet er sich als Nachhaltigkeitsanalyst dem Screening von Unternehmen hinsichtlich ihrer ökologischen und sozialen Herausforderungen. Zuvor arbeitete er in der Unternehmenskommunikation der Helvetia Versicherungen (interne und externe Kommunikation) sowie beim Verband Schweizerischer Kantonalbanken im Bereich Public Relations und Medien. Ennio Perna ist Historiker, lic. phil.-hist, und hält einen Master in Umwelttechnik und -management.

Marcus Pratsch ist seit mehr als 18 Jahren in der Finanzindustrie tätig. 2006 wechselte er zur DZ BANK AG und war hier zunächst für die Analyse europäischer Telekommunikations- und Internetwerte verantwortlich. 2009 wurde er vom US-Analysehaus Starmine als „No. 1 Earnings Estimator" in der Kategorie „Telecommunication Services" ausgezeichnet. Seit 2009 leitet Pratsch das Sustainable Investment Research der DZ BANK AG und verantwortet in dieser Funktion unter anderem alle SRI-relevanten Analyseaktivitäten für institutionelle Investments. Er entwickelte ein bankeigenes Nachhaltigkeitsrating für Aktien, welches im Jahr 2011 lanciert wurde. Seinen Hochschulabschluss erlangte Pratsch an der Universität Mannheim im Fach „Betriebswirtschaftslehre mit interkultureller Qualifikation Japanisch". Bereits während seiner Studienzeit legte er sein Forschungsinteresse auf Themen wie Corporate Citizenship, Corporate Social Responsibility und Corporate Governance, vornehmlich mit einem Schwerpunkt auf dem asiatischen Raum. Pratsch ist Mitglied der DVFA Kommission Responsible Investing und setzt sich unter anderem für die Ausweitung der französischen „ESG-Research-Initiative" auf Deutschland ein.

Jürgen Raeke begann nach Abitur und Bankausbildung 1983 bei der Norddeutschen Genossenschaftszentralbank in Hannover als Wertpapierspezialist. 1986 wechselte er zur Lampebank nach Luxemburg, bei der er zunächst als Bond-, Aktien-, und Edelmetallhändler und später zusätzlich als Privatkundenberater tätig war. Bei der Landesbank Schleswig-Holstein Luxemburg war er seit 1989 stellvertretender Leiter für das Privatkundengeschäft und baute das Geschäft mit externen Vermögensverwaltern auf. 1992 begann er beim Bankhaus Wölbern in Hamburg. Dort leitete er als Direktor den Bereich Private Banking und war maßgeblich in die Konzeption geschlossener Immobilienfonds eingebunden. Zusätzlich etablierte er das Vertriebsgeschäft mit Fonds bei Banken und Finanzdienstleistern. Von 1998 bis 2013 war er Geschäftsführer der Berenberg Private Capital GmbH, einer Tochtergesellschaft der Hamburger Berenberg Bank. Dort verantwortete er die Analyse, Auswahl und Konzeption sachwertorientierter Investments. Parallel dazu entwickelte er den mehrfach prämierten ganzheitlichen Beratungsansatz für die Bank mittels einer auf Markowitz aufbauenden Portfoliooptimierung und gründete das bankeigene Family Office. Er hat zahlreiche Fachpublikationen und Buchbeiträge verfasst, ist gefragter Referent auf zahlreichen Symposien und Kundenveranstaltungen und Autor des Fachbuches „Optimal investieren mit geschlossenen Fonds" (FinanzBuchverlag).

Sven Rohwedder, Dipl.-Kfm., studierte Betriebswirtschaftslehre in Jena und Hamburg. Seit 2008 ist er bei der Absolut Research GmbH in Hamburg als Analyst tätig. Dort ist er unter anderem mitverantwortlich für die Bearbeitung des europäischen Fondsmarktes mit Schwerpunkt auf der Strategieanalyse zur Bildung von nachhaltigen und nicht nachhaltigen Peer Groups, Fondsselektion und Due Diligence für institutionelle Investoren.

Simone Ruiz ist Senior Projekt Manager bei Allianz Climate Solutions (ACS), dem Kompetenzzentrum für Klimawandel der Allianz Gruppe mit Hauptbüro in München. Sie ist verantwortlich für die Umsetzung der Klimastrategie der Allianz, berät andere Allianz-Einheiten über Risiken und Chancen, die mit dem Klimawandel verbunden sind. Zudem ist sie im direkten Austausch mit Unternehmensverbänden, Politik und Wissenschaft zum besseren Verständnis der mit dem Klimawandel verbundenen Herausforderungen für die Finanzwirtschaft. Zuvor hat Simone Ruiz fünf Jahre die EU-Gesetzgebung im Bereich Finanz- und Klimapolitik verfolgt und mitgestaltet, zuerst als Volkswirtin für Businesseurope – dem Dachverband der europäischen Wirtschaft – und zuletzt beim Dachverband für Internationalen Emissionshandel als Leiterin des Brüsseler Büros. Nach dem Studium der VWL (HEC Lausanne, Pompeu Fabra Barcelona) und einem Master in Europäischer Politik (University of Edinburgh) begann sie ihre berufliche Laufbahn bei der Europäischen Zentralbank in Frankfurt. Sie nimmt momentan am Financial Risk Management Programm (FRM) der Global Association of Risk Professionals (GARP) teil. Deutsch ist ihre Muttersprache und sie spricht fließend Englisch, Französisch und Spanisch.

Prof. Dr. Henry Schäfer ist Inhaber des Lehrstuhls „Allgemeine Betriebswirtschaftslehre und Finanzwirtschaft" und Leiter der Abteilung III des Betriebswirtschaftlichen Instituts der Universität Stuttgart. Vor seiner Hochschultätigkeit war er in leitenden Funktionen als Senior Financial Consultant in einer internationalen Beratungsgesellschaft für Unternehmensfusionen und in deutschen Großbanken tätig. Seine Forschungsschwerpunkte liegen im Bereich der Bewertung von Investitionsobjekten und -programmen vor allem unter Berücksichtigung von Unsicherheit, Risiko und nicht-finanziellen Parametern. Weitere Forschungsschwerpunkte sind die ökonomische Analyse von Netzwerken sowie die Finanzierung von Start-up- und mittelständischen Unternehmen und die Analyse sowie das Management von Commodities. Eine besondere Bedeutung hat der Forschungsbereich „Sustainability & Finance".

Prof. Dr. Stefan Schaltegger ist Ordinarius für Betriebswirtschaftslehre, insbesondere Nachhaltigkeitsmanagement an der Leuphana Universität Lüneburg. Er leitet das Centre for Sustainability Management (CSM) und hat 2003 den weltweit ersten MBA Sustainability Management eingeführt, der mit über 450 Studierenden und Alumni das größte Netzwerk an MBA-Studierenden und Absolventen zum Nachhaltigkeitsmanagement umfasst. Stefan Schaltegger ist Gründer und Leiter des Sustainability Leadership Forums (SLF), einem Arbeits- und Diskussionskreis von Vorreitern der nachhaltigen Unternehmensentwicklung, die sich intensiv mit konkreten Umsetzungsfragen befassen. 2006 bis 2010 war Professor Schaltegger Vizepräsident für Forschungskultur und Projektforschung der Leuphana Universität Lüneburg. 2007 wurde er mit dem B.A.U.M. Umweltpreis in der Kategorie Wissenschaft ausgezeichnet. Stefan Schaltegger ist Mitglied und Leiter verschiedener Unternehmensbeiräte für Nachhaltigkeitsfragen und im Herausgeberbeirat von 16 internationalen Fachzeitschriften. Seine Forschungsschwerpunkte umfassen Nachhaltigkeitsmanagement, insbesondere Messung und Steuerung unternehmerischer Nachhaltigkeit (Environmental and Sustainability Accounting and Reporting, Nachhaltigkeitscontrolling, Sustainability Balanced Scorecard), Grundlagenkonzepte und Methoden des Nachhaltigkeitsmanagements (Sustainable Entrepreneurship, Operationalisierung unternehmerischer Nachhaltigkeit) sowie Management von Stakeholderbeziehungen.

Simone Schärer arbeitet seit 2007 als Senior Nachhaltigkeitsanalystin bei der Zürcher Kantonalbank. Sie ist verantwortlich für die Analyse von Unternehmen der Branchen Software, Hardware, Halbleiter, Telekommunikation und Freizeit, ebenso von Ländern. Darüber hinaus deckt sie das Thema Energieeffizienz ab. Zuvor war sie vier Jahre lang im Nachhaltigkeits-Research der SAM-Group (heute RobecoSAM) tätig. Anfang 2002 hat Simone Schärer das Studium in Umweltnaturwissenschaften an der ETH Zürich abgeschlossen und hat anschließend im Umweltmanagement der Zürcher Kantonalbank erste Erfahrungen im Bereich Finanzdienstleistungen und Nachhaltigkeit gesammelt. 2013 hat sie die Ausbildung zum Certified International Investment Analyst (CIIA) abgeschlossen.

Chris-Oliver Schickentanz ist seit Juli 2011 als Chief Investment Officer bei der Commerzbank AG tätig. Davor übernahm er unterschiedliche Positionen im Unternehmen, u.a. leitete er das Investment-Team und war Mitglied im Integrationsprojekt „Zusammen Wachsen“. Bei der Dresdner Bank war er mit der Leitung Unternehmensanalyse mit Standorten in Frankfurt, London, New York und Zürich betraut. Zuvor arbeitete Schickentanz als Buy Side-Analyst für Aktien aus den Bereichen Telekommunikation, Medien und Versorger. An der TU Darmstadt studierte er Psychologie mit den Nebenfächern BWL und Recht. Darüber hinaus absolvierte er ein Postgraduierten-Studium zum CEFA Certified Effas Financial Analyst in Frankfurt am Main.

Max Schön wurde 1961 in Lübeck geboren. Nach der Ausbildung zum Dipl.-Betriebswirt tritt Schön in den Familienbetrieb MAX SCHO¨N GmbH & Co KG – Großhandel mit Stahl, Röhren, Werkzeugen, Maschinen, Haustechnikprodukten, Küchen – ein. Mit nur 24 Jahren übernimmt Schön nach dem Tod des Vaters 1985 die Geschäfte des Familienunternehmens. Sein ausgeprägtes Interesse an ökologischen und sozialen Fragen sowie sein Verantwortungsbewusstsein gegenüber kommenden Generationen prägten und prägen Schöns unternehmerisches und ehrenamtliches Engagement. Bereits als Vorsitzender des Bundesverbandes Junger Unternehmer (BJU) trieb Schön die Kooperation von Ökologie und Ökonomie voran. Er initiierte die Kooperation für Nachhaltigkeit zwischen dem BJU und der Umweltorganisation BUND und forderte schon vor 25 Jahren Zertifikats- und Steuerlösungen für eine ökologisch-soziale Marktwirtschaft. 1999 wechselt Schön vom Vorstand in den Aufsichtsrat der Max Schön AG. Er ist seitdem zwar weiterhin als Unternehmer aktiv, arbeitet aber auch stark ehrenamtlich, u.a. für die DESERTEC Foundation und die Deutsche Gesellschaft THE CLUB OF ROME, deren Präsident er seit 2007 ist. Seit November 2011 ist Max Schön hauptamtlicher Vorstand der Stiftung 2° – Deutsche Unternehmer für Klimaschutz.

Dr. Markus Scholand ist Partner für Wissenschaftskooperation im *ecofin* Verbund sowie als Managementbeauftragter für Produktökologie der Portigon AG tätig.

Stefan Scholz ist bei der Warburg Invest Kapitalanlagegesellschaft mbH als Abteilungsdirektor für die Akquisition und Betreuung von Banken und Dachfondsgesellschaften verantwortlich. Zuvor war er über zwölf Jahre für die Betreuung von Banken für Fonds- und Beteiligungsgesellschaften verschiedener öffentlich-rechtlicher Kreditinstitute und Privatbanken in Deutschland und der Schweiz zuständig. Dabei liegt sein Fokus seit 2005 auf den Bereich Nachhaltige Geldanlagen. Zusammen mit Prof. Dr. Martin Faust ist er Herausgeber des Bandes „Nachhaltige Geldanlagen – Produkte, Strategien und Beratungskonzepte“ sowie Dozent in den Zertifikatsstudiengängen „Certified Sustainability Investment Advisor/Manager (CSIA/CSIM) der Frankfurt School of Finance & Management. Darüber hinaus ist er Vorstandsmitglied des „Forum Nachhaltige Geldanlagen e.V.“ und engagierte sich mehr als zehn Jahre als Mitglied des IHK-Prüfungsausschusses für die Weiterbildung von Bankfachwirten. Nach seiner Ausbildung zum Bankkaufmann absolvierte Stefan Scholz Weiterbildungen u.a. an der Bankakademie zum Diplom-Bankbetriebswirt sowie ein Studium zum Bachelor of Finance & Management (B.Sc.) an der Frankfurt School of Finance & Management.

Prof. Dr. Michael Schröder ist Leiter des Forschungsbereichs „Internationale Finanzmärkte und Finanzmanagement“ im Zentrum für Europäische Wirtschaftsforschung (ZEW) und außerplanmäßiger Professor für Asset Management an der Frankfurt School of Finance & Management. Er ist außerdem Senior Research Consultant am Financial Research Center der Fudan-Universität in Shanghai. Schröder studierte Volks- und Betriebswirtschaftslehre an der Universität Mannheim. Nach seinem Abschluss als Diplom-Volkswirt war er von 1985 bis 1990 wissenschaftlicher Mitarbeiter an der Universität Mannheim und promovierte dort 1990 zum Dr. rer. pol. in Volkswirtschaftslehre, 2009 wurde er von der Universität Stuttgart habilitiert und erhielt die Venia Legendi für Betriebswirtschaftslehre. Von 1990 bis 1995 arbeitete Schröder als Senior Economist bei einer internationalen Investmentbank in Frankfurt/Main. Seine Forschungsgebiete sind Empirische Kapitalmarktanalyse, Analyse der Zusammenhänge zwischen Finanzmärkten und Realwirtschaft, Erwartungsbildung auf Finanzmärkten, Nachhaltige Kapitalanlagen sowie Vermögensmanagement von Stiftungen.

Georg Schürmann ist einer der beiden Geschäftsleiter der Triodos Bank N.V. Deutschland und zuständig für das Privatkundengeschäft sowie Marketing/Kommunikation und IT/Operations. Bevor er im Juli 2009 zur Triodos Bank kam, war er 20 Jahre lang bei der Deutschen Bank im Bereich Privat- und Geschäftskundenbetreuung tätig. Nach einem Studium der Wirtschaftswissenschaften an der Universität Köln, begann er seine Karriere bei der Deutschen Bank 1989 als Trainee. Es folgten diverse Stationen innerhalb des Konzerns, u.a. Regionalleiter in München mit Verantwortung für 45 Filialen und 600 Mitarbeiter. 2005 wurde er dann in die Zentrale der Deutschen Bank in Frankfurt am Main gerufen, um verschiedene leitende Positionen zu übernehmen. 2006 wurde er Mitglied der Geschäftsleitung Private Banking Deutschland mit Zuständigkeit für das operative Geschäft.

Stephanie Senff-Gerstein ist Marketingreferentin im Segment Institutionelle Kunden bei Union Investment, Frankfurt. Nach ihrer Ausbildung zur Bankkauffrau studierte sie Betriebswirtschaftslehre mit Schwerpunkt Marketing. Nach Stationen in verschiedenen Werbeagenturen begann Stephanie Senff-Gerstein 1998 zunächst bei der DEVIF im Marketing für institutionelle Anleger. Heute betreut sie bei Union Investment schwerpunktmäßig die Kommunikation der Themen Wertsicherung und Nachhaltige Kapitalanlage für institutionelle Investoren. Darüber hinaus absolvierte sie 2012 den Zertifikatsstudiengang Certified Sustainability Investments Manager (CSIM) bei der Frankfurt School of Finance & Management.

Ingo Speich ist seit 2004 im Portfoliomanagement bei Union Investment tätig. Als Senior Portfoliomanager verantwortet er den Bereich Nachhaltige Investments. Darüber hinaus ist er zuständig für das Thema Corporate Governance und aktives Aktionärstum. Nach seiner Ausbildung zum Bankkaufmann bei der Dresdner Bank studierte er Betriebswirtschaftslehre an der Universität Trier und an der Boston University/USA mit dem Abschluss „Diplom-Kaufmann". Daneben schloss er das Studium an der European Business School/Oestrich-Winkel und der Durham University/England als „Master of Business Administration" ab. Zudem absolvierte er erfolgreich die Prüfungen des CFA Institute zum „Chartered Financial Analyst" (CFA).

Silke Stremlau (Jg. 1976) ist Gesellschafterin bei der imug Beratungsgesellschaft mbH in Hannover und leitet dort den Bereich „Nachhaltiges Investment". Ein Schwerpunkt ihrer Arbeit ist die sozial-ökologische Unternehmensbewertung für Nachhaltigkeitsfonds sowie die Beratung von Institutionen, die nachhaltige Investmentprodukte entwickeln. Eine Vielzahl internationaler und nationaler Projekte in den Bereichen Nachhaltigkeitsresearch sowie Forschung und Marktbeobachtung liegen in ihrem Verantwortungsbereich. Zudem ist sie Mitglied im Anlageausschuss der Bewegungsstiftung, ständiges Jurymitglied bei der Ethikbank für den Preis „Nachhaltiger Mittelstand", Mitglied im Umweltbeirat der Umweltbank sowie Aufsichtsrätin bei der Bank im Bistum Essen. Silke Stremlau studierte an der Universität Oldenburg Sozialwissenschaften mit dem Schwerpunkt Umweltpolitik/Umweltplanung. Darüber hinaus ist sie ausgebildete Mediatorin.

Marianne Ullrich, geb. 1961, ist Prokuristin der Deka Investment GmbH und Nachhaltigkeitsbeauftragte des Geschäftsfelds Wertpapiere. In der Deka-Gruppe ist sie seit 1999 in verschiedenen Funktionen tätig. Seit 2007 beschäftigt sich Marianne Ullrich mit nachhaltigen Investmentfonds. Sie studierte Betriebswirtschaftslehre an der Johann Wolfgang Goethe-Universität in Frankfurt.

Dr. Carlo Velten ist Gründer und Geschäftsführer des IT-Marktforschungs- und Beratungsunternehmens Crisp Research. Seit über 15 Jahren berät Carlo Velten als IT-Analyst namhafte Technologieunternehmen in Marketing- und Strategiefragen. Zuvor leitete er beim Analystenhaus Experton Group die Research- und Beratungsaktivitäten zum Thema Cloud Computing. Als Business Angel hat er mehrere transatlantische Start-Ups mitgegründet und finanziert. Carlo Velten studierte Wirtschaftswissenschaften an der Universität Kassel. Von 2002 bis 2005 war er wissenschaftlicher Mitarbeiter und Lehrbeauftragter am START Intra + Entrepreneurship Center an den Universitäten Kassel und Göttingen und Gastwissenschaftler am Silicon Valley Center for Entrepreneurship an der San Jose State University, CA. In 2009 wurde Carlo Velten an der Universität Kassel unter Betreuung von Prof. Dr. Klaus Nathusius zum Dr. rer. pol. promoviert.

Volker Weber ist seit September 2007 Vorsitzender des Vorstands des Forums Nachhaltige Geldanlagen e. V., dem Interessenverband der Anbieter von nachhaltigen Anlageprodukten. Seit 2012 ist er Vorstand der MAMA Sustainable Incubation AG, Berlin. Die Gesellschaft übernimmt die Finanzierungsstrukturierung für junge Unternehmen, die in den Bereichen Erneuerbare Energien, Non-Fossil-Mobilität, natürliche Ressourcen und Gesundheitswesen tätig sind. Ziel ist es, Beteiligungen einzugehen. Von 2002 bis 2008 war er als Mitglied der Direktion der Swisscanto Fondsleitung AG als Nachhaltigkeitsexperte für die internationale Ausrichtung in den Bereichen Marktaufbau und -entwicklung verantwortlich. Zuvor war er für die DekaBank und den Ostdeutschen Sparkassen- und Giroverband tätig. Nach seinem Studium der Betriebswirtschaftslehre mit Schwerpunkt Finanz- und Börsenwesen war er bei der Deutschen Bundesbank und der Landeszentralbank Baden-Württemberg für die Banken- und Börsenaufsicht zuständig.

Berenike Wiener leitet beim Bundesverband Deutscher Stiftungen das Referat Stiftungsmanagement und Corporate Sektor. Schwerpunkte hierbei sind die strategische Vermögensverwaltung bei Stiftungen sowie die Themenfelder Nachhaltige Geldanlagen und Mission Investing. Zuvor war Berenike Wiener über zehn Jahre im Non-Profit-Bereich tätig und hat langjährige Geschäftsführungserfahrung. Zudem hat sie zahlreiche Vorträge zu Vermögensbewirtschaftung gemeinnütziger Stiftungen gehalten, Publikationen veröffentlicht und sitzt in Beiräten verschiedener Anlageausschüsse.

Axel Wilhelm ist seit April 2012 verantwortlich für nachhaltige Kapitalanlagen bei der Concordia Versicherungen Hannover und Umweltbeauftragter der Concordia Tochtergesellschaft oeco capital Lebensversicherung AG. Er verfügt über eine 20-jährige Berufserfahrung mit den Schwerpunkten Nachhaltige Kapitalanlagen, ESG-Analyse, Nachhaltigkeits-Ratings und CSR-Management. Von 2000 bis März 2012 war Axel Wilhelm Geschäftsführer von Sustainalytics in Frankfurt. Er war Mitgründer und Geschäftsführer der scoris GmbH, dem Vorgängerunternehmen von Sustainalytics in Deutschland. Während dieser Zeit hat sich Axel Wilhelm als Herausgeber, Verfasser und Referent für Nachhaltiges Investment und CSR-Themen einen Namen gemacht. Zudem war er langjähriges Jury-Mitglied bei Wettbewerben wie „Bester nachhaltiger Investor" (portfolio institutionell) und „ESG Leader Awards" (IPE). Vor der Gründung von scoris arbeitete der studierte Wirtschaftswissenschaftler zudem sieben Jahre lang am Institut für Markt-Umwelt-Gesellschaft (imug) in Hannover.

Anett Wins studierte Statistik an der Ludwig-Maximilians-Universität München mit den Studienschwerpunkten Wirtschafts- und Sozialstatistik sowie Medizinische Biometrie. Seit 2011 ist sie Mitarbeiterin am Lehrstuhl für Statistik an der wirtschaftswissenschaftlichen Fakultät der Universität Augsburg. Ihre Forschungsinteressen liegen vor allem in den Bereichen „Nachhaltigkeit/Socially Responsible Investing" sowie „Predictive Analytics/Data-Mining-Verfahren".

Dr. Christine Zöllner ist Dozentin an der Universität Hamburg, Fakultät Wirtschafts- und Sozialwissenschaften im Bereich Betriebswirtschaftslehre, insbesondere Finanzierung und Investition. Sie studierte VWL und Entrepreneurship in Hamburg und wurde dort 2007 promoviert. Ihr Forschungsinteresse richtet sich auf die Wahrung effektiver und effizienter Corporate Governance. Vor ihrem Studium war sie jahrelang erfolgreich im Treasury, hauptsächlich der Deutschen Bank Gruppe, tätig.

Dr. Bernhard Zwergel ist derzeit Mitarbeiter am Lehrstuhl für Unternehmensfinanzierung in Kassel. Davor promovierte er am Lehrstuhl für Statistik an der wirtschaftswissenschaftlichen Fakultät der Universität Augsburg. Nach seiner Banklehre studierte er BWL mit den Schwerpunkten Finanz- und Bankwirtschaft, Financial Engineering sowie Teamentwicklung und Interaktionsmanagement und arbeitete als Futurestrader. In seiner Dissertation „On the Forecastability of Financial Markets" befasste er sich mit massenpsychologischen Phänomenen am Kapitalmarkt. Davon ausgehend liegt heute der Schwerpunkt seiner Forschung im Bereich nachhaltiger Geldanlagen. Dabei reichen seine Forschungsinteressen vom Verhalten nachhaltiger Anleger (private, institutionelle, Stiftungen) über die Gestaltung nachhaltiger Indizes bis hin zur Performancemessung nachhaltiger Fonds.